国富论

（下）

[英] 亚当·斯密 Adam Smith / 著
陈叶盛 / 译

An Inquiry into the Nature and Causes of the Wealth of Nations

中国人民大学出版社
·北京·

目　录

第 6 章　通商条约 …………………………… 657

第 7 章　论殖民地 …………………………… 667

第 8 章　关于重商主义的结论 ………… 741

第 9 章　论重农主义体系，或论将土地产物看做各国收入和财富的唯一或主要来源的各种政治经济学体系 ………………………………… 760

第五篇　论君主或国家的收入

第 1 章　论君主或国家的支出 ………… 785

第 2 章　论社会一般收入或公共收入的来源 ……………………………… 895

第 3 章　论公债 ……………………………… 975

Index of Subjects ……………………………………… 1011

A ……………………………………… 1011

B …… 1020
C …… 1028
D …… 1043
E …… 1047
F …… 1053
G …… 1059
H …… 1064
I …… 1068
J …… 1072
K …… 1073
L …… 1074
M …… 1081
N …… 1090
O …… 1092
P …… 1093
Q …… 1103
R …… 1104
S …… 1110
T …… 1122
U …… 1129
V …… 1130
W …… 1131
Y …… 1136
Z …… 1136

译后记 …… 1137

Ⅳ. vi 第6章 通商条约 545

当一国遵照通商协议的要求，允许某个国家的某类商品进入本国，或者是免除该国商品的关税（这是除该国以外的其他国家享受不到的待遇）时，贸易条款上受到优待的这个国家必然会从两国达成的通商条约中获得极大的好处，至少对该国的商人和制造业者来说是如此。因为他们享受到了一种类似垄断的优待。如此一来，该国就为其产品开拓了一个更加广阔且更富优势的市场：更加广阔是因为其他国家的产品要么被排斥在外，要么需要缴纳较高的关税，所以该国的产品在种类和数量上均抢占了先机；更富优势是因为受惠国的商人享受着垄断的优待，与其他国家在自由竞争情况下相比他们总能够以更高的价格销售他们的商品。

然而，这样的条约尽管可能对受惠国的商人和制造者有利，但对施惠国而言却是无益的，因为施惠国由此赋予了某国对自身不利的垄断权，从而施惠国必须经常以比允许其他国家都参与自由竞争时更高的价格购买外国的商品。对应于施惠国购买的外国商品，其本国的商品最终会卖得相对便宜。因为商品两两交易之时，买到的是对施惠国而言比较贵的，卖出的是对施惠国而言较便宜的，所以，施惠国的年产物的交换价值，就极可能受此类通商条约的影响而减少。不过这种减少不太可能是实实在在的损失，只是施惠国没赚到那么多罢了，因为尽管它的产品卖得相对便宜，但也绝不可能出现售价低于成本，或者售价不足以弥补将产品推向市场所需要的资本和基本利润（如政府提供奖金的例子）的情况，否则贸易就不能持久。因此，即便是施惠国也能够从贸易中获利，只是不如自由竞争时多而已。

然而，有些建立在不同理念上的通商条约被认为是有利的。通商国有时会让某国的某些物品享有对其自身不利的垄断权，是因为它希望在两国间的总贸易中，本国每年的出口能大于进口，从而保持金银的盈余。1703
546 年梅休因先生（Mr. Methuen）签署的英国和葡萄牙通商条约就是建立在这一理念的基础之上的，这一条约也因此广受赞誉。[①] 以下是该条约的具体内容，它只有三个条款。

条款 1

葡萄牙国王陛下以他自己及其继承人的名义，承诺今后永远准许英国的毛料衣物及其他羊毛制品进口到葡萄牙，直到法律禁止为止；但须遵循以下两项条款。

条款 2

英国国王陛下以他自己及其继承人的名义，今后必须永远允许葡萄牙的葡萄酒出口到英国。无论英法两国是和是战，无论出口到英国的葡萄酒是以管道、大桶还是其他酒桶计量，英国任何时候都不得以关税或其他名

---

① 正如在写给梅休因儿子的题词中所言：

你的父亲为英国赢得了光荣的通商条约，英国通过这个条约可以获得每年超过 100 万英镑的收益。通过这个条约，我们在不动用英国一分一毫的情况下，负担着我们在西班牙和葡萄牙的军队的开支，并且从这两个国家获得的收入支付了在最近这次战争中我们的军队在其他地方的巨额费用；与此同时，我们在三年的时间里为国家赢得了超过 100 万的葡萄牙金币。通过这个条约，我们仅从葡萄牙一国获得的盈余就远远超过了从其他任何国家获得的盈余……

通过这个条约，我们还增加了我们的出口。

查尔斯·金：《英国商人》（伦敦，1743 年），第三篇第二章。参见后文 IV. viii. 52。

义，直接或间接地对葡萄牙的葡萄酒征收比等量法国葡萄酒更多的税费，并且要减免三分之一的关税。如果上述减免在任何时候受到任何形式的妨碍，那么葡萄牙国王陛下将有正当且合法的理由收回成命，不再允许英国的毛料衣物及其他羊毛制品进口到葡萄牙。

条款 3

两国的全权大使负责取得各自国王陛下对条约的批准，并在两个月的时间内交换批文。

按照这一条约的规定，葡萄牙国王必须以法律禁止进口英国毛制品之前的条件来进口英国毛制品，也就是说，对英国毛制品不得征收比禁止进口时更高的关税。但这并不意味着葡萄牙进口英国毛制品的条件要优于其 547
进口其他国家，比如法国或荷兰类似产品的条件。相反，英国国王必须按照条约的规定以优惠的关税——仅为竞争对手（法国葡萄酒）所缴纳关税的三分之二——进口葡萄牙的葡萄酒。因此，这一通商条约显然对葡萄牙有利，对英国不利。

即便如此，该条约还被当做英国商业政策的杰作广受赞誉。葡萄牙每年得自巴西的黄金（不论是金币还是金块）要多于其用于国内贸易的数量。盈余的黄金如此珍贵，将其闲置不用或锁在保险柜中总是不合时宜的。而且由于葡萄牙国内又没有什么有利可图的市场，所以必须顶住阻力把这些黄金送出国外，交换到一些在国内有市场的产品。这些黄金每年有很大一部分来到了英国，换回英国的商品，或者是间接从英国得到的其他欧洲国家的商品。巴勒特先生称，从里斯本出发的班轮每周给英国带来的黄金超过五万英镑。[①] 这一数字有可能被夸大。因为这意味着一年输入英国的黄金就超过 260 万英镑，而依照常规，巴西人是支付不了那么多黄金给葡萄牙的。[②]

我国的商人曾一度交恶于葡萄牙国王。这是因为一些并非由条约规定而是由葡萄牙国王恩赐的特权（目的很有可能是求得英国国王更多的恩惠

---

① 参见 IV. i. 12。参见约瑟夫·巴特勒：《伦敦至热那亚旅行记：途经英格兰、葡萄牙和法国》，1770 年，第 1 卷，第 67 页。“几乎每个星期都会有从英国法尔茅斯出发前往葡萄牙首都里斯本的班轮，船上装的是来自伦敦的信件。信件是很轻的货物；但当班轮返回英国时，船上装载的除了来自葡萄牙的回信以外，更多的是大量装着葡萄牙金币的袋子，通常有 3 万到 5 万英镑，有时甚至是 6 万英镑之巨。”巴特勒给出的信息所处的情境自身就让数据不太可信，后来巴特勒在文中补充说：“我经常听到言之凿凿的消息称，每年葡萄牙人仅仅从巴西就能获得超过 200 万英镑的黄金。”（出处同上，第一章第 68 自然段。）

② 参见 I. xi. g. 33。

和保护）不是遭到了侵犯就是被废除了。因此，即使是那些曾经对英葡贸易最感兴趣的人后来也认为，这种贸易并非想象的那般有利可图。他们认为，每年输入英国的黄金的绝大部分并未落入英国的腰包，而是让其他欧洲国家占尽了便宜；每年从葡萄牙出口到英国的水果和葡萄酒几乎抵消了出口到葡萄牙的英国物品的价值。

即使我们假定这些黄金全都进入了英国的户头，并且总额比巴勒特先
548 生所想象的还要大，这种贸易也不会比那些进出口产品价值相当的贸易来得更有利可图。

可以这么说，输入英国的黄金中只有很小一部分被用来增加国内的金币或金块数量。剩余的必须全部送往外国交换某些消费品。但如果这些消费品是直接用英国本土生产出来的产品交换购得的，那么相比起先用英国产品换得葡萄牙黄金，之后再用葡萄牙黄金去购买那些消费品而言，英国获得的利益更多。消费品的直接贸易总是要优于迂回贸易。① 因为如果将相同价值的外国商品带回本国市场，那么直接贸易要比间接贸易占用少得多的资本。因此，如果英国只用一小部分产业生产适合葡萄牙市场的产品，用一大部分产业生产适合其他市场（这些市场上有英国需要的消费品）的产品，那么英国会获利更丰。如此一来，为兼得为我所用的黄金和消费品所需占用的资本就要比当前少得多，从而多出的资本就可以另作他用，比如开设更多的工厂，或者提高国家的年度总产出。

即使英国与葡萄牙全然没有贸易往来，对英国来说，获得它想要用于铸造金币、金块或者对外贸易的年度黄金供给也不是一件难事。跟任何其他商品一样，黄金总在某个地方等待着能够支付得起它身价的人得到它。②此外，葡萄牙每年盈余的黄金仍必须输出，即使不是被英国买去，也必然是被某个其他国家买去，而且这个国家也必然会如同当前的英国那样，乐于以某一价格将这些黄金再卖出。当然，在购买葡萄牙的黄金时，我们是直接购买，而在购买除西班牙以外的其他国家的黄金时，我们是间接购买，所以可能支付得略多。但这之间的差额必然很小，不值得引起公众关注。

据说我国的黄金几乎全部来自葡萄牙。我国和其他国家的贸易差额要么对我国不利，要么对我国益处不大。但我们必须谨记一点，我们从某国
549 输入的黄金越多，我们从其他国家输入的黄金必然就少。和对任一其他商

---

① 参见 II. v. 28。

② II. iii. 24 以及 IV. iii. c. 7 中都有类似的观点。

品一样，每个国家对黄金的有效需求都是有定数的。[①] 如果该数量的十分之九都来自一个国家，那么就只剩下十分之一能够从其他国家输入。每年从其他某个国家输入的黄金超过该国铸造金币和金块所需的数量越多，它必然向其他国家输出得越多；与某些国家的贸易差额——这一近代宏观经济政策最不看重的目标——越有利于我国，那么与许多其他国家的贸易差额就必然越不利于我国。

正是基于英国不与葡萄牙贸易就不能生存这一可笑的观念，法国和西班牙在最近这次战争行将结束之际，在未受到英国冒犯或挑衅的情况下，要求葡萄牙国王禁止所有的英国船只进入葡萄牙港口，并为确保这一禁令的贯彻落实，还要求葡萄牙国王允许法国或西班牙军队的入驻。如果葡萄牙国王听信了他姐夫（或妹夫）西班牙国王的劝告答应了这些无耻条件，那么英国还真能够因祸得福：虽说英国因此会失去葡萄牙这个贸易伙伴，但它却能免于遭受一个更大的麻烦——摆脱支持一个毫无国防准备的弱小盟国的大负担，因为如果发生另一场战争，那么英国即使倾尽全力也极有可能不能够保护这个盟国。失去葡萄牙这个贸易伙伴无疑会给当时从事英葡双边贸易的商人带来极大的不便，他们可能在一两年的时间内都找不到其他同样有利的投资渠道；但如果这一商业政策真的成为现实，那么英国的损失也仅限于此。

每年金银的大量输入，不是为了铸造金块或金币，而是为了进行对外贸易。相比任何其他商品而言，以金银为媒介来开展迂回的消费品外贸更为有利。这是因为金银是通用的贸易手段，在交换商品方面，它比其他任何商品更易于被接受；不仅如此，金银体积小、价值大，所以从一地到异地往返运输金银花费的成本要比运输几乎任何其他商品都要低，并且在运输过程中损失的价值也较少。人们在一国购买某些商品，为的就是在另外一个国家出售或交换其他商品。因此，在所有这些商品中，没有什么比金银充当媒介更为方便。[②] 与葡萄牙开展贸易的主要好处就在于它极大地促进了在英国进行的各种消费品迂回贸易；尽管这并不是一个最为重要的好处，但它无疑是不容小觑的。

每年用于铸造我国金块或金币所需的金银增量，英国只需每年输入少 550
量的金银即可满足，这一点显而易见。即使我们不与葡萄牙进行直接贸易，

① 参见 IV. i. 12。

② 参见 IV. i. 12。

这少量的金银也总可以在其他某个地方轻松获得。

尽管金匠这个行业在英国的规模十分可观，但其每年出售的绝大多数新金块都是通过融化旧金块制成的；所以英国每年新增的金块量不会太大，每年仅需输入少量金银即可满足。

金币的情况也是如此。在我看来，没有人会认为在最近的这次金币改革之前的十年间①，每年 80 万镑以上的铸币②当中的绝大部分是英国流通货币的新增量。在一个铸造费用由政府支付的国家③，即使是包含足量金银的铸币的价值，也不会比等量未经铸造的金银的价值高太多。这是因为要把任何数量未经铸造的金银变成含等量金银的铸币，无非就是要去造币厂，还有就是时间上要花费几个星期罢了。但每个国家流通铸币的价值几乎都会有或多或少的磨损，或者由于其他原因低于标准值。④ 所以，在最近这次改革前英国让其金币低于标准重量百分之二，让其银币低于标准重量百分之八是十分划算的。但如果含 1 磅黄金的足量 44.5 基尼（英国的旧金币，1 基尼值 1 镑 1 先令——译者注）所能买到的未经铸造的黄金不超过 1 磅，那么含不足量金的 44.5 基尼就买不到 1 磅黄金，从而需要加入一些东西弥补不足。因此金币的市场流通价格与造币厂的出厂价格有所不同（第 18 自然段倒数第七行）：前者大约为 47 镑 14 先令，有时也可能是 48 镑；后者为 46 镑 14 先令 6 便士。但当大部分铸币的含金量都低于其标准值时，与其他普通基尼相比，刚从造币厂新鲜出炉的 44.5 基尼也不会买到更多的物品。因为新基尼进入商人的保险柜后会与其他基尼混在一起，用的时候再花费
551 时间精力去区分它们是不值得的。和其他基尼一样，新基尼的价值不超过 46 英镑 14 先令 6 便士。但如果将它们扔进熔炉，它们会生成 1 磅重的标准黄金，标准黄金可在任何时间以黄金或白银的形态以 47 英镑 14 先令至 48 英镑的价格售出，这对所有熔化掉的铸币都是适用的。因此，熔化新铸币显然有利可图，而且这一举动可瞬间完成，让政府防不胜防。如此说来，铸币厂的工作倒有几分像帕涅罗珀（Penelope）的织物——白天织晚上拆（帕涅罗珀是希腊神话中奥德修斯忠实的妻子，丈夫远征期间她拒绝了无数

① 1744 年。参见 I. v. 29ff。

② II. ii. 54 以及本部分第 30 自然段都引用了这一数字。

③ IV. iii. a. 10 中给出了一个类似的观点。I. v. 38 中评论到，尽管铸币在英国是免费的，但推迟将金块铸造成金币实际上相当于对铸币征收了小额的税收。

④ 本章剩下部分所涉及的论题在前文也进行过考察，尤其是 I. v. 29 - 42。

的求婚者——译者注)。[①] 与其说造币厂每天在增加新铸币，还不如说它是在将每天熔化掉的新铸币进行替换。

如果私人携带金银到造币厂铸币，并自行支付铸币费用，那么就像加工会增加器皿的价值一样，这些金属的价值也会有所提高。[②] 金银一经铸造便会抬高身价。不太高的铸币税会将税收的价值增加到黄金当中，因为在任何一个政府享有铸币特权的地方，市场上的铸币都不能比它们认为合适的价格低。如果铸币税太高，也就是说铸币税远远超过了铸币所需劳动和费用的真实价值，那么受原料黄金和金币价值之间巨大利差的吸引，国内外伪造货币的人会将大量假币投入到市场中——这些假币会降低官方货币的价值。在法国，尽管铸币税高达 8%，但并未因此出现受假币困扰的情形。[③] 造假币的人——如果他生活在他造假币的这个国家——被暴露的风险实在太大，或者他的代理商或联系人——如果他生活在外国——被暴露的危险实在太大，那么就不值得为区区 6%或 7%的利润率去冒险。

法国的铸币税使得铸币的价值要高于其按含金量来衡量所应有的价值。因此，按照 1726 年 1 月的法令，24 克拉纯金的造币厂价格被定为 740 里弗 552
9 苏 1 丹尼尔（里弗为古时的法国货币单位；苏为昔日法国的一种铜币；丹尼尔为法国旧银币——译者注）扣除造币厂的损耗后，法国金币包括 $21\frac{3}{4}$ 克拉纯金和 $2\frac{1}{4}$ 克拉合金。因此，1 马克标准黄金只值 671 里弗 10 丹尼尔。但在法国，1 马克标准黄金被铸成 30 个金路易，每个金路易相当于 24 里弗，共计 720 里弗。因此，铸造使得 1 马克标准金块的价值增加了 720 里弗与 671 里弗 10 丹尼尔之差，也就是 48 里弗 19 苏 2 丹尼尔。

铸币税多数情况下会剥夺熔化新铸币的利润，而且它无一例外地会减少熔化新铸币的利润。这种利润通常源自铸币应含黄金量与实含黄金量之差额。如果该差额小于铸币税，那么熔化新铸币不但无利可图，反而会招致损失；如果这一差额等于铸币税，那么熔化新铸币不赚不赔；如果这一

---

① 在 1769 年 1 月 15 日写给黑尔斯爵士的第 115 号信件中，斯密写道：“尽管在目前的状况下我不能做什么，但我自己的学习计划让我毫无闲暇，它就像帕涅罗珀的织物，所以我基本上看不到学习结束的可能性。”

② 参见 I. v. 39，这一观点正是在那里提出的，也可参见 IV. iii. a. 10。

③ 在 1776 年 4 月 1 日写给斯密的第 150 号信件中，休谟声称铸币税很有可能低于 2%，并引用内克尔的文章作为佐证。铸币税为 3%。参见 I. v. 39 和 IV. iii. a. 10。

差额大于铸币税，那么熔化新铸币一定会获利，但要比没有铸币税时少。例如，在最近的这次金币改革之前，如果对铸币征收 5%的铸币税，那么熔化金币将会亏损 3%。如果铸币税为 2%，那么既无利润也无损失。如果铸币税为 1%，那么会有利润产生，但只有 1%而不是 2%。因此，只要是在按照数量而不是重量接受货币的地方，铸币税就是防止熔化和输出铸币的最有效的办法。通常都是最优和最重的铸币被熔化或者是输出，因为只有这样才能获取最大的利润。①

鼓励免税铸造货币的法律最早颁布于查理二世在位时期②，但只持续了短暂的一段时间，后来直到 1769 年才成为永久法律。③ 为充实资金，英格兰银行必须经常运送原料金银到造币厂去铸币，而且在它看来，由政府而
553 不是自己来负担铸币费用对它更为有利。政府同意将免税铸造货币的法律永久化，或许就是为了讨这家大银行的欢心。如果将以含金量来衡量金币价值的惯例废弃不用，那很有可能是因为它操作起来不方便；但如果英国的金币以数量来计量，正如最近这次金币改铸之前那样，那么这家大银行很可能会发现，正如它在某些其他场合下一样，它这一次错误地判断了自己的利益所在。

在最近这次金币改铸之前，英国金币的含金量要低于标准重量 2%。由于没有铸币税，金币的价值比含标准重量黄金的金币价值低 2%，所以当英格兰银行这家大公司购买原料金块来铸币时，它的购买价格要高于铸成金币价值 2%。但如果对铸币征收 2%的铸币税，那么虽然普通金币的实际含金量要低于其标准重量 2%，但它在价值上依然是与含标准重量黄金的金币相当的；在这种情况下，铸币过程的价值弥补了金币含金量的不足。如果英格兰银行真的支付了这个 2%的铸币税，那么它在整个交易过程中的损失与不存在铸币税时一样，都是 2%。

如果铸币税是 5%，金币只低于其标准重量 2%，那么在这种情况下银行就会在原料金块的价格上获得 3%的收益；但由于还要支付 5%的铸币税，因此银行在整个交易过程的损失依然还是 2%。

---

① 熔币在《法理学讲义》(A) 第五章第 75 页、第六章第 147 页以及《法理学讲义》(B) 第 257 页和坎南编辑版本第 201 页中被定为重罪。

② 《王国法令》第五章第 598 至 600 自然段，查理二世第十八年和第十九年第 5 号法令（1666 年）；拉夫海德版本中查理二世第十八年第 5 号法令。参见 I. v. 38。

③ 多种暂行的条例通过乔治三世第九年第 25 号法令（1769 年）被制定为永久法律条文。法令给出的是 1.5 万镑的铸币费用，而不是斯密在下文 IV. vi. 31 中所说的 1.4 万镑。

如果铸币税只有1%，金币低于其标准重量2%，那么在这种情况下银行会在原料金块的价格上遭受1%的损失；但由于还要支付1%的铸币税，因此银行在整个交易过程的损失与上述其他情况下一样，依然还是2%。

如果铸币税较合理，与此同时金币含十足分量的黄金，正如最近这次金币改铸以来那样，那么无论银行在铸币税上遭受多大的损失，它总可以在原料金块的价格上找补回来；同样，即便银行在原料金块价格上获利，它也会在铸币税上遭受损失。因此，在整个交易中，它们既不会遭受亏损也不会获得利润；在这种情况下，银行的处境与没有铸币税时是一样的。

如果对一种商品所征税收大小适其度，不致造成商品走私[①]，那么尽管销售该商品的商家垫付了税收，但其由于能够从商品的售价中拿回这一部分钱，从而并不是真正的纳税人。税收最终由最后那位购买人或消费者支 554
付。但就货币这种商品而言，每个人都变成了商家。人们购买货币的目的只在于再次将其出售[②]；从这个角度看，货币没有普通商品意义上的最终购买人或消费者。因此，当铸币税温和到不致引起假币出现时，尽管每个人都垫付了铸币税，但大家都不是真正的纳税人；因为每一个人都从铸币得以提高的价值中拿回了自己垫付的部分。

因此，温和的铸币税在任何情况下都不会增加银行或任何其他拿原料金块到造币厂铸币的私人的费用，而且温和的铸币税消失也不会在任何情况下减少这些费用。如果铸币的含金量十足，那么不管有没有铸币税，铸币都不会给任何人带来成本；但如果铸币的含金量不足，那么铸币的费用必将总是等于铸币应含金量与实含金量之差。

因此，当政府支付铸币费用时，它不仅因此支付了一小笔开销，而且还损失了可能通过征收适当的税收获得的一小笔收入。此外，银行和私人也不能从这无用的政府慷慨之举中享受到哪怕一点点的好处。

但对于政府这一征收铸币税之举，银行的董事们很有可能是不愿接受的，因为其不能带来收益，仅可能确保它们免受损失。从当前的情况看，只要继续按照重量来接受金币，银行就不会从中获利。但如果依照重量来衡量金币价值的惯例被废弃不用——这极有可能发生——并且金币又回到最近这次改铸之前的含金量不足的状态，那么征收铸币税会给银行带来收

---

① 参见V. ii. k. 27以及V. ii. b. 6，此两处均指出，一种不明智的赋税会导致“走私的强大诱惑”。参见IV. iii. a. 1。

② 参见IV. i. 18。

益，或者更确切地说银行的储蓄将很有可能相当可观。英格兰银行是唯一一家向造币厂输送大量原料金块的公司，每年的铸币费用全部或者几乎全部由它来承担。如果每年的新铸币只是用于补充流通铸币中不可避免的损失和必要的磨损，那新铸币的数量很少会超过 5 万英镑，至多 10 万英镑。但当铸币低于其标准重量时，每年的新铸币还要在此基础上填补流通铸币
555 由于不断熔化和输出而产生的巨大缺口。正是由于这个原因，最近这次金币改铸之前的 10 或 12 年间，平均每年的新铸币都超过 85 万英镑。[①] 但如果对金币征收 4%或 5%的铸币税，那么即使在当时的情况下，也很有可能有效阻止铸币的输出和熔化。那么银行那时遭受的损失很可能只是下述损失的十分之一：每年在超过 85 万英镑金币上损失 2.5%，也就是每年损失超 2.125 万英镑。

国会划拨用来支付铸币费用的收入为一年 1.4 万英镑[②]，而政府实际支付的费用，或者说造币厂职员的开支，我确信一般情况下不会超过这一数字的一半。节省下来的这一小笔开支，或者说银行由此获得的一笔不会太大的收入，可能被认为非常微不足道，从而不值得引起政府的重视。但在某种可能的情况下——这种情况过去经常发生，当下也很有可能会再度出现——节省下来的 1.8 万或者 2 万英镑即使对于英格兰银行这样的大公司来说，也是不容小觑的。

上文中的部分论述可能放在上卷相关章节中更为恰当，比如讨论货币起源和用途以及讨论商品真实价格和名义价格区别的那些章节。但由于鼓励铸币的法律来源于重商主义的偏见[③]，所以我认为将部分内容放在本章更为合适。重商主义认为，货币是一国财富的源泉。对货币的生产予以奖励最能体现重商主义的精神，它是重商主义的富国妙策之一。

---

① 本部分第 18 自然段也引用了这一数字。

② 给出的费用是 1.5 万镑。参见前文 IV. vi. 22。在《法理学讲义》（A）第五章第 77 页中，铸造的成本据说为 1.4 万镑。文中还指出，免费铸造与重商主义制度的偏见有关，即“王国里的货币越多，王国受益越大”。《法理学讲义》（A）第六章第 151 页以及《法理学讲义》（B）第 260 页中也给出了 1.4 万镑这个数字。II. ii. 26 将金属货币描述为一种要比纸币价格高昂很多的工具；参见 V. iii. 81ff。

③ 在提及重商主义制度时，斯密也在 II. iii. 25 中运用了“庸俗的偏见”一词。

IV. vii

第7章　论殖民地

556

IV. vii. α

第一节　论建立殖民地的动机

与古希腊和古罗马建立殖民地的初衷相比，欧洲人在美洲和西印度建立殖民地的动机并没有那么简单明了。

古希腊的各城邦都只拥有面积很小的一块领土。当某个城邦繁衍生息到领土不足以容纳本城人口的时候，一部分人就必须到更加偏远的地方去寻求新的居住地，因为四面八方虎视眈眈且随时准备为保卫本城领土而战的邻邦让彼此很难在国内扩张自己的领土（古希腊中南部）。多里安人（Dorians）的殖民地主要分布在意大利和西西里，在罗马帝国建立以前，这些地方居住着野蛮未开化的民族。希腊另外两大部族爱奥尼亚人（Ionians）和伊奥利亚人（Eolians），则主要是到小亚细亚和爱琴海各岛去开拓殖民地，这些地方的原住民状况与意大利和西西里的几乎毫无二致。尽管母邦将殖民地看做自己的孩子，随时给予极大的关怀和帮助，并由此获得孩子的感激和尊重，但在母邦眼中，这是一个长大成人、独立自主的孩子，即母邦对殖民地并不行使直接的管辖权。殖民地自决政体，自定法律，自选官员，并以独立国家的身份与邻国交好或宣战，所有这些都不必求得母邦的许可或认同。建立这种殖民地的意图最简单清楚不过了。①

和大多数其他古代共和国一样，罗马最初是遵照一种土地法建立起来的。该法将公有领地按一定比例分配给该国的全体公民。② 而诸如婚嫁、继
557 承和转让这类的事必然会打乱原有的分配格局，并通常将原本分配给许多家庭用以维持生计的土地集中到一个人手中。为纠正这种不当行为——这种现象被认为是不合时宜的，于是制定了一条限定土地数量的法律。它规定任何一位公民只能拥有 500 尤格拉的土地，约合 350 英亩。然而，尽管我们得知该法律确实被执行过一两次，但其终究遭到了人们的忽视或回避，财富不均现象日益严重。大部分公民没有土地，而按照当时的风俗习惯，没有土地的自由人很难保持独立。当下，一个穷人即使没有自己的土地，但如果他手头有少量积蓄，那么他也可以租种别人的土地，或者做点小买卖；即使他一文不名，他也可以成为一个农业劳动者或手艺人。③ 但在古罗马，富人的土地全部由奴隶耕种，他们在同为奴隶的监工的监视下劳动。因此，穷困潦倒的自由人几乎没有机会成为农民或劳工。所有的商业、制造业，甚至连零售业都是由奴隶在替他们有钱的主子悉心打理。富人的财富、权力和保护使得穷困的自由人很难与之竞争。④ 因此，没有土地的公民除了仰仗每年选举时候选人的馈赠外，别无他计。当心机深重的官员们有意发动民众反对富豪权贵时，他们就提醒民众注意以往的土地分配方式，

---

① 参见 IV. vii. c. 11，此处指出，希腊殖民地很少承认母邦的管辖权。

② 参看孟德斯鸠（《论罗马盛衰的原因》第 39 页）："古代共和国的建立者平分土地。仅此一点就能产生一个强大的民族，也就是一个被管理得井井有条的社会。"参见《法理学讲义》（A）第一章第 52 页，斯密在此处对希腊在殖民地中分配土地的做法进行了评论。

③ 参见 III. iv. 12，斯密在此处对手艺人在当代社会的地位进行过描述。

④ 这一点在 IV. ix. 47 中有详细阐述。

并表明那种限制私有财产的法律才是共和国的基本法。[①] 于是劳苦大众高声疾呼，要求得到土地，但我们都可以想到的是，富豪权贵绝不肯做分毫让步。所以，为了在一定程度上满足他们的要求，富豪权贵常常提议开辟新殖民地。但对于所向披靡的罗马，即便在这种情况下，也没有必要在不了解自己的民众将身居何处时，就让他们满世界去找活路。罗马帝国一般是将被其征服的意大利各省的土地分配给那些没有土地的公民。他们在那里仍然要受到罗马帝国的统治，绝不可能形成任何独立的国家，最多也只能形成一个自治团体。这种自治团体虽然拥有制定地方法律的权力，但在任何时候都要服从罗马帝国的行政和司法权，不仅如此，罗马帝国还有权修改这些地方法律。建立这样的殖民地不仅顺应了民众的诉求，而且还在新征服的省份确立了一股守备力量，否则当地民众很难服从统治。因此，罗马的殖民地，无论从自身性质还是从建立动机来看，都与希腊殖民地完全不同。原始语言中用来表示这两种不同殖民方式的词语，其含义也大不相同。拉丁词“Colonia”仅表示一个种植园。相反，希腊词“arrotxta”表示离家、离乡或出门。不过，虽然罗马殖民地在许多方面与希腊殖民地不同，但促使两国建立殖民地的动机却是同样简单明了：或者是出于不可抗拒的必要性，或者是出于显而易见的效用。 558

欧洲人在美洲和西印度建立殖民地则完全不是出于必要性；另外，尽管建立殖民地给欧洲人带来了很大的效用，但这一点并不那么显而易见。欧洲人建立他们的第一个殖民地时并不知道这会给他们带来什么效用，进一步说，建立那个殖民地或者说促使该殖民地建立的探险大发现的本意并不是要获得什么效用。那种效用的性质、程度和局限可能至今都没有得到很好的理解。

在14世纪和15世纪，威尼斯人从事一种利润丰厚的贸易活动，就是将香料和其他东印度物品销往欧洲其他各国。[②] 他们主要从埃及购买这些物品。埃及当时受马穆鲁克（中世纪埃及的一位军事统治阶层的成员——译

---

① 在《修辞学及纯文学讲义》第二章第157页，洛西恩编写版本第150页（LRBL ⅱ.157，ed. Lothian 150），斯密评论道：“这些运用这种方法的人被称做平民派，他们根植于平民百姓，倡导平分土地和粮食的法律，如若不然就拿出自己的财产馈赠给劳苦大众。克劳迪乌斯、马略还有一些其他人都属于此种类型。”参见第166页第4个脚注。

② 斯密在III.iii.14中对威尼斯和意大利城市所乐享的贸易进行了评论。据《法理学讲义》（A）第四章第111页中的记载，来自东印度的货物穿越红海，取道尼罗河来到开罗，最终主要被来到这里的威尼斯和热那亚商人买走。参见第406页第30个脚注。

者注）的统治。马穆鲁克视土耳其为仇敌，而威尼斯人素来与土耳其人交恶。这种一致的立场在威尼斯强大财力的支持下，进而演变为两国之间的一种密切关系，这种关系让威尼斯人乐享垄断贸易的好处。

威尼斯人获取的巨大利润诱发了葡萄牙人的热望。在整个 15 世纪，葡萄牙人一直在努力寻找一条海路，以便通往给他们带来象牙和金砂的国家。他们发现了马德拉群岛、卡内里群岛、亚速尔群岛、佛得角群岛、几内亚海岸，以及卢安果、刚果、安哥拉和本格拉海岸，最后发现了好望角。他们早就想从威尼斯人利润丰厚的贸易中分一杯羹，而这个最后的发现让他
559 们的愿望有可能实现。1497 年，瓦斯科·达·伽马（葡萄牙航海家——译者注）带领着一支由四艘大船组成的船队，从里斯本港出发，经过 11 个月的航行到达印度斯坦海岸，从而圆满完成了葡萄牙人将近一个世纪的发现历程——在这一个世纪的时间里，葡萄牙人矢志不移地追求探险活动，并极少受到干扰。

在这之前的几年，欧洲并不看好葡萄牙的探险活动，认为它极有可能不会成功。此时，一位热那亚舵手提出了一个更加大胆的计划，他要从西边开辟一条通往东印度的航道。那时，欧洲对东印度不甚了解。少数几位到过那里的欧洲旅行者夸大了欧洲与东印度的距离。他们这样做或许是出于单纯和无知——对于那些不能亲自测量两者距离的人来说，他们所说的确实非常遥远的地方显得遥不可及，也可能是他们想为自己到访过距离欧洲如此之远的地方的冒险经历增添神秘色彩。哥伦布确切地推断出，既然从东边走路程比较长，那么从西边走路程必然要短一些。因此，他提议走西边，因为这条路又短又可靠；同时他很幸运地说服了卡斯蒂尔王国的伊莎贝拉并使其相信了他的计划。1492 年 8 月（比瓦斯科·达·伽马从葡萄牙出发的探险之旅早大约 5 年），他从帕洛斯港出发，经过两三个月的航行，先发现了小巴哈马即卢卡亚群岛中的一些小岛，随后发现了圣多明各大岛。

但是，哥伦布在这次和随后几次航海过程中所发现的国家，与他想要找寻的国家并不相像。在圣多明各以及他到过的新世界的其他地方，他看到的不是如中国和印度斯坦般国民富庶、男耕女种、人口稠密的景象，而是一个野草丛生、未经耕种，只居住着一些赤身裸体、穷困潦倒的野人部落的国土。不过，他极不愿意相信，自己发现的国家并不是马可·波罗所

描述的那些国家。[①] 马可・波罗是第一位到访过中国和东印度的欧洲人，或者至少是第一个留给他有关中国和东印度状况描述的欧洲人。一点极其细微的相似之处——比如他发现圣多明各的一座山的名字叫西巴奥，和马可・波罗提到过的一座山的名字西潘各相似——就足以让他以为这是他心中想去的地方，尽管有明显证据表明事实并非如此。在他写给费迪南和伊莎贝拉的信中，他将自己发现的那个地方称做印度。[②] 他坚信那就是马可・ 560
波罗所描述的那个国家的尽头，它们离恒河不远，或者说离亚历山大曾经征服过的那些国家不远。即便当他最终明白两者不是同一个地方的时候，他也依然自鸣得意地认为那些富庶的国家已经离他不远了。因此，在他此后的航行中，他沿着火地岛海岸向达里安海峡行进，去寻找他梦想中的富国。

由于哥伦布犯下的这个错误，印度这个名字自此之后便与国运不济之国挂上了钩。当最终发现新印度与旧印度全然不同时，印度才得以正名：前者被叫做西印度，后者被叫做东印度，以示区别。

但对于哥伦布来说，非常重要的一点就是，无论他发现的是什么样的国家，他都必须向西班牙宫廷进行陈述和展示。而在当时的情况下，没有什么能比一国特有的动植物产品更能证明该国的物产富裕程度了。

科里是圣多明各体型最大的一种胎生四足动物，它个头介于老鼠和兔子之间，布丰先生认为它和巴西的阿帕里亚是同类动物。[③] 科里这个物种的数量似乎从来都不甚繁多，据说西班牙人的猫和狗很早以前几乎将它们消灭殆尽，还有几种体型更小的物种也是如此。不过，这些动物与一种叫做伊万拉或伊关拉的大蜥蜴是当地所能出产的最主要的动物性食物。[④]

当地居民的植物性食物，虽然由于农业的落后而不甚丰富，但也不会像动物性食物那样匮乏。有玉米、芋、马铃薯、香蕉和一些其他植物，这些东西对于当时的欧洲来说是很陌生的，而且被发现后也从来没有引起欧

---

① 在 I. viii. 24 中也提到过马可・波罗。

② "Ce fut arors, plus que jamais, que Christophe Colomb se persuada que son Isle Espagnole était la veritable Cipango de Marc-Paul de Venise, et la suite sera voir combienil eut de peineà revenir de cette erreur, s'il en est même jamais bien revenu." (F. X. de Charlevoix, *Histoire de l'isle espagnole ou de S. Domingue* (Paris, 1730), i. 99.)

③ 参见布丰《自然史》，1797 年，第 9 卷，第 306～307 页。在 1755 年写给《爱丁堡评论》的信中，斯密提到，"两位举世闻名的绅士——布丰先生和多邦东先生——正在致力于研究一个全面的自然史体系"。

④ 参见沙勒瓦：《圣多明各历史》，第 1 卷第 27 页及第 35 至 36 页。

洲人的重视，或者说欧洲人从未把它们视为与欧洲自古以来所栽种的谷类和豆类地位相当的粮食来对待。①

当然，棉花是一种非常重要的制造业原材料，这对当时的欧洲人来说无疑是那些岛上最具价值的植物性产出了。在15世纪末，尽管欧洲各地非常喜欢东印度的平纹细布（一种薄细的棉布——译者注）和其他棉织品，
561 但欧洲各地都没有自己的棉织业，因此，即便是棉花这样的物产，在当时的欧洲人眼中也不是十分重要的。

由于在这些新发现的国家找到的动植物都不足以证明这些国家的重要性，因此哥伦布将视线转移到了它们的矿产上。他自鸣得意地认为，矿产的丰裕度能够完全弥补动植物资源的微不足道。他看到当地居民喜欢用金片来装饰衣服，并听他们说经常能从山上流下的溪水或急流中找到金子。这足以让他相信，那些层峦叠嶂的山脉中蕴藏着无限丰富的金矿。因此，圣多明各就被描述成一个盛产黄金的国家，并据此被认为是西班牙国王及其王国一个取之不尽的财富源泉（那时的观点普遍如此，即便是在当前，这样的偏见依然盛行）。当哥伦布完成他的首次航行返回西班牙时，他受到了卡斯提尔（古代西班牙北部一王国——译者注）和阿拉贡（西班牙北部地方——译者注）国王的接见，这赋予了他某种凯旋者的荣耀。他所发现的那些国家的主要物产都由隆重的仪仗队抬着走在他前面。其中有价值的东西只有一些小的金发带、金手镯、金饰品和几捆棉花。剩下的都是一些不值钱的新奇玩意儿：个头巨大的芦苇、一些长着艳丽羽毛的鸟和几张装满填充物的大鳄鱼皮和大海牛皮。走在最前面的是六七个可怜的土著人，他们颇具异域风情的肤色和相貌极大地增强了展示的新奇性。

哥伦布的展示结束后，卡斯提尔议会决定占领这些毫无自卫能力的国家。让当地人皈依基督教的伪善目的，为这一非正义的计划披上了神圣的外衣。而希望在那里找到黄金宝藏是促使它这样做的唯一动机。② 为增加这一动机的分量，哥伦布提议，将在那里找到的所有金银的一半上交王室。这个提议自然得到了议会的认可。

最初的冒险家输入欧洲的黄金，只要其中的大部分或全部都是以掠夺毫无抵抗能力的土著人这种极其容易的方法获得的，那么即使缴纳重税（即前文所述一半所得上交王室——译者注）也难不倒他们。但是，一旦土

① 在 I. xi. b. 41 中，斯密对马铃薯的营养状况进行过评论。

② 在 I. xi. c. 36 以及 IV. i. 2 中都提到了西班牙开辟殖民地的动机是寻找黄金。

著所拥有的黄金被掠夺干净——在圣多明各和被哥伦布发现的其他地方，6
到 8 年的时间里就出现了这种状况——为了获得更多的黄金就必须去开采金 562
矿，此时再要他们缴纳重税就不可能了。据说重税的实施曾使冒险家完全抛弃了圣多明各的矿山，并且自那之后那些矿山再也未被开采过。于是金税很快由金矿总产量的二分之一下降到三分之一，接下来是五分之一、十分之一，最后降为二十分之一。银税在很长一段时间都保持在总产量的五分之一，直到 18 世纪才减少到十分之一。[①] 但第一批冒险家似乎对白银没有太大的兴趣。在他们眼中，没有什么比黄金更为宝贵。

在哥伦布之后探索新世界的其他西班牙冒险家们似乎怀抱着同样的动机。[②] 正是出于对黄金的神圣渴望，奥伊达、尼克萨、瓦斯科·努格尼斯·德·巴尔博一路航行到了达里安海峡，科特兹到达了墨西哥，阿尔玛格罗和皮萨罗到达了智利和秘鲁。当这些冒险家到达任何一个未知海岸时，他们首先询问的总是这个地方能不能找到黄金。他们会根据他们获得的与此相关的信息来决定去留。

在所有费用高昂、风险莫测并会导致大部分参与者破产的冒险项目中，或许没有哪一个比寻找新的金银矿更具毁灭性的了。它好比是这个世界上中奖概率最低的彩票，或者说是中奖者所得与未中奖者所失最不成比例的彩票[③]：尽管只有极少数人能中奖，大多数人空手而归，但参与者通常要拿全部身家参与这项活动，其代价是很高的。采矿项目不仅不能收回采矿资本并提供相应的利润，而且还常常会侵吞掉资本和利润。[④] 所以，对于想要增加本国资本的谨慎立法者来说，采矿项目是在所有项目中他最不愿予以任何特殊鼓励，或者给予超过其自身所需的更多资本的项目。事实上，是人们对自身幸运所怀有的不切实际的自信心在作怪：即使成功的可能性很小，但运气也是很有可能眷顾自己的。[⑤]

对于这类冒险活动，尽管根据冷静下来的理智和经验做出的判断总是 563
否定的，但人类贪婪的本性却通常让一些人做出相反的决定。和许多相信点石成金谬论的人一样，这些抱有能找到巨大金银矿的荒谬想法的人都是

① I. xi. c. 25，28 中有类似的观点。
② 参见 I. xi. c. 36。
③ 参见 I. xi. c. 26。
④ 参见 II. iii. 26，此处指明，不成功的项目会毁灭性地损耗资本。
⑤ 参见 I. x. b. 27，此处指明，“获益的机会显然被高估了”。

被一种强烈的激情冲昏了头脑。他们没有认识到，这些金属的价值之所以能在历朝历代的各个国家不断上升，主要是由于它们具有稀缺性。而这种稀缺性又是由于其自然储量极少，并且被包在坚硬和难以加工的物质当中，从而挖掘并获得这些金属所必需的劳动和费用就很多。[①] 他们自以为是地认为，这些金银矿脉在许多地方就像通常被发现的铅矿、铜矿、锡矿或铁矿那样分布广泛且蕴藏量丰富。沃尔特·雷利爵士关于埃尔多拉多黄金城和黄金国的梦想[②]足以让我们相信，即便是智者也难免会有此类奇异的幻想。这位伟人去世一百年后，耶稣教会会员古米拉依然相信那个奇妙国度的存在，并且极其热忱地（我敢说，还是极其诚挚地）表示，他乐于向那些能够以优厚回报答谢传道人员工作的人传播福音之光。[③]

现在看来，在西班牙人最初发现的那些国家，并没有值得开采的金银矿。首批冒险家在那里发现的金银数量，以及首次发现这些国家后就立即进行开采的那些矿山的金银蕴藏量据说均被过分夸大了。但这足以点燃他们同胞的贪欲之火。每一位前往美洲的西班牙人都期望发现一个黄金国。
564 这时，幸运女神翩然而至（尽管这种情况并不多见）。她在某种程度上实现了她的信徒们的奢望：在他们发现和征服墨西哥和秘鲁（前者发生在哥伦布第一次远征之后约 30 年的时候，后者发生在这之后约 40 年的时候）的过程中，幸运女神呈现给这些冒险者的贵金属的丰饶程度与他们所寻求的相差无几。

与东印度的通商计划带来了西印度的首次被发现。征服计划促成了西班牙人在那些新发现的国家建立殖民地。而寻找金银矿的计划又是激发冒险家们去征服这些国家的动因，但一系列非人类智慧所能预见的意外事件使得这个计划取得了比参与者所期望的更大的成功。

最初试图去美洲建立殖民地的欧洲其他国家的冒险家，也受到了相同

---

① 参见 I. xi. c. 31。参见孟德斯鸠《论法的精神》第二十一章第二十二节第 7 至 11 自然段：

> 欧洲的银钱很快就增加了一倍，而西班牙人的利润却减少了一半。他们每年就有同数量的金银减少了一半的价值……因此西班牙的船只运进同一数量的金子，就等于运进一种实际上价值减半，而所费倍增的东西。
>
> 当这样一倍又一倍地演变下去的时候，人们就看到西班牙财富弱化的因素在不断增长。

② 也可参见沃尔特·雷利：《辽阔秀美之帝国基亚拉的发现》（1596 年），哈洛编辑版本（1928 年，伦敦）第 17 页："我确信，西班牙人将马诺阿视为他们称为埃尔多拉多的基亚拉帝国的城市，这个城市是达官贵人、社会精英的天堂，它远超过世界上任何其他城市，至少要比西班牙所知道的世界上的其他城市要好很多。"

③ 参见古米拉：《奥里诺科河的自然文化史与地理》，1758 年，尤其是第 2 卷第 130 页至第 142 页。

动机的鼓舞，只是他们没那么成功罢了。巴西在被建立第一批殖民地一百多年后才在当地发现了金矿、银矿或钻石矿。而在英国、法国、荷兰和丹麦的殖民地，迄今尚未发现类似的矿藏，至少没有发现目前看来有开采价值的矿藏。英国在北美的第一批殖民者主动提出将其所发现金银总量的五分之一上交国王，以此获得国王颁发的特许执照。因此，在国王颁发给沃尔特·雷利爵士、伦敦和普利茅斯相关公司以及普利茅斯议会的执照（或特许状）中，都写明了全部金银的五分之一归国王所有这一点。为实现发现金银矿的热望，第一批殖民者也去寻找通往东印度的西北通道。不过，迄今为止他们的愿望没能实现。

Ⅳ.ⅶ.b　第二节　论新殖民地繁荣的原因

文明国家的殖民地——大多土地荒芜，或者人烟稀少，当地人很容易接受新来殖民者的统治——要比任何其他社会更快地迈向繁荣和富强。

殖民者带来的农业知识和其他有用技艺，比当地未开化的野蛮民族在数百年间自发形成的要先进得多。[①] 他们还带来了尊卑从属的习惯，他们所 565
在国家政府的常规运作理念、支持政府有效运行的法律体系以及常规的司法执行系统。他们自然也会在新殖民地建立某些类似的东西。[②] 但在这些未开化的野蛮民族中，在保护殖民者自身所必需的法律和政府已经建立起来以后，法律和政府的自然发展进程还是要慢于技艺。每一位殖民者获得的土地数量远远超过了他所能耕种的数量。他不必支付租金，几乎不用纳税。[③] 没有地主分享他的劳动成果，国王分享的那一份通常也很少。他有强

---

① V. i. b 描述了法律和政府在这些原始民族中的自然进程，III 对其后来的发展进行了介绍。尤其要参看 ED 5.2，其中指出最重要的促进因素是获取资本的困难和发明的缓慢发展。在这里斯密也发表了一个有趣的观点，即“一个国家自身所处的境况并不总能保证它能够模仿和复制其更加富庶的邻国的发明和改进；对这些发明和改进加以应用通常要求它具备自身所不具备的资本”。

② 斯密在 IV. vii. b. 51 中对由英国殖民地的特殊制度所带来的特定好处进行了评论。在《论法的精神》第十九章第二十七节第 35 自然段中提及英国时，孟德斯鸠评论道：“由于人们喜欢将他们所建立起来的东西引进到其他地方，因此他们就给殖民地的人民带去了他们的政府形式；这种政府为当地人民带去了繁荣的希望。”

③ 参见 III. ii. 20，斯密在此处对不存在租金支付带来的益处进行了评论。也可参见 III. i. 5。

烈的动机来提高土地作物的产量，因为他能将这些产物几乎全部据为己有。但他拥有的土地如此广阔，以至于即使拼尽自己和能雇用到的其他人的全部辛勤劳动，他也不能让自己所拥有土地的产能发挥出十分之一的潜力。因此，他急于从各方寻找劳动力，并以最优厚的工资回报他们。但优厚的工资加之充足低廉的土地会让这些劳动力很快离开，为的是自己成为地主。优厚的劳动报酬有效促进了结婚生育。当孩子年幼时，他们得到了精心的喂养和悉心的照顾；当孩子长大后，他们劳动产生的价值远远超过了抚养他们的费用。成年后，高昂的劳动价格和低廉的土地价格使得他们能够像他们的父辈那样以相同的方式成家立业。①

在其他国家，地租和利润几乎将工资的空间挤压到最小的程度，因为两个上层阶级压迫下层阶级。但在新殖民地，两个上层阶级受利益的驱动，不得不更加慷慨和仁慈地对待下层阶级；至少新殖民地的下层阶级并没有被当做奴隶看待。肥沃的荒地几乎不用花什么钱就能获得。地主通常也是荒地的耕作者，他希望通过劳作来增加收入，这种收入就构成了他的利润。
566 在这种情况下，利润一般极为丰厚。但如果不能雇用其他人来开垦和耕种土地，那么地主就无法取得这种丰厚的利润。新殖民地的土地如此之广袤，人口如此之稀少，这让地主很难获得他想要的这种劳动。因此，他不计较工资，愿意高价雇用劳动。劳动的高工资促进了人口的增加。价格低廉且数量巨大的良田有待改良，也使得地主能够支付得起高工资。② 在新殖民地，工资几乎构成了土地的全部价格。尽管作为劳动的工资是很高的，但如果把这一工资看做如此珍贵的土地的价格，那么它们就是相当低的了。高工资促进了人口的增加和土地的改良，从而也促进了新殖民地真实财富的增加。

因此，许多古希腊殖民地走向繁荣富强的进程看来也是非常迅速的。在一到两个世纪的时间里，好几个古希腊殖民地就已经达到甚至超过了其母邦的发展水平。无论从哪个方面来说，西西里的塞拉库西（syracuse）和阿格里琴托（Agrigentum）、意大利的塔伦图（Tarentum）和洛克里（Locri）、小亚细亚的埃弗赛斯（Ephesus）和密里图斯（Miletus）看起来

① 斯密在 I. viii. 23 对美洲儿童所起的重要作用做出了评论。

② I. ix. 11 指出，高工资和高利润只有“在新殖民地这种特殊情况下”才会出现。

至少都可与古希腊的任何一个城邦平分秋色。[①] 尽管殖民地建立的时间要比母国的城邦晚，但殖民地在诸如哲学、诗歌以及雄辩术等所有的艺术形式上都丝毫不逊色于母国的各城邦，无论是从这些艺术形式形成的时间来说还是从它们所达到的发展水平来说都是如此。[②] 值得一提的是，两个最古老
的希腊哲学学派——泰勒斯（Thales）学派和毕达哥拉斯（Pythagoras）学 567
派——并不是在古希腊成立的。它们一个成立于亚细亚殖民地，另一个成立于意大利殖民地。所有那些殖民地都建立在居住着野蛮未开化民族的地方，因此新殖民者很容易取得这些地方的控制权。新殖民者拥有大量的良田，而且由于他们完全独立于母邦，所以他们能自由决定以最有利于自身利益的方式来管理殖民地的事务。

罗马殖民地的历史远不如希腊这般辉煌。诚然，罗马的某些殖民地，如佛罗伦萨，经过几代人的努力，在母国（或母邦）衰落以后成长为规模巨大的城邦。但罗马的殖民地似乎没有一个发展得非常迅速。它们都建立在被征服的地方，这些地方大多数已住满了居民。分配给每一位殖民者的土地都不够大，而且由于殖民地不独立，殖民者通常不能自由地按照最符合自身利益的方式来管理殖民地的事务。

---

① 转引自《天文学史》第三章第 4 自然段（Astronomy，Ⅲ.4）："希腊和希腊在西西里、意大利和小亚细亚的殖民地是西方国家中最早达到文明社会的国家。因此，第一批我们对其学说有清晰记录的哲学家在这些国家出现不足为怪。"在《修辞学及纯文学讲义》第二章第 117 至 119 页，洛西恩编辑版本第 132 至 133 页（LRBL，ⅱ.117－19，ed. Lothian 132－3）谈论雅典历史时，斯密评论到，殖民地的哲学和艺术在某个阶段达到了一种"完美"状态：

> 母国对此甚至还一无所知。在波斯远征之前，泰勒斯在密里图斯执教，毕达哥拉斯执教于意大利，阿克拉加斯（Empedocles）则在西西里。从那时起，已在殖民地培植起来的商业开始在欧洲大陆兴盛起来，财富、艺术也随之呈现出欣欣向荣的景象。米提利尼的高尔吉亚（Gorgias）是第一个将雄辩术引入希腊的人。据说他在他祖国的大使馆发表演讲时气度非凡，措辞铿锵有力，现场听众无不为之倾倒。从那时起，雄辩术开始在希腊生根发芽，并很快得到了富庶的希腊各城邦的有力支持……

② 斯密在《修辞学及纯文学讲义》第二章第 115 页，洛西恩编辑版本第 131 至 132 页给出了一个类似的观点："商业和财富通常是推动艺术发展、改善各种形式事务的前提……在居民富裕程度高的城市，居民乐享生活的各种便利，进而培养艺术情操，追求更为完善的行为举止。"他还在《天文学史》第三章第 3 自然段中指出，处于野蛮状态的人只会迷信地思考问题："但当法律确定了秩序和安全，生存不再岌岌可危时，人类的好奇心就会增加，他们的恐惧感就会消失。他们闲暇之时便会更加关注自然现象、它们的微小不规则之处，以及是什么将这些微小的不规则连接在一起的。"这一点与休谟在《艺术和科学的起源与进展》一文中的观点不谋而合。休谟在这篇文章中指出："法律带来安全；安全催生好奇；好奇激发知识。"（*Essays Moral*，*Political*，*and Literary*，ed. Green and Grose，ⅰ.180.）

从良田的丰裕度上看，欧洲在美洲和西印度建立的殖民地与希腊的类似，有时甚至还远超后者。[①] 从对母国的依赖度上看，欧洲在美洲和西印度建立的殖民地与古罗马的类似；不同之处在于这些殖民地远离欧洲，这多多少少会减轻这种依赖造成的影响。它们所处的地理位置使得它们更少受到母国的监视和统治。它们以自己的方式追求自身的利益，在此过程中，它们的行为在很多情况下遭到了忽视，这要么是因为欧洲的母国不知情，要么就是因为其对真相不了解。而在某些情况下，欧洲的母国只能委曲求全，因为遥不可及的距离让其很难掌控殖民地的一切。甚至像西班牙这样残暴和专制的政府在很多场合下也不得不收回或者柔化它向其殖民地政府发出的命令，以免引起大规模的暴动。因此，所有欧洲殖民地在财富、人口和改良方面取得了很大的进步。

自西班牙第一批殖民地建立之日起，西班牙王室就通过占有它们的一部分金银来获取收入。这种收入具有激发母国更大贪欲的性质。因此，自建立之日起，西班牙殖民地就一直备受母国关注；与此不同的是，其他欧
568 洲国家的殖民地在很长一段时间内在很大程度上遭到了母国的忽视。也许，前者并未因为这种关注而更为繁荣，后者也并未因为这种忽视而更为衰败。按照所拥有的土地面积比例来说，西班牙殖民地不如其他欧洲殖民地那般人丁兴旺、欣欣向荣。但在人口增长和土地改良方面，西班牙殖民地取得的进步都是非常迅速和巨大的。据乌罗阿所言，在征服后建立起来的利玛（Lima）市 30 年前只有 5 万人[②]，只是印第安一个小村落的基多（Quito）在他那个时代就拥有和利玛市相同的人口。[③] 虽然克麦利卡勒里（Gemelli Carreri）是一个冒牌旅行家[④]，但他对各地的记述都是根据完全可靠的信息完成的。据他记载，墨西哥城当时就有 10 万居民。所以，无论西班牙作家如何夸大事实，这个数字也要比该城在蒙特祖玛时期的居民数大 5 倍以上。它也远远超过了英国殖民地三个最大城市波士顿、纽约和费城的居民总数。在墨西哥和秘鲁被西班牙人征服以前，那里没有适宜负重的牲畜。无峰驼（lama）是那里唯一的驮畜，但它的力气似乎与一头普通的驴子差很远。那

---

① I. xi. g. 26 指出，富饶且低廉的良田对“所有新殖民地来说是一种常见的情况”。

② 参见 I. xi. g. 26，那里指出居民数“超过 5 万人”。

③ 这里给出的基多人口在“5 万到 6 万人之间”。胡安和乌罗阿：《南美航海史》，第 1 卷，第 229 页，约翰·亚当姆斯译，第 1 卷，第 262 页。

④ 卡芮：《环球航行》，出自昂沙姆和约翰·丘吉尔：《航行和旅游大全》（伦敦，1704 年）第 4 篇，第 508 页。

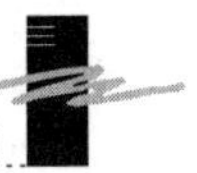

里的人们不知道犁为何物，不会使用铁器。他们既没有铸币，也没有任何固定的通商媒介。他们的贸易是通过以物易物来进行的。一种木质的铲子是他们的主要农具，尖石就是他们用来砍劈的刀斧，鱼骨和某些动物的坚腱是他们用来缝补衣服的针。所有这些似乎构成了他们的主要交易工具。在这样的状态下，那些帝国当然不能像现今这般进步，土地也当然不能像现今这般耕种得如此之好了。现今，那些帝国已有各种欧洲牲畜，已会使用铁器和耕犁，并已采用多种欧洲技术。但每个国家的人口密度必须与其发展和开垦的程度成比例。尽管征服之后对土著人进行了残酷的灭杀，但这两个大帝国现在的人口仍比以前要多，而且人种也发生了改变。我认为我们必须承认，西班牙裔的克里奥尔人在很多方面的表现都要优于古印第 569
安人的后裔。

除西班牙人的殖民地外，葡萄牙人在巴西的殖民地算得上是欧洲人在美洲最早建立的殖民地了。但由于发现巴西后很久都没找到金银矿，国王从殖民地几乎不能获取收入或者只能获取很少的收入，所以很长一段时间内殖民地在很大程度上遭到了忽视。而正是在这个被遗忘的时期里，殖民地发展壮大起来了。在葡萄牙还受西班牙统治时，巴西遭到了荷兰的侵袭，荷兰占据了巴西 14 个省中的 7 个。荷兰人本来还想夺取其他 7 个省，但不久葡萄牙就恢复了独立，布拉甘查（Braganza）家族上台执政。当时作为西班牙人敌人的荷兰人，变成了葡萄牙人的朋友，葡萄牙人也因此成为西班牙人的敌人。这样一来，荷兰人同意把巴西其余未被征服的那 7 个省留给葡萄牙；葡萄牙人也同意把巴西已被征服的 7 个省留给荷兰。当时两国交好，自然不会因此发生争执。但是荷兰政府不久就开始压迫葡萄牙殖民者。这些殖民者并不满足于发牢骚，而是拿起武器反抗他们的新主人。虽然未曾得到母国公开的援助，但在母国的默许之下，他们靠自己的勇猛和决心把荷兰人赶出了巴西。鉴于自己不可能再保留巴西的任何一寸土地，荷兰人同意把巴西全部归还给葡萄牙国王。[①] 据说这个殖民地有 60 多万居民，其中有葡萄牙人、葡萄牙人的后裔、克里奥尔人、黑白混血儿以及葡萄牙人和巴西人生出的后代。在美洲，没有哪个殖民地像巴西这样拥有如此众多的欧洲血统。

在 15 世纪末以及 16 世纪的大部分时间里，西班牙和葡萄牙一直并称海

① 这发生在 1654 年。

上两大霸主。威尼斯虽与欧洲各地通商，但它的舰队却不曾驶出过地中海。由于西班牙人是美洲的最初发现者，所以他们认为整个美洲都是他们的。虽然西班牙不能阻止像葡萄牙这样的海军强国出海远行占领巴西，但大部分其他欧洲国家对西班牙是闻风丧胆，都不敢在美洲大陆建立殖民地。法国人曾企图在佛罗里达建立殖民地，但是失败了。但自从西班牙所谓的无敌舰队在 16 世纪末被打败以后，西班牙的海军力量就开始走下坡路，其再
570 也无力阻拦其他欧洲国家在美洲建立殖民地了。如此一来，在整个 17 世纪期间，所有有海港的大国，如英国、法国、荷兰、丹麦和瑞典等都希望在新世界建立它们的殖民地。

瑞典人在新泽西建立了殖民地。现今仍可以在那里找到不少瑞典家族，这足以证明如果一个殖民地能够得到母国的保护，那么它就可能繁荣起来。但由于没有受到瑞典的重视，新泽西很快就被荷兰人的纽约殖民地所吞并。而荷兰人的纽约殖民地则于 1674 年落入英国人手中。[①]

圣托马斯（St. Thomas）和圣克罗斯（Santa Cruz）这两个小岛是丹麦人曾在新世界拥有的全部殖民地。这两个小殖民地由一家专营公司统治。只有这家公司有权购买岛上殖民者的剩余产品，并向他们提供所需的外国货物。因此，在买卖过程中，这家公司不仅有权力压迫他们，而且有最强烈的动机去这样做。对任何一个国家来说，商人专营公司的统治或许是最糟糕的统治。[②] 然而这并不能阻止殖民地的发展，只是会延缓其发展进程罢了。丹麦前国王下令解散了这家公司，自此之后这两个殖民地又好又快地发展起来。

荷兰在西印度和东印度的殖民地原来都由一家专营公司统治。因此，这些殖民地中的一些虽与建立已久的旧殖民地相比取得了很大的进步，但与大多数新殖民地相比，它们前进的步伐显得有些缓慢。苏里南（Surinam）殖民地虽然发展得相当不错，但仍不如其他欧洲国家的大部分蔗糖殖民地。现已分为纽约和新泽西两个省的诺瓦·伯尔基亚（Nova Belgian）殖民地即便仍处于荷兰政府的统治下，也可能很快会发展得引人注目。良田的丰饶和低廉能极大地促进国家的繁荣[③]，即使是最糟糕的统治也很难完全

---

① 新阿姆斯特丹（即后来的纽约）1664 年被英国人占领，1667 年在《布雷达协议》下被割让给英国人。荷兰 1673 年重新夺回纽约，但 1674 年又被英国人夺走了统治权。

② 参见下文 IV. vii. c. 103，这里指出商人专营公司似乎“不能胜任统治者的角色”。

③ 参见 II. v. 21 以及 III. iv. 19。

限制其作用的发挥。远离母国也使得殖民者可以通过走私，或多或少地逃避专营公司所乐享的有损于他们利益的垄断。当前，这家公司允许所有荷兰船只在按照货物价值的2.5%纳税并取得许可证后，与苏里南通商，但保 571
留非洲与美洲直接贸易的独家经营权，这种直接贸易的内容几乎全是奴隶买卖。公司专营特权的放松大概是这个殖民地现在能如此繁荣的主要原因。库拉索亚（Curacoa）和尤斯特沙（Eustatia）这两个属于荷兰的大岛是对所有国家船只开放的自由港。由于周围条件较好的殖民地的港口仅对某一国开放，所以这种自由成为了这两个贫瘠岛屿繁荣发展的主要原因。

在17世纪的大部分时间和18世纪的部分时间里，法国在加拿大的殖民地也由一家专营公司统治。在这样一种极端不利的管理之下，该殖民地所取得的进步与其他殖民地相比必然十分微小。但在所谓的密西西比计划（the Mississippi scheme）宣告失败以及这家专营公司解体后，该殖民地迅速发展起来。[①] 当英国人接管这个殖民地时，他们发现当地人口比查理瓦神父（father Charlevoix）二三十年前所描述的增加了将近一倍。[②] 这位耶稣教会会员曾游历过加拿大全国各地，不会少报当时的实际人口。

法国在圣多明各的殖民地是由海盗建立起来的。这些海盗在很长一段时间内既不要求得到法国的保护，也不承认法国的政权。尽管他们后来接受招安承认了法国政府，但他们在被招安之前很长一段时间内都享受了非常宽大的待遇。这个时期该殖民地的人口增长和技术进步都非常迅速。虽然有一段时间该殖民地和法国其他殖民地一样遭到了专营公司的压迫，并因此导致其发展受阻，但其进步并未因此而停止。一旦从那种压迫下解脱出来，它繁荣的进程就立马得以恢复。它现在已成为西印度最重要的蔗糖殖民地。其产量据说比全部英属蔗糖殖民地的总产量还要大。除圣多明各以外，法国的其他蔗糖殖民地也大多发展得欣欣向荣。[③]

然而，没有一个殖民地的发展速度能比得上英国在北美的殖民地。

富饶的良田，以及按照自己的方式来管理自己事务的自由，这似乎是 572
所有新殖民地能够繁荣发展的两大主要原因。

---

① 参见II. ii. 78，斯密在此处以及本节第24自然段对该计划的“真实基础”进行了讨论。

② F. X. 得·夏勒瓦：《新西兰的历史和概况，附北美航行历史志》，1744年，第2卷，第390页：“…il est evident，qu'il ne peut ê re assez considérable，pour faire vivre une Colonie de vint à vint-cinq mille Ames，et pour fournier à ce qu'elle est obligée de tirer de France.”

③ 斯密在I. xi. b. 32评述了对糖的需求程度，在III. ii. 10对从事制糖业的英国殖民地所取得的高利润进行了评论。

从良田的丰裕度上看，英国在北美的殖民地无疑是天赋异禀。但与西班牙和葡萄牙的殖民地相比，它稍显逊色。它甚至比不上上次战争前法国的某些殖民地。但相对于这三个国家的任何一个殖民地的政治制度而言，英国殖民地的政治制度更有利于土地的改良和耕作。

首先，虽然对未开垦土地的大量独占行为在英国殖民地没能得到全面禁止，但这种行为比在其他殖民地受到更多的限制。殖民地的法律规定，每一位土地的所有者必须在一定时间内对其所占有的土地进行一定比例的改良和耕种。如不履行义务，则这部分土地将被转让给其他人。该规定尽管没有得到严格的执行，但还是起到了一定的作用。

其次，宾夕法尼亚没有实行长子继承制，土地像动产一样平均分配给家中的所有子女。[①] 在新英格兰的三个省里，长子也只能像摩西律里所规定的那样得双份。所以，在那些省，尽管有时个别人可能一时能够独占大片土地，但经过一两代后，这些土地可能又被重新分割。的确，在其他英属殖民地存在长子继承制，正如英国法律所规定的那样。在英国的所有殖民地，可自由租佃的土地占有权使得土地易于转让；大块土地的领受人大都发觉，从自己的利益出发应该尽快将自己的大部分土地转让出去，自己只保留一小块免役租的土地。在西班牙和葡萄牙的殖民地，对所有附有爵位称号的大片土地的继承都遵循所谓的长子继承制。这些大片土地全归一人所有，实际上就是限定继承，禁止转让。的确，法国殖民地沿袭了巴黎的习俗，其法律在土地继承上比英国法律更有利于年幼的孩子。但在法国殖民地，如有任何一部分拥有骑士尊号的贵族保有地（骑士以及具有一定社会地位的人拥有的土地）被转让，那么在一定期限内，领主的继承人或家族继承人有权赎回。而所有的大片地产都属于这种贵族保有地的状况必然会对土地的转让造成阻碍。但在新殖民地，大片未开垦的地产通过转让进
573 行分割的速度可能比通过继承方式进行分割的速度来得快。前文已指出，丰饶而低廉的良田是新殖民地迅速实现繁荣发展的主要原因。[②] 而对土地的独占实际上破坏了它这种丰饶且低廉的状态。此外，对未开垦土地的独占是对土地进行改良的最大障碍。用于改良和耕作土地的劳动为社会提供了

① 斯密在 III. ii. 3 对长子继承制的起源进行了评论，在 III. iv. 19 对长子继承制对欧洲土地买卖产生的影响与其在美洲的情况进行了对比。

② 例如，可参见本节第 3 自然段以及 I. ix. 11。

数量最多、价值最大的生产物。[①] 此时，劳动的生产物不仅支付了其自身的工资以及投入资本的利润，而且还支付了其所耕种的土地的地租。因此，与其他三个国家的任何一个殖民地的殖民者相比，英国殖民者将其劳动更多地用于土地的改良和耕作，从而能够提供数量更多、价值更高的生产物。其他三国的殖民地由于土地被独占，劳动或多或少地被用于其他用途。

再次，不仅英国殖民者的劳动可能提供更多且更有价值的生产物，而且由于税收适度，生产物的大部分都归他们自己所有，殖民者可将其存储起来以维持后续更多劳动力的投入。[②] 英国殖民者从未对母国的国防或行政开支有过任何贡献。相反，他们迄今为止的防卫费用几乎全部是由母国负担的。但问题是，维护海陆军的费用远远超过了必要的行政开支。英国殖民者在行政方面的开支一直比较合理，通常只包括总督、法官和部分警官的适当薪俸，以及少数最有用的公共设施的维护费用。在当前这次动乱之前，马萨诸塞湾的民事机构的费用通常一年只有 18 000 镑。新汉普郡和罗得岛的民事机构的费用一年均为 3 500 镑。康涅狄格的民事机构的费用一年为4 000 镑。纽约和宾夕法尼亚的民事机构的费用一年均为 4 500 镑。[③] 新泽西的民事机构的费用一年为 1 200 镑。弗吉尼亚和南卡罗来纳的民事机构的费用一年均为 8 000 镑。诺瓦·斯科夏和佐治亚的民事机构费用的一部分每年由英国议会拨款。除此以外，诺瓦·斯科夏每年还要支付殖民地的公共费用 7 000 镑，佐治亚则是每年支付2 500镑。简而言之，除马里兰和北卡 574
罗来纳没有确切的记录以外，北美的所有大小行政机构在这次动乱之前每年花费当地居民不到 64 700 镑。用如此之少的费用就能管住且管好 300 万民众，不得不说这确实是一项值得传颂的功绩。但殖民地政府开支中最重要的部分——国防费用——却一直是由母国承担的。在诸如欢迎新任总督上任和召开新一届议会的场合下，殖民地政府的仪式虽然十分隆重，但并不铺张浪费。他们的教会也同样节俭。他们没有什一税（即宗教捐税——译者注）[④]，为数不多的牧师仅靠微薄的薪俸或者当地居民的捐助来维持生活。与此不同的是，西班牙和葡萄牙政府一定程度上要依靠得自殖民地的

---

① 斯密在 II. v. 12 段对农业的卓越生产力进行了评论，在那一节第 21 自然段对美洲殖民地取得快速进步的原因进行了阐释。

② 在 IV. vii. c. 12，64 以及 V. iii. 92 也出现过类似观点。

③ 本书 V. ii. a. 11 提及了宾夕法尼亚的行政开支，V. iii. 76 对整个殖民地的行政开支进行了介绍。

④ 在 III. ii. 13 以及 V. ii. d. 3，什一税都被称为土地改良的“极大障碍”。

税收来维持其运转。① 法国虽然没有从殖民地征收巨额的税收，并且这种收入也大都用在殖民地自身的事务上，但与上述两国一样，法国殖民地政府的行政开支以及各种仪式的费用与英国殖民地相比要大得多。例如，欢迎一位新上任的秘鲁总督，所花费用就往往不是一个小数目。② 这类仪式不仅要求富庶的殖民者在某些特定的场合缴纳真金白银，而且让殖民者形成了一种在所有其他场合讲究虚荣的习惯。③ 它们不仅是十分令人心痛的临时性赋税，而且有助于建立一种更加令人心痛的永久性赋税，即能让私人倾家荡产的奢华浪费。在所有这三个国家的殖民地里，教会的压迫也极为严重。这些地方都征收什一税，并且征收什一税的政策在西班牙和葡萄牙两国的殖民地执行得尤为严格。此外，这些殖民地都饱受存在大量行乞修道士的困扰，因为他们的乞讨不仅是经过特许的，而且在宗教上被认为是不可侵犯的。这对于贫苦民众来说是一项让他们的境况雪上加霜的税赋，他们一直以来受到的精心教导让他们认同如下观点：布施僧侣是应尽的义务，拒绝布施是极大的罪过。正因如此，在这三国的殖民地中，僧侣都是最大的土地占有者。

最后，在处置剩余生产物，也就是自身消费不完的生产物方面，英国
575 殖民地比其他任何一个欧洲国家的殖民地都处于更加有利的地位，拥有更为广阔的市场。欧洲其他各国都竭力或多或少地垄断其殖民地的贸易，并且出于这种考虑，禁止其他国家的船只与自己的殖民地进行贸易，也禁止自己的殖民地从外国进口欧洲货物。但各国实行这种垄断的方式却不尽相同。

有些国家将所属殖民地的贸易全部交由一家专营公司经营，规定殖民地必须通过这家公司购买它们所需的全部欧洲货物，并且将自己的剩余生产物全部出售给这家公司。因此，出于对自身利益的考虑，这家公司不仅会以尽可能高的价格出售前一种货物，以尽可能低的价格收购后一种货物，而且即便后者的价格很低，这家公司购买的数量也不会多于它以极高价格在欧洲销售的数量。④ 出于对自身利益的考虑，这家公司不仅会在所有场合

---

① 本书 IV. vii. c. 13 指出，在欧洲强国中，只有西班牙和葡萄牙以这种方式获益。

② 胡安和乌罗阿：《南美航海史》，第 1 卷第 437 至 442 页。

③ 参见 II. iii. 12，斯密在此处以及 IV. vii. c. 61 对“行为习惯”对经济活动的影响进行了讨论。

④ 在 I. vii. 27，斯密阐述了一个非常著名的命题，即“垄断价格是各种情况下所能得到的最高价格”。

压低殖民地剩余生产物的价值，而且会在许多情况下限制其产量的自然增长。在所有能够设想出来阻止一个新殖民地自然增长的方案中，最有效的莫过于成立专营公司。[①] 这就是荷兰一直奉行的政策，尽管荷兰的专营公司在 18 世纪已经放弃了很多方面的专营特权。丹麦也是直到前一任国王即位才放弃这种政策。法国间或也奉行这种政策。不过近来，自 1775 年起，欧洲很多国家由于认为这种政策不合理而将其抛弃，只有葡萄牙仍奉行这种政策，至少在巴西两大省费尔南布科（Fernambuco）和马拉尼翁（Marannon）是如此。[②]

有些国家虽然没有设立这种专营公司，但将所属殖民地的全部贸易活动限定在母国的某个特别港口，只允许船只在特定季节结队出航，或在船只有特许证（通常需要支付巨额费用才能获得）的情况下允许单艘船只出航。诚然，这种政策对母国所有居民开放了对殖民地的贸易，只要这些贸易是在适当的港口、适当的季节并使用适当的船只来进行就可以，但由于 576
将资本联合起来使用这种特许船只的商人出于自身利益的考虑将采取联合行动，因此以这种方式进行的贸易，其遵循的原则必然与专营公司十分接近。这些商人获得的利润也几乎同样是极高的和具有压迫性的。殖民地将得不到良好的商品供给，并不得不以极高的价格买进和以极低的价格卖出。直到前几年，西班牙的政策还一贯如此。传说所有欧洲货物因此在西班牙的西印度殖民地售价颇高。[③] 据乌罗阿说，在基托，铁每磅的售价约为 4 先令 6 便士，钢每磅的售价约为 6 先令 9 便士。[④] 但殖民地出售自己产物的主要目的是购买欧洲货物。因此，它们对欧洲货物出价越高，它们出售自己产品的实际所得就越少。一方的高价同时就意味着另一方的低价。在这方面，葡萄牙对除费尔南布科和马拉尼翁以外所有殖民地的政策和西班牙以往的政策相同，而对这两省它近来采取了更加严厉的政策。

---

① 例如可参见 IV. vii. c. 101。

② “对于一个在野蛮未开化时代就曾追求过竞争带来的宝贵优势的国家，在开化年代采取这样一项具有毁灭性的制度是出乎意料的——这项制度使得国家的一小部分人掌握着几乎全部的生活生产资料，让其余的人没有活路……自从 1755 年 6 月 6 日起，他们已经创建了马拉尼翁公司，四年之后，他们不是退出而是又建立了费尔南布科公司，由此他们控制了巴西的北部地区。”（G. T. F. Raynal，*Histoire philosophique*，iii. 384－5，trans. J. Justamond，ii. 434.）

③ 胡安和乌罗阿：《南美航海史》，第 1 卷第 489 和第 523 页。

④ 在基托，“取道瓜亚基尔，他们也从欧洲和危地马拉海岸进口铁和钢。尽管售价高昂——铁每公担（公制重量单位，1 公担＝100 公斤——译者注）卖到超过 100 美元，钢每公担 150 美元——但需求依然旺盛，因为农民需要用它们来制造出必备的农具”。

其他国家允许其臣民与本国殖民地自由通商。人们可以从母国的任何港口出发与殖民地进行贸易，除了海关的普通证件外，不需要任何其他特许状。在这种情况下，商人由于为数众多且分散于各地，从而不可能形成任何普遍的联合[①]，他们之间的竞争足以阻止他们获得过高的利润。在如此宽松的政策下，殖民地就能够按照合理的价格出售自己的产物和购买欧洲的货物。自从普利茅斯公司解散以来，当我国殖民地还处在幼稚时期时，这一直就是英国奉行的政策。这通常也是法国的政策，自从英国通常所称的密西西比公司解散后，法国的政策就一直如此。[②] 因此，英国和法国从与其殖民地展开的贸易中所获得的利润，虽然无疑会比让所有其他国家自由
577 参与殖民地贸易的情况下的利润要略高一些，但绝不会过高。欧洲货物在这两国大部分殖民地的价格因此也不会高得没谱。

在输出自己的剩余产物方面，英国也只是将某些殖民地商品限定在母国市场内。这些商品由于曾被列举在《航海法》[③] 以及随后一些其他法令中，所以被称为“列举商品”[④]。其他商品则被称为“非列举商品”，可以直接出口到其他国家，但要用英国或殖民地船只，船主以及四分之三的船员必须是英国臣民。

在非列举商品中，有美洲和西印度的某些最重要的出产物，包括各种谷物、木材、腌制食品、鱼类、食糖和甜酒。

谷物自然是所有新殖民地首要的种植对象。法律通过召示殖民地的谷物拥有非常广阔的市场，鼓励殖民地推广谷物的种植，使其产量大大超过一个人烟稀少国家的消费量，从而为不断增长的人口预先准备了充足的生活资料。

在一个几乎被森林覆盖的国家，木材价值极低或毫无价值。开垦土地的费用成为土地改良的主要障碍。法律通过准许殖民地的木材拥有非常广阔的市场，提高了本来价值极低的商品的价格，使殖民地能够从本来只是纯粹支出的项目中获取一些利润，以此来推动土地的改良。

在人烟稀少、开垦度低的国家，牲畜的繁殖数量自然是远远超过了居

---

① 在本书 I. x. c. 23、IV. ii. 21 以及 IV. v. b. 4 都对联合表达了类似的观点。

② 参见本节第 13 自然段以及 II. ii. 78。

③ IV. ii. 24f 有对法令条款的讨论。

④ 食糖、烟草、棉花、羊毛、靛青、生姜、菩提树染料和其他染料在查理二世第十二年第 18 号法令中被定为列举商品。

民所需的消费量，因此价值极低或毫无价值。但正如前文所述①，在任何一国的大部分土地得到改良以前，必须使牲畜的价格和谷物的价格保持一定的比例。法律通过召示美洲的牲畜无论死活都拥有非常广阔的市场，来提高这种商品的价格——牲畜的高价对于土地改良是至关重要的。然而，乔治三世第四年第 15 号法令将皮革和毛皮定为列举商品，从而降低了美洲牲畜的价值。上述贸易自由的好处遭到了该法令一定程度上的抵消。

通过发展殖民地渔业来增强我国的航运能力和海军力量，这似乎是立法机关长期以来一直追求的一个目标。② 正因如此，殖民地渔业受到了自由 578
制度所能给予的一切鼓励，从而蓬勃发展起来。尤其是新英格兰的渔业，在最近的骚乱之前，大概是世界上最重要的渔业之一。大不列颠对捕鲸业发放的奖金虽然很高③，但收效甚微：许多人认为（但我不保证）捕鲸业的产值比每年发放的奖金多不了多少。而在新英格兰，虽无任何奖金，捕鲸业的经营规模却很大。鱼是北美与西班牙、葡萄牙以及地中海沿岸各国贸易的主要商品之一。

食糖原本是列举商品，只能出口到英国。但 1731 年在甘蔗种植者的请求下，食糖被允许出口到世界各地。④ 然而，由于对这种自由施加了限制，再加上食糖在大不列颠价格高昂，这种出口自由在很大程度上失去了作用。⑤ 大不列颠及其殖民地仍然几乎是大不列颠殖民地所产全部食糖的唯一市场。食糖的消费增长得非常快，虽然由于牙买加和被割让各岛土地的不断改良⑥，食糖的进口在这 20 年内增加了许多，但出口国外的食糖据说并没有比以前增加多少。

甜酒是美洲向非洲沿海地区出口的一种非常重要的商品，能用它换回黑奴。

如果美洲各种谷物、腌制食品和鱼类的全部剩余产品都被列入列举商品范围，从而被迫进入大不列颠市场，那么就会过多地扰乱我们自己人民

---

① 参见 I. xi. b. 7－9 以及 I. xi. l. 1－3。

② 例如，可参见 II. v. 30 以及 IV. v. a. 27。

③ 参见 IV. v. a. 26。IV. v. a. 28f 提及对鲱鱼业的奖金。乔治三世第二年第 38 号法令（1771 年）批准了奖金的发放。

④ 乔治二世第十二年第 30 号法令（1738 年）准许来自殖民地的食糖自 1739 年开始直接运往外国港口。然而，非驶往菲尼斯特雷角以南各地的船只，均被迫开往大不列颠的某一港口。

⑤ 参见 I. xi. b. 32，斯密在此对食糖的需求水平做出了评论。

⑥ 本书 V. iii. 46 中写明，政府从割让岛屿的交易中获得了 95 500 英镑的收入。

的劳动产物。也许并不是出于对美洲利益的考虑，而是出于对这种干扰的担忧，那些重要商品不仅没有被列入列举商品范围，而且一般情况下法律还禁止除大米以外的一切谷物以及腌制食品进口到大不列颠。[①]

579 非列举商品最初能向世界各地出口。曾一度被列为列举商品的木材和大米后来又被列为非列举商品，但只限于出口到菲尼斯特雷角以南的欧洲各国。[②] 根据乔治三世第六年第 52 号法令[③]，所有非列举商品都受到同样的限制。菲尼斯特雷角以南的欧洲各国都不是制造业国家，所以我们不太担心殖民地的船只会从那里带回可能妨碍我国制造业的商品。

列举商品分为两类。第一类是美洲特有的物产，或者是母国不能生产的商品，至少也是母国当前不生产的商品。这类产品有蜜糖、咖啡、可可豆、烟草、红胡椒、生姜、鲸须、生丝、棉花、海狸皮以及其他各种美洲毛皮、靛青、菩提树和其他各种染色树木。第二类不是美洲的特有物产，母国也能生产，但母国的产量只能满足一小部分需求，大部分还是要靠外国来供应。这类产品基本都是海军用品，如桅杆、帆桁、牙樯、松脂、松柏油、松节油、生铁、铁条、铜矿石、生皮、皮革、锅罐和珍珠粉。第一类商品即便进口再多也不会妨碍母国任何产物的生产和销售。通过将这类商品限定在本国市场上销售，我国商人不仅能从殖民地低价买进、在国内市场高价卖出这类商品，而且还能在殖民地和外国之间开展一种对自己有利的转运贸易（carrying trade）[④]，因为作为首先输入这些商品的欧洲国家，英国必然成为贸易的中心或总市场。有人认为，对于第二类商品的进口也应照此进行，使其不妨碍本国同类商品的销售，而只是妨碍从外国进口的同类商品的销售。这是因为通过征收适当的关税，这类商品的价格必然会比本国同类商品高一些，但比从外国进口的要便宜得多。因此，限制这些商品只能在本国市场销售，其目的不是要打击英国相关商品的生产，而是要阻碍某些其他国家相关商品的生产——它们与英国之间存在不利于英国利益的贸易差额。

---

① 参见前文 III. iv. 20、IV. ii. 1、IV. ii. 16、IV. v. a. 23、IV. v. b. 33、IV. v. b. 37 以及后文 V. ii. k. 13。

② 大米在乔治二世第三年第 28 号法令（1929 年）中被定为非列举商品，木材则是在乔治三世第五年第 45 号法令（1765 年）中被定为非列举商品的。也可参见 IV. iv. 10 以及 IV. vii. c. 63 的内容。IV. vii. c. 15 以及 IV. viii. 40 也对列举商品进行了讨论。

③ 乔治三世第六年第 52 号法令（1766 年）。

④ 该术语的定义参见 II. v. 24。

禁止殖民地将桅杆、帆桁、牙樯、松脂和松柏油出口到除英国以外的任何其他国家自然会降低木材在殖民地的价格，从而增加开垦土地的费用，因为树木是殖民地土地改良的主要障碍。但在18世纪初的1703年，瑞典的松脂柏油公司规定，公司的产品必须由它自己的船只运送，自主定价，并以它认为适当的数量输出，否则禁止相关商品的出口；该公司试图以此提高其出口到英国的松脂柏油产品的价格。① 为抵抗这一引人注目的商业政策，并使自己尽可能不仅不依赖瑞典，而且不依赖所有其他北方强国，英国采取了对从美洲进口的海军用品发放奖金的举措。② 这种奖金的发放起到了提高美洲木材价格的作用，其程度大大超过限定木材只能销往国内市场所造成的降低木材价格的作用的程度。由于这两项规定是同时颁布的，其共同的作用是鼓励而不是干扰美洲土地的开垦。 580

虽然生铁和铁条是列举商品，但由于它们从美洲进口时可免缴从其他国家进口时所课征的重税，所以规定中的部分内容起到了鼓励在美洲建立制铁厂的作用。虽然规定中也有部分内容起到了阻碍作用，但总体而言，鼓励大于阻碍。③ 因为没有一种制造业能像熔铁炉那样消费大量的木材，或者能像熔铁炉那样促进树木过于繁茂的地方的土地开垦。④

这些规定中有些会提高木材在美洲的价值，从而促进土地的开垦。不过，这既非立法机关的本意，也不为立法机关所理解。尽管从这个角度来看，这些规定产生的利好效应纯属偶然，但其并不因此而不真实。

在列举商品和非列举商品两方面，英国对英属殖民地和西印度之间的贸易给予了完全的自由。这些殖民地现在人口稠密、兴旺发达，因此每一个殖民地都能在其他殖民地为自己的产品找到广阔的市场。所有这些殖民地结合在一起，对于彼此的产品就形成了一个巨大的内部市场。

然而，英国对所属殖民地贸易实行的宽松政策主要限于原材料或初级 581

---

① 安德森：《商业的起源》（1764年），第二章，第238页。

② 安妮女王第三年和第四年在《王国法令》中颁布的第9号法令（1704年），详见第八章第354至356页；安妮女王第三年和第四年在罗夫汉版本的《王国法令》中颁布的第10号法令。参看下文IV. viii. 7。

③ 乔治二世第二十三年第29号法令（1749年）。"该法令鼓励从美洲进口生铁和铁条；禁止建立任何切割或辗压铁条的作坊，或者任何使用抡锤的铁匠铺，或者任何制造铁的熔铁炉"。参见IV. vii. b. 42以及IV. viii. 3。

④ 本书I. xi. c. 5中提到，在北美很多地方，地主"会对任何能带走大部分他所拥有的树木的人感激不尽"。本书V. ii. k. 12中提到，在英国钢铁生产中，煤是必要的投入品。

加工品。对于殖民地比较高级或比较精致的制造品制造业，英国的商人和制造业者选择将其留给自己，说服立法机关有时用关税，有时用绝对禁止的办法阻止其在殖民地建立。①

例如，从英国殖民地进口的粗制砂糖每英担（相当于50公斤——译者注）仅纳税6先令4便士，白糖每英担须纳税1镑1先令1便士；而单制或复制的精制糖块每英担则须纳税4镑2先令5 $\frac{2}{5}$ 便士。当课征如此重的税时，英国就成为英属殖民地出口砂糖的唯一市场，迄今仍是主要市场。这种高关税当初等于禁止白糖或精制砂糖出口到任何外国市场，现在又等于禁止白糖或精制砂糖出口到有可能消费其总产量九成的市场。因此，白糖或精制砂糖制造业虽然在法国所有生产蔗糖的殖民地都十分发达，但在英国殖民地除供应自身所需外，几乎没什么发展。当格林纳达在法国手中时，几乎每一个甘蔗种植园都有一个炼糖厂，至少也有蔗糖漂白厂。但当英国占领格林纳达后，这类加工厂几乎全都废弃了。现在（1773年10月）我相
582 信，这个岛上只剩下不超过三家工厂。不过，现在由于海关监管不严，白糖或精制砂糖如能从块状改为粉末，则一般也可作为粗制砂糖进口。

英国虽然一方面允许生铁和铁条从美洲免税进口（从其他国家进口的同类产品是需要缴纳关税的），以鼓励美洲这种制造业的发展；另一方面却又绝对禁止美洲建立钢厂和铁厂。② 英国不容许自己的殖民地从事这种比较

① 在本书IV. vii. c. 51、IV. viii. 1以及V. ii. k. 24中，斯密均提及给予原材料生产以鼓励。有关殖民地的政策可能反映出斯密演讲录中所认同的一种观念。参见《法理学讲义》(B)，第319至320页，坎南编辑版本第246至247页：

在这个方面，财富只由货币构成的偏见并没有想象的那么有害，甚至会带来一些便利的规定。对于那些我们向其出口超过从其进口的国家，它们送出的通常是制造品；而对于那些我们从其进口超过向其出口的国家，或者说那些与其的贸易差额有利于我国的国家，它们通常送出的是未加工的初级商品，这些商品能够解决我国很大一部分人的就业和生活问题。

坎蒂隆也说（*Essai*，308～309，ed. Higgs 233)：“通过仔细观察一些特例我们一般总能发现，将所有的制造品出口对于国家来说是有利可图的，因为在这种情况下外国人总要为他们的消费埋单，并养活对我国来说有用的制造业工人：在缺少铸币的情况下，外国土地里出产的包含最少劳动的物产是次优选择。”也可参见哈里斯《论文集》第一章第24自然段以及斯图尔特《政治经济学原理》第二章第24自然段。斯密有可能是从他的道德哲学老师哈奇森那里接触到“出口的工作原理”的，哈奇森曾说：“应进口外国的原材料，必要的时候，要用上我们所有的劳动力来对其进行加工制造；通过再次将制造品出口，我们就可以从国外赚回我们的劳动力价格。”（System，ⅱ.319.）相关评论可参见约翰逊的《亚当·斯密的先驱者》（纽约，1960年）第35章。

② 乔治二世第二十三年第29号法令（1749年）。参见IV. vii. b. 37以及IV. viii. 3。

精密的制造业，即使制造出来的产品是供英国人自己消费；它坚持让殖民地人民从英国商人和制造业者手中购买他们所需要的这类商品。

英国还禁止由水路，甚至也不允许用车马等陆运工具将美洲生产的帽子①、羊毛和毛织品②从一省运往另一省。这种规定有效阻止了殖民地建立任何远销他处的商品的制造业，并以这种方式将殖民地的工业限制在只生产粗糙的、家用的制造品的水平上，比如单个家庭通常为自用或为同省的一些邻居使用而制作的一些物品。

禁止殖民地人民制造他们所能制造的全部所有物品，或禁止他们将自己的资本和劳动投入自认为最有利的用途上，这显然侵犯了最神圣的人权。不过，尽管这类禁令不那么公正，但至今并没有对殖民地造成太大的伤害。土地仍是那么低廉，劳动力仍是那么昂贵，以致殖民地人民仍能以比自己制造更加低廉的价格从母国进口几乎所有精加工的产品。③ 因此，即使英国不禁止殖民地建立这类制造业，从现有的改良情况和自身利益出发，殖民地人民也不会愿意建立这类制造业。在殖民地现有的发展状况下，这些禁令也许没有限制其人民的劳动，或者约束他们按照自然规律投入到各个领域中的劳动。它们只是母国商人和制造业者出于莫名的嫉妒而毫无根据地强加于殖民者身上的无礼的奴役的标志。④ 如果殖民地的文明程度更高，那么这些禁令很可能会成为不可容忍的压迫。

由于英国限定殖民地的几种最重要的物产只能进口到本国市场，因此 583
作为补偿，它使这几种产品在该市场上享有一定的优势。其采用的方法是，有时对从其他国家进口的类似产品征收较高的关税，有时对从所属殖民地进口的物产发放奖金。⑤ 通过前一种方法享受优待的殖民地物产有糖、烟草⑥和铁；通过后一种方法占有市场优势的殖民地物产有生丝、大麻、亚麻、靛青、海军用品和建筑木材。⑦ 据我所知，第二种以发放奖金来鼓励进

---

① 乔治二世第五年第22号法令（1731年）。参见 I. x. c. 6。

② 威廉三世第十年在《王国法令》第七章第524至528页上颁布的第16号法令（1698年）；以及威廉三世第十年和第十一年在罗夫汉版本的《王国法令》中颁布的第10号法令。斯密也在本书 IV. viii. 21 中对英国对羊毛贸易施加的限制进行了评论。

③ 后文 IV. vii. c. 51 中也提出了一个类似的观点。斯密也在本书 III. i. 5 中对美洲制造业的缺失进行了评论，在本书 II. v. 21 对美洲农业集中化的迅速发展进行了评论。

④ 在本书 IV. vii. c. 64 中，斯密将垄断视为殖民依赖的“主要标志”。

⑤ 本书 IV. viii 对给予殖民地的奖金政策进行了广泛的评论。

⑥ 斯密在本书 I. xi. b. 33 对欧洲对烟草种植所施加的限制进行了讨论。

⑦ 详细内容参见下文 IV. viii. 7－14。

口所属殖民地物产的方法是英国独有的。第一种则不是。例如，葡萄牙不满足于仅以高关税来限制从所属殖民地以外的其他任何国家进口烟草，还要以最严厉的惩罚来禁止此类事情的发生。

在有关从欧洲进口货物的问题上，英国对于殖民地的政策同样要比其他任何国家都宽松。

英国允许将外国货物进口时所纳的税，在其再出口时，退回一部分。退税的数量几乎总是一半，一般是大部分，有时也可以是全部。[①] 很容易预见，如果外国货物进入英国时须纳重税，而在再出口时又不许退税，那么任何一个独立的外国都不会接受这种再出口的商品。因此，除非在再出口时退回一部分税，否则重商主义如此推崇的转运贸易就要消亡了。

然而我们的殖民地并不是独立的外国，并且英国已经取得了向其殖民地供应一切欧洲商品的专营权。英国本可以像其他国家对待自己的殖民地那样，强迫其所属殖民地接受这种在进入母国时已被征收关税的商品。但与此相反，直到1763年前，大部分外国货物在出口到我国殖民地时，与出口到任何独立外国时享受同样的退税待遇。[②] 诚然，1763年乔治三世第四年第15号法令在很大程度上取消了这种宽松政策。该法令规定，“欧洲或东印度生长、生产或制造的任何货物，从本王国出口到任何英属美洲殖民地时，称为旧补助税的税收的任何部分均不得退还；但葡萄酒、白洋布和西洋布
584 除外”[③]。在这一法令颁布之前，许多外国商品在殖民地的售价可能比母国还低，某些商品现在仍然如此。

我们必须注意到，开展殖民地贸易的商人对绝大多数有关殖民地贸易规章制度的制定，起到了主要的推动作用。因此，大多数规章制度更多地考虑的是商人而不是殖民地或者母国的利益，就不足为怪了。一方面，商人享有向殖民地提供他们所需的欧洲货物，以及在不妨害他们国内贸易的前提下收购殖民地所有剩余产品的专有特权。这种特权以牺牲殖民地的利益为代价来保全商人的利益。另一方面，商人把欧洲以及东印度的大部分货物再出口到殖民地时，享受像再出口到其他任何独立国家一样的退税待遇。即使按照重商主义的利益观，这也是在以牺牲母国的利益为代价来保

---

① 详细内容参见前文IV. iv。

② 参见前文IV. iv. 15。

③ 乔治三世第四年第15号法令（1764年）。此处不是逐字逐句地引用，大意如此。也可参阅IV. iv. 10，11。

全商人的利益。对出口到殖民地的外国货物尽可能少地征税，对进口到英国的货物尽可能多地退回垫付的关税，这甚合商人的心意。由此他们就能在殖民地出售等量货物时获得较多的利润，或者以等量的利润出售更多的货物。无论是哪种方式，商人都是最终的赢家。以尽可能低的价格获得尽可能多的货物也同样符合殖民地的利益。但这未必总符合母国的利益。母国通常会遭受以下两个方面的损失：一方面，退还货物进口时所缴纳的大部分税收会影响母国的收入；另一方面，由于存在退税，外国制造品可以更便利的条件运往殖民地，这使得母国制造品只能降价销售，从而影响母国的制造业发展。据说，导致英国亚麻布制造业发展停滞不前的罪魁祸首就是德国亚麻布再出口到美洲殖民地的退税。①

但是，英国关于殖民地贸易的政策虽然和其他国家一样受重商主义精神的影响，但是总体而言不像其他国家的政策那样狭隘和横暴。

除了对外贸易，英属殖民地在所有其他方面享有完全的自由，可以按照自己的意愿来处理自己的大小事务。殖民地人民在所有方面都享有和他 585
们国内同胞同等的自由，并且同样有人民代表议会来确保这种自由。人民代表议会独享课税权力以维持殖民地政府的运转。② 与行政权力相比，人民代表议会的权力有过之而无不及。不论是行为最卑鄙还是举止最惹人厌的殖民地人民，只要他们遵纪守法，就不必害怕会遭到总督或文武官员的憎恨。虽然殖民地议会和英国下议院一样，并不总是能平等地代表人民的权利，但更加接近那个性质；而且由于行政机关的经费由母国支付，行政机关既无力收买议会，也没有这样做的必要，因此，议会或许更容易受到选民意志的影响。殖民地立法机构中的参议院与英国上议院相当，但不是由世袭的贵族构成。在某些殖民地，例如新英格兰的三个殖民地政府，参议

---

① 1742年，对于出口到非洲、美洲、西班牙以及葡萄牙的英国亚麻布实行的是发放奖金而非出口退税的政策。从1754年起，奖金的发放终止了两年，这引发了诸多的抱怨，尤其是因为奖金停止发放造成了出口锐减。参见上文 I. viii. 50。本书 IV. vii. c. 82 指出，仅西班牙和葡萄牙殖民地的消费就达到300万英镑，其中大部分由法国、荷兰以及德国供应。也看参见 IV. viii. 4。

② 参见本书 IV. vii. c. 79，斯密在此对美洲在英国议会中占有的席位进行了讨论。本书 V. iii. 88 中指出，殖民地宪法遵循的是英国模式；也可参见 IV. vii. b. 2 以及下文第64自然段。还可参见《法理学讲义》（A）第五章第134至135页："只有在英国才要求得到国民的同意，上帝知道这只是一个象征性的同意。相对于英格兰而言，苏格兰只有较少的人拥有选举给出这种象征性同意的国会议员的权利……"《法理学讲义》（B）第94页，坎南编辑版本第69页也有类似观点。斯密在《法理学讲义》（A）第五章第1至15页以及《法理学讲义》（B）第61至64页，坎南编辑版本第43至46页中对英国自由的基础进行了评论。

院成员都不是由国王任命的，而是由人民代表推选的。所有英属殖民地都没有世袭的贵族。[①] 诚然，在所有这些殖民地中，就像在所有其他自由国家中一样，老殖民地家族的后裔虽比具有同等功绩、同等财产的暴发户更受人尊敬[②]，但他们也只是受到尊敬而已，并没有烦扰邻人的特权。在当前的动乱开始之前，殖民地议会不仅有立法权，而且还有一部分行政权。在康涅狄格和罗得岛，议会选举总督。在其他殖民地，议会任命税收官员，由他们去征收议会规定的税收，并对议会直接负责。因此，英属殖民地人民比母国人民享有更多的平等。[③] 他们的行为更具有共和精神，他们的政府，特别是新英格兰的那三个政府，迄今为止也更具共和精神。[④]

586 与此相反，西班牙、葡萄牙和法国在其殖民地建立了专制政府。这些政府通常将权力下放给它们的下级官员；由于天高皇帝远，这些下级官员在行使其职权时自然比平时更加粗暴。在所有专制政府的统治下，首都都比其他地方享有更多的自由。君主自己绝不会破坏司法制度或压迫人民大众。君主身居首都多少都会对他的下属官员起到震慑作用。但在偏远地区，老百姓的抱怨传不到君主的耳朵里，下级官员实施苛政就要安全得多。欧洲的美洲殖民地比以前所知的最大帝国的最远省份还要远。自古以来，英属殖民地政府也许是能给如此遥远一省居民以完全保障的唯一政府。不过，法国殖民地的行政管理比起西班牙和葡萄牙的行政管理，想来更加宽厚和温和。这种行为上的优越性是与法兰西民族的特性相适应的，也是和形成每一个民族特性的东西相适应的。法国政府与英国政府相比虽然要专横一些，但与西班牙和葡萄牙政府相比则显得更为守法和倡导自由。

然而，正是在北美殖民地的进步过程中体现出了英国殖民地政策的优越性。法国蔗糖殖民地的进步与英国大部分蔗糖殖民地的进步至少是相当的，甚至更胜一筹；但英国蔗糖殖民地却和英属北美殖民地几乎享受同样的政治自由。不过，法国没像英国那样限制殖民地对砂糖进行精加工；更为重要的是，法国政府的聪明才智为其带来了一套更好地管理黑奴的

① 斯密也在本书 V. iii. 90 中对殖民地不存在“暴虐的贵族”进行了评论。

② 例如，可参见本书 V. i. b. 8 以及 V. iii. 36。

③ 这一段的某些材料可能取自 1732 年的下议院报告，引自安德森：《商业的起源》（1964 年），第二章，第 342 至 346 页。

④ 参见本书 IV. vii. c. 74，斯密在此对许多殖民地领袖人物的重要性进行了评论，并将此部分归结于代表制度的存在。

方法。[①]

在所有的欧洲殖民地，甘蔗都是由黑奴种植的。[②] 在欧洲温带地区出生的人由于体质的原因，据说不能胜任在西印度的炎炎烈日下的掘地劳动；目前甘蔗的种植全部采用的是手工劳动，尽管许多人认为使用锥犁会大有
裨益。但是，正如用牲畜耕种的利润和成效多半依赖于对牲畜的良好管理 587
一样，用奴隶耕种的利润和成效也同样依赖于对奴隶的良好管理；而在对奴隶的良好管理方面，我相信大家通常都承认的一点就是法国种植者要优于英国种植者。那种能给予奴隶一些微弱的保护，使其不受主人暴行伤害的法律，可能在一个很大程度上实行专制制度的殖民地，比在一个完全自由的殖民地能得到更好的执行。在每一个制定了不幸的奴隶法的国家，当地方长官保护奴隶时，就在某种程度上干预了主人对私有财产的管理。而在自由国家，奴隶主不是殖民地议会代表，就是议会代表的选民，地方官员如非深思熟虑则不敢干涉他们。在这种情况下，地方官员不得不对奴隶主表示尊敬，这就使得其更加难以保护奴隶。但在一个政府比较专制的国家，地方长官干预私人财产是常有的事。要是有人不按照他的意见办事，那么他就可以发出拘票逮捕他们，所以他要保护奴隶就容易得多；而人性也会促使他这样去做。地方长官的保护使主人不敢过于看轻奴隶，并且给予他们一定的关怀和比较温和的待遇。温和的待遇使奴隶不仅更诚实，而且更聪明，从而也更有用。他的地位更加接近于自由佣人，并可能在某种程度上忠于主人，与主人有共同利益。这些自由佣人常有的美德通常是奴隶所不会有的。在主人有完全自由并不受他人干涉的国家，奴隶通常就是被当做奴隶来对待的。

我相信，各个时代和各个国家的历史都可以证明，奴隶的处境在专制政府下比在自由政府下要好。[③] 在罗马史中，我们第一次读到长官保护奴隶免受主人暴虐的史实就发生在皇帝统治时期。当维迪阿·波利奥在奥古斯丁皇帝面前，下令把一个仅仅犯了一点小错的奴隶砍成碎块，然后投入鱼池喂鱼的

---

① 也可参见本书 V. iii. 77，斯密在此对恰当对待奴隶的问题进行了评论。

② 斯密在本书 III. ii. 10 中对蔗糖殖民地中奴隶的运用进行了评论，此处指出丰厚的利润也证明了运用奴隶的价值。

③ 奴隶在专制政府下的境况会更好的观点在《法理学讲义》(B) 第 135 页，坎南编辑版本第 96 至 97 页以及《法理学讲义》(A) 第三章第 104 页中均有提及。《法理学讲义》(A) 第四章第 142 页中也提到“君主政体在这方面总是要比共和政体更加温和”。

时候，皇帝勃然大怒，命令他立即将这个奴隶及其他所有的奴隶释放。[①] 在共
588 和制下，没有一个地方长官有足够的权威去保护奴隶，更谈不上惩罚主人了。

值得一提的是，用来改良法国蔗糖殖民地尤其是圣多明各这个大殖民地的资本，几乎全部来自这些殖民地的逐步改良和耕作。它几乎全是殖民者的土地和劳动的产物，或者说是因良好经营而积累起来并用以生产更多产物的那部分产物的价格。但英国蔗糖殖民地改良及耕作的资本，则大部分来自英国，并不全是殖民者土地和劳动的产物。[②] 英国蔗糖殖民地能够繁荣在很大程度上得益于英国的巨额财富的一部分外流到了（如果可以这样说的话）那些殖民地。但法国蔗糖殖民地能够繁荣却完全得益于殖民地人民的良好经营。因此在这方面，法国殖民者的表现要优于英国殖民者。这一点在对奴隶的良好管理上表现得最为明显。

欧洲各国对其所属殖民地的政策，大体上就是如此。

因此，欧洲的政策，无论是就最初的殖民地建立而言，还是从后来的美洲殖民地繁荣（就其内部管理而言）来说，都没有什么值得夸耀的。

最初支配这些殖民地建立的原则看来都是愚蠢和不义的：愚蠢在于猎取金银矿藏；不义在于垂涎他国的财产。这个地方的人民不但从来不曾伤害过欧洲人，而且还和善友好地接待过欧洲最早的一批冒险家。

589 当然，后来建立殖民地的冒险家除了怀抱寻找金银矿的妄想外，还有某

---

① 维迪阿·波利奥的这个例子引自《法理学讲义》（B）第 135 页，坎南编辑版本第 96 至 97 页以及《法理学讲义》（A）第三章第 92 至 93 页，这两个地方是这样讲述这个故事的：

我们被告知，奥古斯丁曾有一次在和维迪阿·波利奥共进晚餐的时候解放了他所有的奴隶。起因是波利奥的一个奴隶在上菜时不小心碰倒了一个水晶杯。这个奴隶跪倒在奥古斯丁脚下央求他不要为他请求主人的宽恕，因为他认为死是不可避免的；但他请求在他被钉死在十字架上（这是奴隶所遭受的常见惩罚）之后，主人不要将他的尸体砍成碎块投入到鱼池中喂鱼（这似乎是波利奥对待他的奴隶的常见做法）。

Seneca 写道："被这种残忍举动所震惊的恺撒下令饶恕这个男孩，此外，他将所有的水晶杯在波利奥面前摔碎并将波利奥的鱼池填满。"（*De ira*，ⅲ.40，translated by J. W. Basore in *Seneca's Moral Essays*，Loeb Classical Library（1928），ⅰ.349.）这一段在 *Dio's Roman History*，liv. 23 translated by E. Cary in Leob Classical Library（1917），ⅵ.333－341 中也有记载，此书作者补充到，维迪阿·波利奥还给奥古斯丁留下了"一笔不小的财产"。斯密补充指出，款待奥古斯丁的这个人此时大概拥有 900 至 1 000 个奴隶，因此由于释放这些奴隶给波利奥造成的损失，以当前非洲或美洲的一个奴隶的价格 30 或 40 英镑估算，达到了 4 万至 5 万英镑。也可参见《法理学讲义》（A）第三章第 102 至 103 页。

② 参见本书 II. v. 21、IV. vii. c. 38 以及 V. iii. 83。

些更合理、更值得称颂的动机，但即使是这些动机也不能为欧洲的政策增光添彩。

英国的清教徒在国内受到压制，因而逃往美洲寻求自由，并在那里建立了新英格兰的四个政府；英国的天主教徒受到了更不公正的对待，于是在马里兰建立了政府；教友派教徒则在宾夕法尼亚建立了政府。葡萄牙的犹太人受到宗教法庭的迫害，不仅被剥夺了财产，而且被流放到巴西。他们以身作则地在原为流犯和娼妓居住的殖民地引入了某种秩序和产业，并向他们传授种植甘蔗的方法。[①] 在上述各种不同情况下，使人民侨居并开发美洲的并不是欧洲各国政府的智慧与政策，而是它们的混乱与不公。[②]

在一些最重要的殖民地的规划和实际建立过程中，欧洲各国政府几乎没有什么功绩。征服墨西哥并不是西班牙议会的计划，而是古巴总督的计划；这一计划是由总督委托的冒险家所展示出的大无畏精神来实现的，尽管总督随后不久就后悔将此事委托给这样一个人，并想尽一切办法加以阻挠。[③] 智利和秘鲁的征服者，以及西班牙在美洲大陆上几乎所有其他殖民地 590
的征服者，在征服过程中除了得到以西班牙国王的名义建立并征服殖民地的许可外，不曾得到其他任何支持。这些冒险家风险自担，费用自付。西班牙政府对他们几乎没提供任何帮助。英国政府对其最重要的一些北美殖民地的建立同样也没有作出什么贡献。

当这些殖民地建立起来并粗具规模，足以引起母国注意的时候，母国

---

① “被宗教法庭剥夺了财产并被流放到巴西的犹太人并没有全然被抛弃。很多犹太人找到了忠诚的朋友，与他们建立了良好的人际关系；其他那些勤奋诚实的犹太人获得了与他们之前打过交道的不同国家商人的信任，这些商人愿意借钱给他们。这些钱能帮助他们种植他们在马德拉岛上第一个获得的经济作物——甘蔗。”（G. T. F. Raynal，*Histoire philosophique*，ⅲ. 324－325，trans. J. Justamond，ⅱ. 380－Ⅰ.）

② “殖民地逐渐住满了来自英格兰的穷困潦倒的人，他们来殖民地之前既无钱财又少子嗣。大片土地得以开垦的殖民地促进了航海业和制造业的发展，甚至极大地增加了居民所在母国的人口。在英格兰得以复苏的独立精神在这里大放异彩，并增加了新的内容，即那些不满于已有教会和君主政治的人们雄心勃勃，希望在这样的荒野之地获得自由。即便无休止的帝国扩张或者野蛮民族的入侵或许再次将它们扼杀在这片狂野躁动的土地上，建立一个追求自由和科学的高尚社会的种子已经在这个与世隔绝的避难所播种下来。”（休谟：《英国史》，第 6 卷，第 186 页。）

③ 斯密在《法理学讲义》（B）第 144 至 145 页，坎南编辑版本第 103 页中给出了一个相关的观点：“西印度奴隶制的产生是违背当时法律的。当西印度被西班牙征服时，伊莎贝拉和费迪南尽力阻止印第安人陷入被奴役的状态，他们的本意是想开拓殖民地，与殖民地人民开展贸易以及对他们进行指导。但是哥伦布和柯尔特斯远离母国，没有遵守他们的命令，而是将印第安人变成了奴隶……”

对它们制定的首批规章制度的目的也总是在于确保自己垄断这些殖民地的贸易①，限制它们的市场并以牺牲它们的利益为代价来扩大自己的市场。因此，与其说这些规定加速了殖民地的繁荣进程，倒不如说这些规定起到了阻碍作用。欧洲各国殖民政策最根本的不同就在于，各国实施垄断的方式方法各不相同。② 其中最好的是英国的方法，但英国的殖民政策也只是在一定程度上不像其他国家那样狭隘、苛刻罢了。

那么，欧洲政策究竟在哪些方面对美洲各殖民地的最初建立或当前的繁荣作出了贡献呢？答案是在一个方面，也仅仅在一个方面，欧洲政策居功至伟。*Magna virum Master*（伟大男人的母亲）！③ 那就是它培养和造就了能够完成如此伟大事业并为如此伟大帝国打下根基的人才。世界上再没有第二个地方的政策能够造就出或者说实际上造就了这样的人才。这些殖民地应当把它们富有积极进取心的创建者所受的教育与所具有的远大眼光归功于欧洲政策。一些最大最重要的殖民地，就其内政而言，也只有这一点应归功于欧洲政策，其他的与欧洲政策几乎无关。④

Ⅳ. ⅶ. c 591 第三节　论美洲的发现以及经由好望角到东印度通道的发现给欧洲带来的利益

以上就是美洲殖民地从欧洲政策中所获得的利益。

那么欧洲从发现美洲并在美洲开拓殖民地中获得了什么利益呢？

这些利益大致可分为两类：第一，欧洲作为一个整体从这些重大事件中所获得的一般利益；第二，各殖民国从统治所属殖民地中所获得的特殊利益。

欧洲从美洲的发现和对美洲的殖民中获得的一般利益，第一是享乐用

---

① 参见本书 IV. vii. c. 63，此处指出，对殖民地的规章制度只有在殖民地达到一定的经济增长水平，并足以吸引母国的注意之后才会实施。

② “欧洲国家建立的殖民地具有一定的依附性，不论是从欧洲国家对它们的控制来说，还是从在殖民地建立某种贸易公司来说，都是如此。设计建立这些殖民地是为了获得比与邻国人民进行贸易（在这种贸易中所有的好处都是互相的）更加有利的贸易条件。这些殖民地的建立使得大都市或者母国能够以充分的理由独自在殖民地进行贸易；因为殖民地的设计是贸易的延伸，而不是一个城市或一个新帝国的根基。”（孟德斯鸠：《论法的精神》，第二十一章第二十一节第 10 至 11 自然段）

③ 欢呼，伟大的土地，土地果实的伟大母亲，伟大男人的母亲。（Virgil Georgics，ⅱ. 173－174，translated by H. R. Fairclough in Loeb Classical Library（1930），128－129.）

④ 参见本节第 51 自然段对有关英国制度的描述。

品的增加，第二是产业规模的扩大。①

出口到欧洲的美洲剩余物产给欧洲大陆居民提供了多种多样的商品。这在发现美洲和对美洲进行殖民之前是不可能发生的。这些商品中有的给人们的生活带来了便利，有的供人们消遣娱乐，有的则用于装饰，因此都有助于提高欧洲大陆居民的生活水平。

显而易见，美洲的发现和殖民还促进了许多国家产业的发展。这些国家有两类，首先是那些与美洲直接通商的国家，如西班牙、葡萄牙、法国和英国；其次是那些不直接与美洲贸易，而是以其他国家为中介将本国物产运到美洲的国家，如奥利地和德国，它们以上述国家为中介，将大量的亚麻布和其他货物输送到美洲。所有这些国家显然为自己的剩余物产找到了更为广阔的市场，从而必然有动力来增加这些物产的产量。②

这些重大事件同样也应该能促进那些从未将自己的任何物产送往美洲的国家的产业发展，如匈牙利和波兰。虽然这种促进作用不那么明显，但这些重大事件能起到这个作用却是毋庸置疑的。匈牙利和波兰消费了美洲的一部分产品，其对这一新地区的砂糖、巧克力和烟草也有一定的需求。
但是这些商品一定是用匈牙利和波兰的产品或用其产品所购得的产品来购 592
买的。这些美洲商品是新的价值和新的等价物，它们被出口到匈牙利和波兰以交换那里的剩余产品。通过将这些剩余产品运往美洲可以为其开辟新的更为广阔的市场，提高其价值，从而促进其产量的增加。匈牙利和波兰的剩余产品尽管可能并未运往美洲，但可以运往其他国家，由其他国家用它们所得的一部分美洲剩余物产来购买。通过这种最初由美洲剩余物产引发的贸易，匈牙利和波兰为自己的剩余产物找到了市场。

对于那些不但从来没有将任何产品输送到美洲，而且也从来没有得到过任何美洲商品的国家，这些重大事件也有助于其享乐用品的增加以及产业规模的扩大，因为即使是这样的国家，也能从那些由于与美洲进行贸易而增加了剩余产品的国家那里获得更多的其他商品。这些极大丰富的产品必然会提高本国人民的生活水平，也必然会促进其产业的发展，于是必然会有更多新的等价物被用来交换其产业的剩余产品。这就必然为这些剩余产品开辟了更加广阔的市场，提高了它们的价值，从而促进了它们产量的提高。每年投入到欧洲商业大循环并通过这种商业周转分配给欧洲各国的

---

① 参见下文第 81 自然段。

② IV. i. 31 也指出，为剩余产品找到销路可视为得自贸易的一种收益。

商品数量，必然会由于美洲全部剩余产品的出现而增加。商品总量增多了，各国的商品数量相应也会增多，从而会提高其国民的生活水平，并会促进其产业的发展。

母国的专营贸易一般会减少所有这些国家特别是美洲殖民地的享乐用品的数量，抑制其产业的发展，至少是使其达不到应有的水平。它相当于是放置在推动人类大部分商业活动的大发条上的一个巨大重物。这种专营贸易使得殖民地物产在所有其他国家的价格变得更加昂贵，这样就减少了对殖民地物产的需求，从而抑制了殖民地产业的发展，以及所有其他国家享乐用品的增加和产业的发展。为享乐用品支付的价格越高，人们享受到的生活品质就会越低；而人们用自己的产品交换到的东西越少，他们相应地减少的产量就越大。同理，这种专营贸易使得所有其他国家的产品在殖民地变得更加昂贵，这样就阻碍了所有其他国家产业的发展，以及殖民地享乐用品的增加和产业的发展。专营贸易借确保某些特定国家的预期利益
593 之名，行妨碍所有其他国家生活水平提高和产业发展之实，而殖民地所受的损失最大。它不仅尽可能地排斥所有其他国家进入某一市场，而且尽可能地将殖民地限制在某一市场的范围内。当所有其他市场都开放时被排除在某一市场之外，与当所有其他市场都关闭时被限制在某一市场以内的差别是非常大的。殖民地的剩余产物是欧洲从发现美洲和对美洲进行殖民后增加其享乐用品和推动其产业发展的源泉，但母国的专营贸易使得这一源泉没有发展到其本应达到的水平。

各殖民国从其殖民地得到的利益也有两类：第一类是各帝国从所属省份得到的一般利益；第二类是各帝国从像欧洲的美洲殖民地那样具有特殊性质的省份得到的特殊利益。

各帝国从所属省份得到的一般利益有以下两种：一是各省份为帝国的防卫提供了军事力量；二是各省份为帝国行政管理的维持提供了收入。罗马帝国的殖民地有时能同时提供这两种利益。希腊的殖民地有时提供军队，但很少提供收入。它们基本上不承认隶属于母国。它们在战时一般是母国的同盟者，但在和平时期很少受母国统治。①

① 有时候殖民地也会提供收入：“这些 Cotyorite 是我们的殖民者，是我们从野蛮人手中夺去了土地，然后分给了他们，因此他们应该像 Cerasus 和 Trapezus 人那样向我们进贡。”（Xenophon, Armbasis，V. v. 10，translated by C. L. Brownson in Loeb Classical Library（I92I），134 - 135.）希腊殖民地与母国之间的关系在第四篇第七章第一节第 2 自然段中有所论述。

欧洲在美洲的殖民地从来没有为母国的防卫提供过任何兵力。它们的军事力量还不足以捍卫自己。母国在参战时，常常还要分散很大一部分兵力来保卫所属殖民地。所以，在这方面，所有欧洲殖民地概莫能外地与其说是令其母国强大的一个因素，还不如说是削弱母国军事实力的一个软肋。①

只有西班牙和葡萄牙的殖民地为母国的防卫或为维持母国的政府贡献
了一定的收入。② 向其他欧洲国家的殖民地课征的税赋，特别是向英国殖民 594
地课征的税赋，在和平时期就很难与母国用在它们身上的开支相抵，在战时就更是如此了。所以，这些殖民地对于其母国来说是支出的源泉而不是收入的源泉。

这些殖民地给它们各自的母国所带来的利益，几乎全部来自各帝国从像欧洲的美洲殖民地那样具有特殊性质的省份得到的特殊利益，人们公认专营贸易是所有这些特殊利益的唯一来源。

例如，由于这种专营贸易，英国殖民地被称为列举商品③的那一部分剩余产品，不得运往除英国以外的其他国家。这样一来，其他国家就只能从英国购买这些商品。因此，与其他国家相比，这些产品在英国必然更加便宜，也必然更能提高英国国民的生活水平以及促进其产业的发展。在用本国剩余产品交换这些列举商品时，英国必然能比其他国家得到更优惠的价格。例如，英国的制造品与其他国家的同类产品相比，能够换得更多英属殖民地的砂糖和烟草。所以，当英国制造品以及其他国家的同类产品都被用来交换英属殖民地的砂糖和烟草的时候，这种具有优势的价格便给予了英国制造业一种鼓励，这是其他国家在同样情况下所享受不到的。由于对殖民地的专营贸易减少了没有这种专营权国家的享乐用品数量并抑制了其产业的发展，至少是使二者不能达到应有的水平，所以那些拥有专营权的国家享受到了明显的利益。④

---

① 下文第 64 自然段对殖民地给英国带来的军事成本予以了考察。也可参见 IV. vii. b. 20 以及 V. iii. 92。

② 参见 IV. vii. b. 20。

③ IV. vii. b. 25，35 对列举商品进行了描述。

④ 波纳尔在第 40 号信件中对斯密的这部分观点进行了如下评论："你只以可以相信的可能缘由为基础提出观点，你只以可能的推测对你的观点加以论证，但是大多数阅读你著作的人将会认为你想给出一个绝对的证明，你得出的仿佛是你已有的结论。"参见 II. v，斯密在此提出了他有关资本不同用途的论题，该论题正是本节大部分论述的依据所在。

但是也许这种利益只能被称做相对利益而不是绝对利益。这种利益带来的优势，与其说是由于鼓励了拥有这种专营权的国家的产业和生产，从
595 而使其发展超过了自由贸易情况下的自然发展，还不如说是由于抑制了其他国家的产业和生产而获得了这种优势。

例如，马里兰和弗吉尼亚的烟草，由于英国的垄断，在英国的售价肯定比在法国低，因此英国通常向法国出售很大一部分烟草。但是如果允许法国和所有其他欧洲国家同马里兰和弗吉尼亚进行自由贸易，那么这些殖民地烟草不仅在所有其他欧洲国家而且在英国的售价就会比现在便宜。由于享有比以往更为广阔的市场，烟草的产量可能大幅增加，这会使得种植烟草的利润降到与种植谷物的利润基本相同的自然水平——当前种植烟草的利润被认为仍然比种植谷物的利润略为高一些。[①] 此时烟草的价格可能下降，略微低于现在的价格。同等数量的英国或其他国家的商品，能够在马里兰和弗吉尼亚买到比现在更多的烟草，从而这两个地方的烟草也能卖个好价钱。[②] 所以，只要这种烟草能以其低廉的价格和丰富的数量提高英国或其他国家的享乐水平及其产业的发展水平，那么在自由贸易的情况下，它就一定能在这两个方面产生比当前更大的作用。诚然，在这种情况下，英国相对于其他国家而言就没有任何优势了。它也许能以比实际更低的价格购买其殖民地的烟草，从而能以更高的价格出售它本国的产品，但与其他国家相比，它既不能以更低的价格购买前者，也不能以更高的价格出售后者。此时，英国可能会得到绝对利益，但肯定会失去相对利益。

然而，我们有充分的理由相信，英国为了获得殖民地贸易的相对利益，为了执行将其他国家尽可能排除在殖民地贸易以外的招人嫉恨的恶毒计划，不仅牺牲了它和所有其他国家有可能从这种贸易中获得的一部分绝对利益，而且使自己在所有其他贸易中处于一种绝对的和相对的不利地位。

这里需要指出的是，当英国依据《航海条例》[③] 将殖民地贸易的垄断权据为己有时，此前投入到这种贸易中的外国资本必然要撤离。以前经营该
596 贸易一个组成部分的英国资本现在要经营整个贸易。以前只提供殖民地所

① 参见 I. xi. b. 33。

② 参见 I. xi. b. 32。

③ 查理二世第十二年第 18 号法令（1660 年）。参见 IV. ii. 24 - 30。

需的部分欧洲产品的英国资本，现在却要提供殖民地所需的全部欧洲产品。但英国资本不能为殖民地提供其所需的全部欧洲产品，因此它所能供给的产品必然售价不菲。以前只是用来购买殖民地部分剩余产品的资本，现在要用来购买全部剩余产品。但它不能按照和原先差不多的价格来收购所有这些产品，因此实际收购价格必然非常低。但在资本的运用过程中，如果商人能以非常高的价格售出，以非常低的价格买入，那么利润必然十分丰厚，而且会大大超过其他贸易部门的一般利润水平。殖民地贸易利润上的这种优越性必然会把其他贸易部门的一部分资本吸引过来。这种资本转移，由于它必然会逐渐增强殖民地贸易中的资本竞争，从而必然会逐渐减弱所有其他贸易部门中的资本竞争；由于它必然会逐渐降低殖民地贸易的利润率，从而必然会逐渐提高其他贸易部门的利润率，直至所有部门的利润率达到新的水平为止——这个新的利润水平与以往不同，要略微高一些。①

这种双重效应——从所有其他贸易部门吸引资本，以及使所有贸易部门的利润率比之前的水平略为提高——不仅会在这种垄断权最初建立时产生，而且会从它建立之日起一直不断地产生。

第一，这种垄断权持续不断地从所有其他贸易部门吸引资本，并将其用于殖民地贸易。

虽然自《航海条例》颁布以来，英国的财富已经大为增长，但是肯定不是和殖民地财富按照同一比例增长的。一国的对外贸易通常与其财富成比例地增长，它的剩余产品通常也是与它的全部产品成比例地增长的。英国几乎独占了全部的殖民地对外贸易，但其资本却没能与殖民地对外贸易量成比例地增加。所以如果不能持续从其他贸易部门吸取一部分资本，与此同时阻止更多的资本流入到其他贸易部门中，那么英国将无法经营殖民地贸易。也正因如此，自《航海条例》颁布以来，殖民地贸易不断增长，而其他贸易部门，尤其是与欧洲其他国家展开贸易的部门却不断衰落。我国供外销的制造品，不像颁布《航海条例》之前那样适应临近的欧洲市场的需求或稍远的地中海国家市场的需求，其中的较大部分被用来满足距离 597
英国更为遥远的殖民地市场的需求。也就是说，英国的制造品迎合的是其自身拥有垄断权的市场的需求，而不是有许多竞争者的市场的需求。对于

① 参见 I. ix. 12，斯密在此对资本新去向的出现对利润率上升的影响进行了评论。

其他贸易部门衰落的原因，马休·德克尔爵士①和其他作者认为是税负过重、课税方式不当、劳动力价格高企以及生活更加奢华。其实所有这些原因都可以归结为殖民地贸易的过度增长。英国的商业资本虽然数额巨大，但不是无限的。自《航海条例》颁布以来，英国资本虽然大大增加了，但没能与殖民地贸易同比例增加。这种贸易不从其他贸易部门吸取一部分资本就无法进行，从而必然使得这些部门衰落下去。

必须指出的是，英国不仅在确立其对殖民地贸易垄断地位的《航海条例》颁布之前，而且在殖民地贸易粗具规模之前就已经是一个贸易大国了，其商业资本雄厚，且与日俱增。在克伦威尔执政期间与荷兰的交战中，英国海军就比荷兰海军强大；在查理二世即位之初爆发的战争中，英国海军至少与法荷两国的联合海军实力相当，或许还更强大。这种优势目前似乎
598 并未增大，至少在荷兰海军与其商业规模的比例保持与过去相同的状态的情况下是如此。但在上述两次战争中，英国海军的强大都不能归功于《航海条例》。第一次战争时，这个条例才刚刚拟订；而第二次战争爆发前，这个条例虽已获得立法机关的通过，但其任何部分都还来不及产生任何巨大的效果，更不用说条例中建立殖民地垄断贸易的部分能产生什么影响了。与今日相比，那时的殖民地和殖民地贸易都是微不足道的。牙买加岛是一个卫生条件很差的荒岛，人烟稀少，土地荒芜。纽约和新泽西归荷兰人所有，圣克里斯托弗有一半归法国人所有。安提瓜岛、南卡罗来纳、北卡罗来纳、宾夕法尼亚、佐治亚和诺瓦斯克夏尚未成为殖民地。弗吉尼亚、马里兰和新英格兰已经成为殖民地，虽然它们是极其繁荣的殖民地，但在当时，欧洲或美洲或许没有一个人能预见或者猜想到那里的财富、人口会增长得那么快，土地改良会取得那么迅速的进步。总之，巴巴多斯岛是英属殖民地中唯一一个当时与今日情形相类似的岛。甚至在《航海条例》通过以后的一段时间内，英国也只享有殖民地贸易的一部分（因为《航海条例》

① “……对其人民征收不公平的税赋并实施压榨行为的国家，其对外贸易必定会衰败；高关税和禁令削弱了该国的贸易动机以及富人的根基；这样的国家遭受多方面的垄断；这样的国家假借提高其土地价值的名义，通过禁止食物及饮料的进口来压榨其国民；这样的国家发放奖金从而以比本国国民更低的价格向外国人提供给养；这样的国家通过与穷人有关的坏的立法来鼓励懒惰；这样的国家促使外国人以低于其自身价值的价钱带走其货币；这样的国家让正义的获得变成一件可以讨价还价的事情；这样的国家背负沉重的国债，它的价值在战争时期会收缩，在和平时期会继续得不到偿还。”（德克尔：《对外贸易衰退的原因》，56～57 页。）IV. v. a. 20 将德克尔描述为一位卓有成就的权威人士，V. ii. k. 9，18 以及 V. iii. 74 也有提及德克尔。

在通过以后的头几年时间里执行得并不十分严格)，所以这种贸易绝不是英国当时贸易繁荣的原因，也不是其海军力量强大的原因。[①] 当时支持英国强大海军力量的贸易是其与欧洲及地中海各国的贸易。但英国目前所享有的这种贸易的份额是不足以支持如此强大的海军力量的。假如不断增长的殖民地贸易对所有国家自由开放，那么不管落到英国手中的有多大的一部分(很可能有很大的一部分)，那也不过是对它以前享有的巨大贸易的锦上添花。由于这种垄断，殖民地贸易的增长与其说是造成了英国之前享有的贸易的增加，倒不如说是造成了这种贸易方向的全然转变。

第二，这种垄断必然使英国各不同贸易部门的利润率超过所有国家都可自由与英属殖民地通商时的自然利润率。

对殖民地贸易的垄断，由于它必然会将比自行流入的更大一部分英国资本吸引到这种贸易中来，以及由于它将所有外国资本排除在这种贸易之外，因此必然会减少投入到这种贸易中的资本总量，使其低于自由贸易下应有的资本量。但是，通过减少这一贸易部门中资本的竞争，垄断必然会提高这一贸易部门的利润率。通过减少在所有其他贸易部门中英国资本的竞争，垄断也必然会提高所有其他贸易部门中英国资本的利润率。自《航海条例》颁布以来，不论英国商业资本在任何一个时期所处的状况和所具有的规模如何，对殖民地贸易的垄断在这种状况的延续期间必然会提高这个部门及所有其他贸易部门的普通资本利润率，使其高于没有这种垄断时的水平。如果自《航海条例》颁布以来，普通的英国资本利润率已经大为 599
下降（确实已大大下降)，那么，若不是得到了该条例所确定的垄断的支持，则它一定会下降到更低的水平。

但是，造成一国普通利润率高于其应有水平的因素，也必然会使该国没有垄断权的贸易部门处于绝对的和相对的不利境况之中。

其之所以处于绝对不利地位，是因为在这些贸易部门，商人如果不将他们进口到本国的外国货物和他们出口到外国的本国货物卖得比原来应有的价格更贵的话，那么就不能获得较高的利润。他们的国家由于必须以更高的价格买外国进口商品和卖本国出口商品，所以必然只能买到更少的外国进口商品，卖出更少的本国出口商品。因此，与原来相比，该国的生活

---

① 参见 IV. ii. 30。尽管欧洲市场非常重要，但是 18 世纪对外贸易的扩张几乎全是殖民地贸易增长的结果。迪恩、科尔:《1688—1959 年的英国经济增长》(剑桥，1969 年)，第 34 至 35 页，第 86 至 87 页。

水平必然下降，生产必然减少。

其之所以处于相对不利地位，是因为在这些贸易部门，那些没有受到绝对不利境况影响的其他国家将处于比以前更有利的地位，或者将缩小与该国的差距。这会使得这些其他国家的享乐水平更高、生产更多。这也会使得它们的优势更加凸显，劣势得到更好的规避。由于该国将自己商品的价格提高到了应有的水平以上，所以其他国家的商人能在外国市场上以更低的价格出售商品，从而将该国没有垄断权的所有贸易部门的商品从外国市场上排挤出去。

我国商人常常抱怨不列颠劳动力的工资太高，认为这是其制造品在外国市场上售价高于竞争对手的原因；但对于他们丰厚的资本利润，他们却闭口不谈。他们抱怨他人得利太多，但对自己的丰厚得利却三缄其口。在许多情况下，英国资本的高利润和劳动力的高工资对提高英国制造品的价格起着相同的作用；但在某些情况下，前者所起的作用更大。①

我们可由此认为，英国的资本就是以这种方式，从大部分没有垄断权的贸易部门，尤其是与欧洲和地中海国家开展贸易往来的部门中一部分被吸引走，一部分被排斥掉的。②

部分资本被吸引走，是因为殖民地贸易的持续增长以及开展殖民地贸

600 易的资本的日益不足带来了超额利润，这种超额利润就会吸引走其他贸易部门的资本。

部分资本被排斥，是因为英国的高利润率使其他国家在英国没有垄断权的贸易部门占据了优势，这种优势将部分英国资本从这些贸易部门中给排斥掉了。

对殖民地贸易的垄断将一部分原本可能投入到其他贸易部门的英国资本吸引了过去，并使得许多外国资本流入到了其他贸易部门中——如果不是被排斥出殖民地贸易，那么这些外国资本是绝不会流入到其他贸易部门中的。这就使得其他贸易部门中的英国资本的竞争减少了，从而使英国资本的利润率高于其应有的水平。与此相反，这会加剧外国资本的竞争，从而使外国资本的利润率低于其应有的水平。这两方面的结果必然使英国在

① I. ix. 24 给出过一个非常类似的观点。斯密也在下文第 61 自然段对与高利润水平相伴随的铺张浪费习惯所产生的另外的问题进行了评论。

② 波纳尔认为有关资本转移的命题与一种“不应由先验观点确立的”事实相关；他一本正经地评论到，他并没有在斯密的书中发现此类“对事实的实际推理”。

所有其他贸易部门处于相对不利的地位。

或许有人认为，殖民地贸易比任何其他贸易对英国都更为有利，而垄断通过迫使英国把更多资本投入到这种贸易当中，使这部分资本找到了一种对英国更为有利的用途。

对于资本所属国家最有利的资本用途，就是在该国维持最大数量的生产性劳动，把该国的土地和劳动的年产量提高到最大限度。本书第二篇曾指出，投入消费品对外贸易的资本所能维持的生产性劳动的数量是与其周转次数成比例的。① 例如，把 1 000 镑资本投入到一年周转一次的消费品对外贸易中，它所能持续雇用的生产性劳动数量等于 1 000 镑一年所能维持的本国生产性劳动数量。如果一年周转两次或三次，则其所能持续雇用的生产性劳动数量就等于一年 2 000 或 3 000 镑所能维持的本国生产性劳动的数量。所以，一般说来，与邻国开展消费品对外贸易比与遥远国度进行贸易 601
更为有利。出于同样的原因，直接的消费品对外贸易比间接的更为有利，这一点已在本书第二篇②中指出。

但是对殖民地贸易的垄断，就其迄今对英国资本用途的影响而言，却在通常情况下都迫使一部分资本从与邻国的消费品贸易中流入到与遥远国家的消费品贸易中，并且在很多情况下还迫使一部分资本从直接的消费品对外贸易中流入到间接的消费品对外贸易中。

首先，在通常情况下，对殖民地贸易的垄断都迫使一部分资本从与邻国的消费品贸易中流入到与遥远国家的消费品贸易中。

对殖民地贸易的垄断，在通常情况下都迫使一部分英国资本从与欧洲及地中海各国的贸易中流入到与更遥远的美洲和西印度的贸易中。与美洲和西印度的贸易周转次数必然较少，这不仅因为距离更远，而且因为这些地方情况特殊。③ 前文曾指出，新殖民地的资本总是不足。④ 新殖民地的资

① 参见本书卷 II. v. 27。

② 参见本书 II. v. 28。

③ 波纳尔反对这种观点，他指出："如果你将英国制造商和德国的贸易记录与英国制造商和美洲、西印度的贸易记录进行比较，那么你就会发现后者的周转并不比前者慢。甚至在此次战争之前，信用就已延伸至德国，并在美洲得以缩减。对诺维奇、伦敦以及其他大制造城市是否存在这种情况进行询问之后，你就会发现事实确实如此。"（第 46 号信件）然而与此同时，波纳尔反对诸如将烟草再次出口到美洲大陆前先送往英国这种做法，他认为迂回贸易是一种"没有必要而且非常不利的做法，其中的一些规定应适度放宽"。参见 II. v. 28 以及 IV. iii. c. 22，斯密在此处对英国与法国进行的贸易相对于英国与美洲进行的贸易所显示出的优势进行了评论。

④ 参见 I. ix. 11。

本总是远少于改良和耕作土地所需要的资本，而在这上面的投入能够带来非常可观的回报。所以，它们对资本的需求总是超过它们现有的资本。为了弥补自有资本的不足，它们设法尽可能多地向母国借债，所以它们总是对母国负债。[①] 殖民地人民借债最常见的方法，不是向母国富人立据借款
602 （虽然他们有时也这样做），而是在他们的欧洲供货商许可的前提下，尽可能多地拖欠货款。他们每年的还款往往不超过欠款的三分之一，有时还不到三分之一。因此，他们的欧洲供货商垫付的全部资本，很少能在三年内返回英国，有时四五年内也不能返回。但是，五年才周转一次的1 000镑英国资本所能持续雇用的英国劳动数量，只是一年周转一次的资本的五分之一，即这1 000镑资本在一年内所能持续雇用的劳动量就只相当于200镑资本一年内所能持续雇用的劳动量。[②] 殖民地种植园主以高价购买欧洲货物，以高利息购买远期票据，以高佣金续订短期票据，这无疑能弥补欧洲供货商因其拖欠货款而蒙受的损失，甚至还绰绰有余。但尽管这弥补了供货商的损失，但却不能弥补英国的损失。商人从距离遥远的贸易中所获得的利润可能与从距离很近且交易次数频繁的贸易中所获得的利润同样多，甚至更多；但他居住国的利益、他居住国所能持续雇用的劳动力数量、他居住国的土地和劳动的年产量必然要少很多。与对欧洲的贸易，甚至与对地中海沿岸各国的贸易相比，对美洲的贸易不仅路途更为遥远，而且贸易的收益也更加不规律和不确定，对西印度的贸易则更是如此。我想，但凡对这些不同贸易部门略有经验的人都会毫不犹豫地承认这一点。

其次，在多数情况下，对殖民地贸易的垄断都迫使一部分英国资本从直接的消费品对外贸易中流入到间接的消费品对外贸易中。

在不能运往除英国以外的其他任何市场中去的列举商品中，有几种的数量大大超过了英国的消费量，因此不得不将其中一部分出口到其他国家
603 去。但要做到这一点，就必须迫使一部分英国资本流入迂回的消费品对外贸易中。例如，马里兰和弗吉尼亚每年运往英国的烟草超过九万六千桶，但英国的消费量据说不超过一万四千桶。[③] 因此，超过八万两千桶的烟草必

---

① 斯密在II. v. 21、IV. vii. b. 56以及V. iii. 83都对英国资本在殖民地的运用进行了评论。

② 在对这一观点进行评论时，波纳尔指出，美洲留存的资本“并不会对英国的利润造成影响，就像丰收的粮食中要留存一部分做种子一样，这是今后不断扩大的生产所赖以存在的基础……”（第43号信件）参见II. v. 21。

③ 本书II. v. 34以及IV. iv. 5也引用了这一数据。

须出口到法国、荷兰以及地中海和波罗的海沿岸各国。将这八万两千桶烟草运往英国，然后再出口到其他国家，并从这些国家换回货物或货币的那部分英国资本就被用于迂回的消费品对外贸易中；而且这部分英国资本必须用于这个用途才能处理这一庞大的剩余。如果要计算这种资本多少年才能全部回到英国，那么我们必须在对美洲贸易的往返时间上加上对其他国家贸易的往返时间。如果在我们与美洲进行的直接消费品对外贸易中，所使用的全部资本常常要三年或四年才能回到英国一次，那么，在迂回的消费品对外贸易中所使用的全部资本就要四年或五年才能回来一次。与一年周转一次的资本相比，如果前者能持续雇用三分之一或四分之一的本国劳动量，那么后者则仅能持续雇用四分之一或五分之一的本国劳动量。在某些输出港口，出口烟草的外国商人常常可以赊账。当然，在伦敦港常常是现款结算，通常的规则就是先称重量后付现款。所以，在伦敦港，全部迂回贸易资本的最终返回时间，仅比美洲贸易资本的往返时间多了货物售出之前在仓库存放的时间。不过，在仓库存放的时间有时也可能非常长。但如果殖民地的烟草不仅限于在英国销售，那么输入我国的烟草或许不会超过国内所需的消费数量。在这种情况下，英国现在用通过将大量剩余烟草出口到其他国家所得的货款购买的供本国消费的商品，可能就要用本国劳动的直接产物或一部分制造品来购买。这些产物或制造品不是像现在这样几乎全部被用来供应一个大市场，而是被用来供应很多个小市场。英国不是像现在这样经营一个大的迂回贸易，而很有可能是开展许多小的直接贸易。由于周转次数增加，现今用于经营这个大的迂回贸易的资本的一部分——或许只是一小部分，不超过其三分之一或四分之一——就足以经营所有这些小额的直接贸易，就能持续雇用同等数量的英国劳动力，就能同样维持英国的土地和劳动力的年产量。如此一来，这种贸易的所有目标均已由较小量的资本达到，就会有大量剩余资本可用于其他用途，如改良土地、 604
发展制造业以及扩大商业规模；至少可以用来和在这些不同用途中所使用的其他英国资本相竞争，从而降低它们的利润率，并由此使得英国资本在所有这些用途中，相对其他国家而言处于比现今更加有利的地位。

再次，对殖民地贸易的垄断还迫使一部分英国资本从所有的消费品对外贸易中流入转运贸易中，这就使得那些本来用以维持英国产业的资本，一部分用来维持殖民地的产业，一部分用来维持其他国家的产业。

例如，用每年从英国再出口的 8 万 2 000 桶剩余烟草所购回的货物，并未完全在英国消费掉。其中一部分，比如从德国和荷兰购回的亚麻布，被运往殖民地专供殖民地人民消费。但这部分用于购买烟草而后又被用于购买亚麻布的英国资本，必然是从维持英国产业的资本当中抽出来的，部分用于维持殖民地产业，部分用于维持那些以本国产品换取烟草的国家的产业。

最后，对殖民地贸易的垄断，由于其迫使更多的英国资本违背自然趋势大量流入这种贸易当中，似乎完全打破了所有英国产业部门本应有的自然平衡。[①] 由此，英国的产业不再是去适应很多小市场，而主要是去适应一个大市场。英国的商业不再是在许多小渠道中运行，而是被引导主要在一个大渠道中运行。因此，英国整个工商业系统就变得不那么安全，其政治组织的整个状态也变得不太健康。按它现在的情况来说，英国酷似一个身体不健康的人，由于某些重要器官生长得过大，所以容易患许多危险的疾病，而一个身体各部分比例均衡的人是不会患这些疾病的。比如，大血管
605 已经膨胀到超出其自然限度而国家工商业的一个非正常比例的部分被迫流通其中。此时，这条大血管的一个小小的堵塞就很可能给全部政治组织带来最为危险的混乱。[②] 因此，英国人民对于同殖民地决裂的惊恐超过其对西班牙无敌舰队和法国入侵的惊恐。[③] 正是这种惊恐（无论有无根据），使得废除印花税[④]至少在商人中间被认为是一项颇受欢迎的举措。殖民地市场哪怕只要持续少数几年排斥英国商品，那么我国大部分商人就会认为他们对殖民地的贸易将曲终人散，我国大部分制造商则会认为他们的生意将毁于

---

① 产业的自然平衡这一概念在下文第 97 自然段中提出。也可参见 IV. ii. 3，IV. ii. 12，31、IV. iv. 14 以及 IV. v. a. 39。

② 波纳尔拒绝接受大血管这个类比，他认为，我们的“美洲动脉”阻塞后贸易并没有出现“惊厥或中风”的现象，美洲“不是我们主要的，更不是我们唯一的贸易渠道”。他不认同斯密对此事实的阐释，并依据五件出乎意料的事件在下文提出了自己的观点（*Letter*，45）。

③ 斯密显然对当前与美洲贸易遇到的困难十分感兴趣，他还为他曾教过的学生、后来成为诺思爵士政府副检察长的亚历山大·韦德伯恩准备了一份备忘录。这份文件成为了 Rosslyn MSS 的一个组成部分（Ann Arbor，Michigan）；上面标注的日期是 1778 年 2 月，名称为“对与美洲竞争状况的思考”，后面简称为“对美洲的思考”。该文被收录到通信卷中，后来成为了斯密著作（本版本）的一个组成部分。该文由哥特里奇（G. H. Guttridge）首次发表在《美国历史评论》1932 年至 1933 年第 38 期上。

④ 印花税法在 I. viii. 50 中有提到。在本书 V. ii. h. 12 中也对印花税进行了讨论，此处指出印花税是“非常时髦的发明”。

一旦，我国大部分工人则会认为他们将无以为生。[①] 而与欧洲大陆任何一个邻国的决裂，虽然也可能会给某些阶层的就业带来停滞或中断，但可以预见这不会引起如此普遍的悲观情绪。某些小血管内血液循环不畅，血液能很容易地流到较大的血管中去，不会引起任何危险性疾病。但是，如果任何较大血管中的血液出现了阻塞，那么其直接的和不可避免的后果就是痉挛、中风甚至死亡。依托出口奖金或对国内和殖民地市场的垄断而被人为提高到非正常高度的制造业，由于其过度膨胀，如果在运行中出现某些小的阻塞或中断，那么往往就会引起使得政府惊骇、议会困窘的混乱与暴动。606
由此可以想象，如果作为我国支柱产业的制造业出现大面积的突然完全停业的情况，那么将会引起多大的混乱。

对赋予英国以殖民地贸易垄断权的法律做某种适度的、逐渐的放松，直至使之成为在很大程度上自由的贸易，似乎是唯一的可行之计，它能在未来一切时候将英国从这种危险中解救出来，具体体现在：（1）使英国能，或者甚至是强迫它将自己的一部分资本从这种过于庞大的部门中撤出，转投到其他利润较小的部门中；（2）使英国通过逐渐缩减某一个产业部门的规模以及逐渐扩张所有其他的产业部门的规模，从而逐步将所有产业部门恢复到完全自由贸易所必然建立并只能由完全自由贸易所保持的自然、健康、适当的比例。但如果立即将殖民地贸易对所有国家开放，那不仅会引起某些暂时性的不适，而且会给已在殖民地贸易中投入劳动或资本的大部分人带来巨大的永久性损失。即使仅仅是那些进口八万两千桶超过英国消费量的烟草的船只突然弃而不用，也会造成让人心痛的损失。[②] 这就是重商主义体系所有规章制度所造成的不幸后果。这些规章制度不仅会给政治组织带来非常危险的混乱，而且这种混乱，即使在短时间内不引起更大的混乱，也往往难以矫正。因此，对于殖民地贸易应该怎样逐渐开放，什么限制应当首先撤销、什么限制应当最后撤销，或者说以怎样的方式使完全自

---

① 在 1776 年 2 月 8 日休谟写给斯密的 149 号信件中，休谟抱怨《国富论》的推迟出版，并提醒斯密说“如果你要一直等到美洲的命运得以决定的时刻，那么你可能要等很久”。他接下来说道：“巴克卢公爵告诉我说，你对美洲事务非常感兴趣。我的观点是，美洲事务并不像通常所认为的那样重要。如果我错了，那在我下次看到你或收到你来信的时候，我将改正我的错误。我们的航海和一般贸易可能要比制造业遭受更大的损失。”在 1783 年 12 月 15 日斯密写给威廉·艾登的信中，斯密写道：“我对美洲贸易的未来并不担忧。我们对所有国家一视同仁，我们将很快开辟与欧洲邻国的贸易，这无疑要比与无比遥远的美洲开展贸易要更加有利。”

② 参见 IV. ii. 42，斯密在此处对经济吸收大幅变动的能力进行了积极评价。

由和公正的自然制度得到逐渐恢复的问题，我们只有留待未来的政治家和立法者运用他们的聪明才智去决定了。[①]

自 1774 年 12 月 1 日以来的一年多时间里，英国遭到了一个非常重要的殖民地贸易部门——北美洲十二联邦贸易部门——的完全驱逐。这本应让英国感到切肤之痛的事件之所以没让英国产生这般感受，是因为五件出乎意料的事件非常幸运地同时发生了：第一，这些殖民地为准备实行它们的不进口协定，将英国所有适合它们市场的商品全部买光了；第二，这一年
607 西班牙船队出于特殊需要将德意志和北欧的许多商品，尤其是亚麻布全部买光了，这些商品即使在英国市场上也常常和英国的制造品构成竞争关系；第三，俄罗斯和土耳其的媾和造成了土耳其市场的特殊需求，因为在此之前，当土耳其国难当头而俄罗斯舰队又在爱琴海巡逻时，土耳其市场上的供应是极为匮乏的；第四，在过去的数年中，北欧对英国制造品的需求逐年增加；第五，波兰最近被瓜分完毕，局势逐渐趋于稳定。由于开放了这个大国的市场，这一年除了北欧日益增长的需求外，还增添了波兰对英国制造品的大量需求。这些事件除第四个外，在性质上都是暂时的偶然事件。[②] 英国被排除在如此重要的一个殖民地贸易部门之外，如果此举不幸要持续更长时间，那么仍会带来一定程度的痛苦。但这种痛苦，由于来得缓慢，所以不像突然发作的痛苦那样令人难受；与此同时，英国的劳动和资本也能找到新的用途和方向，以防这种痛苦上升到更加剧烈的程度。

对殖民地贸易的垄断，由于使得超出正常比例的英国资本违反自然规律流入这种贸易，因此在所有情况下，使英国资本从与邻国的消费品贸易中流入到与遥远国度的消费品贸易中；在许多情况下，使英国资本从直接的消费品对外贸易中流入到间接的消费品对外贸易中；并在某些情况下，使英国资本从所有消费品对外贸易中流入到转运贸易中。因此，在所有情况下，都使英国从维持更大数量的生产性劳动的方向转向维持更小数量的生产性劳动的方向。此外，对殖民地贸易的垄断，使如此庞大的英国工商业仅仅适应于一个特定市场，这就使得英国工商业的整体状态比起让它的产品适应于更多市场时更不确定、更不安全。[③]

---

① 参见本书后文 IV. ix. 51，斯密在此处对“完全自由”的制度进行了描述。也可参见本书 I. x. a. 1、I. vii. 6，30 以及 IV. ix. 17。

② 1779 年的英国国内出口金额创自 1747 年以来的新低。

③ 参见下文第 97 自然段，斯密在此对人为限制资本使用带来的劣势进行了更深入的评论。

我们必须仔细区分殖民地贸易的影响和垄断殖民地贸易的影响。前者总是而且必然是有益的，后者总是而且必然是有害的。殖民地贸易是如此有益，以至于即使殖民地贸易被垄断，并且垄断的害处极大，但总体而言，殖民地贸易也仍然有益，而且是大为有益的。当然，如果没有垄断，那么这种益处会更大。 608

在其自然和自由的状态下，殖民地贸易的效果就是，为超出欧洲和地中海沿岸各国这些邻近市场需求的那部分英国产品开辟一个虽然遥远但规模巨大的市场。在其自然和自由的状态下，殖民地贸易会鼓励英国不断地增加剩余产物，这是因为殖民地会不断地以新等价物去交换英国的剩余产物，而且英国也不会从运销殖民地的产物中抽取任何利益。在其自然和自由的状态下，殖民地贸易倾向于增加英国生产性劳动的数量，而并不会在任何方面改变其原有的用途。在殖民地贸易的自然和自由状态下，来自所有其他国家的竞争会阻止新市场和新行业的利润率上升到一般水平之上。新市场不必从旧市场提取任何东西，就能创造（如果可以这样说的话）一个新产品来供应自己。而这种新产品将构成一种新资本来经营这个新行业，新行业同样不必从旧行业提取任何东西。

相反，对殖民地贸易的垄断通过排除其他国家的竞争从而提高新市场和新行业的利润率，将产品从旧市场中抽出，将资本从旧产业中抽出。[①] 增加我国在殖民地贸易中的份额并使其超出应有的数量，是这种垄断的公开目的。如果我国在殖民地贸易垄断时的份额还不及没有垄断时多，那就没有理由去建立这种垄断。殖民地贸易与其他大部分贸易相比周转更慢，距离更远。如果迫使任何国家将超出正常比例的资本违反自然规律地流入到这种贸易中，那么必然会减少那个国家每年所维持的生产性劳动总量，以及每年土地和劳动的总产量。这就使该国居民的收入达不到自然状态下的水平，从而削弱了他们的积累能力。这不仅在任何时候都阻碍其资本照常维持那么多的生产性劳动，而且还阻碍其资本照常增加，从而不能维持更多的生产性劳动。

但对于英国来说，殖民地贸易的自然良好效果足以抵消垄断所造成的
不良效果，并且还有余。所以，虽然垄断有其害，但殖民地贸易按其目前运 609
作的情况来看不仅是有利的，而且是极为有利的。由殖民地贸易所开辟的新市场和新行业，比由于垄断而丧失的那部分旧市场和旧行业规模大得多。由殖民地贸易所创造（如果可以这样说的话）的新产品与新资本，在英国所能

① 参见 I. ix. 11。

维持的生产性劳动数量，比由于资本从周转更快的其他贸易部门突然抽回而失去的生产性劳动数量更多。但是，如果以目前这种方式经营的殖民地贸易对英国有利，那么这不是由于垄断而是由于垄断以外的其他原因。

殖民地贸易为欧洲的制造品而不是初级产品开辟了一个新市场。[①] 农业是所有新殖民地最适合开发的产业，这是因为殖民地的土地价格低廉，从而与其他行业相比农业显得更具优势。因此，殖民地的土地初级产品十分丰富，不但不必从其他国家进口，而且有大量的剩余农产品可供出口。在新殖民地，农业或是能从其他行业吸引人手过来，或是能保证自己的人手不流入到其他行业中去。很少有人手可以从事必需品制造业，更没有人手去从事装饰品制造业。对于这两种制造业的大部分产品，自己制造还不如向其他国家购买来得经济实惠。[②] 殖民地贸易主要通过鼓励欧洲的制造业间接地鼓励殖民地自身的农业。殖民地贸易为欧洲的制造业者们提供了就业机会，与此同时，欧洲的制造业形成了一个对殖民地土地初级产品有需求的新市场，一个在所有市场中最为有利的市场。另外，欧洲的谷物和牲畜、面包和鲜肉的国内市场规模也通过对美洲的贸易而得到极大的扩张。

但是，对人丁兴旺、欣欣向荣的殖民地贸易的垄断并不足以建立，甚至不足以维持任何国家的制造业。西班牙和葡萄牙的例子就能充分说明这一点。这两个国家在拥有任何大的殖民地之前就已经是制造业大国了。但自从坐拥世界上最富饶的殖民地以来，它们就都不再是制造业大国了。

在西班牙和葡萄牙，垄断的负面效应——由于其他原因而使之更为严重——或许差不多抵消了殖民地贸易带来的自然良好效果。这些其他原因
610 包括：各种其他的垄断；金银价值低于其他大多数国家[③]；因对出口课征不合时宜的税收而遭到外国市场的排斥；对国内各地区之间的货物运输课征更为严苛的税收而致使国内市场收缩；最主要的是司法制度的不正规和不公正，它常常保护有钱有势的债务人，使其免受债权人的追索，这使得国内生产者不敢生产货物供这帮有钱有势的大人物消费。这是因为他们不敢拒绝这些大人物提出的赊购要求，但对欠款的归还又毫无把握。[④]

---

① 参见前文 IV. vii. b. 40。

② 参见 II. v. 21 以及 IV. vii. b. 44。

③ 参见 IV. i. 13。

④ 参见 I. xi. n. 1 中“关于白银价值变动的离题论述的结论”这一部分的第 1 自然段。此处评论到，尽管封建政府业已在西班牙和葡萄牙得以消灭，但它并没有被一个更好的政府所取代。

与此相反，殖民地贸易的自然良好效果，由于其他原因，在很大程度上克服了垄断的不良影响。这些其他原因包括：贸易的总体自由，虽有一些限制，但与任何其他国家相比，至少有同等的自由，甚至可能是更大的自由；出口的自由，几乎所有种类的本国产业的产品都可以免税出口到任何国家；或许更为重要的是，从我们自己国家的任何一个地区向任何其他地区运输货物的毫无限制的自由，无须向任何国家相关部门提出申报，不受任何的盘问和检查[①]；但最重要的是平等公正的司法制度，它使最底层的英国人民的权利受到最上层的英国人的尊重，它还通过保护每个人的劳动成果从而最为有力、有效地促进了各个产业的发展。[②]

但是，如果英国的制造业由于殖民地贸易而得到发展（事实的确如此），那么这不是垄断产生的结果，而是垄断以外的原因造成的结果。垄断产生的效果不是使英国一部分制造业增加了产量，而是改变了其性质和形态，使其违反自然趋势不去供应周转较快、距离较近的市场，而是去供应周转缓慢、距离较远的市场。垄断产生的最终效果就是将一部分英国资本从能维持更多制造业产量的行业中抽出，转而将其投入到维持制造业产量要少得多的行业中去，这不但没有增加，反而减少了英国制造业的总产量。

因此，对殖民地贸易的垄断，如同重商主义所有其他卑劣有害的手段一样，抑制了所有其他国家和地区的产业，但主要是殖民地的产业；垄断殖民地贸易本身是出于对本国产业利益的考虑，但实际上它不但没有促进本国产业哪怕一点点的发展，反而削弱了本国产业的实力。

无论母国在任何特定时间有多少资本，这种垄断都使得其资本不能维持本来能够维持的那么多的生产性劳动，并使其不能为勤劳的居民提供本来能够提供的那么多的收入。但由于资本只能从节约开支而来[③]，因此，资本不能提供本来能够提供的那么多收入的垄断就必然妨碍资本按照本来能够增加的速度增加，从而不能维持更多的生产性劳动，也就不能给该国勤劳的居民提供更多的收入。所以，对于劳动工资这一巨大的收入来源，垄 611
断在任何时候都必然使其不能像没有垄断的时候那么富足。

垄断通过提高商业利润率从而妨碍了土地的改良。[④] 土地改良的利润取

① 羊毛毛衣除外。IV. viii. 21 中指出，对羊毛毛衣施加的限制“非常严格”。

② 参见 II. iii. 36 以及 IV. v. c. 43，斯密在这两个地方对英国的经验进行了评论。

③ 参见 II. iii. 15。

④ 尽管斯密已经认识到将商业利润随后投资于土地所带来的好处。参见 III. iv. 3。

决于土地实际产量与投入一定量资本后土地产量之间的差额。如果这一差额提供的利润比等量资本从任何商业用途中取得的利润大，那么土地改良就会将资本从所有商业用途中吸引过来。如果其所提供的利润比商业利润小，那么商业就会将资本从土地改良中吸引过去。由此可见，凡是提高商业利润率的举措都会使土地改良的利润率降低，或使其较低的利润率降得更低。在前一种情况下，这样的举措阻止了资本流向土地改良；在后一种情况下，这样的举措将资本从土地改良中吸引走了。由于垄断妨碍土地改良，所以其势必延缓另一个大的收入来源——土地地租——的自然增长。此外，由于垄断提高利润率，它也必然使市场利率高于本应有的水平。但与地租成比例的土地价格，即通常按照若干年地租计算的价格必然随利率的提高而下降，随利率的下降而上升。[①] 这样一来，垄断在以下两个方面损害了地主的利益：首先，它延缓了地租的自然增长；其次，它延缓了与地租成比例的土地价格的自然增长。

垄断确实提高了商业利润率，从而略微增加了我国商人的利得，但由于垄断会阻碍资本的自然增加，所以它倾向于减少而不是增加国家居民从
612 资本利润中获得的收入总额，从而大资本的小利润通常比小资本的大利润能给国家带来更大的收入。垄断提高了利润率，但却使利润总额不能增长到没有垄断时的水平。

对于所有的原始收入来源，即劳动的工资、土地的地租和资本的利润[②]，垄断均使之远远不及它们本来会有的水平。为使一个国家一小撮人得到蝇头小利，垄断不仅损害了该国所有其他阶层的利益，而且还损害了所有其他国家所有人的利益。

只有通过提高普通利润率，垄断才证明了或者能够证明它对于某一个特殊阶层的人是有利的。但是除了前面提到的高利润率对国家所必然产生的各种不良效果以外，还有一种比所有这些不良效果加在一起还要严重的不良效果——如果我们能够依据经验来判断的话，那么它是和高利润率密不可分的。高利润率似乎在任何情况下都会摧毁节俭这一商人在其他情况下天然具备的特性。[③] 利润丰厚时，节约的美德似乎是多余的，极尽奢华才

---

① 参见 II. iv. 17。

② 收入的原始来源在 I. vi. 17 中有过探讨。

③ 斯密在本书 II. iii. 12 以及 IV. vii. b. 20 中对行为举止与勤俭节约之间的关系进行了评论。詹姆斯·斯图尔特也指出，在高利润持续“很久的地方，或者当它转变成商品的内在价值时，它们无形中得以维持”，由此影响国家或相关产业的竞争地位。尤其可以参见斯图尔特《政治经济学原理》第二篇第十章。

更适合彰显他雄厚的财力。大商业资本家必然是各国实业界的领军人物和指挥家。他们的榜样力量对全国劳动人民生活方式的影响要比任何其他阶层的影响大得多。如果雇主小心谨慎、勤俭节约，那么工人也很可能如此；但如果雇主放荡不羁、铺张浪费，那么按照雇主规定的模式去工作的工人也会依照雇主为他树立的榜样去生活。这样一来，本来最乐于积蓄的人手头没有积蓄，本来最可能使维持生产性劳动的基金增加的人们也不能用自己的收入来增加这种基金了。于是国家的资本不增反减，国内所维持的生产性劳动也日益减少。加的斯和里斯本商人的超高利润可曾增加西班牙和葡萄牙的资本[①]？可曾减轻这两个赤贫国家的贫困？可曾促进这两个赤贫国家的产业发展？这两个贸易城市的商人开支如此之大，以至于超高的利润不仅 613
没有增加国家的总资本，而且还似乎不足以维持赖以获得这种超高利润的原有资本。外国资本正日复一日越来越多地侵占（如果我可以这样说的话）加的斯和里斯本的贸易。正是为了把外国资本从自己资本日益不够经营的这种贸易中驱逐出去，西班牙人和葡萄牙人才费尽心机地日益加强这种不合理的垄断。只要将加的斯和里斯本商人的经商方式与阿姆斯特丹商人的经商方式进行一下比较，你就会发觉，商人的行为和特点受资本利润高低的影响是多么地不同。[②] 诚然，伦敦商人不像加的斯和里斯本商人那样一般都是堂堂贵族，但他们通常也不像阿姆斯特丹商人那样小心谨慎和勤俭节约。不过，很多伦敦商人比大多数加的斯和里斯本商人要富有得多，但不如大部分的阿姆斯特丹商人那样富裕。伦敦商人所得的利润率通常比前者低得多，比后者高得多。俗话说，“来得容易，去得也快”。看来在任何地方，消费的一般状况与其说是受真实消费能力的支配，还不如说是受赚钱难易程度的支配。

正因如此，垄断给某个阶层带来的特定利益在许多不同方面损害了国家的整体利益。

只为了将全国人民都培育成顾客而建立一个庞大帝国的计划，乍看起来似乎是一个只适合于小店主国家的计划。[③] 但实际上，这种计划对于一个小店主国家而言是完全不适宜的，它只适合于政府受小店主影响的国家。

---

① 参见下文第 82 自然段，斯密在此处也提及了加的斯和里斯本商人的“挥霍无度”。

② 斯密在本书 V. ii. k. 80 以及 I. ix. 10 中提及了阿姆斯特丹的低资本回报率。

③ 参见 IV. viii. 53。波纳尔反对该段的基调，因为在他看来，他所谓的“创造并确保一个举止得体的消费者群体不断壮大的国家”是他所能找到的唯一能够“准确描述一个商业国家与其殖民地之间关系”的表述（Letter，44，n）。参见波纳尔：《殖民地的治理》（第四版，伦敦，1768 年），第一卷，第八章。

这样的政治家，而且也只有这样的政治家才会认为，以同胞的血汗和财富来建立和维持这样一个帝国会为他们带来一定的好处。比如，你对一位小店主说，你给我买块好地，我就永远在你家的店里买衣服，即使你店里衣服的价钱要比别家贵一些也无所谓，这时你会发现他并不乐于接受你的提
614 议。但如果别人给你买了这样一块好地，并吩咐你要在那位小店主的店铺中购买你所有的衣服，那么那位小店主便会十分感激你的恩人。英国为那些不能在国内安居的国民在遥远的国度购买了一大块土地。当然，其价格很低，不是现在土地的一般价格，即三十年的租金，而只相当于最初发现、勘探海岸和掠取土地的各种费用。由于那里土地肥沃并且辽阔，耕种者有大量良田用于耕作，有时还可以自由地在任何地方出售其产品，所以在三四十年的时间里，那个地方就变得人口众多且繁荣兴旺。于是英国的小店主和其他各类商人都想垄断对这些人的贸易。[①] 他们并不佯装自己支付了部分最初购买土地和后来改良土地的费用，而是向国会提出请求，要美洲的耕种者将来只在他们的店铺里买卖东西：第一，购买他们所需要的一切欧洲货物；第二，出售他们自己的且被这些商人们认定适于购买的一切产物。英国商人们并不认为所有的殖民地产物都适合购买，因为部分产物进口到英国后可能会对他们在国内经营的某些行业形成干扰。因此，他们希望殖民者将这部分产品销售到其他地方去，越远越好。有鉴于此，他们提议这些产品的销售市场应限定在菲尼斯特雷角以南的各个国家。出乎意料的是，这些小店主的提议居然真的变成了著名的《航海条例》中的一项条款。[②]

维持这种垄断迄今为止一直是英国统治殖民地的主要目的，或者更确切地说是唯一目的。殖民地各省从未提供任何收入或兵力来支持母国的治理和国防，据说专营贸易是各省的最大利益所在。[③] 这种垄断就是殖民地依附于我国的主要标志[④]，也是迄今为止我国从这种依附中所得的唯一成果。

---

① 参见 IV. vii. b. 15－17，斯密在此对美洲殖民地的繁荣做出了评论，在本节第 63 自然段，斯密指出，母国得自殖民地的利益是殖民地自身成功的结果。

② 参见 IV. ii. 24－31，在这里，斯密对条例的主要内容进行了回顾。

③ 斯密在 1782 年 10 月 14 日写给约翰·辛克莱的第 221 号信件中也提及了美洲未对母国国防成本有所贡献这一事实。对此，波纳尔再次反驳道："我希望你注意到一些事实，这些事实会让我，也许也会让你产生完全不同的观点。正是海军通过其装备精良的船只对西印度贸易和交通产生了破坏性的影响，它们在最近两次战争中表现得非常得力，尤其是在最近这次战争中，几乎毁灭了西印度与法国和西班牙的贸易……"

④ 斯密在前文 IV. vii. b. 44 中一个类似的语境中也用了"标志"一词。

英国花费用以维持这种依附关系的费用，其真实目的都是维持这种垄断。 615
在当前的骚乱开始之前，殖民地日常的军费开支包括二十个步兵团的给养，炮兵和他们所需的军需品及特殊供应的开支，为防范其他各国的走私船只进入广阔的北美和西印度海岸而必须常态维持的庞大海军费用。以上所述的殖民地日常军费开支全部由英国的收入负担，同时它也只是母国统治殖民地所需费用中最小的一个部分。[①] 如果我们想要了解全部费用的数目，那么我们必须在每年的军费之外，再加上由于英国将殖民地看做处于其统治之下的省份而在各个时期为保卫这些殖民地而投入的费用的利息。我们尤其必须加上最近这次战争的全部费用以及这次战争之前那次战争的大部分费用。最近这次战争完全是一场殖民地争夺战，其全部费用无论用在世界上哪个地方，都应公平地算在殖民地的账上。其总数达 9 000 万镑以上，它不仅包括新发行的公债，而且还包括每磅附加两先令的土地税，以及每年从偿债基金所借入的数额。[②] 1739 年开始的西班牙战争基本上是殖民地战 616
争。其主要目的是阻止对与西班牙本土进行秘密贸易的殖民地船只进行搜查。其全部费用实际上是为了维持垄断而发放的奖金。名义上，这次战争的目的是鼓励英国制造业和商业的发展，但其实际效果却是提高了商业利润率，使我国商人将其比本来想要投入的更大一部分资本投入到这样一种贸易部门中：与大部分其他贸易部门相比，其回收周期长，且距离遥远。

---

① 参见前文 IV. vii. b. 20 以及 IV. vii. c. 12。

② 斯密在本书 II. iii. 35、IV. i. 26、IV. viii. 53 以及 V. iii. 92 中对战争的成本进行了评论。也可参见本书 V. iii. 88，斯密在此处指出，殖民地应该承担它们所招致的成本。在本书 IV. vii. c. 13 中，斯密谈到，只有西班牙和葡萄牙的殖民地承担过战争成本。在对解放美洲以期能节省的成本进行评论时，斯密指出，英国参与的两次代价高昂的战争——1739 年的西班牙战争和 1755 年的法国战争——“一次主要是，另一次完全是应该记在殖民地的账上的”。他继续指出，英国曾一度抱怨被卷入汉诺威事件当中，“本来它应该跟我们没有任何关系的。但是基于相同的原因，我们有更充足的理由去抱怨我们对美洲的兼并”（《对美洲的若干思考》，第 12 章，AHR 717－18）。斯密在于 1782 年 10 月 14 日写给约翰·辛克莱的第 221 号信件中再次提及此事：“对遥远殖民地的防卫无疑是最为昂贵的，殖民地无论是在收入上还是在军事力量上对整个帝国的防卫工作都没有作出丝毫贡献，甚至对它们的自身防卫工作都贡献甚少。在我看来，统治这些遥远殖民地最真实的无益之处在于引出如下话题，即公众对欧洲的偏见最需摆正。”辛克莱就美洲战争的黯淡前景这一主题向斯密发表了他的看法：“如果我们这样下去的话，那么英国迟早会毁灭”，对此，斯密回应道：“放心吧，我年轻的朋友，英国依然千疮百孔。”（《辛克莱通信集》，第九部分第 390～391 页）在 1776 年 6 月 3 日写给斯特拉恩的第 158 号信件中，斯密写道：“美洲战役尴尬开场了。我希望，我不能说我期望，它将以更好的状况收尾。尽管当前英国在很多不同方面培育出了具备高超专业才能的人才，比如伟大的律师、技艺精湛的钟表匠等，但其似乎没能培育出伟大的政治家和将军。”

如果奖金能够防止上述两种情况发生，那么也许发放这种奖金是非常值得的。

所以，在当前的管理制度下，英国从对殖民地的统治中一无所得，只有损失。

提议英国主动放弃对所属殖民地的一切统治权[①]，让殖民地自己选举地方长官，自己制定法律，自己决定对外媾和或宣战，就等于提出一种世界上任何国家都不曾接受过，并且永远也不会接受的提议。[②] 没有一个国家曾经自愿放弃过对任何一个省份的统治权，不论它是如何难以治理，不论它
617 提供的收入与用在它身上的开支相比是如何微不足道。[③] 这种牺牲尽管往往符合一国的利益，但却总是有损于该国的威望。而且更为重要的也许是这种牺牲往往不符合其统治阶级的私利，因为其将因此被剥夺对许多责任和利润的处置权，以及许多获得财富和荣誉的机会。所以，即使是最富想象力的人也不可能提出这种建议并认真希望它能被人采纳。不过，如果它真的被采纳，那么英国不仅能立即从殖民地每年的全部军费负担中解脱出来，而且还可以与殖民地订立能够有效确保自由贸易的通商条约。与英国当前所享有的垄断相比，这种条约虽然对商人不那么有利，但对大部分的人民则更加有利。殖民地和母国以这样友好的方式分离后，由于近年来的不和而受到严重伤害的殖民地对母国的自然感情也很快就会恢复。[④] 其不仅会长久地尊重与我们分

---

① 波纳尔反对斯密得出的应该放弃殖民地的结论，至少只要该结论是建立在对财富自然进程以及斯密有关资本的不同用途的一般分析的基础之上，他就不接受这样的结论："如果我们失去了我们的殖民地，那是命中注定的；但是我们主动放弃殖民地的想法就像那句具有讽刺意味的谚语——'为节约开支而去死'。"波纳尔对斯密有关殖民地贸易观点的批评主要出现在《辛克莱通信集》第 37 至 48 页上。

② 参见斯密《对美洲的若干思考》："尽管结束这次战争可能真的有利可图，但在欧洲人眼中这对英国来说并不是可取之举；当它的帝国疆土大幅缩减时，它的势力也许会随之减弱。更为重要的是，在我们的臣民看来，此举必定会败坏政府的名声——原本他们可能会将政府的管理不善归咎为事物自然和必要的进程中存在不可避免的麻烦。（它）……将担心他们会对让公众感到耻辱和给公众带来灾难的事件表示他们的愤怒，因为这样的事件会让帝国分崩离析。"

③ 参见本书 V. iii. 92，斯密在此处建议英国应放弃对殖民地的统治权。

④ 参见《对美洲的若干思考》：尽管加拿大、新斯科舍和佛罗里达州都屈从于我们桀骜不驯的殖民地，或者说被它们所征服，但语言和行为上的相似性大多数情况下会让美洲人民选择我们而不是其他国家作为自己的盟国。一旦他们确信我们无意于统治他们，他们对这个国家人民的由来已久的喜爱之情便会复苏……与美洲形成联邦同盟后我们自然会产生更少的开支，与此同时，可能还会得到一些实际的好处，就像从所有那些我们名义上实施统治权的国家所获得的那样。斯密自己倾向于一个具有包容性的联盟，那种后来被应用在了爱尔兰的联盟上——它给予殖民地在英国议会中的代表权。参见下文第 77 至 79 自然段以及 V. iii. 90。

离时所订立的通商条约，而且将在战争和贸易中支持我们。与此同时，殖民地的人民将不再是爱惹是生非的子民，而是将成为我们最忠诚、最真挚、最慷慨的同盟者。古希腊殖民地与其所属母市之间的那种一方面有父母之爱，另一方面有子女之心的情感，就有可能在英国与其殖民地之间复苏。[①]

要使一个省份对其所属帝国有利，它在平时就应对国家提供足够的收入。这种收入不仅能支付它本身的全部军费，而且还要为维持帝国的政府作出相应的贡献。每一个省份都必须对帝国政府经费的增加作出或多或少 618 的贡献。如果某一个省份不能作出应有的贡献，那么帝国其他省份便要负担更多。依此类推，每个省份在战争时期对整个帝国非常收入的负担，也应该像在和平时期向帝国所提供的收入一样，保持相同的占比。[②] 但英国从其所属殖民地取得的平时收入和非常收入占帝国总收入的比例从未做到这一点，这是大家公认的事实。有人认为，通过垄断增加英国人民的私人收入，从而提高他们的纳税能力，以此就能补偿殖民地公共收入的不足。但在我看来，尽管这种垄断对殖民地而言是非常沉重的赋税，尽管它可以增加英国某一特定阶层的收入，但它减少而不是增加了大多数人的收入，从而降低而不是提高了人民的纳税能力。[③] 那些收入因垄断而增加的人属于一个特殊阶层，要他们按照高于其他阶层的比例来纳税既是绝不可能的，也是极端失策之举，关于这一点我将在下一篇中予以说明。[④] 因此，我们不可能从这个特殊阶层取得任何特别的收入。

---

① 参见前文 IV. vii. a. 2。

② “……从来不曾有免除殖民地义务的想法。相反，对殖民地贸易进行限制和对它们的消费征税总是如影随形：这两者就构成了它们一直以来乐于以此进行统治的制度……我们的税收已增加了数倍；他们的能力依然以更快的速度增强……母国和殖民地之间关于公共负担承担的比例最初还有划分，现在则完全消失了。要想恢复那一比例，并且再次对公共负担进行划分，所要做的就是维持这个制度，这也是我们一直以来所奉行的制度，也是我所钟爱的制度，因为殖民地在这种制度下迸发出了历史上前所未有的勃勃生机。对于这样一种经历，我不能只满足于空想的预测和新奇的教义。”（《对英国贸易和金融的思考》（伦敦，1766 年），81 页，T. 惠特利和乔治·格伦威尔撰稿）

③ 参见本节第 59 自然段。

④ 参见后文 V. ii. f. 6。也可参见休谟：《英国史》（1754 年），243～244 页：“在英国的各个历史发展阶段，都有议会以最为自由的方式规劝他们的王子的事情发生，也有当议会对公众行为感到憎恶时拒绝供给的事情发生。但是，尽管这种权力对议会非常必要，但它很容易被滥用，容易被议会抱怨的频率和琐碎的事情所打扰，比如议会会对国王政务和各个方面的决定加以干涉。打着提建议的幌子，议会可能给出的是伪装的命令；终日牢骚满腹，议会可能是想借此获得政府的权力。只要没有向议会咨询意见，无论采纳什么样的举措都有可能被说成对人民的迫害；除非得到改正，否则议会拒绝向其穷困的国王提供最必要的供给。”

619 殖民地可以由它们自己的议会征税，也可以由英国国会征税。

殖民地议会被管理得能够向其选民课征足够的公共收入，不仅能在任何时期维持当地的政府和军队，而且还能按照适当的比例负担大英帝国政府的经费，似乎不大可能实现。即使是直接受君主监督的英国国会也是经过一个很长的时期才被置于这样的一个管理体系之下的，或者说才能够提供足够的税收维持本国的政府和军队。也只有通过将从政府和军队编制中产生的大部分职位或职位支配权分给国会中的某些特定议员，这种管理体系才得以在英国建立起来。但殖民地议会不在君主的直接监督之下，它们数目众多，位置分散，组织架构多样，君主即使拥有同样的控制手段，也很难以这种方式来管理它们，更何况他还没有这种控制手段。将从大英帝国政府产生的职位或职位支配权分给所有殖民地议会的所有主要议员，让他们冒天下之大不韪向选民征税，以维持帝国政府，即将选民几乎所有的收入都分配给这些选民不认识的人，绝无可能。此外，行政部门对于这些不同议会的不同成员的相对重要性不可避免地缺乏了解，那么其在以这种方式来管理他们的时候一定会经常做出得罪人或者鲁莽的事情来。由此看来，这种管理体系对殖民地议会是完全不适用的。

此外，也不能期待殖民地议会能对整个帝国所需的国防开支以及日常经费做出适当的判断。这些事务并没有委托它们去考虑。这不是它们该管的事情，而且它们也没有获取相关信息的常规手段。像一个教区的委员会一样，一个省的议会能对本地区的事务做出非常恰当的判断，但对于整个帝国的事务，省议会不可能有合适的方法去做出判断。它甚至连对本省对帝国应该负担怎样一个比例，或本省与其他省相比其富裕程度和重要程度如何都不能做出恰当的判断，因为其他省份并不受该省的监督和管理。全
620 帝国所必需的国防和日常经费以及各省应当承担的比例，就只能由监督和管理全帝国事务的国会去判断。

于是，有人提议用派征的方法对殖民地征税：由英国国会决定各殖民地应缴纳的数额，由各省议会按照各自的具体情况以最适宜的方式去征收。这样一来，有关整个帝国的事务由监督和管理全国事务的国会决定，而各殖民地的事务则仍由它自己的议会去定夺。这种情况下，虽然殖民地在英国议会没有代表，但我们根据经验可以判断，国会对殖民地的派征不可能不合理。对于在英国国会没有代表的帝国所属各地区，英国国会从未加以任何过重的负担。根西岛和泽西岛虽然没有任何手段抵抗国会的权威，但纳税却比其他省份都少。国会在试图行使其假定的向

殖民地征税的权力（无论有无依据）时，迄今为止从来没有让殖民地人民缴纳比他们国内同胞更多的税。此外，如果殖民地的纳税额按照土地税的增减同比增减，那么国会就不可能在不对自己的选民征税时而去对殖民地人民征税了。在这种情况下，可以认为殖民地实际上享有在国会的代表权。

对各省征税不搞一刀切（如果我可以用这个词来表述的话），而是由君主规定各省应缴纳的税收金额，其中一些省份由君主来决定税收评估和征收办法，另一些省份则由各自的省议会来制定。这在其他帝国不乏先例。在法国某些省份，国王不仅决定纳税额，而且还决定征税办法[①]；而在其他省份，国王仅规定一个纳税额，由各省自行决定征税办法。根据这种派征赋税计划，英国国会之于殖民地议会，有如法国国王之于那些享有坐拥自己议会的特权并被认为是法国治理得最好的省份。

但是，根据这个计划，虽然殖民地人民没有理由去担心他们承受的国家的负担会超过母国同胞所承担的比例，但英国却有理由担心殖民地承受 621
的国家的负担没有达到其应承担的比例。法国国王在那些有权组织议会的省份已确立统治，但英国在过去一个时期却没有确立同样的统治权。殖民地议会如果不是十分乐意的话（除非用更加巧妙的方法去管理它们，否则它们不太可能十分乐意），那么仍能找到许多借口去逃避或拒绝国会最为合理的派征。假设爆发了一场对法战争，必须立即筹集 1 000 万镑来保卫帝国。这笔资金必须向人民来借，以国会某项基金作为担保支付利息。国会提议，这项基金的一部分通过在英国国内征税来筹集，另一部分则向美洲和西印度各殖民地议会派征。殖民地议会远离战场，而且有时或许认为自己与战争并无多大关系。而这项基金的募集又部分取决于这样的殖民地议会是否有个好心情，那么人民还是否愿意仅凭这种基金的担保就肯将钱借给国会呢？以这项基金担保所得的贷款，恐怕不会多于国会在国内征集的税收。这样一来，由于战争而借的全部债务就像以往一样全部由英国独自承担。换言之，这项债务由帝国的一个部分，而不是帝国的全部来承担。有史以来，英国或许是唯一一个在开辟疆土时只增加支出而从未增加收入的国家。其他国家一般是将帝国国防费用的绝大部分分摊在其属地身上，以减轻自己的负担；但英国迄今为止却总是把几乎全部国防费用揽在自己身上，从而减轻其属地的负担。为了使英国与法律上一向被认为是其属地

① 参见后文 V. ii. k. 70。

的殖民地处于平等地位，国会在执行派征计划对殖民地征税时，万一遇到殖民地议会[1]试图逃避或者拒绝的情况，看来必须运用一些手段使派征生效；至于这些手段是什么却是不容易设想的，而且也是一个尚未阐明的问题。

与此同时，如果英国国会完全拥有对殖民地征税的权力，而且征税时无须征得殖民地议会的同意，那么这些议会的重要性从此刻起就会丧失，
622 英属美洲领导人的重要性也会随之丧失。人民之所以想要参与公共事务的管理，主要是因为这样可以取得重要地位。[2] 任何一个自由政府组织的稳定和持久，都取决于这个国家大部分领袖人物——每个国家的天然贵族——保持或捍卫其重要地位的能力。[3] 国内的全部派系和野心活动就体现在这些领袖人物不断地相互攻击对方以及捍卫各自的重要地位上。美洲的领导人也像所有其他国家的领袖人物一样，想要保持自己的重要地位。他们觉得，如果他们的议会——他们喜欢称之为国会，并认为其权力与英国国会相当——一旦降为英国国会低声下气的下属机构或执行机构，那么他们的重要性也将丧失殆尽。因此，他们拒绝通过国会派征来对殖民地征税的建议，而是像其他雄心勃勃、斗志昂扬的人一样，宁愿拿起武器来捍卫自己的重要地位。

当罗马共和国日渐衰落之时，承担了国家防御和扩张帝国主要责任的罗马同盟国要求取得罗马公民的全部特权。当这一要求遭到拒绝时，内战爆发了。在这场战争中，罗马将那些特权按照同盟的紧密程度授予了大部分的同盟国。英国国会坚持要对殖民地征税，殖民地则拒绝由没有其代表参加的国会来决定对自己课税。如果对每一个想要脱离一般联盟的殖民地，由于其人民缴纳与母国同胞相同的税赋，英国允许它根据对帝国公共收入所作的贡献大小按比例选派国会代表[4]，并允许其人民享有与母国同胞同样的贸易自由，此外其代表人数可以随税额的增加而增加，那么，呈现在每一个殖民地领袖人物面前的就是一种取得重要地位的新方法，一个新的更

① 前文 IV. vii. b. 51 对这些议会进行了描述。

② 斯密在后文 V. ii. k. 80 中列举了另外一个有关荷兰的例子。

③ 参见《对美洲的若干思考》："每一个政府的安全感主要来自一些人的支持，这些人的尊严、权威和利益取决于其得以仰仗支持的东西。"

④ 参见后文 V. iii. 68，此处指出，与税收挂钩的代表制符合英国的宪法实践。

加绚烂夺目的有野心的目标。[①] 于是，他们不再为可能在殖民地派系斗争这 623
张小彩票中获得的小奖去浪费光阴，而是凭借着人们对自己能力和运气的妄想，希望从英国政治这张国家大彩票中赢得大奖。除非用这种方法或者可以找到的其他方法（似乎没有效果更明显的其他方法了）去保持殖民地领导人的重要地位和野心，否则他们不可能自愿服从我们。我们应考虑到，如果用流血的方式强迫他们服从，那么流出的每一滴血不是来自我们的同胞，就是来自那些愿意成为我们同胞的人。有些人自以为时机一到就能轻易地以武力征服我们的殖民地，这种想法是非常愚蠢的。[②] 那些现在统治着美洲殖民地议会的人，此时由衷地感到自己的重要性，这或许是欧洲最伟大的人物都不曾感觉得到的。他们从小店主、商人和律师变成了政治家和立法者，为一个幅员辽阔的帝国设计一种新政体。他们自以为这个帝国将成为世界上前所未有的最强大的国家。的确，这也非常有可能实现。大概有 500 人在殖民地议会工作，听这 500 人号令的也许有 50 万人。他们也同样觉得自己的重要性相应地提高了。几乎美洲执政党中的每一个人都充满了幻想，想象着一个不仅比过去担任过的职位更优越，而且比过去所期望担任的职位更优越的职位。除非有某种新目标出现在他或其他领导人面前，否则只要他还具备常人的志气，他就一定会誓死保卫他的职位。

亨诺主席说过，我们现在能够津津有味地读到关于对同盟的许多事件
的叙述，而当它们发生时，或许并没有被看成多么重要的新闻。他说，当 624
时每个人都幻想着自己有多么重要。那时流传下来的许多记录的大部分都是由那些乐意记录并夸大这些事件的人撰写的；他们认为自己在这些事件中曾经扮演过重要角色。[③] 那时巴黎城是顽强地保卫自己，宁愿忍受可怕的

---

① 斯密在《对美洲的若干思考》中指出，与美洲形成同盟是有可能的："我们可以相信，美洲的领袖人物希望继续成为他们自己国家的重要人物。与英国形成同盟后，他们可能希望继续如此。同样的道理，苏格兰的领导人物希望在与英格兰联盟以后继续是他们自己国家的领导人。"正是在这种背景下，斯密提出了他天才的建议，如果同盟失败，解决的办法或许就是"对旧有制度的恢复——它会必然又悄无声息地导致美洲的解体，或许既能满足英国人民的需求又能满足美洲领导人的需求：前者误解而后者理解了这一制度的含义"（§16）。另一条天才的建议适用于完全解放美洲的情况，那就是我们应该恢复加拿大从属于法国、佛罗里达从属于西班牙的殖民地地位，从而使得我们自己的殖民地成为"那两个政体的天敌，从而自然成为大英帝国的盟友"。斯密希望通过这种方式让"旧有的仇恨，以及旧有的友谊"得以复苏（§12，AHR718）。

② 本书 V. i. a. 27 中指出，尽管民兵通常不如常备军，但在民兵经常上战场的情况下，这种情况就不尽然了。再来一次战役，美洲民兵就可能在各个方面和英国常备军不相上下。

③ C. J. F. 亨诺：《新法国史编年摘要》（巴黎，1768 年），第 581 页。

饥荒也不顺从一位最好的而后来又成为最受爱戴的法国国王，这是为人所熟知的。巴黎的大部分市民，或者领导这大部分市民的人，由于预见到旧政府一旦恢复，他们就会立即丧失其重要地位，所以会为捍卫自己的重要地位而战。除非我们能诱导我国殖民地同意和我们结成联盟，否则它们也会像巴黎市民顽强抵抗所有国王中最好的国王那样，抵抗所有母国中最好的母国。

代表制的思想是古代所没有的。当一国人民被允许享有另一国的公民权时，他们除了和另一国的人民一道投票和讨论国事外，别无其他行使这种权利的方法。允许意大利的大部分居民享有罗马公民的特权，完全摧毁了罗马共和国，因为人们再也无法判断谁是罗马市民，谁不是罗马市民。没有一个氏族能识别其自己的成员。任何一伙暴民都有可能被引入人民议会；他们可能赶走真正的市民，并俨然以真正市民的身份决定共和国事务。[①] 但是，即使美洲派 50 或 60 个新代表参加国会，众议院的门卫也不难判别谁是国会议员，谁不是国会议员。因此，虽然罗马的政体必然因罗马和意大利各盟邦的联合而遭到摧毁，但英国的政体却丝毫不会由于英国与其殖民地的联合而受到损害。相反，英国政体将因此而更加完善；如果没有这种联合，那么反倒显得不完善了。[②] 讨论并决定帝国每个地区事务的国会，为了充分了解各地的情况，肯定应当有来自每一个地区的代表。不过，对于这种联合能否实现，执行时会不会有困难，有多大的困难，我不敢妄
625 下结论。但我至今还没听说过有什么困难是难以克服的。[③] 主要的困难或许并不源自事物的本性，而是来自于大西洋两岸人民的偏见和成见。

---

① 参见孟德斯鸠的《论罗马盛衰的原因》第 93 页："意大利人民一旦成为其市民，每一个城市都将自己的特质、自己的特定利益以及对某位伟大保护者的依赖带到了罗马。这个分崩离析的城市不再完整。"

② 参见 V. iii. 89 - 90，斯密在此对殖民地与爱尔兰联合所产生的经济与政治效果进行了详细阐述。

③ 斯密在《对美洲的若干思考》中考虑了建立一个包容性联盟的可取性，似乎有点遵循苏格兰和英格兰之间现有联合的思路；但其补充说，这样一个计划"必定最有助于帝国的繁荣、辉煌和持久，除了像我这样离群索居的哲学家以外，你没有什么其他支持者"（§11，AHR717）。他补充说，美洲人民，尤其在他们"当前高昂的斗志下"不可能会同意，而对于英国人民的意见，他认为最受欢迎的解决办法是夺取武装胜利。

卡梅斯勋爵和本杰明·富兰克林都赞成加强同盟的想法，尽管后者清楚地认识到延误会使其愈加不可能成为解决办法。然而，很有趣的是，1774 年第一次大陆会议上被讨论但未通过的约瑟夫·盖洛威的"大立法委员会"提案，就是有关于管理联盟事务的。有关联盟的问题在理查德·柯布勒的《帝国》（剑桥，1961 年）一书第四章中有广泛的讨论。

在大西洋这边的我们，担心美洲代表的数量过多会打破政体的平衡。但如果美洲代表的人数与美洲的纳税人数目成比例，那么受统治的人数的增加就要与统治他们的手段的增加成比例，统治手段的增加也将与受统治人数的增加成比例。这样一来，在联合之后，政体中君主势力与民主势力的力量对比仍与联合之前保持一致。

在大西洋那边的人民，担心其因远离政府所在地而遭受许多压迫。不过他们在国会的代表自一开始数量就很大，可以很容易给他们提供保护使其免受压迫。距离的遥远并不会削弱代表对选民的依赖：代表仍会感觉到，他在国会中的席位以及由此获得的一切好处均依存于选民的好感。因此，代表的利益所在就是要通过利用作为立法机关成员的全部权威，对这个帝国那些偏远地区民政或军政官员的一切不法行为进行申诉，从而培养和增强这种好感。而且，美洲人民也似乎有理由认为，他们远离政府驻地的局面不会持续太久。按照其目前在财富、人口和土地改良方面的快速发展势头，或许只需一个世纪，美洲的纳税额就会超过英国。到那时，帝国的中 626
心自然会迁移到对帝国总体国防和维持费用贡献最多的地方去。[①]

美洲的发现以及经由好望角去往东印度的通道的发现，是人类历史上两个最伟大和最重要的事件。[②] 它们的影响已经非常之大，但其全部影响还不可能在这两大发现之后的两三百年里完全表现出来。人类的智慧不可能预见到这两大事件今后将给人类带来什么样的好处或怎样的不幸。将世界上最遥远的地区在某种程度上联合起来，使其互相满足彼此的需求，提高彼此的生活水平，促进彼此的产业发展，其总的趋势似乎是有利的。但是，对于东印度和西印度的原居民来说，这两大事件本来能够产生的一切商业

---

① 值得一提的是，在读到斯密著作的这个章节时，休·布莱尔表达了他对斯密给予殖民地事务以代表权的遗憾。他指出，“我希望能省略代表权，因为这太像一本当前时刻的作品。在接下来公共政策得以制定的版本中，这几页将被省略或者改写”（1776 年 4 月 3 日写给斯密的第 151 号信件）。在 1775 年 12 月 1 日写给斯密的第 147 号信件中，作为詹姆斯·瓦特的朋友以及从前合作者的约翰·罗巴克表达了相反的观点：“我希望这一次能从报纸上看见你的名字。国会召开会议之际是出版你这本著作的一个不错时机。在这次美洲大赛中你的书也会在影响许多人的观点方面起作用。”在 1776 年 4 月 8 日写给斯密的第 153 号信件中，威廉姆·罗伯逊评论道：“您许多有关殖民地的观察对我而言至关重要。我视您为我的指路人和导师，将矢志不渝地予以追随。我很高兴地发现我有关对殖民地贸易施加限制的荒谬的观点比我曾经可以想到的要好得多。”

② 参见 IV. i. 33。参见 G. T. F. 雷纳尔：《欧洲人在东西两个印度殖民地与贸易的哲学史与政治史》，i. 1，朱斯塔蒙（J. Justamond）翻译，i. 1：“美洲新世界以及经由好望角去往东印度的通道的发现是人类历史上最为重要的事件之一。”

利益都被它们所带来的不幸全部抵消了。[①] 只是这些不幸与其说是出自这两个事件的自身特点，还不如说是出自偶然。在美洲和东印度通道被发现的那个特殊时刻，欧洲人的实力和气势都占上风，他们能在那些遥远的国度做出各种不义之举却不受惩罚。此后，或许这些地方的原住民会变得日渐强大，或者欧洲人民的实力会日渐衰落，世界各地人民的勇气和实力会达到相同的水平。唯有如此才能让彼此心生畏惧，从而使独立国家不敢恣意妄为，知道要相互尊重彼此的权利。[②] 但最能建立起这种实力平等格局的办
627 法，莫过于互相交流知识和各种土地改良技术。而世界各国广泛的商业往来自然会或者说必然会带来这种效果。

同时，这两个重大发现的主要效果之一就是促进了商业体系的发展，使其达到了原来不曾有过的水平。这一体系的目标与其说是通过土地改良及耕作来使国家富强，还不如说是依靠贸易和制造业来富国；与其说是通过发展农村产业来使国家富强，还不如说是依靠城市产业来富国。但由于这两个重大发现，欧洲商业都市不再只是世界上一个小地区（大西洋流经的欧洲各国、波罗的海及地中海周边各国）的制造商和贩运商，而是成为美洲为数众多的耕作者的制造商，以及亚洲、非洲和美洲各国的贩运商，并在某些方面还成为了这些国家的制造商。两个新世界的大门由此对欧洲商业城市的产业打开，它们中的每一个都要比旧有的更大、更广阔，其中一个的市场的规模还在与日俱增。

诚然，那些占有美洲殖民地并直接与东印度通商的国家享尽了这一巨大商业体系所带来的好处。而其他国家，虽然受到了旨在排斥它们的令人厌恶的限制，但常常也从中享受到了大部分的实际好处。[③] 例如，西班牙和葡萄牙殖民地对其他国家产业所起的促进作用就超过了它们对西班牙和葡萄牙产业所起的促进作用。单就亚麻布一项来说，这些殖民地的消费额据说每年就在 300 万镑以上，不过我不能确保这个数字的准确性。但这一巨额消费需求几乎全部由法国、弗兰德、荷兰和德国满足。西班牙和葡萄牙只提供其中一小部分。为殖民地提供如此大量亚麻布的资本每年在那些国家

---

① 斯密在 IV. i. 32 以及本节第 100 自然段中对欧洲人对土著做出的野蛮行径进行了评论。

② 《法理学讲义》(B) 第 339 页，坎南编辑版本第 265 页指出，在考虑国家的法律的过程中，“在任何没有至高立法权或者解决争端法官存在的地方，我们将总会与不确定性和不规则性不期而遇”。

③ 参见前文 IV. vii. c. 6。

的人民中分配，并为他们提供收入。只有资本的利润是在葡萄牙和西班牙消费的，用以维持加的斯和里斯本商人的奢华生活。[①]

一国为确保其与所属殖民地开展专营贸易而制定的规章制度，对赞成这些规章的国家造成的伤害要超出对反对这些规章的国家造成的伤害。对其他国家产业的不正当压迫，反过来又落在（如果我可以这样说的话）压迫者的头上，从而对自身产业的破坏比对其他国家的还要大。例如，根据 628
那些规章制度，汉堡商人必须把要送往美洲的亚麻布运往伦敦，并从伦敦带回要运往德国的烟草，因为他既不能直接将亚麻布运往美洲，又不能直接从美洲带回烟草。由于受到这种限制，他或许不得不将亚麻布卖得便宜一些，将烟草卖得贵一些，这样一来他的利润或许会少一些。不过在这种汉堡与伦敦之间的贸易中，他的资本回收速度肯定要比在和美洲直接进行的贸易中要快，即使我们假设美洲的支付也和伦敦的一样准时（事实上绝不可能如此）。由此，在汉堡商人开展的受到这些规章限制的贸易中，他的资本反而能在德国持续不断地雇用比在他进行的受到排斥的贸易中可能雇用的更多的劳动。尽管这样对于他个人来说利润也许减少了，但不会对他的国家不利。而对由于垄断而自然吸引伦敦商人资本流入的情况，结果则完全不同。资本的这种用途可能对于他个人来说比将资本投入到其他大部分行业更有利可图，但由于周转较慢，可能对国家更为不利。

因此，欧洲各国虽然都企图用各种不正当手段来独占所属殖民地贸易的全部好处，但除了负担在平时用来维持、在战时用来捍卫它对殖民地的压迫性统治权所需的开支以外，还没有哪一个国家能够将任何其他东西据为己有。由占有所属殖民地所带来的麻烦完全由自己承担，但由殖民地贸易所产生的好处却不得不与其他国家分享。

乍看起来，对美洲巨大贸易的垄断似乎无疑是一项锁定最高利益之举。对于无辨别力的轻佻的野心家来说，这种垄断在纷乱的政治斗争和武力战争中，自然会作为一个耀眼夺目且值得争夺的目标出现。但正是目标的夺目光辉以及贸易的庞大数额使得对贸易的垄断变得有害。换句话说，垄断使一个行业吸收了比自然状态下多很多的国家资本，而这个行业并不如大多数其他行业那样能为国家带来更多的利益。

第二篇已论述过[②]，每一个国家的商业资本必然寻求（如果可以这样说 629

① 参见本节第 61 自然段。

② 参见 II. v。

的话）对该国最有利的用途。如将其用于转运贸易，那么其所属国家就会成为它所经营的各国货物贸易的商业中心。这些资本的所有者必然希望在国内销售尽可能多的这些货物；这样他就可以省去出口的麻烦、风险和费用。因此，尽管国内的售价比较低，而且最终所得利润也比他出口可望获得的利润要少，但他仍愿在国内市场上销售这些货物。所以，他自然会尽其所能地将他的转运贸易变成消费品的对外贸易。如果他将资本用于消费品的对外贸易上，那么出于相同的原因，他会乐于将他所购入的用来出口到某个外国市场上去的本国货物，尽可能多地在本国销售，因此他会尽最大努力将消费品的对外贸易转变成国内贸易。各国的商业资本自然都会以这种方式追求就近的用途，避开遥远的用途；追求回报快的用途而避开距离遥远且回报缓慢的用途；追求其所属国或所有人所居住的国家的生产性劳动能得到最大数量的维持的用途，而避开所能维持的生产性劳动数量最小的用途。总之，各国的商业资本自然会追求一般情况下对该国最为有利的用途，而避开一般情况下对该国利益最小的用途。

但是，如果在一般情况下对国家不那么有利的那些遥远用途带来的利润偶然高出了那些就近用途所带来的利润，那么这种高利润就会将资本从那些就近用途中吸引过来，直到所有用途的利润回归到各自的恰当水平。然而，这种高利润证明，在社会现实情况中，用在遥远用途中的资本相对于用在其他用途中的资本略显不足，社会资本并没有按照最恰当的方式被分配到社会的不同用途中去。它证明，一些物品要比原有水平买得更便宜或卖得更贵，某一阶层的人要比在平等情况下——这种平等本就会而且自然会在所有不同阶层的公民中存在——因付出的多或得到的少而受到或多或少的压迫。尽管相同数量的资本在遥远和就近用途中不可能维持相同数量的生产性劳动，但对于社会福利来说，遥远用途和就近用途一样都是必
630 要的[①]；遥远用途中所经营的货物或许就是为许多就近用途所必需的。如果经营这些货物的人的利润超过了应有的水平，那么这些货物出售的价格就会高出其应有的价格，也就是说高于其自然价格，而所有从事就近用途的人就会受到这种高价的压迫。因此，在这种情况下，他们的利益就要求一部分资本从就近用途中撤出，转入遥远用途中去，使其利润降到适当水平，并使货物的价格降低到自然水平。在这种特殊情况下，公共利益要求一部

① 在 II. v. 34 出现过一个类似的观点。

分资本从一般情况下对公众更为有利的用途中撤出，转入一般情况下对公众更为不利的用途中去。与所有其他一般情况一样，在这种特殊情况下，人们的自然利益与倾向完全与公共利益一致，并引导他们将资本从就近用途中撤出，转投到遥远用途中去。

这样一来，个人的私利和欲望自然会使他们将资本投入到通常对社会最为有利的用途中去。[①] 但如果这种自然偏好使他们将过多的资本投入到这种用途中，那么这种用途的利润的下降以及其他各种用途的利润的上升会促使他们立即改变这种错误的分配。因此，不必借助任何法律的干预，个人的自身利益和欲望自然会引导人们将社会资本尽可能地按照最适合于全社会利益的比例在所有不同用途中进行分配。

重商主义体系的所有规章，必然会或多或少地扰乱资本这种自然而又最为有利的分配。而有关美洲和东印度贸易的规章对这种分配的扰乱程度要比其他规章更大[②]，因为这两大洲的贸易所吸收的资本比任何其他两个贸易部门所吸收的都要大。但是，给这两个贸易部门造成混乱的规章不尽相同。二者都以垄断为主要手段，但却是两种不同的垄断。当然，不管是哪一种，垄断看来都是重商主义的唯一手段。[③]

在与美洲的贸易中，各个国家都极力排斥其他国家与自己所属殖民地的直接贸易，尽量独占所属殖民地的全部市场。在16世纪的大部分时间里，葡萄牙人按照相同的方式来管理对东印度的贸易，声称只有他们有权航行于印度各海，理由是他们首先发现了这条通道。荷兰人仍在继续排斥所有其他欧洲国家与其所属生产香料的各岛直接通商。这种垄断权的确立显然是针对所有其他欧洲国家的：它们不仅被排斥在本来便于它们投入部分资本的贸易之外，而且还不得不以比自己直接从产地进口时略高的价格购买这种垄断贸易所经营的货物。 631

但自从葡萄牙衰落以来，再没有任何一个欧洲国家声称拥有在印度各海的排他性航行权。印度各海的主要港口现今都对所有欧洲国家的船只开放。不过除了葡萄牙[④]和近年来的法国，欧洲各国都将对东印度的贸易交由一家专营公司经营。这种垄断的建立实际上恰巧是不利于实行这种垄断的

---

① 参见 IV. ii. 9。

② 参见上文第 46 自然段。

③ 在 IV. i. 35 以及 IV. viii. 1，斯密指出，重商主义的“两大法宝”就是限制进口和鼓励出口。

④ 参见 IV. vii. c. 100。

国家的。[①] 这个国家的大部分人不仅被排斥在本来便于他们投入部分资本的贸易之外，而且还不得不以比这种贸易对全国人民都开放时略高的价格购买这种贸易所经营的货物。例如，自从英国东印度公司成立以来，英国的其他居民除了被排斥在这种贸易之外，他们对自己消费的东印度货物所支付的价钱，不仅包含东印度公司由于垄断而在这些货物上获得的全部巨额利润，而且还包括全部巨额浪费——这种浪费是由管理如此之大一家公司的过程中必然出现的欺诈和职权滥用造成的。由此可见，这第二种垄断比起第一种垄断来，其不合理性更为明显。

这两种垄断都多少会影响社会资本的自然分配，但其方式并不总是相同。

第一种垄断总是会吸引更多的社会资本流入享有垄断权的那种贸易中去，其数量要比无垄断情况下流入的资本多。

第二种垄断依据情况的不同，可能有时将资本吸引到享有垄断权的贸易中去，可能有时又排斥资本流入这种贸易中。在穷国出现的情况是违反
632 自然趋势将过多的资本吸引到这种贸易中去；在富国出现的情况则是违反自然趋势排斥大量资本流入这种贸易中。

例如，在瑞典和丹麦那样的穷国，如果贸易不交由专营公司经营，那么或许根本不会有船驶往东印度。成立这样一家公司必然会对那些喜欢冒险的人起到激励作用。他们享有的垄断权确保其在国内市场上能抵制来自所有竞争者的竞争，而在国外市场上，他们又和其他国家的商人享有均等的机会。他们享有垄断权意味着他们在可观数量的货物上可十拿九稳地获得高利润，而且在大量货物上有获得很高利润的机会。没有这种特殊的激励，这些贫穷国家的穷商人或许绝不会想到要将自己的少量资本投入如此遥远和不确定的冒险事业——一如东印度贸易所自然呈现出的那样——中去。[②]

反之，像荷兰这样的富裕国家，在自由贸易的情况下，可能会派比现在更多的船只去东印度。荷兰东印度公司的有限资本可能会将许多本来会流入这种贸易的大商业资本排斥出去。荷兰的商业资本是如此巨大，它仿

---

① 参见 I. viii. 26。在 IV. vii. b. 22，斯密阐述了有关殖民地专营公司的缺点，并在 V. i. e 对它们的记录进行了广泛的叙述。

② 参见 V. i. e. 30，斯密在此处为临时垄断（包括那些赋予第一次做冒险贸易的商人的垄断权）辩护。也可参见 V. i. e. 2。

佛在不断地向外溢出：有时流入外国公债，有时贷给外国的商人和冒险家，有时流入迂回的消费品外贸，有时流入转运贸易。既然所有就近用途都已被资本填满，可获得略少利润的用途也已被资本填满，那么荷兰的资本就只有流向遥远的用途。[1] 如果东印度贸易是完全自由的，那么它也许会吸收更多的这种过剩资本。东印度为欧洲的制造品和美洲的金银以及其他几种产品提供了更广阔的市场，这一市场比欧洲和美洲的市场加在一起还要大。

任何对资本自然分配的扰乱必然会对发生这种现象的社会产生有害的
影响；不管是将本来会流入的资本排斥在某一种贸易之外，还是将本来不
会流入的资本吸引到某种贸易中去。[2] 如果没有任何专营公司，荷兰对东印 633
度的贸易规模会比现在更大，那么荷兰会由于一部分资本被排斥在对自己最为便利的用途之外而遭受巨大的损失。同样，如果没有任何专营公司，那么瑞典和丹麦对东印度的贸易规模会比现在要小，也许根本就不会存在，那么由于一部分资本被吸入不适合两国当前情况的用途，这两个国家必然同样遭受巨大的损失。按照它们当前的情况，也许向他国购买东印度的货物要更好一些，尽管价格略高，但是也比从它们不多的资本中抽取那么大一部分投入那么遥远的贸易中要好，因为这种贸易周转缓慢，所能维持的国内生产性劳动量又那么小，而国内生产性劳动又是如此缺乏，其完成的工作是如此少，还有那么多的工作等着其去做。

因此，虽然没有专营公司，一个国家就不能直接和东印度进行贸易，但不能由此得出那里应该设立这样一家公司的结论，而只能说明这样的国家在那种情况下不应与东印度直接进行贸易。葡萄牙的经验足以充分证明，这样的专营公司一般说来并不是经营东印度贸易所必需的，因为葡萄牙没有任何专营公司，却从东印度贸易中受益长达一个世纪。

有人说，私营商人不可能有足够的资本在东印度各个港口派驻经销商和代理商，以便为他偶尔派往那里的船只备办货物；而除非他能做到这一点，否则寻找运载货物的困难就可能常常造成船期延误，这样长时间的延误不仅会侵蚀一次冒险的全部利润，而且常常会造成非常重大的损失。不过，这种说法如果能证明什么，那么所证明的就是，没有专营公司就不能经营大的贸易部门，而这又是与所有国家的经验相违背的。就任何一个大贸易部门来说，为了经营这个主要部门就必须经营许多附属部门，而任何

① 参见 II. v. 35。

② 参见本节前文第 43 自然段，IV. ii. 3 对这一点进行了详细阐释。

一个私营商人的资本是不足以维持所有这些附属部门的。但当一国经营某一大的贸易部门的时机成熟时，自然会有一些商人将其资本投入主要部门，一些商人将其资本投入附属部门。尽管所有部门按照这种方式运作了起来，但很少出现由一位商人投入资本经营所有部门的情况。因此，如果某个国
634 家经营东印度贸易的时机成熟了，那么自然会有一定比例的资本分别投入这种贸易的各个不同部门中去。其中一些商人会觉得，住在东印度并将他们的资本用于为住在欧洲的其他商人派来的船只备办货物是符合自身利益的。欧洲各国在东印度所得到的殖民地，如果能摆脱专营公司的管理而被置于君主的直接保护之下，那么至少对于殖民地所属国家的商人来说将是既安全又方便的居住地。如果在某个特定时点，一国愿意投入（如果我可以这样说的话）东印度贸易的那部分资本不足以经营其所有不同的部门，那么就证明在这一时点该国尚不具备经营这种贸易的能力，其最好向其他国家购买所需的东印度货物，即使价格更高，也不要直接从东印度进口这些货物。因这些货物的高价格而遭受的损失，绝不会超过因从其他更必要、更有用或更适宜的用途中抽取一大部分资本来经营东印度贸易而遭受的损失。

虽然欧洲人在非洲海岸和东印度占有为数众多的居留地，但他们却没有在这些地方建立众多像在美洲各岛及美洲大陆上建立的那些欣欣向荣的殖民地。不过，非洲以及东印度这两个统称下的几个国家居住的都是野蛮民族。这些民族不像可怜无助的美洲土著那样软弱和缺乏自卫能力，而且与他们所居住土地的天然肥沃力相比，他们人口要稠密很多。非洲或东印度最野蛮的民族都是游牧民族，就连好望角的土著也是游牧民族。[①] 但美洲各地的土著，除墨西哥和秘鲁的之外，都是猎人。同等肥沃和同等面积的土地所能维持的游牧人数和狩猎人数差别极大。[②] 所以，在非洲和东印度，要想驱逐土著人并把欧洲人的种植园扩张至土著人居住的大部分土地上就比较困难。此外，我们已经指出，专营公司的本质不利于新殖民地的成长，
635 这也许就是东印度殖民地没取得什么进步的主要原因。[③] 葡萄牙人没有设立专营公司，但也经营与非洲和东印度的贸易。[④] 他们在非洲海岸的刚果、安

① 斯密在FA中评论说，好望角土著“是世界上最为野蛮的游牧民族”。

② 这一点在后文V. i. a. 5有相关阐述。

③ 参见VI. vii. b. 22，以及IV. vii. c. 103。

④ 参见IV. vii. c. 91。

哥拉以及东印度的果阿所建立的殖民地，虽然由于受到迷信的影响和各种恶政的压制而显得颇为萧条，但仍然和美洲殖民地有一些相似之处。有些地方已有葡萄牙人定居几代了。荷兰人在好望角和巴达维亚的殖民地，现在看来是欧洲人在美洲和东印度建立的最大的殖民地了。这两个殖民地都拥有得天独厚的地理位置。好望角居住着像美洲土著一样既野蛮又毫无抵抗能力的种族。此外，它是欧洲和东印度之间的中途客栈（如果可以这样说的话），几乎每一艘欧洲船只在往返途中都会在此停留。这些船只所需的新鲜食品和水果，有时甚至连葡萄酒都可以在那里得到供给。仅这种供给就为殖民地的剩余产物提供了一个极为广阔的市场。正如好望角是欧洲和东印度各地的中途客栈一样，巴达维亚是东印度各大国之间的中途客栈。它处在从印度斯坦去往中国和日本的这条最繁忙的通道上，而且几乎就在这条通道的正中位置。几乎所有航行于欧洲和中国之间的船只都要在巴达维亚短暂停留。此外，它是所谓的东印度国家贸易的中心和主要市场，不仅包括欧洲人所经营的贸易，而且还包括东印度土著所经营的贸易。在巴达维亚的港口，经常可以看到中国人[①]、日本人、越南人、东京人、马六甲人、交趾支那人以及西里伯岛人的船只。这种有利的地理位置使得这两个殖民地能够克服具有压迫特性的专营公司对它们的发展造成的所有阻碍。这种有利的地理位置还使得巴达维亚能够克服另一个不利条件，即巴达维亚拥有世界上最恶劣的气候。

虽然英荷两国的公司除了上述两个殖民地外不曾建立任何大的殖民地，但它们却在东印度征服了许多地方。在它们对新属民的统治方式上，最明显地体现了专营公司的天然特性。[②] 据说，在生产香料的岛上，如果丰收季 636
节所产香料超过荷兰人以足够高的利润在欧洲销售的数量时，荷兰人就会将这多余的部分焚毁。[③] 而在他们没有建立殖民地的岛屿，他们则为采集丁香树和豆蔻树的嫩花和绿叶的人发放奖金。这些植物天然生长在那里，但由于这种野蛮政策，据说现在几乎完全绝种了。即使在他们有居留地的岛上，据说这种树木的数量也已大为减少。如果他们自己岛上的产物大大超过了市场的需求量，那么他们就会担心土著可能会把其中一部分设法运到

---

① 参见 I. ix. 15，斯密在此处对打击中国外贸的现象进行了评论。

② 在 I. viii. 26 中，英国在东印度的殖民地被当做一个衰败经济体的例子加以说明。本书 V. i. e. 26 - 30 对东印度公司的历史进行了评述。

③ IV. v. b. 4 以及 I. xi. b. 33 中也出现过类似的观点。

其他国家。于是他们认为，确保垄断的最好办法就是设法将产量控制在他们运往市场的数量之下。通过各种不同的压迫手段，他们将摩鹿加群岛中几个岛的居民数量减少到仅足以为他们的少数驻军和偶尔去那里运载香料的船只提供新鲜食物和其他生活必需品的水平。不过，即使在葡萄牙的统治下，据说那些岛屿的人口也是相当稠密的。英国公司还来不及在孟加拉建立这么完备的破坏制度，但其政府的计划却有这种趋势。我确信，工厂的头目命令农民在种植罂粟的良田上改种稻米或其他谷物是常有的事。其借口是防止粮食短缺，而真实意图则是让他有机会以更高的价格出售手中的鸦片。而有时，当他预见到鸦片可能带来丰厚的利润时，他又会命令农民在种植稻米或其他谷物的良田上改种罂粟。[①] 公司职员为了自身利益，曾多次试图在一些最重要的国外和国内贸易部门建立垄断。如果允许他们这样做，那么他们在将来某个时候肯定会限制他们已取得垄断权的商品的生产，不仅使其数量限制在他们自己所能购买的数量上，而且使其数量限制
637 在他们期望以自己认为足够高的利润出售的数量上。在一两个世纪的时间里，英国公司的政策或许就会以这样的方式变得像荷兰公司的政策那样具有完全的破坏性。

然而，对于作为它们所征服了的国家的统治者的这些公司来说，再也没有比这个破坏性的计划更直接违背这些公司的利益的了。在几乎所有的国家，统治者的收入都来自人民的收入。因此，人民的收入越多，他们土地和劳动的年产量越大，他们向统治者上缴的就越多。所以，统治者的利益在于尽可能地增加这些年产物。但如果这就是每一位统治者的利益所在，那么对于那些收入主要来自土地租金的统治者，如孟加拉，情况就更是如此了。[②] 地租必须与生产物的数量和价值成比例，而生产物的数量和价值又都必须取决于市场的大小。其数量将总是差不多准确地适应具有购买能力的人群的消费，而他们愿意支付的价格总是与竞争的激烈程度成比例。因此，出于对自身利益的考虑，统治者应为本国产物开拓最广阔的市场，允许最完全的贸易自由，以便尽可能地增加购买者的人数和提高竞争水平。出于同样的原因，统治者不仅应该废除一切垄断，而且还应废除所有限制——对本国产物从一地运到另一地的限制，对本国产物出口的限制以及

① 参见 IV. v. b. 6。

② 参见 V. ii. a. 13，此处指出地租为脱离游牧状态的许多国家提供了资金。有关孟加拉土地税的详细介绍参见威廉·波尔茨：《对印度事务的思考》（伦敦，1772 年），第一编，第十二章。

对能与本国产物交换的任何商品的进口的限制。这样，他才最有可能增加其生产物的数量和价值，从而增加自己在其中的份额，也就是增加他自己的收入。

但商人这个群体即使在自己已经变成统治者后，似乎也不能将自己看成统治者。[1] 他们仍然把贸易，即购入后再售出看做自己的主要业务，把统治者的身份视为商人身份的一种附属物，视为一种应为后者服务的某种东西，或者说他们利用这个身份使自己能在印度低价购入而后在欧洲高价售出，以此获得更高的利润。为此目的，他们企图将所有竞争者尽可能地排除在他们所统治的国家的市场之外，从而使这些国家的剩余产物至少减少到仅仅足以满足他们自己的需求的水平，或减少到他们期望以他们认为合理的利润在欧洲出售的水平。这样一来，他们的商业思维习惯几乎必然， 638
但也可能是在不知不觉间使他们在所有一般场合下，宁愿得到作为垄断者的微薄且暂时的利润，也不愿得到作为统治者的丰厚而长久的收入，并逐渐地使他们像荷兰人对待摩鹿加群岛那样去对待自己所统治的国家。作为统治者，东印度公司的利益是，以尽可能低的价格出售其运到印度境内的欧洲货物，而以尽可能高的价格在欧洲出售从印度进口的货物。但是作为商人，他们的利益正好与此相反。作为统治者，他们的利益和他们所统治国家的利益是完全一致的。但作为商人，他们的利益与所统治国家的利益是直接对立的。

但如果这样的政府在欧洲事务的管理上就已存在本质性的、无可弥补的错误的话，那么这样的政府在印度的管理上更会错到一败涂地。[2] 这个统治机构必然是由一个商人协会组成的。商人的职业无疑极受尊重，但这个职业在世界上任何国家都不具有一种可以威慑人民、不用暴力就能够使人民自愿服从的权威。这种商会只能依靠他们给养的军队来命令人民服从。因此，他们的政府必然是依赖武力的专横政府。不过，他们的正当职业是商人，他们要做的就是根据主人的吩咐，出售委托给他们的欧洲货物，并买回欧洲市场需要的印度货物。也就是尽可能以高价售出前者，以低价购买后者，从而尽可能在他们开设店铺的市场上排斥所有竞争者。所以，就公司贸易而言，这种统治机构的性质和管理机构的性质是相同的。这将使政府从属于垄断的利益，从而阻碍国家剩余产物，至少是其中一部分的自

① 参见 IV. vii. b. 11，由商人构成的政府在这里被描述为“所有政府中最差的”。

② 斯密在 V. i. e. 26 中提及宪政改革，也可参见 V. ii. a. 7。

然增长，使其仅足以满足这个公司的需求。

此外，所有管理层成员出于对自身利益的考虑多少都会做点生意。要对此加以制止是徒劳的。期望一家设在万里之外因而几乎不受监督的公司
639 职员仅凭他们主人的一纸命令，就立即放弃自己所做的生意，永远放弃一切发财的梦想（而他们又有办法去实现），并满足于主人给予的中等水平的薪金（这种薪金尽管还不错，但几乎不会增加，通常与公司贸易所得的真实利润成比例），那是再愚蠢不过的了。[①] 在这种情况下，禁止公司职员出于自身利益考虑而做生意，除了使级别较高的职员可以借口执行主人的命令去打压那些不幸触怒他们的级别较低的职员以外，几乎不再会有其他的效果了。职员们自然会竭力去建立既有利于公司贸易又有利于私人生意的垄断。如果容许他们为所欲为，那么他们将公开直接地建立这种垄断，禁止所有其他人经营他们所经营的那些货物的贸易。这也许是建立垄断最好且压迫性最小的一种办法。但如果来自欧洲的命令禁止他们这样做，那么他们就会秘密地、间接地建立同样的垄断，那样对国家的害处更大。如果有人强制他们通过代理人秘密经营或至少不公开承认自己经营这一贸易部门，那么他们就会运用政府的全部权力颠倒是非曲直，加以干扰和破坏。但与公司贸易相比，公司职员的私人生意自然要覆盖多得多的商品种类。公司的贸易仅限于对欧洲的贸易，而且仅包括这个国家外贸的一部分。而公司职员的私人生意却能扩张到一切国内外贸易部门。公司的垄断仅会抑制在贸易自由时出口到欧洲的那部分剩余产物的自然增长。但公司职员的垄断却会阻碍他们所选定经营的每一种产物的自然增长——不管是供本国消费的，还是用来出口的，因此会破坏国家的种植业，从而减少全国的人口。它会减少公司职员选定经营的每一种产物的数量，即便是生活必需品也难逃此厄运；数量会减少到他们能够购买并按预期利润出售的水平。[②]

640 从职员所处地位的性质来看，他们在维护自己的利益并对抗他们所统治的国家的利益时，一定会采用比他们主人更苛刻的手段。这个国家属于他们的主人，他们的主人难免会多少关注自己属国的利益。但这个国家不

① 参见 I. ix. 21。

② 威廉·波尔茨在他的著作《对印度事务的思考》中也好几次提出了相同的观点，比如在第一编第 206 至 207 页，他说："我们看到，所有来自亚洲内地的商人都不被允许和孟加拉有任何商业往来，与此同时，土著事实上也被剥夺了在那些省份开展贸易的权力，它全部被少数公司的职员及其追随者所垄断。在这种情况下，哪一个商业国家能够繁荣起来呢？"

属于这些职员。他们主人的真实利益，如果他们能够理解的话，与属国的利益是一致的[①]。他们的主人压迫属国，那完全是出于无知和卑陋的商业偏见。但这些职员的真实利益却绝不与属国的利益一致。即使有最完备的信息也未必能使他们停止压迫属国。因此，从欧洲发出的规章，虽然常常有不足之处，但在多数情况下都是善意的。而职员们在印度所制定的那些规章虽然更为明智，但缺乏善意。这是一个非常奇怪的政府，其行政部门的每一个成员都想离开这个国家，并尽快和这个政府脱离关系，从带着自己的全部财产离开之日起，他们就丝毫不关心这个国家了，哪怕它被地震吞没。[②]

不过，我在这里所说的一切并不是想要诋毁东印度公司职员的总体品格，更不是想诋毁任何个别人员的品格。我要谴责的是政府的制度以及这些职员所处的环境，而不是这些执行人员的品格。他们的所作所为是所处环境使然，那些厉声咒骂他们的人并不见得就比他们做得更好。[③] 马德拉斯和加尔各答议会在战争与谈判中多次表现出的果断与明智，足以与罗马共和国鼎盛时期的元老院的表现相媲美。但是，这些议会成员所受的职业教育与战争和政治不甚相关。然而单是他们所处的环境，在没有教育、经验甚至榜样的情况下，似乎就能立即在他们身上形成所需要的伟大品质，激 641

① 每一位“印度股票”持有人的利益和国家的利益绝非一致，在该国家的政府中，他的投票权赋予他一定的影响力。在第二版有这样的脚注：“如果这些主人们没有其他的利益，而只有属于他们的作为印度股票的股东的利益，那么这也是完全真实的。但他们常常有重要得多的其他利益。一个有大产业的人，有时甚至是一个只有中等产业的人，常常愿意付出 13 000 镑或 14 000 镑（印度股票每千镑一股的现在价格），为的只是在股东法庭上投一票所产生的影响。给予他的这一股，尽管不是对印度的抢劫，但却是对抢劫印度的人的任命的一种确认；董事们虽然做出这种任命，但多多少少都是在股东法庭的影响之下做出的。股东法庭不仅选举董事，而且有时也推翻他们的任命。但拥有庞大产业的人，即使只是拥有中等产业的人，只要能够享有这种影响几年，就能让他一定数量的朋友被任命到印度的官员中去。所以他其实并不期望从如此微小的资本中得到股息，甚至也不关心他的股票权所依托的资本本身的增值或者丧失。至于那个强大的帝国——在其政府中拥有一股投票权——的繁荣或毁灭，他更加不会关心。从来没有统治者像他们这样漠不关心自己臣民的幸福或不幸，自己属地的改良或荒芜，自己管理机构的光荣或耻辱。从不可抗拒的道德原则来说，这种商业公司的大部分股东事实上就是这样的，或者必然会是这样的。”这一脚注的内容在第五篇第一章第三部分第一项第二个标题下第 25 自然段中也有出现。

② 斯密在 V. ii. k. 74 中探讨了对农民收税的行为，不像君主的适当利益是保护农民，那些对农民征税的人完全不关心他们所虐待的农民的命运。在《道德情操论》第三卷第三章第 4 自然段中引用了中国“突然被一场地震吞没”的例子。

③ 参见 V. i. e. 26，此处指出这样的情况通常反映出当前的形势；斯密将其称为“不可抗拒的道德原因”。

发出连他们自己都不知道自己所具有的能力和德行。所以，他们所处的环境如果在某些情况下促使他们做出了出乎意料的高尚行为，那么在其他情况下促使他们做出性质略有不同的壮举，我们也不应感到奇怪。

可见，这种专营公司无论从哪一点来说都是令人厌恶的，它总是要给所在国家带来或多或少的不便，对不幸落入它们统治之下的国家则具有毁灭性。

IV. viii

第8章　关于重商主义的结论

642

虽然鼓励出口和抑制进口是重商主义提出的使每一个国家变得富强的两种重要手段，但对于某些特殊商品来说，它似乎奉行相反的政策：抑制出口和鼓励进口。但重商主义声称其最终目标始终不变，即通过贸易顺差来使国家富强起来。重商主义限制制造原料和生产工具的出口，从而赋予本国劳动者一种优势，使得他们能够在所有外国市场上以比其他国家更低的价格售出他们的货物。同样，重商主义提出通过限制一些价格不高的商品的出口促进数量更多、价值更高的其他商品的出口。① 重商主义鼓励制造原料的进口，以便使本国人民以较低

① 参见 IV. i. 35，此处给出了重商主义政策的总体原则。

的价格将其制成成品，从而防止数量更多、价值更高的制造品的进口。我没有看到——至少在我国的法律汇编中没有看到——任何对生产工具的进口给予鼓励的法令。当制造业发展到一定程度的时候，生产工具的制造本身就成为许多非常重要的制造业的生产目标。对生产工具的进口给予任何特殊的鼓励都会极大地影响那些制造商的利益。因此，这种进口不但不被鼓励，而且常常被禁止。这样一来，羊毛梳具的进口，除了来自爱尔兰的或是作为难船的货物或捕获的敌船的货物而得到的，其余均由爱德华四世第三年的法律予以禁止。[①] 伊丽莎白女王第三十九年又重申了这一禁令[②]，此后禁令一直得以保持并在后来的法律规定下变得永久有效。[③]

制造原料的进口有时会受到鼓励：或者是免征对其课征的关税，或者是发放奖金。

Ⅳ. viii *643* 从几个国家进口的羊毛[④]，从所有国家进口的棉花[⑤]，从爱尔兰或英属殖民地进口的生麻[⑥]、大部分染料[⑦]和大部分生皮[⑧]，从英属格兰林渔场进口的海豹皮[⑨]，从英属殖民地进口的生铁和铁条[⑩]，以及几种其他制造原料，只要正式向海关申报就可免征一切关税，以示鼓励。这些免税办法和其他大部分商业规章制度，可能都是我国商人和制造商出于自身利益强迫立法机构制定的。然而，这些规定是完全公正合理的，而且如果它们也符合国家需要的话，那么可将其推广到所有其他的制造原料上，公众一定会从中受益。

---

① 爱德华四世第三年第 4 号法令（1463 年）。

② 伊丽莎白一世第三十九年第 14 号法令（1597 年）。

③ 《王国法令》第五章第 27 至 30 自然段，查理一世第三年第 5 号法令（1627 年）；拉夫海德版本查理一世第三年第 4 号法令以及《王国法令》第五章第 412 自然段，查理二世第十四年第 19 号法令（1662 年）；拉夫海德版本查理二世第十三年、十四年第 19 号法令。

④ 乔治二世第十二年第 21 号法令（1738 年）允许从爱尔兰免税进口羊毛。萨克斯比在《不列颠关税》（1757 年）一书第 143 页指出，来自西班牙的制衣羊毛和羊毛毡也免税。乔治二世第二十六年第 8 号法令（1753 年）允许爱尔兰的羊毛和粗纺毛纱进口到埃克赛特港。参见 V. ii. k. 24。

⑤ 乔治三世第六年第 52 号法令（1766 年）。

⑥ 乔治二世第四年第 27 号法令（1730 年）。参见 V. ii. k. 24。

⑦ 乔治一世第八年第 15 号法令（1721 年）。参见 IV. viii. 38，此处指出进口的染料是列举产品，它们的重要性得到了评估。

⑧ 乔治三世第九年第 39 号法令（1769 年），乔治三世第十四年第 86 号法令（1774 年）以及乔治三世第二十一年第 29 号法令（1781 年）。参见 I. xim. 11。

⑨ 乔治三世第十五年第 31 号法令（1775 年）。

⑩ 乔治二世第二十三年第 29 号法令（1749 年）。参见 IV. vii. b. 37，42。

可是，我国大制造商的贪欲，在某些情况下使这种免税办法推广到了大大超出可公正地被看做他们的制造原材料的范围。根据乔治二世第二十四年第 46 号法令的规定，外国黄麻纱的进口只课征每磅 1 便士的轻税，而以前课征的税赋要高得多：帆布麻纱为每磅 6 便士，法国和荷兰麻纱为每磅 1 先令，俄国麻纱为每百磅两镑 13 先令 4 便士。[①] 但我国的制造商在长时间内对这种减税感到不满意。乔治二世第二十九年第 15 号法令规定，对每码价格不超过 18 便士的英国和爱尔兰亚麻布的出口发放奖金，甚至对进口黄麻纱的小额关税也取消了。[②] 但是，在制造麻纱所需要的各种操作中所使用的劳动，要比后来将麻纱织成麻布的操作中所使用的劳动多得多。且不说亚麻种植者和亚麻梳理工的劳动，至少要三四个纺纱工才能维持一个织布 644
工的工作，织亚麻布所需的全部劳动量有五分之四要用在纺纱上。但我国的纺纱工都是穷人，而且通常是妇女，散居在全国各地，没有人支持或保护。[③] 我国大制造商不是通过出售纺纱工的产品而是通过出售织布工的制成品来获得利润的。由于以尽可能高的价格出售制成品符合他们的利益，所以以尽可能低的价格购买原材料也是符合他们利益的。一方面，他们通过强迫立法机构对他们自己的亚麻布出口发放奖金，对国外亚麻布的进口课征高关税，以及完全禁止国内消费法国的几种亚麻布[④]，从而以尽可能高的价格出售自己的产品；另一方面，他们鼓励进口外国麻纱，使其与本国产品竞争，从而达到以尽可能低的价格收购穷苦纺纱工的成品的目的。就像他们竭力压低穷苦纺纱工的收入一样，他们也一心想要压低他们自己织布工的工资，所以他们竭力提高制成品的价格或者是降低原材料的价格绝不是为了工人的利益。为了富人和有权势的人的利益而使用的劳动才是我们

---

① 乔治二世第二十四年第 46 号法令（1750 年）对斯密所引述的物品征税，但其他引用的数目是查理二世第十二年第 4 号法令（1660 年）估值表中不同类别麻纱的价值，而不是对它们所征的税。对特别价值物品所征的税赋上升至 20%。萨克斯比：《大不列颠关税》（1757 年），第 264 至 265 页。

② 乔治二世第二十九年第 15 号法令（1756 年）。乔治三世第十年第 38 号法令（1770 年）以及乔治三世第十九年第 27 号法令（1779 年）也延续了这一规定。参见 IV. viii. 5 以及 V. ii. k. 24。《法理学讲义》(B) 第 232 至 233 页，坎南编辑版本第 180 页中指出，当粗亚麻布价格“低于每码 12 便士”时就可得到奖金。

③ 参见 I. x. b. 51，IV. vii. b. 24 以及后文第 33 个脚注。

④ 乔治二世第十八年第 36 号法令（1744 年）、乔治二世第二十一年第 26 号法令（1747 年）、乔治二世第三十二年第 32 号法令（1758 年）、乔治三世第七年第 43 号法令（1766 年）。也可参见 IV. iii. a. 1 以及 IV. iv. 7。

重商主义体系所鼓励的。而为了穷苦人民的利益而使用的劳动常常遭到忽视。

不论是对亚麻布出口所给予的奖金，还是对外国麻纱进口的免税，有效期原本只有15年，但后来两次予以延长[1]，最终于1786年6月24日国会会议结束时失效。

对制造业原材料的进口发放奖金予以鼓励，主要限于从我国美洲殖民地所进口的原材料。[2]

第一次发放的这类奖金，是大约在18世纪初对自美洲进口的造船用品发放的奖金。[3] 这些造船用品包括适于制作船桅、帆桁和牙檣的木材，以及大麻、柏油、松脂和松香油。不过，对船桅木材每吨1镑、对大麻每吨6镑
645 的奖金后来也推广到从苏格兰进口到英格兰的相同产品。[4] 这两种奖金一直依此持续发放，直至各自失效时为止。对进口大麻的奖金有效期至1741年1月1日，对进口船桅木材的奖金有效期至1781年6月24日召开的国会会议结束之时。

对进口柏油、松脂和松香油发放的奖金，在其有效期内经历了数次变更。最初[5]对柏油和松脂的奖金为每吨4镑，对松香油的奖金为每吨3镑。后来对柏油每吨4镑的奖金仅限于用特殊方式制造的柏油，对其他良好、洁净的商用柏油的奖金减至每吨2镑4先令。同样，后来对松脂的奖金减至每吨1镑，对松香油的奖金则减少至每吨1镑10先令。[6]

按照时间的先后顺序，第二次对进口任何制造业原材料所发放的奖金，是根据乔治二世第二十一年第30号法令对从英属殖民地进口的蓝靛发放的

---

① 这两项法令分别是乔治三世第十年第38号法令（1770年）和乔治三世第十九年第27号法令（1779年）。

② 参见IV. vii. b. 45。

③ 《王国法令》，第八章，第354至356自然段，安妮第三年和第四年第9号法令（1704年）；拉夫海德版本安妮第三年和第四年第10号法令。参见IV. vii. b. 36。

④ 首先是由《王国法令》第九章第768至770页安妮第十二年第9号法令（1712年）颁布的；见拉夫海德版本安妮第十二年第1部分第9号法令。乔治一世第八年第12号法令（1721年）对造船用品的进口给予了进一步的鼓励，也对苏格兰大麻的种植给予了鼓励。对来自苏格兰船桅木材的进口的鼓励在乔治二世第二年第35号法令第12条（1728年）中得以进一步推广。

⑤ 《王国法令》第八章第354至356自然段，安妮第三年和第四年第9号法令（1704年）；拉夫海德版本安妮第三年和第四年第10号法令。

⑥ 乔治一世第八年第12号法令（1721年），尤其是乔治二世第二年第35号法令（1728年）。

奖金。[①] 当殖民地的蓝靛价格等于法国上等蓝靛价格的四分之三时，依据该项法令，可以对每磅进口蓝靛发放 6 便士的奖金。这项奖金和大多数其他奖金一样，都是在一定期限内发放的，但这一期限得到了多次延长，只是奖金减为每磅 4 便士。[②] 按规定这项奖金的有效期至 1781 年 3 月 25 日召开的国会会议结束之时。

第三次发放的这类奖金（时间大约是当我们有时讨好、有时又与美洲殖民地起争执的时候），是根据乔治三世第四年第 26 号法令对从英属殖民地进口的大麻或生亚麻发放的奖金。[③] 这一奖金的有效期为 21 年，自 1764 年 6 月 24 日开始到 1785 年 6 月 24 日截止。最初 7 年每吨奖励 8 镑，随后 7 年每吨奖励 6 镑，最后 7 年每吨奖励 4 镑。这项奖金没有推广到苏格兰，因为 646
那里的气候（苏格兰虽然有时也种植大麻，但其产量很小，质量也很差）不太适合种植这种植物。如果对从苏格兰进口的亚麻也发放这项奖金，那就会对英国南部地区的土产造成极为不利的影响。

第四次发放的这类奖金，是根据乔治三世第五年第 45 号法令对从美洲进口的木材发放的奖金。[④] 这一奖金的有效期为 9 年，自 1766 年 1 月 1 日开始至 1775 年 1 月 1 日截止。最初 3 年对进口的每 120 条上等松板发放 1 镑奖金；对其他方木每 50 立方英尺发放 12 先令奖金。中间 3 年对进口的每 120 条上等松板发放的奖金减至 15 先令，对其他方木每 50 立方英尺的奖金减至 8 先令。最后三年对前者的奖金减至 10 先令，对后者的奖金减至 5 先令。

第五次发放的这类奖金，是根据乔治三世第九年第 38 号法令对从英属殖民地进口生丝发放的奖金。[⑤] 这一奖金的有效期为 21 年，自 1770 年 1 月 1 日开始至 1791 年 1 月 1 日截止。最初 7 年对进口的每价值 100 镑的生丝发放 25 镑的奖金。随后 7 年对进口的每价值 100 镑的生丝发放 20 镑的奖金。最后 7 年奖金减至 15 镑。养蚕和缫丝需要大量的手工劳动，而美洲的劳动

---

① 乔治二世第二十一年第 30 号法令（1747 年）。

② 乔治二世第二十一年第 30 号法令（1747 年）的有效期经由乔治二世第二十八年第 25 号法令（1755 年）和乔治三世第三年第 25 号法令（1763 年）延长至 1770 年 3 月 25 日召开的国会会议结束之时，但奖金减少至每磅 4 便士。经由乔治三世第十七年第 44 号法令（1777 年）又延长至 1781 年。

③ 乔治三世第四年第 26 号法令（1764 年）。

④ 乔治三世第五年第 45 号法令（1765 年）。

⑤ 乔治三世第九年第 38 号法令（1769 年）。

力又如此昂贵[1]，所以据我所知，即使发放如此巨额的奖金也不会产生很大的效果。

第六次发放的这类奖金，是根据乔治三世第十一年第50号法令对从英属殖民地进口的酒桶、大桶、桶板、桶头板发放的奖金。这一奖金的有效期为9年，自1772年1月1日开始至1781年1月1日截止。[2] 最初3年对每种物品的进口达到一定数量便给予6镑的奖金。随后3年奖金减至4镑。最后3年奖金减至2镑。

第七次也是最后一次发放的这类奖金，是根据乔治三世第十九年第37
647 号法令对从爱尔兰进口的大麻发放的奖金。[3] 其发放方式与对来自美洲的进口大麻和生亚麻的奖金发放方式相同，为期21年，自1779年6月24日开始至1800年6月24日截止。这21年同样被划分为7年一期，每一期对从爱尔兰进口的大麻发放的奖金也与对从美洲进口的大麻和生亚麻发放的奖金一样多。但与从美洲进口的生亚麻不同的是，从爱尔兰进口的生亚麻不享受这种奖金。如果对其发放这种奖金的话，那么将对英国亚麻的种植造成极为不利的影响。在最后一次发放这类奖金时，英国与爱尔兰立法机构之间的关系并不比英国和美洲立法机构之间以前的关系更为和睦。但人们总认为英国对爱尔兰的恩惠比对美洲的恩惠更有利于当地的发展。

我们给予奖金的从美洲进口的那些商品，如果从任何其他国家进口则须缴纳高额关税。[4] 我们美洲殖民地的利益，被看做与母国的利益是一致的。它们的财富就被认为是我们的财富。据说无论输出到它们那里的货币有多少，其都会以贸易差额的形式回到我们这里。花在它们身上的任何开支都不会让我们少一分钱。从各个方面来说，它们的就是我们自己的。花在它们身上的开支就是花费在增进我们自己的财富上的开支，是对我们人民有利的。我认为，现在无须再说什么来揭露这种制度的愚蠢，惨痛的经验业已将其暴露无遗了。如果美洲殖民地真的是英国的一部分，那么这些奖金就可以被看做对生产的奖励，但英国仍然要受到对这类奖金（而不是其他类别的奖金）的所有责难。[5]

---

① 参见 I. ix. 11 以及 I. viii. 23。

② 乔治三世第十一年第50号法令。

③ 乔治三世第十九年第37号法令。

④ 参见 IV. vii. b. 45。

⑤ 对生产的奖金参见 IV. v. a. 25。

对制造业原材料进口的抑制，有时是用绝对禁止的办法，有时是用课征高额关税的办法。

我们的毛纺织业者比任何其他类别的工人更为成功地说服了立法机关，使之相信国家的繁荣依存于他们特殊行业的成功与扩张。[①] 他们不仅通过绝对禁止从其他任何国家进口呢绒而获得不利于消费者的垄断权[②]，而且还通过禁止活羊和羊毛的出口来获得不利于牧羊主和羊毛生产者的垄断权。为保障收入而制定的许多法律，其严酷性遭到抱怨是十分正常的，就像对在宣称其为犯罪的法令制定之前总是被看做无罪的行为所处的重罚一样。但是我敢肯定，我们有关收入的最残酷的法律，与我国商人和制造业者大喊 648
大叫地从立法机关强行索取的用来支持他们荒谬而具有压迫性的垄断权的一些法律相比起来，还算是极其温和的。就像德拉科的法律一样，这些法律可以说是用鲜血写就的。

根据伊丽莎白第八年第 3 号法令[③]，出口绵羊、羊羔或山羊的初犯者没收其全部货物，监禁一年，然后在集市日砍断其左手，并钉在那里示众；再犯者即被宣告为重罪犯人，被处以死刑。这一法律的目的，似乎是防止我国羊种在外国繁殖。查理二世第十三年和第十四年的第 18 号法令又规定[④]，出口羊毛也属重罪，出口者要受到与重罪犯人相同的惩罚。[⑤]

出于对国家人道主义的考虑，我们希望上述这些法律从未得到执行。

---

① 参见《法理学讲义》(A) 第二章第 91 页："几年以前，英国对以下这种观念情有独钟（实在是一种很异想天开的想法），即英国的财富和实力完全取决于其毛织品贸易的兴盛，而如果允许羊毛出口的话，那么这种贸易就不会蓬勃发展。因此，为了阻止羊毛出口，英国颁布法令对于出口羊毛的人处以死刑。"参见 I. xi. m. 11 和 I. xi. p. 10，斯密在此对局部利益对立法的影响进行了概括的评论。

② 参见 IV. ii. 1。

③ 伊丽莎白一世第八年第 3 号法令（1566 年）。

④ 《王国法令》第五章第 410 页至 412 页，查理二世第十四年第 18 号法令；拉夫海德版本查理二世第十三和第十四年第 18 号法令。参见 IV. viii. 35 以及 V. ii. k. 24。

⑤ 在《法理学讲义》(A) 第五章第 64 页中，伪造货币被视为重罪，在《法理学讲义》(B) 第 81 页，坎南编辑版本第 57 页中也是如此。《法理学讲义》(A) 第二章第 92 页提及，曾经有一段时间出口羊毛被视为重罪，但是，"没有人会同意对如此无辜的事务处以如此严厉的处罚。因此他们被迫将处罚减轻为没收货物和船只"。《法理学讲义》(B) 第 182 页，坎南编辑版本第 136 页给出了一个类似的观点，斯密在此处也引用了一个哨兵因站岗时睡着了而被宣判死刑的例子：这个处罚明确反映出保护公众利益的必要性，但这又是一个"人类永远不会踏入的……就像他是小偷或打劫者一样。"参见《道德情操论》第二卷第二篇第三章第 11 自然段。

但据我所知，其中第一项从来没有被直接废除过[①]，高级律师霍金斯似乎认为它迄今仍然有效[②]，但实质上它可以被看做已由查理二世第十二年第32号法令第3条废除。[③] 查理二世的法令并未明确取消伊丽莎白法令所规定的处罚，而是规定了一种新处罚，即对每出口或企图出口一只绵羊，罚款20先令并没收绵羊和所有者对船只所拥有的那部分所有权。其中第二项由威廉三世第七年和第八年第28号法令第4条予以明确废除[④]，该条款宣称："查理二世第十三年和第十四年颁布的禁止羊毛出口的法令，将出口羊毛视为重
649 罪。由于处罚过于严酷，所以对违犯者未能有效执行。因此，当局明令将该法令中关于把这项犯罪行为定为重罪的内容予以废除并宣告无效。"[⑤]

不过，无论是由这项比较温和的法令所规定的处罚，还是并没有被这一法令所废除的先前法令所规定的处罚，都是非常严酷的。除了没收货物外，出口人每出口或企图出口1磅重的羊毛都要被处以3先令的罚金，这是1磅重羊毛自身价值的四五倍。任何犯此罪的商人或其他人不得从他的代理人或其他人那里索取任何债款或要求清算账目。[⑥] 不论他有多少财产，也不论他是否有能力缴纳如此之重的罚金，这一法令的意图是要让这样的人完全破产。但由于人民大众的道德尚未像法令制定者那样败坏，我还未曾听说有人利用过这一条款。如果犯此罪的人不能在判决后三个月内缴纳罚金，那么他将被流放7年；他如果在刑满前逃回，那么就会被作为重罪犯进行处罚，且不得享受牧师的恩典。对于知罪不报的船主，将没收其全部船只和设备。对于知罪不报的船长和水手，将没收其全部货物和动产，并处以3个

① 伊丽莎白一世第八年第3号法令（1566年）被乔治四世第三年第41号法令第4条（1822年）所废除。

② "一些旧有法令，比如查理二世第十三年和第十四年第18号法令，视羊毛出口为重罪；但是威廉三世第七年和第八年第28号法令只将羊毛出口视为轻罪，而许多后来的法令对羊毛出口给予很重的处罚。"霍金斯接下来重复了伊丽莎白第八年第3号法令的条款，这意味着他认为该法令仍然有效。霍金斯：《刑事法专论》(*A Treatise of the Pleas of the Crown*)（伦敦，1739年第三版），第一章第119至120页。

③ 查理二世第十二年第32号法令（1660年）。参见下文VI. viii. 20，32，33。

④ 《王国法令》第七章第118自然段，威廉三世第七年和第八年第28自然段第2条（1695年）。

⑤ 《王国法令》第五章第410至412自然段，查理二世第十四年第18号法令（1662年）；拉夫海德版本中查理二世第十三年和第十四年最终被维多利亚第十九年和第二十年第64号法令（1856年）所废除。

⑥ 查理二世第十二年第16号法令（1660年）。参见下文IV. viii. 33。

月的监禁。[①] 后来的一项法令又将船长的监禁期改为 6 个月。[②]

为阻止羊毛出口，整个羊毛的境内交易受到极其烦琐和苛刻的限制。[③] 羊毛不能用箱子、木桶、盒子等来包装，只能用皮革或包装布来包装，而且在其外皮上必须用不小于 3 英寸长的字母写上“羊毛”或“毛线”字样。违者没收其全部货物和包装用具，而且所有人或包装人还需缴纳每磅 3 先令的罚金。[④] 除了从日出到日落这个时间段外，羊毛不能用马或马车驮载，也不能在离海岸五英里的内陆运输，否则没收货物、马匹和车辆。对从邻近海岸的小邑或经由那里运输或出口羊毛的人，可在一年内提出诉讼。如果羊毛价值低于 10 镑，则罚款 20 镑；如果羊毛价值高于 10 镑，则处以 3 倍 650
羊毛价值以及 3 倍诉讼费的处罚。对任何两位居民进行判决，法庭必须通过向其他居民征税的方式来弥补其费用，就如同在盗窃案件中一样。如果任何人以低于上述罚款额的条件与小邑私自了结，那么他将面临 5 年的监禁，而且其他任何人都可以对他进行检举。这些规定在整个王国内通行。[⑤]

在肯特和撒塞克斯两郡，这些限制还要更加烦琐。海岸 10 英里之内的羊毛所有者，必须在剪下羊毛之后的三天内，将所剪羊毛的数量和存放地点以书面形式向附近的海关官员报告。在将其任何部分运走以前，他必须用相同的方式报告羊毛的捆数和重量、买主的姓名和住址以及羊毛要运往的地点。在上述两郡，居住在离海岸 15 英里以内的人，必须先向国王做出下列保证才能购买羊毛：他所购买羊毛的任何部分不会出售给居住在离海岸 15 英里以内的任何其他人。如发现有人向这两郡的海边运送羊毛，除非已做出上述保证，否则没收其羊毛，并处以每磅 3 先令的罚款。如有人在沿海 15 英里以内存放没有申报的羊毛，则查封并没收其羊毛；如在查封后有人要求认领，则需向财政部门提交保证；而如果他在审判中败诉，那么除了所有其他处罚，他还要支付 3 倍的诉讼费。[⑥]

---

① 乔治一世第四年，第 11 号法令（1717 年）。

② 《王国法令》第七章第 524 至 528 自然段，威廉三世第十年第 16 号法令；拉夫海德版本中威廉第十年和第十一年第 10 号法令（1698 年）。参见 IV. vii. b. 43。

③ 这展示了对在 IV. vii. c. 54 中提及的英国贸易自由的限制。本书 IV. vii. b. 43 有提及对殖民地羊毛贸易所施加的限制。

④ 乔治二世第十二年第 21 号法令（1738 年）。

⑤ 威廉三世第七年和第八年，第 28 号法令（1695 年）。参见下文 IV. viii. 35。

⑥ 《王国法令》第七章第 421 至 423 自然段，威廉三世第九年第 40 号法令（1697 年）；拉夫海德版本中威廉三世第九年和第十年第 40 号法令。

当境内贸易受到这些限制时，我们相信，沿海贸易也不会太自由。每一个运送或企图运送羊毛到沿海港口或沿海某地，以便从那里经由海路将羊毛运往沿海另一港口或地方的羊毛所有人，必须先在出口港登记包裹的重量、标记和数量，然后才能将羊毛运至该港口 5 英里以内的地方，否则没收其羊毛、马、马车和其他车辆，另外还要根据其他现行禁止羊毛出口的法律规定加以处罚。不过，相关法律规定（威廉三世第一年第 32 号法令）十分宽大，它宣称，“即使剪羊毛的地点位于离海岸 5 英里之内，只要在剪
651 羊毛后 10 天内，在转运羊毛之前，亲自向附近的海关官员证明羊毛的真实数量和存放地点，并在运走羊毛前 3 天亲自向上述官员报告其意图，任何人都可以将羊毛从剪毛地点运回家”[①]。必须保证海运的羊毛在预先申报的港口上岸，而且如果有任何一部分在上岸时没有官员在场，则不但羊毛要如同其他货物一样被没收，而且还要招致每磅 3 先令的额外处罚。

我国呢绒制造商为了证明其所要求的这些特殊限制和规定的合理性，自信满满地声称英国羊毛品质独特，优于任何其他国家的羊毛；其他国家的羊毛如果不混合一定数量的英国羊毛，那么就不可能织出任何质地优良的产品；没有英国羊毛就做不出精纺呢绒。所以，如果英国能完全禁止羊毛出口，那么就可以垄断几乎全世界的呢绒业。这样一来，没有竞争对手的英国就可以随心所欲地定价，并在很短的时间内就可以通过最有利于自己的贸易顺差来获得令人难以置信的巨额财富。像许多人所信奉的大多数其他学说一样，这种学说过去和现在都继续为绝大多数人所信服；就连那些对呢绒业完全不熟悉或者没有特殊研究的人，也几乎全都对这一学说深信不疑。然而，说英国羊毛是制造精纺呢绒所必需的，这种说法完全是空穴来风；事实上英国羊毛完全不适宜于用做这种用途。精纺呢绒完全是用西班牙羊毛制成的。英国羊毛甚至不能掺到西班牙羊毛中去，否则就会在一定程度上降低呢绒的质量。[②]

本书前面的章节曾论述过[③]，这些规定产生的效果就是压低了英国羊毛的价格，使其不但低于现在自然应有的水平，而且还使其大大低于爱德华

---

① 《王国法令》第六章第 96 至 98 自然段，威廉和玛丽一世第 32 号法令；拉夫海德版本中威廉和玛丽一世第 32 号法令。此处并没有逐字引用原文。

② “各处真正质地精良的呢绒必然全部是由西班牙羊毛织成的，这一点众所周知。”（安德森：《商业的起源》（1764 年），第二章第 137 自然段。）

③ 参见 I. xi. m. 9。

三世时代的实际价格。[①] 苏格兰和英格兰合并后，这些规定依然有效，据说苏格兰羊毛的价格因此下跌了一半。[②]《羊毛研究报告》的作者约翰·斯密是一位非常精明的人，据他观察，上等英格兰羊毛在英国的售价通常比下等西班牙羊毛在阿姆斯特丹市场上的售价还要低。[③] 将该商品的价格压低到可以称做其自然的或适当的价格以下，是这些规定公开宣称的目的。它们无疑已产生了预期的效果。 652

可能有人会认为，价格的下降不利于羊毛的生产，从而必然使羊毛的年产量大大减少——即使不低于之前的水平，也要比公开自由市场上允许价格上涨到自然恰当水平所对应的情况要低。不过，我还是愿意相信羊毛的年产量虽然会受到这些规定的一些影响，但影响不会很大，因为生产羊毛并不是牧羊主投入其劳动和资本的主要目的。他并不期望从羊毛上获取像从羊肉上那样多的利润。在许多情况下，羊肉的平均或一般价格能补偿羊毛平均或一般价格的不足。本书前面的章节已论述过，“凡是使羊毛或生皮价格低于其自然应有水平的规定，在一个土地得以改良且耕种发达的国家都有抬高鲜肉价格的趋势。在改良土地上饲养的大小牲畜，其价格一定要足以支付地主和农场主从改良土地上所预期获得的地租和利润。如若不然，他们很快就会停止饲养。因此，这个价格中羊毛和羊皮所没能支付的部分就必须由羊肉来支付。前者支付得少，后者就必须支付得多。至于这个价格在牲畜的各个部分如何分摊，地主和农场主是不关心的，只要他们拿到全数就行。因此，在一个土地得以改良且耕种技术发达的国家，虽然他们作为消费者的利益因这些规定提高了食品价格而受到影响，但他们作为地主和农场主的利益受这些规定的影响不大”[④]。因此，根据这一推理， 653
羊毛价格的下降在一个土地得以改良且耕种技术发达的国家不可能导致羊

① 在1780年1月3日写给威廉·艾登的第203号信件中，斯密写道：“羊毛现在的价格比爱德华三世时期还低；因为羊毛现在局限于英国市场，而那时全世界的市场都向英国羊毛开放。羊毛的低价倾向于降低羊毛的品质，并可能因此在某种程度上损害呢绒制造业，正如它在某种程度上有益于该行业一样。除此之外，由于这种禁令的存在，养殖者的利益显然遭到了牺牲，让位于制造商的利益”。

② I. xi. m. 13给出了一个类似的观点。

③ 约翰·斯密提及英格兰高品质羊毛，并在一个脚注中对“珍贵的羊毛”进行了讨论。他指出：“这种珍贵的羊毛如何与它们的重量（和西班牙羊毛一样，英格兰羊毛很轻）以及在英国通常售卖的价格相匹配？这样的上等英格兰羊毛在英国的价格不仅低于西班牙下等羊毛在阿姆斯特丹的价格，甚至比德国粗羊毛以及更为粗糙的法国羊毛的价格还要低。”（约翰·斯密：《羊毛研究报告》第二章第418自然段。）

④ 参见I. xi. m. 12。这段话几乎是逐字引用的，只是对少数几处的标点做了改动。

毛年产量的减少。不过，由于羊毛价格下降而导致的羊肉价格上涨，可能会略微减少人们对羊肉的需求，从而略微减少羊肉的产量。但即便如此，其影响可能也不是很大。

尽管这些规定对羊毛年产量的影响不大，但可以设想，它对羊毛质量的影响一定是非常大的。英国羊毛质量已经下降，即使不低于从前的水平，也要低于在目前改良和耕作情况下自然应有的质量水平。也许可以认为，羊毛质量的下降必然与价格的下降成正比。由于羊毛的质量取决于羊种、牧草以及对羊的管理和卫生状况，我们自然可以想到，在羊毛生产的整个过程中牧羊者对这些条件的注意，绝不可能大于羊毛价格对这种注意所需要的劳动和支出可能提供的补偿。不过，羊毛质量的好坏在很大程度上取决于羊的健康、发育和身体状况；改良羊肉所必要的注意在某些方面就足以改良羊毛了。虽然羊毛的价格下降了，但据说英国羊毛的品质在 18 世纪有很大的改善。如果羊毛的价格更高，那么品质的改进可能更大。低价尽管阻碍了品质的改良，但却并不能完全阻止这种改良。

由此可见，这些规章的粗暴对每年生产的羊毛的数量和质量的影响都没有人们所预期的那么大（虽然我认为它对后者的影响很可能大于对前者的影响）；羊毛生产者的利益虽然必定要受到某种程度的损害，但总的说来，这种损害要比设想的小得多。

不过，这些考虑并不能证明完全禁止羊毛出口是正确的，但它们可以充分证明对羊毛出口课以重税的正确性。

654 只为促进某一阶层公民的利益而在任何程度上损害另一阶层公民的利益，显然违背了君主应公正平等地对待其不同阶层臣民的原则。然而羊毛出口的禁令，正是为了维护制造商的利益，而这损害了羊毛生产者的利益。

各阶层的人民都有对君主或国家的维持作出贡献的义务。只要对每托德（羊毛重量单位，1 托德＝28 磅——译者注）的羊毛出口征收 5 先令或 10 先令的税，就能为君主提供一笔相当可观的收入。这种做法对羊毛生产者利益的损害要比禁止出口略小，因为它不会使羊毛的价格下降那么多。同时它为制造商提供了足够的好处，因为他虽然不能像在禁止出口的情况下那样低廉地购入羊毛，但他的购买价格至少比外国制造商低 5 到 10 先令，此外还能节省外国制造商必须支付的运费和保险费。要设计出一种既能为君主提供可观收入，与此同时又不会给任何人带来不便的税赋，几乎是不可能的。

尽管有多如牛毛的处罚条例为禁令保驾护航，但禁令仍然阻止不了羊毛的出口。众所周知，羊毛还是被大量出口。本国市场和外国市场上价格的巨大差异对走私者的诱惑十分巨大，即使严酷的法律也无法阻止。这种非法出口除对走私者有利外，无利于其他任何人。而在缴税前提下的合法出口通过为君主提供收入从而避免征收其他可能更为苛刻和麻烦的税收，这对国家所有臣民都有利。

制造和清洗毛纺织物所必需的漂白土的出口，要受到几乎与羊毛出口相同的处罚。① 甚至被大家公认为与漂白土不同的烟管土，其出口也由于它与漂白土表面上的相似性以及漂白土有时被当做烟管土出口的事实而遭到同样的禁止和处罚②。

根据查理二世第十三年和第十四年第 7 号法令，生皮和鞣革均被禁止出
口，制成靴、鞋或拖鞋的除外。③ 这一法令赋予了我国靴匠和鞋匠不利于畜 655
牧业者和鞣革业者的垄断权。此后的法令又规定，我国鞣革业从业者只要为每英担（约 120 磅重）鞣革缴纳 1 先令的轻税就可以摆脱这种垄断。④ 他们还可以获得对其商品课征的消费税的 2/3 的退税，即使其产品在出口时没有经过进一步的加工。所有皮革制品都能免税出口，而且出口者还能得到消费税的全部退税。⑤ 我国畜牧业者仍继续受到旧有垄断的支配。畜牧业者彼此分离，散居在全国各地，很难让他们联合起来针对自己的同胞建立垄断或摆脱其他人强加在他们身上的垄断。⑥ 而各行各业的制造业者在所有大城市里集合成了数目众多的团体，所以能够轻而易举地联合起来。甚至牛角都被禁止出口，因此连制角和制梳这两个微不足道的行业在这方面都享

---

① 查理二世第十二年第 32 号法令（1660 年）。参见 IV. viii. 19，20。也可参看休谟《英国史》（1778 年）第六卷第 305 页，此处对违反者实施的惩罚进行了介绍。

② 《王国法令》第五章第 411 自然段，查理二世第十四年第 18 号法令（1662 年）；拉夫海德版本中查理二世第十三年和第十四年第 18 号法令。

③ 《王国法令》第五章第 378 至 397 自然段，查理二世第十四年第 7 号法令（1662 年）；拉夫海德版本中查理二世第十三年和第十四年第 7 号法令。参见 I. xi. m. 11。

④ 《王国法令》第五章第 640 自然段，查理二世第十九年和第二十年第 10 号法令（1667 年）；拉夫海德版本中查理二世第二十年第 5 号法令。安妮第九年第 6 号法令（1710 年）对相关条款进行了确认。

⑤ 《王国法令》第九章第 405 至 417 自然段，安妮第九年第 12 号法令（1710 年）；拉夫海德版本中安妮第九年第 11 号法令将税收的三分之二予以退回。

⑥ 参见 IV. viii. 4 以及第 14 条脚注。

有对畜牧业者的垄断权。[1]

以禁止或征税的办法来限制半成品的出口，并不是皮革制造业所特有的现象。只要某件商品尚需加工以便直接使用和消费，我国制造商就认为这些加工应由他们去完成。毛线和绒线也被禁止出口，其出口与羊毛出口所受的处罚相同。[2] 甚至出口白呢绒也要纳税[3]，我们的染匠至此也获得了对呢绒业者的垄断权。我们的呢绒业者本来能保卫自己免于这种垄断，但碰
656 巧我国的大部分的主要呢绒业者本身也兼营印染业。表壳、钟壳和钟表针盘均被禁止出口。[4] 我国的钟表制造商似乎都不愿意这类产品的价格因为外国人的竞相购买而被抬高。

根据爱德华三世[5]、亨利八世[6]和爱德华六世[7]颁布的一些旧有法令，所有金属均被禁止出口。只有铅和锡例外，可能是因为这两种金属的储量极其丰富。铅和锡的出口占当时王国贸易的相当大的部分。为鼓励采矿业，威廉和玛丽第五年第十七号法令[8]规定，由英国矿产制成的铁、铜和白铁免受禁止出口的限制。此后威廉三世第九年和第十年第二十六号法令[9]又允许外国或英国出产的铜条的出口。未经加工的黄铜，即所谓的制枪金属、制

---

① 爱德华四世第四年第 8 号法令（1464 年）允许出口牛角。该法令为詹姆斯一世第一年第 25 号法令（1603 年）——拉夫海德版本中詹姆斯一世第二年第 25 号法令——所废除，但詹姆斯一世第七年第 14 号法令（1609 年）宣布了一条通用的禁令。

② 《王国法令》第五章第 411 自然段，查理二世第十四年第 18 号法令；拉夫海德版本中查理二世第十三年和第十四年第 18 号法令。也可参见前文 IV. viii. 18，33。威廉三世第七年和第八年第 28 号法令（1695 年）有类似的条款。参见前文 IV. viii. 21。

③ 查理二世第十二年第 4 号法令（1660 年），由《王国法令》第五章第 393 至 400 自然段查理二世第十四年第 11 号法令（1662 年）予以加强，拉夫海德版本中查理第十三年和第十四年。参见后文 IV. viii. 38。

④ 威廉三世第七年和第八年第 19 号法令（1695 年）禁止未锻造表盘的出口，除非得到许可证。《王国法令》第七章第 399 至 400 自然段威廉三世第九年第 28 号法令（1697 年）、拉夫海德版本中威廉三世第九年和第十年第 28 号法令允许出口表，但禁止未标明制造者名字的表壳出口。此举意在避免欺诈行为。

⑤ 爱德华三世第二十八年第 5 号法令（1354 年）。

⑥ 亨利八世第三十三年第 7 号法令（1541 年）。

⑦ 爱德华四世第二年和第三年第 37 号法令（1548 年），是对亨利八世第三十三年第 7 号法令（1541 年）的加强。

⑧ 《王国法令》第六章第 480 至 481 自然段以及拉夫海德版本中威廉和玛丽第五年和第六年第 17 号法令（1694 年）。允许出口铜、铁和白铁，但“制炉金属、制枪金属和货币鉴定人金属或者其他不是用英国矿石做成的金属”除外。

⑨ 《王国法令》第七章第 393 至 397 自然段威廉三世第九年第 26 号法令（1697 年）；拉夫海德版本中威廉三世第九年和第十年第 26 号法令。

钟金属和货币鉴定人金属仍被禁止出口。所有黄铜制品均可免税出口。①

那些没有被完全禁止出口的制造业原材料在很多情况下都被课以重税。

乔治一世第八年第15号法令②规定，由英国生产或制造的所有货物，按以前的法令在出口时需纳税的，现在均可免税出口。但下列货物除外：明矾、铅、铅矿石、锡、鞣革、绿矾、煤炭、梳毛机、白呢绒、菱锌矿石、各种兽皮、胶、兔毛、野兔毛、马匹和黄色氧化铅。这些货物中，除马匹外，剩下的全是制造业的原材料、半制成品（可视为进行进一步加工的原料）或生产工具。该法令规定这些货物仍需缴纳以前缴纳的所有税，即旧补助税和1%的出口税。③

该法令还规定，许多染色用的外国染料进口时免缴一切税。不过，后来又规定其中每一种在出口时要缴纳一定的税，当然不是很重。我国的染匠似乎认为，鼓励这些染料免税进口是符合他们利益的，而对染料的出口 657
施加一些小小的阻抑也是符合他们利益的。商人出于贪欲而提出的这种令人瞩目的妙计，最可能的结果使其大失所望。这必然提醒进口商要更加小心谨慎，使自己的进口不超过国内市场所必需的供应量。由此造成的后果是：国内市场在所有时候都可能是供应不足的；商品在所有时候都可能比出口和进口一样自由时卖得更贵一些。

根据上述法令，塞内加尔胶或阿拉伯胶被列入染料之内，可以免税进口。它们再出口时只需缴纳每英担3便士的税。当时法国垄断了塞内加尔附近盛产这种染料的国家的贸易，而英国不能通过直接从产地进口来便利地满足市场的需求。④ 因此，乔治二世第二十五年的法令规定，塞内加尔胶可以从欧洲各地进口（这违背了《航海条例》的宗旨）。不过，由于该法令并无意鼓励这种与英国重商主义政策一般原则背道而驰的贸易，因此它对这类商品的进口每英担征收10先令的关税，而且该关税在以后出口时不予退税。⑤ 英国在1775年开始的战争中取胜，这使得英国对这些国家享有和法

---

① 乔治一世第八年第15号法令（1721年）。参见前文IV. viii. 3以及下文IV. viii. 38，41。

② 乔治一世第八年第15号法令。参见上文第3自然段和第36自然段，以及下文第41自然段。

③ 查理二世第十二年第4号法令（1660年）以及《王国法令》第五章第393至400自然段查理二世第十四年第11号法令（1662年）中规定要征税；拉夫海德版本中查理二世第十三年和第十四年的11号法令。

④ 参见V. ii. k. 24。

⑤ 乔治二世第二十五年第32号法令（1751年）。

国以前一样的专营贸易权。和平一经恢复，我国的制造商就竭力利用这个有利条件，建立一种有利于他们自己而不利于这种商品种植者和进口者的垄断。因此，乔治三世第五年第 37 号法令①规定，从国王非洲领地内出口的赛内加胶只能运往英国，和英国美洲及西印度殖民地的列举商品一样适用一切相同的限制、规章、没收和处罚条款。② 诚然，进口这种胶 1 英担只需缴纳 6 便士这样的轻税，但其再出口时则需缴纳 1 英担 1 镑 10 先令的重税。我国制造商的意图是，这些国家的全部胶产品都应出口到英国；而且
658 为了能以自定价格购买这些胶产品，我国制造商规定胶产品的任何部分除非负担足以抑制出口的费用，否则不得再出口。不过，他们的贪欲在这里也像在许多其他情况下一样未能得到满足。这种重税对走私者的诱惑无疑是巨大的，由此造成的后果就是：大量的这种商品不仅从英国，而且还从非洲秘密出口到欧洲各工业国，尤其是荷兰。有鉴于此，乔治三世第十四年第 10 号法令将这种商品的出口税减为每英担 5 先令。③

按照旧补助税所依据的税则表，海狸皮的税率为每张 6 先令 8 便士。在 1772 年以前对其进口所征的各种补助税和进口税约为税率的 1/5 或每张 16 便士；除去旧补助税的一半即约 2 便士外，其余在出口时全部退还。④ 对如此重要的一种制造业原材料所课征的进口税一直被认为太高，于是 1772 年其税率降低到 2 先令 6 便士，进口税由此减为 6 便士，且只有一半在出口时可以退税。⑤ 英国在 1755 年开始的那次战争中的取胜，使世界上最盛产海狸的国家处于英国的统治之下，并将海狸皮划分为列举商品，从而从美洲出口的海狸皮仅限于运往英国市场。⑥ 我国制造商很快就想到他们可以从这一状况中谋利，于是 1764 年⑦把海狸皮的进口税降低到每张 1 便士，而出口税则提高到每张 7 便士，而且不退还进口税。根据同一法令，对海狸毛或海狸子宫的出口每磅征税 18 便士；对该商品的进口税未做变动，当其由英国人用英国船只装运进口时，每张皮在当时的纳税额为 4 先令至 5 先令。

---

① 乔治三世第五年第 37 号法令（1765 年）。

② 列举商品在 IV. vii. b. 35 中有描述。

③ 乔治三世第十四年第 10 号法令（1774 年）将出口税从每英担 30 先令减至每英担 5 先令。如有许可证的话，则从英国出口到爱尔兰的塞内加尔胶不用缴税。参见 V. ii. k. 24。

④ 查理二世第十二年第 4 号法令（1660 年）。参见 IV. iv. 3、IV. v. b. 37 以及 V. ii. k. 23。

⑤ 乔治一世第八年第 15 号法令（1721 年）。参见 IV. viii. 3，36，38。

⑥ 参见 IV. vii. b. 35。

⑦ 乔治三世第四年第 9 号法令（1763 年）。

煤炭既可以被看做制造业原材料，又可以被看做生产工具。[①] 因此，对煤炭的出口课以重税，现在（1783 年）是每吨 5 先令以上，或者每查尔伦（纽卡斯尔衡量单位）15 先令以上。这在绝大多数场合都高于该商品在煤矿 659
井甚至出口装运港的原始价值。

但是对生产工具的出口通常不是通过高关税而是通过绝对禁止来进行限制的。[②] 因此，威廉三世第七年和第八年第 20 号法令第 8 条[③]规定，禁止出口编织手套和长袜的机架或机身，违者不仅没收其出口或企图出口的机架或机身，而且还要罚款 40 镑——其中一半上交国王，一半发给揭发和提出控诉的人。乔治三世第十四年第 71 号法令[④]同样规定，禁止出口用于棉织业、麻织业、毛织业和丝织业的所有工具，违者不仅没收用具，而且还要罚款 200 镑；与此同时，对知情不报允许这些工具上船的船长也要罚款 200 镑。

当对死的生产工具的出口都施加如此重罚时，也就不可能指望活的生产工具技工[⑤]的出口是自由的了。因此，乔治一世第五年第 27 号法令[⑥]规定，凡引诱英国制造业技工去国外工作或传授技艺者，初犯处以 100 镑以下罚款并监禁 3 个月，直到罚款付清为止；再犯由法庭决定罚款数额并处以 12 个月监禁，直到罚款付清为止。乔治二世第二十三年第 13 号法令[⑦]又加重了处罚力度：初犯每诱骗一名技工即罚款 500 镑并监禁 12 个月，直到罚款付清为止；再犯罚款 1 000 镑并监禁 2 年，直到罚款付清为止。

上述两项法令中的前一项规定，如有证据表明某人曾引诱过某技工，或者某技工已许诺或签约前往国外工作或传授技艺，那么该技工必须向法庭做出不出国的保证，其在未做出这种保证之前可能会遭到法庭拘禁。

如果技工去往海外并在外国操持或传授他的技艺，那么在接到国王派 660
驻外国的大使或领事的警告或当时国务大臣中的某一位提出的警告后，6 个月内不回国并且从此以后持续居住在该国的，那么他将被剥夺国内一切财产的继承权，他不能充当任何人的遗嘱执行人或财产管理人，不能在本国

① 参见 V. ii. k. 12，斯密在此对输入煤炭给予奖金进行了积极评价。

② 参见 II. i. 14，斯密在此提及“生产机器和工具”；也可参见本章第 1 和第 38 自然段。

③ 威廉三世第七年和第八年第 20 号法令（1695 年）。参见 IV. iii. a. 1。

④ 乔治三世第十四年第 71 号法令（1774 年）。

⑤ 斯密在 II. i. 17 中提及“活的生产工具”；对劳动力流动自由的限制在 I. x. c 中有总结。

⑥ 乔治一世第五年第 27 号法令（1718 年）。

⑦ 乔治三世第二十三年第 13 号法令（1749 年）。

通过继承、遗赠或购买来占有土地。他所有的土地、货物和动产将被全部没收上交国王，而他本人将被宣布为一个异族，不再受到国王的保护。

我想，不必说明这些规定与我们自夸的公民自由是多么矛盾。在这种情况下，我们所夸耀的公民自由为我国商人和制造商的微小利益而白白牺牲掉了。

所有这些规章背后值得称赞的动机是扩张我国的制造业，其扩张的方式不是自我改进，而是压制邻国的制造业，并尽可能地消灭来自这些令人讨厌的竞争对手的竞争。我国制造业老板们认为，将他们所有同胞的才智垄断起来是合理的。通过在某些行业中限制在一个时期内可以雇用的学徒人数，以及通过在各行各业强制实行长学徒制，他们竭力把各自行业的知识限制在尽可能少的一批人手中，同时他们也不愿意这些人到国外去把知识传授给外国人。

消费是所有生产的唯一目的。生产者的利益，只有在成为促进消费者利益的必要条件时才应加以关注。这一原则完全是自明之理，试图去证明它反倒显得荒谬。但在重商主义体系中，消费者的利益则几乎总是为了生产者的利益而被牺牲；这个商业体系似乎把生产而不是消费当做所有工商业的最终目的。

对能与本国产物或制造品竞争的所有外国商品的进口加以限制，这显然是为了生产者的利益而牺牲了国内消费者的利益。正是为了生产者的利益，国内消费者才不得不支付由于垄断而被抬高的价格。

661 对本国某些产品的出口发放奖金，也完全是为了生产者的利益。国内消费者不得不负担以下两种税：一种是为支付奖金而征收的税；另一种是国内市场上商品价格被抬高所引起的更重的赋税。[①]

根据同葡萄牙缔结的有名的通商条约[②]，消费者由于高关税的阻碍而不能从邻国购买一种我们本国气候所不适宜生产的商品，所以不得不从一个遥远的国度购买——尽管大家公认遥远国度的这种产品质量不及邻国的好。但国内消费者不得不忍受这种不便，以便本国的生产者能以更有利的条件将某些产物出口到那个遥远的国度去。消费者还不得不支付这些产品因被强制输出而在国内市场上被抬高的价格。

与我国所有其他通商条约相比，为了管理我国在美洲和西印度的殖民

---

① 参见 IV. v. a. 24。

② 参见 IV. vi. 3。

地而订立的许多条约则是为了维护生产者的利益，极大牺牲了国内消费者的利益。建立一个大帝国，其唯一的目的就是培育一个消费者国家，这些消费者不得不从我国的不同生产者的店铺中购买这些店铺能向他们供应的一切产品。[①] 为了这种垄断所能给我国生产者带来的一个小小加价，我国消费者就不得不承担维持和保卫这个帝国的全部费用。为了这个目的，并且仅仅是为了这个目的，在最近的两次战争中，我国已支出两亿多镑，还举借了超过一亿七千万镑的新债——这超过了所有先前战争为同一目的而开支的总数。[②] 仅这项债款的利息就不仅超过了因垄断殖民地贸易据说能得到的全部特别利润，而且还超过了这种垄断贸易的全部价值，即超过了每年平均向殖民地输出的货物的全部价值。

要确定谁是这整个重商主义体系的设计人并不十分困难。我们可以相信，他并不是其自身利益全然被忽视的消费者，而是其利益一直受到了如此小心照顾的生产者；而在这后一类人中，我们的商人和制造业者一直是主要的设计师。在本章所注意到的商业规章中，我国制造业者的利益受到 662
了最特殊的照顾，而为之做出牺牲的，与其说是消费者的利益，还不如说是其他某些种类生产者的利益。

① 参见 IV. vii. c. 63。

② 参见 V. iii. 92 和 IV. vii. c. 64，以及 IV. i. 26 和 II. iii. 35。

Ⅳ. ix 663 第9章 论重农主义体系，或论将土地产物看做各国收入和财富的唯一或主要来源的各种政治经济学体系

对于政治经济学中的重农主义体系，我认为不需要做出像对重商主义体系那样冗长的说明。

据我所知，将土地产物看做各国收入和财富的唯一或主要来源的体系从未被任何国家采用。目前它只存在于法国少数几位博学多才人士的思考之中。① 一种从来没有，或许将来也绝

① 除了1764年2月访问法国10天外，斯密还在1765年12月至1766年10月期间在法国待了10个月。因此，他与当时十分活跃的重农学派的“经济学家”取得了联系，并似乎会见了诸如魁奈和米拉波这样的代表人物。他也参加当地的文化沙龙，并对哲学家霍尔巴哈的演讲十分感兴趣。在1786年5月1日写给莫雷莱的第259号信件中，斯密提到了很多他旅法期间见过的人，比如赫尔维修、杜尔阁、达朗贝尔和狄德罗。他尤其提及了霍尔巴哈，并请求莫雷莱“代为转达我对他最为诚挚和热烈的问候，对于我在法国期间他亲自带我周游各地的善意，我将没齿难忘”。参见约翰·雷《生命》第十四章；有关重农学派的情况参见米克《重农主义经济学》（伦敦，1962年）。

不会对世界任何地区造成伤害的体系，的确不值得连篇累牍地去考察它的错误。不过，我将尽可能清晰地阐明这一精妙体系的要点。

路易十四的著名大臣柯尔贝尔是一位正直、勤勉和博学的人，他对公共账目的检查极富经验而且眼光敏锐，总之是一个在各方面都具备突出能力从而能把公共收入的征收和支出管理得井井有条的人。[①] 不幸的是，这位大臣信奉重商主义体系——按其性质和实质来说是一种限制和管制的体系——的所有偏见。这样的体系自然甚合一位在事业上辛苦操劳的事务家的心意，因为他已习惯于管制政府机关各部门的工作，对每个部门建立必要的检查和控制，使它们各司其职。他试图以管理公共部门的模式来管理一个大国的工商业。他不允许每个人在平等、自由和公平的条件下自由地按照自己的方式去谋求自身利益，而是赋予某些产业部门以特殊的权利，同时又对其他产业部门施加严格的限制。像其他的欧洲大臣一样，他不仅更加热衷于鼓励城市产业（与鼓励农村产业相比），而且为了支持城市产业，他甚至愿意抑制和打压农村产业。为了向城市居民提供廉价的食品，他鼓励制造业和对外贸易[②]；他完全禁止谷物的出口，从而使得农村居民不能将自己最重要的一部分产物送往所有的外国市场。这一禁令，加上法国各省的旧时法令对谷物在各省之间运输施加的限制，以及所有各省对耕种者的横征暴敛，严重抑制了法国的农业，使之达不到在土壤如此肥沃、气候如此良好的国家农业应有的发展水平。[③] 这种压制的状态在全国各地都能或多或少地感觉到。对于其原因已进行过多种调查。其中之一似乎是，柯尔贝尔先生给予城市而非农村工业以更多的优惠政策。 664

有句俗语说的是，要想把弯向一边的杆子扳正，你必须把它向另一边扳更多（类似中国成语“矫枉过正”——译者注）。那些提出将农业作为各国收入和财富唯一来源的体系的法国哲学家们似乎采纳了这一格言。正如在柯尔贝尔的计划中城市产业相对农村产业来说确实被高估了价值一样，在重农主义体系中，城市产业的价值似乎一定是被低估了。

他们将对一国土地和劳动年产物在任何方面作出过贡献的不同阶层的人民划分为三个阶级。第一个是土地所有者阶级；第二个是耕种者、农夫

---

① IV. ii. 38 将柯尔贝尔描述为一个具有“雄才伟略”的人。

② 斯密在 III. iii. 20 对廉价食品供给的优势做出了评论。

③ V. ii. g. 6，7 对法国征收的沉重税赋进行了评论，V. ii. k. 70 对这些税赋对商业产业的影响进行了评论。

和农村劳动者阶级，他们给这些人冠以生产阶级的光荣称号；第三个是技工、制造业者和商人阶级，他们用不生产阶级这个带有羞辱性的称号来竭力贬低这些人。

665 土地所有者阶级对年产物的贡献在于他们对土地的改良，对建筑物、排水沟、围墙等（这些是他们在土地上建立或维持的）的改良偶尔所做的支出；由于有了这些东西，耕种者能以相同的资本生产更多的产物，从而能向地主支付更高的地租。这种更高的地租可以看做土地所有者在改良土地上所做开支或所用资本的应得利息或利润。这种开支在这个体系中被称做土地费用。

耕种者、农夫和农村劳动者阶级对年产物的贡献在于他们投入耕作土地上的费用。这种开支在这个体系中被称做初始费用和年度费用。初始费用是对农具、牲畜、种子、农夫家属、雇工和牲畜在他从事耕种的头一年的大部分时间内或者直至他能从土地获得某种收益以前的维持费。年度费用则包括种子、农具的磨损以及每年维持农夫的雇工、牲畜和家人（家庭中可被看做雇工的人）的费用。支付地租以后还留在他手中的那部分产物，应足以：第一，在合理的时间内，至少是在他从事耕作的期间，补偿他全部的初始费用以及资本的一般利润；第二，补偿他全部的年度费用以及资本的一般利润。这两种费用是农民在耕作中运用的两种资本。除非他能定期收回这两种资本并得到合理利润，否则他就不能处于和其他行业相同的地位而继续经营他自己的这个行业。出于对自身利益的考虑，他必然会尽快放弃这一行当，转而投身其他行业。为使农民能继续从事耕作所必要的那一部分土地产物应当被看做神圣的耕种基金。如果地主对其加以侵犯，那么他必然会减少他自己土地的产物，从而几年以后农民不仅无力支付这种苛刻的地租，而且不能支付地主本来能从其土地上得到的合理地租。地主应得的地租不应多于此前为提高总产出所支付的所有必要开支完全付清
666 以后剩下的净产物。正是因为耕作者的劳动在完全支付这些必要的开支后还能提供这种净产物，所以这个阶级在这个体系中才被特别尊称为生产阶级。① 他们的初始费用和年度费用也由于这个原因在这个体系中被称为生产费用，因为在补偿自身的价值后，这些费用还能引起这些净产物每年的再

① 参见 II. iii. 1 以及该段的脚注。斯密在 V. ii. c. 7 对重农主义的单一税进行了讨论，此处指出单一税是遵循土地自身能够生产剩余的学说的结果。在这里，斯密婉言拒绝对重农学派中“不合意的形而上学的观点”进行深入探讨。

生产。

所谓土地费用，或者说地主改良他的土地的费用，在这个体系中也被尊称为生产费用。所有这些费用以及资本的一般利润，在尚未由地主从自己土地上获得的较高地租得到补偿以前，教会和国王应将这种较高的地租视为神圣不可侵犯的，不能课以什一税和其他税。如若不然，由于阻碍了土地改良，教会什一税的未来增长就会受到抑制，从而国王税收的未来增长也会受到影响。因此，在井然有序的状态下，这些土地费用除了能完全再生产其自身的价值外，还能在一段时期后带来净产物的再生产。所以它们在这个体系中被看做生产费用。

然而，在这个体系中只有以下三种被看做生产费用：地主的土地费用、农民的初始费用和年度费用。所有其他的费用和所有其他阶级的人，甚至那些通常被人们理解为最具生产能力的人，由于这个原因而被看做完全不生产的。

尤其是技工和制造业者，他们的劳动在人们看来大大增加了土地天然产物的价值，但在这个体系中被列为完全不生产的阶级。据说他们的劳动只能补偿雇用他们的资本及其一般利润。这种资本包括原材料、工具以及他们的雇主预付给他们的工资，是用以雇用和维持他们的基金。这种资本的利润则是用来维持他们雇主生活的基金。他们的雇主就像预付他们工作所需的原材料、工具以及工资那样，也预付给自己维持其自身生活所必需的费用。他预付的这种维持费一般与他期望从产品价格中所得的利润成正比。除非产品价格能够补偿雇主预付给自己的维持费以及他为雇工预付的原材料、工具和工资，否则它就不能补偿雇主对产品投入的全部费用。因 667
此，制造业资本的利润不像地租那样是完全偿还取得总产物所必须做出的全部开支后剩下来的净产物。农民的资本能像制造业者的资本那样为资本所有者带来利润，而且农民的资本能为他人带来地租，这是制造业者的资本所做不到的。由此可见，雇用和维持技工和制造业者的费用，只不过是使其自身的价值继续（如果可以这样说的话）存在下去，并没有产生任何新的价值，所以这种费用完全是一种非生产性费用。相反，雇用农民和农村劳动者的费用，除了使它自己的价值继续存在以外，还创造出一种新价值，即地主的地租，因此它是生产费用。

商业资本和制造业资本一样是不生产的。[①] 它只是使其自身价值继续存在，并没有生产任何新的价值。它的利润只是补偿了投资者在投资期间或在他获得资本收益以前预付给自己的维持费。这种利润只是对投资者在投资中所做开支的部分补偿。

技工和制造业者的劳动从来都不能使土地天然产物全年产量的价值有所增加。他们的劳动的确极大地增加了土地天然产物某些特定部分的价值。但与此同时，他们的劳动平时消费的土地天然产物的部分，恰好等于他们的劳动使其增加的那部分价值，因此价值总额在任何时刻都没有因之有丝毫增加。例如，制作一对花边的人有时会将可能仅值 1 便士的亚麻的价值提高到 30 镑。乍一看，他似乎把部分天然产物的价值增加了大约 7 200 倍，但实际上他并没有增加天然产物全年产量的价值。制作这种花边也许要花费他两年的劳动。花边制成后他所得的 30 镑，只不过是对他在从事制作的两年中为自己所垫付的生活费的补偿。他每天、每月或每年的劳动使亚麻增加的价值，只不过是对他在每天、每月或每年所消费的价值的补偿。因此，无论在哪个时刻，他都没有增加土地天然产物全年产量的价值。他持续不断消费的那部分产物的价值始终与他所持续不断生产的价值是相等的。
668 从事这一费用高昂而无关紧要的制造业的人们大多数都极端贫困，这足以使我们相信，他们的制造品的价格一般情况下不会超过他们的生活资料的价值。农民和农村劳动者的工作则完全不同。一般情况下，他们的劳动除了完全补偿其全部消费以及雇用和维持雇工及其雇主的全部费用外，还继续生产一种价值，即地主的地租。

技工、制造业者和商人只有通过节俭才能增加社会的收入和财富，或者像这个体系所说的，通过生活必需品的匮乏，也就是通过剥夺一部分预定用于维持他们生活的基金才能增加社会的收入和财富。他们每年再生产的无非就是这种基金。因此，除非他们每年节约一部分生活资料，除非他们每年剥夺自己对一部分生活资料的享受，否则社会的收入和财富绝不会通过他们的劳动有任何一点点的增长。相反，农民和农村劳动者可以完全享受预定用于维持他们生活的全部基金，同时还可以增加社会的收入和财富。除了预定用于维持他们生活的费用外，他们的劳动每年还可提供净产物，这种净产物的增加必然使社会的收入和财富增

① 斯密反对这种说法，参见 II. v. 7。

长。因此，像法国和英国这样在很大程度上是由土地所有者和耕作者组成的国家，能够通过勤劳和享受致富。相反，像荷兰这样主要是由商人、技工和制造者组成的国家，则只能通过节俭和使生活资料变得匮乏来致富。各国处境的不同导致了各国利益的不同，各国国民所体现出的性格特点也因此不同。在前一类国家，自由、坦率和友好自然成为国民共性的一部分；而在后一类国家，国民大多狭隘、卑鄙和自私，厌恶所有的社会娱乐和享受。

不生产阶级，即技工、制造业者和商人阶级，完全是靠其他两个阶级，即土地所有者阶级与耕种者、农夫和农村劳动者阶级来维持和雇用的。后者为前者提供工作原材料和生活基金，提供前者在从事工作时所消费的谷物和牲畜。土地所有者和耕种者最后还要支付不生产阶级的所有工人的工资以及他们所有雇主的利润。这些工人和他们的雇主实际上就是土地所有者和耕种者的仆人。像在屋内工作的家仆一样，他们只是在屋外工作的仆 669
人。但是，他们都同样是由同一主人所供养的。两者的劳动同样是不生产的，不会让土地天然产物总量增加任何价值。它不但不增加这一总量的价值，这一总量反而还必须支付其费用。

但这个不生产阶级对其他两个阶级不但有用，而且大有裨益。通过利用技工、制造业者和商人的劳动，土地所有者和耕种者可以用较少量自己劳动的产物去购买自己所需要的外国货物和自己国家的制造品。如果他们试图用笨拙而不熟练的方式自己去进口外国货物或者自行制造本国的制造品，那么他们就必须花费较大量的劳动。借助不生产阶级的帮助，耕种者可以摆脱许多烦心之事，否则这些事情会分散他对耕种土地的注意力。注意力集中所带来的产量的提高，完全足以支付土地所有者或耕种者在维持和雇用不生产阶级上的全部费用。技工、制造业者和商人的劳动，虽然就其本质而言是不生产的，但它以这种方式间接地增加了土地产物。他们的劳动使生产性劳动者可以将自己的劳动专门用于本职工作即土地耕种上，从而提高了生产劳动的生产力；于是耕作往往由于不以耕作为业的人的劳动而变得更加轻松和完善。

无论以何种方式限制或妨碍技工、制造业者和商人的劳动的行为，绝不可能是符合土地所有者和耕种者的利益的。这个不生产阶级享受的自由越大，构成这个阶级的所有不同行业的竞争就越激烈，其他两个阶级就将得到更低廉的外国商品及本国制造品的供应。

压迫其他两个阶级也绝不符合不生产阶级的利益。用来维持和雇用不生产阶级的乃是土地的剩余产物，即首先扣除耕种者的维持费，然后再扣除土地所有者的维持费后剩下的部分。这个剩余部分越大，不生产阶级的维持费和雇佣费也就越多。建立完全的公正、完全的自由①和完全的平等就是最简单的秘诀，它可以有效地使所有这三个阶级达到最高程度的繁荣。

670 在诸如荷兰这样主要由不生产阶级构成的商业国中，技工、制造业者和商人也是完全由土地所有者和耕种者来维持和雇用的。唯一不同的是，为这些技工、制造业者和商人供应工作原材料和生活基金的土地所有者和耕作者住在遥远的地方，是其他国家的居民，是其他政府的臣民。

然而，这些商业国对于其他国家的居民来说不仅有用，而且用处颇大。它们在某种程度上填补了一个非常重要的空缺，填补了技工、制造业者和商人的位置——那些国家本应在本国找到这些人的，但是由于本国政策的某种缺陷而无法在国内找到。

对与这些商业国的贸易或对它们供应的货物课征高关税，从而挫伤或打压这些国家的产业，绝不符合农业国（如果我可以这样称呼这些国家的话）的利益。征收这种关税会使这些商品更为昂贵，其作用只可能是降低用来购买这些商品的它们自己土地的剩余产物或其价格的真实价值。这种关税只能阻碍剩余产物的增加，从而不利于它们自己土地的改良和耕种。相反，提高剩余产物的价值，鼓励其增长从而促进它们自己土地的改良和耕种最有效的办法，就是给予所有这些商业国家最完全的贸易自由。

这种完全的贸易自由，甚至对于在适当时机为它们提供国内缺乏的技工、制造业者和商人，并以最恰当和最有利的方式填补它们感觉十分重要的空缺来说，也是一种最有效的办法。

土地剩余产物的持续增加所创造的资本，到了一定时间会多于普通利润率下所投入的用于土地改良和耕作的资本；多余的这部分资本自然会转用于在国内雇用技工和制造业者。国内的技工和制造业者能在国内找到工作的原材料和维持生活的基金，即使技不如人，也可以立即像商业国的技工和制造业者那样便宜地进行生产，因为后者必须从遥远的地方获得工

① 斯密对该术语的运用，可参见 IV. vii. c. 44、I. x. a. 1、I. x. c. 1、I. vii. 6，30 以及本章下文第 51 自然段。

作原料和生活基金。即使由于缺乏技术和技能，他们在一段时间内不能那 671
么便宜地进行生产，但在国内找到市场以后，他们也能像商业国的技工和制造业者一样以很低的价格出售自己的产品；而后者的产品只能从极其遥远的地方运来。而且随着技术和技能的不断提高，他们很快就能以更低的价格出售其产品了。所以，那些商业国的技工和制造业者立即就会在农业国的市场上遭到竞争，不久就会因售价不及竞争者低而最终被排挤出市场。技术和技能的逐渐提高使得农业国制造品的价格低廉。这将在适当的时机使其制造品的销售超越本国市场，进入到外国市场中去。在那里，它们会以相同的方式将商业国的制造品逐渐排挤出去。

农业国天然产物和制造品的这种不断增长，在适当的时候会创造出比普通利润率下投入农业或制造业中的资本更多的资本。多余的那部分资本自然会转向对外贸易，用来将本国天然产物和制造品中超过国内市场需求的部分输出到国外去。在出口本国产品时，农业国商人相对于商业国商人更具优势，就像农业国技工和制造业者相对于商业国技工和制造业者更具优势一样，因为农业国商人能在国内找到货物、原料和食物，而商业国的商人则不得不到遥远的地方去寻求这些东西。因此，即使航海的技术和技能较差，农业国的商人也能以和商业国商人同样低廉的价格在外国市场出售自己的货物；而当技术和技能相当时，前者就能以更低的价格出售其货物。因此，农业国很快就会与商业国在对外贸易这个领域进行竞争，到一定时候就会把它们从外贸中完全排挤出去。

因此，根据这一自由的体系，农业国培养自己的技工、制造业者和商人的最有利的办法就是给予所有其他国家的技工、制造业者和商人以最完全的贸易自由。这会提高本国土地剩余产物的价值，剩余产物的不断增长会逐渐建立起一种基金，这种基金到一定时候就会培养出本国所需的各种技工、制造业者和商人。

相反，当农业国用高关税或禁令压制对外贸易时，它必然以两种方式损害自身的利益。第一，提高所有外国商品和制造品的价格，必然降低用
来购买外国商品和制造品的本国土地剩余产物的真实价值；第二，通过给 672
予本国商人、技工和制造业者对国内市场的垄断权，它必将提高商业和制造业相对于农业的利润率，从而将以前运用在农业中的一部分资本吸引出来，或阻止本来会进入农业的一部分资本进入农业中。因此，这种政策从两个方面抑制了农业的发展：一方面，降低了农产品的真实价值，从而降

低了农业的利润率；另一方面，提高了所有其他行业的利润率，从而使农业变得更为不利，使商业和制造业变得更为有利。每个人出于对自身利益的考虑，都会尽可能地将自己的资本和劳动从前者转向后者。

通过这种抑制性政策，农业国虽然能以比自由贸易条件下更快的速度培养出自己的技工、制造业者和商人（我们对此毫不怀疑），但却是过早地（如果我们可以这样说的话）培养了他们，完全成熟的时机尚未到来。过于匆忙地培养一种劳动，就会压制另一种更有价值的劳动。过快培养一种仅能补偿所投资本并带来普通利润的劳动，就会压制另一种除补偿所投资本并带来利润之外还能提供作为地主地租来源的净产物的劳动。过于匆忙地鼓励那种完全不生产的劳动，就会压制生产的劳动。

根据这种体系，土地年产物的总额如何在上述三个阶级中分配，不生产阶级的劳动怎样只补偿它自己消费的价值而没有在任何方面增加那个总额的价值，所有这些问题都在天资聪颖、学识渊博的魁奈所列出的一些数学公式中得到描述。他认为这些公式中的第一个最为重要，特将其命名为
673 《经济表》[①]。该公式表述了在最完全自由——因此也是最繁荣——的状态下，在年产物能提供最多的净产物并且各阶级在全部年产物中享有适当份额的状态下，这种分配如何进行。随后的一些公式表述了在不同的限制和管制状态下分配实现的方式；在这种状态下，土地所有者阶级或不生产阶

① 魁奈的《经济表》由库钦斯基和米克进行翻译和注解（伦敦，1972 年）。仔细观察以后我们就会发现一件有趣的事情，就是斯密阐述的模型要比魁奈所提出的还要详尽，因为它将租金、工资和利润作为不同的类别考虑了进去，而且区分了雇佣劳动和企业家。这可能意味着斯密为了便于阐述运用了一种修改过的形式，以及/或者他是将自己的阐述建立在诸如博多尔或者杜尔阁的著作的基础之上的。博多尔是《公民历书》（*Ephemerides du Citoyem*）杂志的创立者。该杂志于 1769 年至 1770 年出版了杜尔阁的《反思》。目前可知的是，斯密所收藏的这本杂志中包含杜尔阁作品的前两个部分。斯密在巴黎游学期间见过杜尔阁，尤其是自杜尔阁 1766 年创作《反思》以来，他们似乎就共同感兴趣的话题进行过探讨。他们两人讨论过经济学问题的观点在一篇文章中得到了莫雷莱的证实，这篇文章提及斯密并指出：“像我一样喜欢纯哲学问题的杜尔阁对他的才能给出了极高的评价。我们见过他几次；他是在赫尔维修家中被引见给我们的；我们谈到很多话题：商业理论、银行业、公共信用以及他正准备在其伟大作品中阐述的一些问题。”（《回忆录》（巴黎，1832 年），第一章第 244 页。）在 1766 年 7 月 6 日写给休谟的第 93 号信件中，斯密提及了他和杜尔阁的见面。在 1785 年 11 月 1 日写给拉罗什富科的第 248 号信件中，斯密表示，尽管他没有与杜尔阁通信，但“我有幸结识他，并以与他结下的友谊和互相之间的敬重而开心”。同样在这封信中，斯密提及了杜尔阁送给他一本书（书名为 *Proces verbal*）的事实，该书包含了对颁布第 6 号法令之后所发生事件的记录。对于该法令，斯密评论道，“这给予了他们的作者很多的荣誉，而且如果它们得到了毫无修改的执行，那将给国家带来很多的好处”。

级比耕种者、农夫和农村劳动者阶级得到的好处更多，而且土地所有者阶级或不生产阶级都要或多或少地侵蚀本应属于这个生产阶级的份额。① 根据这个体系，每一次这样的侵蚀，每一次对于由最完全的自由所建立的自然分配的侵犯，必然逐年降低年产物的价值和总额，而且必然引起社会实际财富和收入的逐渐减少。这种减少速度的快慢依据侵蚀的程度和由最完全的自由所建立的自然分配受到侵犯的程度而定。这些后面的公式表述了不同的减少程度，根据这个体系，它与自然分配遭到破坏的程度是一致的。

一些强调理论的医生似乎认为，人体的健康只有通过遵守某种严格的饮食和运动规则才能得以维持，哪怕最小程度的违反都必将引发疾病或不适。然而，经验似乎表明，在各种不同的养生规则下，人体常常能保持最 674
佳状态，至少从表面上看是如此；甚至在某些一般认为极不符合养生之道的情况下也是如此。不过，看来人体的健康状态本身就包含着某种不为人知的保持健康的性能，在许多方面能防止和纠正一种错误养生规则的不良影响。魁奈先生本人就是一位医生，而且是一位十分强调理论的医生②，他对政治实体似乎抱有相同的看法，认为其只有在某种严格的养生规则——完全自由和完全公平的规则——下才能兴旺发达。他似乎没有考虑到，在政治实体中，每个人为改善自身境况而不断付出的努力③就是一种保持健康的性能，能在许多方面预防并纠正某种程度上具有不公平性和压制性的政治经济体的不良影响。这样一种政治经济体无疑会或多或少地有碍于一国走向繁荣和富裕的自然进程，但却不能完全阻止它，更不用谈使其倒退了。如果一个国家不享受完全的自由和完全的公正就不能繁荣，那么世界上就没有一个国家能够繁荣起来。不过，在政治实体中，自然的智慧幸好为纠正人类的愚蠢和不公正所造成的许多不良影响做了充分的准备，就如同它在人体内纠正人类懒惰和放纵所造成的不良影响一样。

---

① 参见魁奈的《分析》（1766 年）以及他的文章《经济问题》（1766 年），两者都出现在由杜邦编辑的杂志《重农学派》（1768 年）上，斯密的图书馆里收藏了这本杂志。这些作品由米克译为英文并收录进他编辑的《重农主义经济学》一书当中。1788 年，杜邦依照伊顿公约的要求赠送给斯密一本他的著作以示敬意。参见杜邦 1788 年 6 月 19 日写给斯密的第 277 号信件。

② 在巴黎期间，魁奈会见过布克莱公爵；对于这一事实斯密在 1766 年 8 月 26 日写给查尔斯·汤森的第 94 号信件中提到过。在 1766 年 10 月 15 日写给弗朗西斯·斯科特女士的第 97 号信件中，斯密也提到了魁奈，斯密在这封信中将魁奈描述为“法国最值得尊敬的人之一、世界上最出色的医生之一。他不仅是一位医生，而且还是拥有非凡美貌与智慧的蓬帕杜夫人的朋友和亲信”。斯密对魁奈的评价似乎相当之高。

③ 参见 IV. v. b. 43、II. iii. 28，36 以及 III. iii. 12。

不过，这个体系的主要错误似乎在于它把技工、制造业者和商人阶级看做完全不生产的阶级。以下几点可以说明这种看法的不当之处。

第一，大家公认这个阶级每年可以再生产出它自己每年消费的价值，至少是使维持和雇用他们的资金或资本继续存在的价值。仅此一点就可以看出，将不生产这个词用在它身上似乎很不恰当。我们不能把只生育了一
675 个儿子和一个女儿去代替父母，没有增加人口总数，只是使人类像从前一样继续存在的婚姻称为不繁衍的婚姻。农民和农村劳动者除了再生产维持和雇用他们的资本以外，每年还再生产出一种净产物，即地主的自由地租。就像生育三个孩子的婚姻比只生育两个的婚姻更具生产性一样，农民和农村劳动者的劳动肯定比技工、制造业者和商人的劳动更具生产性。然而，一个阶级的产物较多并不能使另一个阶级成为不生产的。[①]

第二，有鉴于此，将技工、制造业者和商人看做家仆是十分不恰当的。家仆的劳动并不能使维持和雇用他们的基金继续存在。维持和雇用他们的费用完全由其主人承担，而且他们所从事的工作也不具备偿还那部分费用的性质。他们的工作就是提供服务——这种服务通常在工作完成的瞬间就消失殆尽，而且并不固定或体现在任何可以偿还他们工资和维持费价值的可出售的商品中。[②] 相反，技工、制造业者和商人的劳动则自然固定和体现在某种可以出售的商品中。正是由于这个原因，在讨论生产性劳动和非生产性劳动的那一章中，我将技工、制造业者和商人划分为生产劳动者，将家仆划分为不生产劳动者。[③]

第三，无论根据哪种假设，说技工、制造业者和商人的劳动不能增加社会的真实收入，似乎都是不恰当的。例如，即使我们假定，就如同该体系所假定的那样，这个阶级每日、每月和每年消费的价值恰好等于他们每日、每月和每年生产的价值，我们也不能因此就认为，他们的劳动并不增加社会的真实收入以及社会的土地和劳动的年产物的真实价值。比如说，一个技工在收获后的 6 个月内完成了价值 10 镑的工作，尽管他在此期间消费了价值 10 镑的谷物和其他生活必需品，但他却实实在在为社会的土地和劳动的年产物增加了 10 镑的价值。当他消费价值 10 镑的谷物和其他必需品这一半年收入时，他已经生产了相等价值的产品——这些产品能够为他自己或他人购买等量的半年收入。因此，他在这 6 个月中所消费和生产的价值
676

① 参见 II. v. 12，斯密在此对农业的卓越生产力进行了评论。

② 参见 II. iii. 2。

③ 参见 II. iii。

不是10镑，而是20镑。诚然，任何时刻存在的可能只是这10镑的价值。但如果这价值10镑的谷物和其他必需品不是由技工消费，而是由士兵或家仆消费，那么6个月末期所存在的那部分年产物的价值就比由于技工的劳动而实际存在的少10镑。因此，尽管技工所生产的价值在任何时候都不超过其所消费的价值，但在任何时刻市场上货物的实际存在的价值，由于技工所生产的东西而大于他没有生产时的价值。

当这种体系的拥护者宣称技工、制造业者和商人的消费等于他们所生产的东西的价值时，他们的意思或许是指这些人的收入，或预定用于他们消费的基金与他们所生产的价值相等。但如果他们表述得更准确些，只宣称这个阶级的收入与他们所生产的东西的价值相等，那么读者就易于理解为，这个阶级从这一收入中自然节省下来的东西，必然或多或少地增加社会的真实财富。因此，为了说出一个像论据一样的东西，他们就必须像他们所做的那样去表述，而这个论据，即使把事务假定得完全像看起来所假定的那样，结果也还是一个非常没有说服力的论据。

第四，相对于技工、制造业者和商人，如果农民和农村劳动者不节俭，那么他们就不能增加真实收入，以及他们社会的土地和劳动的年产物。[①] 任何社会的土地和劳动的年产物都只能通过两种方式增加：一是提高社会中实际存在的有用劳动的生产力；二是增加这种有用劳动的数量。[②]

有用劳动的生产力的提高取决于两点：一是劳动者能力的提高；二是劳动者所运用的机器的改进。但由于技工和制造业者的劳动能进行更加细致的分工，使每个工人的劳动能比农民和农村劳动者[③]的劳动变得操作更为简单，所以它能在更大程度上做出上述两种改进。因此，从这个方面来看，耕作者阶级并不比技工和制造业者阶级更具优势。

任何社会中实际雇用的有用劳动量的增加，必然完全取决于雇用它的 677
资本的增加；而这种资本的增加又必然和从收入——或是管理和支配这种资本的某些人的收入，或是将资本借给他们的其他人的收入——中节省出来的数额完全相等。[④] 如果技工、制造业者和商人像这个体系所假定的那样，比土地所有者和耕种者更倾向于节俭和储蓄的话，那么他们就更有可

① 参见II. iii. 16。

② 这一点在II. iii. 32中有提及。

③ 参见I. i. 4。

④ 参见II. iii. 15。

能增加他们社会中雇用的有用劳动的数量，从而增加其社会的真实收入，即土地和劳动的年产物。

第五，即便真像这个体系所假定的那样，一国居民的收入完全由他们的劳动所能获得的生活资料的数量构成，在其他条件相同的情况下，一个拥有商业和制造业的国家的收入也必然要比一个没有商业和制造业的国家的收入多得多。通过贸易和制造业，每年能进口到一个国家的生活资料的数量要比它自己的土地在实际耕作状态下所能提供的要多得多。虽然城市居民常常不占有土地，但他们凭借自己的劳动得到其他人的土地的天然产物——这些产物不仅为他们提供了工作的原材料，而且为他们提供了维持生活的基金。一个城市与其邻近农村的关系如何，一个独立国家与其他独立国家之间的关系也常常如此。[①] 荷兰从其他国家得到生活资料的方式就是如此：从霍尔斯泰因和日德兰获取牲畜，从几乎所有欧洲国家获得谷物。[②]
678 少量的制造品就可购买到大量的天然产物。所以，一个拥有商业和制造业的国家自然能用其一小部分的制造品去购买其他国家的大部分天然产物；相反，一个没有商业和制造业的国家不得不用自己的大部分天然产物去购买其他国家的很小一部分制造品。前者出口的是仅能维持和供应极少数人的东西，而进口的却是许多人的供给品和生活资料；后者出口的是许多人的供给品和生活资料，进口的却只是极少数人的供给品和生活资料。前一类国家的居民必然总是享受比他们自己的土地在他们耕种的实际情况下所能提供的数量更多的生活资料，而后一类国家的居民则必然总是享受数量少得多的生活资料。

然而，尽管这个体系有许多缺陷，但在公开发表的有关政治经济学这个主题的著作中，它或许是最接近真理的了。仅凭此一点，它就非常值得所有愿意认真研究这个极其重要的科学原理的人去留意。虽然将投入土地上的劳动说成唯一的生产劳动，以及其反复强调的观念未免过于狭隘，但该体系认为国民财富不是由不能消费的货币财富构成的，而是由社会劳动每年所能再生产的可消费的货物构成的，并认为完全自由是使年度再生产尽可能实现最快增长的唯一有效的方法。其学说无论从哪个方面来说都是公正、大度和自由的。这个学说的信奉者众多。由于人们都喜欢似是而非的论点，喜欢装作理解常人所理解不了的东西，所以这个学说所主张的制

---

① 参见 III. i. 1。

② 斯密在 I. xi. e. 38 以及 I. xi. b. 12 中对荷兰作为一个谷物进口国的地位进行了评论。

造业劳动具有非生产性这种似是而非的论断或许对增加其追随者作出了不小的贡献。[1] 他们在过去的数年间形成了一个颇为重要的学派，在法国学术界中以“经济学家”著称。他们的著作对他们的国家有所贡献[2]：不仅将许多以前未曾仔细研究过的问题提出来供公众讨论，而且在某种程度上影响了公共行政，使之重视农业。因此，正是由于他们的学说，法国农业才得以从以前所受的多种压迫中被解救出来。土地租佃期已从 9 年延长至 27 年[3]，在此期间土地的未来购买者或所有者均不得侵犯。从前禁止谷物从王国的一省运往另一省的省级限制已被完全取消；谷物可以出口到其他国家的自由在一般情况下也由王国的普通法所确认。[4] 这个学派[5]在其数量庞大的著作中不仅讨论什么是真正的政治经济学[6]或国民财富的性质和原因，而 679
且讨论文官政府每一部门的职责。所有这些著作都含蓄地遵循着魁奈先生的学说，看不出有任何微小的变化。[7] 因此，他们大部分的著作在内容上都大同小异。曾任马提克岛总督的梅西埃·德·拉·李维埃先生[8]所写的一本题为“政治社会的自然和基本秩序”的小册子，可以看做对这个学说最为清晰和连贯的说明。这一整个学派对他们开山鼻祖魁奈的颂扬不亚于任何一位古代哲学家对各自体系建立者的颂扬。魁奈本人倒是一位极其谦逊和质朴的人。一位非常勤勉且值得尊敬的作家马奎·德·米拉波说：“有史以来三大发明在很大程度上给政治社会带来了稳定，它们与丰富和装饰政治社会的许多其他发明无关。第一个是文字的发明，它赋予人类以本真地传达其法律、契约、编年史和发现的能力。第二个是货币的发明，它将文明

① 《天文学史》第四章第 34 自然段指出，“热爱似是而非的论点对于学富五车的人来说十分自然，他们易于对他们所谓的发现欣喜若狂”。

② 参见 V. ii. c. 7。

③ 参见 III. ii. 16。

④ 参见 I. xi. g. 15 以及 IV. v. a. 5，此两处指出禁止谷物出口的禁令一直持续到 1764 年。

⑤ 当时，斯密似乎是用“宗派”这个词来指代“学派”。例如，在对天文理论的偏心天体系统进行讨论时，他评论说它“从未被任何哲学家学派采纳”（《天文学史》，第四章第 17 自然段）。他在第 28 自然段提及一个毕达哥拉斯学派。

⑥ “政治经济”这一术语在 IV. i、II. v. 31 以及 IV. i. 35 中都有应用。重农学者在 V. ii. c. 7 中被描述为一个称自己为“经济学家”的学派。

⑦ 对此的评论，参看米克《重农主义经济学》，第 27 页。

⑧ 梅西埃·戴·拉·李维埃：《政治社会的自然和基本秩序》，1767 年。斯密的图书馆里收藏了这本书，还收藏了杜邦、波旁奈依、勒·德洛尼、米拉波、莫雷莱和魁奈的著作。除此以外，斯密还拥有 1765 年至 1767 年的《农业、商业和金融》杂志，该杂志由杜邦于 1765 年 9 月至 1766 年 10 月编辑发行。

社会间的一切关系联结在一起。第三是《经济表》，它是上述两种发明的结果，通过完善两者的目标从而使两者更加完整；它是我们这个时代的伟大发现，我们的子孙后代将从中受益。”①

相对于农村产业即农业，当代欧洲各国的政治经济学更鼓励发展城市产业，即制造业和外贸；其他各国则有着不同的规划：相对于制造业和外贸，更鼓励发展农业。

相对于其他行业，中国对农业更加情有独钟。② 在中国，据说农业劳动者的境况要好于技工的境况，就像在欧洲大部分国家，技工的境况要优于
680 农业劳动者一样。在中国，每个人的至高理想就是拥有一块土地，自有最好，租佃也可。据说那里的租佃条件非常地公道，佃农有充分的保障。③ 中国人不重视外贸。④ 关于这一点，北京的官员对俄国公使德兰格先生常说的话是：你们有如乞丐般的商业！⑤ 中国人很少或全然没有用自己的船只开展对外贸易，而且只允许外国船进入帝国的一两个口岸。因此，对外贸易在中国被局限在一个狭窄的范围内；如果任其自然发展，给予他们自己的船只或外国的船只以更多的自由，那么中国对外贸易的范围一定要宽广很多。

制造品体积虽小，但包含的价值通常很大，因此能以比大部分天然产物更低的费用从一国运往另一国，所以在几乎所有国家，制造品都是对外贸易的支柱。⑥ 此外，在那些幅员不如中国辽阔而且国内贸易不如中国发达的国家，制造业通常都需要对外贸易的支持。如果没有广阔的外国市场，那么在幅员不够辽阔、只能提供狭小的国内市场的国家，或者在由于省际交通不便，从而不能使某个地区的货物享受该国所能提供的整个国内市场

---

① 阿米·候姆斯：《农村哲学、农村经济以及农业政治》（阿姆斯特丹，1766年），第1卷，52、53页。

② “一般说来，中国政府的全部注意力都指向农业。”（波瓦：《一位哲学家的旅行》。）

③ “土地像人一样自由；没有封建徭役，不会对土地转让罚款……”（波瓦：《一位哲学家的旅行》。）

④ 斯密在IV. iii. c. 11、II. v. 22以及III. i. 7都对中国尽管缺少对外贸易但却十分富庶的情况进行了评论。

⑤ 参见德兰格先生在贝尔：《旅行记大全》中的日志，第二卷第258页、276页和293页。当德兰格询问商队可否自由通行克林德这条古道时，北京的官员告诉他说：“他们希望后者不要再喋喋不休地宣讲其乞丐般的商业，他们想从这件事中解脱出来；朝廷不会在只对俄国人有利的事情上浪费时间和精力了；当然，后者只能原路返回。”约翰·贝尔：《旅行记大全》（格拉斯哥，1763），第二章第293页；也可参见第二章第258和第276页。

⑥ 参见IV. i. 29以及III. iv. 20。

的国家，制造业不可能兴旺发达。必须记住的一点是，制造业的完善取决于劳动分工，而能够被引入任何制造业中的劳动分工的程度必然是由市场的大小来调控的，这一点已在前面指出过。[①] 中华帝国幅员辽阔，人口众 681
多，气候多样，从而各地物产丰富，大部分地区之间水运便利，因而仅其广阔的国内市场就足以支持规模庞大的制造业，并允许有相当细致的劳动分工。[②] 中国的国内市场，从规模上看也许不亚于欧洲各国市场的总和。不过，更加广阔的对外贸易能给这个巨大的国内市场附加上世界其他国家的市场；尤其是当这种贸易的很大一部分用中国船只来进行时，必然能够极大地增加中国制造品的数量并大大提高其制造业的生产力。[③] 通过范围更加广阔的航运，中国人自然将学会使用其他各国所使用的所有不同机器的技巧，运用世界各地所运用的技术，从而推动各产业发展。按照他们现行的计划，除借鉴日本的例子外，他们很少有机会通过学习其他国家的经验来提高自己。

相对于其他行业，古埃及的政策，以及印度斯坦的政府政策看起来似乎也是更加重视农业。[④]

在古埃及和印度斯坦，全体人民被划分为不同的世袭等级或部族，每个等级从父亲到儿子只能从事某一种或某一类职业。僧侣的儿子只能当僧侣，士兵的儿子只能当士兵，农业劳动者的儿子只能当劳工，纺织工的儿子只能当纺织工，裁缝的儿子也必然是裁缝，如此等等。在这两个国家，僧侣阶级的地位最高，士兵其次；在这两个国家，农民和农业劳动者阶级的地位要高于商人和制造业者阶级。[⑤]

这两个国家的政府都特别重视农业的利益。古埃及国王为合理分配尼罗河水源而兴建的水利工程在古代是闻名遐迩的，其部分遗迹至今仍为游客所称赞。印度斯坦的古代君主为适当分配恒河以及其他许多河流的水源 682
而兴建的同类工程尽管不如前者有名，但似乎同样伟大。因此，这两国虽偶有粮食歉收的情况，但均以粮食丰饶著称。虽然这两个国家都人口极多，但即使在一般年景，它们也能向邻国出口大量谷物。

古埃及人迷信海不吉利；印度教不允许其信徒在水上点火，从而不能

---

① 参见 I. iii。

② 参见 I. iii. 7，此处指出中国的富庶得自内河航运。

③ 参见 I. ix. 15。

④ 参见 II. v. 22 以及 IV. iii. c. 11。

⑤ 参见 I. vii. 31。

在水上烹调食物：这实际上就禁止了他们去远海航行。埃及人和印度人几乎必须完全依赖外国航运业来出口其剩余产物。这种依赖由于必然使市场受到限制，所以也必然阻碍剩余产物的增加①，而且它对制造品增加造成的打击必然要比对天然产物增加造成的打击要大，因为制造品比最重要的土地天然产物更加需要一个更为广阔的市场。一个鞋匠一年能制造 300 多双鞋子，而他自己的家人也许一年穿不烂 6 双。因此，除非他至少有 50 个像他的家庭一样的家庭光顾，否则他就无法卖掉自己的全部劳动产品。② 在一个大国，人数最为众多的技工阶级也只占到全国家庭总数的五十分之一或百分之一。但在像法国和英国这样的大国，从事农业的人口占全部家庭总数的比例，据有些作者计算为 1/2，据另一些作者计算为 1/3，但据我所知，没有作者计算的比例低于 1/5 的。由于法国和英国的农作物绝大部分都在国内消费，照此推算，每个从事农业生产的人只需要一两个或最多四个像他的家庭那样的家庭的光顾，就能将其全部劳动产物卖掉。因此，在市场受到限制的不利条件下，农业能比制造业更好地维持自身的发展。的确，在古埃及和印度斯坦，外国市场的有限性在某种程度上从内陆航运的便利中得到了补偿。内陆航运以最有利的方式为本国各地的不同产物开拓了全国性的市场。印度幅员辽阔，能提供的国内市场也很大，足以支持各种制造业的发展。但古埃及幅员狭小，还不及英格兰，这就必然使得该国的国内
683 市场时刻都显得过于局促，难以维系各种制造业的发展。因此，孟加拉这个通常出口大米最多的印度省份，却总是由于出口大量的制造品而更加引人注目。相反，古埃及虽然出口一些制造品，尤其是精纺麻布和其他一些货物，但却总是以出口大量的谷物而出名。古埃及曾长期扮演着罗马粮仓的角色。

中国、古埃及的君主们，以及印度斯坦在各个时期各个王国的国王们，总是从某种土地税或地租中获取其全部或绝大部分收入。这种土地税或地租，像欧洲的什一税一样，是按土地产物的一定比例——据说为 1/5——来征收的：或用实物交纳，或是根据一定的估值用货币交纳，因此税收会根据土地产物不同年份产量的变化而变化。有鉴于此，这些国家的国王自然特别关注农业的利益，因为农业的兴衰直接决定着他们收入的多寡。③

① 参见 II. v. 22。

② 参见 I. iii. 2。

③ 参见 V. ii. d. 5。

古希腊共和国和罗马帝国的政策，虽然更加重视农业而不是制造业或对外贸易，但似乎更多地打击了后者的发展，而不是对前者给予任何直接的或有意的鼓励。在希腊的几个古代国家中，对外贸易是被完全禁止的；在其他的几个国家中，技工和制造业者的职业被认为有损于人体的体力和敏捷性的培养，使身体不能养成军事训练和体育训练所要求人体形成的习惯，从而使身体不能忍受战争的疲劳和面对战争的危险。[①] 这些职业被认为只适合于奴隶，而国家的自由公民禁止从事这些职业。[②] 即使是在没有颁布 684
这种禁令的国家，如罗马和雅典，大部分人实际上也是不允许从事现在通常由城市下层居民所从事的那些职业的。在雅典和罗马，这些职业均由富人的奴隶从事。他们为了主人的利益而从事这些职业，主人的财富、权势和保护使得贫穷的自由人在自己的产品与富人的奴隶的产品竞争时，几乎不可能为自己的产品找到市场。[③] 但是，奴隶很少有创造性，所有最重要的改进——不论是在机器方面，还是在工作的安排和分配方面——都是由自由人做出的。[④] 如果奴隶提出任何这类的改进，那么他的主人很可能把他的建议看做偷懒的借口，并认为他是想让主人破费而减少自己的劳动。[⑤] 可怜的奴隶不但不能得到奖赏，而且还有可能受到斥责，甚至某种惩罚。因此，在由奴隶从事的制造业中，比起由自由人所从事的制造业来，等量的工作

---

① 参见 V. i. f. 39 - 45，此处对希腊的教育进行了描述。

② 《法理学讲义》(B) 第 39 页，坎南编辑版本第 27 页中指出“在罗马和雅典，艺术活动是由奴隶开展的，古代斯巴达人甚至不允许任何自由人从事技工的职业，因为他们认为这样的职业会伤害身体”。《法理学讲义》(A) 第四章第 82 页也对这一信念进行过评论，声称希腊人认为，“每一种连续劳动都会伤害身体，使之不适于进行军事训练，这是当时所有立法者的主要观点”。孟德斯鸠也注意到罗马人认为“商业和艺术应成为奴隶的工作和职业，而他们自己是不会从事这些工作的”。(《思考》，98～99 页。)《论法的精神》第四章第八节中给出了一个类似的观点。参见西塞罗：《论义务》。尽管确定绝大多数贸易都是肮脏和卑鄙的，但西塞罗认为“在所有收益有保障的职业中，没有哪一个要比农业更好，利润更高，从事起来更令人愉快和更配得上自由人”。参见《洛布古典丛书》(1921 年)，第 155 页，米勒译。

③ 在 IV. vii. a. 3 出现过类似的表述。

④ 参见 I. i. 8 以及脚注 17。

⑤ 参见《法理学讲义》(A) 第四章第 41 至 42 页以及 I. i. 8。《法理学讲义》(B) 第 217 页，坎南编辑版本第 167 页指出，采矿业中的一些改进被归功于奴隶。但是，在《法理学讲义》(B) 第 299 页，坎南编辑版本第 231 页中，斯密指出奴隶不能像自由人那样好地工作，“因为他们没有努力的动机，有的只是对惩罚的恐惧，他们绝不可能发明任何机器设备来协助他们的工作”。斯密也注意到，任何来自奴隶的有关提高工作效率的建议都很有可能被认为是他们想偷懒。

常常要花费更多的劳动才能完成。[①] 因此，前者的产品一般要比后者的产品更贵。[②] 孟德斯鸠先生[③]曾说，与邻近的土耳其矿山相比，匈牙利矿山的矿藏量虽不丰饶，但却总能以较低的费用开采，因此所得的利润较高。土耳其的矿山是由奴隶开采的，土耳其人所能想到的能够使用的机器只有奴隶们的手臂。匈牙利的矿山是由自由人开采的，他们使用了大量的机器，从而节省了自己的劳动。[④] 从有关希腊和罗马时代制造品价格的极少量信息来
685 看，其中比较精美的东西是非常昂贵的。丝绸论重量以黄金进行买卖。当然，丝绸在当时不是欧洲出产的制造品。由于它全部要从东印度运来，长途运输在某种程度上是其价格昂贵的原因。不过据说贵妇人有时为精美亚麻布所支付的价格也似乎是同样高昂的；但亚麻布通常是欧洲的制造品，最远也不过是埃及的制造品，所以这种高价只能用制造时所耗费的巨大劳动量去解释，而这种巨大劳动量的耗费又只能是由所使用机器的笨拙引起的。精美呢绒的价格虽然没有那么昂贵，但似乎也要比现在的价格高很多。普林尼告诉我们，用某种特殊方式加染的呢绒，1 磅价值 100 迪纳里，或 3 镑 6 先令 8 便士[⑤]，用另一种特殊方式加染的呢绒，1 磅价值 1 000 迪纳里，或 33 镑 6 先令 8 便士。不过要记住的是，1 罗马磅仅相当于我们的常衡 12 盎司。的确，这种高价似乎主要应归因于染料。[⑥] 但如果不是呢绒本身比我们现在所制造出的衣料贵很多，那么可能也就不会用那么贵的染料去加染了。否则，附属物的价值与主体的价值就太不成比例了。这位学者[⑦]还提

① 孟德斯鸠认为，存在一条“普遍适用的规则：在一个受奴役的国家里，人们劳动为的是保持所有，而不在于取得所没有的。在自由的国家里，劳动则在于取得而非保持”。（孟德斯鸠：《论法的精神》，第二十章第四节第 9 自然段。）

② 参见 III. ii. 9 以及 I. viii. 41。

③ “土耳其矿山的矿藏资源尽管比匈牙利的丰富，但其产量较少，因为前者几乎全部依赖奴隶的手工劳动。”（孟德斯鸠：《论法的精神》，第十五章第八节第 3 自然段。）

④ 对于在土耳其和匈牙利矿山中所使用的劳动，《法理学讲义》（B）第 299 至 300 页，坎南编辑版本第 231 页中有相同的观点。

⑤ 参见 I. xi. k. 1。也可参见普林尼，第一卷第九章第三节第 39 自然段。在征战奥古斯塔斯的过程中身亡的科尔奈里乌斯·奈波斯说：“在我年轻的时候，紫罗兰紫染料甚为流行，1 镑要卖到 100 迪纳里；没多久又流行塔兰托紫红色。这之后是双色染料泰尔紫，1 镑要卖到1 000迪纳里。”普林尼：《自然史》，第九章第 63 自然段，雷克汉姆译。）

⑥ 参见 I. iv. 10。

⑦ 普林尼，第一卷第八章第三节第 48 自然段：“梅特路斯·西皮奥将其计入对加比多的控诉之中，那时这种垫子已经要卖到 80 万塞斯特斯（古罗马货币单位——译者注），后来这种垫子花了尼禄大帝 400 万塞斯特斯。”（普林尼：《自然史》，第八章第 74 自然段，雷克汉姆译。）

到，一种放在桌边的长椅上可以倚靠的毛织枕头或垫子的价格更是贵得令人难以置信。有些据说价值 3 万多镑，还有些价值 30 多万镑。这样的高价也没说是由于染料引起的。阿巴斯诺特博士[①]说，古代时髦男女的服饰并不 686
像现在这样款式繁多。我们在古代雕像上所看到的极少款式证实了他的说法。他由此推论说，古代人的衣服总体来说一定比我们现在的便宜。然而这种说法似乎有些勉强，因为当时髦服装的价格很高时，其样式必然很少。但当制造工艺改进和劳动生产力提高而使得任何服装的价格变得适中时，款式自然就会丰富多样。当富人不能通过任何一件服装的昂贵来炫耀自己时，其自然就希望通过拥有数量众多、款式多样的服装来达到这一目的。[②]

前面已经指出过[③]，每一个国家商业的最大和最重要的部分是在城市居民和农村居民之间所开展的贸易。城市居民从农村获得天然产物作为自己的工作原材料和生活资料基金，通过送回农村一定数量的制造品和半成品来支付这些天然产物。在这两部分人民之间进行的贸易最终是用一定数量的天然产物去交换一定数量的制造品。因此，后者越贵，前者就越便宜。在任何国家，凡是提高制造品价格的举措，都会降低土地天然产物的价格，从而使农业受到打击。一定数量的天然产物，或者说一定数量的天然产物的价格（二者是一回事）所能购买的制造品的数量越少，那么一定数量的天然产物的交换价值就越小，从而对地主通过改良土地和农民通过改进耕作方式提高产量的鼓励也越小。此外，在任何国家，凡是减少技工和制造业者人数的举措，都必然会缩小国内市场——土地天然产物的一切市场中最重要的一个，从而进一步使农业受到打击。

因此，重视农业胜过所有其他产业的那些体系，为了促进农业而对制造业和对外贸易施加限制，这恰好与其目的背道而驰，间接地打击了它们原本想要促进的那种产业。它们甚至比重商主义体系更加自相矛盾。重商主义体系是想通过给予制造业和对外贸易比农业更大的激励，把一定量的社会资本从支持一种比较有利的产业转向支持一种利益较小的产业。不过 687
它实际上最终仍然是鼓励了它想要促进的产业。相反，这些重农主义体系

---

① 约翰·阿巴斯诺特：《古代铸币和度量衡表》（伦敦，1727 年），140～148 页。阿巴斯诺特也引用了斯密所用的这个价格高昂的靠垫的例子："这种可以把它叫做垫子或毯子的东西似乎十分昂贵。加比多因为花 6.458 6 万镑买了一个这样的垫子而受到了梅特路斯的批评。但这跟后来尼禄支付的 322.911 3 万镑的大价钱是无法相提并论的。"

② 参见 I. xi. c. 31。

③ 参见 III. i. 1。

实际上最终打击了它们自己所重视的那种产业。

因此，每一种体系或者通过特别的鼓励去竭力吸引比自然应有的更多的社会资本到某种产业中去，或者通过特殊的限制去竭力强迫本应投入某种产业中去的一部分社会资本从该产业中分离出来。两者都是与其想要达到的伟大目标背道而驰的。这将阻碍而不是加速社会走向富裕的进程，减少而不是增加社会土地和劳动年产物的真实价值。[①]

因此，当所有给予优惠和施加限制的体系被完全取消以后，一个明晰而又简单的天然自由体系就自行建立了起来。[②] 每一个人，只要他不违反公正的法律，就有完全的自由按照自己的方式去追求他自己的利益，并以自己的劳动和资本与任何其他人或其他阶级去竞争。君主也能摆脱监督私人劳动，并指引其去从事最符合社会利益的职业的职责。在试图履行这种职责时，君主总是必须面对无穷无尽的困惑，而且人类的智慧或知识都不足以使他能够恰当地履行这种职责。[③] 根据天然自由的体系，君主只需要履行三种职责，这三种职责确实都很重要，但即使对普通人来说也都是简明易懂的：第一，保护社会免受其他社会的侵犯；第二，尽可能地保护社会中的每一位成员免受任何其他成员的侵犯或压迫，或建立完全公正的司法机
688 构[④]；第三，建立和维护某些公共工程和公共机构，它们是任何个人或少数人出于对自身利益的考虑绝不可能去建立和维护的，因为其利润永远也不可能补偿个人或少数人的支出，尽管对于社会整体来说常常是不仅能收回投入而且还能得到更多的收益。[⑤]

君主要适当履行这三种职责必然需要一定的费用，而这种费用又必然

---

① 参见 IV. ii. 2 以及对于该学说进行详细阐释的脚注。

② 参见 IV. vi. c. 44。

③ 参见 IV. ii. 10 以及 V. ii. c. 18。IV. vii. b. 44 对殖民地进行了评论，指出管制殖民地的活动构成了对“人类最神圣权力的公然侵犯”。杜加德·斯图亚特引用斯密的一篇手稿（现已丢失）说道：“将一个国家从野蛮状态发展到富庶繁荣状态所必需的东西很少，无非就是和平、轻税和一个包容的正义司法机构”。

④ 在《道德情操论》第二卷第二篇第三章第 4 自然段中，斯密尤其强调了建立完全公正的司法机构的必要性。他指出，如果说行善是对社会的锦上添花，那么正义必须被看做“支撑整个社会大厦的顶梁柱”。所以，如果顶梁柱没有了，“人类社会这个雄伟而又巨大的建筑”必将“顷刻间土崩瓦解”。正是在这种背景下，斯密说道：“凭借公众对其作用的认识，社会可以在人们相互之间缺乏爱或感情的情况下，像它存在于不同的商人中间那样存在于不同的人中间；并且，虽然在这一社会中，没有人负有任何义务，或者一定要对别人表示感激，但是社会仍然可以根据一种一致的估价，通过完全着眼于实利的互惠行为而被维持下去。”（《道德情操论》第二卷第二篇第三章第 2 自然段。）

⑤ 参见 V. i. c. 1。

要求一定的收入来支持。因此，在下一篇中我将竭力阐述以下几点：第一，什么是君主或国家的必要开支？其中哪些部分应由全社会共同承担，哪些部分只应由社会的某些特定成员来承担？第二，应由全社会承担的费用可以通过哪些不同的方法进行征收？各种方法的利弊是什么？第三，什么原因使得几乎所有现代政府都抵押其收入的一部分进行举债，以及这种债务对真实财富即社会土地和劳动年产物的影响是什么？因此，下一篇自然将分为三章展开论述。

V 第五篇　论君主或国家的收入

V.i 第1章 论君主或国家的支出 689

V.i.a 第一节 论国防支出

君主的首要职责是保护社会免受其他独立社会的暴行和侵犯，该职责只有借助军事力量才能履行。[①] 但在和平时期储备、在战争时期运用这种军事力量的费用，在不同的社会状态下

① 《法理学讲义》(A) 第一章第1页指出：“每一个政府体系的首要设计是维持公正，阻止社会成员侵犯其他人的财产或者攫取不属于他自己的东西”。对此，斯密补充道：“它也必须拥有一些保护社会免受其他国家侵害的手段。”

以及在不同的历史发展时期是大不相同的。[①]

690 在最低级、最原始的社会状态下的狩猎民族中，像我们在北美土著部落中所看到的那样，每一个男人既是猎人又是战士。[②] 当他为保卫社会走上战场，或者为报复其他社会给其造成的伤害而去打仗时，他凭借自己的劳动来维持生计，就像他平时在家一样。在这种既无君主又无国家的状态下，他的社会既没有钱训练他打仗，也没有钱负担他打仗时的生活费用。[③]

在一种比较进步的社会状态下的游牧民族中，像我们在鞑靼人和阿拉伯人中所看到的那样，每一个男人既是游牧者又是战士。[④] 他们通常没有固定住所，住在便于从一个地方转移到另一个地方的帐篷或带篷马车里。整

---

① 《法理学讲义》(A) 第一章第 27 页评论道："人类社会经历了四种不同的社会状态……第一，狩猎时代；第二，游牧时代；第三，农业时代；第四，商业时代"。《法理学讲义》(B) 第 149 页，坎南编辑版本第 107 页中也出现过类似的观点。安德森笔记第 1～3 页中提到的三种"社会完美状态"与狩猎、游牧和农业这三个时代十分接近。划分经济时代的观点广为流传。尤其可参见卡姆斯的《人类历史概述》(1774) 第一章第二节及其《历史法》(1758) 第二章"论承诺与契约"。也可参看亚当·弗格森的《文明社会史》(1767) 第二章第二节、第三节以及斯图尔特的《政治经济学原理》。约翰·米勒的《等级制的起源》(1771) 也是按照该命题的原则来组织的。类似的观点还可在由米克翻译的《重农学派经济学》一书中第 60～64 页由米拉波撰写的《哲学规则》(1763) 一文中看到。除了卢梭的《不平等的来源》(1755) 外，还有两篇由杜尔阁撰写的当时并未公开发表的文章。它们分别是《对人类思想不断进步的哲学评论》以及《世界历史讨论计划》。杜尔阁的这些文章经沃克·史蒂芬翻译后被收录在他的《杜尔阁生平及其著作》(伦敦，1895) 一书中，例如，可参看该书第 161～162 页，第 176～180 页。这些文章现在也被收录进米克的《杜尔阁对进化、社会学以及经济学的观点》一书中。杜尔阁也在《关于财富的形成和分配的考察》一书中运用到了把历史时期区分为狩猎、游牧和农业三个时代这一点。参见孟德斯鸠《论法的精神》第一章第三节第 14 自然段，此处指出法律"应该和国家的自然状态有关，和土地的质量、形式与面积有关，和农、猎、牧各种人民的生活方式有关"。孟德斯鸠还在该书第十八章第十节中探讨了人口和"获得生活资料"的手段之间的关系。

② Ⅱ.ⅲ.34 中指出，当恺撒入侵时，英国居民实际上就处于这种状态。美洲印第安人据说仍处于狩猎阶段，"是所有民族中最粗鲁和野蛮的一个"(《法理学讲义》(A) 第二章第 97 页)。《法理学讲义》(A) 第四章第 5 页指出，拉斐陶和夏洛克是"能够给予我们有关这些国家行为方式最清晰阐释的人"。

③ 参见《法理学讲义》(B) 第 19 页，坎南编辑版本第 14 页："狩猎民族基本没有政府的存在"。关于这一观点在本章第二部分中会有更加详细的论述。

④ 参见《法理学讲义》(A) 第一章第 47 页："游牧的引入在一定程度上使得他们的居所变得更加固定，但仍然有很大的不确定性。"然而，《法理学讲义》(A) 第四章第 47 至 48 页中指出，部分由于地形性质的原因，某些游牧民族"一般没有固定的住所。鞑靼人住在一种四轮马车里，或者可以说是建在轮子上的家；他们的国家都是平原，既没有森林或石头，也没有树木或山丘，所以在他们行进的过程中没有任何东西能阻挡他们。这种状态下的人民对于在哪里居住都无所谓"。斯密在第 48 至 49 页也提及被有篷马车运输的家庭，并补充说"德国的赛维热民族一直以来也维持这种状态，尽管他们现在已不住这种四轮马车了"(第 50 页)。

个部落或民族根据季节的变化或突发事件的发生而迁徙。当他们的畜群吃光了一个地方的牧草时，他们就迁移到另一个地方，然后从那里再迁往第三个地方。他们在干燥的季节迁到河边，在潮湿的季节迁回高地。[①] 当这样的民族打仗时，战士们不会把他们的畜群交给孱弱的老人、妇女和儿童看管，也不会把他们的老人、妇女和儿童留在没有防卫和生活资料供给的后方。此外，整个民族在和平时期已习惯了游牧生活，一旦战争爆发，很快就能进入战斗状态。[②] 不论是作为军队行军，还是作为牧群迁徙，他们的生活方式大体上都没什么两样，尽管两者的目的大为不同。因此，他们并肩作
战，每一个人都竭尽全力。在鞑靼人中，甚至妇女也常常以参加战斗为荣。 691
如果他们得胜了，那么敌方的所有一切都会成为他们的战利品。如果他们战败了，那么他们就会一无所有——不仅他们的牲畜，而且他们的女人和孩子也都要成为胜利者的战利品。就连大部分幸存下来的战士为当前生活所迫，也不得不向胜利者屈服。其余的人通常被驱散到沙漠中。

鞑靼人或阿拉伯人的日常生活和日常操练都为打仗做好了充分的准备。跑步、摔跤、斗棍、掷标、拉弓等既是生活在野外的人们日常的消遣，也是在为战争做准备。当他们实际参战时，也像平时一样依靠自己放牧的牲畜来维持生计。尽管有些民族有自己的酋长或君主，但这些人并不会为训练他们作战而承担任何费用。作战时，掠夺就是他们所期望或所要求的唯一回报。

一支狩猎者队伍很少超过三百人。狩猎所提供的不确定的生活资料很难让更多的人长时间聚集在一起。[③] 相反，一支游牧者队伍有时可多达二三

---

① 斯密在本节第 26 自然段明确了“定居”游牧和“流动”游牧之间的不同。

② 参看《法理学讲义》（A）第四章第 77 页：“在游牧民族中，每一个人都无一例外地参战。以色列儿童如此，目前阿拉伯人和鞑靼人也是如此。”《法理学讲义》（B）第 37、335 页，坎南编辑版本第 26 和 261 页中也有类似观点。参见《法理学讲义》（A）第四章第 13 页。

③ 在 FA 中，斯密比较了狩猎者和游牧人的数量：“在北美一个基本上都由猎人组成的野蛮部落里，能够轻松维持生活而聚集在一起的猎人最多不超过 100 人或 150 人。”相反，“在一个基本上都由游牧者组成的鞑靼或阿拉伯部落里，更多的人可以很方便地住在一个地方。他们不依靠狩猎所获取的不确定的生活资料，而是依靠他们所放牧的牛羊马的奶和肉来养活自己。这些牛羊马在临近村落的地方吃草”。斯密还就此指出，更大的社会群体能带来更大范围的劳动分工，并引用彼特·科尔本的权威观点作为支持。参见本书 IV. vii. c. 100。孟德斯鸠也对人口和谋生方式的关系进行了评论，指出不耕种土地的人民“几乎不可能形成一个大国家。他们如果是牧民的话，那么便需要广阔的土地去维持一小群人的生活；如果他们是猎民的话，那么他们的人数便更少了；他们为了谋生而形成的国家便更小了”（《论法的精神》，第十八章第十节，第 2 自然段）。参见坎蒂隆《商业性质概论》第 90～91 自然段，Higgs 编辑版第 69 自然段，此处指出，北美部落人口增长受到的限制也应归因于其谋生的方式。詹姆斯·斯图尔特爵士在其《政治经济学原理》一书中也提出过类似观点。

十万人。只要没什么东西阻挡他们前进，只要他们能从牧草已经吃尽的一个地方迁移到牧草仍很富足的另一个地方，对能一起前进的人数似乎就没有任何限制。一个狩猎民族对其邻近的文明民族从来都不会构成威胁，但一个游牧民族就有可能很可怕。没有什么比在北美发生的印第安人战争更
692 不足挂齿的了。[①] 相反，没有什么比在亚洲经常发生的鞑靼人入侵更为可怕的了。[②] 修昔底德关于欧洲和亚洲都无力抵抗联合起来的塞西亚人的判断[③]得到了所有时代的经验的证实。[④] 广袤无垠而毫无屏障的平原上的塞西亚或鞑靼居民，常常在一个征服者部落或氏族的酋长的统治下联合起来，亚洲所曾遭受的蹂躏和破坏就是他们统一的象征。阿拉伯荒漠的居民是另一个巨大的游牧民族；除了在穆罕默德及其直接继承人的统治下联合过一次外，他们再也没有联合过。而且他们的联合更多地是出于宗教热情而不是征服的效果，其联合的方式与上述相同。如果美洲的狩猎民族曾经变成游牧民族的话，那他们对于邻近的欧洲各殖民地的威胁就会比现今大得多。

---

① 参见《法理学讲义》（A）第四章第 38、39 页："猎人不可能想出什么伟大的计谋，他们的远行也不令人害怕。要 200 个猎人在一起住两个星期是不可能的……因此这样的民族不会带来很大的危险。我们在美洲的殖民地对这些远行感到如此惊讶的原因，完全源自他们对于武器的不熟悉。尽管武器可能会折磨他们并损坏一些住所，但绝不会伤害人们的身体。"参见《法理学讲义》（B）第 28 页，坎南编辑版本第 20 页。

② 《法理学讲义》（A）第三章第 41 页评论道："作为一个野蛮民族的鞑靼入侵过亚洲数次，入侵波斯超过 12 次。"斯密也在《法理学讲义》（B）第 29 至 30 页、第 288 页，坎南编辑版本第 20 至 21 页、第 224 页中提及游牧民族的实力。在《法理学讲义》（A）第四章第 40 页，斯密曾提及带领"超过 100 万人"入侵亚洲的帖木儿（帖木儿帝国的开国皇帝——译者注）的功绩，并称成吉思汗入侵时统领的人数更多。但是斯密补充到，鞑靼族很容易联合起来的原因与其地形的性质有关，该民族没有"山脉或者崎岖不平的道路……没有屏障或森林"。参见孟德斯鸠《论法的精神》第十八章第十一节第 2 自然段。也可参看本书 XVIII. xix，此处他对"阿拉伯人的自由和鞑靼人的奴役"进行了评论。

③ "不仅欧洲各国不能与之抗衡，而且即便亚洲各国联合起来行动也不是塞西亚人的对手。"（修昔底德的《伯罗奔尼撒战争史》第二章第 97 自然段，由 C. F. 斯密翻译，被收录进《洛布古典丛书》（1919）第一章第 446～447 自然段。《修辞学及纯文学讲义》第二章第 25 页，洛西恩编辑版本第 90 页中指出，"没有哪位作者能像修昔底德那样清楚地解释事件发生的原因"。并且，《修辞学及纯文学讲义》第二章第 49 页，洛西恩编辑版本第 102 页中指出，修昔底德的著作"是历史著作中的精品"。斯密也在《法理学讲义》（A）第四章第 65 页中说，修昔底德和荷马为"古希腊提供了最好的阐释"。休谟和斯密一样，对修昔底德的文章《论古代民族人口稠密问题》给予了极高的评价，并称"在我看来，修昔底德著作的第一页意味着真实历史的开始"（《道德、政治和文学论文集》，格林和格罗斯编辑，第一章第 414 自然段）。

④ 也可参见本节第 44 自然段，此处指出，现代武器已经对文明民族和原始民族之间的平衡进行了调整。

在一种更加进步的社会状态下，在没有对外贸易而只有粗糙的家庭手工业
（每一个家庭都制造一些东西供自己使用）的农业社会中，每一个人也都是战
士，或者说可以很容易地变为一名战士。[①] 那些以农业为生的人通常整日在户外
劳动，经历一年四季的严酷天气。他们日常生活的艰苦使他们能够承受战争的 693
困苦，他们的某些必要的工作与战争时某些辛苦的任务极其类似。[②] 农活中的挖沟为他们挖掘战壕、加固营地和构筑围墙做好了准备。农民的这种日常消遣也和游牧人的情况一样，同样是为战争做准备。但由于农民没有牧民那么多的空闲时间，所以他们并不会经常从事这些消遣。他们是士兵，但却是对操练并不十分精通的士兵。但尽管如此，君主或国家也极少承担训练他们备战的费用。

农业，即使在它最原始和最低级的状态下，也要求有住所——一种固定的居住地，放弃它就会蒙受巨大的损失。因此，当一个只有农民的民族打仗时，不能全民参战。至少老人、妇女和儿童必须留在家里照看住所。[③] 而所有符合兵役年龄的男子都可能上战场，小的农耕民族通常都是如此。在每一个民族，符合兵役年龄的男子大约占全体人民总数的 1/4 或 1/5。如果战争在播种后开始、在收割前结束，那么即使农民和主要劳动者不参与农事也不会蒙受多大的损失。他们相信，老人、妇女和儿童能很好地完成在此期间所必须完成的工作。所以，他很愿意在短时期内无偿地服兵役，君主或国家也不必花钱去维持他战时的生活，就像不必花钱去训练他备战一样。在第二次波斯战争结束前，古希腊各城邦的公民似乎都是以这种方式服兵役的。在伯罗奔尼撒战争结束前，伯罗奔尼撒人似乎也是以这种方式服兵役的。[④] 修昔

---

① 参见《法理学讲义》(A) 第一章第 29 页："我们发现……几乎在所有国家中，游牧时代都要先于农业时代。鞑靼人和阿拉伯人几乎全部依靠他们的畜群维持生活。阿拉伯人还有一点点农业，鞑靼人则完全没有农业。所有依靠畜群维持生计的野蛮民族对开辟和耕种土地没有任何概念。打破这条规则的唯一一个例子似乎就是北美洲的印第安人。他们尽管没有畜群的概念，但却有农业的概念。"《法理学讲义》(B) 第 150 页，坎南编辑版本第 108 页中也提到过类似观点。

② 参见后文 V. ii. a. 15，此处指出，封建时期的家仆参加的职业锻炼通常也适于战争。

③ FA 中也评论道："通过农业，相同数量的土地不仅可以生产玉米，而且还能够用来供养比之前更多的牲畜。因此，更多数量的人可以在一个相同的地方轻松地谋生。"

④ 参见《修辞学及纯文学讲义》第二章第 143 页，洛西恩编辑版本第 144 页："在伯利克里的提议下，参加派拉提战役的士兵首次收到来自共和国的薪俸。此次战役标志着民主政府的开始，而随后的商业发展促进了这一转变。"《法理学讲义》(B) 第 308 页，坎南编辑版本第 238 页评论道："每一位雅典人都自费上战场。封建领主也是如此，上战场的负担与佃户或奴仆的义务相关。"参见 V. ii. a. 14，15。

694 底德观察到[①]，伯罗奔尼撒人一般在夏季离开战场，回家收割庄稼。[②] 罗马人在他们的各代国王统治下以及在共和国的初期也是以这种方式服兵役的。[③] 直到围攻维伊的时候，留在家里的人才开始对那些上前线打仗的人作出一些贡献。[④] 在罗马废墟上建立起来的欧洲各君主国家，在所谓真正的封建法制[⑤]确立前后，各大领主及其直接属民都是自费为国王服役的。在战场上时也像在家里一样，他们靠自己的收入来维持生活，而不依赖在这种特定场合国王所给予的任何补助或报酬。

在更为进步的社会状态下，有两个原因使得由在战场上打仗的人自己养活自己成为完全不可能的事情。这两个原因分别是：制造业的进步和战争技术的改进。[⑥]

---

① “在这个夏季之前，敌人发动持续时间较短的战争并不会阻碍雅典人在这一年剩下的时间里充分利用土地；但是在夏季期间，劳作时间是持续的……雅典人遭受很大的损失。”修昔底德《伯罗奔尼撒战争史》第七章第 27 自然段，由 C. F. 斯密翻译，被纳入《洛布古典丛书》（1923）第四章第 48 至 49 自然段。

② 参见《法理学讲义》（A）第四章第 77 至 78 页：“在这种状态下，战役只是夏季战役，即它们一般是在春季过后收获季节开始之前的那三或四个月里进行的。如果天公作美，在玉米和庄稼长出来的时候，人们很可能就会中途离开战场，就像他们在家时那样。羊群即使在羊倌不在时也可以吃到草，因此没有什么可以阻止他们参战。这就是伯罗奔尼撒战争时伯罗奔尼撒人的情况，正如利西阿斯（雅典雄辩家——译者注）所言，雅典之前有一段时间也是如此……”也可参看《法理学讲义》（B）第 38 页，坎南编辑版本第 26 页。

③ “由于罗马将领希望从围攻中获取比从袭击中获取的战利品更多的战利品，他们甚至开始搭建冬季营房——对罗马士兵来说是一种新事物——并打算将战斗进行到底，度过整个冬季……年轻人……即使在天寒地冻的季节也不再能自由地照看自己的家园和处理他们的事务。”（李维，第五章第 2 自然段，由 B. O. 福斯特翻译，并纳入《洛布古典丛书》（1924）第三章第 4 至 7 自然段。）

④ “……参议院……赋予其人民最合时令的福利，就是士兵的维持费用应该从国库支出，而在此之前每一个人都是自费服兵役的。这种福利是国家元首所不曾授予给他们的——当这些国家元首下达法令时，他们不会听取来自平民或他们的护民官的任何建议。”（李维，第四章第 59 自然段，B. O. 福斯特翻译。）

⑤ III. iv. 8 对“完全保有所有权的”和“封建的”进行了区分。

⑥ 在《法理学讲义》（A）第四章中，斯密从两个方面解释了军事效益的下降：制造业的进步和战争技术的改进。该书第 75 至 87 页以及第 87 至 104 页分别通过引用希腊和罗马的例子对该主题进行了阐述。也可参看《法理学讲义》（B）第 37 至 43 页，坎南编辑版本第 26 至 30 页。《法理学讲义》（B）第 335 页，坎南编辑版本第 260 至 261 页中提到，在社会的初始阶段，打仗被认为是一种崇高的职业，因此只适合于较高的阶级：“但当技术和制造业不断发展并被认为值得引起注意的时候，人们发现可以通过运用它们来提升自己的身份。出于贪欲，有钱人出去打仗就变得不那么方便了，这些最初被活跃分子和野心勃勃的人所鄙视的技术很快吸引了他们的全部注意力。”由此，斯密建议，当兵的义务落在“社会最底层”阶级的身上，“这就是我们大英帝国的现状”。

即使农民要去远征，只要这种远征在播种后开始、在收割前结束，对其农活的打断也就不会严重影响其收成。即使他们不劳动，大自然本身也会完成大部分有待完成的工作。但当一个技工，比如一个铁匠、一个木匠 695
或者一个织工离开了他的工作地点，他的唯一收入来源就完全断绝了。[①] 大自然不能为他做任何事情，一切都必须他自己做。因此，当他走上战场去保家卫国时，他由于没有收入来维持自己的生活，就必须靠国家来养活。当一个国家的大部分居民都是技工和制造业者时，大部分上前线打仗的人也必然来自这些阶级，因此只要他们还在服兵役，就必须由国家出钱养活他们。[②]

当战争这门技术逐渐发展成为一门错综复杂的科学时，当战争事件不再像社会早期那样由个别不规则的小交锋或战斗所决定时，当双方的争夺通常由若干不同的战役组成，而每一个战役都要持续大半年时，由国家来维持为国打仗的人的生活通常就变得很必要了，至少在他们服役期间应该如此。否则，无论这些上前线打仗的人在和平时期从事何种职业，这种如此单调乏味且代价高昂的服役对他们来说都将是一个过重的负担。因此，在第二次波斯战争以后，雅典的军队似乎一般都是由雇佣军组成——有一部分是本国公民，有一部分是外国人。[③] 他们都是由国家雇用和支付薪俸的。从围攻维伊的时候起，罗马的军队开始在参战期间领取报酬。在封建政府统治下，大领主及其直接属民通常可用他们所服的兵役换取货币报酬，以此来维持服役人员的生活。

在文明社会，服兵役人数占人口总数的比例必然要比原始野蛮社会小得多。在文明社会，由于士兵的生活完全是靠非士兵的劳动来维持的，所以前者的人数绝不能超过后者所能维持的数量，即不能超过后者在维持适合于他们自身身份的生活以及必须负担的行政和司法官员的生活费用之后
所能负担的数量。在古希腊的各个小农业国中，全体人民的四分之一或五 696

① 参见《法理学讲义》(A) 第四章第 79 页："一个铁匠或一个织工每离开他的熔铁炉或者织布机一个小时，他的工作就中止了，羊倌放羊或者农民种田就不会出现这种情况。"

② 参见 II. iii. 2。

③ 《法理学讲义》(A) 第四章第 84 至 85 页评论道："商业和技术对所有的希腊城邦都产生了影响。我们可以看到，德摩斯梯尼催促他们自己人去打仗，而不是那时组成他们军队的雇佣军。"

分之一自认为是士兵，而且据说有时要上前线打仗。[①] 而在现代欧洲的文明国家中，据推算，士兵一般不超过居民总数的百分之一，否则就会给那些承担士兵费用的国家带来危害。

直到作战开支完全由君主或国家承担之后很久，各国备战支出似乎才变得很大。在古希腊各共和国，接受军事训练是国家对每个自由公民进行的教育中必不可少的一个部分。[②] 每一个城市似乎都有一个公共广场，在那里，在公共行政官员的监护下，年轻人在教师的带领下进行各种军事训练。古希腊各共和国的备战支出似乎曾经就只是在这种非常简单的设施方面的支出。在古罗马，战神广场（玛尔斯的广场）上的操练和古希腊体育场上的训练都为着相同的目的。在各封建政府的统治下，许多公共法令规定，各区的公民应当练习箭术以及接受其他一些军事训练，也是为了实现相同的目的，但是效果似乎不是很好。可能是那些受托执行这些法令的官员对此不感兴趣，也可能是由于其他原因，这些法令似乎都遭到了普遍的忽视。随着这些政府的不断更替，军事训练也逐渐淡出了人民大众的视线。

在古希腊和古罗马的各共和国存在的整个时期内，在封建政府建立后的相当长一段时间内，士兵还不是一个独立的、明确的职业，并未构成某
697 一阶层市民的唯一或主要工作。国家的每一位公民，无论他平日以何种职业谋生，在所有一般场合都认为自己适合当兵，在许多特殊场合认为自己必须去当兵。

然而，战争技术由于是所有技术中最高尚的一种，因此在改进过程中必然会变成所有技术中最复杂的技术之一。机械技术以及与其必然相关的某些其他技术的发展情况，决定了战争技术在任何时刻所能达到的完美程

---

① 《法理学讲义》(A) 第四章第 78 至 80 页指出，技术和战争改良上的进步必将通过减少适合打仗的人的数量而减弱一国的军事力量。从希腊的例子来看，随着社会经济的不断发展，服役人口的比例从四分之一下降到百分之一。英国的这一比例则为八十一分之一。《法理学讲义》(B) 第 38 页，坎南编辑版本第 26 至 27 页中也有类似的观点。斯密在《法理学讲义》(B) 第 331 至 332 页，坎南编辑版本第 257 至 258 页中提到，尚武精神的减弱是经济发展的结果。他引用了 1745 年叛乱期间野蛮高地人的侵袭来作为支持他总体论点的论据。

《法理学讲义》(B) 第 347 页，坎南编辑版本第 272 页确实引用了商业发展起来以后的一项改进举措，即提搞犯人的待遇。在比较古代和现代共和国的情况时，孟德斯鸠提出："当今士兵占其他人口的比例为 1∶100，而如果将他们包含在内那么就很容易达到 1∶8 的比例。"(《论罗马盛衰的原因》，第 39 页) 卡姆斯勋爵在《人类历史概述》第二篇第六至第七章对经济增长导致尚武精神减弱所产生的问题进行了强调。

② 对希腊和罗马公共教育的描述参见 V. i. f. 39－45。

度。但是为了使战争技术达到这种完美程度，有必要使当兵成为某一阶层市民的唯一或主要工作；为改进这种技术，也像为改进其他技术一样，必须有劳动分工。在其他技术领域进行的劳动分工，是个人慎重考虑的自然结果，因为他发现专门从事某一特定职业比从事许多种职业对自己更有利。而促进士兵成为与其他职业明确不同的某一特定职业，只能凭借国家的智慧了。① 在和平时期，一个公民在没有来自国家的任何特殊鼓励的情况下将他自己的大部分时间用在军事训练上，这无疑会提高其军事技能并且他能从中得到极大的乐趣，但肯定不能使他自己获益。只有国家的智慧才能使其出于自身兴趣花费大部分时间从事这种特殊职业，但并不是所有国家都具备这种智慧，即便当它们所处的环境要求它们这样去做以维持国家的存在时。

游牧民有大量闲暇时间；在农业社会的初级阶段，农民也有一些闲暇时间；而技工或制造业者根本没有闲暇时间。第一种人可以将其大部分的时间用于军事训练而不遭受任何损失；第二种人也可以将其部分时间用于军事训练而无损失；但第三种人哪怕将一小时用于这方面也会有所损失，他对自己利益的专注自然会使他完全忽视军事训练。技术和制造业的进步必然会带来农业的改良，而这将使得农民像技工一样不得闲。农民也变得像城市居民那样忽视军事训练，人民大众逐渐不再好战。与此同时，农业和制造业的改进所带来的财富，实际上就是这些改进的积累的产物，会招致邻国的入侵。一个勤劳的并因此走上富裕道路的国家通常是最易受到攻 698
击的国家；除非这些国家在公共防卫方面采取某种新措施，否则人民的自然习惯会使他们完全没有保卫自己的能力。②

在这种情况下，国家似乎只有通过以下两种方法才能为公共防卫做些起码的准备。

第一，国家可以不顾人民的利益、才能和喜好，通过十分严厉的政策强制实行军事训练，强迫所有适龄公民或其中的一部分，不论其之前从事哪种职业，都以某种方式加入士兵行业。

第二，维持和雇用一定数量的公民经常进行军事训练，使士兵成为一种不同于所有其他职业的独立的特殊职业。

---

① 参见上文第 18 自然段。

② 斯密在 V. i. f. 59 中对通常伴随着“改进”出现的尚武精神的减弱所带来的问题进行了评论。

如果国家采取第一种办法，那么其军事力量就称为民兵；如果国家采取第二种办法，那么其军事力量就称为常备军。① 进行军事训练是常备军士兵唯一的或主要的职业，国家为他们提供的生活费或薪俸就是他们主要的和日常的生活资料基金。进行军事训练只是民兵的临时性工作，他们从其他的某种职业中获取维持生活所需要的主要的和日常的基金。在民兵身上，劳动者、技工或商人的特质要超过士兵的特质；在常备军身上，士兵的特质要超过其他任何一种特质。这种区别看来就是这两种不同军事力量的主要差异。

民兵可分为好几种。某些国家只是对要参与国防的公民进行军事训练，并不编成队伍（如果我可以这样说的话），也就是说，不分成独立的部队，不是在各自正式和固定的官员指挥下进行军事训练。在古希腊和罗马各共和国，每位公民当他还留在家里时，都独自或和关系要好的同伴一起进行
699 军事训练，直到实际应征参战时才编入某一特定部队。在其他国家，民兵不仅进行操练，而且要编队。在英国、瑞士，以及我认为在现代欧洲的每一个其他国家，凡是建立了这种不完全军事力量的国家，每一个民兵，即使在和平时期也都隶属于某一支特定部队，在各自正式的和固定的军官领导下从事军事训练。

在枪炮发明以前，一支军队是否优良就看军队中的每个士兵在武器使用方面的技能和熟练程度如何。身体的力量和敏捷性至关重要，通常能决定战斗的胜负。但使用武器的技能和熟练程度就像剑术一样，只有通过操练才能获得，而且这种操练不能通过集体的方式获得，只能在特定的学校在特定的老师的指导下，独自或与水平相当的同伴一起习得。自从枪炮发明以来，身体的力量和敏捷性，甚至是武器使用上的娴熟和高超技能，虽然不是说完全不重要，但其重要性大大减弱。武器的性质尽管不会使笨拙者的水平与熟练者的水平相当，但却能使二者的水平比从前更接近。在此假设，使用武器所必需的一切技能，完全可以通过集体练习来获得。

在现代军队中，与士兵使用武器的熟练程度和技能相比，纪律、秩序和迅速服从命令这些品质更能决定战斗的胜负。但人们一进入炮火纷飞的

① 在《法理学讲义》(B) 第 337 页，坎南编辑版本第 263 页中，斯密讨论了两种常备军："第一种是政府给予特定的人以及他们征召的每一个人以一定的职位。这样一种有如我们自己常备军模式的常备军不会比第二种更危险。第二种是政府与将领进行讨价还价，选出一定数量的人组成一支军队来辅助政府，一些小国家，如意大利常备军就采用这种模式。"

战场就要面对枪炮的噪音、硝烟和无形的死神，这必然使得纪律、秩序和迅速服从命令很难保持一定的水平，甚至在战斗刚开始时就如此。在古代战斗中，除了人的叫喊声外没有噪音、没有硝烟、没有无形中就使人负伤或死亡的东西。在致命武器接近之前，每个人都能看清楚周围是否有这样的武器。在这种情况下，对自己使用武器的技能和熟练程度有相当信心的军队，不仅在战斗开始时，而且在战斗的全过程直至两军决出胜负为止，必然要比在使用枪炮的情况下更容易保持一定程度的纪律和秩序。不过纪律、秩序和迅速服从命令的习惯，只有在实行集体训练的部队中才能养成。

但无论以何种方式强调纪律和进行训练的民兵，总是要远远逊色于纪律严明、训练有素的常备军。① 700

一周或一月才操练一次的士兵，绝对不可能像每天操练或隔天操练的士兵那样熟练地使用武器。虽然这在现代远不如古代那样重要，但被公认为表现卓越的普鲁士军队，据说其卓越的表现在很大程度上归因于他们的训练有素。这说明即使在当今，熟练使用武器也非常重要。

对比下列两种士兵：第一种士兵一个星期或一个月仅需服从长官的命令一次，在其余时间完全可以按照自己的意愿处理自己的事务，在任何方面都不必对其长官负责；第二种士兵全部的生活和行动每天都由其长官指挥，甚至每天起床和就寝或者至少回军营都要按照长官的命令行事。对于其长官的敬畏程度以及服从命令的速度，前者不如后者。在所谓的体力训

---

① 在 1776 年 4 月 18 日写给斯密的第 154 号信件中，亚当·弗格森表示，他对斯密有关教会、商人以及大学的尖锐评论表示赞同，“但你对民兵的看法我必须说我是不认同的”。也可参看 1780 年 10 月 26 日写给安德烈亚斯·霍尔特的第 208 号信件，斯密也评论道：

一本关于国防的小册子的匿名作者和我持相反意见——我被告知这位作者是一位名叫道格拉斯的绅士。当他写他那本书时，他并没有读完我的著作。他自认为，由于我坚持认为一支民兵在所有情况下都是要劣于一支纪律严明、训练有素的常备军的，所以我对民兵就是全盘否定的。对于这个主题，其实我和他刚好持相同的意见。这位绅士，如果我所得知的他的姓名没有错的话，是一位才华出众的人，而且也是我认识的一个人，因此我对于他对我的攻击及其攻击的方式感到有一些意外。

这本著作的书名为“爱丁堡一位绅士就国防问题写给巴克莱公爵的一封信，兼论斯密博士的著作《关于国民财富的性质和原因的研究》”（伦敦，1778）。民兵问题也在其他往来信件中有出现。例如，1757 年 9 月 7 日写给吉尔伯特·埃利奥特爵士的第 23 号信件表明，斯密对民兵是持赞成态度的。又如在 1760 年 4 月 4 日写给威廉·斯特拉恩的第 50 号信件中，对于胡克《回忆录》的出版，斯密表示他很担心“它们在一个糟糕的时间出版，可能会给我们的民兵泼冷水”。V. i. a. 27 指出，在战场上历练很长时间的民兵可能在每个方面都不输给一支正规的常备军。

练或者武器的操作和使用方面，民兵有时不如常备军；在所谓的纪律或迅速服从命令的习惯方面，民兵必然更是不如常备军。但在现代战争中，迅速服从命令的习惯比熟练操作武器更为重要。

诸如鞑靼人或阿拉伯人——他们在平时习惯于在酋长的指挥下作
701 战——之类的民兵，是迄今为止最好的民兵。在尊敬长官和迅速服从命令方面，他们最接近常备军。苏格兰高地的民兵，当其在自己的酋长指挥下作战时，也具备类似的优点。不过高地人民不是四处漂泊的而是定居的牧民，由于他们都有固定的居所，在和平时期没有养成追随他们的首领从一个地方迁往另一个地方的习惯，所以在战时也不愿意跟随其首领前往远方或长期参战。他们得到战利品时就急于回家，酋长的权威也不足以阻止他们。在服从命令这一点上，他们远不如鞑靼人和阿拉伯人。此外，由于高地人过着定居生活，在户外的时间较少，所以不像鞑靼人和阿拉伯人那样习惯军事训练并能熟练使用武器。①

但必须注意到，不论哪种民兵，只要在战场上连续打几次仗，就会变成名副其实的常备军。士兵们每天都练习使用武器，并且经常接受其长官的指挥，从而像常备军那样习惯于迅速服从命令。② 至于他们在当兵前是做什么的根本不重要。在战场上经历几次战役后，他们必然在各方面都变成常备军。如果美洲的战争能再拖长一个战役，那么美洲民兵就可能在各个方面都和下述这支常备军旗鼓相当：这支常备军在上次战争中的英勇表现至少不逊色于法国和西班牙最顽强的老兵。③

充分理解这个区别后就会发现，所有时代的历史都可以证明：纪律严明、训练有素的常备军相对于民兵具有难以逾越的优越性。

702 据权威史料记载，马其顿国王菲利普的军队是最早的常备军之一。由

---

① 在《法理学讲义》（A）第四章第 38 至 39 页，斯密对狩猎部落中小规模的作战小分队进行了评论，并指出这对诸如苏格兰高地人这样的“定居游牧者”也成立。参见 V. i. a. 5。

② 参见《法理学讲义》（A）第四章第 169 页：“没有必要跟一支由绅士组成的军队讲纪律，因为这些绅士自身的荣誉感和性格特点就决定了他们将恪尽职守。但当军队是由最底层的民众组成时，他们必须形成一支常备军并必须确立军纪。也就是说，必须将士兵置于一种害怕他们的绅士军官超过对敌人的恐惧的境况之中；只有在这种情况下他们才会在战场上殊死搏斗，才会追随他们的军官而不是逃离军队。”《法理学讲义》（B）第 336 页，坎南编辑版本第 262 页中也提出了类似的观点。

③ 1756—1763 年的七年之战。对民兵不断积累的经验的这种评论可能与 IV. vii. c. 75 所做出的一个评论相关，斯密在此处指出，殖民地不太可能“仅仅因为武力”就屈服。

于他经常与色雷斯人、伊利亚人、色萨莉亚人以及某些希腊城邦作战，所以逐渐把最初可能是由民兵组成的军队培养成了纪律严明的常备军。在和平时期——这种时候很少而且时间很短——他特意不解散军队。经过一次长时间的激烈战斗，这支部队击败和征服了古希腊各主要共和国的勇猛且训练有素的民兵；此后，几乎不费吹灰之力就征服了大波斯帝国羸弱而缺少训练的民兵。希腊各共和国和大波斯帝国的衰落就是常备军对各类民兵拥有绝对优势的结果。[①] 这是人类事务中的第一次大革命，历史对它进行了明确而详尽的记载。[②]

迦太基的衰落以及随后罗马的兴起是第二次大革命。这两个著名共和国的兴衰都可以从同一原因中得到很好的说明。

从第一次迦太基战争结束到第二次迦太基战争开始，迦太基的军队先后在三员大将的统领下持续作战。他们分别是哈米尔卡尔、他的女婿哈斯德拉巴以及他的儿子汉尼拔。军队首先惩戒了内部叛乱的奴隶，随后镇压了非洲各部落的叛乱，最后征服了西班牙王国。由汉尼拔率领从西班牙进入意大利的军队，在经历这些战争后，必然逐渐形成一支纪律严明的常备军。而同一时期，罗马人虽然不是完全处于和平时期，但由于在此期间没有经历任何重大战争，所以其军纪可以说已是大大松懈了。汉尼拔在特雷比亚、斯雷米阿以及肯尼遭遇的罗马军队，都是些对抗常备军的民兵。这种情况也许比其他任何因素都更能决定那些战争的命运。

汉尼拔留在西班牙的常备军，相对于罗马派去对抗它的民兵也具有同
样的优势。因此，这支常备军在汉尼拔的妹夫哈斯德拉巴的指挥下，几年 703
内就把罗马的民兵全部赶出了西班牙。

后来，汉尼拔的军队得不到本国的充足供应，而继续留在战场上的罗马民兵在战争的过程中逐渐进化成一支纪律严明、训练有素的常备军；与

---

① 《法理学讲义》(A) 第四章第 86 至 87 页指出，战争技术的改进，尤其是围攻技术的改进，也对马其顿人大获全胜作出了贡献。在这里，他将菲利普称为一位“非常伟大的工程师”，并指出亚历山大所做出的改进使得“每一个这样的国家”所保有的“自由朝不保夕”。参见《法理学讲义》(B) 第 41 页，坎南编辑版本第 28 页。

② 《修辞学及纯文学讲义》第二章第 146 页，洛西恩编辑版本第 145 页评论到，对公民所提供的公共服务支付报酬让雅典人变得“懒惰和愚钝”，因为“那些坐在家里啥事不干，只参加一些公共娱乐活动的人能够拿到和那些在外为国家服兵役的人一样的报酬，而前者无疑是一种最为轻松的义务”。斯密补充说，“当马其顿的菲利普国王的势力与日俱增时”，雅典人却处于这种状态。参见 V. i. a. 10 以及 V. i. f. 43。

此同时，汉尼拔的优势日益减小。哈斯德拉巴认为有必要率领自己在西班牙的全部或几乎全部的常备军去意大利增援妻兄。在这次行军中，据说向导给哈斯德拉巴指错了路，于是其在一个陌生的国度遭到了另一支在各方面都同样强大甚至还优于自己的常备军的袭击，结果全军覆没。

哈斯德拉巴离开西班牙后，罗马大将西庇阿发现抵抗他的只有一支实力不如自己军队的民兵了。他击败和征服了那支民兵，而且在战争的过程中，他自己的民兵变成了一支纪律严明和训练有素的常备军。这支常备军后来被派往非洲，在那里也只有民兵对抗他们。为了保卫迦太基，汉尼拔的常备军不得不被召回国内。那些士气低落、屡战屡败的非洲民兵这时加入了汉尼拔的军队，而且在查马会战中他们的人数还占到了汉尼拔军队的大部分。那次战争决定了这两个敌对共和国的命运。

从第二次迦太基战争结束到罗马共和国衰落，罗马的军队在各方面都变成了常备军。马其顿常备军曾对它们做过一些抵抗。要不是马其顿的末代皇帝生性懦弱，征服这个国家可能更难。古代所有国家的民兵，如希腊的、叙利亚的和埃及的民兵，对罗马常备军只做了微弱的抵抗。某些野蛮民族的民兵为捍卫自己则展开了更为激烈的抵抗。米斯里德斯从黑海和里海以北各国召集来的塞西亚和鞑靼民兵，是罗马人在第二次迦太基战争后遇到的最可怕的敌人。帕斯阿和日耳曼民兵也总是令人尊敬，他们多次赢得了对罗马军队的极大优势。不过，总体来说，如果罗马军队指挥得当，那么其优势就会更大；如果说罗马人并没有彻底征服帕斯阿或日耳曼，那或许是因为他们认为不值得为这个已经很庞大的帝国再增加两个野蛮国家。古帕斯阿人似乎有塞西亚或鞑靼人血统，他们一直保持着其祖先留下的许多习俗。古代日耳曼人也像塞西亚或鞑靼人一样，属于一个流浪的游
704 牧民族；他们平时追随酋长，战时则接受同一酋长的指挥。他们的民兵与塞西亚或鞑靼的民兵完全属于同一类型，也许他们就是塞西亚或鞑靼人的后裔。

多方面的原因导致了罗马军队纪律松散，纪律过严可能是其中的原因之一。罗马军队在鼎盛时期天下无敌，此时，其把沉重的盔甲当做无用的包袱束之高阁，把艰苦的训练当做无用的苦差加以忽略。此外，在罗马皇帝的统治下，罗马那些专门守卫日耳曼和班诺尼亚边境的常备军对皇帝构成了威胁，他们经常拥立自己的将领来反对皇帝。为减少它们

造成的威胁，德奥克里希恩大帝——也有学者说是康斯坦丁大帝——首先将他们从边境召回（从前总是按一个地方驻扎一个由两三个军团组成的大部队来戍边），然后分成小部队驻扎在各省的城镇，到那里之后除了需要赶走入侵者外，他们就再也没有换过地方。这些驻扎在贸易和制造业城镇的小部队很少迁移他处，于是士兵逐渐变成了商人、技工和制造业者。市民的特质逐渐超过了他们身上的士兵特质；罗马的常备军逐渐退化为腐败、玩忽职守和纪律涣散的民兵，无法抵抗日后不久就侵犯西罗马帝国的日耳曼和塞西亚民兵的攻击。罗马皇帝只能靠雇用某些国家的民兵来对抗另一些国家的民兵，才得以短时间内保全自己。[①] 西罗马帝国的衰落是古代历史有明确而详细记载的人类事务的第三次大革命。这是由野蛮民族的民兵相对于文明民族的民兵所具有的不可抵抗的优势所造成的，也是由游牧民族的民兵相对于由农民、技工和制造业者组成的国家的民兵所具有的不可抵抗的优势所造成的。[②] 这些民兵所获得的胜利通常并不是针对常备军的胜利，而是针对在训练和纪律方面都不如自己的民兵的胜利。希腊民兵战胜波斯帝国民兵，以及后来瑞士民兵战胜奥地利和 705
勃艮第民兵，都属于这种情况。

在西罗马帝国的废墟上建立起来的日耳曼和塞西亚人的国家，其军事力量在新的领地上有一段时间继续保持其在原来国家的性质。这是一支由牧民和农民组成的民兵，战时他们就在和平时期的首领的统领下进行战斗。因此这支军队可谓训练有素、纪律严明。不过，随着技术和产业的进步，首领的权威逐渐减弱[③]，大多数人能用于军事训练的闲暇时间也更少了。封建民兵的纪律和训练情况每况愈下，所以只好逐渐引入常备军来代替民兵。此外，一旦一个文明国家采用了建立常备军这种权衡之计，邻国就必然争相仿效，因为它们会发现，自己的民兵根本无法抵挡常备军的进攻，自身的安全有赖于这种常备军的建立。

常备军的士兵尽管从未与敌人谋面，但常常显示出老兵所拥有的所有

---

① 《法理学讲义》（A）第四章第 99 至 104 页以及《法理学讲义》（B）第 46 至 49 页，坎南编辑版本第 32 至 34 页对由于运用野蛮兵力而造成的罗马衰落进行了探讨。斯密运用相同的观点解释了撒克逊、哈里发和意大利共和国的衰落，同时指出英国和法国对它们的军事支持联盟给予了很高的补贴。

② 参见前文第 15 自然段。III. ii 的分析从西罗马帝国的垮台开始，接下来讨论从自由国家到封建国家再到商业体系的转变。

③ 参见 III. iv 关于这一过程的分析。

胆略，并且一上战场就能面对最顽强和最有经验的老兵。1756 年，当俄国军队挺进波兰时，俄国士兵的英勇气概丝毫不逊色于普鲁士士兵，后者在当时被认为是欧洲最顽强和最有经验的老兵。而俄罗斯帝国在此前享受了将近二十年的太平盛世，当时很少有士兵是看见过敌人的。当 1739 年西班牙战争爆发时，英国已享受了 28 年的太平生活。然而英国士兵的英勇丝毫未因长期和平而退化，这在攻打喀他基那时表现得十分突出；这次进攻是在那次不幸战争中的第一次不幸的冒险。在长期的和平生活中，将领们或许有时会忘记他们的技能，但在有保持严格规章制度的常备军的地方，士兵们似乎从来都不会忘记他们的英勇。

当一个文明国家依靠民兵来保卫自己时，它随时都有可能被四邻的野蛮民族所征服。亚洲各文明国家频繁地被鞑靼人征服，这足以说明一个野蛮国家的民兵相对于一个文明国家的民兵所具有的天然优势。一支纪律严明、训练有素的常备军又优于任何民兵组织。正如只有富裕文明的国家才
706 能最好地维持这样一支常备军一样，也只有这种军队才能保卫这个国家免受贫穷野蛮邻国的侵犯。因此，只有建立常备军，一国文明才能永存，或者在相当长时间内得以保持生命力。

正如只有依靠纪律严明、训练有素的常备军，一个文明国家才能得以守护一样，也只有通过组建这样的常备军，一个野蛮国家才能骤然文明化。常备军凭借其无可抵御的力量将君主的法律推行到帝国最偏远的地方，并在没有常备军驻扎就不认可帝国统治的国家维持相当程度的正规统治。凡是认真考察过彼得大帝引进俄罗斯帝国的各种改良的人都会发现，几乎所有这一切都可归结为一条，即建立一支纪律严明、训练有素的常备军。这是执行和维护所有其他规章的工具。俄罗斯帝国自此以后所享有的那种秩序和国内和平，完全归功于这支军队的影响。①

信仰共和主义的人常常担心常备军会危及自由。② 在任何将军和主要官员的利益与国家宪法的维持并不必然有关联的地方，危险确实存在。恺撒的常备军摧毁了罗马共和国。克伦威尔的常备军将成立很长时间的议会扫

---

① 《法理学讲义》（A）第四章第 178 页中指出，英国的军队没有其他国家的危险，因为在常备军引进之前，一种“自由制度”已经确立，这是其他国家所没有的。

② 斯密在 V. i. f. 59 中对由常备军所带来的“真实或假想的”危险进行了评论。

地出门。[①] 但如果君主自己就是统帅，社会显贵担任军队主要将领，军事力量由那些由于自身享有行政权力的最大部分而以支持行政权力为其最大利益所在的人指挥，那么常备军绝不会危及自由。相反，在某些情况下它还 707
可能有利于自由。[②] 常备军给予君主的安全使得那种令人厌烦的担心变得没有必要：在某些现代共和国，出于那种担心，统治者似乎要对每个公民最细小的举动都进行监视，而且随时准备去打扰每个公民的安宁。在行政长官的安全虽得到国内大多数民众的支持但受到群众不满情绪威胁的地方，在小小的骚乱几小时之内就能引发一场大革命的地方，政府必然会运用全部权力来镇压威胁其统治的任何不满。相反，对于一位感到自己不仅受到国内贵族的支持，而且得到一支纪律严明、训练有素的常备军的支持的君主来说，即使最粗暴、最无稽、最放肆的抗议也不会引起他丝毫的不安。他可以宽恕或无视这种抗议，他对自身优势的感知自然会促使他这样去做。那种接近于放肆的自由只有在君主的安全得到一支纪律严明、训练有素的常备军的保护的国家才能得到容忍。也只有在这样的国家，才无须为了确保公共安全而赋予君主自由处置权以镇压这种放纵自由所表现出来的恣意妄为。

① 参见《法理学讲义》(B) 第 338 页，坎南编辑版本第 263 页："在某些情况下，常备军被证明对人民的自由有危害，因为当这个有关君主权力的问题引起争议时，正如我们自己国家里所发生的情形，常备军通常站在国王这边。"斯密还在《法理学讲义》(B) 第 62 页，坎南编辑版本第 44 自然段中给出了一个有趣的观点："自詹姆斯一世即位以来英国享有的一个独特优势就是，英国的领土四面环海，所以没必要建立常备军……"参见《法理学讲义》(A) 第四章第 168 页。《法理学讲义》(A) 第四章第 88 至 90 页对常备军对罗马自由造成的危害进行了考察。《法理学讲义》(B) 第 42 至 43 页，坎南编辑版本第 29 页以及《法理学讲义》(A) 第四章第 94 至 95 页指出，克伦威尔通过运用军队的支持来维持其统治，并将其与马里厄斯、苏拉以及恺撒的政权统治方法进行了对比。斯密以同样的目的引用了汉尼拔和狄奥尼修斯的例子。士兵对诸如马里厄斯、苏拉或恺撒这样的将领而不是对城池绝对忠诚，这种情形被孟德斯鸠用来作为说明罗马衰退的原因之一；第二点就是统治公民权法律的改变。《论罗马盛衰的原因》，第 91 至 93 页，第 120 至 121 页；参见 IV. vii. c. 75。

② 参见《法理学讲义》(B) 第 337 页，坎南编辑版本第 263 页："我国常备军是不太可能拿起武器反对政府的，因为军队的将领都是有身份的人，与国家荣辱与共。"《法理学讲义》(A) 第四章第 179 页中也有类似的观点。《法理学讲义》(A) 第三章第 43 页给出了一个相关的观点，指出世袭贵族是"支持人民自主自由的主要力量"，《法理学讲义》(B) 第 116 页，坎南编辑版本第 84 页中也有类似的观点。斯密就此指出，在发生战败或入侵事件时，王公贵族可作为抵抗的重点，如果没有这样一拨人，如果常备军被打败，那么"人们将不能做任何反抗"。《对美洲的若干思考》中也评论说，"每一个政府的主要安全保障来自这样一些人的支持——他们的尊严、权威和利益依赖于被其支持的人"(§10，AHR 716)。

因此，随着社会文明程度的不断提高，君主履行其首要职责——保卫本国免受其他独立社会的暴行和不公正行为的影响——所需的费用也越来越多。原来在平时和战时都无须君主开支的社会军事力量，在社会进步的过程中起初还只是在战时需要君主予以维持，到后来连平时也都需要君主来维持了。

枪炮的发明给战争技术带来的巨大变化，进一步增加了平时训练以及
V. ⅰ. *a-b* 战时使用一定数量士兵的费用。[①] 武器和弹药变得越来越贵。短枪比长矛
708 或弓箭贵；大炮或迫击炮比弩炮或石炮贵。现代阅兵所消耗的火药带来了极大的开支。古代阅兵所掷出的长矛或放出的箭很容易回收利用，而且也不值钱。与弩炮或石炮相比，大炮或迫击炮不仅贵得多，而且重得多，因此不仅制造费用更高，而且运往战场的费用也更高。由于现代大炮比古代大炮性能更优越，要加固一座城池以抵御这种卓越武器哪怕几个星期的攻击都变得更加困难，而且费用也要更高。现今时代，各种原因导致国防支出增加。在这方面，自然进化的不可避免的结果受到战争技术大革命的极大促进。而引起这场大革命的，看来不过是一个偶然事件，即火药的发明。

在现代战争中，哪个国家最有能力负担枪炮的巨大支出，哪个国家就占据明显的优势，从而富裕文明的国家相对于贫穷野蛮的国家来说处于明显有利的地位。[②] 在古代，富裕文明的国家发现自己很难抵御贫穷野蛮国家的入侵。在现代，贫穷野蛮的国家发现自己难以对抗富裕文明的国家以捍卫自己。枪炮，一个乍看起来如此有害的发明，却对文明的永续和延伸起到了积极的促进作用。[③]

---

① 在《法理学讲义》(B) 第 350 页，坎南编辑版本第 274 页中，斯密将现代习惯的一种转变归因于枪炮的使用："由于枪炮使交战双方保持很远的距离，所以现在的士兵没那么容易被对方激怒。当他们利剑在手、在战场上面对面搏杀时，他们的仇恨和愤怒达到了顶点，而且由于他们厮杀一处，伤亡更大更多。"

② 参见前文第 14 自然段，斯密在此处对战争技术的改进进行了描述。V. ii. a. 14 指出，在现代社会，战争和备战"占据了一国必要开支的很大部分"。V. iii. 4，5 也表明，现代经济体中的机构也创造出了相应的手段来满足如此巨大和突然的军事支出。

③ "时至今日，这种猛烈的武器（大炮）依旧不断地得到改进，它尽管看起来似乎是为了毁灭人类、颠覆帝国而被设计发明的，但实际上却使得战争变得不那么血腥，并给予了公民社会以更大的稳定性。"（休谟，《英国史》(1778)，第二卷第 432 页。）

V.i.b　第二节　论司法支出

君主的第二个职责是尽可能保护社会的每一位成员免受其他成员的侵犯或压迫，即设立一个公正的司法机构。在社会的不同阶段，君主为履行 709
这种职责所需的费用也大不相同。[①]

在狩猎民族中，由于人们几乎没什么财产，或者说，至多也只有不超过两三天劳动价值的财产，所以很少设立固定的行政长官或正规的司法机构。[②] 没有财产的人们相互之间能够伤害的只有他们的身体或名誉。但当一个人杀死、打伤、殴打或诽谤另一个人时，虽然受害者受到了伤害，但加害者并没有从中得到任何好处。对财产的侵害就完全不同了。加害者的利益常常等于受害者的损失。嫉妒、怨恨和不满是能诱使一个人去伤害另一个人的身体或名誉的情感，但大多数人并不经常受这类情感的影响，即使是最坏的人也只是偶尔受其影响。无论这种情感得以满足对于某些人来说有多么惬意，但由于它并不会带来任何实际的或长久的利益，所以大多数人经过慎重考虑后通常还是会克制自己。即使没有行政长官保护人们免受这类情感的侵害，人们也还是可以在一个社会里保持一定程度上的和平共处。但富人的贪婪和野心，穷人对劳动的厌恶和对眼前安逸和享乐的贪图，都诱使人们侵犯他人的财产。这样的情感在作用上越稳定，在影响上越普

① 参见《法理学讲义》(A) 第一章第 9 页："所有公民政府的第一要义……就是维护国家成员之间的公平并保护该国每一个人免受该国其他人的侵犯。"参见 V.i.a.1。

② 《法理学讲义》(A) 第五章第 109 页中指出："野蛮人最讨厌有法官管着他们。"《法理学讲义》(A) 第一章第 33 页对狩猎时代进行评论时指出，"由于他们几乎没有任何财产，唯一能对彼此造成伤害的就是夺人性命。在这样的一个社会阶段，法律或规章制度都不是必需的……"但斯密补充说，"即便在狩猎时代，家庭也都是有固定居所的，但除了房子以外没有任何其他财产"(第一章第 48 自然段)。因此，通常情况下"不会存在任何形式的政府，但将会有一种民主式的政府"。《法理学讲义》(A) 第四章第 4 页；也可参见《法理学讲义》(A) 第二章第 152 页，《法理学讲义》(B) 第 19、183 页，坎南编辑版本第 14 和第 137 页。斯密在《法理学讲义》(A) 第四章第 74 页中评论到，在这个阶段"可能根本不存在政府"，"在财产不超过所有物以外的阶段没有制定任何法律或规章制度的必要"(第四章第 19 页)。他还在第 22 页指出："在狩猎时代，对于可能发生的一些小争执或小分歧，社区实施一些临时的措施就足够了。"参见《法理学讲义》(B) 第 25 页，坎南编辑版本第 18 至 19 页。

710 遍。[①] 哪里有巨大的财产，哪里就存在极大的不平等。有一个富人就一定有至少500个穷人，少数人的富裕意味着多数人的穷困。富人的富裕激发穷人的愤怒，穷人通常在嫉妒心的诱使下，受物质匮乏的驱使，侵犯富人的财产。只有在行政长官的保护下，那些通过多年或几代人劳动积累起来的财富的所有人才能安睡一晚。富人时刻都被不知名的敌人包围着，尽管他从来没有招惹过那些人，但也无法平息他们的怨恨。对于他们的侵犯，他只有依赖行政长官的保护，行政长官总是高举强有力的手臂随时准备去严惩这种恶行。因此，价值高昂且数量巨大的财富的获得，必然要求建立公民政府。在没有财产，或至多也只有价值超过两三天劳动的财产的地方，就没有这个必要。[②]

公民政府意味着一定的从属关系。但正如建立公民政府的必要性是随着对价值高昂的财产的拥有而逐渐产生的，使人们自然服从政府的主要原因也是随着价值高昂的财产的不断增加而逐渐产生的。[③]

人们自然服从，或者说在建立任何行政机构之前自然使得某些人相对于他们的大部分同胞具有某种优越性的原因看来有四个。[④]

711 第一是个人资质的优越性，即身体在力量、美貌和敏捷性上的优势，以

---

① 参见《道德情操论》第七卷第四篇第36自然段：

每个成文法体系都可以看做试图建立自然法学体系或试图列举各条正义准则的一种颇不完善的尝试。当对正义的违反成为人们相互之间绝不会容忍的事情时，地方行政官就会运用国家的权力来强制推行这种美德。如果没有这种预防措施，那么市民社会就会变成杀戮和骚乱的舞台，任何人只要认为自己受到伤害，就会亲手为自己复仇。

斯密进一步说："在某些国家里，人民的粗野和野蛮妨碍天然的正义情感达到在比较文明的国家里它们自然能够达到的那种准确的程度。他们的法律与他们的行为一样，是粗俗的、野蛮的，并且是混杂的。"他因此得出结论说，成文法体系，"虽然作为对不同时代和国家人类情感的记录，应当具有极大的权威性，但是绝不能看做天然的正义准则的精确体系"。

② 《法理学讲义》(A) 第一章第33至34页评论道："但当将畜群当做私人财产来进行饲养继而变得十分普遍时，就存在许多彼此伤害的机会，而且这样的伤害对受害者造成的伤害是巨大的。"

③ 斯密在《法理学讲义》(A) 第四章第19页中指出，政府"不是像某些作者所想象的那样，因为一些人同意将自己置于此类的管制之下而产生，而是因为人们在社会中所取得的自然进步而产生"。他继续说，"我应当说，游牧时代是最早产生政府的时代。财产使得政府的建立变得绝对必要"(第21页)。关于斯密对"合约"理论的批评，也可参见《法理学讲义》(B) 第15至18页，坎南编辑版本第11至13页。在《法理学讲义》(A) 第五章第114至119页中，斯密对洛克和西德尼提出的合约理论进行了驳斥。

④ 权威的四个来源在《法理学讲义》(B) 第12页，坎南编辑版本第9至第10页中予以了考察。这一部分的论述重点强调了权威和服从的来源以及它们如何受到生存模式或者当前经济类型的影响。斯密的学生约翰·米勒在其著作《等级制的起源》(1771) 第三章中提出了一个类似的观点。至于对米勒的评论以及他与"苏格兰学派"其他成员之间的关系，参见W.C.莱曼的《格拉斯哥的约翰·米勒》(剑桥，1960)。

及心智在智慧、德行、审慎、公正、刚毅和克制上的优势。[①] 身体上的特质，除非得到心智上的特质的支持，否则不足以让一个人在社会的任何时期获得权威。一个非常强壮的人，仅仅凭借其体力，只能强迫两个弱小的人服从于他。但仅凭心智上的特质，一个人就能获得极大的权威。不过，它们都是看不见的品质，对于它们总是存在争议，并且它们往往成为争论的对象。无论是野蛮社会还是文明社会，在确立等级和从属关系的法则时，都发现以无形的品质为依据很困难，而以某些更清楚明了的事物为依据会更加方便。

第二是年龄的优势。一个老年人，只要他的年龄还没老到让人怀疑他已到年老昏聩的程度，那么在任何地方就都要比一个在等级、财富和能力上与他相当的年轻人更受人尊敬。在诸如北美洲土著部落的狩猎民族中，年龄是决定等级和优先地位的唯一基础。[②] 在这些民族中，父亲是对上级的称呼，兄弟是对平辈的称呼，儿子是对下级的称呼。在最富裕和最文明的国家，年龄决定了在所有其他方面都相同的人的等级，因为没有其他可以规定等级的标准。在兄弟姐妹中，年龄最大的总是优先。在继承父亲的遗产时，凡是不能分割而必须全部归属一个人的东西，如荣誉称号，在绝大多数情况下都是给予最年长的那个子女。年龄是一种清楚明了的东西，不容争议。

第三是财产上的优势。富人尽管在社会的各个时期都拥有极大的权威，但在财产分配极不平等的原始社会可能权威更大。[③] 一个鞑靼酋长所拥有的 712

① 参见《修辞学及纯文学讲义》第二章第 199 页，洛西恩编辑版本第 168 页："使得人们服从他人权威的首要原因是，他们感到通过自己或对手的判断来处理自己的事务时有难度，并发现将这样的事情交给某个公正的人去处理是十分明智的选择。这样一来，表现出色的人就可以被安排为法官或裁判员。"

② 《法理学讲义》(B) 第 161 页，坎南编辑版本第 118 页评论道："在社会初始阶段，年龄自身就是一个非常受到尊重的因素，时至今日，在鞑靼人中，国王不是由他的儿子来继承，而是由皇室当中年龄最长的儿子来继承。"孟德斯鸠也阐明，在原始人中，老年人拥有极大的权威，"他们不能够通过财富来加以区分，而是通过智慧和英勇来加以区分"（《论法的精神》，第十八章第十三节第 3 自然段）。《安德森笔记》观察到，在野蛮社会中，"越老的人越明智是选择行政长官的不二法则，因为不存在通过书本等获取知识的手段。因此，非洲的首领或管理者都是老人"。其继续评论说，"通常可以发现两位首领并存的状况"却不会导致分崩离析，而且统治可能在一个家庭中变为世袭的，"因为将我们的喜爱或憎恶移植到已故老者的后代身上是一件很自然的事情"。

③ 参见《法理学讲义》(A) 第四章第 41 页："财产上的优越在这个年代赋予人们比以往任何年代都更大的影响力和权威。"第 8 页也有类似的观点，也可参见第 116 页："在一个引入农业和土地划分制度但尚未对其进行实施的国家，财产分配的不平等会带来比游牧民族更大的依赖性，尽管游牧民族财产的不平等程度也很突出。"参见《法理学讲义》(B) 第 20 页，坎南编辑版本第 16 页。

牛羊数量足以维持 1 000 个人的生活，并且除了养活 1 000 个人以外没有其他的用途。① 他所处社会的原始状态不能让他用满足自身消费以外的原始生产物去交换任何制造品、小饰品或小玩意。那 1 000 人的生计完全靠他来维持，所以必然会在战时服从他的命令，在平时服从他的管理。② 他必然成为这 1 000 个人的统帅和法官；他的酋长地位是其财产优势的必然结果。③ 在一个富裕和文明的社会里，一个人可能拥有多得多的财富，但最多也只能指挥十来个人。④ 他的土地产物虽足以维持 1 000 多人的生活，或许实际上也维持了这么多人的生活，但由于那些人从他那里取得的任何东西都付过钱给他，他给每一个人东西只是为了得到一个等价物，所以任何人都不认为自己是完全依靠他的，他的权威也仅限于指使几个家仆。⑤ 不过，即使在一个富裕和文明的社会里，财富的权威也依然是很大的。它比年龄、个人品质的权威要大得多，这一直是容许有巨大的财产不平等的每个社会时期所经常被抱怨的。第一个社会阶段，即狩猎时代是不允许有这种不平等的。在那时，普遍的贫困建立了普遍的平等，年龄或个人品质的优越性是权威
713 和服从的薄弱而唯一的基础。所以在这个社会时期，很少或根本没有权威或服从。第二个社会阶段，即游牧时代容许有非常巨大的财富不平等，而且没有哪个时期像这个时期那样让财富的优势赋予财富拥有者如此之大的权威。因此，在这个时期，权威和服从的形成也不是其他任何时期可以比拟的。阿拉伯酋长的权威非常大，鞑靼可汗则完全是一个专制的暴君。⑥

第四是出身的优越性。出身的优越性意味着祖先家境的优越性。所有

---

① 参见 III. iv. 5。

② 参见 V. iii. 1 以及 III. iv. 5，8。也可参看《法理学讲义》(B) 第 21 页，坎南编辑版本第 16 页：“在当前一个人即使花费巨额的财富，也得不到依附于他的人。技术和制造业情况好一点，但也只能让少数几个人成为其依附者。在游牧民族中则完全是另外一回事。他们没有花销他们财产的可能方式，没有国内奢侈品，但通过将其财产作为礼物送给穷人这种方式，他们达到了影响这些穷人的目的，就像后者是他们的奴隶一样。”

③ 《修辞学及纯文学讲义》第二章第 199 页，洛西恩编辑版本第 168 页中评论道：“当人们，尤其是野蛮未开化状态下的人们在某些时点习惯于服从他人时，他们自然也会在其他时点这样做。因此，在平时充当他们审判官的人，也会在战时带领他们打仗。”

④ 斯密在《法理学讲义》(A) 第四章第 8 页中对现代国家中缺乏这种依存关系的现象进行了评论。

⑤ 这一点在 III. iv. 11 中有详细阐述。

⑥ 斯密在《法理学讲义》(A) 第二章第 97 页对人类从狩猎向游牧状态的转变进行评论时说：“在人类社会的演进历史上，由狩猎迈向游牧的这一步是最为伟大的，因为此时财产的概念超越了所有物的范围，而在狩猎社会状态下财产的概念受到了限制。”

的家庭都有祖先；王侯的祖先虽然可能更为有名，但在数量上并不比乞丐的祖先更多。家族的古老在任何地方都意味着财富的古老或通常建立在财富之上或与财富相伴的名声的古老。无论在哪里，暴发户永远都不如名门望族那样受人尊敬。[①] 人们对于篡权者的憎恨以及对昔日帝王家族的爱戴，在很大程度上都是由于人们对前者的天然鄙视和对后者的自然崇敬。正如一个军官可以心甘情愿地服从平时就指挥他的上级，但如果有朝一日他的下级晋升为自己的上级那么他就不能容忍一样，人们很容易服从于他们自己以及他们的祖先过去一直服从的家族，但当另一个从来不被他们承认有任何优越性的家族来统治他们时，他们就会怒火中烧。

出身的区别是财产不平等的结果，它在所有人财产平等因此出身也必然十分接近的狩猎民族中是不存在的。[②] 诚然，一个聪明勇敢者的儿子在他们当中可能会比一个才干相当但不幸是一个愚笨懦弱者的儿子受到更多的尊敬。不过，这种差别也不会太大。我相信，世界上从来没有一个伟大家族的盛名完全是从继承自先辈的智慧与品德而得来的。 714

出身的区别不仅可能存在于而且实际上总是存在于游牧民族中。[③] 该民族对各种奢侈品一无所知，巨大的财富在他们当中是不会因为挥霍浪费而消散的。因此，没有一个民族能比游牧民族拥有更多受到尊敬和推崇的家族：由于他们是很多伟大而光荣的祖先的后裔，也因为没有一个民族的财富能比游牧民族的财富更长久地继续保留在同一家族的手中。[④]

---

① 参见 IV. vii. b. 51。在《法理学讲义》（A）第四章第 46 页中，暴发户被定义为那些“近来地位得以提升”的人。参见第四章第 162 页。《法理学讲义》（B）第 13 页，坎南编辑版本第 10 页中也评论道：“显然，一个古老家族，即一直以来都很显赫的家族，拥有比其他家族更大的权威。暴发户总是令人不愉快，我们嫉妒他超出我们的优越性，并认为我们自身也有权像他那样富有。”《法理学讲义》（A）第五章第 129 页中也提出过一个类似的观点，此处指出“相对于古老家族来说，暴发户更容易激起人们的嫉妒”，《道德情操论》第一卷第二篇第五章第 1 自然段中也有一个类似的观点：“一个骤然变富的人，即使具有超乎寻常的美德，一般也不令人愉快，而且一种嫉妒的情感通常也妨碍我们发自内心地感同身受地为他高兴。”

② 《法理学讲义》（A）第四章第 42 页指出“在狩猎时代，不存在世袭的贵族或对某些家族的尊敬”。

③ 参见 III. iv. 16。

④ 《法理学讲义》（A）第四章第 43 页声称，“在游牧时代，出身赋予一个人比其他任何社会阶段更多的尊敬和权威”；为了支持这个观点，斯密还引用了一段不为人知的鞑靼人家谱来进行佐证。斯密补充到，犹太人也对家族十分尊敬和重视，并指出了由于缺少奢侈品，他们的影响力不断增强，也就是缺少那种能够挥霍他们的财富从而削弱其影响力的支出（第 44 页）。

出身与财产显然是使某人的地位高于另一人的两大主要原因。[①] 它们是个人之间相互区别的两个重要根源，因此也是在人们当中自然而然地形成权威和服从的主要原因。在游牧民族中，这两个原因都充分发挥了其作用。拥有巨大财富并为许多人提供生计的放牧大户，因出身高贵、门第显赫而受人尊敬，对同族中所有不如自己的牧民自然就拥有权威。他比其他任何人都更能指挥大多数人团结起来。他的军事力量比其他任何人都要强大。在战时，人们自然集结到他而不是其他任何人的旗下，他的出身和财富就这样为他自然地赢得了某种行政权力。由于能比其他人指挥更多的人团结起来，他也最能强迫伤害了他人的人去对受害者做出赔偿。因此，那些过于软弱而无法保护自己的人会自然地寻求他的保护，那些认为自己受到伤害的人也会自然地向他申诉。在这种情况下，他的干预比任何其他人的干预都更容易为被告人所服从。这样，他的出身和财富又很自然地为他赢得了某种司法权力。

715 正是在游牧时代，也就是社会发展的第二个阶段，出现了最初的财产不平等，并在人们之间产生了过去不可能存在的某种程度的权威与服从，因此也产生了保持权威和服从所非常必要的某种形式的公民政府，而且它似乎是自然产生的，甚至与这种必要性的考虑无关。对这种必要性的考虑，此后无疑大大有助于维持和保证那种权威和服从。尤其是富人，必然对维持那种秩序抱有极大的兴趣，因为只有它才能确保自己的利益。财富较少的人联合起来保卫财富较多的人拥有他们的财产，为的是让财富较多的人也联合起来保卫财富较少的人拥有自己的财产。所有小牧民感到，自己畜群的安全有赖于大牧民畜群的安全，自己小权威的维持有赖于大牧民大权威的维持，自己下级对自己的服从有赖于他们对大牧民的服从。于是他们成了一种小贵族。这些贵族热心保卫自己的小君主的财产并维护小君主的权威，以使小君主能保卫他们的财产并维护他们的权威。公民政府的建立一直以来被认为是为了保护财产，但实际上是为了保护富人的财产免受穷

---

① 斯密在 V. iii. 89 提及“出身和财富的天然的和可尊敬的差别”。《道德情操论》第六卷第二篇第一章第 20 自然段中评论道：“天性做出明智的决断：地位等级的区别、社会的安定和秩序应当更可靠地以出身和财产这样清楚而明显的差别为基础，而不是以智慧和美德这样不明显并且常常是不确定的差别为基础。”

人的抢夺，保护有产者的财产不受无产者的侵占。[①]

不过，这种君主的司法权力不但无须他破费，而且在很长一段时间内还是他的一个收入来源。请求他做出裁决的人总是愿意支付报酬，并且在递交诉状时总会赠送他礼物。君主的权威完全确立后，被判有罪的人除了必须向对方支付赔偿以外，还必须向君主缴纳罚金。因为他制造了麻烦，716
为社会添了乱子，破坏了君主的安宁，所以对其处以罚金是理所当然的。在亚洲的鞑靼政府，在日耳曼人和塞西亚人推翻罗马帝国后建立的欧洲各个政府，司法行政是一个重要的收入来源，对君主来说是如此，对在君主之下某些特定部落、氏族或领地行使司法权的酋长或领主来说也是如此。最初，君主和酋长常常亲自行使这种审判权。后来，他们普遍感到将其委托给代理人、执行官或审判官更为方便。不过，代理人仍有义务向其委托人汇报司法收入。凡是读过亨利二世时期国王向巡回法官发出的训令[②]的人，都可以清楚地看出，那些法官巡行全国的目的就是为国王征收一些收入。在当时，司法行政不仅为国王提供一定的收入，而且获取这种收入似乎一直就是君主希望通过司法行政获得的主要好处之一。[③]

使司法行政服从于获取收入的目的，必然会造成几类严重的弊端。手持重礼来请求法官主持公道的人，可能得到的东西要比公道多；而手持轻

① 参见《法理学讲义》(B) 第 20 页，坎南编辑版本第 15 页："对畜群的私占导致了财富分配的不平等，这导致了常规政府的产生。有财产才会有政府，其最终目的就是确保财富的安全，以及保护富人的财产不受穷人的抢夺。"《法理学讲义》(A) 第四章第 21 页指出，"游牧时代出现了最早的政府。财产使得其出现有绝对的必要性"。第四章第 7 页有一个类似的观点，斯密在第四章第 22 至 23 页补充说明道："在这种情况下，实际上更确切地说是在任何一种这样的情况下，法律和政府也许可以被看做一个联合体，它帮助富人压榨穷人，并将数量不平等的商品保留在富人身边。否则这些商品就会由于受到穷人的攻击而被毁灭。如果政府不阻止穷人的话，那么他们很快就会通过公开的武力方式将他们自己的境况变得和富人一样好。"也可参见《法理学讲义》(B) 第 11 页，坎南编辑版本第 8 页："财产和公民政府生死相依。对财产的保护以及财物分配的不平等首先形成了政府，财产的状况必然总是随着政府形式的不同而不同。"

② 它们可在泰瑞尔的《英国史》中找到（泰瑞尔：《英国教会和民事通史》(伦敦，1700)，第二章第 402 以及 457 至 459 自然段。有关司法活动更全面的信息给出了理查德一世统治时期的例子，见第二章第 542 以及 576 至 579 页）。

③ 参见下文 V. ii. a. 15。

礼来请求法官主持公道的人，可能得不到公道。[①] 而且为了诱使申诉人多次
717 送礼，裁决常常会遭到拖延。[②] 此外，为了对被告处以罚金，常常寻找有力的证据来证明其有罪，哪怕实际并非如此。这类弊端极为普遍，在欧洲各国的古代史中都可以找到证据。

当君主或酋长亲自行使这种司法权时，不论他如何滥用权力，都不可能得到任何纠正，因为无人有足够的权力去追究他的责任。但如果他委托代理人行使司法行政权，那么错误就有可能得到纠正。如果代理人仅仅是为了自己的利益而做出不公正的行为，那么君主可能还是会惩罚他，或迫使他纠正错误。但如果代理人是为了君主的利益，是为了讨好任命他并且可能重用他的人而做出不公正的行为，那么在绝大多数场合就像君主自己犯了这种错误一样，错误得不到纠正。所以，在所有野蛮人的政府中，特别是在罗马帝国废墟上建立的所有欧洲古代政府中，司法行政在很长的一个时期内似乎都是极其腐败的。即使在最好的君主的统治下，司法行政也都远不能做到十分公正和平等，在最坏的君主的统治下就更是不可救药了。

在游牧民族中，君主或酋长就是部落或氏族中最大的放牧者或牧民，他和他的仆从或臣民一样，是以其不断增加的畜群数量来维持生计的。[③] 在那些刚刚脱离游牧状态但与游牧生活相比又没有取得很大进步的农耕民族中，如特洛伊战争时期的希腊各部族以及最初在西罗马帝国废墟上定居的我们的日耳曼和塞西亚人的祖辈们，君主或酋长同样是国内最大的地主。像其他地主一样，他是靠从自己的私人土地上得到的收入或者从现代欧洲称为皇室领地的土地上所得的收入来维持生活的。他的臣民除非需要他的

---

① 《法理学讲义》(B) 第 307 页，坎南编辑版本第 237 页评论道："当递交诉讼申请时，每个人必须带着他的礼物，并且礼物越贵重的人的申诉会得到越好的倾听。"斯密也注意到，向做出裁决的人送礼"在鞑靼人、阿拉伯人以及霍屯督人中十分常见，甚至至今依然如此"。《法理学讲义》(A) 第四章第 32 页中也有一个类似的观点，此处还包括了美洲人、蒙古人、撒克逊国王以及"一些诺曼族人"。第四章第 16 页中指出："如果你不准备礼物的话，那么是不可能和鞑靼王子说上话的。因为这将很快增加他的财富，从而追随他的人的数量以及他的权力会随之增加，他对国会的影响力也会随之增加。"参见孟德斯鸠《论法的精神》第五章第十七节第 1 自然段："专制的国家有一个习惯，就是无论对哪一位上级都不能不送礼物，对君主也不能例外。莫卧儿的皇帝不接受臣民的任何请求，如果他们不送礼物的话。"

② 《道德情操论》第三卷第一篇第二章第 24 自然段给出了一个耐人寻味的例子："当一个人贿赂了所有的法官时，虽然这种做法可以使他获得胜诉，但是法庭全体一致的判决也不能够使他相信自己有理；而如果只是为了证明自己有理而进行诉讼，那么他就绝不会去贿赂法官。"

③ 参见下文 V. ii. a. 2。I. iv. 3 中指出，在这种社会状态下，牲畜是一种常见的贸易工具。

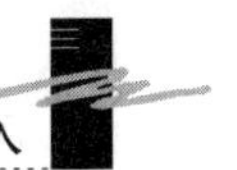

权力来保护自己不受某些其他臣民的压迫，一般不向他进贡。君主或酋长在这种场合收受的礼物就构成了他全部的经常收入，也是除某些极其特殊的紧急情况外，他从自身的统治权中所获得的全部报酬。在《荷马史诗》 718
中，当阿伽门农向阿克琉斯献出七个希腊城市的主权以示友情时，他从这种主权中获得的唯一好处就是那里的人民为表示对他的敬重所赠送的礼物。[①] 只要这种礼物，这种司法报酬，或者所谓的司法费以这种方式构成君主从其统治中获得的全部经常收入，就不太可能期望甚至提议他完全放弃这些礼物。也许经常有人提议君主应当对这类礼物加以规定并予以明确。但当其被规定和明确后，防止一个具有无上权威的人超越规章，虽说并不是完全不可能的，但仍然是非常困难的。所以，在这种状态持续存在期间，司法腐败是这种礼物的任意性和不确定性的自然产物，不可能得到任何有效的纠正。

但当由于各种原因，主要是由于保卫国家免受其他国家侵犯的支出不断增加，君主得自私有土地的收入不足以支付国家的各项开支时，以及当人民为了自己的安全必须通过各种税收来对国家支出作出贡献时，君主或其执行官和代理人——法官——不得以任何借口因司法行政收受礼物似乎才成为普遍的规定。有人认为，完全取消这种礼物比对它做出有效的规定和予以明确更为容易。向法官发放的固定薪金足以补偿其以前从司法酬劳中所获得的份额，这就像税收足以补偿君主的损失还有余一样。从此，司法行政据说才成为免费的。

但实际上，司法行政在任何国家都不可能是免费的。至少，当事人要付给他们的律师报酬；否则他们可能不仅不好好履行职责，而且甚至还会使坏。每年在每个法庭付给律师的费用要大大高于法官的薪金。国王付给法官薪金这一情况在任何地方都并未大幅减少诉讼的必要开支。不过，禁止法官向当事人收取礼物或费用，与其说是为了减少诉讼费用，不如说是 719
为了防止司法腐败。

① “我将送给他七座人口稠密的城市。所有这些城市都靠近海边，位于皮洛斯的最边缘。在这些城市中居住着的人们拥有大量的牲畜，他们会把他看做神一样的存在，并赠送礼物给他以示敬意。而在他的统治下，他可以实施法令从而让这些城市变得更加繁荣。如果可以平息他的愤怒的话，那么我将愿意把所有这些都送给他。”（荷马：《伊利亚特》，第四章第 149 至 157 页，默里译，《洛布古典丛书》（1965）第一章第 392 至 393 自然段。）

法官是一个很光荣的职业，尽管所得报酬很少，但是人们也愿意当。[①] 级别较低的治安官需要处理大量麻烦的事情，而且大多数情况下完全没有报酬，但大多数乡绅都极力谋求这份差事。[②] 各级司法人员的薪金以及司法行政的一切开支，即使管理得比较粗放，在任何一个文明国家也都只占政府全部开支的极小一部分。

全部司法支出也可以很容易地由法院手续费来支付；这使得司法行政不会面临任何真正的腐败危险，国家的收入还能够因此完全摆脱一定的——或许是很小的——负担。如果一个像君主那样拥有无上权威的人享有法院手续费的一部分，并且这部分收入占他收入的极大部分，那么就很难有效规定这种手续费。但如果法官是这种手续费的主要受益人，那么就非常容易规定这种手续费。法律很容易强迫法官去遵守规定，尽管它经常不能强迫君主去这样做。在法院手续费有明确规定的地方，如果全部费用在诉讼过程的一定时期一次性交到出纳员手上，并由他按照一定的比例在诉讼判决之后（而不是诉讼判决之前）分配给各位法官，那么与完全禁止
720 收取手续费的地方相比，这样的地方发生腐败的危险并不会更大。这种手续费不会大幅增加诉讼费用，而且足以支付全部的司法支出。因为在诉讼判决之前不会给法官支付报酬，所以可以激励法官更加勤奋地审理案件并结案。当公共服务的报酬只在提供服务以后才被支付并按照提供服务的勤勉程度来发放时，该服务才能被提供得最好。[③] 在法国各个高等法院，手续费构成了法官收入的绝大部分。图卢兹高等法院从等级和地位来说是法国的第二大法院。该法院的法官每年从国王那里得到的薪金，在扣除一切应扣数额之后所剩净值仅为 150 利弗，约合 6 英镑 11 先令。这个数额相当于七年前当地一个普通男仆一年的工资。法院手续费也是按照法官的勤勉程度来分配的。一个勤奋的法官可从其职位获得虽不太高但足以保障生活舒适的收入。一个懒惰的法官就只能拿到自己的薪金。这种法院也许在许多方面还不是很好的法院，但是它们从来没遭到过谴责，它们似乎也从来没有被人怀疑过有腐败的情况发生。

---

① 参见 I. x. b. 24。

② 《法理学讲义》(A) 第五章第 5 页指出，国王任命的终身治安官是一个“没有太高地位和几乎没有报酬的职位，因此很多人支付 500 镑的罚金以摆脱这个职位”。

③ 下文 V. i. f. 4 对此进行了强有力的论述。

法院手续费最初似乎是英国各级法院的主要经费来源。每家法院都尽可能多地承揽诉讼案件，因此，原本不在其管辖范围内的许多案件它们都乐于受理。[①] 高等法院原本只是为审理刑事案件而设立的，但也受理民事案件，只要原告声称对其实施不公行为的被告犯了非法侵犯或行为不端之罪。财政法庭是为国王征税以及为国王追收到期未还债务而设立的，但也受理所有其他契约债务诉讼，只要原告声称他不能偿还国王的债务是因为被告没有偿还他的钱。正因如此，在许多情况下变成了由诉讼当事人来选择到哪个法院去审理；而每家法院也力求以办案迅速和公正无私来招揽尽可能多的案件。英国现在的法院制度令人称赞，这在很大程度上是由往昔在各个法官之间发生的这种竞争形成的；每位法官竭力在自己的法院中对各种不公正行为予以法律许可范围内最迅速和最有效的纠正。最初，法院只对违背契约的行为给予损害赔偿金。大法官法庭作为第三类法庭（道义法庭——译者注)是最先承担强制履行协议的任务的。当违反契约表现为拖欠债务时，遭受的损失除了勒令偿还外不能得到补偿，这就等于是对协议的特殊履行。因此，在这种场合，普通法院的补救还是充分的。在其他场合
就不是如此了。当佃户控告地主不公正地取消租约时，他所得的赔偿绝不 721
会是重新占有土地。所以，这类案件在一段时间内都由大法官法庭受理，致使普通法院蒙受了不小的损失。为了把这类案件再招揽回来，据说普通法院发明了虚假的扣留土地令状，这对不正当驱逐或剥夺土地是最有效的补救办法。[②]

各法院对受理的诉讼案件收取印花税，以此维持法官和其他人员的收入；印花税的收取同样可以提供足够的收入来支付司法行政支出而不增加社会总收入的负担。在这种情况下，法官确实有可能会为了尽可能多地增加印花税收入而在各个案件中增加不必要的手续。例如，现代欧洲形成的习惯是，在大多数情况下，律师和书记员的报酬由所写材料的页数来决定，但法院会明确规定每页写多少行，每行写多少字。为了增加收入，律

---

① 斯密在《法理学讲义》(A) 第五章第 25 至 26 页以及《法理学讲义》(B) 第 69 页，坎南编辑版本第 49 页中对各个法院之间的竞争进行了评论。《法理学讲义》(A) 第五章讲义第 1 和 2 页以及《法理学讲义》(B) 第 64 至 75 页，坎南编辑版本第 46 至 53 页对法院的结构进行了描述。

② 这种办法在 III. ii. 14 中也有提及。

师和书记员会想方设法增加不必要的文字。我相信，欧洲所有的法院都有这种陈腐的法院公文。[①] 同样的诱因或许会使法律程序的形式遭到同样的腐化。

但是，无论司法行政支出由法院自行设法解决，还是法官的固定薪金由某种其他基金来支付，都不必委托行政机构来管理这种基金或支付法官的薪金。如果这种基金来自地产的地租，那么每宗地产均可委托给以此为生的那个法院去管理。如果这种基金来源于一笔资金的利息，那么这笔资金的贷出也可委托给以此为生的那个法院去管理。苏格兰巡回法庭的法官
722 的薪金的一部分（虽然只是很小的一部分）就是由一笔资金的利息来支付的。[②] 不过，这种基金必然是不稳定的，以此维持一家应当长久存在的机构似乎并不合适。

社会进步导致社会事务增加，似乎是司法权从行政权中分离出来的最初原因。司法行政变得如此繁重和复杂，以至于要求从事该职业的人不得有任何分心。[③] 担任行政职务的人无暇处理私人诉讼案件，于是就任命一位代表代为处理。在罗马帝国兴盛时期，执政官国事繁忙，无暇顾及司法行

---

① 斯密在 II. iv. 11 中提及“一位啰里啰嗦的律师的表述”。考虑到其发生的环境，斯密在此处以及其他场合都没对这种行为表示出很多的反对。例如可参看 IV. vii. c. 107，斯密在此处对东印度公司部分成员的活动进行了评论，他还在 V. i. e. 26 中指出了他们的“无法抵挡的道德原因”。其观点当然是，尽管我们对人类本性的原则无能为力，但确保这样一种环境总是可能的，在这样的环境中，人们发现他们既可以追求自身的利益，又可以提供某些有效的服务。参见 I. viii. 44。

② 在可能是 1783 年写给一位未知人士的第 235 号信件中，斯密记录道：“按照安妮十世第 26 号法令第 108 条，那时苏格兰所有的关税和国内税都用来支付最高民事法院、最高法院和经济法院的支出。”

③ 参见《安德森笔记》，39。《修辞学及纯文学讲义》第二章第 203 页，洛西恩编辑版本第 170 页中指出，司法权从行政权中的分离是“英国宪法最为开心的部分之一”，这是现代相对古代来说最大的优势，也是我们现在在自由、财产以及生活上所享受的更大安全感的基础。由于偶然的机会它得以引进并使得高级官员从他权力中最为繁重和不那么荣耀的部分中解脱出来。直到社会进步导致社会事务极大增加，司法权与行政权的分离才得以发生。

《法理学讲义》(B) 第 63 页，坎南编辑版本第 45 页对在英国存在的所有不同形式的受到适度限制的政府的混合进行了评论，并补充到，作为一种附加的保障，法官的任命是终身的，并且完全独立于国王。在《法理学讲义》(A) 中，斯密在回顾英国自由的基础时给出了上述观点，并在检举国王的大臣、人身保护权、选举的频次方式等方面提升议院的权力。但他得出的结论是，最为重要的保障是“政府体系现在假定一种自由制度作为基础。每一个人都会对任何想要改变这种制度的企图感到震惊，而且这种改变很难实现”。参见《法理学讲义》(A) 第五章第 5 页。

政，因此就委任一位民政官来代他处理。[①] 在罗马废墟上建立的欧洲各君主国的演进过程中，各国君主和大领主们一致认为，亲自从事司法行政工作既劳神费力又有失身份，所以他们都通过任命代表、执行官或法官代替自己执行司法行政权。

当司法权和行政权混在一起时，执法公正不可避免地要沦为所谓政治的牺牲品。被委以重任代表国家重要利益的人，即使没有腐败的念头，有时也会认为为了国家的利益而有必要牺牲个人的利益。但每个个体的自由以及他对于自身安全的感知，有赖于公平的司法行政。为了使每一个人对 723
属于他自己的所有权利具有完全的安全感，不仅有必要将司法权与行政权分离，而且有必要使司法权尽量独立于行政权。法官不应由行政当局任意罢免。法官的日常薪金也不应依赖于行政当局的意愿或经济状况的好坏。[②]

V.i.c 第三节 论公共工程和公共机构的支出

君主或国家的第三个，也是最后一个职责是建立和维持公共工程和公共机构。这些工程和机构虽然在很大程度上是有利于整个社会的，但公共品的属性决定了其利润不足以偿还任何个人或一小部分人为此所进行的开支，因此不能期望由个人或一小部分人出资建立和维持这些工程和机构。在社会的不同阶段，君主为履行这种职责所需的费用也大不相同。

除了上述国防及司法行政两方面所必需的公共机构和公共工程外，其他诸如此类的机构和工程主要是为了便利社会商业以及促进人民教育。教育机构分为两种，一种是针对青年人的，一种是针对所有年龄段的人的。关于各种不同的公共工程和公共机构的最佳经费支付方式，这一部分将分为三项来展开阐述。

---

① 民政官的职责范围在《修辞学及纯文学讲义》第二章第 202 页、洛西恩编辑版本第 169 至 170 页中有所描述。

② 斯密在《法理学讲义》(A) 第五章第 5 页中对独立法官之于自由的重要性进行了评论。黑尔斯爵士写道："法官不仅要自由，而且他们必须感到自己是自由的……至此我觉得我的行为对于我国的法律是负有责任的……现在每个地方都有一家特别法庭。"也可参见 1769 年 3 月 5 日写给黑尔斯的第 116 号信件。在这封信中，斯密做出了以下有趣的评论：

我已阅读全部的法律条文，目的在于对于该计划的伟大原则形成一些整体的概念，司法依此计划在不同的时代、不同的国家予以实施，我至今还没有考察其细节……

724 ## 论为便利社会商业的公共工程和机构

V.ⅰ.d ### 第一项　为方便一般商业所必需的公共工程和机构

为便利一国商业而建立和维持的公共工程和机构，如状况良好的道路、桥梁、通航运河、港口等[①]，在不同的社会阶段所要求的支出大不相同，这一点不言自明。一国公路的建设和维持费用，显然会随着该国土地和劳动年产量的增加而增加，或者说随着必须通过公路运输的货物的数量和重量的增加而增加。桥梁的承载力一定要与可能通过的车辆的数量和载重量相适应。通航运河的水深和供水量必须和可能在河上航行的驳船的数量和吨位成比例。港口的大小必须与可能停泊的船只的数量成比例。

这些公共工程的支出，似乎并不需要由通常所说的公共收入，即在大多数国家通常由行政权力征收和运用的收入来开支。绝大部分这类公共工程只要进行一定的管理就可以轻松地为其自身提供一笔充足的收入，而不会给社会总收入增加任何负担。

比如，公路、桥梁和通航运河在绝大多数情况下都可以通过对通行的车辆和船舶征收小额通行税来进行建设和维护；港口可通过对在港口内装卸货物的船舶征收适量的港口税来建设和维护。为方便商业而设立的铸币机构在许多国家不仅可以支付其自身的费用，而且还可以向君主提供一小笔收入。[②] 另一类似的机构邮政局除了应付它自身的开支以外，在几乎所有国家还能为君主提供一笔相当可观的收入。[③]

当通过公路或桥梁的车辆、在通航运河上航行的船舶按照重量和吨位
725 的比例支付通行税时，它们所支付的这些公共工程的维持费是和它们所造成的损耗完全成比例的。似乎不太可能想出比这更公平的方法来维持这些公共工程了。[④] 这种税虽然看起来是由承运人支付的，但还是转嫁到了货物价格上，最终由消费者承担。不过，运费由于有了这类公共工程而得以大大减少。消费者虽然支付了通行税，但比起因没有这类公共工程而不用支付通行税的情况，消费者能买到更便宜的货物，因为货物价格由于支付通

① 斯密在 I. xi. b. 5 中对良好的交通设施的好处进行了描述。

② 斯密在 II. ii. 54 评论到，政府“可能占了造币厂的便宜”。

③ V. ii. a. 5 中指出，邮局“可能是一项商业工程”。

④ 参见后文第 12 自然段。

行税而被抬高的幅度终究比不上其由于运费下降而被拉低的幅度。所以，最终缴纳该税收的人通过使用这类公共工程的所得远远大于纳税的所失。实际上，他只不过是放弃所得的一部分，以便得到所得的其余部分。看起来再没有比征税更公平的方法了。

当对豪华马车，如四轮轿式马车、驿递马车等，比对必要用途的车辆，如两轮轻便运货车、四轮运货车等按重量征收较高的通行税时，可以使重质货物以较为低廉的价格运往全国各地，从而使懒惰和虚荣的富人很容易对贫民的救济作出贡献。

当公路、桥梁、运河等按照这种方式由利用它们而开展的商业来建立和维护时，那么它们就只可能在商业需要的地方修建，而且也只有在那些地方才适于修建。它们的费用、富丽堂皇的程度也必须与商业的支付能力相适应。因此，它们的建设一定是适度的。在一个很少或根本没有商业的贫瘠乡村，不可能修建一条宽阔的马路，也不能仅仅因为一条路通向省长或通向省长要向其献媚的某个大人物的乡村别墅就将其修建成一条宽阔的马路。同样地，不能在无人通过的地方或单单为了使附近的宫殿在凭窗眺望时增加一个景致而在河面上架设大桥。不过，这样的事情在一些国家有时也会发生，在那里这种工程是由它们能够提供的其他收入来建立和维护的。[①]

在欧洲的若干地方，运河的通行税或水闸税属于私人的财产，因此他们出于对自身利益的考虑，自然竭力维护好运河。如果运河维护得不好，那么航运就必然会全部停止，他们通过收税所能得到的利润也就随之全部消失。如果运河的通行税交由那些与自身没有任何利益关系的委员们去管理，那么他们对这些工程的维护就不可能像私人那样认真仔细。兰格多克 726
运河的修建耗费了法国国王和兰格多克省 1 300 多万利弗（按 17 世纪末法国的货币价值计算，每马克折合 28 利弗），约合 90 万英镑。当这项伟大工程完工时，人们发现最妥当的维护办法就是将通行税作为礼物，赠送给设计和指导修建这项工程的工程师里格。这项通行税现已成为这位绅士后代子孙的一笔巨大财产，因此他们对该运河的日常维护保有极大的热情。但如果当时把通行税交给一些没有此利害关系的委员们管理，那么全部的通行税也许就会花在装饰和其他不必要的用途上，而该工程最需要维护的重

① 参见后文第 16 自然段。

要部分则任其自生自灭。[①]

用于维护高速公路的通行税则不能随意作为私人财产。一条公路即使遭到完全的忽视，也不会完全不能通行，但运河无人保养的话，就会全部无法通行。因此，收取公路通行税的人即使完全忽视公路的维修，也仍旧可以收取差不多相同的通行税。所以，维护这类工程的通行税交由委员们或托管人管理较为合适。

在英国，就经常听到对通行税委托管理人滥用职权的抱怨——在大多数情况下，那些抱怨都有非常正当的理由。据说，在收税高速公路方面，所征收的税款常常要比用最完善的方式进行维修所必要的支出高出一倍以上，但实际上维修工作做得十分草率，有时甚至根本没有进行。不过必须指出的是，以通行税充当维护公路费用的制度并未实行很久，所以，如果这个制度还没有达到它应该可以达到的完善程度，那么我们也不必大惊小怪。如果卑鄙自私或不适当的人常常被任命为托管人，如果还没有设立监督机构去约束他们的行为，或者降低通行税使其仅能满足他们实施此项工程的花费，那么这些缺陷都应归咎于这个机构刚建立不久，到了一定的时候，国会的智慧肯定是会逐步纠正这些缺陷中的大部分的。

727 在英国，在各条收税公路上收取的款项被认为大大超过了维修公路所必要的支出，有人认为，甚至有些大臣们也认为，如果适当节约，那么节余款项可以成为国家应付不时之需的资金来源。据说，通过将收税公路的管理权放在自己手中，政府只要稍稍增加士兵的报酬就可以利用他们的劳动使公路保持良好状态，其费用要比交由托管人去管理少得多——因为后者只能雇用以工资为生的人。[②] 据称，以这种方式可以获得一笔50万镑[③]的巨大收入而无须加重人民的任何负担。因此，收税公路也可以像目前的邮政一样对国家的总支出作出贡献。

我丝毫不怀疑通过这种方式可以获得一笔相当大的收入，虽然可能没有这项计划的设计者所预想的那么多。但对这种计划本身而言，似乎存在几个不容忽视的重要的反对理由。

---

① V. i. e. 32 指出，一条可航行运河的修建和维护是三大适合由无排他权的联合股份公司来进行管理的行业之一。

② 参见 I. x. b. 48 对这一点的评论。

③ 我有充分的理由相信，英国所有收取通行税的公路并没有产生出50万镑的净收入；在政府的管理下，50万镑都不足以用来维修英国的五条主要公路。

第一，如果将在公路上征收的通行税看做应付国家紧急事件的财源之一，那么这些通行税就一定会随着紧急事件可能的需要而增加。因此，根据大不列颠的政策，它们或许会增加得非常快。如此轻易就可以获得一笔可观的收入，可能会鼓励行政当局极其频繁地采用这种方法。虽然从现有的通行税中能否节省出 50 万镑也许还很值得怀疑，但是如果加倍征收，那么节省出 100 万镑是毫无疑问的，如果三倍征收，那么或许能节省出 200 万镑[①]，而且也无须任命一名新官员去征收这样一项巨额的收入。但通行税如果以这种方式不断增加，那么不但不会像现在这样促进国家的内陆贸易，反而不久就会变成阻碍内陆贸易发展的一个巨大障碍。[②] 从国内一地运往另
一地的所有重质货物的运费不久就会大大增加，由此所有这类货物的市场 728
很快就会大大萎缩，它们的生产相继会在很大程度上受到抑制，从而国家最重要的国内产业部门就会被毁灭。[③]

第二，按照载重量征收的车辆通行税，如果其唯一的目的在于维护道路，那么这种税就非常公平；如果它是为了其他目的或为了向国家遭遇的紧急事件提供资金，那么这种税就非常不公平。当它只用于上述唯一目的时，每一辆车所支付的恰好弥补了该车对道路所造成的损耗。当它用于其他目的时，每一辆车所支付的就超过了它所造成的损耗，因为它还要对国家某种紧急支出作出贡献。但由于公路通行税使货物价格提高的幅度是与货物的重量而不是货物的价值成比例的，所以它主要是由粗糙而又笨重的商品的消费者支付的，而不是由贵重而又轻巧的货物的消费者来支付。因此，无论这种税收用以应付怎样的紧急事件，其结果是承担这项经济费用的将主要是穷人而不是富人，是最无负担能力的人而不是最有负担能力的人。

第三，如果政府始终忽视公路的维修，那么将比现在更难迫使它将公路通行税中的任何一部分用做正当的用途。如此就向人民课征了一大笔收入，却没有任何一部分用在本来应当应用的唯一目的上。如果现在尚且难于迫使地位卑微而又贫困的公路管理人员改正错误，那么要使财大气粗的管理人员改正错误更是要难上不止十倍。

在法国，用于维修公路的基金由行政当局直接管理。该基金的一个组

---

① 现在我有充分的理由相信，所有这些推测出的数字都太大了。

② 参见 V. ii. k. 56。

③ 参看 V. ii. d. 5，斯密在此处就中国政府对道路和运河的修缮所给予的支持进行了评论。

成部分用于向欧洲大部分地区农村居民为维修公路而从事的一定时日的劳动支付报酬，另一部分是国王在国家总收入中规定不用于其他开支而专用于修路的那一部分收入。

根据法国的古代法律以及欧洲大多数地区的法律，农村居民的劳动由地方政府长官或省政府长官支配，而地方政府长官或省政府长官与国王的枢密院没有直接的隶属关系。但依据现行法令，农村居民提供的劳动以及
729 国王针对特定省份或地区特批的用于维修公路的一部分基金，完全由监督官统一管理；监督官由枢密院任免，接受枢密院的命令，并时刻与枢密院保持联系。在专制政体的演进过程中，行政部门逐渐吞并了国家其他部门的权力，并将所有用于公共目的的收入都收归自己管理。但在法国，大驿道，即连接全国各主要城市的公路一般都被维护得很好；在某些省份，大驿道甚至比英国大部分收税公路的状况还要好得多。但我们称之为交叉路的道路，即绝大部分乡村公路，其维护完全遭到忽视，许多地方载重车辆根本无法通行。在某些地方，甚至骑马都很危险，骡子成了唯一安全可靠的运输工具。一个喜好炫耀的傲慢的朝廷大臣常常乐于兴建富丽堂皇的工程，例如一条常常被王公贵族看得见的大公路——对于后者的赞赏不仅能满足他的虚荣心，而且还有助于维护他在朝廷中的利益。至于许多小的工程，既不可能有什么宏伟的外观，又得不到任何过路人起码的赞誉；总之，这种除了有极大实用性外没有任何其他优点的工程，从各个方面来看都过于琐碎卑微，不值得引起地位很高的行政长官的注意。因此，在这种行政当局的管理下，这类工程几乎总是完全被忽视。

在中国及亚洲的其他几个国家，行政当局负责维修公路和维护通航运河。据说，朝廷给各省官吏的训示，总是不断勉励其修路治河；而且朝廷对其政绩的评定也很重视其对训示中的这一部分所倾注的精力。因此，这项公共工程据说在所有这些国家都受到高度重视，尤其是在中国。中国的公路，尤其是通航运河，据称比欧洲同类工程要好得多。不过，流传到欧洲的关于这些工程的报道一般都是由少见多怪的旅行者和无知爱说谎的传教士写的。[①] 如果这些工程经过比较聪明的人的考察，如果相关的报道由更
730 加忠实的目击者做出，那么这些国家的工程或许就不会显得那么神奇了。伯尼尔关于印度斯坦的某些这类工程的报道，就远没有其他那些大惊小怪

① 斯密在 II. v. 22 中对有关中国财富的“精彩叙述”进行了评论。

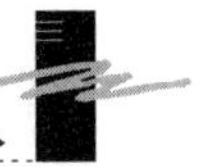

的旅行者所描述的那么夸张。① 在这些国家，也许像在法国一样，只有那些有可能成为朝廷和首都人士谈资的大公路才会得到维护，其余的都遭到了完全的忽视。此外，中国、印度斯坦以及亚洲其他几个国家君主的收入几乎全部来自土地税或地租，它会随着年产物的增加和减少而相应升降。所以在这些国家中，君主的巨大利益以及收入必然直接和土地的耕种、土地产物的多少以及土地产物的价值息息相关。但为了使土地产物数量尽可能多、价值尽可能大，就必须为它开辟一个尽可能广阔的市场，因而必须在全国各地区之间建立最自由、最方便和最低廉的交通设施。要做到这一点，唯一的办法就是修建最好的公路和通航运河。然而在欧洲，各国君主的收入并不主要来自土地税或地租。虽然在欧洲所有大的王国里，也许收入的绝大部分最终还是依赖于土地的年产物，但这种依赖性既不是那么直接，也不是那么明显。因此，在欧洲，君主并不觉得自己有直接的责任去增加土地产物的数量和价值，或者通过维护好公路和运河为年产物提供一个广阔的市场。所以，即使以上所述是真实的（但我认为大不可信），即在亚洲的某些地区，公路和运河得到了行政当局良好的管理，但在目前的状况下，也是不大可能让欧洲任何地区的行政当局对其公共工程进行良好的管理的。

那些既不能为自身的维护提供任何收入、所提供的便利又仅限于某些特定地方或特定区域的公共工程，由地方政府或省政府管理下的地方收入或省收入去维持，总比由行政当局管理的国家总收入去维持要好。如果伦敦街道的照明和铺设都由国库开支，那么它可能会像现在这样照得那么 731
亮，铺得那么好，与此同时费用还那么低吗？此外，如果修路架灯的费用不是通过对伦敦各条街道、各个教区或地区的居民征收地方税来筹集，而是由对全国居民课征的税收来进行支付，他们当中绝大多数人却不能从伦敦街道的铺设和路上的照明中得到任何好处，那将是一件非常不公平的事情。

地方政府和省政府对地方收入和省收入进行管理，在这个过程中有时难免产生一些弊病，但与一个大帝国的收入在管理和支出过程中所产生的弊病相比，不管其看起来是多么大，实际上总是微不足道的。此外，它们也更容易得到纠正。在英国，在地方或省一般地方治安官的管理下，农村居民为维修公路每年必须提供六天的义务劳动，这也许不是最恰当的方法，

① 伯尼尔并没有给出一个能够证实这一观点的叙述。

但从没有发生过虐待或压迫的行为。在法国，这项工作由州长管理，但管理得不尽合理，常常出现虐待和压迫的行为。[①] 这种被他们称为“强迫劳役”的手段成为主要的暴政工具之一，是这些官员用来惩罚那些不幸遭到他们厌恶的教区或社区的。

V. i. *e* **为便利特殊商业部门所必需的公共工程和公共机构**

上述公共工程和公共机构，其目的在于为一般的商业提供便利。但为了向某些特殊商业部门提供便利，就必须建立特殊的机构，这又需要有一笔特殊的支出。

和野蛮未开化民族做生意的某些特殊商业部门需要有特殊的保护。对于和非洲西岸进行贸易的商人的货物来说，普通的仓库或账房不能确保其安全。为了使货物免遭当地野蛮人的掠夺，需要在商品存放的地方修建某
732 种防御工事。印度斯坦政府的混乱无序使得即使在温良和顺的印度斯坦人民中也有设置类似防卫设施的必要。正是以保护本国公民的生命财产免遭暴力侵犯的借口，英国东印度公司和法国东印度公司被允许在印度斯坦修建第一批堡垒。在其他国家，强大的政府不允许外国人在其领土范围内拥有任何防御工事，因此就有必要派驻大使、公使或领事。他们一方面可以按照本国的习俗来裁决本国人民之间发生的纠纷；另一方面，当本国人民与当地人民发生纠纷时，他们可以凭借其外交官的身份进行比任何其他人更为权威的干预，并给予本国人民以更有力的保护。商业的利益常常要求本国政府向外国派驻公使，而出于战争或联盟的目的则不要求这样做。[②] 例如，英国在君士坦丁堡派驻大使的首要原因是保护其土耳其公司的商业利益[③]；英国在俄罗斯首次设立大使馆也完全是出于保护商业利益的考虑。[④] 欧洲各国人民因商业利益而频繁发生冲突，可能就是欧洲各国即使在和平时期也要在所有邻国长期派驻大使或公使的原因。这个在古代闻所未闻的习惯似乎是在 15 世纪末到 16 世纪初开始形成的，也就是说，是在商业开始扩张到欧洲大部分国家，以及欧洲各国开始注意到其商业利益的时候形成的。

---

① 参见 III. ii. 18。

② 《法理学讲义》(B) 第 353 页，坎南编辑版本第 276 页中指出，只有当商业不断发展时才有必要派驻常驻大使，第一位派驻大使的国王是 17 世纪初西班牙的费迪南德国王。

③ 安德森：《商业的起源》(1764)，第一章第 470 自然段。

④ 出处同上，第二章第 6 和第 15 自然段。

为保护某一特殊商业部门而要支付的特殊支出，应当由对该部门征收的适度的税收来支付，这看起来并无不合理之处。例如，当商人最初进入某商业部门时对其收取适度的入行费，或者更公平一点，按照他从某个国家进口或向某个国家出口的货物价值的一定百分比征收特殊关税。据说最初建立关税机构就是为了保护一般贸易免遭海盗抢劫。但是，如果为保护一般贸易而产生的费用理应由对一般贸易所征之税来支付，那么为保护特殊贸易而产生的额外费用，也理应由对该贸易所征收的特殊税收来支付。

保护一般贸易常常被认为是国防的一项重要任务，因此也是行政部门 733
职责的一个必要部分。所以，一般关税的征收和使用总是由行政部门负责。但由于对任何一个特殊商业部门的保护是对一般商业进行保护的一个组成部分，因此也是行政部门职责的一部分。如果各国的行动总是能保持前后一致，那么为保护特殊贸易而征收的特殊税收，自当同样交由行政部门来管理。但在这方面，以及许多其他方面，各国并不总是前后一致地在行动。在欧洲的大部分商业国家中，就有特殊商人公司说服立法机构把君主的这一部分职责，以及必然与这一职责相关联的一切权利，统统交给它们执行。①

这些公司也许在最先引进某些商业部门时是有用的，它们用自己的资金做了一个国家有所顾虑、不敢贸然尝试的实验，但最终它们不是被证实是累赘就是被证实对国家毫无用处，不是管理不善就是经营范围过于狭窄。②

这样的公司包括两类：一类是不利用联合资本进行贸易，不得不吸纳任何具备恰当资质、缴纳一定费用并同意遵守公司规则的人加入，每个成员利用自己的资金进行贸易并自负盈亏的公司，这就是所谓的受管制的公司；另一类是利用联合资本进行贸易，按照资本份额共负盈亏的公司，即所谓的股份公司。这些公司，无论是受管制的公司还是股份公司，有时拥有专营特权，有时又没有这种特权。

受管制的公司在各方面都与欧洲各国大小城镇中常见的同业公会相似，

---

① 这一点经常得到强调，例如参见 I. xi. p. 10 以及该部分第 12 个脚注。

② 《法理学讲义》(A) 第六章第 88 页指出，“诸如东印度和哈得逊湾等公司在这些商品上都没有赚到钱……”在《法理学讲义》(B) 第 232 页，坎南编辑版本第 179 页中，提及这些公司时，作者指出在这些公司工作的人随心所欲地定价。但在下文，斯密为“暂时的”垄断进行辩护，参见斯图尔特《政治经济学原理》第二章第 30 自然段第 8 个问题。

是一种同性质的扩大了的垄断组织。[①] 就像城市居民不首先取得同业公会的会员资格就不能从事某种职业一样，在大多数场合，在已经建立受管制的公司的任何对外贸易部门，不先成为该公司的会员就不能合法经营某种贸易。这种垄断权的强弱依据加入条件的困难程度、公司董事权力的大小、
734 公司董事将大部分贸易留给自己或自己的特殊朋友来经营的权力的大小的不同而不同。在最原始的受管制的公司，学徒享有和在其他同业公会中一样的特权[②]——凡是为公司服务了一定年限的学徒有权成为公司成员而不必缴纳入伙费，或者只缴纳比其他人少得多的入伙费。只要法律不加以制止，通常的同业公会精神就会在所有受管制的公司中占据上风。当受管制的公司被允许按照它们的自然倾向行事时，它们为了将竞争限制在尽可能少的人中，总是力图将各种规则施加于贸易之上。当法律不允许它们这样做的时候，它们就会变得毫无用处、无足轻重。

对外贸易的受管制的公司，目前在英国还有五家，即历史悠久的冒险家商人公司（现在通常被称为汉堡公司）、俄罗斯公司、东方公司、土耳其公司以及非洲公司。

汉堡公司的入伙条件，据说现在非常容易达到；董事们要么没有权力使贸易受到任何严格的规章制度的约束，要么至少是最近没有行使那种权力。以前可不是这种情况。在 17 世纪中叶，该公司的入伙费为 50 镑，有一段时间高达 100 镑[③]，那时公司的行为据说极其专横。1643 年、1645 年以及 1661 年，英格兰西部的毛纺织业者和自由职业者向议会提出控诉，认为这些公司是限制了国家贸易和压制了国家制造业的垄断者。[④] 尽管这些控诉没有使议会采取什么行动，但确实使公司受到了威胁，从而不得不修正其行为。至少从那时起，再也没有出现过针对这类公司的控诉。根据威廉三世第十年和第十一年第 6 号法令[⑤]，俄罗斯公司的入伙费减为 5 镑；根据查

① 参见 I. x. c. 5。

② 参见 I. x. c. 7。

③ 在 1643 年，对伦敦人的入伙费上涨到 100 镑，其他人则为 50 镑。参见安德森：《商业的起源》（1764）第二章第 75 自然段。

④ 埃克赛特以及英格兰西部其他地区的商人和毛纺织业者分别在 1638 年、1643 年以及 1645 年向下议院提出控诉。这些商人和毛纺织业者无法摆脱英格兰冒险家商人公司的影响，并被该公司称为无照营业者。1661 年，他们再次向议会提出控诉；愤恨的他们将该公司称为“我们羊毛产品销售的垄断者和妨碍者”。抱怨及其回应的细节也在此给出。

⑤ 《王国法令》第七章第 462 至 463 页，威廉三世第十年第 6 号法令（1698 年）；拉夫海德版本威廉三世第十年和第十一年第 6 号法令。

理二世第二十五年第七号法令[①]，东方公司的入伙费减为 40 先令，与此同 735
时，公司在瑞典、丹麦、挪威乃至波罗的海北岸的所有国家的专营特权全部被取消。议会通过这两条法律，大概就是受到了这些公司行为的刺激。在此之前，约西亚·柴尔德先生[②]曾称这两家公司和汉堡公司极其专横，并将那时本国与公司特许经营所包含的国家间贸易状况的不佳归咎于这些公司的管理不善。不过现在这些公司不那么专横，但也全然没有什么用处了。的确，没有用处是一家受管制的公司所能得到的最高赞誉。就上述三家公司的现状而言，它们都可以得到这种赞誉。

土耳其公司的入伙费，年龄在 26 岁以下的为 25 镑，26 岁及以上的为 50 镑。只有商人才能加入，这就把一切店员和零售商排斥在外。根据公司规章，凡是从英国运往土耳其的制造品，如果不经由该公司的船只装载，那么就不得出口；由于这些船只总是从伦敦港起航，所以这一限制就把贸易局限在那个昂贵的港口，将贸易者局限于住在伦敦及其附近的人。根据另一条公司规章，居住在伦敦 20 英里以内而又不是伦敦公民的人不得加入该公司。这条限制，连同上述限制，必然将所有非伦敦公民排除在外。由于这些普通船只的装货及起航时间完全由董事们决定，所以他们很容易用这些船只来装运自己以及与自己关系要好的朋友的货物，而以申请太迟为借口拒绝装载其他人的货物。因此，在这种情况下，该公司无论从哪方面来说都是一个严格的、专横的垄断组织。诸如此类的种种弊端促使了乔治二世第二十六年第 18 号法令[③]的颁布。根据该项法令，无论年龄大小，无论是否是商人，也无论是否是伦敦公民，凡愿入伙者，只需缴纳 20 镑入伙费即可取得公司成员资格。不仅如此，还允许公司成员自由地从大不列颠所有港口向土耳其任何港口出口一切不列颠货物（出口受限制的货物除外），以及从那里进口一切土耳其货物（进口受限制的货物除外）。这一切的前提是缴纳普通关税以及为支付公司必要开支而征收的特殊税，与此同
时要服从派驻土耳其的不列颠大使和领事的合法权威以及遵守公司的正式 736
制定的规章。为防止受到公司这些规章的任何压迫，同一法令又规定，如果公司有任何 7 个成员在这一法令通过后感到自己受到了任何公司规章的压迫，那么其可以向贸易殖民局（现由枢密院的一个委员会执掌）提出申诉，

① 查理二世第二十五年第 7 号法令（1672 年）。

② 约西亚·柴尔德先生：《贸易新论》（1694 年），第三章。

③ 乔治二世第 26 年第 18 号法令（1753 年）。

只要申诉是在规章制定后12个月内提出的；如果任何7个成员认为自己受到该法令通过之前制定的任何公司规章的压迫，那么其也同样可以提出申诉，只要是在该法令生效之日起12个月内提出的。但在一家大公司中，公司成员常常未必能够仅凭一年的经验就能发现某一特定规章的弊端的；但如果几个成员是在一年以后才发现某规章的弊端的，那么不论是贸易殖民局还是枢密院的委员会都无法对他们所受的侵害进行补救了。况且，所有受管制的公司和所有其他同业公会的大部分规章的制定目的，与其说是要压迫现有成员，不如说是阻止外人加入。这个目的不仅可以通过收取高额入伙费达到，而且还可以通过许多其他的手段达到。这类公司的长期着眼点是把它们的利润率提高到尽可能高的水平，使它们所出口的和所进口的货物尽可能处于供不应求的状态。要做到这一点，只能靠限制竞争，并阻止新冒险者从事这种贸易。此外，20镑的入会费虽然可能还不足以阻止一个想长期从事土耳其贸易的人入伙，但也足以阻止只想在其中冒一次险的投机商进入。在各行各业中，长期从事某一行业的人即使没有组织起来，也都会很自然地联合起来提高利润水平，只有来自投机冒险分子的偶然竞争，才可能使利润降到应有的水平以下。[①] 土耳其贸易虽然由于这项议会法令而在某种程度上开放了，但在许多人看来还远远没有实现完全自由化。土耳其公司还支付了一名大使和两三名领事的维持费，大使和领事像其他公职人员一样本应由国家养活，而贸易也应对全帝国的臣民开放。公司为这个和其他目的而征收的各种税收，可能提供比足以使国家养活这几个官员所需费用还要多得多的收入。

737 根据约西亚·柴尔德先生的观察[②]，受管制的公司虽然常常负担使领人员的费用，但从来没有负担过在它们进行贸易的国家内所设堡垒或驻军的费用；而股份公司经常要负担这项费用。实际上，前者比后者更不适合于提供这种服务。第一，受管制的公司的董事们对公司一般贸易的繁荣没有特殊兴趣，而堡垒或驻军则是为此目的而设置的。一般贸易的萧条倒是常常可以增进他们自己的私人利益，因为通过减少竞争者的数量，一般贸易的萧条可以使他们能贱买贵卖。相反，股份公司董事们的个人利益则完全包含在他们所经营的共同资本所产生的利润之中，他们没有自己的私人贸

① 参见 II. iv. 15 以及脚注 17。

② 约西亚·柴尔德：《贸易新论》第109页。

易，其利益不能和公司一般贸易的利益区分开来。他们的私人利益与公司一般贸易的繁荣紧密相连，与保卫这种繁荣所必需的堡垒和驻军的维持紧密相连。因此，他们更有可能持续和认真地去关注这些必要的东西。[①] 第二，股份公司的董事们通常管理着一大笔资本，即公司的股本。他们常常适当地运用其中的一部分来建设、修理这些必要的堡垒和维持驻军。但是受管制的公司的董事们没有共同资本可供管理，除了入会费以及对公司贸易征收的公司税这种偶然的收入外，没有其他的资金可以用于上述用途。所以，即使他们对维持堡垒和驻军具有相同的兴趣，他们也没有相同的能力去付诸实施。养活使领人员不需要很多的关注，只需要一点适量的有限费用，这与受管制公司的特点和能力都比较相称。

但在约西亚·柴尔德先生所处的时代过后很久的 1750 年，又一家受管制的公司得以成立，它就是现在的非洲商人贸易公司。英国政府最初曾令该公司负担非洲沿岸布朗角至好望角之间一切英国堡垒和驻军的维持费；后来又令该公司只负担鲁杰角至好望角之间一切堡垒和驻军的维持费。设立该公司的法令（乔治二世第二十三年第 31 号法令）[②] 似乎有两个明确的
目的：第一，有效限制受管制公司的董事们与生俱来的专横和垄断精神； 738
第二，强迫他们去关注他们本来不会注意的一件事情，即对堡垒和驻军的维护。

为达到第一个目的，入会费被限定为 40 先令。公司被禁止以联合的能力或以共同股本展开贸易，禁止以公司名义借入资金，不得对任何支付了入伙费的英国臣民在各地自由进行的贸易施加任何限制。公司管理机构为一个定期在伦敦聚会的 9 人委员会——这 9 个人每年由公司在伦敦、布里斯托尔和利物浦三地有资格的成员投票选举产生，每个地方选出三人。委员任期不得超过三年。遇到异议时，贸易殖民局（现在变为枢密院的一个委员会）在听取当事委员的个人辩护后可对其进行罢免。委员会被禁止从非洲出口黑人，或将任何非洲货物输入英国。但是由于他们要负担维持堡垒和驻军的费用，所以准许他们为此目的向非洲出口英国的多种货物。他们可以从公司所得中拿出不超过 800 镑用来支付公司在伦敦、布里斯托尔

① 参见后文第 18 自然段。

② 乔治二世第二十三年第 31 号法令（1749 年）。参见第 20 自然段对管理皇家非洲公司法律的描述。

以及利物浦的办事员和代理人的薪金，在伦敦办事处的房租以及所有其他在英格兰的管理、佣金和代理方面的支出。如果 800 镑在支付了上述各种费用后还有剩余，那么他们可以按照自认为合适的方式进行分配，作为对自己辛苦工作的回报。人们期望通过这项规定使垄断得到有效的抑制，第一个目的也得到充分的实现。但看来实际情况并非如此。虽然根据乔治三世第四年第 20 号法令①，塞内加尔的堡垒及其所有属地统统都归与非洲进行贸易的商人公司管理，但根据次年的乔治三世第五年第 44 号法令②，不仅塞内加尔及其属地，而且从男巴尔巴利的萨利港到鲁杰角的全部海岸的管理权都从公司转移到国王；此外还宣布对非洲的贸易向王国的所有臣民开放，因为该公司有限制贸易和建立某种不恰当的垄断的嫌疑。不过，很难想象在乔治二世第二十三年的法规之下，他们是如何做到这一点的。但在
739 下院的议事录中——当然这种议事录并不总是最可靠的真实记录，我注意到他们受到过这种控诉。委员会的 9 位委员本来就是商人，他们在各个堡垒和驻地的总督和官员又全都依靠他们，那么后者很可能对前者的嘱托特别关注，从而形成了一种真实的垄断。

为实现第二个目的，即维持堡垒和驻军，议会每年划拨给他们经费，一般约为 13 000 镑。对于这项资金的合理使用，委员会必须每年都向财政大臣提交报告，该报告随后又会被呈交给议会。但议会对动辄数百万镑经费的使用尚且不会很重视，对于这区区 13 000 镑经费的使用更不会在意。何况从财政大臣的职业经验和教育背景来说，他对于堡垒和驻军的支出是否合理，也不可能十分内行。的确，王国海军舰长或海军部委派的将官都可以调查堡垒和驻军的运行情况，并向海军部报告；但海军部对委员会似乎没有直接管辖权，也没有任何权力去纠正被调查者的行为；此外，也不可能指望海军舰长们对于防御工事总是深谙其道。除非是直接贪污或盗用国家或公司的公款，否则，对于任期只有 3 年、任期内法定报酬少得可怜的每位委员来说，他因任何其他过失所能受到的最高惩罚就是被撤销职务；而对这种惩罚的恐惧从来都不足以迫使他去持续关注一件他没有兴趣关注的事情。为修缮几内亚海岸卡斯尔角的堡垒，议会曾数次下拨数额巨大的经费。有人就因为修缮堡垒从英格兰所运出的砖石质量问题对委员会提出

① 乔治三世第四年第 20 号法令（1764 年）。

② 乔治三世第五年第 44 号法令（1765 年）。

了控诉。据说经过长途运输的砖石质量极差，以致用它们修筑的城墙都有必要推倒重建。鲁杰角以北的堡垒和驻军不仅靠国家的经费来维持，而且由行政部门直接管理；那为什么鲁杰角以南也由国家经费维持的（至少是部分由国家经费维持）堡垒和驻军却要由不同的机构来管理呢？似乎很难想出一个很好的理由来进行解释。保护地中海贸易是在直布罗陀和梅诺卡[①]驻军的最初目的或借口，这些驻军的维持和管理一直非常恰当地由行政当 740
局而不是土耳其公司负责。管辖领域的范围在很大程度上代表着行政当局的尊严和实力，它不可能不关注捍卫这种统治所必要的设施。因此，直布罗陀和梅诺卡的驻军从来没被忽视过；尽管梅诺卡曾经两次被攻陷，现在来看或许是永远收不回来了，但人们从来都没有将这种灾难归咎于行政当局的疏忽。但是，我不愿被人认为我是在暗示，在此两地维持费用高昂的驻军，对于最初将它们从西班牙手中抢夺过来的目的有任何一丁点儿的必要性。这种夺取或许从未达到任何真实的目的，只不过使英格兰与其天然盟友西班牙王国疏远，使波旁家族的两个主要分支结成了比血缘关系所能结成的更加紧密、更加永久的同盟。[②]

股份公司的建立，或经皇室特许，或经议会法令通过。它在很多方面不仅不同于受管制的公司，而且也不同于私人合伙公司。[③]

第一，在私人合伙公司中，合伙人未经公司同意不得将自己的股份转让给他人，或者介绍新的成员加入公司。但每个成员在经过预先申请后可以退伙，并可以要求退还他在共有资金中的份额。相反，在股份公司，任何成员不得要求从公司退股，但无须经过公司同意就可以将自己的股份转让给其他人，因此也可介绍新成员加入公司。股份公司股本的价值总是等于它在市场上出售的价格；该价格时涨时落，因此股票所有者的实际股金与票面价值有所不同。

---

① 斯密在《道德情操论》第四卷第一篇第二章第 11 自然段中批评休谟的“效用”观点时提及了梅诺卡，“有许多可敬的英国人，处于个人的地位会因为一个基尼的损失而不是梅诺卡民族的覆灭而深感不安。然而，如果保卫这个要塞是他们职权范围以内的事情，则他们宁愿上千次地牺牲自己的盛名，也不愿由于自己的过失而让它落入敌人之手”。

② 在 1782 年 10 月 14 日写给约翰·辛克莱的第 221 号信件中，斯密评论到，正是我们对“贫瘠荒芜的直布罗陀”的占领使得“法国不顾双方的天然利益和根深蒂固的偏见而与西班牙结为同盟，最终使得西班牙成为我们的劲敌，使得葡萄牙成为我们无用且代价高昂的朋友”。

③ 以下段落中给出的有关贸易公司的绝大多数信息来自于安德森的《商业的起源》（1764）。除了某些特殊注释外，在大多数段落的结尾处都给出了一个一般性的注解。

第二，在私人合伙公司中，每个合伙人都要以自己的全部资产对公司
741 的债务承担偿还责任。反之，在股份公司中，每个股东以自己所持有的股份为限承担有限债务责任。[①]

股份公司的经营通常由董事会负责。董事会在许多方面常常受到股东大会的控制。但大部分股东都对公司的业务一无所知，因此当股东中不存在什么派别之争时，他们从来都不给自己找麻烦去了解公司业务，而是心满意足地半年或一年领取一次董事会分配给他们应得的红利。这样的做法既省去了很多麻烦，承担的风险又仅限于一定的金额，所以使得很多不愿冒险加入任何私人合伙公司的人有动力加入股份公司。[②] 正因如此，股份公司通常能吸引到比任何私人合伙公司多得多的资本。南海公司的营业资本一度达到 3 380 万镑以上。[③] 英格兰银行的分红资本如今已达 1 078 万镑。[④] 但是这种公司的董事们认为他们是在为他人理财而不是为自己理财，所以不能期望他们能像私人合伙公司的合伙人那样对公司的财务进行细心周到的管理。就像富人的管家一样，他们通常会认为计较一些小事有损主人的名誉，从而不屑去劳神。因此在这种公司的业务管理中，一定常常会出现或多或少的疏忽和浪费。正是由于这个缘故，股份公司在对外贸易上很难与私人冒险者竞争。[⑤] 因此，如果没有专营特权，那么股份公司就很难成功；即使有这种特权，它们也常常失败。没有专营特权时，它们通常经营不善；有专营特权时，它们既经营不善又限制了对外贸易。

742 皇家非洲公司是现今非洲公司的前身，该公司的专营特权是根据国王颁发的特许状而获得的[⑥]，但由于该特许状并没有得到议会法令的认可，所

① 由皇家特许状或议会法令允许成立的股份公司通常只承担有限责任，根据严格的法律解读可能会产生不同的结论。参见香农的《经济史》第二卷（1931）中“一般有限责任的由来”以及佩恩的《苏格兰商业历史研究》（伦敦，1967）一书第六章中坎贝尔所写的“苏格兰的法律和股份公司”。

② 正如 I. x. b. 28 所言，“遭受损失的概率通常被低估了”，此处似乎就是对这条教义某种程度的印证。

③ 安德森：《商业的起源》（1764），第二章第 309 自然段。1720 年南海公司的营业资本为 37 802 203 镑。

④ 出处同上，第二章第 379 页。参见 V. ii. a. 4。

⑤ 参见前文第 11 自然段。

⑥ 1672 年加盖了国玺。参见卡尔：《贸易公司特许状节选》（塞尔登学会，28），第 186 至 192 页。

以非洲贸易由于《民权宣言》的发布[①]，在革命后不久就对国王陛下的所有臣民开放了。哈德逊湾公司在法律权利方面与皇家非洲公司境况相同。它的专营特许状也未得到议会法令的认可。南海公司在其作为贸易公司存在的期间，始终享有一种得到议会认可的专营特权，现在与东印度进行贸易的联合商人公司也是如此。

非洲贸易开放后，皇家非洲公司很快就发现自己不是私人冒险者的竞争对手，于是不顾《民权宣言》，在一段时间内对其称为无照营业的私商加以迫害。1698 年，公司对这些私人冒险者经营的几乎各个部门的贸易都征收 10%的税，用以维持堡垒和驻军。[②] 不过，尽管征收了如此重的税，但皇家非洲公司仍然无力与之竞争。其资本和信誉日渐衰退。1712 年，皇家非洲公司的债务已积累到如此庞大的地步，以致议会认为为了保障自身以及债权人的安全，必须通过一项特别法令。[③] 该法令规定，在人数和资金上占到总数三分之二的债权人就下列事项所做出的决定，对其他债权人都有约束力：公司对它们的债务进行偿还的时间，以及它们认为适于做出的有关债务的其他协定。1730 年，公司业务处于极端混乱的状态，以致完全没有 743
能力维持它们的堡垒和驻军，而这却正是建立该公司的唯一目的和借口。从那年起直至公司最后解散，议会认为有必要每年拨出 10 000 镑来维持堡

① 这一段斯密参考了安德森的《商业的起源》第二章第 148、154 以及 225 自然段的内容。威廉和玛丽第二年第 2 号法令宣布了臣民的权利和自由，解决了王位继承问题。安德森（第二章第 148 自然段）指出，如果该法令“在特权的专营许可状中没有对特权做出限制，那么在那片广袤的领土上，这家公司无疑会处于至高无上的地位。但令我们开心的是，实际情况完全相反；自从我们伟大的自由确立以来，在没有得到议会法令确认的情况下，哈德逊湾或任何其他公司都没有任何专营权”。在现实生活中，各公司之间的差别可能并没有斯密所描述的那样清晰。《王国法令》第九章第 428 至 447 页，安妮第九年第 15 号法令（1710 年），拉夫海德版本中安妮第九年第 21 号法令将贸易的垄断权（体现在 1711 年的特许状中）授予了南海公司。《王国法令》第八章第 824 至 829 页，安妮第六年第 71 号法令（1707 年），拉夫海德版本中安妮第六年第 17 号法令允许成立东印度公司。皇家非洲公司和哈德逊湾公司的地位就不是很清楚。即便在《权利法案》通过后，各种不同的法令依然承认议会对特许状的认可。例如威廉和玛丽第四年第 15 号法令（1692 年）对东印度公司、非洲公司和哈德逊湾公司的股票征税，并宣称如果不交税的话，那么它们的特许状就作废；威廉三世第九年第 26 号法令（1697 年）将堡垒的维护费分派给了皇家非洲公司。现代评论员并不认同斯密所做的区分，参见斯科特的《英格兰、苏格兰和爱尔兰股份公司》第二章第 232 自然段以及戴维斯的《皇家非洲公司》（伦敦，1957），第 122 至 135 页。

② 威廉三世第九年第 26 号法令（1697 年）。

③《王国法令》第九章第 703 页，安妮第十年第 34 号法令（1711 年）；拉夫海德版本安妮第十年第 27 号法令。

垒和驻军。[①] 1732 年，在对西印度的黑奴贸易持续多年亏损以后，公司最后决定完全放弃这项贸易，而将已经从非洲海岸买来的黑人卖给美洲的私人贸易者，并利用公司的雇员从事非洲内地的金沙、象牙、染料等贸易。但其在这种更加有限的贸易中所取得的成绩，也并不比在从前更为广泛的贸易中所取得的成绩大。其业务依然持续萎缩，直到最后公司在各方面都濒临破产。深知无法挽救，于是议会下令将其解散；公司的堡垒及驻军则交由现在对非洲进行贸易的商人的受管制的公司管理。[②] 在建立皇家非洲公司以前，先后成立了三家其他的股份公司从事非洲贸易。[③] 它们同样都没有取得成功。它们都有专营特许状，虽然这些特许状未曾获得议会法令的认可，但在当时它们被认为被赋予了真正的专营特权。[④]

哈德逊湾公司在上次战争中遭受了不幸，可在此之前却要比皇家非洲公司幸运得多。其必要开支要小得多。其在各殖民地（被其冠以“堡垒”的荣誉称号）所维持的总人数据说不超过 120 人。人数虽然不多，但足以事先把必须装船的毛皮和其他货物准备妥当——由于冰冻的原因，那些船只不能在海上停留 6 个或 8 个星期以上。把货物事先准备妥当这个优点是私人冒险家好几年来无法做到的事情，而做不到这一点也就不可能与哈德逊湾公司做生意。公司中等规模的资本——据说不超过 11 万镑[⑤]——足以使其垄断特许状所许
744 可的这个广阔却贫穷的国家的全部或几乎全部的贸易和剩余产物。因此，没有一个私人冒险者试图与其竞争该国的贸易。所以，这家公司事实上一直享有对这个国家贸易的专营权，虽然在法律上它并没有这种权力。除此之外，这家公司中等规模的资本据说只归为数很少的股东所有。[⑥] 一个由少数股东组

① “1744 年，该额度上升到 20 000 镑，但第二年又下降到原来的数额；1746 年后就一分钱没有了。”戴维斯：《皇家非洲公司》，第 345 页。

② 乔治二世第二十三年第 31 号法令（1749 年）以及乔治二世第 25 年第 40 号法令（1751 年）。参见上文第 12 和 13 自然段。

③ 1588 年的塞内加尔冒险者公司、1618 年与几内亚和贝宁开展贸易的伦敦冒险者公司、1660 年与非洲开展贸易的皇家冒险者公司。

④ 这一段中所涉及的皇家非洲公司的相关信息，参看安德森：《商业的起源》，第二章，第 225、326 以及 347 自然段。

⑤ 1720 年资本额上升到 103 950 镑，并一直保持这一水平到 1825 年。更多细节参看麦凯：《值得尊敬的公司》（多伦多，1938），附录 D。

⑥ 多布斯声称（当然这并不是最为可靠的信息来源）“现在特许状只在 8 或 9 位私商手中，他们垄断了公司资本的十分之九，可据此成为永久董事”（《美洲西北部哈德逊湾附近各国概况……附米尔顿船长日记摘要》（伦敦，1744），58））。麦凯称，1770 年有 109 位股东。

成的只有适量资本的股份公司，在性质上非常接近于私人合伙公司，因此能同样谨慎小心地经营。正是因为具备上述种种优势，哈德逊湾公司在上次战争以前能够在所开展的贸易中取得很大的成功就不足为奇了。不过，它的利润似乎不可能达到已故的多布斯先生所想象的那么大。[①]《商业历史和编年史的推断》一书的作者安德森先生，是一位更加冷静和明智的人。他十分公正地指出，在审查多布斯先生自己提供的关于该公司连续几年的进出口账目，以及在考虑该公司所承担的特殊风险和费用后，可以看出该公司的利润并不值得羡慕，或者说并未超出普通的贸易利润水平多少。[②]

南海公司从来没有什么堡垒或驻军需要维持，从而节省了其他进行对外贸易的股份公司所必须花费的一大笔开支，但是其巨额资本要在众多的股东当中进行分配。因此，极易预料在其全部事务的管理中必然存在不少荒唐、疏忽和浪费的事情。对于人尽皆知的其在招股工作中的欺诈和放肆行为的阐述，则与我们现在讨论的主题无关。它的商业计划也执行得好不了多少。它所做的第一项贸易是向西班牙所属西印度供应黑人，对此它享有专营特权（由《尤特雷特条约》所认可的所谓《阿西恩托合约》赋予它此项特权）[③]。但由于预料从这种贸易中不能获得多少利润，而且在它之前享有同样特权的葡萄牙和法国公司均已破产，所以作为补偿，允许它每年派遣一艘一定载重的船只直接与西属西印度进行贸易。但在允许每年派出一艘船只的10次航行中，据说只有1次，即1731年的皇家加洛林号获得了很大的利润，其余9次几乎都或多或少地赔了钱。公司的代理商或代理人都将业绩不佳归咎于西班牙政府的勒索和压迫但或许主要原因还是这些代理商和代理人的浪费和掠夺，据说他们中的某些人甚至在短短一年时间里就发了大财。[④] 745

① “……他们从土著人那里获得商品的巨额收益达到2 000%。他们用可能只需花4便士银币便可购得的掺水英格兰烈性酒换取利润为8到9先令的海狸皮，还用三瓶马爹利或三张紫貂皮换取一张海狸皮，所以当法国人愿意用一瓶马爹利换一张海狸皮的时候，土著人将所有最好的毛皮拿去跟法国人交换，只给他们留下一些废料。”（多布斯：《哈德逊湾附近各国概况》，第56页。）但在威廉·道格拉斯看来，多布斯“更像是在写小说，他似乎十分富于想象力，而且特别容易轻信别人”（《北美英国殖民地》第一章第275自然段）。

② “他们的收益一点也不值得羡慕。”安德森：《商业的起源》，第二章，第370自然段。斯科特认为，1720年之前的半个世纪，分配所得“只比经济体中的利息高一点点”，尽管未分配利润在1690年至1720年间以股票分红的形式进行分配（《英格兰、苏格兰和爱尔兰股份公司》，第二章第236页）。这一段中有关哈德逊湾公司的相关信息，参看安德森：《商业的起源》，第二章，第147、370以及371自然段。

③ 1713年和1714年在与非洲公司签订的合约下运营。参见戴维斯：《皇家非洲公司》第152页。

④ 此种情况更加复杂。参见《新剑桥现代史》第七章第515至516页。

1734 年，公司以从中获取的利润微薄为由，请求国王允许其自行处置贸易和船只，并从西班牙国王那里领取所能得到的等价物。[①]

1742 年，这家公司转行从事捕鲸业。在这方面它的确没有垄断权，但在其从事这项工作时似乎没有其他大不列颠臣民从事这项工作。在它的船只驶向格陵兰的 8 次航行中，只有 1 次取得了利润，其余几次都遭受了损失。在完成第 8 次也是最后一次航行后，它将船只、存货和用具全部变卖。它发现在这项业务上连本带利共损失了 23.7 万镑以上。[②]

1722 年，该公司请求议会允许将它贷给政府的 3 380 多万镑巨资分为两
746 个相等的部分：其中一半即 1 690 多万镑作为与其他政府年金水平相同的年金，不得由公司董事用以偿还和弥补他们在执行商业项目的过程中所欠的债务或所遭受的损失；另一半则和从前一样仍留作贸易资本，可以用来偿还和弥补那些债务和损失。这个请求合情合理，不容拒绝。[③] 1733 年，它又向议会提出请求，将贸易资本的四分之三变为年金资本，只留四分之一作为贸易资本，以应付由董事们的管理不善所造成的损失。[④] 截至此时，公司的年金和贸易资本由于政府的多次偿还，已各减少了 200 万镑以上。因此，这个四分之一就只有 3 662 784 镑 8 先令 6 便士了。[⑤] 1748 年，由于《亚琛合约》，公司根据《艾克斯·拉·查普伦条约》放弃从西班牙国王那里取得的一切权利，为的是得到等价的补偿。[⑥] 这样一来，该公司与西班牙所属西印度之间的贸易就宣告终结，公司贸易资本的剩余部分全部转为年金资本，公司至此在各方面都不再是一家贸易公司了。[⑦]

应当指出，南海公司通过每年派遣船只进行的贸易，即公司曾预期能从中获取巨大利润的唯一的贸易，不论在国外市场还是在国内市场，都不是没有竞争对手的。在卡塔赫纳、贝洛港和拉维拉克鲁斯，它必须面对来自西班牙商人的竞争——这些商人将从加的斯购入和南海公司船只运入的

---

① 有关这一段中南海公司的相关信息，参见安德森：《商业的起源》，第二章，第 262、311、334、339、347 以及 352 自然段。

② 安德森的《商业的起源》第二章第 339 自然段指出，该公司在这八年中损失惨重。

③ 乔治一世第九年第 6 号法令（1722 年）。

④ 乔治二世第六年第 28 号法令（1732 年）。

⑤ 贸易资本减少了三分之二，而不是四分之三，只剩下 3 662 784 镑。迪克森：《英格兰金融革命》（伦敦，1967），第 208 页。

⑥ 1751 年为 10 万镑。

⑦ 关于这一段中南海公司的相关信息，参见安德森：《商业的起源》，第二章，第 309、316、331、333、338、346、349、388 以及 394 自然段。

相同欧洲货物送往这些市场；在英格兰，它必须面对来自英格兰商人的竞争，这些商人从加的斯购买和南海公司所运出的货物相同的西属西印度货物。西班牙商人和英格兰商人的货物的确要缴纳更高的关税，但由南海公司雇员的疏忽、浪费和贪污所造成的损失或许是比上述关税更重的一种税。当私人冒险者能够公开、公正地与股份公司竞争时，后者还能够成功地经营所有部门的对外贸易，这似乎是与所有的经验相违背的。

根据伊丽莎白女王的特许状，英国旧东印度公司于1600年成立。在最初驶往印度的12次航行中，公司似乎在以一个受管制的公司的身份进行贸 747
易，资本是个人的，只有船只是公司的。1612年，其成为股份公司。[①] 它的特许状是专营的，虽然没有得到议会法令的认可，但在当时被认为被赋予了实际的专营特权。因此，它在许多年间都没有受到无照经营者的打扰。它的资本每股50镑，资本总额从未超过744 000镑。[②] 资本数量不大，经营范围也不是十分广泛，因此不能为巨大的疏忽和浪费提供借口，或者为巨大的贪污进行掩饰。尽管部分由于荷兰东印度公司的恶意陷害，部分由于其他意外事件出现了一些巨大的损失，但在许多年里，它的贸易开展得还是很成功的。然而随着时间的推移，当自由的原则更为人们所理解时，一张没有经过议会法令认可的皇家特许状，能在多长时间里赋予公司专营特权，就一天天变得越来越令人怀疑了。对于这个问题，法院的判决也不统一，随政府权威和时代精神的不同而不同。与此同时，无照经营者成倍地增加，从查理二世在位末期到詹姆斯二世的整个统治时期再到威廉三世在位的部分时期，这些人使得公司陷入了巨大的困境。[③] 1698年，一项提交议会的提议指出，只要准许认购者成立一家具有专营特权的新东印度公司，他们就愿意以8%的利息向政府提供200万镑的贷款。旧东印度公司提出以4%的利息向政府提供70万镑的贷款（几乎是其全部资本[④]），条件同上。

---

① 在此之前，每次航行的资本都是单独筹集的，但在1613年，公司一举筹集了四次航行的资本，并将其描述为“第一批联合资本”。斯科特：《英格兰、苏格兰和爱尔兰股份公司》，第二章，第101自然段。

② 这是1693年的名义资本。

③ “尽管英国东印度公司的生意据说此时还是红红火火的——它在1676年至1685年这9年间的利润达到了963 639镑，但世事难料，正是在此时公司的运气即将发生逆转。”（安德森：《商业的起源》，第二章，第184自然段。）

④ 在他们的现有资本从1 574 608镑减计为787 304镑之后。斯科特：《英格兰、苏格兰和爱尔兰股份公司》，第二章，第163至164自然段。

但当时国家信用正处于这样一种状态，那就是以8%的利息借入200万镑比以4%的利息借入70万镑更为方便。新认购人的提议被采纳，从而新东印度公司得以成立。① 不过，旧东印度公司获准继续运营到1701年。与此同时，旧东印度公司以其财务主管的名义，非常巧妙地认购了新东印度公司31.5万镑的股票。由于议会法令（授予这200万镑贷款的出资人经营东印
748 度贸易的特权）在措辞上的疏忽，没有明确说明全部资金应联合成为一个联合资本，少数几个只认购了7 200镑公债的私人贸易者，坚持用他们自己的资金独自进行贸易，并独自承担相应的风险。② 旧东印度公司有权利用它的旧有资本独立进行贸易至1701年；它在这个时间以前和以后，也像其他的私人贸易者一样，有权利用它在新公司中认购的31.5万镑股票单独进行贸易。新旧两家公司与私人贸易者的竞争，以及这两家公司相互之间的竞争，据说几乎毁了这两家公司。在随后的1730年，当有人向议会提议将这项贸易交由一家受管制的公司管理从而使之在某种程度上保持开放时，东印度公司反对该提议，并且用非常激烈的言辞阐述了曾经有过的竞争所造成的悲惨后果。东印度公司的代表说，在印度，竞争使得货物价格飙升到不值得购买的水平；在英格兰，由于市场上存货太多，竞争使得货物价格低到无利可图的水平。由于供给比较充足，所以这种状况必然会使英格兰市场上印度货物的价格大大降低，从而为国民带来极大的好处和便利，这一点是完全不容置疑的；但是说竞争使得印度市场上货物的价格大幅飙升似乎不是很有可能，因为这种竞争所引起的全部特别需求相对于整个印度商业来说就好比是浩瀚海洋中的一滴水。此外，需求的增加虽然起初可能会提高货物价格，但长期来看一定会降低货物价格。需求增加会刺激生产，从而加剧生产者之间的竞争——各位生产者为了使自己的产品能以更低的价格出售，会采用在其他情况下绝不可能想到的新的分工形式和新的技术改良方法。③ 公司所抱怨的悲惨结果就是消费品价格的低廉和对生产的鼓励，而这正是政治经济学力求实现的两个结果。不过，它们悲切阐述的竞

① 威廉三世第九年第44号法令（1697年）。

② 有几位认购2.3万镑公债（包含在200万镑公债中）的认购者既没有加入旧的也没有加入新的股份公司。公司购买他们的债券股票一直到1708年认购额减少至7 200镑。参见斯科特：《英格兰、苏格兰和爱尔兰股份公司》，第二章，第166和191自然段。《王国法令》第八章第824至829页，安妮第六年第71号法令（1707年），拉夫海德版本安妮第六年第17号法令允许他们继续进行贸易。

③ 参见I. xi. o. 4以及I. viii. 57。

争并没有持续很久。1702 年，这两家公司通过一个三方契约（女王充当
第三方）在某种程度上联合了起来。1708 年，它们通过议会法令[①]完全合并
为一家公司，即当今所谓的东印度贸易商人联合公司。有人认为值得在这 749
一法令中加入一项条款，即允许独立商人在 1711 年米迦勒节以前继续他们
的贸易，同时授权董事们以三年为期赎回他们的 7 300 镑小额资本，从而将
公司的全部资本变为联合资本。根据同一法令，公司的资本由于给予了政
府新贷款而由 200 万镑增加到 320 万镑。1743 年，公司又贷给政府 100 万
镑。[②] 不过这 100 万镑的筹集不是通过号召股东认购新股而是通过出售年金
和发行债券。这虽然没有增加股东要求股息的股本，但增加了公司的贸易
资本——这 100 万镑与其他 320 万镑资本一起承担着公司在执行商业计划中
所遭受的亏损和债务。从 1708 年，或者说至少是从 1711 年起，摆脱了所有
竞争者的这家公司完全建立了英国对东印度贸易的垄断权，开展了颇为成
功的贸易，并从公司的利润中每年向股东支付可观的红利。[③] 在 1741 年开
始的法国战争中，庞迪彻里的法国总督杜不勒先生别具野心，以致东印度
公司卷入卡纳蒂克战争以及印度王子间的政治斗争中。在经历了多次巨大
的成功和同样惨重的失败后，公司最终丧失了马德拉斯——当时公司在印
度的主要殖民地。后来通过《艾克斯·拉·查普伦条约》，公司才得以收复
马德拉斯；大约在这个时期，公司在印度的雇员充满了战斗和征服的精神，
而且从那以后也一直保持着这种精神。在 1755 年开始的法国战争中，公司
的军队分享了大不列颠军队的好运气。其捍卫了马德拉斯，攻下了庞蒂彻
里，收复了加尔各答，并获得了一片富裕而辽阔的领土所带来的收入——
当时据说一年达 300 万镑以上。公司在好几年中一直安享着这笔收入；但在
1767 年，政府以该公司占领的土地以及从中获得的收入属于国王为由提出
要求，于是公司同意以后每年向政府交纳 40 万镑作为对这项权利的补偿。
在此之前，公司分发的红利已逐渐由 6%上涨至 10%；这就是说，以全部资 750

---

① 《王国法令》第八章第 824 至 829 页，安妮第六年第 71 号法令（1707 年）；拉夫海德版本中安妮第六年第 17 号法令。1702 年三方契约的详细信息参见《王国法令》第八章第 825 至 826 页，法令第 11 自然段。

② 根据乔治二世第十七年第 17 号法令（1743 年），应于 1744 年 9 月 29 日之前进行支付。

③ 有关这一段中东印度公司的相关信息，请参阅安德森：《商业的起源》，第一章第 488 自然段，第二章第 160、199、174、184、221～224、230、236～238、246、323～326 以及 372～373 自然段。

本 320 万镑计算，红利已增加了 12.8 万镑；或者说，每年的红利已由 19.2 万镑增加至 32 万镑。此时，公司企图把红利进一步提高至 12.5%。这样公司每年分给股东的金额就将与公司同意每年交纳给政府的金额相等，即每年 40 万镑。但在公司与政府的协定即将生效的前两年内，议会相继通过了两项法令[①]遏制红利的进一步提高；其目的在于加快公司偿还债务的速度，当时公司的债务已高达六七百万镑。1769 年，公司与政府的协定延期 5 年，并规定在此期间公司可以逐渐把红利提高到 12.5%，但每年的增加幅度不得超过 1%。[②] 因此，当红利增加到极限时，这种增长使得公司每年对股东和政府所支付的总额，也只比公司在最近占领某些领地以前所支付的金额多出 60.8 万镑。如前所述，公司每年从占领的领地获得的总收入为 300 多万镑；根据 1768 年东印度贸易船克鲁登敦号所给出的报告，在剔除所有扣减项和军事费用后净收入为 2 048 747 镑。据说与此同时公司还有另外一笔收入；这笔收入部分来自土地，但主要来自在各殖民地所设的海关，其总额达到 439 000 镑。至于公司的利润，根据公司董事长在下院的发言，每年至少有 40 万镑；根据公司财务主管的发言，每年至少有 50 万镑；根据最低的估算，至少也等于每年分给股东的最高红利额。如此巨额的收入肯定足以负担公司每年增加的 60.8 万镑的支出，同时提供一大笔足以迅速减少其债务的偿债资金。不过，1773 年，公司的债务不但没有减少，反而增加了。这些债务共计四项，第一项是欠国库 40 万镑，第二项是拖欠的海关税款，
751 第三项是银行的巨额借款，第四项是对从印度开出的汇票的草率承兑，四项总计 120 余万镑。[③] 这些累积起来的债务所带来的困难，迫使公司不仅要立即把红利降低到 6%[④]，而且还不得不向政府乞求援助：第一，豁免继续支付约定的每年 40 万镑；第二，贷款 140 万镑，以便将公司从迫在眉睫的破产中解救出来。如此看来，公司财富的巨幅增长只是为公司雇员更大的浪费提供了一个借口，为更多的贪污提供了一个掩护。于是公司印度雇员的行

---

① 乔治三世第七年第 49 号法令（1767 年）以及乔治三世第八年第 11 号法令（1768 年）。

② 乔治三世第九年第 24 号法令（1769 年）。

③ 1771 年，该数字为 1 578 000 镑。参见萨瑟兰：《18 世纪政治中的东印度公司》（牛津，1952），第 226 页。

④ 这自动解除了公司对政府的 40 万镑的支付义务。

为，以及公司在印度和欧洲的总体业务状况成为议会调查的对象。[①] 调查的结果就是议会对公司在国内和国外的管理机构的组织架构做出了几项非常重大的变动。[②] 公司在印度的主要殖民地马德拉斯、孟买和加尔各答过去是彼此完全独立的，现在都被置于一个总督的管辖之下，并由一个四个人组成的评议会辅助总督管理。议会有权对常驻加尔各答的第一任总督和评议会委员进行提名；加尔各答现在已经成为英国在印度的最重要的殖民地，就像过去的马德拉斯一样。加尔各答市长法庭最初是为审理该市及邻近地区商业案件而设立的，后来随着帝国的扩张而逐渐扩大了它的司法审判权。现在其权限又下降到其最初的水平。代替它的是一个新成立的最高法院，由国王亲自任命的一名审判长和三名法官组成。在欧洲，以前股东只要持股 500 镑（公司原来每股的价格）就有权在股东大会上投票，现在股东必须 752
持股 1 000 镑才有这种资格。此外又规定，如果股票不是源于继承而是自己买来的，那么凭这种资格取得的投票权起码要在拥有这种资格一年后（而不是以前的六个月后）才能生效。另外，以前公司的 24 名董事是每年改选一次；现在规定每位董事任期 4 年，但每年有 6 名老董事离职，6 名新董事当选，且离职的董事不能再当选为次年的新董事。这样改的目的是期望股东大会和董事会行事能够比过去更为慎重和稳健。但无论做出何种改变，似乎都不可能使股东大会和董事会在任何方面适于统治一个大帝国，甚至连参与这种统治都不可能。因为它们中的大部分成员对于这个帝国的繁荣根本不感兴趣，所以对于促进其繁荣的事情也不会认真关注。一个资财丰厚的人，有时甚至是一个稍有资财的人，常常愿意购买 1 000 镑东印度公司的股票，而其这样做仅仅是为了在股东大会上投一票所产生的影响。这虽然不能使他参加对印度的掠夺，但可以使他参与对掠夺者的任命；虽然是由董事会做出这种任命，但这必然或多或少地受到股东的影响，因为股东们不仅选举这些董事，而且有时还推翻董事会对驻印人员的任命。只要他能享受这种影

---

① 已出版的《下议院委员会报告》（系列一）第三章和第四章主要讲述 1772 年至 1773 年的这个调查。东印度公司的活动在第四卷第七章第三节第 101 至 108 自然段有描述。从另一个角度看，一件值得注意的有趣的事就是，斯密可能是东印度公司的顾问之一。在 1772 年 9 月 3 日写给威廉·普尔特尼的第 132 号信件中，斯密写道："对于您在东印度公司的董事们面前举荐我，并称我对他们来说是一个可用之才的举动，我深表荣幸和感谢。"但是，似乎该公司邀请了詹姆斯·斯图尔特爵士就孟加拉的货币问题给他们提建议。《政治经济学原理》，斯金纳编。斯图尔特的报告于 1772 年出版，在其《作品集》五（伦敦，1805）中的题目为"应用于孟加拉铸币现状的货币原理"。关于相关评论，参见森：《詹姆斯·斯图尔特爵士的经济学》（伦敦，1957），第十章。

② 依据乔治三世第十三年第 63 号法令（1772 年）。

响几年，他就可以为他的一些朋友提供事业上的便利，因此，他不仅对于红利不大在意，而且恐怕连对他投票权所依据的股份的价值也是满不在乎的。尽管投票权赋予他参与帝国治理的权利，但他根本就不关心这个大帝国的繁荣。从事物的本性来讲，从来没有一个君主能像这个贸易公司的绝大部分股东那样（出于不可抗拒的道德原因），对其臣民的幸福与痛苦，对其国土的改良与荒芜，对其行政当局的荣耀与耻辱如此全然漠不关心。[①] 议会调查结果所做出的某些新规定，还可能使这种漠不关心增强而不是减弱。比如说，下议院的一个决议宣称，当公司把所欠政府的140万镑债务还清，所欠私人的债务降到150万镑时，到那时，也只有到那时，公司才能对股本分派8%的
753 股息；公司留在本国的收入和纯利，应当分为4份，其中3份交入国库由国家支配，而第4份应该留作偿还债务及应付公司不时之需的基金。[②] 但是，如果当公司的全部纯收入和利润属于自己并由其自由支配时，公司尚且不是好管家、好君主，那么当公司四分之三的收入和利润属于他人、其余四分之一虽都用在有利于公司的用途上，但也需要受到他人的监督并需得到他人认可方可动用时，公司的境况一定不会更好。

从公司方面来说，在依照决议分派8%的红利以后，与其把剩余部分交到一批由于这种决议而必然与自己不和的人手中，倒不如让公司的雇佣人员和隶属人员去肆意浪费和侵吞来得更为惬意。此外，那些雇佣人员和隶属人员的利益可能在股东大会里起支配作用，以至于有时他们可以使股东大会支持那些贪污舞弊直接破坏大会权威的人。对于大多数股东来说，维护股东大会的权威有时反而不如支持破坏大会权威的人来得重要。

因此，1733年的规定并没能将公司从对印度的混乱管理的泥潭中拔出来。尽管公司昙花一现的良好表现也使得公司一度在加尔各答金库中收集了300多万英镑的收入，尽管后来它将其统治或掠夺的范围延伸到印度好几个最富裕、最肥沃的地区，但所有的一切都被浪费和毁灭了。它发现自己对阻止或抵抗海德·阿里的入侵毫无准备，而且由于这些混乱，公司现在（1784年）比以往处境更艰难，为了防止公司立即破产，不得不再一次向政府求援。[③] 为了更好地管理公司的事务，议会中各个政党提出了各种不同的

① 参见IV. vii. c. 105，107，在此斯密对以下观点进行了评论，即公司雇员自然会依据他们所处的情势来行事。

② 安德森：《商业的起源》(1789)，第四章第164自然段。

③ 根据乔治三世第二十二年第51号法令（1782年），乔治三世第二十三年第36号法令（1783年）以及乔治三世第二十三年第83号法令（1783年）。

计划。所有计划似乎都同意一点，就是公司完全不适合治理它所占有的领地，这一点的确向来都是非常明显的。甚至公司本身似乎都深信它没有这 754
种能力，因此愿意将领地交给政府。

在遥远和野蛮的国家里拥有修建堡垒和驻军的权利，必然是和在这些国家拥有维持和平和发动战争的权利相联系的。拥有前一种权利的股份公司常常行使后一种权利，并频繁地要求国家明确地授予它们后一种权利。它们在行使这一权利的时候是多么地不公正、多么地反复无常、多么地残酷，从近期的一些事情中就可以看得很清楚。

当一伙商人自担风险出资建立与某个遥远和野蛮国家的新贸易联系时，将其组成一家股份公司，并且在他们经营成功的时候赋予他们一定年限的贸易垄断权，这没有什么不合理。这是国家补偿他们从事一种危险而耗资巨大的尝试最容易也最自然的一种方式，国家日后还会从这种尝试中获得好处。[①] 对于这种暂时性垄断权的授予，可以用与对一种新机器的发明者授予专利权，对一本新书的作者授予著作权相同的原理去进行辩护。[②] 但在垄 755
断权期限届满时，垄断肯定应当终止；必须设置的堡垒和驻军应当交到政府手中，之前的费用应该偿还给公司；贸易则应对全体臣民开放。永久性

① 在谴责垄断的同时，普芬道夫也指出，在与遥远国度建立商业关系耗资巨大且一开始就充满风险的地方，赋予特权是有一定道理的："但在赋予此类特权时，一个谨慎的政府应确保特权所带回的商品是从非常遥远的地方，经过险象环生的道路到达本国的，并且是为了装饰以及舒适目的而非生活必需品。"

② 斯密在 V. i. e. 5 以及 IV. vii. c. 95 中对暂时性垄断权的有用性进行了评论。《法理学讲义》(A) 第二章第 31 至 33 页中指出，根据英国法律，一本新书的作者像一个新机器的发明者一样可以在 14 年的时间里享受他的劳动成果；尽管专营特权一般而言是有害的，但可从公平的角度去对此进行辩护："因为如果立法机关能够对新机器的发明者给予物质奖励，那么这样的奖励很难准确地分配给诸如此类的发明。因为如果发明很好且对人类有利可图，那么发明者很有可能以此赚大钱；但如果发明没有价值，那么发明者也将一无所获。"与新书类似，斯密认为专营特权可以被看做"对博学之人劳动的激励"，而且是有利的，因为"如果书是一本有价值的书，那么那时对它的需求将很有可能为他的财富添砖加瓦；但如果它没什么价值，那么作者所能获得的收益将会很小"。也可参见《法理学讲义》(A) 第一章第 20 页以及《法理学讲义》(B) 第 175 页，坎南编辑版本第 130 页。

斯密因自己《道德情操论》一书所获得的暂时性垄断权成为其 1786 年 3 月 14 日写给卡德尔的第 257 号信件的主题。斯密在这封信中评论到，他 28 年的所有权接近到期日了，尽管他希望确保卡德尔再有 14 年的所有权。斯密对这类事情非常具有同情心是众所周知的。在 1775 年 5 月 1 日写给斯密的第 145 号信件中，伯克"就我深藏于心的一件事"询问他的好同事的意见："钱皮恩陶瓷作品的专利续期遭到了维基伍德先生的反对，他甚至装作从不知道这件作品一样……他确实装作他这样做只不过是为了公众的利益。"理查德·钱皮恩在布里斯托尔经营陶器，斯密也对那些影响公共利益问题的人的动机表示怀疑，参见 IV. ii. 9。

的垄断权使得国内其他臣民按照以下两种方式被征收一种非常荒谬的赋税：第一，货物价格昂贵。在自由贸易的情况下，臣民能以便宜得多的价格来购买这些货物。第二，完全被排斥在那个贸易部门之外。而对于他们中的许多人来说，原本是可以方便有利地从事这种贸易的。他们被这样课税，只是为了一个最没有价值的目的①：为了使公司能够维护其雇员的疏忽、浪费和贪污——雇员的胡作非为已使得公司的红利不能超过自由贸易的平均利润率，而且经常还要低于那个平均利润率很多。但根据经验，没有垄断权时，股份公司似乎又不可能长期经营任何一种对外贸易。在一个市场上买进，为的是在另一个市场上卖出时能获得一定的利润。当两个市场上都存在许多竞争者时，不仅要时刻关注需求的偶然变化，而且还要关注竞争情况或者从其他人那里满足需求的供给情况的更大更频繁的变化；当两个市场上都存在许多竞争者时，需要运用巧妙的技巧和正确的判断力，使得各种货物的数量和质量都能适应需求、供给和竞争各方面的变化情况。这俨然是一场作战方式不断改变的战争，要想在这场战争中获胜，就必须保持高度的警惕和完全的关注——这些是一个股份公司的董事们不可能长期做到的。东印度公司在清偿完债务以及专营特权终止后，根据议会的法令仍然有权继续作为一个股份公司存在，继续凭借公司的能力与其他臣民一道从事与东印度的贸易。但在这种情况下，私人冒险者的高度警惕和完全关注可能不久就会使其对这种贸易感到厌倦。

一位对于政治经济学有深刻了解的著名法国作家莫雷莱神父②给出了一份从1600年起在欧洲各地设立的从事对外贸易的股份公司的名单。名单上一共有55家公司，按照他的说法，这55家公司尽管享有专营特权，但无一例外地都由于管理不善而倒闭了。不过这55家公司中有两三家不是股份公司，而且也没有倒
756 闭，是他弄错了。而且还有几家股份公司也以失败收场，但是被他遗漏了。

看来能由股份公司成功经营并不需要专营特权的行业，就是那些所有业务都可被称为常规操作，或者说操作方法统一、很少或没有变化的行业。这类行业包括以下几种：第一是银行业；第二是保险业，可以赔付因发生火灾、海上遇险以及战时被俘而遭受的损失；第三是修建和维护通航河道或运河的行业；第四是与大城市中的供水相类似的行业。③

① 参见 IV. vii. c. 91。

② 斯密在1786年5月1日写给莫雷莱的第259号信件。参见 IV. ix. 2 脚注 1。

③ I. x. b. 28 对保险业进行了描述。

银行业的运行原理虽然看起来有些深奥，但其操作可以简化为一套严格的规则。仅为贪图眼前厚利而妄加投机、弃规则于不顾总是十分危险的，而且往往会置银行于无可挽救的境地。但股份公司的章程一般能使它们比任何私人合伙公司更能遵守建立起来的规则。① 所以，股份公司似乎非常适合这个行业。因此，欧洲的主要银行都是股份公司，其中许多没有专营特权也经营得非常成功。英格兰银行也毫无专营特权，其股东由 6 人以上组成。② 爱丁堡的两家银行也是没有任何专营特权的股份公司。③

由发生火灾、海上遇险或战时被俘等造成的损失的价值虽然不能被准确地计算出来，但可以进行粗略的估计，因此可以在某种程度上总结出严格的规则和方法。所以，没有任何专营特权的股份公司可以成功地经营保险业。无论是伦敦保险公司还是皇家交易保险公司都不享有此类特权。④

通航河道或运河一旦建成，其管理就变得非常简单和容易，可以总结 757
出严格的规则和方法。甚至关于它的建造也可以和承包商订立合同，规定一英里多少钱，一个水闸多少钱。修建运河、沟渠或大城市的大供水管也是如此。因此，没有任何专营特权的股份公司常常可以成功地经营这类项目。

但是，设立一家股份公司仅仅是因为它能取得经营上的成功，或者使某些特定的商人免受对周围其他人都具备效力的一般法律的支配，或者仅仅因为他们只有享受到这种豁免才能兴旺发达，那肯定是不合理的。要使设立一家股份公司完全合理化，其经营的业务必须可以归结为一套严格的规则和方法，与此同时还需满足以下两个条件：第一，该公司所从事的业务显然要比大部分常见贸易具有更大和更普遍的效用；第二，它需要有比私人合伙公司轻易就能筹集到的更大数额的资本。如果中等水平的资本就足以创办某项事业，那么即使该项事业具有很大的效用，也不能成为设立

---

① 股份公司的章程在 V. i. e. 15ff 中有所描述。

② 《王国法令》第八章第 772 至 775 页，安妮第六年第 50 号法令（1707 年）；拉夫海德版本中安妮第六年第 22 号法令。参见 II. ii. 79ff，斯密在此处对英格兰银行的历史进行了回顾。

③ 苏格兰银行于 1695 年通过议会法令成立。《苏格兰议会法令》第九章第 494 至 495 页（1695）。皇家苏格兰银行于 1727 年由皇家特许成立。参见 II. ii. 41。

④ 相对于其他股份公司（除了东印度和南海公司）而不是个人或无联合资本的合伙人而言，这两家公司被赋予了 31 年的海上保险垄断权。特许状在乔治一世第六年第 18 号法令（1719 年）通过以后的 1720 年颁发。参见斯科特：《英格兰、苏格兰和爱尔兰股份公司》，第三章，第 402 自然段。

一家股份公司的充足理由，因为在这种情况下，对于该公司所生产的物品的需求，将很快且很容易地被私人冒险者的供给所满足。上述四种行业都同时具备这两个条件。

当对银行业小心经营、谨慎管理时，其巨大而又普遍的效用就会显现出来（已在本书第二篇中做出了充分的说明）。[①] 但是对于一家要维持国家信用，在紧急情况下需向政府垫支数额高达几百万镑且在一两年后才能收回某一贷款全部款项的银行来说，那就需要有比任何私人合伙公司所能轻易筹集到的更大数额的资本。

保险业给私人财产提供了巨大的安全保障，其通过将可能毁灭一个人的损失分摊在许多人身上，使得这种损失能由全社会轻松地承担起来。不过，为了提供这种安全保障，保险人就必须有非常大的资本。在伦敦的两家股份保险公司设立之前，据说总检察长那里有一张清单，上面列出了在几年的时间里就以倒闭告终的150家私人保险公司的名称。

通航水道和运河以及大城市所必需的供水工程，都有极大的普遍效用，
V. i. e-f 与此同时它们又常常要求比私人财产大得多的支出，这些都是显而易见的。

758 除了上述四种行业外，我还没有发现任何其他行业能同时具备设立股份公司所必须具备的三个条件。就拿伦敦的英国铜业公司、炼铅公司、玻璃公司来说，它们所追求的目标根本就谈不上有什么巨大或独特的效用，也不需要有比许多私人财产所能提供的更大的支出。我不想假装知道这些公司所经营的业务是否能归结为一套严格的规则和方法，以适于股份公司管理，也不想假装了解它们是否有理由去吹嘘它们异乎寻常的利润。我所知道的是，矿山开采公司老早以前就已经破产。爱丁堡的英国亚麻布公司[②]的股票现在一股的售价远远低于其票面价格，虽然比几年前略有起色。再看一下为促进某些特殊制造业发展、基于爱国心而设立的几家股份公司。它们除了对自己的业务管理不善以致大大减少了社会的总资本以外，在其他方面的表现也常常是弊大于利。这几家公司的董事即使怀抱最正当的意图，他们对某些特殊制造业不可避免的偏爱（由于企业创办人的误导和欺骗）对于其他制造业也必然造成一种实实在在的打击，从而必然会或多或少地破坏在其他情况下存在的产业与利润之间的自然比例，而这个比例是

① 参见II. ii，尤其是第27至46自然段。

② 1776年仍没有作为一家银行起作用。

对一国一般产业最大且最有效的鼓励。[①]

V. i. *f*　**第二项　论青年教育机构的支出**[②]

青年教育机构也同样能够为承担自身的开支创造出足够多的收入。学生支付给老师的学费或酬金自然就构成这类收入。 759

教师的报酬即使不全部来自这种自然收入，也不一定必然就要由社会的总收入来支付——在许多国家，总收入的征收和使用都是由行政当局来负责的。因此，在欧洲的大部分地区，中小学和大学的捐赠基金并不依赖于社会总收入，即使有的话数量也非常有限。各地的教育经费主要来自地方或省的收入，来自某项地产的地租，或来自由专人管理的指定专用款项的利息。该款项有时是由君主亲自拨付的，有时则是由一些私人捐助者捐赠的。

这些公共捐赠基金对教育机构成立的目的是否有普遍的促进作用？它们对教师的勤勉及其能力的提高是否起到激励作用？它们是否指引教育进程朝着对个人、对公众更有用的目标发展，而不是任其自由发展？对上述每个问题给出一个大概的回答似乎并不困难。

在每一种职业中，大部分从业者的努力总是和他们做出这种努力的必要性成比例的。[③] 这种必要性对下述这种人来说是最大的：他们的职业报酬是其获得财产的唯一来源，或者甚至是其日常收入和养家糊口的唯一来源。为获得这种财产，或者甚至为了养家糊口，他们必须在一年的时间里完成一定数量具有一定价值的工作；在自由竞争的地方，竞争者总是想方设法将对手挤出该工作岗位，这种竞争必然使得每一个人都竭力准确地去完成

---

① 有关此段所涉及的相关信息，参看安德森的《商业的起源》第一章第 366 自然段，第二章第 197、242～243、250、253 自然段。参见 IV. vii. c. 61，斯密在此处描述了当这种“适当的”平衡被打破时所产生的问题。

② 许多在本部分初次表述的观点都曾在 1774 年 9 月 20 日写给威廉·卡伦的第 143 号信件中出现，斯密在这封信中就当前某些苏格兰大学授予（以及销售）医学学位的行为进行了评论。从这封信来看，大学教育机构已经吸引了斯密的注意：“我对此思绪良多，也很仔细地询问过欧洲几所主要大学的章程和历史……”

③ 参见 V. i. g. 42 以及 V. i. b. 20，此处运用了法庭的例子加以阐述。I. viii. 44 在探讨过度努力问题时对计件工作进行了讨论。在第六次对话中，克里奥评论道：“从未见过人们这样全身心地投入他们的工作当中，并在任何职位上都以极大的热忱、速度和毅力去追求事业的成功——这样的职位所提供的年收入是稳定且不会改变的，就像他们经常在那些职业中所做的那样，报酬与劳动如影随形。也许在他们向其他人提供服务之前就可以拿到费用，就像律师那样；也许是在提供服务之后才能拿到报酬，就像医生那样。”（《蜜蜂的寓言》第二章第 430 自然段，凯先生编辑版本第二章第 355 自然段。）

他的工作。某些特定职业的成功会为人们树立伟大的目标，这有时无疑会激发少数意志坚定和志向远大的人奋发图强。但是，伟大的目标对于激发最大程度的努力显然并不是必需的。即便在卑微的职业中，竞争和比赛也
760 足以使得表现卓越成为具有雄心壮志的员工所追求的目标，并常常激发出其最大程度的努力。相反，仅仅有伟大的目标而不辅之以实现目标的必要性，很少能激发任何巨大的努力。例如在英国，法律行业的成功为人们树立了一些伟大的奋斗目标，但究竟有几个出生于富贵家庭的人在法律界声名远扬呢？

中小学和大学的捐赠基金必然会或多或少地减少教师努力工作的必要性。对于依靠工资的教师而言，他们的生活费显然来自于一个与他们在自己职业中所获成功和声誉完全无关的基金。①

在有些大学，工资只是教师所得报酬的一部分，而且常常只是一小部分。而大部分来自学生所交的学费或酬金。② 在这种情况下，教师努力的必要性尽管总是有所减小，但并未完全消失。职业声誉对教师依然很重要，而且他仍然在意听过他课的学生所表现出的对他的爱戴、感激和称赞；而他要获得这些美誉，只有通过自己的所作所为，也就是靠他在完成自己的每一部分职责时所表现出的能力和勤奋来获得，别无他法。③

在其他大学，教师是不允许接受学生的学费或酬金的。他的工资构成了从其教师职务中所能得到的全部收入。在这种情况下，教师的利益被置于与他的职责完全对立的地位。生活得尽可能安逸是每一个人的利益所在；如果无论能不能履行某种十分辛苦的职责，他获得的报酬都一样，那么他的利益，至少就通常所理解的利益来说，肯定是要么完全忽视这种职责，要么就是在权威许可的范围内敷衍了事——如果他受到某种不允许他忽视职责的权威的限制的话。如果他生性活泼，喜欢劳动，那么对他来说与其把气力花在履行无利可图的工作职责上，还不如找点能让他获得一些好处

---

① 后文第 34 自然段将阐述一个相关的观点。V. i. g. 39 评论到，由于高薪资对最优秀的文人造成了负面影响这一现实，一些国家的情况更为糟糕。

② 正如在苏格兰各所大学中那样。

③ “教授除了公众允许他们所拥有的薪俸外，还应该受到所教每一位学生的尊敬。自身利益、竞争以及对荣誉的向往可能会激发他们勤奋努力……大学应该成为多种教学方式的公共市场……”（曼德维尔：《蜜蜂的预言》第一章第 335 自然段，凯先生编辑版本第一章第 293 至 294 自然段。）

的事情去做，这样更符合他的利益。

如果教师所要服从的权威掌握在学院或大学这样的法人团体手中，而 761
他自己是团体成员之一，而且大部分的其他成员也和他一样是教师或者是应该成为教师的人，那么他们就有可能达成一种共识——那就是彼此宽容：每一个人都同意他的同事可以忽视自己的职责，只要他自己忽视职责的行为也可以得到允许。在牛津大学，大部分的教授许多年来都完全放弃了教学工作。①

如果教师所要服从的权威不掌握在他自己是成员的法人团体中，而是掌握在其他外部人员手中，比如教区主教、省长或某个国务大臣手中，那么在这种情况下，他就不大可能被允许完全忽视他的职责。但是，上级所能强迫他去做的，只是花一定的时间去陪伴他的学生，即在一周或一年的时间里给学生上一定数量的课。至于这些课讲得如何，那依然要看教师自身的勤勉程度；而教师的勤勉程度，又要视其努力动机的强弱而定。况且这种外部管辖权的行使，动辄流于无知和反复无常。从性质上看，这种管辖权往往是任意的、专制的；行使这种权力的人既没有听过教师本人的讲课，或许也不懂得教师所讲授的那门学科，所以很少能依据正确的判断来行使这种权利。另外，出于职务的傲慢，他们常常对自己如何行使这种权力漠不关心，因此很容易在没有任何正当理由的情况下随意地谴责或解聘教师。受这种管辖权限制的人，其人格必然被贬低；他不再是最受尊敬的人，而是沦为社会上最卑微、最受轻视

---

① 参见索引“牛津”：“那里的教授职位是工作清闲但报酬优厚的职位。”在1740年8月24日写给威廉·斯密的第1号信件中，斯密评论说，“在牛津，如果任何人由于过多的学习而伤害到自己的身体，那就是他自己的错”。在1758年11月14日写给斯密的第27号信件中，吉尔伯特·艾略特先生写到有关菲茨莫里斯勋爵弟弟的教育问题时评论道：“我发现这里每一个有思想的人都开始注意到，英格兰大学的章程是如此荒谬。”艾略特继续写道：“我丝毫不怀疑，尽管路途遥远，加之方言的不便，但你依然还是能吸引这个地方的很多年轻人来到格拉斯哥待上一到两年……”参见1759年4月26日写给斯密的第32号信件，在这封信中，谢尔本勋爵对斯密对他儿子的教导表示满意，并指出：“我发现牛津和剑桥最大的缺点就是，送到那里的男孩子们不仅没有受到管制，而且反倒成为学院的统治者——在这样的学院，学生的出身及其家庭的财富而不是学业表现能得到更多的尊重……”相反，斯密相信，“在苏格兰大学目前的状况下，我诚挚地认为，它们无一例外地是在欧洲所能找到的最优秀的研讨班，尽管它们有着这样那样的不足”（第143号信件）。格拉斯哥大臣威廉·汤姆在其《大学教育的缺陷及其对商业社会的非适应性》（格拉斯哥，1762）一书中表示不同意斯密关于苏格兰大学，尤其是格拉斯哥大学的观点。此时大学教育所谓的缺陷是与苏格兰日益兴起的学术运动相关的。

762 的人。只有强有力的保护才能有效保障自己免受这种随时可能遭受的粗暴对待，而使他获得这种保护的最为可能的方法，不是凭借他在职业上的能力和勤勉，而是依靠阿谀奉承其上级的意志——在这种意志面前，他随时准备牺牲他所在的法人团体的权利、利益和荣誉。凡是在一个相当长的时间里关注过法国大学管理状况的人，都一定能够看到这种专横的、外加的管辖权所产生的影响。

如果学生进入某所学院或大学是被迫的，完全没有考虑该校教师的学术成就或声誉名望，那么所有导致这种结果发生的诱发因素都会或多或少地降低教师具备这些优点的必要性。

不论教师的学术成就或声誉名望如何，只要在大学里待上几年的时间
763 就可以成为艺术、法律、医学和神学毕业生的特权，必然使得一定数量的学生去投奔那些大学。毕业生的特权也是一种学徒制度。正如其他学徒制度有助于工艺和制造业的改良一样，这种学徒制度也有助于教育的改进。①

奖学金、助学金等慈善基金必然会吸引一定数量的学生进入某些学院学习②，而完全不管这些学校的声誉如何。如果让依靠这类慈善基金资助的学生自由地选择他们所喜欢的院校，那一定会激起各院校之间某种程度的竞争。相反，如果规定某个学院的学生（奖学金资助生和自费生）在没有

---

① I. x. c. 7－14 对学徒制度进行了讨论。在 1774 年 9 月 20 日写给卡伦的信中，斯密写道：

学位只能授予给具有一定技能的学生，这种学徒制度可能会对科学的进步作出的贡献，就像其他学徒制度对技术和制造业所作的贡献一样。那些学徒制度在其他公司法的帮助下，将技术和制造业完全驱逐出城镇企业。这类的学位在一些具有类似倾向的其他规章制度的帮助下已将几乎所有有用且可靠的教育从绝大多数大学中驱逐出来。前者造成的垄断带来的是更糟糕的工作和更高的价格。后者造成的后果就是不学无术、欺诈横行和高昂的费用。

同样在这封信中，斯密对如下的提议进行了评论，即如果一个人没有在大学里至少学习过两年的证明，那么他是不可以参加获取医学学位的考试的：

这样的规定对诸如亨特斯、休森以及福代斯这样的私人教师岂不是很不公平吗？这样的教师必然具备一个学位所能授予的荣誉或优势，他们甚至比大部分在一些大学中读书多年的人更加出色……如果一个人自己能把功课学得很好，那么他是在哪里跟着谁学的必然也就不重要了。

② 参见 I. x. c. 34。在写给卡伦的信中，斯密就大多数大学以及大学教师所陷入的“降级和受鄙视的现状”这个问题进行解释时给出了两个原因：第一，无论工作勤勉与否，能力强还是弱，所得到的工资都一样；这就使得他们在自己的工作中没有动力去勤奋努力，没有动力去追求成功。第二，对于想要拿学位或被允许从事某种职业或者为拿奖学金、助学金等而不得不求助于这类学校的大部分学生来说，他们不会在意可能要接受的教育是不是值得接受。

经过申请并得到许可的情况下不得擅自离开本校到其他学校去，那么各校间的竞争就十之八九不存在了。

如果各个学院给学生讲授所有艺术和科学知识的导师或教师不是由学生自愿选择的，而是由校长指派的，如果在遇到教师玩忽职守、能力欠缺等问题时，在学生没有事先申请并得到许可的情况下不许更换教师，那么这种规定不但会大大减少同一学校内各导师、各教师之间的竞争，而且也会大大降低他们勤勉任教以及关注各自学生学习情况的必要性。像这样的教师，即使接受了学生非常优厚的酬金，也可能像学生没有付给他酬金或像那些除工资外没有任何其他收入的教师一样，完全忽视他们。

如果教师碰巧是一位通情达理的人，那么当意识到自己向学生讲授的都是一些废话或者近乎无意义的内容时，他一定会感到非常不安。当他看到大部分学生不来听他的课，或是带着明显漫不经心、鄙视或嘲笑的表情听他的课时，他也一定会感到心中不快。因此，如果他不得不讲一定数量的课，纵然没有其他利益关系，单是为了避免心中不快，那么他也一定会努力备课使其尽善尽美。不过，他也可能采取其他投机取巧的办法，而这些办法会减弱所有激励勤勉的动机。那就是教师不向学生讲解他应向学生们讲授的科学知识，而是为学生们朗读一本相关的书籍，如果那本书是用呆板的外语写的，那就翻译成学生能听懂的语言读给他们听；或者更省事一点，让学生们翻译出来讲给他听，他自己只不时地加以评论，就这样自欺欺人地认为自己在上课。只要有一点最起码的知识和稍微付出一点儿努力就可以做到既不使自己遭受学生的鄙视或嘲笑，也不会在讲课时说出一些愚蠢、荒谬或可笑的话。与此同时，学院的纪律可以使得教师强迫所有的学生按时去参加他的讲课秀，并在整个过程中保持良好的秩序和礼貌的态度。

学院和大学的纪律一般来说不是为了学生的利益而设计的，而是为了 764
老师的利益，或者更确切地说是为了老师的安逸而设计的。它的目的是在所有场合维护教师的权威，不论教师有没有履行其职责，学生都必须在他面前表现得老实规矩，就像他是以最大程度的勤勉竭尽所能来履行其职责一样。这似乎是假定教师一方具有完全的智慧和德行，学生一方则具有最大的弱点或很愚蠢。可是我相信，只要教师真正履行他们的职责，大部分

学生是不会对他们的讲授不予理睬的。众所周知，真正值得听的课，是无须用纪律来强迫学生出席的。毫无疑问，对于儿童或者十分年幼的孩子来说，为了让他们接受早期生活所必需的教育，强迫和限制在某种程度上是必要的；但在十二三岁以后，只要教师履行他的职责，强迫和限制对实施任何阶段的教育都是不必要的。大多数的年轻人都十分宽宏大量，只要老师是在真心实意地教授他们有用的东西，他们是不会忽视或蔑视教师的教诲的；并且他们通常会对教师在履行职责中的许多错误予以原谅，有时甚至会向公众隐瞒老师的许多重大疏忽。

值得注意的是，非公立机构所承担的那部分教育职责通常都履行得最好。当一个年轻人进入一所击剑学校或舞蹈学校学习时，尽管他确实并不总是想把击剑或舞蹈学得非常好，但他很少学不会击剑和跳舞。马术学校的良好学习效果通常就不那么明显。马术学校的费用很高，以至于在很多地方它都是公立机构。文学教育的三个最主要的部分，即读、写和算，依然更多地是通过私立学校而不是公立学校来教授给学生的，而且也很少出现一个人想学这些技能却没有学到的情况。

在英国，公立中小学远没有大学那么腐败。在公立中小学，教给青年人的，或者至少是可以教给青年人的是希腊文和拉丁文；也就是说，老师们打算要教的或者说他们被期望去教的是希腊文和拉丁文。而在大学，青年人既没学到这些法人团体应该教给他们的内容，也经常找不到可以学习这些内容的适当手段。公立中小学教师的报酬在大多数情况下主要依赖于，在某些情况下则是完全依赖于学生的学费或酬金。公立中小学是没有任何
765 特权的。为了得到毕业文凭，一个人并不需要持有在公立学校学习过一段时间的证明。如果通过考试显示他能理解那所学校所教的东西，那么就不必问他是在哪里学到的。

通常在大学里所完成的那部分教育，也许可以说并不是教得很好。但是如果没有这些机构，这部分知识通常就根本不会有人去教，那么个人和社会都将由于缺乏这个重要部分的教育而蒙受重大的损失。

现在的欧洲大学，最初大部分都是教会团体为培养传教士而设立的。它们是通过教皇的权威建立的，完全处于他的直接保护之下，因此所有成

员，不论是老师还是学生，全都享有教士的特权[①]，也就是他们只服从宗教法庭，而不受大学所在国家普通民事法庭的管辖。大部分学校里所教的课程也完全服从于机构设立的目的，即神学或某些与神学相关的预备课程。[②]

当基督教首次通过法律得以确立时，一种被讹化的拉丁语已成为欧洲西部所有国家的通用语言。因此，教堂中诵读的圣经的译文，全都用这种被讹化的拉丁语，也就是用教堂所在国的通用语言。在抵御住罗马帝国的野蛮民族入侵以后，拉丁语渐渐地在欧洲各地被停止使用。虽然最初引入宗教形式和礼仪并使其合理化的情境早已不复存在，但人们出于崇敬之心自然要把这些既定的宗教形式和礼仪保存下来。[③] 因此，虽然拉丁语已不能为大部分人所理解，但宗教仪式却依旧使用这种语言。于是就像在古埃及那样，在欧洲通行着两种不同的语言：一种是教士的语言，一种是人民的语言；一种是神圣的语言，一种是世俗的语言；一种是学识渊博者的语言，一种是不学无术者的语言。由于教士在执行其职务时必须懂得一些这种神
圣的、学识渊博者的语言，所以拉丁语从一开始就成为大学教育的重要组 766
成部分。

希腊语和希伯来语则并非如此。教会万无一失的教令宣称，《圣经》的拉丁语译本，即通常所称的拉丁语《圣经》，与用希腊语和希伯来语书写的原文同为神灵所传授，因此具有同等的权威。这样一来，通晓这两种语言对教士来说就不是必备条件了，因此对这两种语言的学习在很长时间里都没有成为大学教育公共课程的一个必要组成部分。我确信，有些西班牙大学从来就没有将希腊语的学习列入公共课程。最初的宗教改革者们发现《新约全书》的希腊语文本，甚至《旧约全书》的希伯来文本，都比拉丁语《圣经》更符合他们的主张——很自然可以猜想得出，拉丁语《圣经》已逐渐被用来支持天主教的教义。于是，他们开始揭露拉丁语译本中的许多错误，因此罗马天主教教士不得不进行辩护或解释。但是如果没有希腊语和

---

① 参见 V. i. g. 23。

② 在写给卡伦的第 143 号信件中，斯密指出："所有的大学都是教会的机构，处于教皇的直接保护之下，在所有基督教徒中，其中一所大学的学位与任何一所其他大学的学位赋予教徒相同的特权；时至今日，人们对于外国学位青睐有加（甚至在新教国家也是如此），这可以看做教皇制度的残余。"

③ 斯密在 III. ii. 4 中给出了一个相关的观点。

希伯来语的若干知识，那么辩护或解释是行不通的，于是拥护改革教义和反对改革教义的人都逐渐把希腊语和希伯来语引入大多数大学的课程当中。希腊语同古典学问的每一个部分都有联系，而古典学问虽然最初主要是由天主教徒和意大利人在研究，但恰好在改革教义站稳脚跟的时候流行起来。因此，在多数大学中，修哲学之前要先学习希腊语，这时正好学生也习得了一些拉丁语知识。希伯来语和古典学问没有什么关系，除《圣经》外，没有任何一本有价值的书是用希伯来文写的，所以希伯来语的课程通常是在学生们学习了哲学之后才开设，并且是在学生们已经开始学习神学时才开设。

最初，各大学只教授希腊语和拉丁语的基本知识，有些大学将这一做法延续至今。其他大学则期望学生至少学习一或两种这类语言的基本知识，而对它们的进一步学习研究已成为各地大学教育的一个重要组成部分。

古希腊哲学被划分为三大部分：物理学或自然哲学、伦理学或道德哲学、逻辑学。这种一般性划分似乎完全符合事物的性质。

767 自然界的伟大现象——天体的运行、日食月食、彗星、雷、闪电和其他天文现象、植物和动物的产生、成长和死亡，必然会令人类惊奇，所以自然会唤起人类的好奇心，促使他们去探索其中的原因。[①] 最初，迷信企图

---

① 参见《天文学史》第四章第 1 自然段：“在所有自然现象中，天文现象以其壮美成为最能激发人类好奇心的宇宙目标。”在《修辞学及纯文学讲义》中，“壮观”和“美丽”被引用为“最能吸引我们注意力的两种目标”，斯密在《修辞学及纯文学讲义》第二章第五节第 18 至 19 页，洛西恩编辑版本第 87 页中指出：

任何现象在人的头脑当中留下的印象越生动越显著，它就越能激起人们想要了解其原因的好奇心——尽管也许这个现象从其自身的壮观程度或者重要性来说不及另一种不那么显著的现象。这就是为什么我们更想探究诸如打雷和闪电这样的天文现象，而不是万有引力现象的原因，因为前者自然会给我们留下更为深刻的印象。

斯密也指出，正是这些不可思议的现象首先引起了原始未开化人们的注意力。参见《修辞学及纯文学讲义》第二章第 60 页，洛西恩编辑版本第 107 页。斯密在《天文学史》第一章和第二章中对有关自然界奇观和惊喜的观点加以了考虑，认为我们在注视某些始料未及的现象或关系时感到惊奇，这是看到奇观后的一种感觉，也就是由于我们希望“做某种联系”而产生的一种“不确定和非常好奇”的状态。对这种状况的反应涉及对一些阐释的追求——阐释通过将“一系列事件联系起来”从而消除思考者在思考状态下所出现的无用反应。《天文学史》第二章第 9 自然段。《修辞学及纯文学讲义》第二章第 32 至 33 页，洛西恩编辑版本第 93 至 94 页在谈及历史构成时，也提出了类似的观点，也可参见该书第二章第 85、197 和 206 页，洛西恩编辑版本第 118、167 和 172 页。

通过将这一切令人惊异的现象归因于神的直接作用，以满足人类的这种好奇心。[①] 后来，哲学力图用比神的作用更为常见、更容易为人类所了解的原因对其做出解释。由于解释这些伟大现象是人类好奇心的最初目标，所以用来解释它们的科学自然成为哲学的第一个分支。[②] 因此，历史上有过记载 768
的最早的哲学家似乎都是自然哲学家。

在世界上的每一个年代和每一个国家，人们必然会注意彼此的性格、意图和行为，同时要确立许多规范性的并为大家所认可的规则和准则以指导人们的生活。[③] 在文字通行以后，聪明人或自认为聪明的人，自然就会竭力增加那些已经确立和受到尊敬的准则的数目，以表达他们对什么是适当行为、什么是不当行为的看法：他们有时采用虚构的寓言形式，如所谓的《伊索寓言》；有时采用比较简单的箴言或格言形式，如《所罗门金言》、西奥格尼斯和弗西里迪斯的诗以及赫西奥德的部分著作。在很长的一段时期

---

① “由此，多神论的起源，以及将所有自然界奇异事件归结于神明的开心或不快的粗俗迷信的起源……因为可能正如观察到的那样，在所有多神论宗教中……只有自然界奇异事件被归结为他们所信奉天神的旨意和力量。起火、涨水、从天上掉下来东西、轻的东西飞到天上去，这些都是事物的自身特性所决定的，而不是由丘比特看不见的手造成的。但是打雷和闪电、暴风雨和太阳光这些更加奇异的自然事件却被归结为丘比特神的好恶。”（《天文学史》第三章第 2 自然段。）在《道德情操论》第三卷第一篇第五章第 4 自然段，斯密指出：“在信奉异教的愚昧和无知的时期，看来人们形成的关于神明的想法极为粗糙，以致不分青红皂白地把人类所有的自然感情都说成是神所具有的，连那些并不能给人类增光的感情……”

② 尽管斯密认为知识的发展代表着对人类想象需求的回应，并没有任何必然的实际用处，但他的看法更加接近于达兰贝尔在为狄德罗编写的《百科全书》所写的序言中所提出的一般性观点。达兰贝尔在序言中评论到，所有的艺术都要服从于人类的自然需求：

> 几何、算术和写作最初都是为了方便好几门艺术的操作而发明的。写作和算术是被发明用来记录商人的交易的，几何最初是被发明用来帮助手艺人来制造那些需要更加准确测量结果的工艺品的（或者是用来丈量土地并在居民间进行分配）（《法理学讲义》(A) 第六章第 18 页）。

《法理学讲义》(B) 第 210 页，坎南编辑版本第 160 页中有类似的观点，也可参见第五篇第一章第二部分第 55 自然段。

③ 《修辞学及纯文学讲义》第一章第 133 页，洛西恩编辑版本第 51 页中有一个类似的观点，此处指出，“所有批评和道德的规则，当追根溯源时，都来自于每一个人都认可的常识性原则”。在谈及语言的发展时斯密也指出，当语言发展取得一定进步时，“自然就可以想象得到，人们会根据他们管理语言的方法形成一些规则”。《语言的初次形成》在第 16 页指出：“一般规则的建立通常都是无意识的，并且进展缓慢，是对发音相似性喜爱的结果，而发音的相似性是大部分语法建立的基础。”参见第 25 自然段。《道德情操论》的主要特点之一就是其对我们形成判断的方式这个问题感兴趣，这种判断是针对有关哪些行为是适合做或适合去避免而做出的。斯密以此为基础，认为我们对特殊事件形成判断的能力使得我们形成道德的某些一般规则。斯密表示，一般规则的内容是和经验相关的，而且在所有社会中都存在一般规则。参见《道德情操论》第三卷第一篇第四章和第五章。

内，他们可能还会以这种方式继续增加那些有关谨慎和道德的准则的数量，丝毫没有打算按照一种明确的、有条理的方式把它们整理出来，更谈不上按照一个或多个一般原则将它们连贯起来，使得人们可以根据原因推断其
769 结果。将不同的观察结果通过几个共同原则联结起来，再加以系统的整理[①]所呈现出来的美，最初出现在古代有关自然哲学体系的一些粗浅的文章当中。[②] 随后在有关道德的一些文章中也做了某种类似的尝试。有关日常生活的准则则按照某种有条理的顺序进行整理，并且通过一些共同原则联结在一起，其方式就和人们试图对自然现象做出整理和建立联系的方式一样。对这些起联结作用的原则进行研究和解释的科学，就是所谓的道德哲学。[③]

对自然哲学和道德哲学，不同的学者提出了不同的体系。但是他们用

---

① 部分出自对于美的感知，系统的安排或整理也是斯密自己思想的一个特点。杜格尔德·斯图尔特经常注意到他“对系统的热爱”（例如，参见斯图尔特，第三章第 15 自然段），并声称“相对于斯密的《国民财富的性质和原因的研究》，除了数学和物理学科以外，是否还存在任何合意的……符合逻辑规则的，而且对普通读者来说很易接受的书籍，这一点是值得怀疑的”（第四章第 22 自然段）。《国民财富的性质和原因的研究》一书的系统性特点也在以下信件中被提及：休·布莱尔 1776 年 4 月 3 日写给斯密的第 151 号信件，约瑟夫·布莱克 1776 年 4 月写给斯密的第 152 号信件，威廉·罗伯逊 1776 年 4 月 8 号写给斯密的第 153 号信件以及爱德华·吉本 1777 年 11 月 26 日写给斯密的第 187 号信件。波纳尔在写给斯密的信件的开篇第一自然段就说《国民财富的性质和原因的研究》一书的“规划和上层结构”赋予了“那个体系一个完整的想法，我一直希望公众能掌握那个体系。这个体系可能会在绝大多数重要的学科、人类社会的知识及其运作中确定一些重要的原则。它可能会成为政治运作知识的原理，就像数学之于机械学、天文学和其他科学一样”。他也将《国民财富的性质和原因的研究》看做“运动法则的制度原理，借此社会的运转得到指导和管理，由此它们应该得到审视”。的确，波纳尔在第 48 号信件中表达了他如下的希望，即斯密的著作在经过适当的修改后，应该“由我们大学当中理解力强的老师”作为“该专业的一门基础课程”进行讲授。

② 科学论述的两种方法（亚里士多德式和牛顿式）在《修辞学及纯文学讲义》第二章第 133 至 134 页，洛西恩编辑版本第 140 页中有所提及。在前一种“方法”中，一个原理，“通常是一个新原理”被用来解释每一个问题，而对于后者，他说：

> 在牛顿的方式中，我们可以规定一些原理，或者一开始就证明根据什么来解释用同一条线索联系起来的多种现象。我们称之为牛顿方法的后者无疑是最为明达的，而且在各门科学中，无论是道德哲学还是自然哲学等，后者普遍说来是更为巧妙的，由此相对其他而言更具吸引力。它赋予了我们用某一原理（通常是某个著名的原理）来看待我们认为最不可能得到解释的现象的乐趣，这种方法要比我们所运用的其他不连贯方法要好得多……

斯密也将这种“方法”的运用归功于笛卡尔，以这种方式阐释了他的哲学的“博大精深”。

③ 哈奇森在其《简介》中对人们受其支配的“天然欲望的多样性”进行了评论，并补充道：“我认为，这种复杂的观点必须首先使得人类的本性表现为一个奇怪的混乱体，或者表现为由互相冲突的原则组成的一个混杂体，直到我们通过仔细观察后发现它们内部存在某些自然联系或自然秩序，从而一些占据主导地位的原理自然就适于统治所有其他的原理。发现这一点是道德哲学的主要事情，而展示所有这些部分是如何按顺序进行安排的则是……”（第 36 自然段。）

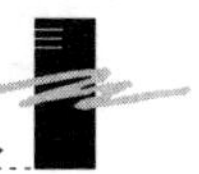

来支持这些不同体系的论述往往不是证明，充其量也不过是推测，有时仅仅是诡辩——它们没有任何其他基础，只是一些不准确和模棱两可的文字。古往今来，思辨体系的采用都只是出于一些极其琐碎的理由——这些理由不足以决定有常识的人的判断，都是有关极小的金钱利益的事情。[①] 纯粹的诡辩对于人类的思想，除了在哲学及思辨方面以外，几乎就没有产生任何影响；而在哲学和思辨方面，诡辩常有着很大的影响力。各个自然哲学和道德哲学体系的拥护者，自然就竭力去揭露持不同意见者论据中的缺点和 770
不足。[②] 在对这些论据进行考察时，他们自然会考虑可能性论据和证明性论据之间的区别、虚假论据和确凿论据之间的区别；而逻辑学，或者说有关好推理和坏推理的一般原则的科学，必然会从这种仔细审查所引起的观察中产生。虽然逻辑学从起源上看晚于物理学和伦理学，但在古代大部分哲学学校中，逻辑学通常总是先于物理学和伦理学进行教授。那时人们似乎认为，学生们在被引导去对如此重要的问题进行推理以前，首先应当深刻领会好推理和坏推理之间的区别。

在古代，哲学被划分为三个部分；而在欧洲的大部分大学中，哲学则被划分为五个部分。

在古代哲学中，有关人类精神或神的性质的教学是物理学体系的一部分。[③] 这些东西，不论人们认为其本质是什么，都是宇宙这个伟大体系的一部分，也是会产生许多重大影响的一部分。不论人类推理对它们所做出的结论或推论是什么，它们无疑都是企图对宇宙这个伟大体系的起源和运行做出解释的科学的非常重要的两个章节。但在欧洲的大学中，哲学只作为神学的附属部分进行讲授，所以这两章自然要比这门科学的其他部分教得更详细。于是这两章逐渐得以扩大，又被细分为许多小的章节，直到最后为人们所了解的极少的精神学说在哲学体系中占据了和为人们所了解的极多的物理学说相同的篇幅。于是这两个学说被视为形成了截然不同的两门

---

① 参见西塞罗的评论，V. ii. k. 14 对此有引用。

② 在《道德情操论》第七卷第二篇第四章第 14 自然段中提及：“某个自然哲学体系，表面看来也许非常有理，可以在好长一段时期为世人所普遍接受，但实际上却没有什么基础，同真理也毫无相似之处。笛卡尔旋风就被一个富有智慧的民族在将近一个世纪的时间内看成对天体烟花的一个最成功的说明……但是对道德哲学体系来说却不是这样。一个声称要解释人类道德情感起源的作者，不可能如此严重地欺骗我们，也不可能如此严重地背离真理。”

③ 斯密将有神论的起源归结为古典时期科学的发展：“体系的统一性……表明原理的统一性；因此，正如无知引起迷信，科学导致了那些国家有神论的产生，那些国家还没有受到神的天启的开导。”（《古代物理学》，第 9 自然段。）

科学。于是所谓的形而上学或精神学被设置在独立于物理学的位置上，并
771 且不仅被看做一门更为崇高的科学，而且就某一特定职业来说还被看做这两门科学中比较有用的一种。在这种情况下，进行试验和观察的专门学科，即在其中通过仔细的观察可以得出许多有用的发现的学科则几乎完全遭到了忽视。相反，除了几个极其简单、几乎是明显的真理以外，通过最仔细的观察也只能发现一些模糊不清和极不确定的东西，从而只能产生微妙莫测的东西和诡辩的学科则得到大力培植。

当上述两种科学被这样置于对立的地位时，对它们进行比较就自然而然地产生了第三种科学，即所谓的本体学，也就是对两门学科一些共同的性质和属性进行研究的科学。不过，如果说微妙莫测的东西和诡辩构成了各派形而上学或精神学的绝大部分内容，那么它们也构成了本体学这门乱作一团的科学的全部——本体学有时也同样被称做形而上学。

当不仅将一个人作为一个个体来看待，而且还将他作为家庭、国家以及人类大社会的一个成员来看待时，这个人的幸福和圆满何在？这是古代道德哲学力求探讨的主题。在那个哲学体系中，人生的责任被看做人生的幸福和圆满的附属物。但当道德哲学和自然哲学只作为神学的附属部分来讲授时，人生的责任被主要看做来生幸福的附属物。在古代哲学中，德行的尽善尽美被认为必然会使具有这种德行的人今生享受到最圆满的幸福。而在现代哲学中，德行的至善至美则通常被看做或几乎总是被看做与今生的任何程度的幸福相矛盾的东西。天国是只有通过修行、禁欲以及僧侣的苦行和谦卑才能到达的；一个人单凭慷慨大方、乐善好施的行为是不能进入天国的。① 在大多数情况下，诡辩术和苦行道德观构成了各派道德哲学的主要内容。至此，哲学所有不同分支中最重要的东西就以这种方式被极大地歪曲了。

772 因此，在欧洲的大部分大学中，哲学教育的公共课程就是如此：首先讲授的是逻辑学；其次讲授的是本体学；再次讲授的是精神学，包括有关人的灵魂和神的性质的学说；最后讲授的是被玷污的道德哲学体系。

欧洲各大学对古代哲学课程内容所做的修改，全都是为了僧侣教育，并为了使哲学成为研究神学的一门更加合适的入门学科。但是所做的修改

① 《道德情操论》第三卷第一篇第二章第35自然段对这一点进行了严厉的批评："像这样把某个修道院的徒劳的苦修比做高尚的战争的艰难和冒险，认为在宇宙主宰的眼中修道院中一日或一小时的苦行比在战争中度过的光荣一生具有更大的功绩，肯定是同我们的全部道德情感相抵触的。"但他补充道："正是这种精神，一方面把天国留给了僧侣修士们，或留给了言行与僧侣修士们相似的人们，同时却宣告，过去年代的所有的英雄、政治家、立法者、诗人和哲学家，所有那些有利于人类生活延续、为人类生活增添便利和美化人类生活的在技艺方面有所发明、有所前进或者有所创造的人，皆将下地狱"。

附带的微妙莫测的东西和诡辩、诡辩术及苦行道德观，无疑并未使哲学更适宜用于对绅士或一般世人的教育，或者说，对于他们悟性的提高或心灵的修补，并不见得更有作用。

这种哲学课程仍然在欧洲大部分大学中继续讲授，而教师讲授这门课程的勤勉程度依据各所大学章程所要求的教师勤勉程度的高低而各异。在一些最富有和捐赠基金最多的大学，导师们只满足于讲授这门被歪曲了的课程的一些不连贯的片段和章节；而且即使只是这些东西，他们也常常是讲得漫不经心并且粗枝大叶。

哲学各个分支在现代所做的改进，大部分都不是在大学里做出的——虽然有一些无疑是在大学里做出的。即使在做出改进后，大部分大学也不那么热衷于采纳它们。那些被推翻的体系和陈腐的偏见，虽然为世界各地所摈弃，但有某些学术团体仍在一段很长的时间中选择成为它们的避难所，为它们提供保护。一般说来，最富有和捐赠基金最多的大学在采用这些改进方面是最慢的，它们对已经确立的教育计划总是最不愿意进行任何重大的修改。这些改进在某些较穷的大学里实行起来反而容易一些，因为在那些大学里，教师的绝大部分生活费取决于他们的名望，从而使得他们不得不更加关注世界的时代思潮。[①] 773

但是，尽管欧洲的公立中小学和大学原本只是为了某种特定目的，即为培养教士而设立的，尽管学校也并没有十分用心地向学生讲授那些对于这种职业来说必要的知识，但它们还是逐渐把几乎所有其他人，尤其是绅士和有钱人家的子女都吸引到它们这边来接受教育。从人的幼年时期到其认真地从事某种事业，也就是他要毕生从事这种事业的时期到来之前，还有很长的一段时间。要有所获益地度过这段时间，在当时似乎没有比上学更好的办法。然而中小学和大学所传授的绝大部分知识，似乎并没有对他未来要从事的事业提供最恰当的帮助。

在英国，一种越来越流行的习俗是，父母在年轻人中学毕业后就马上送他们到国外旅行，而不是送他们去上大学。[②] 据说，年轻人出去旅行一次，回

---

① 参见 V. i. f. 6。在 1776 年 4 月 3 日写给斯密的第 151 号信件中，布莱尔写道："你有关大学的教义中有如此众多的闪光点和真理，你的教义特别适合在全世界范围内推广"，这一部分的缺失将是一件憾事。布莱尔对斯密有关美洲殖民地和教会事务的观点并不十分赞同。

② 《道德情操论》第六卷第二篇第一章第 10 自然段也评论道："男孩子在相隔很远的著名学校里所受的教育、年轻人在远方的大学里所受的教育、女青年在遥远的修道院和寄宿学校里所受的教育，似乎从根本上损害了法国和英国上层家庭中的伦理道德，从而损害了家庭幸福……确实，也许能够从所谓公共教育中得到的收获，不能对由这种教育引起的几乎是肯定和必然的损失有任何补偿。家庭教育是一种天然的教育制度；公共教育是一种人为的教育方法。断定哪一种可能是最好的教育方法当然没有必要。"

国时通常都有很大的长进。一个年轻人在十七八岁时到国外去，21 岁回国，回国时比出去时年长了三四岁；在那个年纪，在三四年的时间里是很容易获得很大长进的。在旅行的过程中，他通常会收获一两门外语的一些知识，尽管那点知识还不足以使他能够流利地表达或正确地书写。在其他方面，他回国之后一般会变得更加自负、更加随便、更加放荡和更加不能严肃认真地对待学习或工作。如果是留在国内的话，那么他在如此短暂的时间内绝不会变成那样。这么年轻就出国旅行，并且在远离父母和亲朋好友的监督和控制的地方，以最放荡无聊的方式消磨生命中最宝贵的年华。在这种情况下，早期教育本来可能在他
774 身上形成的每一个良好的习惯，在出国的几年时间里不但没有得到巩固和加强，反而几乎必然会被削弱或消失。父母将年幼的孩子送到国外旅行这种极端荒谬的做法得以流行的原因只有一个，那就是对各所大学的不信任。通过将孩子送往国外，父亲就可以至少在一段时间内摆脱一种痛苦，那就是孩子在自己的眼皮底下无所事事，漫不经心地堕落下去。

这就是某些现代教育机构所造成的后果。

在其他年代和其他国家，似乎也曾有过不同的教育计划和不同的教育机构。

在古希腊的各个共和国，每一位自由公民在地方行政长官的指导下学习体操和音乐。学习体操的目的在于强身健体、增加勇气、提高忍耐战时疲惫和危险的能力。[①] 据史料记载，希腊民兵是世界上最好的民兵之一，这说明他们所接受的这一部分公共教育完全达到了它预期的目的。公共教育的另一部分是音乐。根据对这些教育机构有记述的哲学家及历史学家的意见，其目的在于使其思想闪耀人性的光辉，性情更加温和，能履行公共生活和私人生活中的一切社会和道德义务。[②]

古罗马战神广场上的训练想要达到的目的与古希腊体育场上的运动

① IV. ix. 47 指出，在影响其军事训练的情况下，市民可免除其日常的劳作。

② 《修辞学及纯文学讲义》第二章第 117 页，洛西恩编辑版本第 132 页中指出，“把音乐加进来是为了纠正军事教育的不良后果”，而且“这两者构成了年轻人的全部教育，即便在雅典也是如此”。斯密补充到，游戏得以制定，奖项颁发给了那些在体育和诗歌中表现突出的人，而且在这些游戏中“希罗多德（希腊的历史学家——译者注）朗读他的历史，伊索克拉底宣读其演说（至少是让别人来宣读，因为他的声音很糟糕，所以他从未自己读过）”（《修辞学及纯文学讲义》第二章第 120 页，洛西恩编辑版本第 133 页）。斯密在《修辞学及纯文学讲义》第二章第 47 至 49 页，洛西恩编辑版本第 101 页将希罗多德看做一位历史学家，在《修辞学及纯文学讲义》第二章第 121 至 122 页，洛西恩编辑版本第 134 页中将伊索克拉底看做一位演说家。后者的收入在 I. x. c. 39 以及 V. i. g. 40 中进行过计算。

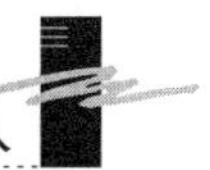

目的相同，而且前者似乎也很好地实现了其目的。[①] 但在罗马人中，没有与希腊的音乐教育相类似的东西。但罗马人的道德品行，不论是在私人生活方面还是在公共生活方面，不但都很好，而且总的来说要比希腊人还好很多。关于罗马人在私人生活上的道德品行要优于希腊人这一点，我们有熟悉这两个国家的两位作者——波利比乌斯[②]和哈利卡尔那索 775
斯的迪奥尼修斯[③]的证言；至于罗马人在公共道德上表现出的优越性，则可从希腊和罗马的整个历史进程中得到证明。意见相左的各党派所表现出的好脾气和有节制，似乎就是一个自由民族公共道德最本质的体现。但希腊各党派起争执时几乎总是伴随着暴力和流血事件。相反，直到格拉奇时代为止，罗马人从未因党派之争而流过血；但从格拉奇时代起，罗马共和国可以说实际上已经解体。所以，无论柏拉图[④]、亚里士多德[⑤]和波利比乌斯[⑥]享有怎样值

① 参见 V. i. a. 12 以及本节第 58 自然段。

② “对于有关获得财富的法律和习俗，罗马的要比迦太基的好。在迦太基，只要能够获利就没有什么不光彩的；在罗马，接受贿赂和从不正当渠道获利都被视为极不光彩的事情。……在希腊人中，政府官员如果只有一项才能，那么尽管他们拥有十个抄写员、许多的印章和很多的见证人，他也不能履职；而在罗马人当中，那些要与大笔资金打交道的执政官和使节会保持正确的言行举止，只是因为他们就职时曾经宣誓。”（波利比乌斯：《历史》第六章第 56 自然段，由佩顿翻译，被收录在洛布经典丛书（1927）第三篇第 394～395 页以及 396～397 页。）在《修辞学及纯文学讲义》第二章第 54 至 55 页，洛西恩编辑版本第 104 页中，波利比乌斯被描述为“研究各国文明史”的第一位作者，而且他“在论及一系列历史事件时所表现出的清晰和准确性”“既富有启发性又令人心旷神怡”。

③ 狄奥尼修斯将“对良好纪律的遵守——这使得罗马共和国在几代人的时间里都保持兴旺发达，以及建立起来的良好且用处良多的法律”归功于罗穆卢斯（据说是古罗马的建国者——译者注）。后来他将罗马的做法与“希腊人松散的行为方式”进行了对比。参见哈利卡尔那索斯的狄奥尼修斯：《罗马古事记》，第二章，第 24 至 27 自然段。由斯佩尔曼翻译，由卡里修改并收录在洛布经典丛书（1937 年）第一篇第 377 至 389 页。《修辞学及纯文学讲义》第二章第 229 页，洛西恩编辑版本第 182 页将狄奥尼修斯描述为一位“极具洞察力的评论家”，而且在这些课程中是最常被引用的作家之一，尤其是与斯密有关的历史学家的相关历史课程。

④ “那么，好言辞、好音调、好风格、好节奏都来自好的精神状态，所谓好的精神状态并不是指我们用以委婉地称呼那些没有头脑的忠厚老实人的精神状态，而是指用来称呼那些智力好、品格好的人的真正良好的精神状态。”（柏拉图：《理想国》，第三卷，第 400 自然段，林赛译。）

⑤ “显然，音乐对人的性格特征有很大的影响，而且这种影响还是多种多样的；如果音乐能够做到这一点，那么教授年轻人音乐是理所应当的。”（亚里士多德：《政治学》1340b，艾利斯译。）

⑥ “音乐对所有人都有好处，但对阿卡迪亚人来说，音乐是他们的生活必需品。”（波利比乌斯：《历史》，第四章，第 20 自然段。由佩顿翻译，被收录在《洛布古典丛书》（1925 年）第二篇第 348 至 349 页。）

得尊重的权威，也不论孟德斯鸠先生[①]为支持他们的权威提出了多么聪明的
776 理由，古希腊的音乐教育对道德水平的提高似乎并未起到明显的作用。而没有接受音乐教育的罗马人，他们的道德从整体上看要高尚得多。这些古代先贤对于祖先所制定的制度的尊敬使得他们认为可以从古代习俗中寻找政治的智慧——这种习俗从上古社会一直延续到社会达到一定文明程度的时期。音乐和舞蹈几乎是所有野蛮民族最大的娱乐，同时也是他们款待友人的重要才艺。今日生活在非洲海岸的黑人是如此，古代凯尔特人及斯堪的纳维亚人也是如此，并且从《荷马史诗》中可以看到，在特洛伊战争以前的古代希腊人也是如此。[②] 当希腊各部落各自形成小的共和国后，学习这些才艺自然在很长一段时间里成为公共和普通教育的一部分。

在罗马，甚至在其法律和习俗为我们所熟知的古希腊共和国雅典，教授年轻人音乐或对年轻人进行军事训练的老师似乎都没有得到国家付给的报酬，甚至也没有由国家任命。国家要求每一位自由公民在战时能保家卫国，因此平时必须接受军事训练。但是国家让其臣民自己找老师去学习，国家除了提

---

① “波利比乌斯，明哲的波利比乌斯，告诉我们：亚加底人居住在凄惨寒冷的国家里，所以需要音乐，使他们的风俗趋于柔和……柏拉图毫无顾忌地说，要改变音乐就一定要先改变国家的政制。亚里士多德写《政治学》一书的目的似乎只在于用自己的意见去反驳柏拉图的意见，但是在音乐对风俗的影响力这点上，他和柏拉图的意见是一致的……”参见《论法的精神》第四章第八节第1自然段。他继续写道：“既然如此，在希腊各共和国里，人们是非常为难的。公民不得经营商业、农业和工艺，但又不许他们闲着，所以他们的职业便是体育与军事操练，法制不容许他们做其他的事情。因此，不能不把希腊看做一个运动员与战士的社会。然而，这些训练极容易使人变得冷酷且野蛮，所以需要某种能使性情变得柔和的训练，以资调节。因此，音乐是最适合的了。它通过身体的感官去影响心灵。身体的锻炼使人冷酷，推理的科学使人孤僻，音乐是二者的折中。我们不能说，音乐激励品德，这是不可想象的；但是它具有抑制法制的凶猛性的效果，并使心灵受到一种只有通过音乐的帮助才有可能受到的教育。”（孟德斯鸠：《论法的精神》，第四章第八节第5自然段。）

② 例如：“接下来，足智多谋的俄底修斯开口答道：‘如此，我将对你说告——在我看来，此法绝妙。首先，你等都去盥洗，穿上衫衣，告诉宫中的女人，选穿她们的裙袍。然后，让那通神的歌手，拿着声音清脆的竖琴，演奏伴舞的曲调，以便让屋外之人，不管是路上的行人，还是街坊邻居听闻之后，以为我们正在举行婚礼庆典。不要走漏半点风声，让城民们知晓求婚人已被我们杀死，直至我们抵达果树众多的田庄。到那以后，我们可再谋出路——或许，俄林波斯大神会送来有利于我们的高招。’……他们认真听罢俄底修斯的嘱告，执行他的计划。首先，他们离去盥洗，穿上衫衣，女人们全都打扮得漂漂亮亮，通神的诗人拿起中空的竖琴，激起大家唱歌跳舞的欲望。甜美的歌声，舒展的舞蹈，大厅里回荡着舞步的节奏和声响。起舞的男子，束腰秀美的女郎。”（霍默：《奥德赛》，第23卷，第129至148自然段，由默里翻译，被收录在《洛布古典丛书》（1935年）第二篇第382至385页。）“他还在盾面上铸下两座凡人的城市，精美绝伦。一座表现婚娶和欢庆的场面，人们正把新娘引出闺房，沿着城街行走，举着耀眼的火把，踩着高歌新婚的旋律。小伙们急步摇转，跳起欢快的舞蹈，阿洛斯和竖琴的声响此起彼落；女人们站在自家门前，投出惊赞的眼光。”（霍默：《伊利亚特》，第18卷，第490至496自然段，由默里翻译，被收录在《洛布古典丛书》（1937年）第二篇第334至335页。）

供一块可供操练的公共场地之外，似乎再也提供不了什么其他的东西了。 777

在希腊、罗马共和国的初期，教育的另一部分似乎就是学习阅读、书写以及根据当时的算术进行计算。对于这些技能，富人往往是在家里请家庭教师教授的——这种家庭教师一般不是奴隶就是自由人；而穷人则一般是在学校里由以教学为职业的教师教授的。但无论是在家学习还是在学校学习，教育的这一部分完全听任于每位学生的家长或监护人的安排，国家似乎从未承担过任何监督和指导的责任。[①] 的确，根据《梭伦法》，父母如果忽视了对孩子进行有利于他将来从事某种赚钱职业的教育，那么子女就可以被免除在父母年老时赡养他们的义务。[②]

随着社会文明程度的不断提高，哲学和修辞学逐渐变得流行，上流社会的人将其子女送往哲学家和修辞学家设立的学校，以便让其学习这些时髦的科学。[③] 但对于这类学校，国家没有给予任何支持，在很长一段时间内只是默认其存在而已。久而久之，对哲学和修辞学的需求也越来越小，以至于最初的一批教师无法在任何一个城市找到固定的工作，从而不得不奔走于各个城市之间。埃利亚的芝诺、普罗塔哥拉、戈尔加斯、希皮阿斯和许多其他教师就过着这种生活。随着后来需求的增加，哲学和修辞学学校才固定下来；首先是在雅典，随后是在其他几个城市。不过，国家除了指定一个场所（有时
由私人捐助者提供）供他们讲学外，似乎并没有给予更多的鼓励。柏拉图的 778
学园、亚里士多德的讲堂和斯多葛学派创始人芝诺的学府似乎都是国家的恩赐。但伊壁鸠鲁将他的花园捐给了自己的学校。直到马库斯·安东尼努斯时代，教师似乎都不曾从国家那里得到过任何薪俸，除了学生的学费或酬金外，

---

① I. vi. 6 也曾用到相同的短语。

② “他颁布了一条法律，规定没有得到职业教育的子女可以不用赡养父母。”参见希腊历史学家普卢塔克的《梭伦的一生》第 22 章，由佩兰翻译，《普卢塔克的生活》收录于《洛布古典丛书》（1914 年）第一篇第 465 页。“雅典有一项法律，规定子女有扶养穷苦父亲的义务。但是娼妓所生的、因父亲迫使从事娼妓业从而导致失去贞节的、父亲没有传授任何谋生技艺的这几种子女，不受此限”（孟德斯鸠：《论法的精神》，第 26 章第 5 节第 1 和第 2 自然段）。“在雅典，所有的子女都必须帮助陷入贫苦的父母，但梭伦制定了一项法律，规定对那些没有传授子女谋生技能的父母，子女可以不予赡养”（曼德维尔：《蜜蜂的寓言》，第一章第 46 自然段，凯先生编辑版本第一章第 59 自然段）。

③ 参见《天文学史》第四章第 18 自然段：“在巴克斯时代之前很长一段时间，哲学家们似乎已经放弃了对自然的研究，而主要关注有关伦理道德、修辞学以及辩证法方面的问题。”《修辞学及纯文学讲义》第二章第 213 至 214 页，洛西恩编辑版本第 175 页评论道：“无论哲学的哪个分支得到最多的培养并取得最大的进步，在追求知识和真理的过程中都必然会成为最为赏心悦目的学科。因此，这将成为最时尚的科学，学习这门科学将赋予一个人一位深邃哲学家的品格以及渊博的知识……修辞学、逻辑学或辩证学无疑是先贤所取得的最伟大的进步……”《修辞学及纯文学讲义》第二章第 237 页，洛西恩编辑版本第 187 页对罗马也给出了类似的观点。

他们没有任何其他报酬。① 正如鲁西安②所告知的那样，有位热爱哲学的皇帝曾每年赏赐给一位哲学老师一笔奖金，但这种奖金似乎在他死后就停发了。毕业于这类学校并没有任何特权，单纯为了从事某种职业是没有必要进入这些学校学习的。如果对于这些学校实用性的评论不能吸引学生来学习的话，那么法律是既不强迫任何人进这些学校，也不奖赏任何去那里学习的人的。教师对他们的学生没有任何管辖权。他们除了以自己崇高的道德和杰出的能力在年轻人面前所树立的自然权威以外，再无任何其他权威。

在罗马，学习民法成为某些特殊家庭的教育的一部分，不过不是大多数公民教育的一部分。但想要学习法律知识的年轻人并没有公立学校可上。他们除了时常和懂得法律的亲朋好友保持联系外，再无其他学习途径。值得指出的是，虽然十二铜表法（也叫十二表法，是古罗马国家立法的里程碑，也是最早的罗马法文献——译者注）有许多是从某些古希腊共和国的法律抄来的，但法律并不曾在古希腊的任何一个共和国发展成为一门学科。在罗马，法律很早就成为一门学科，而且国家对通晓法律的人给予极高的荣誉。在古希腊各共和国，特别是雅典，普通法庭都是由人数众多因此毫无秩序的人民团体组成的，其所做的判决几乎通常是随意的，或者是由宗派、党派的一时意志来决定的。③ 当这种不公正裁决的坏名声由 500 人、

---

① 斯密在 I. x. c. 39 对一流教师的报酬进行了讨论。也可参见 V. i. g. 40，此处评论到，大部分与之有书信来往的知名人士都是公共或私人教师。

② “……正如你所知道的那样，皇帝按照派别，如斯多葛派、柏拉图学派、伊壁鸠鲁派以及沃尔科派等向哲学家们发放一笔不菲的津贴，每个学派哲学家得到的金额相等。并规定当其中一人去世后必须由另一个人来接替他的位子，当然这个人必须由精英阶层选出并得到皇帝的认同。卢西恩：《宦官》，第三章，由哈蒙翻译，被收录在《洛布古典丛书》（1936）第五篇第 333 页。在《修辞学及纯文学讲义》中，斯密对作家鲁西安的作品给予了很高的评价。

③ 在《法理学讲义》（B）第 26 页，坎南编辑版本第 19 页中，斯密对早期社会中酋长的权力进行了评论，并声称“他们害怕将重要的事情委托给少数人来完成，因此我们发现，在雅典，会有 500 位法官同时存在”。这一数字在《法理学讲义》（A）第四章第 17 页中有提及；在《修辞学及纯文学讲义》第 29 页中，斯密对法庭演说的形式与法院的结构之间的关系进行了考察。他在该书第二章第 200 至 201 页，洛西恩编辑版本第 169 页中补充道：“当法官数量很少时，他们会比法官数量很多的情况下更加小心谨慎和公正地审理案件；因为当法官数量很多时，责备不会轻易落到某一个人头上，而且他们也不怕受到责备。”从这一点出发，斯密将英国上议院的公平判决和国会或巴黎国会的决定进行了比较，将罗马执政官的表现与雅典 500 位法官的表现进行了对比。在罗马，随着法官作为一个单独职业的出现，现任者“要花费更多的心力来赢得荣誉和名声。拥有的权力愈小，他们就会愈加谨言慎行。他们想要通过他们前任的权威来支持自己的行为甚至都会变得更加困难……因此，其他法官所经常采取的举措将会为自己赢得权威，并逐渐被写进法律条文当中。这就是英格兰的情况”（第二章第 200 页，洛西恩编辑版本第 168 至 169 页）。

1 000 人或者 1 500 人来分担时（因为有些法庭就有如此众多的人），落在任 779
何一个人头上的罪名都不会很重。相反，在罗马，主要的法庭由单独一位或少数几位法官组成，判决要是草率或不公，法官的名誉就要受到很大的影响，特别是当他们公开审判的时候。在遇到疑难案件时，这类法庭为了避免判决不当而受到责备，自然力图用本法院或其他法院前任法官流传下来的先例或判例来保护自己。正是这种对先例或判例的重视，使得罗马法形成了流传到我们手上的这种有规则和有条理的体系；对于其他国家的法律，但凡法院付出了同样的重视，都会产生同样的结果。波利比乌斯和哈利卡尔那索斯的狄奥尼修斯一再声称罗马人的品德要优于希腊人的品德①，很可能就是因为他们的法院制度更好，而不是由于这两位作者所说的其他情况。据说，罗马人以他们对誓言的信守而著称。当然，习惯于在办事勤勉而又消息灵通的法庭面前起誓的人，相对于习惯于在无纪律无秩序的法庭面前起誓的人，自然会更尊重自己的誓言。

就行政和军事能力而言，希腊人和罗马人与任何一个现代国家的国民相比，至少是不相上下的。我们的偏见也许会导致我们对他们的能力评价过高。但是除了和军事训练相关的事情外，国家似乎并没有花什么心力去培养国民的其他能力，因为我无法相信，希腊的音乐教育对于其他才能的培养能有很大的影响。不过，上流社会的人如要学习各种技术和科学—— 780
他们所处的社会环境使得学习这些技术和科学对他们来说是必要或有利的，那么很容易就能找到老师。对于这种教育的需求，促成了能满足这种需求的人才的产生，而且自由竞争似乎总是能激励此类人才向着更高的完善程度发展。② 在引起听者注意、影响他们的意见和原则、给予他们的言谈举止以一定格调和风格的指导方面，古代哲学家似乎比任何现代教师都做得更好。在现代，公立学校教师的勤勉程度或多或少地受到了环境的负面影响，因为这种环境使得他们不必依赖于他们在其职业上获得的成功与名望。③ 他们的薪俸也使得那些自称要与他们竞争的私人教师处于这样一种境地，即如同一个不享有政府奖金的商人与一个享有大笔政府奖金的商人进行竞争一样。如果不享有政府奖金的教师以几乎相同的价格出售他的货物，那么他就不可能获得相同的利润，等待他的命运如果不是破产和毁灭的话，那么必然至少是穷困和乞讨。如果他试图以较高的价格出售货物，那么他的

① 参见 V. i. f. 40。
② 参见 V. i. f. 4，斯密在此对竞争和卓著之间的关系进行了讨论。
③ 参见 V. i. f. 7－9。

顾客可能会很少，因此他的境况也不会有所改善。此外，在许多国家，毕业生的特权对于大多数从事高学历职业的人来说，对于大多数需要这种学历以便进一步深造的人来说都是必不可少的，至少是非常方便的。然而这种特权只有通过听公立学校教师的课才能获得。即使最认真地聆听一位私人教师最精彩的讲授，通常也不能获得上述特权所要求达到的资格。正是由于这些原因，讲授大学普通课程的私人教师，在现代一般都被看做地位最低的文人。一个有真才实学的人再也找不到比它更丢脸、更无利可图的职业了。就这样，中小学和大学的捐赠基金不仅降低了公立学校教师的勤勉程度，而且也使得好的私人教师的存在几乎成为不可能的事情。

如果没有公立教育机构，那么需求量不大的体系或学科的课程，或者说时代环境使得其不是特别必要、特别有用或特别流行的体系或学科的课程就根本不会有人教授。私人教师如果讲授的是一种以前被认为有用但现
781 在已被推翻或变得陈腐的学科体系[①]，或者是一门普遍被认为是无用的、只不过是一大堆诡辩和胡言乱语的学科，那么他从中绝不可能得到任何好处。这样的体系和学科只能存在于这样的教育社团中，即其繁荣和收入在很大程度上与教师的名望无关，并完全与教师的勤勉程度无关。如果没有公立教育机构，那么一位勤奋努力、能力突出的绅士，在受过时代所能提供的最完整的教育后，在进入世俗世界时，不会对绅士和世俗人士谈论的话题一无所知。

在女性教育方面，没有专门的教育机构，因此在女性教育的普通课程中没有无用的、荒谬的或异想天开的东西。向她们讲授的都是她们的父母或监护人认为她们必须学习或学了会有用的东西，别无其他。她们所学的一切显然都有一定的用处：或是提升她们的天然魅力，或是养成含蓄、谦逊、纯洁和节俭的性情，以便使她们将来能成为好主妇，并且在成为主妇后能够举止得体。女性在其一生中都能感受到她所受的教育给她所带来的方便或好处。但对于男性来说，恐怕在其一生中都很难感受到他所受的极其辛苦和麻烦的教育给他带来的任何方便或好处。

因此，有人不禁要问，国家是否不应该关注人民的教育？或者说如果应该的话，那么在不同阶层的人民中应该关注教育的哪些部分？应当以什么方式去予以关注？

在某些情况下，社会的状态必然将大多数人置于这样一种境地，即他

---

① 斯密也在前文第 34 自然段中用到了“被推翻的体系”这一短语。

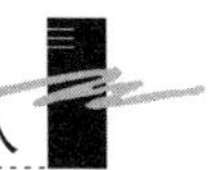

们无须政府关注就能自然形成国家所要求的或者所允许的几乎一切能力和德行。在其他情况下，社会的状态并没有将大多数人置于上述境地，这时就必须由政府给予某种关注，以防止大多数人走向腐化和堕落。

在劳动分工的进程中，大多数以劳动为生的人的职业，也就是大多数人民的职业，仅局限于少数极为简单的操作，往往也就是一到两项操作。而大多数人的理解力则必然通过其日常从事的职业来形成。[①] 如果一个人终 782
其一生都只从事几项简单的操作，而且这些操作所产生的影响又总是相同或极其相近的，那么他就没有机会去发挥他的理解力或运用他的创造力去寻找克服困难的方法——当然对他而言困难也从来不会发生。这样一来，他自然会丧失掉努力的习惯，从而变为最愚钝无知的人。[②] 头脑的迟钝使得他不仅不能领会或参与任何理性的谈话，而且也不能怀有任何宽宏、高尚或温柔的情感，因而也就不能对私人生活中的许多日常义务形成任何正确的判断。对于国家的重大和广泛的利益，他更是完全不能做出判断。他同样也不能在战时捍卫他的国家，除非花费很大的心力去使他做到这一点。[③] 他的毫无变化的单调生活自然消磨了他精神上的勇气，使他厌恶士兵们不规则、不确定和冒险的生活。即使是他肉体上的活力，也受到了这种单调生活的侵蚀，使得他除了从事他已经习惯了的职业以外，不能精力充沛、坚持不懈地从事任何其他工作。他对自身特定职业的熟练和这方面的技巧，看来就是以牺牲自己智力的、社交的和军事的才能为代价而获得的。但在每一个进步的和文明的社会，这就是贫苦的劳动者，也就是大多数人民必

① 参见《法理学讲义》(B) 第 329 页，坎南编辑版本第 256 页："在每一个商业国家，底层人民极其愚钝这一现象都十分引人注目。荷兰百姓显然如此，英格兰人比苏格兰人更为如此。"斯密在此处也观察到，劳动分工通过创造雇用年纪很小的公民的机会而对教育产生了负面的影响。

② 对农业劳动分工的限制在 I. i. 4 已有所提及，关于农业工作者所需知识的多样性和较好的理解力的论述参见 I. x. c. 23 - 24。在 I. xi. p. 8 中，斯密对地主的好逸恶劳进行了描述。

③ 卡姆斯也指出，"经常从事某一项操作将人的思维局限在某个单一事物上，从而排除了所有的思考和发明……操作者变得迟钝和愚蠢，就像牲口那样"（《人类历史概述》第五章第一节）。亚当·弗格森给出的评论最为有名："国民的能力是否会随着技术的提高而得以提高，这或许是值得怀疑的。确实，很多机械技术不需要任何能力；它们在完全抑制情感和理智的情况下完成得最为成功；无知既可以孕育勤劳，也可能带来迷信。反思和设想有时会走上错误的轨道，但动手或动脚的习惯不受影响。因此，制造业在工人头脑简单、工厂被视为一台由人构成的发动机的地方发展得最为繁荣。"（《文明社会史论》第四章第一节，福布斯主编（爱丁堡，1966），182 至 183 页。）

然会陷入的状态，除非政府花些心思去阻止这种情况发生。[①]

在通常所称的野蛮社会，即狩猎和游牧社会，甚至在制造业发展和对
783 外贸易扩张以前的原始农业社会中，情况则完全不同。在这些社会阶段中，每个人要从事的各种工作迫使他充分发挥其才能，想出各种办法克服不断产生的困难。[②] 发明活动始终保持活跃，人的心智也不会陷于那种呆滞愚钝的状态，就像文明社会里几乎所有下层人民的理解力都不起作用那样。[③] 在那些野蛮社会中，正如我们前文所描述的那样，每一个人都是一名战士。每一个人在某种程度上又是一个政治家，他们对于社会的利益和统治者的行为都能做出适当的判断。他们中间的每一个人，对于自己的酋长在和平时期是多好的审判官、在战时是多好的指挥官都看得一清二楚。在这样一种社会状态中，的确没有人能够获得在比较文明的社会中只有少数人才具有的那种比较强的理解力。虽然在社会的初级阶段人们的职业多种多样，但整个社会中职业的种类却不是很多。每一个人所做的或所能做的几乎每一件事情，都是任何其他人所做的或所能做的。每一个人都有相当程度的知识、技巧和发明才能，但很少有人有很高水平的知识、技巧和发明才能。不过，大众化的水平就足以开展社会的所有简单活动了。相反，在一个文明的社会里，虽然大多数人所从事的职业种类很少，但整个社会的职业却多种多样。对于那些自己没有特定职业并且有闲暇有意向去研究其他人职业状况的人来说，这多种多样的职业可以说为他们提供了无限的研究对象。对如此众多的对象的观察和思考，必然使得他们运用心智进行无穷无尽的比较和组合，从而使得他们对职业的理解变得异常精准和全面。但是，除非这些人被置于某些非常特殊的位置上，否则他们的伟大才能虽然对他们自己来说是光荣的，但对社会的良好治理和幸福却没什么贡献。[④] 尽管这少
784 数人具有伟大的才能，但人类品质中所有比较高尚的部分可能在很大程度

① 这一点证实了 I. i 中所谈论的劳动分工的好处。尤其可参阅 I. i. 8，此处声称，发明反映了普通劳动人民的活动。

② 参见 ED 2. 14。在《道德情操论》第五篇第一卷第二章第 8 至 9 自然段中，斯密在阐述野蛮国家和文明国家的行为举止时给出了一个相关的观点，评论说前者“为环境所迫，能经受各种艰难困苦”，因此习惯“不屈服于困苦所引起的各种激情”。与此相反，“在文明和有教养的各个时代，到处可见的那种歌舞升平的幸福安宁使人很少有机会磨炼出对危险的轻视和忍受劳累、饥饿和痛苦的耐心”。

③ 参见 I. xi. p. 8，斯密在此处以地主阶层为例，论述了智力迟钝与安全感之间的联系。

④ 参见 I. ii. 4，5。

上消失于大多数的人民当中。①

在文明的商业社会中，对普通百姓的教育恐怕比对某些富裕阶层的人的教育更值得国家关注。富裕阶层的人，通常都要到十八九岁以后才能从事可以使得他们扬名立万的特定事业、职业或行业。在此以前，他们有充足的时间去获取使他们博得世人尊敬或值得世人尊敬的各种知识和技能，或者至少是有充足的时间去做准备以便使自己日后能获得这一切知识和技能。他们的父母或监护人通常都殷切地希望他们能够习得这些知识和技能，因而在大多数情况下特别愿意付出必要的开支。如果他们总是未能受到适当的教育，那么不是由于他们在教育上的花费不足，而是由于费用的使用不当，也不是由于教师的缺乏，而是由于他们现有教师的疏忽与无能，或由于在目前的情况下很难甚至不可能找到更好的教师。此外，富裕阶层的人一生中的大部分时间所从事的职业也不像普通百姓所从事的职业那样简单和单调。他们的职业几乎都极为复杂，用脑比用手多。从事这类职业的人的理解力也很少因为不使用而变得低下。此外，他们所从事的职业又不大会使他们终日忙碌，他们一般有很多闲暇时间来对在早年间已打有相当基础或有所偏好的各种有用知识做进一步的钻研，从而达到尽善尽美的程度。

普通人的情况则完全不同。他们几乎没有空闲时间去受教育。甚至在他们还是年幼的孩童时，父母都无力供养他们。所以，他们只要一到可以干活的年纪，就必须立即去找一个可以谋生的行当。② 他们所从事的职业一 785
般都十分简单和单调，无须使用理解力。同时，他们的劳动一般持续时间很长而且极为繁重，他们又哪有闲暇和意愿去做，甚至去想其他的事情呢？

---

① 《法理学讲义》(B) 第 328 至 333 页，坎南编辑版本第 255 至 259 页对商业社会的缺点进行了讨论，并在做出结论时评论道："人们的心智萎缩，从而不能得到提升；教育由此受到鄙视，或者至少是被忽视，而且英雄精神几乎完全消失殆尽。对这些缺陷进行补救是一个值得引起高度注意的目标。"这样的观点可能与在《天文学史》当中提出的观点相关。例如，斯密在《天文学史》中指出，我们通常不会对日常工作过程中执行的复杂工序进行思考（第二章第 11 自然段），而且在凡事都遵循固有模式的情况下，"慵懒的想象力"似乎得不到锻炼（第二章第 7 自然段）。在斯密看来，只有非同寻常的事物才能激发思考——正是文中所描述的劳动者的情况所缺乏的那种条件。

② 参见 I. viii. 23 及脚注 17。参见《法理学讲义》(B) 第 329 至 330 页，坎南编辑版本第 256 页："伯明翰 6 或 7 岁的小男孩可以一天挣 3 到 6 便士，由此父母们发现尽早让孩子挣钱对他们是有利的；因此这些孩子的教育问题就遭到了忽视。"同样在此处，斯密将苏格兰底层人民所受的良好教育归因于相对落后的经济状况，而不是父母对教育的不同态度："确实，在这个国家，劳动分工还不是那么发达，就连卑微的搬运工都能读和写，因为教育的费用很低，也因为父母无法让孩子六七岁就去工作。"

不过，无论在哪种文明社会，普通人虽不能受到像富裕阶层那样好的教育，但教育中最基础的部分，即读、写和算的能力还是可以在早年获得的，从而使得大部分预备从事最底层职业的人也有时间在从事职业之前获得这些能力。[①] 因此，只要花很少的钱，国家就能帮助、鼓励甚至是迫使全体人民获得最基本的教育。

国家通过在每一个教区或地区设立一所小规模的学校就可以做到这一点。在那里，儿童只要付很少的酬金就能受到教育，即使普通劳动者也能负担得起；老师们只是部分地而不是全部由国家付给报酬，因为如果老师的报酬全部甚至主要由国家支付，那么他们很快就会对工作懈怠。在苏格兰，这种教区学校的设立已教会几乎全体百姓如何读书识字，并教会其中大部分的人如何计算。在英格兰，慈善学校的设立也取得了相同的效果，但不是那么普遍，因为慈善学校不是那么多。在这些小规模学校中，如果所教的课程比现在通常所教的更有教育意义，如果将普通人的子女在学校学习的、但对他们全无用处的拉丁语取消不教，而代之以几何学和机械学的基础知识，那么，这个阶层人民的文化教育也许还会更全面。几乎没有一个行业不需要用到一点几何学和机械学的原理，因此也可以逐渐训练和
786 提高普通百姓对这些原理的应用能力——它们是最崇高、最有用的科学的必要的入门知识。[②]

国家可以通过颁发小额奖金和荣誉勋章给成绩优异的普通百姓子女来鼓励他们获得这部分最基础的教育。[③]

国家可以要求每一个人在获得进入任何公司的权利之前，或被允许在农村或城镇从事任何买卖之前，必须通过某种考试或试用，以迫使几乎全体人民接受这些最基本的教育。[④]

希腊和罗马共和国正是以这种方式维持了其国民的尚武精神，即为其

---

① 然而，斯密在《道德情操论》第六卷第三篇第 49 自然段中指出：“天赋远达不到通常水平的不幸的人们，有时对自己的评价更不如他们的实际状况。这种谦卑有时可能会使他们陷入白痴的行列。”斯密继续指出，这样的人，即使作为成年人，可能在学习的过程中也会感到困难，“尽管在他们年事已高时尚有足够的精力去试图学会他们在幼时的教育中未能学到的东西”。

② 《法理学讲义》（B）第 330 页，坎南编辑版本第 256 页指出“尽管在很大程度上遭到了忽视，但必须承认，国家设立的学校是一所优秀的机构”。在该书中，斯密多次提及几何学的实用性。

③ 参见 IV. v. a. 39，斯密在此处为运用奖金奖励优秀的艺术家和制造业者进行了辩护。

④ 参见 V. i. g. 14，斯密在此处提及一个类似的计划，该计划旨在对更高阶层的人提出教育要求。

国民获得军事和体育的操练提供便利条件，鼓励甚至强迫全体人民接受这种必要的操练。[①] 为方便国民进行这些操练，各共和国都指定一些地方为特定的学习和练习场所，并赋予某些教师在这种场所进行教授的特权。这些教师似乎没有薪俸，也没有任何专教特权。他们的报酬全部来自学生。在公共体育场学习操练的市民相对于任何私自学习操练的市民来说并不享有法律上的优越性，只要后者学得同样好。为鼓励国民学习，各共和国向成绩优异的学生颁发小额奖金或荣誉勋章。在奥林匹克运动会、地峡运动会或纳米安运动会上获奖，不仅可给获奖者本人，而且还可给他的家人和亲属都带来无限荣光。凡是共和国市民，只要被召集，都必须在共和国军队中服役一定年限。这项义务就足以使得每位市民学习军事及体育操练成为必要，否则其就不适合服兵役。

在军事操练不断改进的过程中，除非政府予以适当的支持，否则军事操练就会逐渐走向衰退，人民大众的尚武精神也会随之消失殆尽。现代欧洲的例子充分说明了这一点。[②] 但每个社会的安全总是或多或少地依存于人 787
民大众的尚武精神。当前，仅仅只有尚武精神而没有一支纪律严明、训练有素的常备军的支撑，或许的确不足以保障任何一个社会的安全。但在每一个公民都具有军人精神的地方，所需要的常备军肯定规模比较小。此外，这种精神必然会大大减少常备军对自由所造成的威胁，不管这种威胁是真实的还是想象的。[③] 正如尚武精神会极大地有益于常备军对外国入侵者的抵抗，它也会在常备军胆敢做出违反国家宪法的事情时对其加以制止。

就维护大多数人民的尚武精神而言，希腊和罗马的古代制度似乎比现代所谓的民兵制度有效得多。古代的制度更为简单，它们一旦建立起来即可自行运作，很少或根本不需要政府去维持其完全的活力。而要使现代民兵的复杂规章制度维持勉强说得过去的运转，就需要政府花费巨大的人力物力去不断地加以关注，否则它们就会经常陷于被人忽视和废弃不用的境地。此外，古代制度的影响范围也广泛得多。按照这些制度，全体人民完全学会了如何使用武器。而根据任何现代民兵的规章，只有很小一部分人能受到这种训练，瑞士的民兵或许是例外。但一个不能保护自己或为自己复仇的懦夫，显然缺少人性中最重要的品质之一。他就像一个在身体上被

---

① 希腊和罗马的军事训练在 V. i. a. 12 中也有探讨。

② 参见 V. i. a. 15。

③ V. i. a. 41 中提到了常备军对自由造成的威胁。

夺去了某些最主要的器官或者丧失了这些器官的功能的人一样，在精神上被肢解和摧残了。在这两种人中，后者显然更加可怜和悲惨，因为相对于肉体而言，完全存在于人的精神之中的幸福与痛苦的感觉，必然更多地依存于精神的健全与否、精神遭到肢解与保持完全的状态如何。即使人民的尚武精神对保卫社会没有用处，但为了防止胆怯懦弱所必然引起的这种精神上的残废、畸形和不幸在大多数人民中间传播，政府也应该予以高度重
788 视，就如同防止麻风病或其他任何令人讨厌的疾病（虽然这些疾病既不是致命的，也没有危险）在人民大众中传播值得引起政府的高度关注一样——尽管除了防止如此巨大的公害传播以外，这种关注并不能带来任何其他的公共利益。

同样的说法也适用于在文明社会中使全体底层人民的理解力变得低下的无知和愚昧。一个人如果不对其智能加以适当利用的话，那将比一个懦夫更加可鄙，就好像是人性特征中最基本的部分残废和畸形了。即使国家从对底层人民的教育中得不到任何好处，这种教育也仍然值得关注，以使他们不至于陷入完全接受不到教育的境地。何况国家还是能从对他们的教育中获得极大好处的。他们受到的教育越多，就越不容易受到狂热和迷信的蛊惑——这种蛊惑在愚昧民族中常常造成最可怕的骚乱。此外，受过教育、具有一定聪明才智的人往往比无知愚蠢的人更懂礼节、更守秩序。他们每一个人都感到，自己表现得体面些，就更可能得到他们的法定上级的尊重，因而他们也更乐于尊重那些上级。他们更乐于考察并能够看透党派的利益之争和叛乱的本质，因此，他们更加不易被误导去对政府措施进行放肆或不必要的反对。在自由国家中，政府的安全在很大程度上依赖于人民对政府的行为所做出的有利判断，所以对政府来说，最重要的就是不能让人民对其行为做出轻率或反复无常的判断。

V. i. g **第三项　论对各个年龄段人民进行教育的机构的支出**

对各个年龄段的人民进行教育的机构主要是指那些进行宗教教育的机构。这种教育的目的与其说是使人们今生成为这个世界的好公民，还不如说是为他们来世进入另一个更好的世界而做准备。讲授这种教育教义的老师，也像其他教师一样，生活来源于或者来自听讲者的自愿捐献，或者来自得到国家法律认可的某种基金，如地产、地方税或土地税、固定的工资或薪俸。与后一种情况相比，他们在前一种情况的工作中所表现出来的努
789 力、热情和勤奋程度似乎要高得多。在这方面，新教的教师在攻击那些历

史悠久的古老体系时总是处于极为有利的地位——后者的牧师依靠自己的圣俸生活，往往不大注意维持大多数人民对信仰和皈依的热情①，而且由于一贯懒散，他们变得不能通过奋发图强来保护自己的教会。那种地位明确且能得到大量捐赠的宗教的牧师，常常会变成博学多识、风流儒雅之人，他们具有绅士或足以使他们博得绅士尊敬的一切优良品德；但另外，他们也会逐渐丧失那些使得他们对下层人民具有权威和影响的品质（好的和坏的都有），而这些品质或许就是他们的宗教获得成功并被确立为国教的原因。这类牧师在遭到一群受群众欢迎而又勇猛无畏的（但或许是鲁莽无知的）狂热分子的攻击时，感到自己毫无防卫能力，就像亚洲南部地区那些懒散、柔弱、饱食终日的民族在遭到北方活跃、坚忍而饱受饥饿的鞑靼人的入侵时一样。② 在这种紧要关头，这类牧师通常没有其他的办法，只有请求地方行政长官将他们的对手作为扰乱公共秩序的刁民加以迫害、消灭或驱逐。罗马天主教牧师就是这样呼吁地方行政长官迫害新教徒的，英格兰教会也是这样来迫害非国教信奉者的。一般说来，每一个宗教派别，当其一旦享受法定机构长达一两个世纪的保护之后，就会发现自己无法对任何向它的教义或教规发起攻击的新教派进行有力的反击和自卫。在这种情况下，就学问和著述而言，国教有时会占优势，但在俘获人心、凝聚新教徒的手段方面，其对手则总是占据较大的优势。在英格兰，这些手段早已被确立为国教且资金充足的教会的牧师们忽视，现在只有反对派和卫理公会派教会对其加以重视。但是，在很多地方，通过自愿捐助、信托权力以及其他规避法律的手段为反对派教师提供了独立的资金供给，在很大程度上减弱了他们的热情和积极性。他们中间有许多教师变成了非常有学问、足智多谋和受人尊敬的人，但一般说来，他们已经不再是非常受到老百姓欢迎的传教士了。卫理公会派的教师们没有反对派一半的学问，却更受民众的拥护和爱戴。

出于强烈的利己动机，罗马教会中下级牧师的勤勉和热心要比任何耶稣教教会中的牧师保持得更为持久。教区牧师中的许多人从人民的自愿捐献中获得大部分的生活资料，秘密忏悔又给予他们很多机会来提高这种收入。托钵教团成员从这种捐献中获得他们的全部生活资料；他们就像一些军队中的轻骑兵和轻步兵那样，不行掠夺就没有给养。教区牧师也像那种 790

① 参见 V. i. f. 4 以及本节第 42 自然段。

② 参见 V. i. a. 5 对鞑靼人的评论。

其报酬部分依靠工资，部分依靠学生的学费或酬金的教师一样，必然要或多或少地依靠他们的勤勉程度和名望来获得收入。[①] 托钵教团成员则像其生活资料完全依靠自身勤勉程度的教师。因此，他们不得不用各种手段来促使人民大众皈依。据马基雅维利的观察，圣多米尼克和圣弗朗西斯两大托钵教团的建立，在13世纪和14世纪曾使人们对天主教日益衰退的信仰和皈依重新恢复起来。[②] 在罗马天主教国家，皈依精神完全是由僧侣和比较贫穷的教区牧师来维持的。教会的显要人物具备绅士和通晓世故人士的一切才能，有时还具有博学多识人士的才能，虽然他们对于维持下级牧师的必要纪律十分关注，但很少费神去关注人民的教育。

当代最杰出的哲学家和历史学家曾说过：“一国的大多数技术和职业都具有这样一种性质：当它们促进社会的利益时，它们对某些个人也是有用和合意的。在这种情况下，行政长官所遵循的不二法则就是任由该职业自由发展，让那些从该职业中获益的人促进其发展[③]——或许初次引进任何技术的情况例外。当手艺人发现自己的利润会由于顾客的青睐而上升时，他们就会尽可能地提高自己的技能和勤勉程度；并且只要事情没有受到任何不当干扰，商品的供给总会与其需求保持相称的比例。

“但是也有一些职业虽然对国家有用甚至很有必要，但不能给任何个人带来利益或快乐，最高权力机构对待这些职业的从业人员就不得不改变自
791 己的做法。它必须给予此类从业人员以鼓励从而使他们生存下去；为了使他们免于自然会受到的忽视，必须给这种职业以特殊荣誉，建立清晰的等级附属关系和严格的依存关系，或者采取某些其他措施。在财政金融、海军舰队[④]和行政机关工作的人员就属于这一类。

“乍看起来，人们可能很自然地认为神职人员的职业属于第一类，对他们的鼓励以及对律师和医生的鼓励，可以放心地托付给个体自由——这些个体遵从他们的教义，从他们精神上的指导和帮助中得到好处或安慰。他

---

① 参见 V. i. f. 5，55，这两段谈论的是有关中小学和大学的教育问题。

② “如果我们的这种宗教不是由圣弗朗西斯和圣多米尼克带回到其最初的状况，那么它一定很快就会完全灭绝。”（马基雅维利，《论提图斯·李维的〈罗马史〉前十卷》第三篇第一章，由汤姆森翻译（伦敦，1883年）第331自然段。）LRBL ⅱ. 70，ed. Lothian 110－11 中指出：“马基雅维利是所有现代历史学家中唯一一位满足于历史的主要目的的人，也就是将事件与它们发生的原因联系在一起而不成为其中任何一方的支持者。”

③ 最初是“对于从中获得益处的那些人”。

④ 最初是“财经、军队和海军”。

们的勤勉和警觉程度无疑将由于这一额外的动机而提高，他们职业上的技巧及其支配人们思想的才能，也会由于他们的不断实践、研究和关注而日益增强。

“但是，如果我们对这件事情更仔细地加以考察则会发现，牧师这种出于自身利益的勤勉正是每一位明智的立法者所要想尽办法去防止的。因为在每一种宗教中，除了真正的宗教外，这种利己的勤勉都是极其有害的，甚至有一种自然倾向，即通过将迷信、愚昧和幻想的混合体注入真正的宗教中来破坏这种真正的宗教。每一种宗教的从业者为了使自己在信徒的心目中显得更加庄严和神圣，总会激起他们对所有其他教派最为强烈的厌恶，并不断地力图用某些新奇的方法去激发听众日益衰退的热忱。其所讲授的教义丝毫不注意真理、道德或礼节，但是那些最能扰乱人心的信条却被全盘采纳。为吸引听众参加其每一次聚会，非国教教徒用尽一切办法去调动民众的情绪，骗取他们的信任。结果，地方行政长官会发现，不为牧师提供固定的薪俸这种做法貌似节约了开支，但实际上付出了沉重的代价；实际上，地方行政长官和精神领袖们最为体面和有利的结合，就是通过给他们的职业规定固定的薪俸从而购得他们的懒惰，使他们觉得除了防止羊群在寻找新的牧场时误入歧途之外，其他更多更深入的积极活动都是多余的。这样，教会的固定薪俸制度虽然最初是由宗教观点产生的，但最终被证明是有利于社会的政治利益的。”①

但是，不论给予牧师专门的薪俸会产生好或坏的效果，实施这一制度的人或许都很少考虑这些效果。宗教争论激烈的年代通常也是政治斗争激
烈的年代。在这种情况下，每一个政党都发现或感到，和其中某一个具有 792
竞争关系的宗教派别联合起来是对自己有利的。但这只有通过接受，或者至少是赞成这个教派的信条才能做到。有幸与取胜的政党联合在一起的教派必然也会分享其同盟者胜利的成果——凭借盟友的支持和保护，它很快就能在一定程度上使其所有的反对者屈服并保持沉默。这些反对教派通常是和获胜党的敌人联合的，因此也是获胜党的敌人。由此，与获胜党联盟的教派的牧师完全变成了这个领域的主宰者，他们对民众的影响和权威达到了顶点，有足够的力量震慑本党的领袖们，而且使得地方行政长官不得

① 休谟：《英国史》(1778 年)，第三卷，第 30 至 31 页。

不尊重他们的意见和意向。他们的第一个要求通常是，地方行政长官应使所有反对他们的教派屈服并保持沉默；第二个要求是，地方行政长官应该给他们提供专门的给养。由于他们一般都对胜利作出了很大的贡献，因此要求分享胜利的果实似乎也是合情合理的。此外，他们已经对于迎合民众以及依靠他们不稳定的捐助来获取生活资料的生活状况感到厌烦。因此，在提出这种要求时，他们考虑的是他们的安逸和舒适，至于这将来会对教会的影响力和权威产生什么样的后果，他们并没有费神去考虑。而地方行政长官要满足这种要求，就只有把原来想要获取或留给自己的东西分出一部分给他们，所以他很少迅速地批准。但是，虽然通常要经过多次的拖延、推诿和借故婉拒，但联盟的必要性通常使得他最终屈服。

但是，如果政治斗争从来没有乞求宗教的援助，获胜党没有采用任何一个教派的信条，那么当该政党获胜时，可能会平等公正地对待所有的教派，并允许每一个民众按照自己的意愿去选择他自己的牧师和宗教。在这种情况下，无疑会有许多的宗教教派。几乎每一种不同的宗教集会都可能形成自己的一个小教派，或者信奉自己的某些特定信条。每一个牧师无疑会意识到自己有必要去做出最大的努力和运用一切技巧去维持和赢得更多的信徒。但由于其他的牧师也意识到同样的必要性，所以没有一个牧师或一个教派的牧师能取得很大的成功。只有当社会只容许一个教派存在，或
793 整个社会被划分为两三个教派，但各派的牧师在统一的纪律和从属关系之下采取一致的行动的时候，宗教牧师的利己心和积极的热情才可能是危险的和麻烦的。但在社会被划分为两三百个甚至数千个小教派，没有哪一个教派能大到足以扰乱社会安宁的地方，牧师的那种热心就必然是完全无害的。当每一个教派的牧师看到自己周围大多是对手而不是朋友时，他们就必然要学会在大教派的牧师中很难见到的坦率和谦恭——大教派的信条得到了地方长官的支持，为广大的王国和帝国的几乎所有居民所尊敬，因此大教派的牧师看到自己的周围全都是他们的追随者、信徒和谦卑的崇拜者。每一个小教派的牧师发现自己几乎是孤立无援的，于是不得不尊重几乎每一个其他教派的牧师，而且他们感到互相让步对彼此都很有利而且令人愉快；这种互让或许能使他们大部分的教义摒弃一切荒谬、欺骗或幻想的混杂物，而成为最为纯粹和合理的宗教，也就是世界上各个时代的贤明人士

所期望建立的宗教。但成文的法律可能还从来没有建立过这种宗教[①]，也将不可能在任何一个国家建立起这种宗教，因为关于宗教的成文法律或许永远会或多或少地受到民众的迷信和狂热的影响。[②] 这种宗教管理计划，或者更确切地说，这种没有管理的宗教计划，就是所谓的独立教派——无疑是一个由极为疯狂的狂热分子组成的教派——在内战即将结束时提出要在英格兰制定的。[③] 如果当时真的成功了，那么虽然其起源十分不合哲理，但也许到现在会使一切宗教教义都产生最合乎哲理的和平气质和温和精神。这种教派已经在宾夕法尼亚建立起来，虽然教友派占绝大多数，但法律实际上不偏袒任何一个教派，据说在那里就产生了这种合乎哲理的和平气质和温和精神。

虽然平等对待不能在一个国家的所有甚至绝大部分的教派中产生这种和平气质和温和精神，但是只要这些教派的数量足够多，而且其中每一个 794
又小得不足以扰乱社会安宁，那么每一个教派对自己信条的狂热也就不足以产生任何有害的影响，相反可能还会产生一些好的效果。此外，如果政府决定不对所有的教派进行干涉，同时也要求教派之间不彼此干涉，那么也就不存在使它们自行分裂从而变成为数众多的教派的危险了。

在每一个文明社会，在每一个阶级差别已经完全确立的社会，总会在同一时期流行两种不同的道德方案或体系：一种可以叫做严格的或严厉的体系，另一种可以叫做自由的或（如果你愿意的话）松散的体系。前者通常受到普通百姓的赞赏和敬重，后者通常为所谓的时下名流所尊崇和采纳。我们对轻浮这种恶习的反对程度——这种恶习常常是从过度的繁荣、过多的寻欢作乐中产生的——似乎是这两种对立方案或体系的主要区别。在自由的或松散的体系中，对于骄奢淫逸的各种行为，如奢侈、放肆、扰乱秩序且毫无节制地寻欢作乐、破坏贞节（至少是两性中的一方）等，只要这些行为没有严重地伤风败俗，没有导致虚妄和不义，一般都会受到极大的宽容，并且很容易被原谅或饶恕。相反，在严厉的体系中，这些过分的行

① 在 1776 年 4 月 3 日写给斯密的第 151 号信件中，布莱尔评论道："组合教会制在任何时候都不是一个受欢迎或者说切实可行的制度。你所提及的小教派出于很多原因与较大的教派进行了合并，并且给社会制造了很多麻烦。我认为，你对于长老会的看法过于乐观了。"

② 参见 IV. v. b. 40，此处将控制给养的法律比做与宗教相关的法律。

③ "独立教派拒绝设立所有的宗教机构，不承认任何的宗教法庭，牧师相互之间不受约束，地方行政长官不对与灵魂相关的事宜进行干预，不对任何其他的教义或意见体系予以鼓励。"（休谟：《英国史》（1778 年），第七章，第 19 自然段。）

为会遭到人们的深恶痛绝。轻浮的恶习对普通百姓总是具有毁灭性，仅仅一个星期的胡作非为与挥霍浪费常常就足以毁灭一个贫苦工人的余生，足以驱使他在绝望中犯下滔天罪行。因此，普通百姓中较为聪明和善良的人总是对这些过分行为怀有最大程度的憎恨和厌恶——经验告诉他们，这些行为对于处在他们这样境地的人来说是瞬间致命的。相反，几年的胡作非为和奢侈浪费却并不一定会毁灭一个上流社会的人，而且他们很容易把某种程度的放纵看做他们财富的一种优势，把这样去做但不会受到责备或谴责的自由看做他们地位上的一种特权。因此，与他们处于相同阶层的人只会对这些过分行为表现出小小的不满，只是对其稍加责备或根本不去责备。

几乎所有的宗教派别都起源于普通百姓，它们通常从普通百姓中吸收了最早的同时也是最多的新信徒。因此，严厉的道德体系几乎总是（除极
795 少数例外情况）被它们所采用。这个体系，就是各教派最易受到普通百姓阶层欢迎的体系——各教派最先向该阶层提出对已建立的教义进行改革的计划。许多教派，也许是绝大多数教派，都力图通过对这个严厉的体系进行改进来获得民众的信任，实施的改进甚至达到了某种愚蠢和过分的程度；而且这种极端的努力往往使其比做任何其他事情更能博得普通百姓的尊敬和崇拜。①

有身份、有财产的人，就其地位来说是社会中的显赫人物。社会对于他的一举一动都十分关注，因此他也就不得不注意自己的一言一行。他的权威和名望极大地依存于社会对他的尊敬。他不敢做任何有损于自身名声和信誉的事情，而且不得不严格遵守社会要求他这种有身份、有财产的人必须遵守的那种道德体系，无论这一体系是自由的还是严厉的。相反，一个地位低下的人绝不是任何社会中的显赫人物。当他待在农村时，他的行为举止可能还有人注意，因此他也不得不注意自己的言行举止。在这种情况下，也只有在这种情况下，他可能有所谓的人格用来丧失。但他一旦进入大城市，就会被湮没在模糊和黑暗之中。② 由于没有人来观察和注意他的

① 参见下文 V. i. g. 29。

② 斯密在 I. viii. 48 中对大制造工厂的问题进行了评论。他在《道德情操论》第一卷第三篇第二章第 1 自然段中说，人们更倾向于羡慕富人而不是同情穷人，“感到自己不被人所注意必然会抑制非常令人愉快的希望，使得人类天性中最强烈的愿望落空。穷人走出走进无人注意，同被关闭在自己的小茅舍中一样默默无闻”。亚当·弗格森也提及了这一事实，即待在城市的大多数人“要面对腐败，变得骄奢淫逸……”（《道德哲学机构》（爱丁堡，1772；第三版，1785），第 262 页）。参见卡姆斯：《人类历史概述》，第二篇第十一章；斯图尔特：《政治经济学原理》，第一篇第十章。

行为，所以他很可能自己也不去注意自己的行为，从而放纵自己干出各种卑劣行径和丑恶罪行。[①] 要摆脱这种湮没无闻的状态，要使自己的行为受到任何值得尊敬的团体的注意，最有效的办法莫过于加入一个小小的教派。从成为教派成员的那一刻起，他就得到了从未有过的尊重。他的所有教友 796
为了教派的名誉会有兴趣观察他的言行举止；如果他做了任何不光彩的事情，如果他违反了同门教友互相要求遵守的严格的道德准则，那么等待他的将是严厉的惩罚，即将他从教派开除，即使这种惩罚不带有民法效力。因此，在小的宗教派别中，普通百姓的道德几乎总是非常正规和有序的，通常比在国教教会中的情况更好。的确，这些小教派的道德要求常常也过于严格和不近人情。[②]

不过，国家无须借助暴力，而只要同时采取两种非常容易和有效的办法就可以把所有小教派在道德方面过于严厉和不近人情的东西纠正过来。

第一种办法是学习科学和哲学。国家可以让具有中等或中等以上地位和财产的人普遍地学习科学和哲学。其方式不是通过付给老师薪金从而让其变得疏忽和懒惰，而是通过设定某种试用或考试制度，规定任何人在从事某种自由职业以前，或在成为某种名誉的或有报酬的光荣职位的候选人以前，都必须通过这种试用或考试，甚至在较高深、较困难的学科中也可以做出如此规定。如果国家规定这一阶层的人必须学习，那么就无须国家费神去为他们提供适合的老师。[③] 他们很快就会为自己找到比国家所能提供的更好的教师。科学是狂热和迷信两种病毒强有力的解毒药；当所有上层人民不受这种病毒感染时，下层人民也就不大可能深受其害了。

第二种办法就是增进公共娱乐。民众的迷信和狂热行为常常是由忧郁和悲观的情绪引起的。国家通过给予民众完全的消遣自由，也就是让所有

---

① 休谟也在其文章《论古代各国的人口情况》中评论到，巨大的城市“对社会具有毁灭性”，而且它们“滋生出各种恶习和混乱”（《道德、政治和文学论文集》，格林和格罗斯编辑，第一卷，第398页）。在《法理学讲义》(B) 第330页，坎南编辑版本第257页中，斯密引用英格兰商业地区的例子指出了缺乏娱乐消遣的现代工人的问题，在这个地方，劳动者只工作一周半就足以养活自己，所以当不用工作的时候，“他必须让自己喝得酩酊大醉并借酒滋事”。由于一个月剩余的时间都是在混乱荒淫中度过的，“所以我们可以很公正地说，为全世界人民制造衣服的人自己却衣衫褴褛”。

② 派系斗争问题在《道德情操论》中吸引了大量的注意力。比如，参见 III. i. 3. 43，此处声称“在败坏道德情感的所有情绪中，派性和狂热性总是最大的败坏者”。斯密也在 III. i. 6. 12 中表达了他对“错误的宗教观念”所产生的影响所表示出的关心。尤其参看第6章。

③ 参见 V. i. f. 57。

的人依照自己的兴趣以绘画、诗歌、音乐、舞蹈[①]以及各种各样的戏剧表演和展览会的形式，在不伤风败俗的前提下进行娱乐，从而很容易地排解民众很大一部分这种忧郁和悲观情绪。对于所有那些喜欢煽动民众狂热行为的狂热鼓动者来说，公共娱乐总是他们畏惧和憎恨的对象。公共娱乐所激
797 发的欢乐和好心情是与最适合实现鼓动狂热者的目的或他们可以最好地加以利用的那种情绪完全水火不容的。此外，戏剧表演常常揭露鼓动狂热者的诡计，使其成为民众嘲笑的对象，有时甚至使他们受到民众的咒骂，因此戏剧表演比所有其他娱乐形式更受到他们的憎恨。

在一个法律不偏袒任何一个宗教牧师的国家里，任何牧师就不必与君主或行政当局保持任何特定或直接的从属关系，或者说君主无须过问他们职位的任免。在这种情况下，君主只需维持他们彼此之间的和平，就像维持他与其他臣民之间的和平那样，也就是说，阻止牧师们相互迫害、侵犯或压迫。但在一个确立了国教或占统治地位宗教的国家，情况就完全不同了。在这种情况下，除非君主有办法在相当大的程度上影响这一宗教的绝大部分牧师，否则他永无宁日。

每一个国教教会的牧师都构成了一个巨大的社团。他们能够一致地行动，按照一个计划和一种精神去追求他们的利益，就好像他们是在一个人的指挥下行动一样，并且实际上他们也常常是在一个人的指挥之下行动。作为一个社团，他们的利益从来都是和君主的利益不一致的，有时甚至是与其截然相反的。他们的最大利益是维持他们对人民的权威。而这种权威又取决于两种设想：第一是设想他们所教导的教义具有确定性和重要性；第二是设想为避免永世的痛苦，人们必须以绝对的信仰去接纳这种教义的每一个细节。如果君主胆敢对他们教义中哪怕最细微的部分表示嘲笑或有所怀疑，或者出于人道主义精神企图对其他对教义表示嘲笑或有所怀疑的人进行保护，那么这些同君主没有从属关系的牧师们就会因体面受损而宣布君主渎神，并运用宗教的一切恐怖手段迫使人们的忠诚从这位君主转向某位更加正统和顺从的君主。如果君主对他们的任何要求或篡夺行为表示反对，那么危险也同样很大。敢于以这种方式反对教会的君主，除了被判以反叛罪之外，一般还会被附加上信奉邪教的罪名，不管他怎样严肃地声明对于一切教会认为君主应当恪守的教义他都是绝对信仰和温顺服从的。

---

① 所有从事这类艺术的人在 II. iii. 2 中被描述为非生产性的。然而，在当前背景下，这类人是作为对社会生产间接有利的人出现的。

宗教的权威要高于任何其他权威。教会所带来的恐惧大于所有其他的恐惧。当国教教会的牧师向人民大众宣讲颠覆君主权威的教义时，君主只有通过 798
暴力或者依靠常备军才能维护其权威。在这种情况下，甚至常备军也不能给予他任何长久的保障，因为如果士兵不是外国人（士兵很少是外国人），而是来自人民大众（这是常有的情况），那么他们可能很快就会被这种教义所腐化。在东罗马帝国存续期间，希腊教士的骚乱在君士坦丁堡不断引发革命；在几个世纪的时间里，罗马教士的骚乱在欧洲各地持续引发动乱。这些事实充分证明，一个君主如果没有行之有效的办法去影响自己国家中被确立为国教和占统治地位的宗教的教士，那么他的地位必将是岌岌可危和毫无保障的。

宗教的信条以及所有其他关于灵魂的事情，显然不属于世俗君主的管辖范围——君主尽管可能完全有资格保护人民，但很少被认为有资格教导人民。所以，在这样一些事情上，他的权威是不足以与国教教士的联合权威相抗衡的。但是，国家的安宁和君主自身的安全可能常常依附于教士们认为在这些事情上适于宣讲的教义。由于君主不能以适当的手段和权威直接反抗教士们的决定，因而他必须能够影响其决定。而要做到这一点，他只有让教士阶层中的绝大多数人对君主既怀有恐惧又抱有期望：免除圣职或其他处罚是他们所惧怕的；获得升迁则是他们所期望的。

在所有的基督教教会中，牧师的圣俸是其自身可以享有的一种不动产，不受君主好恶的影响，终身享有，或者只要表现良好就可享有。如果他们享受圣俸的期限不稳定，如果他们对君主或大臣稍有不服从就会被撤职，那么他们就不可能维持在人民当中的权威——人民会把他们看做朝廷的附庸，对他们传教布道的真诚性失去信心。但如果君主滥用暴力，以他们过于热情地传播某种具有派别性的或煽动性的教义为由，强行剥夺这些牧师的不动产，那么通过这种迫害，君主只会使得受害的牧师和他们所宣扬的教义陡增十倍地受到民众的欢迎，而对于君主自身来说，则会带来陡增十倍的麻烦与危险。在几乎所有场合，恐吓手段都是政府的一种拙劣工具，尤其是不应当用来对付任何有一点点独立要求的阶层的人。试图恐吓他们， 799
只会激起他们的憎恶，坚定他们的反抗信念；如果用比较温和的办法，那么就可能比较容易使其缓和下来，或者使其完全放弃。法国政府就经常诉诸暴力来强迫议会或最高法院通过不受民众欢迎的法令，但很少获得成功。但最常用的监禁冥顽不灵分子这一手段，一般人都认为具有足够的威慑力。

斯图尔特王朝统治期间的历任君主有时就采用类似的手段来影响英格兰议会的一些议员；他们通常发现这些议员也同样难以搞定。英格兰议会现在采用其他方式来进行管理。舒瓦瑟尔公爵大约在 12 年前对巴黎议会做了一个小小的试验，试验充分表明所有的法国议会均可以用相同的方式更加容易地去加以管理。不过那个试验没有继续下去，因为虽然管理和说服总是政府最容易采取的和最安全的手段，就像强制和暴力总是最坏和最危险的手段一样，但人类与生俱来的傲慢使得人们不屑于使用好的手段，除非是在其不能或不敢使用坏的手段的时候。因此，法国政府能够而且敢于使用武力，而不屑于使用管理和说服的手段。但根据历朝历代的经验，我相信，在所有阶层中没有比对国教教会的受人尊敬的牧师使用强制和暴力更危险或者更具毁灭性的事了。每一个与本阶层的人保持良好关系的教士，他的权利、特权和个人自由即使是在最专制的政府下，也比与他地位和财产大致相当的任何其他人的权利、特权和个人自由受到更大的尊重。从文雅温和的巴黎专制政府到野蛮暴烈的君士坦丁堡专制政府，各种专制程度不同的政府莫不如此。不过，虽然很难对这个阶层的人实施强制手段，但他们像任何其他阶层的人一样很容易加以管理。因此，君主的安全和社会的安宁在很大程度上取决于君主的管理手段，而这些手段似乎完全在于君主如何对他们进行提拔和晋升。

在基督教会的古老章程中，主教是由每一个主教辖区内的牧师和人民共同选举产生的。不过人民享有这种选举权的时间并不长，而当他们行使这种权利时，他们几乎总是受到牧师的影响——在这类有关心灵的事件上，牧师们似乎是他们的天然向导。但牧师很快就对操纵人民感到厌倦，并发现由他们自己来选举主教更为方便。修道院院长同样是由院中的修道士选
800 举产生的，至少在大部分的修道院都是如此。主教辖区内所有下级有俸圣职均由主教任命，他将圣职授予他认为合适的人选。这样一来，教会内所有的晋升都由教会自己掌控。君主虽然在这种选举中可以有某些间接的影响，虽然有时教会也请求他同意举行选举和批准选举结果，但他没有直接或充足的手段去操纵教士。每一位怀有野心的牧师自然都会去奉承他的同僚而不是君主，因为只有前者才能满足其升迁的愿望。

在欧洲的大部分地区，教皇首先将几乎所有主教和修道院院长职务（也就是所谓的主教公会有俸圣职）的任命权收归自己手中，然后又用各种计谋和借口将每个主教辖区内大部分下级有俸圣职的任命权揽入手中，只

给主教留下维持其在牧师中的应有权威所必需的一点权力。经过这种安排，君主的处境比以前更加糟糕。这样一来，欧洲所有国家的牧师形成了一支宗教军队，虽然他们分散在各处，但所有的行动和工作均由一个首领指挥，并按照统一的计划展开。每一个国家的牧师可以被看做这支军队的一个支队，其工作能够很容易地得到周围各国所有其他支队的支援。每个支队不仅独立于它所驻扎的并从那里得到给养的国家的君主，而且依赖于一个外国的君主，这个君主可以随时命令它去反对本国的君主，并用所有其他支队的军事力量予以支援。①

这样的军事力量是我们所能想象得到的最为可怕的事情。在古代欧洲，牧师的财富使他们对普通民众拥有诸如大领主对自己的家臣、佃户和侍从的影响力。大领主对自己的领地拥有管辖权；出于相同的原因，牧师在各国君主和一些个人由于错误的虔诚而捐献给教会的大地产上拥有管辖权。②在那些大地产上，牧师或者他们的执事能够很容易地维持和平状态，无须国王或任何其他人的支持或帮助；但国王或任何其他人如果没有牧师的支持或帮助则不能维持和平。因此，牧师在他们的领地或庄园上的管辖权，就像大领主的管辖权一样是独立的，不受国王法院权威的影响。牧师的佃户与大领主的佃户一样，几乎全都是可以随意令其退佃的佃户，是完全依附于其直接领主的，因此可以随意被传唤去参与牧师认为适于让他们参与的任何争斗。除了这些地产的地租外，牧师通过什一税还获得了欧洲每一个王国的所有其他地产的地租中的很大一部分。③ 从这两种地租中得到的收入，大部分是以实物支付的，如谷物、葡萄酒、牲畜、家禽等。其数量远 801
远超出了牧师们自己所需的消费量，而当时又没有什么工艺品或制造品可以用来交换其剩余部分。对于这种大量的剩余物，牧师除了像大领主处置

---

① 在《法理学讲义》(B) 第 353 至 354 页，坎南编辑版本第 276 至 277 页，斯密也注意到，教皇在所有的欧洲法庭都有亲信或特使："使得大使馆如此吸引教皇频繁前往的根本原因原来在于这个方法。他在欧洲所有国家都有业务，而且他的大部分收入来源于此，但由于他们不断试图侵犯他所拥有的权利，他发现有必要委派一个人常驻他们的法庭进行监督，使他的特权得到维护。"斯密补充到，教皇在所有欧洲法庭拥有自己的代表这一事实使得他们"更加紧密地联系在一起，而且他使得他们更加人性化地对待彼此"。

② 在《法理学讲义》(A) 第五章第 30 页中，斯密指出，牧师因拥有"指引将死之人的灵魂"的能力而获得好处。《法理学讲义》(A) 第一章第 108 页提到一种额外的好处来源，它来自在遗产分配中主教受信任的地位（被视为圣人）。斯密指出，在爱德华一世时期法律发生了改变，为的是避免这类滥用。

③ V. ii. d. 2，3 指出，什一税是一种非常不公平的税种，对农业发展极为不利。

其收入的剩余部分一样，大宴宾客和大行慈善外，不能从中得到任何好处。[①] 因此，古代牧师的好客和行善行为据说覆盖范围很广。牧师不但维持了每个王国的几乎所有穷人的生活，而且许多无以为生的骑士和绅士们假借皈依之名奔走于各个修道院之间，实质上是为了获得教士的款待。某些修道院院长的侍从数目常常与最大的领主的侍从数目不相上下；而所有牧师的侍从加在一起，或许比所有领主的侍从加在一起的人数还多。牧师之间通常要比大领主之间更加团结。前者处于教皇的正规纪律和从属关系之下，后者却没有正规纪律或从属关系，几乎总是相互妒忌，甚至妒忌国
802 王。[②] 牧师的好客和善行不仅使他们能够对巨大的世俗力量加以控制，而且大大增加了其精神武器的能量。这些长处使他们赢得了所有下层人民的最大程度的尊重和崇敬——下层人民中有许多人是一直依靠他们提供给养的，而且几乎所有人都有偶尔向他们求助的情况发生。属于或关于这样一个深得人心的阶层的任何东西——它的所有物、它的特权、它的教义，在普通民众眼中必然都是神圣的，对它们的任何侵犯，不论是真实的还是假装的，都是亵渎神灵的最大恶行。在这种情况下，如果君主时常感到难以对付少数几个大贵族的同盟，那么我们丝毫不会对以下现象感到奇怪，即他将对抵制自己领地内牧师们的联合力量——况且这种力量还受到周围国家牧师联合力量的支持——感到更加困难。但是，令人感到奇怪的是君主不是有时不得不屈服，而是竟然有能力抵抗。

古代的牧师享有特权（这在生活在当今的我们看来是极为荒谬的）。例如，他们享有世俗司法审判的豁免权，其在英格兰被称为牧师的特权，诸如此类的特权就是这种事态的自然或必然的结果。[③] 对于一位犯下罪行的牧师，如果整个牧师阶层都有意对其加以保护，并指出犯罪证据不足以惩处如此神圣的一个人，或者指出惩处对于宗教已使其变得神圣不可侵犯的人

---

① III. iv. 5 在谈及有关领主的权力方面的问题时给出了类似的观点。

② 参见 III. iv. 9。

③ 参见 V. i. f. 19。《法理学讲义》(A) 第二章第 111 至 113 页以及《法理学讲义》(B) 第 187 至 188 页，坎南编辑版本第 140 至 141 页阐述了牧师所享受的福利及将其用于赚钱的例子；该限制条件后来遭到了安妮女王一条法令的摒弃。《法理学讲义》(A) 第二章第 51 页也指出，在古代的苏格兰，人们无比崇敬牧师："教会法庭可能对一个拥有糟糕治理能力的公民政府的国家益处颇多，但对于一个拥有治理得不能再好的公民政府的国家来说，却是所能想象得到的最令人讨厌的东西之一，就好像同业公会在技艺水平很低的地方非常有利，但在技艺水平达到相当程度的地方却具有极大的危害一样。"

来说过重，那么，君主想要对这样一位牧师加以惩治会很危险。在这种情况下，君主所能做的最好的决定莫过于将他交给宗教法庭进行审判。为了他们自己阶层的荣誉，宗教法庭总是尽可能阻止每一位成员犯下重罪，甚至禁止他们去做可能引起民众厌恶的丑事。

在整个10世纪、11世纪、12世纪、13世纪以及这前后的一段时期，在欧洲的大部分地区，罗马教会的组织可以被看成这样一个结合体，即反对政府的权威和稳定以及反对人类的自由、理性和幸福（这些只有在政府 803
的保护下才能蓬勃发展）的一个最为可怕的结合体。① 在这个组织中，最为愚蠢的迷信幻想受到为数众多的来自人民的私人利益的支持，使之免于遭受人类理性的任何攻击所带来的一切危险，因为人类的理性虽然能够揭露迷信的某些虚妄（甚至对普通民众都是如此），但它却从来不能扯断私人利益的纽带。如果这种组织除受到人类理性的无力攻击外再也不会遭到其他敌人的攻击，那么它必将永存下去。但是这个巨大牢固的组织，这个不为所有人类智慧和德行所动摇更不用说被推翻的组织，却由于事物的自然进化，首先遭到了削弱，而后部分被摧毁，现在看来再过几百年它或许就会完全分崩离析。

技术、制造业和商业的逐步发展壮大摧毁了大领主的势力，并以同样的方式在欧洲的大部分地区摧毁了牧师的世俗权力。像大领主一样，牧师在制造业和商业的产品中发现了许多可以用自己的天然产物进行交换的东西，于是找到了可以将他们的全部收入花在自己身上而不必将其中很大一部分分给别人的手段。他们的善行逐渐缩小范围，款待也不再那么慷慨和丰盛，因此他们的侍从也越来越少，并逐渐消失不见。牧师也像大领主一样，希望从自己的地产中获得更多的地租，以满足他们自己虚荣和荒诞的想法。但增加租金只能通过向佃户授予租佃权来实现，这样一来佃户在很大

---

① 《法理学讲义》（A）第五章第66页提到，伊丽莎白、亨利八世和爱德华六世处于“持续不断的危险当中，这种危险来自于偏执的天主教徒受其牧师的煽动而想出的阴谋诡计”。第五章第79页也有相同的观点，其评论为，在约翰和亨利三世时期，国家“不过是教廷的采邑”，因此有必要限制教皇的权力。这样一来，转变教宗训令、扩大教皇的权力或皈依他的宗教都成为犯罪行为。斯密在《法理学讲义》（A）第五章第68页建议，现在或许可以废除这样的法令，尽管“在那时它们是合理的”，并在第五章第73至74页中补充说道：“那种宗教的狂热在很多方面极大地减弱了，并且尽管通过征收双倍赋税或诸如此类的惩罚对它进行打击也是合理的，但对任何傻到喜欢罗马天主教甚于新教的人以谋反罪进行惩罚就全然不合理了。”

804 程度上变得独立于他们。[①] 将下层人民和牧师联系在一起的利益纽带就这样逐渐断裂了。这要比将下层人民和大领主联系在一起的利益纽带的断裂来得更快，因为牧师的领地大多要比大领主的领地小得多，每块领地的所有者能够很快地将其全部收入用在自己身上。在14世纪和15世纪的大部分时间里，大领主的势力在欧洲大部分地区还处于全盛时期，但牧师的世俗权力，他们对广大民众一度拥有的绝对支配权已大为衰落。此时教会的权力在欧洲的绝大部分地区仅剩下由其心灵上的权威所产生的力量了，而且这种心灵上的权威，也由于不再受到牧师善行和款待的支持而大为削弱。下层人民不再像以前那样将牧师阶层看做自己苦难的安慰者和贫困的救济者。相反，他们对富有牧师的虚荣、奢侈和浪费感到愤怒和厌恶——这些牧师将以前一贯被视为穷人祖传财产的东西拿来供自己享乐。

在这种情况下，通过恢复各主教领区副主教和牧师原来享有的选举主教的权利，以及恢复各修道院修道士原来享有的选举院长的权利，欧洲各国君主力图恢复他们曾一度享有的支配教会重要职位的权利。[②] 重建这种古代秩序是英格兰在14世纪所通过的几项法令，尤其是所谓的《圣职候补法令》的目标，并且也是法国在15世纪颁发国事诏书的目的。为了使选举有效，君主不仅必须事先同意进行选举，而且必须事后批准当选人。虽然这种选举仍被认为是自由的，但君主必然利用其职位赋予他的一切间接手段去影响自己国内的牧师选举。在欧洲其他地区也制定了具有类似倾向的规章。不过教皇任命教会各重要有俸圣职的权力在改革以前所受到的如此有效和普遍的抑制，是法国和英格兰任何一个地方都不可比拟的。在16世纪，
805 教皇和法国缔结的协议赋予了法国国王以任命法国天主教会中所有重要圣职，或者说所谓的主教大会圣职的绝对权力。

自从颁发国事诏书和缔结协议以来，相对于其他任何天主教国家的牧师，法国牧师总的来说对教皇法院所颁布的教令所表现出的尊敬要少很多。在君主和教皇之间发生的一切争论中，他们几乎总是站在君主这边。法国牧师相对于罗马教廷的这种独立性似乎主要就是建立在国事诏书和协议的

---

① 《法理学讲义》（A）第三章第121页中评论到，牧师鼓励大领主放松他们对佃农的监管，以此作为削弱他们权力的一种手段："或许是他们也看到他们的土地在这些佃农的管理下耕种得非常糟糕，他们由此想到，解放他们的佃农，并与佃农就土地的耕种达成一致，这将更有利于他们的利益。通过这种方式，奴隶制得以废除。"也可参见III.iii，斯密在此处对世俗贵族权力衰弱的原因进行了讨论。

② 参见上文第20和21自然段。

基础上的。在君主制的初期，法国牧师似乎也像其他国家的牧师那样对教皇忠诚。当客培王室的第二代君主罗伯特被罗马教廷极不公正地驱逐出教时，据说他自己的侍从将他餐桌上的食物扔给了狗吃，他们拒绝品尝由他那样的人接触过而受到玷污的东西。毫无疑问，他们这样做一定是受到了其国内牧师的指使。

对教会重要职位任命权的要求（为维护这个要求，罗马教廷常常发生动摇，有时甚至推翻了基督教国家一些君主的王位），就是这样在欧洲的许多地方，甚至在宗教改革以前就受到限制或修改，或完全被放弃。由于牧师现在对人民的影响较小，所以国家对牧师的影响日益增强。因此，牧师扰乱国家的能力和意向也就有所减弱。

当引发宗教改革（改革始于德国，不久就扩散到欧洲各地）的争执发生时，罗马教会的权威正日渐衰落。新教义受到了各地群众的热烈欢迎。它们得到了狂热的宣传——当新教义向已经建立的权威发起攻击时，这种狂热通常会激起一种党派精神。[①] 宣传新教义的牧师尽管也许在其他方面并不比许多捍卫旧教的牧师们更有学问，但一般说来他们对教会的历史，以及教会权威赖以建立的那种思想体系的起源和发展更为熟悉，因此他们在几乎所有争论中都占有某些优势。他们言行举止的简朴严肃为他们在普通民众中树立了威信——民众会对前者谨小慎微、井然有序的行为和他们自己牧师放荡不羁、混乱不堪的生活进行对比。[②] 他们在博取民众欢心和争取 806
信徒的技术方面比他们的对手高明许多，这些技术却被教会那些自视甚高的弟子认为是无用之物而长期遭到忽视。[③] 新教义所彰显出的理性使其受到一些人的推崇；新教义所显示出的新奇使其受到许多人的欢迎；新教牧师对旧教牧师表现出的憎恨和鄙视使其得到更多人的喜爱；但俘获最大多数人的，却是新教牧师在各处宣扬其教义时所表现出的热忱、激情和狂热——虽然常常不免粗俗。

新教义几乎在各地都获得了极大的成功。当时和罗马教廷交恶的君主

---

① “这两种宗教，一个迷信，一个狂热，两者根本对立；后者中的大部分必然得到自己应得的那份——它勇敢无畏，从而得以控制权威，并因此强行将它的发明创新推向世界。”（休谟：《英国史》(1754 年)，第一卷，第 7 页。）

② 参见 V. i. g. 11。

③ 休谟对苏格兰评论道：“新教牧师在人民群众中获得了强大的影响力，这不仅仅只是由于其宗教地位或官衔，而且还由于其严谨朴素的生活作风，以及他们狂热演说的雄辩有力。”（《英国史》(1754 年)，第一卷，第 60 至 61 页。）

们借助新教义，轻而易举地就在自己的国家内推翻了教会——教会已经丧失了下层人民的尊敬和崇拜，不能做出任何抵抗。罗马教廷之前曾得罪过德意志北部的一些小君主，当时教廷可能认为他们无足轻重因而不值得去加以操纵。因此，这些小君主普遍地在自己的国家中实施了宗教改革。克里斯蒂因二世和普萨尔大主教特罗尔的暴虐使古斯塔夫斯·瓦萨得以将这两人逐出瑞典。虽然教皇偏袒这位暴君和这个大主教，但古斯塔夫斯·瓦萨在瑞典实施宗教改革时并没有遇到任何困难。克里斯蒂因二世后来又从丹麦王位上被废黜，因为他的行为仍然像在瑞典一样极其令人憎恶。不过，教皇仍然要偏袒他，于是继登王位的霍尔斯廷的弗雷德里克为报复教皇，仿效古斯塔夫斯·瓦萨进行了宗教改革。伯尔尼和苏黎世的行政长官不曾与教皇有过什么不愉快，但不久前因为少数牧师的一些越轨行为，整个牧师阶层都受到了这两个地方人民的厌恶和鄙视，于是他们也轻而易举地在各自的辖区内进行了宗教改革。

在这种紧急的事态下，教廷不得不苦心孤诣地去培养与法国和西班牙这两国强有力的君主之间的友谊——西班牙君主在当时还是德国的皇帝。在他们的帮助下，教廷得以完全阻止或极大地阻止了在他们国内所开展的宗教改革的进程——虽然遭遇了巨大的困难并伴随着很多流血牺牲。对英格兰国王，教廷也是极力讨好。但从当时的情况来看，教廷要这样做就不
807 得不得罪一个更为强大的君主，即西班牙国王兼德国皇帝查理五世。因此，尽管亨利八世自己并不赞成宗教改革的大部分教义，但也借助新教义的普遍盛行在自己国内镇压了所有的修道院并废除了罗马教会的权威。虽然他就此停止，没有更进一步，但那些宗教改革的拥护者已颇有几分满意。之后在其子嗣继位期间，政权被操纵在这些宗教改革者手中，于是亨利八世未尽之事业就由他们毫不费力地完成了。

在诸如苏格兰的某些国家，政府很软弱，不受欢迎，根基也不牢，宗教改革强大到不仅足以推翻罗马教会，而且也足以推翻试图支持罗马教会的国家。

对于分散在欧洲各地的宗教改革的追随者来说，他们没有一个共同的最高法庭可以像罗马教廷或罗马全体教会会议那样解决他们之间的争端，并以不可抗拒的权威来给他们划定正教的明确界限。因此，当一个国家的宗教改革追随者与另一个国家的同伴发生分歧时，由于没有共同的法官可以去申诉，争端就永远不能得到解决，而在他们中间又确实存在很多诸如

此类的纷争。有关教会治理以及圣职授予权的争论，也许是市民社会的和平与福祉所最关心的问题。于是在宗教改革的追随者中产生了两个主要派别：路德派和加尔文派。这是在欧洲各地的众多教派中其教义和纪律已经由法律加以规定的唯一一对教派。

路德的追随者和所谓的英格兰教会，或多或少地保持了监督管理制度，在牧师中建立了一定的从属关系，给予了君主在他国内任命主教和其他高级有俸圣职的权力，从而使得君主成为教会真正的首领；与此同时，他们不仅没有剥夺主教任命其管区内较低级别有俸圣职的权力，而且还允许和鼓励君主及所有其他世俗支持者进行人选推荐。这种教会管理体系从一开始就有利于建立和平和良好的秩序，从而有利于世俗君主的管理，因此在建立起这种体系的国家，从来就没有发生过任何骚乱和内讧。尤其是英格兰教会，总是以极大的理性评价它自己，认为自己对君主怀有完全的忠诚。在这种管理制度下，牧师们自然竭力讨好君主、宫廷以及国内的贵族和绅士，他们主要期望通过这些人的影响来获得自身的升迁。为讨得这些人的欢心，他们无疑有时也要借用阿谀奉承和曲意迎合这些可耻的手段，但也 808
通常会培养那些最值得因而也最有可能博得有地位、有财产的人的尊重的技巧，如各个学科领域有用且能增添风雅的学识、大方得体的举止、温文尔雅的谈吐，以及对狂热者宣扬并佯装要实践的那种荒谬和虚伪的苦行生活的公然鄙视——狂热者们这样做的目的是使自己受到崇拜，而让那些不实践这种苦行的多数有地位、有财产的人受到普通民众的憎恶。不过，这种牧师在以这种方式讨好上层人士的时候，却很容易完全忽视维持他们对下层民众的影响和权威。他们得到上级的聆听、重视和尊重，但在下级面前，当受到最无知的狂热者的攻击时，他们常常不能有效地并使听众信服地捍卫他们朴素且温和的教义。

相反，茨温克利的追随者，或者更确切地说加尔文的追随者，每当有教职空出时，就将选举牧师的权利授予那个教区的人民，与此同时在牧师中间建立最完全的平等。这种制度的前一部分，在其执行期间，似乎只会导致无序和混乱，并使牧师和人民的道德同样受到腐蚀。这种制度的后一部分则除了听起来令人愉快惬意以外没有产生任何效果。

只要每个教区的人民享有选举自己牧师的权利，那么人民几乎总是要受到牧师的影响，而且一般是受到这个阶层中派别性和狂热性最强的牧师的影响。为了维持他们在群众中的声望，牧师中的许多人变成或受到影响

后变成了狂热分子，在人民中间鼓吹狂热主义，并且几乎总是最为狂热的候选人当选。像任命教区牧师这样一件小事，几乎总是不但在本教区内，而且还在所有邻近的教区内掀起激烈的斗争。当这个教区恰好位于某一大城市中时，它就将所有的居民分成了两派；当发生以下情况，即像许多诸如瑞士和荷兰的大城市中所发生的那样，该城市本身恰好就是一个小共和国或者是小共和国的首都时，每一次这类微不足道的争论，除了激起所有其他派别的仇恨以外，还会带来在教会中留下一个新宗派、在国内留下一
809 个新党派的危险。因此，在那些小共和国中，行政长官很快就发现，为了维持社会的安定，有必要将推荐所有圣职候选人的权力掌握在自己手中。在苏格兰这个建立长老管理教会制度的最大国家，推荐权实际上已由威廉三世即位之初的一项关于建立长老会的法令予以废除。那项法令至少使得每一个教区中某几个阶层的人有权以少许的代价购买本教区牧师的选举权。这一法令所建立起来的制度存续了大约 22 年，但由于这种更加受群众欢迎的选举模式几乎在所有地方都造成了混乱和无序，于是安妮女王第十年通过第 12 号法令将其废除了。[①] 然而，在像苏格兰这样幅员辽阔的国家，边远教区的骚乱不会像在一个小国家里那样使政府受到干扰。安妮女王第十年恢复了推荐权。但在苏格兰，虽然法律规定将圣职无一例外地赋予有权推荐者所推荐的人，但是教会有时要求（因为它在这方面的决定并不总是具有一致性的）在它授予被推荐者所谓灵魂监督权或教会管辖权之前，须取得人民的同意。教会有时以关切教区安定为由拖延任命，直到获得人民同意为止。某些相关牧师的私下干预，有时是为了获得这种同意，但更多的是为了阻止这种同意；为了能在这种场合进行更为有效的干预，他们所获得的各种使自己受欢迎的手段和技巧，或许就是在牧师或苏格兰人民身上还残存着古老的狂热精神的主要原因。

长老管理教会制度在牧师中建立的平等，首先是权威或宗教管辖权上的平等；其次是圣俸的平等。在所有的长老派教会中，权威是完全平等的，而圣俸是不完全平等的。不过，圣俸相互之间的差别通常也不会太大，不足以使圣俸少的人用阿谀奉承等卑鄙手段去讨好有权推荐圣职的人，以求得一个圣俸更高的职位。在所有已完全确立起圣职推荐权的长老派教会中，已有一定地位的牧师一般会力图运用比较高尚、文雅的手法去博得上级的

① 《王国法令》第九章第 680 至 681 自然段，安妮第十年第 21 条法令（1711 年）；拉夫海德版本安妮第十年第 12 条法令。

好感，比如通过学识、一丝不苟有规律的生活以及履行职责的忠诚和勤勉等。他们的推荐人甚至常常抱怨他们在精神上的独立性——推荐人很容易将其理解为对他过去所施恩惠的不知感激，但从最坏的角度来看，这或许 810
只不过是由于牧师意识到不能再从推荐人那里得到什么好处而自然表现出的冷漠而已。在欧洲的其他任何地方，或许再也找不到比荷兰、日内瓦、瑞士和苏格兰的大部分长老派牧师更有学问、更有礼节、更加独立和更为值得尊敬的人了。

在教会圣俸几乎完全平等，没有一个职位圣俸很高而另一个职位圣俸很低的地方，虽然这种有意的拉平无疑被做得有些过头，但却产生了一些非常合意的效果。对于一位小有资财的人来说，想要保持尊严唯一的办法就是拥有典型的德行。轻浮和虚荣的恶习必然会招致嘲笑，此外，这些恶习对他所产生的毁灭性影响几乎与普通民众无异。因此，他在言行举止上不得不遵循普通民众最为尊崇的道德体系。通过遵循他的利益和地位引导他遵循的生活方式，他会赢得普通民众的尊敬和爱戴。普通民众对他怀有的友善，正如我们对与我们境况类似，但在我们看来比我们自身的境况更好的一些人天然所抱有的亲近感。民众的友善自然而然会激发他的友善。他变得更加细心地去教导民众，热心地去帮助他们和救济他们。他甚至不会鄙视对他如此亲切的人的偏见，也从来不会用那种轻蔑和傲慢的态度去对待他们——这种态度是我们在那些财力雄厚、捐赠较多的教会中位高权重的人身上经常见到的。因此，在对普通民众思想的影响方面，长老派的牧师要超过任何其他教会的牧师。正因如此，只有在拥有长老派教会的国家，我们才可以看到，普通民众不用强迫就能完全自主地皈依国教。

在教会圣俸大部分都很适中的国家，大学教职一般是比教会有俸圣职更好的选择。在这种情况下，大学可以从全国的牧师中挑选教师——牧师在每一个国家都构成了人数最多的学者阶层。相反，在教会圣俸大部分都很丰厚的国家，教会自然要从大学里撬走大部分杰出的学者——这些学者通常能找到某个有权推荐圣职的人，当这个人为他们谋求到教会圣职时自己也觉得无上光荣。在前一种情况下，我们会发现全国最为知名的学者云集于大学；在后一种情况下，则只有少数知名学者留在大学中，而且少数最年轻的教师也可能在他们获得足够的教授经验和知识之前就被挖走。根据伏尔泰的观察，在学术界并不怎么有名气的耶稣教徒波雷，竟然是法国 811

唯一一位其著作值得一读的教授。[1] 在一个产生了如此众多著名学者的国家，这些学者竟然没有一位是大学教授，这看起来有些奇怪。知名学者加桑迪在其青年时期是艾克斯大学的教授。在他的天资初露锋芒之时，有人就推荐他去教会，因为在那里他更容易找到一种更为安静和舒适的生活，以及从事研究的更佳条件，于是他立即接受了这个建议。我相信，伏尔泰的观察不仅适用于法国，而且也适用于所有其他罗马天主教国家。除了法律和医学行业外（因为教会不大可能从中吸纳人才），我们很少看到一个著名学者会是一位大学教授。除了罗马教会以外，英格兰教会是基督教国家中财力最为雄厚、接受捐赠最多的教会。因此，在英格兰，教会经常从大学挖走最优秀、最能干的成员；而且在英格兰，就像在任何罗马天主教国家一样，很难找到一位年长的且是驰名于欧洲的杰出学者的教师。[2] 相反，在日内瓦、瑞士奉行新教的各州，德意志奉行新教的各邦，在荷兰、苏格兰、瑞典和丹麦，它们所培养出来的知名学者，虽然不是全部，但其中绝大多数都是大学教授。在这些国家，大学不断地把教会里所有最出名的学者全都吸纳过去。

或许值得指出的是，如果我们除去诗人、少数几位雄辩家和少数几位历史学家，那么希腊和罗马的绝大多数其他知名学者似乎不是公共教师就是私人教师，而且通常不是哲学教师就是修辞学教师。[3] 从吕西阿斯[4]、伊索克拉底、柏拉图和亚里士多德的时代起，直至普卢塔克、爱比克泰德、
812 苏埃托尼乌斯和昆体良时代为止，这种说法都是适用的。让一个人年复一年地讲授一门特定学科，实际上是使他完全掌握这门学科的最有效的办法。通过迫使他每年去重复相同的内容，如果他擅长做老师的话，必然使他在几年之内完全熟悉一门学科的全部；如果他在某一年中对某一问题发表的意见过于仓促，那么当来年再讲到这个主题时，他很可能会予以纠正。正如科学教师是一个有学问的人所天然适于从事的职业一样，成为一名教师也是最能够使他成为一个具备扎实学问和渊博知识的人的一种教育。在教

① 在写给《爱丁堡评论》的信件的结尾段落，斯密指出“伏尔泰先生或许是法国有史以来最为天才的人”。斯密对伏尔泰大加赞赏，曾在作为老师陪同巴克莱公爵游学法国期间特意去日内瓦拜访伏尔泰。

② 参见 V. i. f. 5，ff。斯密在此处考察了中小学和大学的大量捐助所带来的一个额外的问题。

③ 参见 V. i. f. 43。这类教师的报酬在 I. x. c. 39 中予以了考察。

④ 在 LRBL ⅱ. 218，ed. Lothian 177 中，吕西阿斯被描述为“在所有雄辩者中其著作最为通俗易懂”。斯密在第 23 场讲座中对柏拉图、伊索克拉底和吕西阿斯的雄辩能力进行了考察。

会各职位间圣俸差距不大的国家，适中的圣俸自然会将大部分有学问的人吸引到这样一种职业中来：他们从事这种职业对公众最为有用，同时这种职业也能向他们自身提供所能接受的最好的教育，最终会使他们的学问尽可能地扎实和尽可能地有用。

应当指出，各国国教教会的收入，除了来自特定土地或庄园的那部分外，都是一国总收入的一部分，只是这部分没有用在国防的目的上。例如，什一税是一种真正的土地税，如果此税不由教会来征收，那么土地所有者就可以对国防作出更大的贡献。[①] 但对于所有实行君主制度的大国来说，土地地租在某些人看来是国家紧急支出的唯一资金来源；而在另一些人看来，土地地租则是国家紧急支出的主要来源。[②] 显然，这种资金给予教会的越多，给予国家的就越少。一个确定的原则是：其他条件相同的情况下，教会越富，君主或人民就必然越穷；而且不论是哪种结果，国家捍卫自己的能力就越差。在几个新教国家，特别是在瑞士的所有新教各州，以往属于罗马天主教教会的收入什一税和来自教会土地的所有收入被发现是一个庞大的资金来源，它不仅足以支付所有牧师的适当薪俸，而且只要略加补充或者根本不需要补充就足以支付国家的所有其他支出。尤其是强大的伯尔尼州行政长官从这笔资金的节余中攒下了一笔数目极大的资金，据说高达几百万镑；其中一部分存放在国库中，一部分花在欧洲各债务国（主要是 813
法国和大不列颠）的所谓公债中，目的是收取利息。[③] 伯尔尼或其他任何新教州的教会总共花费了国家多少钱，我不敢妄言。根据一个非常准确的记录，1755 年，苏格兰教会牧师的全部收入，包括所有教会土地及其住宅的房租，按照一种合理的估值，大约为 68 514 镑 1 先令 5 又 1/12 便士。这样一种中等收入保证了 944 名牧师过上了还算体面的生活。教会的全部支出，包括偶尔对教堂和牧师住宅的建造和修葺的费用，估计一年也不会超过 8 万镑或 8.5 万镑。在维持大多数民众信仰的统一，皈依的热忱以及秩序、规则和严格的道德精神方面，基督教国家中财力最为雄厚的教会并不比苏格兰这个捐赠极少的贫穷教会做得更好。凡是国教教会所能产生的一切好效果，不论是社会的还是宗教的，其他教会和苏格兰教会也都能完全产生。瑞士

① 什一税在 V. ii. d 中有论述。

② 这或许可以作为重农主义者的一个参考；参见 V. ii. c. 7。

③ 参见 V. ii. a. 9 以及 I. ix. 10。

的大部分新教教会，一般说来并没有比苏格兰教会得到更多的捐赠，但却在更大程度上产生了那些好效果。在大部分的新教州中，找不出一个不承认自己是国教教徒的人。如果他承认自己是其他教会的信徒，那么法律就会强迫他离开这个州。但如果不是牧师们勤勉，事先引导全体国民皈依国教（或许只有极少数人例外），那么这样一种严厉的或者说具有压迫性的法律，是绝不可能在这样自由的国家中得到实行的。因此，在瑞士的某些地区，由于新教和罗马天主教的偶然联合，改变宗教信仰的工作进行得不是那么彻底，所以这两种宗教不但受到法律的认可，而且均被法律认定为国教。

对每一种职责的恰当履行似乎要求其报酬或薪资应当尽可能地与该职
814 责的性质相称。[①] 一个有巨额收入的人，无论从事什么职业，他总是认为自己应当像其他有巨额收入的人那样生活，并且将其很大一部分时间花在寻欢作乐、爱慕虚荣和放浪形骸上。但对于一个牧师来说，这种生活方式不仅会消磨他本应用于履行其职责的时间，而且会完全摧毁他在普通民众心目中品格的神圣性——只有这种品格的神圣性才能使他具有恰当的力量和权威来履行他的职责。[②]

V. i. h 第四节　论维持君主尊严的支出

除了确保能够使得君主履行其各项职责所必需的支出以外，还必须有一定的支出用来维护他的尊严。这种支出会因社会的不同发展阶段以及政府的不同形式而有所不同。

在一个富裕且进步的社会中，不同阶层的人民在购买房子、家具、食品、服装以及车马装备方面的开销会日益增多；此时不可能期望君主独自抵制这种风尚。因此，他自然或必然在所有这些物品上开销得更多。甚至他的尊严似乎也要求他应当这样做。[③]

就尊严而言，君主高出其臣民的程度要比任何共和国最高行政长官高

---

① 参见 V. i. f. 4。

② 参见 V. i. g. 1，29。

③ 参见 V. iii. 3。

出其市民的程度更甚。因此，为了维护这种更高的尊严，就必须伴随着更大的支出。我们自然可以想象，国王的皇宫要比一个总督或市长的官邸更加富丽堂皇。

V.i.i 本章结论

保家卫国的支出和维护一国元首尊严的支出都是为了整个社会的共同利益而进行的开支。因此，二者由整个社会的总收入来支付是合理的，所有的社会成员应当尽可能地按照各自的能力水平来对社会的总收入作出贡献。

司法行政方面的支出无疑是为了整个社会的利益而进行的开支。因此，它由整个社会的总收入来支付并无不妥。但是，国家之所以要开列此项支 815
出，是因为一些人多行不义，所以有必要设置法院来纠正其行为或保护受害者。这项开支的直接受益人，就是那些由法庭恢复其权利或维持其权利的人。因此，司法行政支出可以非常正当地由当事人一方或另一方支付，或依据具体情况的不同由双方支付，也就是以法庭手续费的形式收取。除非罪犯自身没有任何财产或资金足够支付这种手续费，否则这项费用并不必然要由整个社会的总收入支付。

使得某个地方或省受益而进行的地方支出或省支出（例如，为某个特定城镇或地区配备警察所进行的开支），应当由地方收入或省的收入来支付，而不应成为社会总收入的负担。让全社会对只有社会某一部分人受益的支出作贡献，是不公平的。

为维持良好的交通状况而进行的支出无疑是对整个社会有利的，因此由整个社会的总收入来支付没有什么不公平。但是，这种支出的最快、最直接的受益者是那些在各地之间旅行或运输货物的人以及消费这些货物的人。英格兰的道路通行税以及其他国家所谓的路捐桥捐[①]，完全由这两类人来承担，从而为社会的总收入减轻了非常大的负担。

同样，教育和宗教教学机构无疑对整个社会有利，因此可以由整个社会的总收入来支付其花销，这没有什么不公平的地方。但是，这种支出如

① 路捐桥捐在 V.ii.k.59 中有提及。

果完全由从这种教育和教导中得到直接好处的人支付，或者由那些认为有必要接受教育或教导的人的自发捐款来支付，那么或许同样合适，甚至还会带来某些好处。

当对整个社会有利的机构或公共工程不能完全养活自己或不能由最直
816 接受益的那些社会成员所作的贡献来完全养活自己时，在大多数情况下，其不足的部分必须由整个社会的总收入来进行弥补。社会总收入在支付完保家卫国的支出以及维护一国元首尊严的支出以后，必须用来弥补很多特定部门的收入亏空。关于这种总的或公共收入的来源，我将尽最大努力在下一章中予以阐释。

V. ii 817

第2章　论社会一般收入或公共收入的来源

国家的收入不仅要用来支付国防费用和维护君主尊严的费用，而且还要用来支付国家宪法未规定由任何特定收入来支付的其他一切政府支出。这种收入可以有以下两个来源：第一，专属于君主或国家并与人民的收入无关的某种资金；第二，人民的收入。

V. ii. a

第一节　论专属于君主或国家的资金或收入来源

专属于君主或国家的资金或收入来源由资本和土地构成。

像任何其他的资本所有者一样，君主可以

通过自己使用资本或将资本贷出从而获取收入。在前一种情况下，他获取的是利润；在后一种情况下，他获取的是利息。

鞑靼或阿拉伯酋长的收入都来自利润。这种利润主要来自牛奶、羊奶和畜群数量的增加。酋长亲自监督畜群的管理，并且是本部族或部落的主要放牧人。不过，只有政府处于这种最早期和最原始的状态下，利润才构成君主制国家公共收入的主要部分。①

小共和国有时可以从商业项目的利润中获取相当高的收入。据说汉堡共和国大部分的收入就来自公共酒窖和药店的利润。② 君主既然有闲暇从事
818 酒店或药店的买卖，那么说明这样的国家规模不可能很大。对于规模更大一些的国家而言，公共银行的利润是其收入的一种来源。不仅汉堡如此，而且威尼斯和阿姆斯特丹也是如此。③ 在一些人看来，就连大不列颠这样的大帝国也不敢忽视这种收入。按照英格兰银行股息为 5.5％④、资本为 1 078 万镑⑤计算，在支付管理费用后，每年的净利润据说可以达到 59.29 万镑。假设政府可以用 3％的利息借入这笔资本，并将银行的经营管理权掌握在自己手中，那么其一年可获得 26.95 万镑的纯利润。经验表明，威尼斯和阿姆斯特丹那种有条不紊、警惕性高而又勤俭节约的贵族政府是非常适合管理这类商业项目的。但能否将这样一个项目放心地托付给像英格兰这样的政府来管理，至少是很值得怀疑的，因为尽管英格兰政府有其优点，但它从未以善于理财而著称——在和平时期，其所作所为表现出君主政府与生俱来的由懒惰和疏忽所造成的浪费；而在战争时期，其行为又体现出民主政

---

① V. i. b. 7 对鞑靼的公共收入的构成进行了描述。

② ‘La Cave de ville & l’Apothicairerie forment encore un objet de revenu tres considerable’. De Beaumont, *Mémoires*, i. 73. 参见《关于欧洲法律和赋税的记录》第 1 卷，第 73 页。法国为探索财政改革的恰当方案，几年前曾设立了一个委员会，该书就是宫廷命令编纂、供该委员会使用的。其关于法国赋税的记录可以认为是完全真实的。其关于其他欧洲国家赋税的记录是根据法国驻各国大使所能得到的资料编纂的，篇幅较短，或许不如法国赋税记录那样准确。

《关于欧洲法律及赋税的记录》（巴黎，1768－1769），编者为摩罗得·波芒。斯密在 1778 年 11 月 24 日写给约翰·辛克莱的第 196 号信件中曾提及此书。在这封信中，斯密指出他有幸研读一本从未被公开出版的书，而且“承蒙杜尔阁先生的美意”，他得到了这本书。与此同时，斯密表达了他不愿将这本书送出爱丁堡的意愿，因为“如果我的书发生了什么意外，那么损失将是无法挽回的”。斯密认为，此书当时在整个大不列颠也总共只有少得可怜的三本。

③ IV. iii. b 对阿姆斯特丹银行进行了描述。

④ II. ii. 84 引用了这一数字。

⑤ V. i. e. 18 引用了这一数字。

府易于出现由思虑不周所造成的浪费。[①]

邮政局是一个可行的商业项目。[②] 政府垫支资金设立不同分局，购买或雇用必要的马匹或车辆，并从对所运物品收取的邮费中得到补偿，从而获取巨额利润。我相信，这或许是唯一一个各国政府都能成功经营好的商业项目。垫支的资本并不是很大，其业务又没什么诀窍可言。收益不但是确定的，而且可及时兑现。

但是，君主们也常常开展许多其他的商业项目。他们也像普通人一样，希望通过成为一般商业领域的冒险家来改善自己的财产状况，但他们很少能取得成功。君主们在管理事务的过程中经常发生的浪费使得他们几乎不可能成功。君主的代理人认为自己主人的财富是取之不尽用之不竭的，所以对以什么价格买东西，以什么价格卖东西，将货物从一地运往另一地的 819
费用都满不在乎。这些代理人常常过着和君主一样奢侈的生活，而且除挥霍浪费外，有时还通过适当的方法造假账以骗取君主的钱财。据马基雅维利说，麦迪西斯的洛伦佐并不是无能的君主，而他的代理人就是这样替他经营商业的。佛罗伦萨共和国就曾几次被迫清偿由于其代理人的浪费和挥霍所造成的债务。因此，洛伦佐发现放弃商业对他比较有利，尽管他的家族最初就是靠商业发家致富的；在他的后半生，他利用自己剩下的财产以及他所能支配的国家收入，开展了更适合他身份地位的项目。[③]

没有哪两种性格能比商人性格和君主性格更加不可调和。如果英国东印度公司的商业精神使其成为非常糟糕的君主，那么君主精神似乎也使得其成为同样糟糕的商人。当其只是商人时，其把商业管理得很成功，而且还能从利润中向资本所有人支付中等水平的红利。自从其成为君主以后——据说当时其还有超过 300 万镑的收入——却为了避免立即破产而不得不乞求政府的特别援助。在前一种情况下，其在印度的雇员都把自己看做商人的伙计；而在当前情况下，他们认为自己是君主的大臣。[④]

国家有时也可以从货币的利息和资本的利润中获取一部分公共收入。

---

① 对于政府的浪费这个永恒的主题，参见 II. iii. 31，36、V. iii. 8，49，58。

② 参见 V. i. d. 3。

③ “由于其代理人的不当行为（在所有商业活动中都以君主而不是他们自己的名义），他（洛伦佐）在其商业事务上的遭遇是十分不幸的；因此在很多地方，他的很大一部分财产都被浪费掉了，从而不得不动用国家的一大笔钱。为避免类似的情况发生，他毅然退出商业，并将其财产投资到不那么易于变化的土地和房产领域。”（马基雅维利：《佛罗伦萨史》，第八卷（伦敦，1851），第 400 - 401 页。）

④ 有关这一点，参见 IV. vii. b. 11、IV. vii. c. 101 - 108 以及 V. i. e. 26 - 30。

如果国家积累了一定的财富，那么就可以将其中的一部分借给外国或自己的臣民。[①]

伯尔尼州通过将一部分财富贷给外国，即通过购买欧洲各债务国——主要是法国和英国——的公债获取相当高的收入。[②] 这种收入的可靠性首先
820 取决于所买公债的可靠性，或者说管理这种公债的政府的良好信誉；其次取决于债务国持久保持和平的确定性或可能性。如果发生战争，那么债务国方面首先采取的敌对行为恐怕就是没收债权国的公债。据我所知，只有伯尔尼州采取了贷钱给外国的政策。

汉堡市[③]设立了一种公共当铺，它以 6%的利息将钱贷给提供抵押品的本国臣民。这种也被称做“伦巴第”的当铺，据说向国家提供了 15 万克朗的收入。按照每克朗等于 4 先令 6 便士计算，约合 33 750 英镑。

没有任何财富积累的宾夕法尼亚政府发明了一种借贷方法，不过不是以货币而是以货币等价物向臣民贷款。臣民要想获得这种信用票据，就必须以两倍价值的土地作为担保并支付利息。此票据可在 15 年后赎回，在赎回以前，这种票据可以像银行钞票一样在市面上流通，而且由议会法令宣布这种票据可作为本省一切居民之间的法币。这种办法为政府筹集到了一笔还不错的收入，足以支付这个节俭而且有序的政府每年约 4 500 镑的全部一般支出，而且还有剩余。[④] 这种权宜之计要想取得成功必须考虑以下三种情况：第一，对除金银币外其他交易媒介的需求或者对必须以金银币从国外购买消费品的数量；第二，采用这种权宜之计的政府的信誉良好；第三，采用这种办法的适度性，即信用票据的总价值不能超过在没有信用票据时市场流通所需金银币的总价值。美洲的其他几个殖民地也曾实行过这种办法，但由于分寸拿捏得不好，在大部分地方所造成的混乱甚于其所带来的便利。

---

① 参见 IV. i. 25，此处指出这种财富在现代没什么重要性。

② 参见波芒《关于欧洲法律及赋税的记录》第 1 卷第 155 页。参见 V. i. g. 41 以及 V. iii. 3，斯密在此处对各州所积累的财富进行了评论。斯密还在 I. ix. 10 中提及荷兰对英国和法国基金的持有。

③ 参见《关于欧洲法律及赋税的记录》第 1 卷第 73 页。[Par ce moyen elle procure à ses point onéreuses，& elle se ménage un gain considérable，qui passeroit aux usuriers qui，avant cet établissement，exigeoient des intérêts outrés，tels que Soixante ou Quatre-vingt pour cent.（De Beaumont，*Mémoires*，i. 73.）]

④ 殖民地纸币的问题在 II. ii. 102 以及 V. iii. 81 中有探讨。参见 II. ii。IV. vii. b. 20 也引用了殖民地政府开支的这个相同数字。

但是，资本和信用不稳定和不持久的性质使得它们不适合被当做可靠 821
的、稳定的和持久的主要收入来源，而后者才能确保政府的安全和尊严。对于任何一个超越游牧状态的大国政府来说，其大部分的公共收入都不是来自这种来源。

土地是一种更加稳定和更加持久的资金来源。因此，国有土地的地租是许多超越游牧状态的大国的公共收入的主要来源。[①] 古代的希腊和意大利各共和国长期从国有土地的产物和地租中获取大部分用来支付国家必要开支的收入。皇室土地的地租曾长时期构成古代欧洲君主的大部分收入。

在现代，战争和备战是增加所有大国必要开支的两件事情。但在古代的希腊和意大利各共和国，每一个公民都是战士，他们在服役和准备服役上所花费的费用都由自己承担。因此，这两件事情不会给国家带来任何非常大的开支。[②] 一块面积不太大的地产的地租就足以支付该政府的其他必要费用。[③]

在古代的欧洲君主国，当时的风俗习惯使大部分民众对战争做好了充分的准备[④]；当他们走上战场时，根据封建土地使用权的条件，他们是由自己或自己的领主来负担各项费用的，并不会给君主带来新的开支。政府的其他支出，大部分都很小。如前所述，司法行政不但不需要开支，反而是增加收入的一个来源。[⑤] 农村人民每年在收获前和收获后每人提供的三天劳动，足以建造和维护国内商业所需的所有桥梁、公路以及其他公共工程。在那时，君主的主要支出似乎仅限于他自己的家庭和宫廷的维持费。他宫
廷的官吏同时也就是当时国家的大臣。财政大臣替他收租；管家和内务大 822
臣管理皇室的开支；治安大臣和警卫大臣管理他的马厩。他的住宅全部都修建成城堡的形式，看起来似乎是他拥有的主要要塞。那些房舍或堡垒的看守人可以被看做卫戍总督。他们似乎是在和平时期唯一需要给养的军

① IV. vii. c. 102 在谈及孟加拉时给出了这个观点。

② V. i. a. 12 - 14，43 对现代和古代的战争支出进行了讨论。可以通读一下 V. i. a。

③ 《法理学讲义》（B）第 309 页，坎南编辑版本第 238 页中给出了希腊的例子，并评论道：“在所有野蛮未开化的国家中，我们发现土地都被用来实现国家主权的目的，从而很少有机会考虑税收和风俗。我们将证明，这是一项很坏的政策，而且是导致社会缓慢走向繁荣的原因之一。”

④ 参见 V. i. a. 6。

⑤ 参见 V. i. b. 13。

官。在这种情况下，一宗大地产的地租通常就足以支付政府的一切必要开支。①

在大部分欧洲文明君主国的当前状态下，如果全国所有土地管理得就像完全属于一个所有者那样，那么其地租收入可能也达不到在和平时期从人民头上征收的普通收入的水平。例如，大不列颠的普通收入，不仅包括支付每年经常开支的必要经费，而且还包括支付公债利息以及偿还一部分公债所必要的经费，每年要达到 1 000 万镑以上。而土地税，按照每镑征收 4 先令计算，一年还不到 200 万镑。② 不过，这种所谓的土地税被认为不仅包括所有土地地租的五分之一，而且包括所有房屋租金的五分之一，以及所有大不列颠资本（贷给国家或用于土地耕作的农业资本除外）利息的五分之一。这种赋税的很大一部分来自房屋租金和资本利息。例如，按照每磅征收 4 先令计算，伦敦市的土地税可达 123 399 镑 6 先令 7 便士。威斯特敏斯市的土地税为 63 092 镑 1 先令 5 便士。白厅宫和圣詹姆斯宫的土地税为30 754镑 6 先令 3 便士。土地税中的特定部分是以相同的方式向王国内其他所有城市和乡镇征收的，而且几乎全部来自房租或商业资本和借贷资本的利息。因此，据估计，大不列颠征收的土地税，即对所有土地的地租、所有房屋的租金以及所有资本（贷给国家或用于土地耕作的农业资本除外）的利息征收的全部土地税收入，每年不超过 1 000 万镑，也就是不超过政府在和平时期向人民征收的普通收入。取全王国的平均值作为对大不列颠土
823 地税的估值无疑远远低估了其实际价值，尽管在个别特定的郡和区平均值与实际价值是相等的。但仅土地地租一项，不包括房屋租金和资本利息，在许多人看来就已达到 2 000 万镑。这个估计在很大程度上是随意做出的，我认为它可能高于或低于真实价值。③ 但如果大不列颠的土地在如今这种耕种状态下一年的地租还不超过 2 000 万镑，如果这些土地全都属于一个所有者，而且处于他的代办人和代理人那种疏忽、浪费和专横的管理之下，那么一年所能提供的地租可能还不到 2 000 万镑的一半，甚至可能连 2 000 万

---

① 斯密在 V. iii. 2 也对这种政府的有限支出进行了评论。

② 1776 年 10 月 10 日，土地和财产税，以及对养老金、公职以及个人地产征收的税产生了 1 875 057镑 13 先令的净收入。《公共收入和支出》第一部分第 174 自然段。《英国议会文件》，1868－1869。

③ 在《法理学讲义》（B）第 289 和 309 页，坎南编辑版本第 224 和 238 页中，英国的地租为 2 400 万镑。第 309 页上标明政府的支出为 300 万镑，得出的结论是“用来满足所有这些目的的土地税将是世界上最不恰当的事”（《法理学讲义》（B）第 310 页，坎南编辑版本第 239 页）。

镑的四分之一都不到。大不列颠王室的土地当前所能提供的地租恐怕还不到这些土地属于私人所有情况下所能提供数额的四分之一。如果王室的领地更大一些的话，那么对其的经营管理会更糟糕。

大多数民众从土地获取的收入并不与地租成比例，而与土地的产物成比例。除留作种子的部分外，一国土地的年产物不是被人民消费掉，就是被用来交换他们所需要的其他物品。凡是使得土地产物少于其本来可能达到的水平的因素，总会使得民众收入下降的程度比土地所有者收入减少的程度更高。土地的地租，即属于土地所有者的那部分产物，在大不列颠任何一个地方都被认为不超过全部产物的 1/3。如果土地在一种耕作状态下每年只能提供 1 000 万镑的地租，而在另一种耕作状态下却能提供 2 000 万镑的地租，并假定在这两种情况下，地租都是年产物的 1/3[①]，那么土地所有者的收入在两种情况下只相差 1 000 万镑，但民众的收入在两种情况下却相差3 000万镑（扣除留作种子的部分）。国家人口减少的数量将等于每年 3 000 万镑（扣除留作种子的部分）所能养活的人数，国民收入中剩下的部分将按照不同阶级人民的特定生活方式和消费方式来进行分配。

尽管当前欧洲已没有一个文明国家从国有土地的地租上获取大部分的公共收入，但在欧洲的所有大君主国，仍然有大片土地属于王室。它们都 824
是森林；但在这种森林中，有时走上几英里也看不到一棵树；它们既不能出产任何产物，也不能促进人丁兴旺。在每一个欧洲大君主国，出售王室的土地都会得到一大笔钱——如果用来偿还国债，那么既可收回担保品，又可提供一笔比这种土地过去为王室提供的更多的收入。在土地的改良和耕种达到很高水平的国家，那些土地在出售时能产生丰厚的地租，其售价通常是年租的 30 倍；而未经改良、未经耕种和地租低的王室土地，其售价预期会达到年租的 40 倍、50 倍甚至 60 倍。王室可以立即享受这种高昂的价格在赎回担保品后带来的收入。在几年的时间内，王室还会享受到另一笔收入。当王室土地变为私有财产时，它们会得到很好的改良和耕种。[②] 通过提高人民的消费和收入水平，这些土地产物数量的增加将使得国家的人口增加，从而王室从关税和国内税中获得的收入必然随着人民收入和消费

① II. iii. 9 以及 I. xi. c. 20 都引用过这个数字。

② 参见 III. iv. 3。在评论土地税不足以满足大不列颠的财政需求时，斯密指出，王室土地甚至不可能得到“其他土地一半好的耕种”（《法理学讲义》(B) 第 309 页，坎南编辑版本第 239 页）。

的增长而增长。

在任何一个文明的君主国，君主从王室土地获取的收入虽然从表面上看无损于个人，但实际上社会为此付出的代价多于为获得君主所享受的任何其他同等收入所付出的代价。因此，为了增加社会的利益，应当用某种其他收入去代替王室的这种收入，并将王室的土地分给人民，而最好的分配方法莫过于公开出售了。

用于享乐和观赏的土地，如公园、花园和公共散步场所等，不仅不是收入的来源，而且还要支出费用加以维护。在一个大的文明君主国中，似乎只有这些土地应当属于王室。

由此可见，专属于君主或国家的两种收入来源，即公共资本和公有土地，既不适宜也不足以支付文明大国的必要开支，其中的大部分必须由各种赋税来支付；换言之，人民必须将自己收入的一部分贡献出来以弥补君主或国家公共收入的不足。

V.ⅱ.b 825 第二节　论赋税

正如相关章节中所表明的那样，个体的私人收入最终有三个来源：地租、利润和工资。[①] 而每一种税必然最终都由这三种收入来源之中的某一种进行支付，或由三者共同支付。在本部分中，我将竭力对以下几点做最为详尽的阐述：第一，意欲由地租来支付的税；第二，意欲由利润来支付的税；第三，意欲由工资来支付的税；第四，意欲由私人收入的三种不同来源共同支付的税。为此，本章第二部分将分为四项来讨论上述四种赋税，其中三项还会细分为好几个标题。从以下的论述可以看出，这些赋税中有很多最终都不是由意欲由其来支付的资金或收入来源来支付的。

在着手考察各种赋税之前，有必要先提出有关一般税收的四个原则。

第一，每一个国家的臣民都应当根据各自能力的大小，即根据他们在国家的保护下所获得的收入的比重，来尽可能地为维持政府作出贡献。政府的支出之于一个大国的每一位国民，就像一宗大地产的管理费用之于共同的佃农，佃农应当按照各自在地产中获取利益的大小来对管理费用作出

① 参见 I. vi. 16，17。

贡献。所谓赋税的平等或不平等，就看是遵守还是忽视这个原则。必须指出的是，任何税赋如果最终只由地租、利润或工资三者之一来负担，而其他两者不受影响，那将必然是不平等的。在以下对各种赋税进行考察时，我将不再关注这种不平等，而只讨论在大多数情况下，由某种赋税不平等地落在它所影响的特定私人收入上而引起的那种不平等。

第二，每位国民必须缴纳的赋税应当是确定的，而不是任意的。缴纳的时间、缴纳的方式、应支付的数额对纳税人和其他每一个人都应该是清楚明白的。否则，每一个纳税人就会或多或少地受到征税人权力的左右，后者可能加重任何他所讨厌的纳税人的税负，或者通过加税的恐吓来索取礼物或贿赂。赋税的不确定性易滋生蛮横无理，并使得那个天然就不受欢 *826*
迎的阶层的人，甚至原本既不专横也不腐败的那个阶层的人变得腐败。个人纳税额的确定性是一件极为重要的事情，我相信，从各国的经验来看，极大程度的不平等也不及极小程度的不确定所产生的危害大。

第三，每一种赋税应当按照纳税人最为便利的时间和方式去征收。地租税或房租税应当在通常缴纳地租和房租的同一时期征收，因为这时征收对纳税人最为便利；换句话说，这个时期他最容易拿得出钱来。对奢侈品这一类消费品所征收的税最终都是由消费者支付的，而且通常是以一种对他非常便利的方式来支付的。只要他购买这类商品，他所付价款中就包含了对赋税的支付。由于买与不买是他的自由，所以如果他对这种赋税感到任何重大的不便，那就是他自己的错了。①

第四，每一种赋税的设计应当尽可能地使从人民口袋中拿出的钱和进入国库的钱保持一致。如果从人民口袋中拿出的钱大大超过进入国库的钱，那么可能有以下四个方面的原因：（1）征税可能需要很多官员，他们的薪金消耗掉了大部分的税收，而且他们的额外索取对人民来说无异于向其征收一种附加税。（2）赋税可能会妨碍人民的勤奋努力，抑制他们去从事能维持和雇用大量人手的业务部门的工作。当赋税强迫人民去纳税时，它可能会使人民原本容易接受的纳税资金减少，甚至消失。（3）对于那些企图逃税而未能成功的不幸者，没收他们的财产和对其进行其他的惩罚常常会

① 孟德斯鸠也对最不易于被人们所感受到的对商品所征收的税进行了评论，因为这些税与商品的价格混在一起。参见《论法的精神》第十三章第七节第5自然段。也可参见《论法的精神》第十三章第十四节第3自然段，此处指出，在这类赋税盛行并且臣民的自由得到保障的地方，商人实际上向政府预付了钱，因为这部分支出只能从随后商品的销售中回收回来。

摧毁他们，从而使社会可能从他们的资本运用中得到的利益化为泡影。不
827 合理的赋税可能诱使人们走私。[①] 但对走私的惩罚必然又随着引诱的加强而加强。与所有的普通公平原则相反，这样的法律首先造成了引诱，然后又惩罚那些受到引诱的人，而且通常按照引诱犯罪程度的大小同比例地加强惩罚[②]。（4）征税人频繁的访问和令人讨厌的检查[③]常使纳税人遭受许多不必要的麻烦、困扰和压迫；虽然从严格意义上讲，这种烦扰不会造成什么金钱上的损失，但它肯定与每一个人愿意摆脱这种烦扰所做的支出相等。正是由于这些原因，赋税给人民带来的负担常常要大于给君主带来的好处。

上述四项原则的公平性和效用性十分显著，因而受到了各国或多或少的关注。所有国家都根据自己的最佳判断，力图将自己的赋税设计得尽可能地平等，尽可能地明确，在缴纳时间和方式上尽可能地方便纳税人，并

---

① 参见 V. ii. k. 27，49，64，75。

② 参见《人类历史纲要》第 474 页。亨利·霍姆（卡姆斯勋爵）（爱丁堡，1774）。卡姆斯在此提出了有关赋税的以下六条规则：

（1）“在可能发生走私的地方，税负应当适中”；

（2）“应当避免设置征收费用高昂的赋税”；

（3）“应当避免不确定的赋税”；

（4）“通过免除穷人的负担及由富人负担的办法去纠正赋税的不平等”；

（5）“应当严厉拒绝每一种导致国家贫困的赋税”；

（6）“应当避免要求当事人宣誓的赋税”。

在引用卡姆斯勋爵的权威论述之时，事实上斯密在《法理学讲义》（B）中对赋税的讨论就包含很多上面所提及的准则。例如，对平等性的探讨参见《法理学讲义》（B）第 310 页，坎南编辑版本第 240 页；对经济性的探讨参见《法理学讲义》（B）第 311 至 312 页，坎南编辑版本第 240 至 241 页；对便利性的探讨参见《法理学讲义》（B）第 314 至 315 页，坎南编辑版本第 242 至 243 页。他还在《法理学讲义》（B）第 313 页，坎南编辑版本第 241 页强调了征税时要避免侵犯臣民的自由。在《法理学讲义》（A）第六章第 34 页，斯密提及，征税官吏的“蛮横和欺压”是比税收本身“更加难以忍受的东西”。哈奇森似乎也预料到了至少三项准则，即便利性、经济性和平等性：“至于用来支付公共费用的税收，对奢侈品征收比对生活必需品征收来得更加便利，对外国产品和制造品征收比对国内产品和制造品征收来得更加便利；而且这类赋税不需要借助许多成本昂贵的征税官吏就能很容易地被收集起来。但首先，在对外国产品和制造品所征关税（因为这类关税通常对于激励国内产业是必要的）之外的那些从人民身上征收的赋税中，必须确定人民财富的一个公正的比例。”（《体系》，第二章第 340 至 341 自然段。）詹姆斯·斯图尔特先生在讨论赋税的准则时也体现了便利、经济、确定和平等的重要性。参见《政治经济学原理》第五章第四至五节。

③ 参见 V. ii. k. 65 以及 V. iii. 55。孟德斯鸠在提出“没有什么能比这更违背自由精神”时，也对征税人在国民家中“翻箱倒柜地搜查”进行了评论。参见《论法的精神》第十三章第七节第 7 自然段。

与纳税人的收入成比例，以尽可能地减轻人民的负担。以下是对不同年代 828
和不同国家中几种主要赋税的简要回顾，结果表明各国在这方面所做出的努力并未取得相同的成效。

V. ii. c

第一项　租金税或地租税

地租税可以按照一定的标准来征收，即对每个地区核算一定数额的地租，确定之后不得变更，也可以使税额随土地实际地租的变化而变化，随土地耕种的改良或恶化而增减。

英国采用的就是前一种方法，各地区的土地税根据一个不变的标准来征收。尽管这种税在设立之初是平等的，但由于各地对土地耕种的改良或疏忽状况不同，它必然随着时间的推移而变得不平等。在英格兰，各县和各教区的土地税是根据威廉和玛丽第四年的法令[①]来确定的，这一核算标准在设立之初就极为不平等。因此，这个土地税就违反了上述四项原则中的第一项。但它完全符合其他三项原则。这一土地税是十分确定的。纳税的时间和缴租的时间一致，这对纳税人来说是极为方便的。虽然在所有情况下地主都是实际纳税人，但税款通常是由佃户垫付的，地主必须在向佃户收租时予以扣除。[②] 与其他提供几乎相同收入的税收相比，征收这种赋税时使用的官吏要少得多。[③] 由于此税种在各个地区不随地租的增加而增加[④]，所以君主并没有分享到地主从土地改良中获得的利润。有时这种改良也的确会造成本地区内其他地主的破产。不过，有时在某一特定地产上增加的土地税通常是很少的，绝不会妨碍人们进行土地改良，也不会使土地的产量低于它应有的水平。由于地租税没有减少产物数量的倾向，因此也不会提高产物的价格。它不会降低人民的勤劳程度。除了不可避免地要纳税以 829
外，地租税并没有使地主遭受任何其他的不便。

---

① 威廉和玛丽第四年第1号法令（1692年）。

② 《法理学讲义》(B) 第312页，坎南编辑版本第241页指出，土地税“不会提高商品的价格……如果佃户支付此税，那么他就可以少付租金。”

③ 参见《法理学讲义》(B) 第311页，坎南编辑版本第240页：“土地税有一个很大的好处，就是它们的征收不会产生很大的费用。英格兰所有土地税的征收花费政府的钱不超过8 000或10 000镑。”这与需要“大量官吏”的关税和货物税形成了鲜明对比。参见V. ii. k. 62。

④ 参见《法理学讲义》(B) 第317页，坎南编辑版本第244页：“英格兰的土地税既长久又统一，不会随着由于土地改良而导致的租金的上涨而上涨。”

不过，地主从恒久不变的核算方法（英国所有的土地都按照这种核算方法来缴纳土地税）中获得的好处主要是由与税收性质完全无关的某些外部情况带来的。

由于国家几乎每个地区都经历了极大的繁荣，英国几乎所有地产的地租自从这个核算方法首次确立后就一直在不断上涨，而没有一处的地租在下降。因此，地主几乎全都获得了按照他们的地产现在的地租所应缴纳的赋税与按照过去的核算方法实际缴纳的赋税之间的差额。如果国家所处的状况不同，地租由于耕种的退化而逐渐下降，那么地主就会丧失这部分差额。自从革命以来，在英国当前的状况下，核算方法的固定不变对地主有利而对君主有害。在相反的状况下，它可能对君主有利而对地主有害。

由于地租税要用货币来缴纳，所以对土地的估值也是用货币来表示的。自从这种估值方法确立以来，白银的价值就一直没有发生改变，铸币的标准不论是在重量上还是在成色上也未曾有过任何变更。如果白银的价值大大上升，像在美洲矿产发现之前的两个世纪中所可能发生的那样[①]，那么估值方法的固定不变可能对地主的害处很大。如果白银的价值大大下降，像在美洲矿产发现以后至少一个世纪中所发生的那样[②]，那么估值方法的固定不变将使得君主的这一部分收入大为减少。如果通过降低或提高等量白银的面值而使得铸币的标准发生明显改变，例如，将 1 盎司的白银不是铸成 5 先令 2 便士，而是铸成面值很低的 2 先令 7 便士，或面值很高的 10 先令 4 便士，那么前一种情况会减少地主的收入，而后一种情况则会减少君主的收入。

因此，在与实际情况略有不同的情况下，这种估值方法的固定不变对
830 纳税人或对国家可能都是一个极大的不便。但在时代的变迁中，这种情况在某个时候是一定会发生的。帝国像人类所有的其他创造物一样，都是注定要灭亡的，但每一个帝国都希望永世长存。因此，每一种意欲与帝国一起长存的制度就应该是非常便利的，不仅是在某些情况下，而且应当在所有情况下都是如此；或者说制度不仅应当适合于过渡的、一时的或偶然的情况，而且应当适合于那些必然的因此也是通常的情况。

地租税应随地租的变化而变化，或者根据土地耕种状况的改良或疏忽

① 参见 I. xi. e. 15，斯密在此处对有关白银的价值这一主题更为流行和相反的观点进行了讨论。

② 参见 I. xi. f，IV. i. 32 也对这一点进行了讨论。

而增减，这种观点由法国一批自称为经济学家[①]的学者提出，他们将地租税推崇为最公平的赋税。[②] 他们认为，所有的赋税最终都落在土地的地租上，因此应当对最终应税的资金进行平等地课征。所有的赋税应当尽可能平等地落在必须最终缴纳税收的资金上，这肯定是正确的。但我们无须对他们用来支持自己极具独创性的理论的形而上学的论证展开令人不悦的讨论，只从下文的评述中就足以看出，哪些是最终落在土地地租上的赋税，哪些是最终落在其他资金上的赋税。

在威尼斯，所有租给农民的耕地都按地租的 1/10 征税。[③] 租约都登记在公共登记簿上，由各省或各地区的税务官员进行保管。当土地所有者耕种自己的土地时，地租税根据一种相当的估计方法进行核算，而且土地所有者可以享受 1/5 的税收减免，因此他为这种土地缴纳的税收为地租的 8%而不是 10%。

这种土地税肯定比英格兰的土地税更加公平。或许也不能全然这么肯定，因为在税额的评估方面常常给地主带来许多麻烦。在征收方面的花费可能也要多很多。

不过，也许可以设计出一种管理制度，使其在很大程度上既防止这种不确定性又降低征税成本。

例如，可以要求地主和佃户必须共同在公共登记簿上登记他们的租约。 831
对于隐瞒或篡改租约中任何条款的行为予以适当的惩罚；如果将罚金的一部分给予双方中告发并证实这种隐瞒或篡改行为的一方，那么就可以有效地阻止他们联合起来骗取公共收入。这样一来，通过登记簿就可以完全了解租约的全部条款。

有些地主在变更租约时不提高租金，但收取罚金。这种做法在大多数情况下是挥金如土的人的一种权宜之计：他为了得到一笔现金而出卖价值

① 参见 IV. ix. 38，可通读 IV. ix。

② 参见 IV. ix. 7。

③ 《关于欧洲的法律和赋税的记录》，第 240 和 241 页。['les Impositions territoriales consistent principalement dans une dixme générale, ou dans un droit de Dix pour cent du revenu des terres labourables, qui sont toutes décrites dans des registres ou cadastres qui sont dans les archives des Gouverneurs des revenus. Cette dixme, quant aux terres qui sont affermées, se lève sur le prix du bail; lorsque le Propriétaire fait valoir par luimême, la dixme se perçoit par estimation; on fait remise au Propriétaire d'un cinquième, au moyen de quoi il ne paye que Huit pour cent du revenu.' (De Beaumont, *Mémoires*, i. 240.)]

大得多的未来收入。[①] 因此，在大多数情况下，这种做法对地主是有害的，常常有害于佃户，而且总是有害于社会。这种做法常常从佃户那里拿走很大一部分资本，从而使他耕种土地的能力大幅下降，致使他发现支付一小笔地租比他原本可以支付的一笔大地租来得更加困难。无论是什么因素导致了耕种土地能力的下降，这些因素必然导致社会收入最重要的部分比它本来应有的水平低。如果对这种罚金征收比普通地租重得多的税，那么可能会对这种有害的做法起到抑制作用，对有关各方——地主、佃户、君主——和整个社会都有很大的好处。

有些租约规定佃户在整个租佃期间要采取某种耕种方式并轮流种植相关作物。这个条件一般是地主自负（认为自己具有优越知识）的结果（大多数场合，这种自负是毫无根据的）。佃户受此约束，无异于缴纳了额外的地租，所不同的只是以劳务租金来代替货币租金罢了。为打击这种愚蠢的做法，可以将这种地租评估得很高，继而征收比普通货币地租更重的税。[②]

有些地主不要求用货币而要求用诸如谷物、牲畜、家禽、葡萄酒和油等实物支付地租，还有些地主要求用劳务支付地租。这样的地租对佃户的害处总是多于对地主的好处，从前者口袋里取出的总是比进入后者口袋中的多。凡是实行这种做法的国家，佃户总是贫穷得像乞丐，而且实行得越
832 严格，贫困程度就越严重。同样地，将这种地租估算得很高，并由此征收比普通货币地租更高的税，或许足以抑制这种对整个社会不利的做法。[③]

当地主耕种自己的部分土地时，其地租可以根据邻近的农民和地主所做出的公平仲裁予以估算，并像在威尼斯所发生的那样适当减免其赋税；前提是他所占用土地的地租不超过一定数额。重要的是应当鼓励地主耕种自己的部分土地。地主所拥有的资本通常会比佃户多，尽管劳作技能差一

① 正如斯密在《道德情操论》第四卷第一篇第二章第8自然段（也可参见II. iii）中所评论的那样："同我们今天能够享受的快乐相比，我们十年以后享受到的快乐，对我们的吸引力如此微小……"斯密在I. xi. a. 1中对地主的无知进行了评论，在III. iv. 13对长期租约的起源进行了评论。

② 对斯密的"地主不可能成为一位成功的改进者"这一观点反思。参见III. ii. 7以及III. iv. 3，13。

③ 在这两个例子中，我们观察到，斯密对将征税作为一种控制个体行为的手段而不仅仅是提高收入的手段进行了辩护。这构成了在IV. ix. 51中所提出的一般观点的一个有趣的限制条件。参见V. ii. k. 7，50。

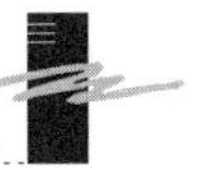

点，但经常能够收获更多的产物。地主有能力进行试验，而且通常都乐于进行试验。即使试验失败了，他的损失也没多大。而一旦他的试验成功了，就能对整个国家的土地改良和耕种作出贡献。[①] 但重要的是，赋税的减免只应当鼓励地主耕种一定数量的土地。如果大部分的地主都被诱使去耕种他们的全部土地，那么国家就不会有精明和勤劳的佃户，他们也不会在自身利益的驱使下在自己的资本和技能许可的范围内最好地耕种土地，而会成为懒惰和恣意挥霍的地主管家。他们的胡乱经营很快就会使得耕种退化，土地的年产物减少，不仅使他们主人的收入减少，而且也会减少整个社会的最重要的那部分收入。

这样一种管理制度或许可以使地租税摆脱因任何程度的不确定性而给纳税人造成的压力或不便，与此同时，还可能在土地的一般管理中引进一种大大有助于全国土地总体改良的计划或政策。

如果土地税随地租的变化而变化，那么征收土地税的费用无疑要比总是按固定评估值征收土地税的费用更高一些。在全国各个地区设立登记处，对地主自行耕种的土地不时做出评估，都会引起一些额外开支，但所有这些费用不可能很大，而且要远远低于征收许多其他赋税时所花费的费 833
用——和土地税轻而易举所能提供的收入相比，这些其他赋税所能提供的收入简直不值一提。

可变的土地税可能妨碍土地的改良，这似乎是反对这种税的最重要的理由。[②] 当君主对改良土地不愿支付任何费用而只想分享改良的利润时，地主肯定也没有兴趣去改良土地。[③] 不过，通过以下办法，这种反对或许可以得到消除。允许地主在进行改良之前和税收官员一起，根据双方在邻近的农民和地主中间平等地选出的一定数目的人所做的公平仲裁，确定其土地的实际价值，然后在一定年限内依此核算征税，使其改良的花费得到充分补偿。这种土地税的主要好处之一就是，使君主从关心他自己的收入出发，关注土地的改良。因此，为补偿地主而允许的这一期限不能大大长于为达到此目的所必需的期限，以免由于享受这种利益的时间过长而使得君主对

① 参见 III. ii. 7。

② 讨论租约的历史发展时，同一理由出现在 III. iii. 13 中。

③ 参见《法理学讲义》(B) 第 317 页，坎南编辑版本第 244 页："当我们得知产物要与那些什么都没有付出的人分享时，就会阻止我们去支付原本我们打算用在改良我们的土地上的钱。"

它失去兴趣。不过，期限长一点总比短一点要好。激励君主关注的刺激再大，也敌不过对地主的关注的最小挫抑。君主的关注最好放在一般的、整体的考虑上，看怎样才能有助于改良全国大部分的土地。地主的关注则应放在局部的、细节的考虑上，看怎样才能最有利地利用他的每一寸土地。总之，君主的主要关注点应当是，运用他权力范围内的一切手段去鼓励地主和农民关注土地的改良；让他们用自己的方式、根据自己的判断去追求他们自己的利益；给予他们以享受自己劳动的全部报酬的最完全的保障；为他们的产物开辟最为广阔的市场，为此君主需要在自己领土范围内的每一个地区建立最为方便、最为安全的陆上和水上交通条件，并确保向领土内其他地区出口产品的自由最为完全。

834 如果这样一种管理制度能使这种赋税不但不会妨碍，反而还会鼓励土地的改良，那么它就不会对地主造成任何的不便，除了必须纳税这种避无可避的不便以外。

不管社会处于怎样不同的状态，不管农业是在改进还是在退步，也不管白银价值和铸币标准发生怎样的变化，这样一种税赋即使没有政府关注也会自动地使自身适应实际情况，而且在所有不同的变化中都同样公平合理。因此，它比任何总是按照某种核算方式来征收的土地税更适于作为一种永久的和不变的制度来加以确立，或者说作为所谓的国家基本法来确立。

有些国家不是采用登记租约这样一种简单明了的办法，而是采用对全国土地进行实际测量和评估这样一种劳民伤财的办法。它们或许是怀疑，出租人和承租人为了骗取公共收入会联合起来隐瞒租约的真实条件。《英格兰人口土地清册》似乎就是这种非常准确的勘测结果。①

在古代普鲁士国王的领土内，土地税是根据实际勘测和评估结果征收的，而且这种结果会不时得到复查和修正。② 根据这种评估，对普通土地所有者按照其收入的20%至25%征税，对教士则按照其收入的40%至45%征

---

① 《英格兰人口土地清册》在III. iii. 2中也有提及。

② 《关于欧洲的法律和赋税的记录》，第1卷第114、115和116页。［Les terres sont distribuées en différentes classes，selon la qualité du terrain，sa situation，ses avantages pour le commerce；& de temps en temps，ou fait la révision de cette distribution des terres，Les Propriétaires payent environ Vingt ou Vingt-cinq pour cent de leur revenu，c'est-à-dire à peu-près le quart；& les Ecclesiastiques payent Quarante ou Quarantecinq pour cent，c'est-à-dire près de moitié.（De Beaumont，*Mémoires*，i. II4 and II5.）］

税。西里西亚的勘测和评估是根据当今国王的命令做出的，据说极其准确。根据这种评估，对属于布勒斯洛主教的土地按照地租的 25%征税；对新旧两教教士的其他收入按 50%征税；对条顿骑士团和马耳他骑士团的采邑按 40%征税；对贵族保有地按照 38.3%征税；对平民保有地按照 35.3%征税。①

波西米亚的土地勘测和评估据说持续了 100 多年，直到 1748 年和平之后，根据当今女王的命令才完成。② 米兰公国的勘测是从查理六世时开始的，但直到 1760 年才完成。它被誉为前所未有的最为准确的测量。萨沃伊和皮德蒙特的勘测是根据已故萨迪尼亚国王的命令进行的。③ 835

在普鲁士国王的领土内，对教会收入征收的税要比对世俗土地所有者征收的税高很多。教会的收入大部分来自土地的地租。教会收入很少用于土地改良，或很少用来增加民众的收入。普鲁士国王可能认为教会收入应更多地用于解救国家的危难才合理。④ 在有些国家，教会土地免纳一切赋税。在其他国家，对教会土地征收的赋税要比对其他土地所征的低。在米兰公国，教会在 1575 年之前拥有的土地只按其价值的 1/3 征税。⑤

在西里西亚，对贵族保有地征收的税要比对平民保有地所征的税高 3%。⑥ 前者拥有各种不同的荣誉和特权，普鲁士国王也许认为这足以补偿对他们所征的略高的税；与此同时，后者卑微屈辱的地位也可以由于征税较轻而得到某种程度的安抚。在其他国家，税收制度不是减轻而是加重了

---

① Les impositions territoriales ont été fixées & déterminées d'après un cadastre, qui a été formé depuis quelques années avec la plus grande attention, & dans lequel les différentes natures de biens & leur produit annuel, sont distingués avec la plus grande exactitude.（摩罗得・多芒《关于欧洲的法律和赋税的记录》，第 1 卷，第 117 页）税率的详情在第 1 卷第 119 页给出。

② 《关于欧洲的法律和赋税的记录》，第 1 卷第 83、84 页。有关波西米亚这一旷日持久的勘测及其评估方法参见摩罗得・多芒：《关于欧洲的法律和赋税的记录》，第 1 卷，第 79 页和第 83 至85 页。

③ 《关于欧洲的法律和赋税的记录》第 1 卷第 280、287 和 316 页。[Les inexactitudes [etc.] … ces circonstances engagèrent l'Empereur Charles VI, à reprendre les moyens qui furent jugés les plus propres à parvenir par la voie d'un cadastre général à une imposition réelle; mais ce n'a été qu'en 1760 que cet ouvrage a été conduit à son entière perfection par les soins de l'Impératrice-Reine. Le base de cette operation a été un plan figuré & topographique de tout le territoire de Milan… (De Beaumont, *Mémoires*, i. 280 - I.)]

④ 摩罗得・多芒：《关于欧洲的法律和赋税的记录》，第 1 卷，第 115 页。参见 V. ii. c. 22。

⑤ 摩罗得・多芒：《关于欧洲的法律和赋税的记录》，第 1 卷，第 282 页。

⑥ 摩罗得・多芒：《关于欧洲的法律和赋税的记录》，第 1 卷，第 119 页。

这种不平等。在萨迪尼亚国王的领土内，以及在征收贡税的法国各省，赋税全部落在平民保有的土地上。贵族保有地则免税。①

V. ⅱ. *c-d* 按照一般勘测和评估而核算的土地税，不论它起初是多么公平，经过

836 一段时间后必然变得不公平。为了防止它变得不公平，政府就必须对国内不同农场的状况和产物的所有变化予以持续不断且耐心细致的关注。普鲁士、波希米亚、萨迪尼亚和米兰公国的政府都努力对其予以了关注；这是一种与政府的性质不相称的关注，不可能长期持续，即使能够长期持续，在长期内给纳税人造成的麻烦和烦扰或许将多于宽慰。②

1666年，蒙托邦税区所征收的贡税据说是根据一项非常准确的勘测和评估核算的。③ 但到1727年时，这个核算就变得完全不公平了。为了对此加以补救，政府找不到更好的办法，只得对全税区额外征收12万利弗的税。这笔额外的税是根据旧有的核算对所有应纳贡税的地区征收的。但实际上它只对根据旧有的核算纳税过低的地区征税，用以救济根据同一评估纳税过高的地区。例如，有两个地区，其中一个按照实际情况应征收900利弗的税，另一个应征收1 100利弗的税，而按照旧有的核算对两地均征收1 000利弗的税。但这项附加税只对纳税较低的地区征收，并用来救济纳税较高的地区，后者因此只缴纳了900利弗的税。政府从附加税中既无所得，也无所失，它完全用来补救因旧有的核算所产生的不平等。不过这种办法过多地取决于地区行政长官的裁夺，因此必然在很大程度上具有武断性。

V. ⅱ. *d*

不与地租成比例而与土地产物成比例的赋税

对土地产物征收的赋税实际上就是对地租所征的税；虽然它们最初是

837 由农民垫支，但最终还是由地主支付。当产物的一部分必须用来支付赋税时，农民就会尽可能地计算这一部分每年的价值是多少，并将其从他同意付给地主的地租中按比例扣除。教会的什一税就是这一类的土地税，每一

---

① 摩罗得·多芒对萨迪尼亚评论道："Sous prétexte des priviléges, les Nobles & les Ecclesiastiques, ainsi que les Châtelains, les principaux Fermiers, les Praticiens & autres gens riches, s'exemptoient de payer les portions de taille qu'ils devoient supporter; les communantés n'osant les y contraindre, par la crainte des mauvais traitemens, on d'être constitués dans de grandes, dépenses par la longeur des procès."（《关于欧洲的法律和赋税的记录》，第1卷，第291页）关于法国的情况，参看V. ii. g. 7及其脚注。

② 参见V. iii. 70，斯密在此处提及了由米兰、奥地利、普鲁士和萨迪尼亚政府近来开展的准确勘测。参见V. ii. g. 6。

③ 《关于欧洲的法律和赋税的记录》第2卷第139页。尤其参看第二卷第145至147页。

位农民都会在缴纳什一税之前计算出每年的数额可能是多少。

什一税[①]以及每一种其他的这类土地税，貌似十分公平，实则非常不公。在不同的情况下，一定部分的土地产物相当于大不相同的地租。在某些非常肥沃的土地上，产物产量很大，一半的产量就足以补偿农民在耕作中所使用的资本以及与邻近地区相当的农业资本的普通利润。剩下的一半，或者说剩下的这一半产物的价值，如果没有什一税的话，那么农民就可以用来向地主支付地租。但是如果从产物中拿走 1/10 作为什一税，那么他必须要求将地租减少 1/5，否则他就无法收回资本连同普通利润。[②] 在这种情况下，地主的地租就不是全部产物的一半或 5/10，而只是它的 4/10。相反，在比较贫瘠的土地上，土地的产量有时非常低，而耕种的费用又非常高，必须用全部产物的 4/5 才能补偿农民所支出的资本及其普通利润。在这种情况下，即使没有什一税，地主的地租也不可能超过全部产物的 1/5 或 2/5。但如果农民还必须用产物的 1/10 来缴纳什一税，那么他必然会要求地主减少等量的地租，于是地主的地租将减少到只占全部产物的 1/10。[③] 对肥沃土地课征的什一税有时不超过每磅的 1/5，也就是每磅 4 先令；对贫瘠土地课征的什一税有时是每磅的 1/2，即每磅 10 先令。

由于什一税常常是一种对地租课征的非常不公平的赋税，所以它对地主改良土地和农民改进耕作的积极性都是一种打击。当教会不出一分钱却要分享利润中极大的份额时，地主不愿冒险去从事对他来说最为重要、通常也最为费钱的改良；而农民也不愿冒险去种植最有价值、通常也是最为昂贵的作物。[④] 由于欧洲实行什一税，很长一段时期只有荷兰联邦种植茜 838
草；因为荷兰联邦是一个长老教会国家，免征这种毁灭性的赋税，所以在生产这种有用染料方面享有对欧洲其他地区的垄断权。近来英格兰之所以企图引进这种植物进行栽培，是因为有法令规定，对每英亩茜草只征收 5 先令的土地税，以代替各种什一税。[⑤]

就像欧洲大部分地区的教会主要是由一种不与地租成比例而与土地产

---

① 斯密在 V. i. g. 22 对什一税的历史重要性进行了评论。

② V. ii. g. 8 处给出了一个类似的观点，参看 I. xi. a. 8，此处指出租金是一个残值。

③ V. iii. 70 指出，如果英格兰或爱尔兰没有什一税的话，那么土地耕种阶层在不显著增加负担的情况下可以多支付 600 万或 700 万镑的地租。

④ 参见 V. ii. c. 18 以及 III. ii. 13。

⑤ 乔治二世第 31 年第 12 号法令（1757 年）、乔治三世第 5 年第 18 号法令（1765 年）延续了这一规定。

物成比例的土地税来维持一样，亚洲许多国家的政府也主要是由这样一种土地税来维持的。在中国，皇帝的主要收入由帝国内所有土地的产物的1/10构成。不过，这个1/10的估计是十分保守的，据说在许多省份都不超过普通产物的1/30。在孟加拉落入英国东印度公司手中之前，该国政府所收的土地税或地租据说约为全部产物的1/5。古埃及的土地税据说同样也是全部产物的1/5。①

在亚洲，这种土地税据说能引起皇帝对土地改良和耕作的兴趣。因此，中国的皇帝、孟加拉的君主以及古埃及的国王据说都十分关注修建和维护良好的道路和通航运河，以便为各种土地产物提供国内所能提供的最为广阔的市场，从而尽可能地增加各种产物的数量和价值。② 教会的什一税被划分成许多如此之小的部分，以至于每一部分的所有者都不会对此产生兴趣。教区牧师永远也发现不了修建通往边远地区的道路或运河以扩大他自己教区产物的市场对他有什么好处。这种税，当被用来维持国家时，它所带来的利益尚可在某种程度上抵消其所带来的不便；而当被用来维持教会时，那么它所带来的除了不便，就再也没有其他可言了。

对土地产物征收的赋税，既可以征收实物，也可以按照一定的估值征收货币。

839 一个教区的牧师，或者一个稍有资财且居住在自己庄园里的乡绅，有时可能会发现以实物来收取什一税或地租具有一定的优势。征收的数量和收取的地域如此之小，以至于他们可以亲自监督应归其所有的每一部分的收取和处理。但对于一位居住在首都的财力雄厚的绅士来说，如果他在遥远省份的地产的地租也用实物支付，那么他就面临遭受他的代办人或代理人疏忽大意——更多的是恶意欺骗——的危险。同理，由于征税官吏的滥用职权和巧取豪夺，君主必然会遭受更大的损失。最为粗心大意的普通人对其仆人的监督也比最为小心谨慎的君主对其仆人的监督要多得多。用实物支付的公共收入受到收税人管理不当的影响如此之大，以至于向人民征收的赋税只有很小一部分能进入君主的国库中。不过，据说中国公共收入的一部分就是这样征收的。高官和税吏们无疑都愿意维持这种征税方式，因为征收实物要比征收货币更容易徇私舞弊。

---

① “约瑟夫对埃及土地制定的法律沿用至今，即法老应当拥有全部产物的1/5，不属于法老的牧师土地除外。”（《旧约·创世纪》，第47章第26节。）

② 参见V.i.d.17以及IV.ix.45。

以货币形式对土地产物征税，可以按照随市场价格变动而变动的评估值，也可以按照某一固定评估值——例如，不论市场状况如何，对1蒲式耳小麦总是按照相同的货币价格估值。按照前一种办法征税的产物将只随土地实际产物的变动（依据耕种的改良或疏忽状况的不同而不同）而变动；按照后一种办法征税的产物将不仅随土地产物的变动而变动，而且随贵金属的价值以及同一面额的铸币在不同时期所包含的贵金属分量两者的变动而变动。前者的产物数量和土地实际产物的价值总是保持相同的比例，但后者的产物数量在不同时期与土地实际产物的价值保持不同的比例。

当不是用土地产物的一定部分，或一定部分产物的价格去纳税，而是用一定数量的货币去充分补偿所有的赋税或什一税时，这种赋税就变得和英格兰的土地税具有完全相同的性质了。它不随土地地租的涨落而涨落。它既不鼓励也不挫抑土地改良。在大部分用一定货币去代替所有其他什一税的教区所征收的什一税就是这种税。在孟加拉伊斯兰教政府时期，土地税不是按产物的1/5以实物支付，而是在全国大部分地区确定一个据说非常适中的货币支付额。[①] 有些东印度公司的职员借口要恢复公共收入的应 840
有价值，在某些省份将缴纳一定数额的货币改为了实物支付。在他们的管理下，这种改变既挫抑了耕种的积极性，又给公共收入的征收创造了新的滥用职权的机会，结果是赋税收入大大低于他们当初接管时的水平。公司职员可能从这种改变中获得了利益，但却很可能同时损害了他们的主人和国家的利益。[②]

V. ii. e
房租税

房屋的租金可以分为两部分：一部分可以恰如其分地称为建筑物租金；另一部分通常是指地皮租金。

建筑物租金是建造房屋所花费的资本的利息或利润。为了使建筑业和其他行业保持相同水平，这种租金必须足以：第一，向房屋建造主支付相当于他将资本贷给信誉良好的人所得到的等量利息；第二，保持房屋得到持续的维修，即在一定年限内收回建筑房屋所投入的资本。因此，建筑物

① 缴纳一定数量的货币在V. iii. 70有提及。

② IV. vii. c. 102－108对东印度公司的管理有所论述。

租金或者说建筑的普通利润在各处都受到货币普通利息的调控。[①] 在市场利息率为 4%的地方，去除地皮租金的房屋租金如果还能提供全部建筑费用 6%或 6.5%的收入，那它或许就能够向房屋建造主提供足够的利润。在市场利息率为 5%的地方，或许就需要提供 7%或 7.5%的收入了。如果在与货币利息率的比例上，建筑业在任何时候都能提供比这个利息率高得多的利润率，那么它很快就会从其他行业吸引许多资本过来，从而使其利润率降低到它应有的水平。如果它在任何时候所提供的利润率都比这个利息率低很多，那么它的资本很快就会被吸引到其他行业里去，从而使其利润率重新提高。

全部房屋租金中超过足以提供这种合理利润的部分，自然而然地归为地皮租金。在地皮和建筑物分别属于两个人时，在大多数情况下，地皮租金是全部付给前者的。这部分剩下的租金是房屋居住者为房屋位置某种真实的或设想的优势而付出的代价。对于离任何大城市很遥远而且在那里有许多地皮可供选用的乡村的房屋来说，其地皮租金几乎为零，或者不超过
841 房屋所占地皮用于农业时所要支付的费用。而对于大城市附近的乡村别墅而言，其地皮租金有时要高很多，这是因为对那个位置所具有的特殊便利或优美风景支付更多的钱往往是值得的。[②] 地皮租金一般在大都市或者在那些对房屋需求最大——不管造成这种需求的原因是什么，是为了贸易和商业，为了娱乐和社交，抑或仅仅只是为了虚荣和时髦等——的特定地方最高。

对房屋租金课征的赋税如果由房客支付并与每所房屋的全部租金成比例，那就不会影响建筑物租金，至少在相当长的时期内是如此。如果建筑企业得不到它的合理利润，那么它就会离开这个行业；而通过提高对建筑物的需求，建筑业又可以在短时期内将其利润提高到与其他行业的利润相适应的水平。这种赋税也不会完全落在地皮租金上面，而是会自行划分为两个部分：一部分落在房屋住户身上，一部分落在地皮所有人身上。

例如，我们假设，某人根据自己的判断认为其有能力支付每年 60 镑的房租；我们再假设，由住户缴纳的房租税为每镑 4 先令。在这种情况下，一

---

① 参见 II. iv. 17，斯密在此处对利息和土地租金之间的关系进行了讨论；也参见 I. ix. 22，斯密在此处对利息和利润之间的关系进行了探讨。

② 参见 I. xi. b. 4，斯密在此处对土地租金和地理位置之间的关系进行了讨论。

所租金为 60 镑的房屋将一年花费他 72 镑，这比他认为能负担的数额多了 12 镑。因此，他会乐意住差一点的房子，或者一所租金为 50 镑的房子，加上他必须缴纳的 10 镑税，刚好等于他认为能够支付得起的一年 60 镑的费用；为了交税，他将放弃一部分从每年租金高出 10 镑的房子中所获得的额外便利。我之所以说他将放弃一部分这种额外的便利，是因为他基本上不太可能被迫放弃全部的便利，而是得到一所由于有房租税而租金为每年 50 镑的房子——这样的房子要比没有房租税时他所能得到的房子更好。因为通过排除特定竞争者，这种税必定会减少对租金为 60 镑的房屋的竞争；同样的道理，它也必定会减少对租金为 50 镑房屋的竞争，还必定会减少对所有其他租金房屋的竞争——租金最低的房屋除外，它有时会增加对这种房屋的竞争。结果是，竞争减弱的各类房屋的租金必然会或多或少地下降。
但是，租金的下降至少在相当长的时期内不会影响建筑物租金，所以它必 842
然最终落在地皮租金上。因此，这种赋税的最终支付会部分落在住户身上，部分落在地皮所有人身上；前者为了支付自己的份额，不得不放弃一部分便利，后者为了支付自己的份额，不得不放弃自己的一部分收入。至于两者之间按照什么比例来分担，或许并不容易确定。在不同的情况下，划分的比例可能大不相同；而依据情况的不同，房屋的住户和地皮的所有者受到的影响也大不相同。

落在不同地皮所有者身上的这种税收的不平等，完全是由上述划分的偶然不平等造成的。但是落在不同房屋住户身上的不平等，除此以外还有其他原因。房租的花费占整个生活费用的比例依财产的多少而不同。一般说来，财产最多时这个比例最大；财产逐渐减少时这个比例也逐渐降低；财产最少时这个比例也最小。生活必需品构成了穷人的最大开支；他们发现难以获得食物，微薄的收入绝大部分都用在食物上。生活当中的奢侈品和装饰品构成富人的主要支出①；富丽堂皇的豪宅与他们所拥有的奢侈品和装饰品交相辉映，相得益彰。因此，富人所负担的房租税一般最重；而在这种不平等中，或许并没有什么不合理的地方。富人不仅应当按照他们收入的比例对公共开支作出贡献，而且还应高于那个比例，这没有什么不合理的。

房屋租金虽然在某些方面和土地地租相似，但在一个方面却有着本

① 参见 I. xi. c. 31。

质上的不同。支付地租是因为使用了一种有生产力的东西。[①] 需要缴纳地租的土地能够生产出收入以支付地租。支付房屋租金是因为使用了一种没有生产力的东西。房屋和房屋占用的地皮都生产不出任何东西。因此，支付房租的人必须从其他与房屋无关的收入来源中去开支。[②] 落在住户身上的房租税必须从与租金相同的来源去开支，也就是必须用他们的收入去支付，不管这种收入是劳动工资、资本利润还是土地地租。只要房租税落在住户身上，它就是这样一种税，即不是单独落在某一种收入来源上而是无差别地落在所有三种收入来源上的税；而且从各方面来
843 看，它都和落在任何其他消费品上的税收性质相同。一般说来，恐怕还没有哪一种费用或消费能比他的房租更能反映出一个人到底是奢侈还是勤俭。对这项特殊支出征收比例税所产生的收入或许要比迄今为止欧洲任何地区从其他赋税中所得的收入大得多。如果这种税的确很高，那么大部分民众就会设法逃避它，方法就是满足于住较小的房子，而将自己的大部分收入用在其他用途上。

运用与确定普通地租相同的政策，房租就可以很容易得到十分精确的确定。没人居住的房屋不需要纳税。如果对其征税，那么赋税就要全部由房屋所有者承担，从而使得他为既没有为他带来收入也没有为他提供便利的东西纳税。但对所有者自己居住的房屋应该征税，征税的标准不是建筑房屋时所可能花费的费用，而是将房屋出租给别人时根据公平的仲裁所能得到的租金。如果按照建筑房屋时的费用征税，那么每镑 3 或 4 先令的税，再加上其他赋税，就会使这个国家以及所有其他文明国家的几乎所有富人和大家族破产。凡是仔细考察过这个国家某些最富最大的家族在城镇和乡村的房屋的人都会发现，如果按照原始建筑费用的 6.5%或 7%征税，那么房租就几乎等于他们地产的全部净租金。的确，几代人的积蓄都花在了这些美丽壮观的房子上，但与其建造成本相比，其交换价值非常之小。[③]

地皮租金是比房屋租金更为适当的课税对象。对地皮租金征税不会抬

① 参见 II. v. 12。

② 参见 II. i. 12。

③ 自从本书第一版出版以来，征收了和上述原则几乎相同的赋税。此项赋税首先根据乔治三世第十八年第 26 号法令，后根据乔治三世第 59 号法令征收。在前一法令下，对于每年价值 5 镑至 50 镑的房屋每镑征税 6 便士，较高价值房屋每磅征税 1 先令；后一法令做出了一些修改，对于年价值 5 镑至 20 镑的房屋每镑征税 6 便士，20 镑至 40 镑的房屋每镑征税 9 便士，年价值 40 镑以上的房屋征税每镑 1 先令。

高房屋租金。它会完全落在地皮所有者身上——地皮所有者总是扮演着垄断者的角色，从地皮的使用上索取他所能得到的最高租金。他得到的租金的多少取决于地皮竞争者的贫富程度，或者说取决于竞争者能够出资多少来满足其对某块地皮的喜好。在任何一个国家，首都中争夺地皮的人最多， 844
所以首都的地皮租金最高。不过由于竞争者的财富不会因地皮税而有所增加，所以他们也不愿为使用地皮而支付更多。赋税是由住户垫支还是由地皮所有者支付都是无关紧要的。住户所必须缴纳的税越多，其愿意支付的地皮租金就越少，所以地皮税的最终支付完全落在了地皮所有者的身上。无人居住房屋的地皮租金不应纳税。

在多数情况下，地皮租金和普通土地地租都是所有者无须劳神费力就可以享受的一种收入。[①] 虽然这种收入的一部分必须为支付国家的开支而从他那里拿走，但不会因此而挫抑任何一种产业。社会土地和劳动的年产物、大多数民众的真实财富和收入，在纳税前后可能都一样。因此，地皮租金和普通土地地租可能是最适合于负担特定税收的收入。

在这方面，地皮租金比普通土地地租更适合作为征收特定赋税的对象。在许多情况下，普通土地的地租至少部分归功于地主的关注和良好的管理的。[②] 一项过重的赋税可能会挫抑这种关注和良好的管理。地皮租金如果超过普通土地的地租，则应完全归功于君主良好的管理。这种良好的管理通过保护全体人民或某一特定地方居民的产业，使他们可以为其住房所占地皮支付大大超过其实际价值的租金，或者使他们能够向地皮所有者提供大大超出其地皮被人使用所遭受损失的补偿。对那种借助于国家的良好治理而得以存在的资金课征特殊的赋税，或者说让它比大部分其他资金对政府作出更多的贡献，那是再合理不过的事情。

虽然很多欧洲国家对房屋租金征税，但据我所知，没有一个国家将地皮租金看做一个单独的征税对象。赋税设计人可能会发现，要确定房租中哪一部分应被视为地皮租金、哪一部分应被视为建筑物租金是有一定难度的。但是，要将这两者区分开来似乎并不是很困难。

在大不列颠，根据所谓的年土地税，房屋租金和土地租金按照相同的 845
比例征税。每一个教区和地区用以评定年土地税的估值总是相同的。这种估值最初是极不平等的，现在也依然如此。在王国的大部分地区，课在房

① I. xi. p. 8 也有类似的观点。

② I. xi. a. 2 有一个更受认可的观点，也可参见 V. iii. 54。

屋租金上的税要比课在土地地租上的税少一些。只有在原来税率很高而房租现在又大幅下降的少数地区，每镑 3 或 4 先令的土地税据说才达到了与房屋真实租金相同的比例。无人租住的房屋虽然根据法律也要纳税，但在大多数地区，估税官特许免税；这种豁免有时使某些房屋的税率略有变动，但全区的税率总是相同。由于新建筑物出现、对房屋进行修缮等原因而出现的租金提高而房租税没有提高的情况，导致了某些房屋税率的进一步变化。

在荷兰[①]，每栋房屋按其价值的 2.5%征税，不管其实际的租金是多少，也不管是否有人租住。要求房主为一栋无人租住的房屋缴税未免过于苛刻，因为房主不能从中得到收入；赋税很重时更是如此。在荷兰，市场利息率不超过 3%，对房屋按其全部价值征收 2.5%的税在大多数情况下必然达到了建筑物租金甚至全部租金的 1/3 以上。的确，房屋定税所依据的估值虽然很不平等，但据说总是低于实际价值。当房屋重建、改造或扩建时，就会有一个新的估值，那么税率又会相应地重新评估。

在英格兰，不同时期、不同房屋税的设计者似乎都认为，相当准确地确定每栋房屋的实际租金是很困难的。因此，他们根据某些比较明显的情况来规定税额。

第一种这样的税是炉捐，即对每个壁炉征 2 先令的税。[②] 为了确定一栋
846 房屋有几个壁炉，收税员必须进屋查看。这种令人讨厌的调查使得这种赋税令人讨厌。因此，在革命后不久，这种税被作为奴隶制的标志而予以废除。[③]

第二种这样的税是对每一栋有人居住的房屋征税 2 先令。一栋有 10 扇窗户的房屋则需多付 4 先令。[④] 一栋有 20 扇和 20 扇以上窗户的房屋需多付 8 先令。这种税后来发生了改变：凡是窗户数量在 20 至 30 扇之间的房屋需

① 《关于欧洲的法律和赋税的记录》第 223 页。[Toutes les Maisons en général, soit qu'elles soient louées, soit qu'elles ne le soient pas, sont taxées à Deux & demi pour cent de leur valeur, suivant l'estimation qui en est faite sans égard au prix des loyers ni aux réparations on entretien; les estimations sont en général sont inégales, mais toujours inférieures à la valeur réalle. （摩罗得・多芒：《关于欧洲的法律和赋税的记录》，第 1 卷，第 223 页）

② 查理二世第十四年第 10 号法令（1662 年）、查理二世第十五年第 13 号法令（1663 年）、查理二世第十六年第 3 号法令（1664 年）。

③ 由于“令人民感到很痛苦”而被威廉和玛丽第一年第 10 号法令（1688 年）予以废除，见《王国法令》第六章第 61 至 62 自然段。

④ 威廉三世第七和第八年第 18 号法令（1695 年）。

缴税 10 先令；窗户数量在 30 扇或 30 扇以上的房屋需缴税 20 先令。[①] 窗户的数量在大多数情况下可以从外面数清，从而无须进屋。因此，收税人的来访也就没有像收壁炉税那样令人反感了。

后来这种赋税也被废除，而代之以窗户税，窗户税也经历了数次的修改。[②] 当前（1775 年 1 月），英格兰每栋房屋除须缴税 3 先令外，苏格兰每栋房屋除须纳税 1 先令以外，每扇窗户需另外纳税。在英格兰，窗户税是逐渐上升的，税率从每栋拥有不超过 7 扇窗户的房屋要缴 2 便士的最低税率，上升到每所有 25 扇甚至更多窗户的房屋要缴 2 先令的最高税率。

对所有这些税的主要反对理由是它们的不公平——一种最坏的不公平，因为这些赋税通常给穷人施加的负担比富人要更重一些。乡下一栋租金为 10 镑的房屋，有时它的窗户可能还多于伦敦一栋租金为 500 镑的房屋；尽管前者的住户很可能比后者的住户穷得多，但由于他的贡献是按照窗户税规定的，因此他必须对国家作出更大的贡献。因此，这样的税直接违反上述四项原则中的第一项。不过，看起来这样的税并没有违反其他三项原则。

窗户税和所有其他对房屋征收的赋税都有一个自然趋势，那就是要降低房租。很显然，一个人付税越多，他所能支付的租金就越少。不过，自从征收窗户税以来，在我所熟知的所有市镇乡村，房屋租金或多或少地都有所提高。各地对房屋需求的增加使得房租的增长超过了窗户税能使之降低的程度；这也是国家极大繁荣、居民收入增长的众多证据之一。如果没 *847*
有窗户税，那么房租也许会上涨更多。

V. ii. *f*

第二项 利润税或对资本收入征收的税

由资本产生的收入或利润自然分为两个部分：用来支付利息且属于资本所有者的部分；支付利息后的剩余部分。

利润的后一部分显然不能成为直接课税的对象。它是对使用资本的风险和麻烦的补偿，而且在大多数情况下只不过是非常有限的补偿。[③] 资本使用者必须得到这种补偿，否则他就不会有兴趣继续投入。因此，如果他要按照全部利润的一定比例直接纳税，那么就只有提高自己的利润率，或者

① 《王国法令》第九章第 207 自然段，安妮第八年第 10 号法令（1709 年）；拉夫海德版本安妮第八年第 4 号法令。

② 乔治二世第二十年第 3 号法令（1746 年）、乔治二世第三十一年第 22 号法令（1757 年）。

③ 参见 I. ix. 18 以及 I. vi. 18。

将赋税转嫁到货币利息上，也就是少付利息。如果他根据赋税按比例提高利润率，那么全部赋税虽然可能由他垫付，但最终还是按照他所管理的资本运用方式的不同，由两类不同的人当中的一类来支付。如果他将资本用做农业资本来耕种土地，那么就只有通过保留土地产物的较大部分，或者说土地产物较大部分的价格（二者意思相同）来提高他的利润，而要做到这一点又只能通过降低地租，所以赋税的最后支付就会落在地主身上。[①] 如果他将其用做商业或制造业资本，那么就只有通过提高货物的价格来提高他的利润率，在这种情况下，赋税的最后支付完全落在了那些货物的消费者身上。如果他没有提高利润率，那么就不得不将全部赋税转嫁到利润中用做货币利息的那部分之上。他对借入的资本只能支付较少的利息，在这种情况下赋税的全部负担最终会落在货币利息上。总之，如果他不能用某种方法来减轻自己的赋税负担，那么就只有采用其他的方法来进行补救。

货币利息乍看起来似乎和土地地租一样，都是可以直接课税的对象。
848 像土地地租一样，货币利息是在完全补偿了使用资本的全部风险和麻烦以后所剩下的净产物。[②] 对土地地租征税不可能提高地租，因为在补偿农民的资本及其合理利润以后余下的净产物，税后不可能比税前更大；同样的道理，对货币利息征税也不可能提高货币的利息率，因为一国的资本或货币数量，就像土地的数量一样，在税后应该和在税前一样。在本书第一篇中已经指出，普通利润率是由可供使用的资本量与已经使用的资本量或者必须使用资本来完成的营业量之间的比例决定的。[③] 但资本使用量或使用资本所完成的营业量，不会因为任何货币利息税而增加或减少。因此，如果可供使用的资本数量不因赋税而增加或减少，那么普通利润率必然会保持不变。但是，用以补偿资本使用者所冒风险和所担麻烦的那部分利润也同样会保持不变，因为这种风险和麻烦在任何方面都没有改变。因此，属于资本所有者且用来支付货币利息的那部分余额也必然保持不变。这样一来，货币利息乍看起来似乎和土地地租一样，都是适合于直接课税的对象。

然而，与土地租金相比，有两种不同的情况使得货币利息不适合作为直接课税的对象。

第一，任何一个人所拥有土地的数量和价值不可能是秘密，总是可以十分

① 参见 V. ii. g. 8、V. ii. i. 2 以及 V. ii. k. 9。

② 参见 I. ix. 18，19。

③ 参见 I. ix。

准确地予以确定。[1] 但他所拥有的资本总量却几乎总是一个秘密，很难相当准确地予以确定。此外，它几乎总是在持续不断地变化。在一年之中，更多的是在一个月中，有时甚至是一天之间，它就或多或少有些增减。为了征收与个人资本量相适应的赋税而对他的财产的任何波动加以监视，以弄清每一个人私人情况的调查，将会带来持续不断和无休无止的烦恼，因此不会有人支持。

第二，土地是无法移动的，资本则很容易流动。土地所有者必然是他地产所在地的那个国家的公民。资本所有者则可以是世界公民，并不必然专属于某个特定的国家。[2] 如果一个国家为了征收重税而对其财产进行调查，那么资本所有者就可能会放弃这个国家，并将个人的资产转移到其他 849
国家，只要他在那里可以舒服自在地经营业务或享受财富。通过转移资本，他将终结此前在该国所经营的一切产业。资本耕种着土地，资本雇用了劳动。一种倾向于把资本驱逐出一个国家的赋税，会使君主和社会的每一种收入来源枯竭。不仅资本的利润，而且土地的地租和劳动的工资都必然会因为资本的转移而或多或少地有所减少。

因此，凡是打算对资本收入进行征税的国家，都不会采用这种非常严厉的调查方法，而不得不采用某种非常宽松的，因而或多或少是武断的估计方法。以这种方式来评定赋税是极其不公平和不确定的，只能通过采用非常适中的税率来予以补偿，因此，每一个人都会发现自己要缴纳的税金大大低于其实际收入，以至于即使他的邻居比他缴纳的税金更低，他也不会觉得不悦。[3]

根据英格兰的所谓土地税征收办法，资本应和土地按照同一比例纳税。当对土地征收每镑 4 先令或者假定租金 1/5 的赋税时，也打算对资本征收假定利息 1/5 的赋税。现行的土地税最初实行时，法定利息率为 6%。[4] 因此，

---

① 参见《法理学讲义》(B) 第 310 页，坎南编辑版本第 239 页："对土地征税很容易，因为每一个人所拥有的土地数量是显而易见的，但如果没有可靠的记录，那么很难对资本或货币征税。"

② 参见 II. v. 14、III. iv. 24、V. ii. k. 80 以及 V. iii. 55。该观点由孟德斯鸠在《论法的精神》第二十章第二十三节第 1 自然段中给出，此处还评论道："动产，如银钱、票据、汇票、公司的股份、船只以及一切商品，则是全世界所通用的东西。在这个方面，整个世界就好像一个国家，而地球上所有的社会都是其成员。"

③ 《法理学讲义》(B) 第 311 页，坎南编辑版本第 240 页提及土地、资本或货币时指出，只有土地在英格兰是要被征税的。他也表示，英格兰避免对资本征税是出于这样的考虑，即"对特定人群的情况进行调查显然是对自由的侵犯"(《法理学讲义》(B) 第 313 页，坎南编辑版本第 241 页)。

④ 查理二世第十二年第 13 号法令（1660 年）。

每 100 镑资本应征税 24 先令，即 6 镑的 1/5。自法定利息率降至 5%以来[①]，每 100 镑资本应只征税 20 先令。通过所谓的土地税所征集的总量要在乡村和主要城镇之间进行划分。其中大部分由乡村负担；在由城镇负担的那部
850 分中，大部分又来自对房屋评定的赋税。剩下来向城镇的资本或商业征收的赋税（因为不打算对用于土地的资本征税）远远低于那种资本或商业的真实价值。因此，不管最初的评定多么不公平，都不会引起什么骚乱。每一个教区和地区仍然按照最初的评定来对它的土地、房屋及资本定税，而且国家的普遍繁荣在大多数地方都使得土地、房屋及资本的价值大为提高，从而使得这些不公平变得更加无足轻重。每一个地区的税率即使一直保持不变，这种赋税的不确定性，就其可能向任何个人的资本征收而言，也已经大为降低，并且也变得更加无足轻重。如果英格兰的大部分土地不是按照其实际价值的一半来评定土地税的，那么英格兰的大部分资本就几乎不会按照其实际价值的 1/50 来定税了。在有些城镇，全部土地税都对房屋课征；比如在威斯特敏斯，资本和商业是免税的。伦敦则不是如此。

所有的国家都小心翼翼地避免对私人情况进行严格的调查。

在汉堡[②]，每一个居民必须为其全部财产向国家缴纳 0.25%的税。由于汉堡人民的财富主要表现为资本，因此这种税可以看做资本税。每一个人对所拥有的财产自行估值，每年在地方行政长官面前将一定数目的货币上缴国库，并宣誓那是他所有财产的 0.25%，但无须说明数目是多少，也不会就此事接受任何盘查。这种税一般都被认为是怀着极大的忠诚之情来缴纳的。在一个小共和国，人民对他们的行政长官充分信任，都深信这种税是维持国家所必需的，并相信这种税一定会忠实地被用于维持国家的目的。这种凭良心的自愿缴纳有时是可预期的。此税种并不是汉堡人民所特有的。

瑞士的翁得沃尔德州常常遭受暴风雪和洪水的袭击，因此常发生许多意外开支。据说每逢这种情况，人民就聚集在一起，非常坦诚地宣布其财

---

① 《王国法令》第九章第 928 自然段，安妮第十三年第 15 号法令（1713 年）；拉夫海德版本安妮第十二年第 16 号法令。参见 I. ix. 5 以及 V. iii. 27。

② 《关于欧洲的法律和赋税的记录》第 1 卷第 74 页。摩罗得·多芒的叙述是这样的："La Taille consiste dans le Quart pour cent que tout habitant, sans exception, est obligé de payer de tout ce qu'il possède en meubles & immeubles. Il ne se fait aucune répartition de cette taille. Chaque bourgeois se cottise lui-même & porte son imposition à la Maison de ville, & on n'exige autre chose de lui, sinon le serment qu'il est obligé de faire que ce qu'il payc, forme véritablement ce qu'il doit acquitter."（《关于欧洲的法律和赋税的记录》，第 1 卷第 74 页。）

产数额，以便依此征税。在苏黎世，法律规定每一个人在必要的情况下应按照其收入的一定比例纳税；每一个人必须通过宣誓来宣布其所报数目的真实性。据说，这些国家的统治者毫不怀疑他们的同胞会欺骗他们。在巴西尔，国家的主要收入来自对出口货物征收的小额关税。所有的公民都宣誓，他们每三个月支付一次法律规定的所有赋税。所有的商人，甚至旅店 851
老板都受托自行登记他们在境内外出售货物的账目。在每三个月的月末，他们将这份账目送交财务官，并在账目下方计算出应纳税额。没有任何人怀疑国库收入会因此而遭受损失。①

在瑞士各州，让每一个公民通过宣誓来宣布自己的财产数额似乎不算是一件困难的事。但在汉堡，那就是最痛苦的事情了。一想到要时刻暴露自己的实际情况，那些从事商业冒险项目的商人就感到不寒而栗。因为他们预见到，这样做的结果十有八九会使他们的信誉败坏，使所经营的项目惨败。而对于从未从事任何这类项目、朴素而又节约的人们来说，当然不会感到有什么需要隐瞒的必要。②

在荷兰已故奥伦治王子就任总督后不久，对每位公民的全部财产征收2%，或所谓的 50 便士取 1 的税。每一位公民自行估税和缴税，和汉堡市民

① 《关于欧洲的法律和赋税的记录》，第 1 卷，第 163、166 和 171 页。根据摩罗得·多芒的叙述，对本段中所引用的三个地方的事情是这样描述的：

翁得沃尔德："Le territoire d'Underwald est si souvent dévasté par des orages & des inondations, que ce Canton a quelquefois des dépenses extraordinaires à acquitter. Dans ces cas, le peuple s'assemble, chacun convient, avec la plus grande franchise, du dbien dont il jouit, & est taxé tantôt à 5 sous, quelquefois à 10 sous par 1000 livres de capital. On décide dans la même assemblée l'espace de temps pendant lequel l'impôt doit subsister."（《关于欧洲的法律和赋税的记录》第 1 卷第 171 页。）

苏黎世："Une loi expresse porte que dans des cas de besoin, chaque Particulier sera taxé à proportion de ses revenus, en quoi qu'ils puissent consister, & qu'il indiquera sous la foi de serment."（《关于欧洲的法律和赋税的记录》第 1 卷第 163 页。）

巴西尔："Le revenu le plus considérable du Canton, consiste dans les droits de Douane. Chaque Bourgeois prête tous les ans serment de payer ce qu'il devra d'impôt, & tous les trois mois le Marchand & le Cabaretier, qui forment entr'eux une très-grande partie de la bourgeoisie envoient, soit aux Trésoriers de l'État, soit aux Baillis, un compte de ce qu'ils ont vendu, soit dans le pays soit à l'étranger, & règlent au bas du compte le montant de la somme qu'ils jugent devoir légitimement payer."（《关于欧洲的法律和赋税的记录》第 1 卷第 166 至 167 页。）

② 《法理学讲义》(B) 第 310 页，坎南编辑版本第 239 至 240 页评论道："迫使从事贸易的人去公布他的账目——唯有如此我们才能得知他身家几何，对他来说是一件很痛苦的事情。这是对自由的侵犯，而且可能会败坏他的信誉，从而产生非常糟糕的后果。从事贸易的人们的境况有时要比其他人差很多。"

的做法完全相同；而且一般认为公民是怀着忠诚之心来缴纳此税的。那时
852 的人民对其新政府极为爱戴，因为这个政府是他们通过起义刚刚建立的。不过此税只征收过一次，为的是缓解国家的燃眉之急。确实，这种赋税要是永久征收的话未免太沉重。在一个市场利息率很少超过3%的国家[①]，2%的税相当于对从资本所得的最高净收入征收每镑13先令4便士的税。几乎没有人在缴纳这种税时还可以保持自己的资本不受损失。在特殊的紧急情况下，人民可能出于极大的爱国热情，做出巨大的努力，甚至牺牲一部分资本去拯救国家。但他们不可能在长时期内持续这样做；而且如果他们真的这样做的话，那么赋税很快就会使他们倾家荡产，从而变得完全没有能力去支持国家。

英格兰根据土地税法案对资本课征的赋税，虽然与资本成比例，但并不打算要减少或取走资本本身的任何部分。它只是想成为一种对货币利息课征的税，其比例和对土地地租课征的税相同。因此，当地租税是每镑4先令时，货币利息税也是每镑4先令。对于汉堡的税以及翁德沃尔德和苏黎世更轻的税，其意图也同样不是对资本本身征税，而是对资本的利息或净收入征税。荷兰的税收则是有意对资本本身征税。

V.ii.g **对特殊用途资本的利润征收的赋税**

某些国家对资本的利润征收额外的赋税。这些资本有时用于特殊的贸易部门，有时用于农业。

在英格兰，向沿街叫卖的小贩征收的税[②]、向出租马车和轿子的人征收的税[③]，以及向为取得零售麦酒和火酒执照的酒馆老板征收的税[④]，都属于前一类税。在最近一次战争中，有人提议对店铺征收另一种额外的税。据说，这次战争是为了保护国家的贸易而进行的，因此从中受益的商人应当对战争多作贡献。

---

① 参见 I. ix. 10。

② 威廉三世第八和第九年第25号法令（1696年）；《王国法令》第七章第397至399自然段，威廉三世第九年第27号法令（1697年）；拉夫海德版本，威廉三世第九和第十年；威廉三世第十二和第十三年第11号法令（1700年）；《王国法令》第八章第370至376自然段，安妮第三和第四年第18号法令（1704年）；拉夫海德版本安妮第三和第四年第4号法令。III. iii. 2提及了沿街叫卖的小贩。

③ 《王国法令》第五章第351至357自然段，查理二世第十四年第2号法令（1662年）；拉夫海德版本查理二世第十三年和第十四年第2号法令；《王国法令》第九章第447至472自然段，安妮第九年第16号法令（1710年）；拉夫海德版本安妮第九年第23号法令。

④ 爱德华六世第五和第六年第25号法令（1551年）。

但是，对用于任何特殊商业部门的资本带来的利润所征收的税，最终都不会落在商人身上（他们在通常情况下必须有自己的合理利润，而在自由竞争的地方，他们的所得也不可能超过这种合理利润），而总是会落在消费者身上。消费者必须在商品价格中支付商人垫付的税款，而且通常还会在一定程度上超出税款。 853

当这种税与商人的营业额成比例时，它最终是由消费者支付的，对商人不形成任何压力。当它不与商人的营业额成比例，而是对所有的商人以相同方式征税时，虽然它最终也还是由消费者支付的，但更有利于大商人，而会对小商人形成某种压力。对每辆出租马车每周征收 5 先令的赋税，对每辆出租的轿子每年征收 10 先令的赋税，只要这种税是由马车和轿子的经营者垫付，那么它就与经营者各自的经营范围保持准确的比例。它既不有利于大商人，也不压迫小商小贩。对出售麦酒的执照每年征收 20 先令的赋税，对出售火酒的执照每年征收 40 先令的赋税，对出售葡萄酒的执照每年征收 80 先令的赋税，如果所有的零售商都依此纳税，那么必然会使大商人得到一些好处，对小商人形成一定程度的压迫。大商人会发现，他比小商人更容易从自己货物的价格中拿回自己所垫付的税款。但是，由于这种税较轻，因此使得这种不公平显得不那么重要，而且在许多人看来，对不断增加的小麦酒馆予以一定的打击也没有什么不妥。① 对商店征税的本意在于对所有的商店征收相同的赋税。而实际上并非如此。要想相当准确地按照商店的营业额来征收一定比例的税款，除了实行自由国家里的民众完全无法接受的调查外，别无他法。如果这种税很重，那么它就会对小商人形成压迫，并使全部零售业集中到大商人手中。前者的竞争没有了，后者就可以享受零售业的垄断；像其他行业的垄断者一样，他们很快就会联合起来提高他们的利润，使之大大超过他们所必须支付的税款。该税的支付最后不是落在商店老板的身上，而是落在消费者身上；不仅如此，消费者还要支付更高的加价作为给商店老板的利润。由于这些原因，对商店征税的计划被搁置起来，而代之以 1759 年的补助税。②

法国所谓的个人贡税③也许是欧洲所有地区对用于农业的资本的利润所 854
征收的最重要的一种赋税。

---

① II. v. 7 提及了麦酒馆的增加。

② 乔治二世第三十二年第 10 号法令（1758 年）。参见 V. ii. k. 23。

③ 关于贡税，参见 III. ii. 19。

在处于封建政府盛行时期的欧洲的混乱状态下[①]，君主不得不满足于对那些无力拒绝纳税的弱小民众征税。大领主虽然愿意在特殊紧急情况下帮助君主，但他们拒绝缴纳任何经常性的赋税，而君主又没有强大到足以迫使他们接受的地步。欧洲土地的占有者最初大部分都是农奴。在欧洲的大部分地区，他们逐渐得到解放。其中有些人在国王的统治下，有时是在某个大领主的统治下，像英格兰古代根据官册享有土地的人一样，以贱奴条件获得了对某些地产的财产权。其他没有获得财产权的人则得到了他们所占用的领主土地的长期租佃权，从而变得不那么依附于其领主。大领主们看到这些下层人民享有的繁荣和独立，不免既愤怒又鄙视，所以乐于看到君主对他们征税。[②] 在一些国家，这种税只限于对根据贱奴条件保有的土地征收；在这种情况下，贡税可以说成不动产的贡税。土地税是由萨迪尼亚已故国王设立的，而贡税则是在法国朗格多克、普罗旺斯、多菲那和布列塔尼各省，蒙托邦课税区，阿让和康顿选举区以及法国的某些其他地区对凭借贱奴条件保有的土地征收的赋税。[③] 在其他国家，这种税征收的对象是那些租种他人土地的人所获得的推定利润，而不考虑土地的保有条件如何；在这种情况下，贡税被说成个人的贡税。在法国大部分被称为选举区的各省，所实行的贡税就是这种。不动产的贡税只向一个国家的部分土地征收，所以必然是不公平的；不过虽然不公平，但并不必然总是一种武断的赋税（尽管在某些场合它确实是武断的）。个人的贡税是依据某个阶层人民的利润的一定比例征收的，而利润的多少却只能凭猜测，所以必然是武断和不公平的。

法国目前（1775年）所实行的个人贡税，每年都要在20个课税区（又
855 称选举区）加以征收，共计40 107 239利弗16苏。[④] 各省负担这种赋税的比例每年都有变化，都要根据各地送往枢密院关于收成好坏以及各自纳税能力增减情况的报告而定。每个课税区又要被划分为若干个小选举区，所有课税区所承担的税收总额按比例分配给这些小选举区；各个小选举区所承担的比例同样也是按照各地送往枢密院关于收成好坏以及各自纳税能力

① 斯密在 III. ii. 7 以及 V. iii. 1 中提及了“封建无政府状态的时期”。

② 参见 III. ii. 19。III. ii 对农奴的初始地位进行了描述，III. iv 对土地所有制的变化过程进行了描述。

③ 参见 V. ii. c. 27。

④ 《关于欧洲的法律和赋税的记录》第2卷第17页。

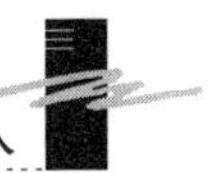

增减情况的报告而定。由此看来，即使枢密院怀着最良好的愿望，也不可能相当准确地使这两种对分配比例的估计与课税省份或地区的真实能力完全吻合。无知和误报总是会或多或少地误导最为正直的枢密院。每一个教区对整个选举区课税额所应分担的数量，每个人对所属教区课税额所应分担的比例，也是按照具体情况的不同而每年有所不同的。在前一种场合，这些情况由选举区的官员判定；在后一种场合，则是由教区的官员判定，这两者或多或少都要受到省长的指导和影响。据说，不仅无知和误报，而且友谊、派系仇恨和私人恩怨常常都会误导税收评定人做出错误的决定。显而易见，没有一个要缴纳此税的人在评估之前就能确定他应当缴纳的赋税是多少。[①] 甚至在评估了以后他也不能确定。假如一个应该免税的人被征税，或者一个人所缴纳的赋税超过了他应承担的比例，虽然他们必须在当时支付税额，但如果他们提出申诉并证明其申诉的合理性，那么来年整个教区都要被重新征税以补偿他们。如果纳税人破产了或者无支付能力，那么收税员就必须替他付税，来年通过对整个教区重新征税以补偿收税员。如果收税员自己也破产了，那么选举他的教区就得为他的行为对选举区的总税收官负责。但是，由于总税收官对整个教区提起诉讼是件很麻烦的事情，所以他选定五六个最为富有的纳税人，要求他们设法弥补由于税收员破产而蒙受的损失，随后对教区重新征税以补偿这五六个人。这种重新征收的赋税常常会超过重新征收的这一年的贡税。

当对某一特定贸易部门的资本利润征收一种税时，商人们都会小心翼 856
翼地控制市场上的货物数量，以确保销售价格足以补偿他们事先垫付的税款。有些商人从中抽回一部分资本，由此市场的供应就比之前要少。于是货物的价格上升，赋税的最后支付就落在了消费者身上。但当对用于农业的资本的利润征收一种税时，从该用途中抽回自己的任何一部分资本是不符合农民利益的。每个农民占用一定数量的土地，为此他要支付地租。为了很好地耕种那块土地，一定量的资本是必需的；而如果从这笔必要的资本中抽回任何一部分，农民就不会有能力去支付地租或赋税。为了能够纳税，他绝不会减少其农作物的产量，也绝不会减少市场上农作物的供给量。因此，赋税不能使他通过提高自己产物的价格将赋税的最后支付转嫁给消费者。但是，农民也像每一个商人一样，必须得到自己的合理利润，否则

① 斯密在 IV. ix. 3 中提到了对法国耕种者所征收的“专横和侮辱性的赋税”。

他就不得不放弃这个行业。在征收了这种赋税以后，他只有向地主少付地租才能得到他的合理利润。[①] 他必须缴纳的赋税越多，他所能交付的地租就越少。[②] 如果这种税在租约未满之前征收，那么无疑会使农民陷入困境当中，甚至破产。在续订租约时，这个税必然要转嫁到地主身上去。

在课征个人贡税的国家，对农民所征的赋税通常与他投入耕种中的资本成比例。因此，他常常不敢拥有良马好牛，而是竭力使用那些最恶劣和最无价值的农具去耕种土地。他不信任税收评定员的公正，担心其强行征收重税，所以假装贫困并表现得毫无支付能力。由于采用这种假装可怜的策略，他或许总是没有用最有效的方式去考虑自己的利益；产量减少给他造成的损失可能比他少缴税所节约下来的所得要更大。这种恶劣的耕作无疑使得市场的供给减少，但由此引起的价格轻微上涨恐怕无法弥补产量下降所带来的损失，更不用说向地主支付更多的地租了。这样一来，国家、
857 农民、地主全都因为耕种的退化而遭受损失。个人贡税在许多方面都挫伤了耕作的积极性，从而使国家财富的一个重要来源逐渐枯竭，我在本书第三篇已对此进行过相关论述。[③]

北美的南部各州和西印度群岛实行所谓的人头税，即每年对每个黑人征收一定量的赋税；确切地说，它是对投入农业中一定数量的资本的利润征收的赋税。由于种植者既是农民又是地主，所以赋税的最后支付落在作为地主的他们身上而无任何补偿。

对耕种中使用的农奴按人头征税若干，似乎自古以来在整个欧洲都很常见。当前，俄罗斯帝国仍征收这种税。或许是出于这个缘故，所有各种人头税常被看做奴役的标志。[④] 不过，每一种税对于纳税者来说都是一个标志，只不过不是奴役的标志，而是自由的标志。的确，这表明他属于政府，而且由于他拥有一些财产，所以他本人不再是其主人的财产了。对奴隶征收的人头税和对自由人征收的人头税完全不同。后者是由被课税的人自己支付的，前者是由不同的一类人支付的。后者是完全武断的或完全不公平的，而且在大多数情况下既武断又不公平；前者虽然在某些方面是不平等

---

① 参见 V. ii. f. 2。V. ii. i. 2 在讨论工资税时也提出了一个类似的观点，可参见 V. iii. 54。

② V. ii. d. 1 在讨论什一税时也给出了一个类似的观点。

③ 参见 III. ii. 19。

④ 参见 III. iii. 2。“从性质上来说，人头税比较适合于奴役；商品税比较适合于自由，因为商品税同人身没有直接的关系。”（孟德斯鸠：《论法的精神》，第十三章第十四节第 1 自然段。）

的，因为不同的奴隶具有不同的价值，但在任何方面都不是武断的。每一个主人都知道自己有多少奴隶，明确地知道自己要缴纳多少税。不过，那些不同种类的赋税由于使用同一名称，所以常被人认为具有相同的性质。

在荷兰，对男仆和女仆课征的税不是对资本而是对支出所征收的税，所以它很像对消费品课征的税。最近在大不列颠实行的对每个男仆征收的 1 基尼的税[①]就属于这一种。这种税负主要落在了中等阶层身上。一年收入 200 镑的人可能雇用一个男仆，但一年收入 10 000 镑的人却不会雇用 50 个男仆。这种税对穷人没有影响。

对特殊用途资本的利润征税绝不会影响到货币的利息。如果人们能够以正常的利息将钱贷给那些将资本用于无税用途的人，那么他们必然不愿意以较少的利息将钱贷给那些将资本用于有税用途的人。一国政府如果试图比较准确地对来源于各种用途的资本的收入进行征税，那么在多数情况
ⅱ.*h* 858 下这种税负会落在货币利息上。法国的 1/20，即 20 便士取 1 便士的税，就是一种与英格兰所谓的土地税相同的税，并且是按照相同的方式对来源于土地、房屋和资本的收入征收的。就其对资本的影响而言，它比英格兰对同一资金来源所课征的土地税更为准确，虽然不是十分苛刻。在多数情况下，这种税负完全落在了货币利息上。在法国，货币常常被投入所谓的年金契约，即一种永久年金，债务人在偿还了原借款金额后就可以随时赎回，但债权人除特殊情况外，不得任意请求赎回。20 取 1 税虽然是针对一切年金征收的，但似乎没有提高那些年金的利率。

V.ⅱ.*h*

第一项和第二项附录

加在土地、房屋和资财上的资本价值税

当财产一直保留在同一个人手中时，不管对它征收怎样的永久税，其用意绝不在于减少或拿走财产资本价值的任何一部分，而只是拿走由它所产生的收入的一部分。但当财产易主时，不论是由死者转给生者，还是由生者转给生者，就常常要对这些财产征收这种性质的税，即必然要拿走其资本价值的某一部分。

将各种财产由死者转给生者，以及将诸如土地和房屋这类不动产由生

① 乔治三世第十七年第 39 号法令（1777 年）；乔治三世第十八年第 30 号法令（1778 年）对其在苏格兰的征收进行了特殊的安排。

者转给另一位生者，这类交易在性质上是公开的和众所周知的，或者说是不能长期隐瞒的。因此，对这类交易可以直接课税。通过货币借贷将资财或动产由生者转移给另一位生者却常常是秘密交易，而且总是可以保守秘密。因此，对它不容易直接课税。一直以来，都是采用以下两种不同的方法对它间接课税的：第一，要求将包含有偿还义务的契约写在已支付过一定印花税的纸张或羊皮纸上，否则不能生效；第二，要求将这种契约登记在公开或秘密的登记簿上，并且在登记时缴纳一定的赋税，否则无效。对容易直接课税的财产转移，包括将各类资产从死者转给生者以及将不动产由生者转给另一位生者，也常常要征收印花税和登记税。

859 奥古斯都向古罗马人所征收的20便士取1便士的遗产税，就是对由死者向生者转移财产课征的税。[①] 迪翁·卡修斯[②]对这一点曾做过详细的阐述。在他看来，这种税是对因死亡而发生的继承、遗赠和捐赠课征的，但如果受惠人是直系亲属或穷人则可予以豁免。

荷兰的继承税也属于同一类。[③] 如果是旁系继承，那么对其继承的全部价值按照亲疏程度征收5%到30%的税。对旁系亲属的遗赠也要缴纳此税。对丈夫给妻子或妻子给丈夫的遗赠要征收1/15[④] 的税。对由晚辈传于长辈的直系继承只征收1/20的税。而对由长辈传给晚辈的直接继承不征税。对于与其生前住在一起的子女来说，父亲的去世很少伴随着收入的增加，而常常是收入的大幅下降，因为父母亲生前所拥有的劳动力、享有的官职或某种终身年金都要消失。如果还要通过征税拿走一部分遗产，那么必然会加重子女的损失，那未免也太过残酷了。但是对罗马法中所谓的解放了的子女和苏格兰法律中所说的分了家的子女，即已经享有财产、拥有家室、不仰仗父亲且另有独立财源的子女来说，情形有时就可能不同了。父亲给子女留下的任何东西都是对子女财产的实际增加。所以，与所有类似的税相比，对这类财产征收继承税不会造成什么更多的不便。

---

① “当不同的人提出不同的谋略时，他（奥古斯都）没有批准其中任何一个，而是决定对将死之人留给除了他非常亲近的亲人或非常贫穷的人之外的人的遗产和遗赠征收5%的税，并声称他曾经在恺撒的日志当中发现过这种税。事实上，这是一个曾经被引进的方法，但后来被废除了，而现在又被启用了。”（迪翁的《罗马史》第四章第25自然段，由凯里翻译，见《洛布古典丛书》（1917年）第六章第461自然段。）

② 也可参见 Burman de Vectigalibus pop. Rom. cap. xi. and Bouchaud de l’impot du vingtieme sur les successiona，分别出版于1714年和1766年。

③ 《关于欧洲的法律和赋税的记录》第1卷第225页。

④ 摩罗得·多芒写的是1/50，结合上下文此处应该是1/15而不是1/50。

根据封建法律，土地从死者向生者转移或者从生者向生者转移都要课税。在古代，这种税构成了欧洲各国国王的主要收入来源之一。

国王的每一个直接封臣的继承人在继承采邑时都要缴纳一定的赋税，
通常为一年的地租。如果继承人尚未成年，那么在整个未成年时期，采邑 860
上的全部地租都归国王所有，国王除抚养该未成年的继承人以及向遗孀支付其应得的亡夫遗产（当采邑上刚好有应享遗产的遗孀时）外，没有任何其他开支。当年幼的继承人成年时，他还得向国王缴纳一种交代税，通常也是一年的地租。[1] 就当前而言，很长的幼年期常常可以清偿一宗大地产的所有债务，并恢复家族昔日的荣耀，但在古代却不会产生这样的效果。幼年时期长所产生的常见效果是地产的荒芜，而不是地产债务的解除。[2]

根据封建法律，封臣没有其领主的同意就不得让渡其财产，而领主通常要索取一笔钱才会同意。这种款项起初是随意索取的，后来在许多国家被规定为土地价格的一定比例。在有些国家，其他大部分封建惯例都已经废止了，但土地转让的这种税仍然构成君主收入的很大一部分。在伯尔尼州，此税高达所有贵族保有地价格的 1/6，所有平民保有地价格的 1/10。[3] 在卢塞恩州，土地出售税没有普遍实行，只在一些地区实行。但是如果有人为了迁出本州而出售土地，那他必须按照全部售价的 10%纳税。[4] 许多其他国家也对出售任何土地或对出售按照某种条件保有的土地征收相同的税，而且这种税也构成了君主收入相当可观的一部分。

对这类交易可以通过印花税或登记税来间接课税，而且税额可以与转让对象的价值成比例，也可以不与之成比例。

在大不列颠，印花税的高低与其说是依转移财产的价值（一张最高金
额的债券贴 18 便士或 2 先令 6 便士的印花税就足够了）而定，不如说是依 861
契约的性质而定。最高的印花税不超过每张纸或羊皮纸 6 镑；这些高额税主要落在国王的特许状或某些法律诉讼书上，与标的的价值无关。在大不列

① 《法理学讲义》（A）第一章第 125 至 126 页对看护和婚姻的负担进行了讨论，并指出交代税有时不止一年的地租。也可参见《法理学讲义》（A）第二章第 17 至 18 页；《法理学讲义》（B）第 53 至 57 页，坎南编辑版本第 36 至 40 页。《法理学讲义》（A）第四章第 127 至 129 页也对封建法律进行了讨论。

② 参见 III. iv. 9 以及第 26 个脚注。

③ 《关于欧洲的法律和赋税的记录》第 1 卷第 154 页。

④ 《关于欧洲的法律和赋税的记录》第 1 卷第 157 页。［… mais lorsqu'un particulier vent abdiquer son droit d'habitant & emporter sa fortune en pays étranger，il paye Dix pour cent de la vente de son bien.（摩罗得・多芒：《关于欧洲的法律和赋税的记录》，第 1 卷，第 157 页。）

颠，对契约或文书的登记不征税，只收办理人员的手续费；不过这种手续费也只是对他们劳动的合理报酬。国王从中得不到任何收入。

在荷兰[①]，既有印花税，又有登记税。它们在有些场合与所转让财产的价值成比例，在有些场合又不与之成比例。所有的遗书必须写在贴了印花的纸上，印花的价格与所处置财产的价值成比例，因此，印花的价格多种多样，从 3 便士或 3 斯泰弗到 300 弗洛林（相当于英国货币约 27 镑 10 先令）不等。如果印花的价格低于立遗嘱人应当适用的价格，那么待继承财产将被没收。这项税是在其他各项针对继承行为所征收的税之外的一种赋税。除汇票和某些其他商业票据外，所有一切契约、债券和合同都要交印花税。不过，这种税不随标的物的价值成比例地提高。所有土地和房屋的出售以及两者的抵押，均必须登记，在登记时向国家缴纳相当于出售价格或抵押品价格 2.5%的税。对所有载重两吨以上的船只，无论有无甲板，出售时一律征收此税。它们似乎被看做一种水上房屋。根据法庭命令而出售的动产，也同样要缴纳 2.5%的印花税。

法国也既有印花税，又有登记税。前者被认为是消费税的一个分支，在征收这种税的省份由主管消费税的官员来征收。后者被认为是国王收入的一部分，由不同的官员征收。

利用印花税和登记税来征税的方式是近代的发明。但在不超过 100 年的时间里，印花税在欧洲已是遍地开花，登记税也变得极为普遍。一个政府能以最快的速度从其他国家政府学会的技术，莫过于如何从人民口袋里掏钱了。[②]

862 对由死者转给生者的财产所征的税最终还是直接落在接受财产的人身上。对出售土地所征收的税完全落在卖主身上。卖主几乎总是出于一定的必要性才卖地，所以必须接受他所能得到的价格。买主则很少有必要一定要买地，所以只给出他愿意给出的价格。他会对购买土地所要支付的价格和赋税通盘考虑：必须缴纳的赋税越多，他愿意给出的价格就越低。因此，这种税几乎总是落在急需成交的人身上，所以常常是非常残酷和具有压榨

① 《关于欧洲的法律和赋税的记录》第 1 卷第 213、224 和 225 页。详细内容参看摩罗得·多芒：《关于欧洲的法律和赋税的记录》，第 1 卷，第 224 至 225 页。

② 在 1783 年 6 月 2 日写给格雷·库珀的第 228 号信件中，斯密写道："我承认，我没能像我的约翰·卡文迪什爵士那样看出印花税能够提供这样的资源……我绞尽脑汁，脑海里反复思考我们的国民收入来源这个问题，我必须承认，没有什么比这些更能给人民造成如此之少的负担。"作为大臣的卡文迪什在 1782 年至 1783 年的预算中引进了票据税。

性的。对出售新建房屋所征的税，如果只出售建筑物而不带地皮，那么一般落在买者身上，因为建筑主必须获得利润，否则他一定会放弃这个行业。如果他垫付了赋税，那么买者一般必须偿还给他。对出售旧房所征的税，出于和对出售土地所征的税相同的理由，一般也落在卖主身上；卖主在大多数情况下是出于谋求方便或确实有必要这么做才不得不卖房。每年拿到市场上出售的新房数量多少要受到需求的支配。① 除非在支付一切开支后对新房的需求能向建筑主提供一定的利润，否则他就不会再修建房屋。有时候拿到市场上出售的旧房数量，是由大部分与需求无关的偶然事件决定的。在一个商业城市，两三件重大破产事件就会带来很多需要出售的房屋，它们必须以能够得到的价格卖出。对出售地皮所征的税完全落在卖主身上，其理由与对出售土地所征的税相同。对债券和借款合同征收的印花税和登记税完全落在借款人身上，而且事实上也总是由他支付的。对法令诉讼所征的相同的税落在诉讼人身上。这些税对原被告双方来说都会减少诉讼标的物的资本价值，因为为获得任何财产的成本越高，所获财产的净价值就越小。

对每一类财产转移所征收的各种税，由于它们减少了财产的资本价值，所以倾向于减少用以维持生产性劳动的资金。它们或多或少是有些铺张浪费的税，因为它们增加了国王的收入——国王的收入多数用以维持非生产性的劳动者，而牺牲了人民的资本——这些资本是用来维持生产性劳动者的。②

这类税即使与转移财产的价值成比例，也仍然是不公平的，因为同等 863
价值的财产转移的次数并不总是相等的。当这类税不与转移财产的价值成比例时——就像大部分的印花税和登记税那样，那就更加不公平了。不过它们绝不是任意武断的，而是在几乎所有情况下都是清楚明确的。虽然它们有时落在支付能力不是那么强的人身上，但缴税的时间在大多数情况下却是十分方便的。当该缴税的时候，纳税人在绝大多数情况下必须准备好钱。这些税的征收费用极少，一般说来，纳税人除了必须纳税以外，并不会感到有什么其他的不便。

在法国，人们对印花税很少抱怨，但对他们称为康托尔的登记税却牢骚满腹。他们认为，登记税使得负责征税的官员有了进行勒索的机会，而

---

① 斯密在 V. ii. e. 20 中对人们对新房的需求进行了评论。

② 参见 II. iii. 2。

这种税在很大程度上是武断的和不确定的。在大部分反对法国现行财政制度的小册子中，登记税的滥用就是一个重要议题。不过，不确定性似乎并不必然是这种赋税的内在本质。如果普遍的抱怨是有根据的，那么登记税滥用大多不是由于此税的性质产生的，而是由于课税法令或法律在措辞上欠准确和明晰。

抵押的登记和一般所有关于不动产权利的登记，因其能给予债权人和购买人以极大的保障，所以对公众是极为有益的。其他大部分契约的登记对个人来说常常是不方便甚至是危险的，对公众也没有任何好处。所有必须保密的登记簿根本就不应当存在，这一点已得到公认。个人信用的安全绝不应该依赖于下级税收人员的正直和良心这种极其脆弱的保障。但在登记费已经成为君主收入来源的地方，登记机关通常是没完没了地增设，不仅对应该登记的契约加以登记，而且对不应当登记的契约也加以登记。在法国，有几种不同的秘密登记簿。这种弊病虽然不是登记税的必然结果，但必须承认，它是此税的自然结果。

英格兰对纸牌、骰子、报纸和定期印刷品等征收的印花税，恰当地说都是消费税，其最终支付落在使用或消费这些商品的人身上。这种印花税，就像对零售麦酒、葡萄酒和火酒的执照所征的税一样，虽然原本打算是要
864 加在零售商的利润上，但最终同样是由那些酒的消费者支付。这种赋税虽然和前面提到的对财产转移所征的印花税一样，同叫一个名字，由相同的官员用相同的方式征收，但却具有完全不同的性质，且落在完全不同的资金来源上。[①]

V. ii. *i*

第三项　劳动工资税

我在本书第一篇已力图表明，地位较低的工人阶层的工资，在各处都必然要受到两种不同情况的影响：对劳动的需求以及食物的普通或平均供给价格。对劳动的需求根据实际发生的情况（是增加、停滞还是减少）而变化，换句话说，人口增加、保持不变还是减少，决定着劳动者生活资料的丰富、适中或匮乏程度。食物的普通或平均供给价格决定着必须向工人支付多少货币才能使他年复一年地购买到这种丰富、适中或匮乏的生活资料。[②] 因此，当对劳动的需求和食物的供给价格保持不变时，对劳动工资直

① 参见 V. ii. k. 6，斯密在此处对包括烈性酒在内的奢侈品所征收的赋税进行了讨论。

② 参见 I. viii. 52。

接征税除了将工资提高得略高于所征税额以外，没有其他效果。例如，假设在某个地方，对劳动的需求和食物的价格正好使得劳动者的普通工资为每周 10 先令；对工资征收 1/5，也就是 1 镑 4 先令的税。如果对劳动的需求和食物价格保持不变，那么在这个地方劳动者仍然有必要赚到每周 10 先令所能买到的生活资料，或者说在支付税款以后他必须有每周 10 先令可供自由支配的工资。但为了让劳动者在缴税之后还有 10 先令的自由工资，该地的劳动价格必然很快要上涨到超过 12 先令，确切地说是 12 先令 6 便士；也就是说为了使他有能力支付 1/5 的税，他的工资必然很快上涨，且涨幅超过 1/5，确切地说为 1/4。不论工资税率如何，劳动工资在所有情况下必须上涨，涨幅不仅达到了税率的比例，而且还要高于那个比例。例如，如果税率为 1/10，那么劳动工资的上涨幅度必然很快达到 1/10，最后超过 1/10 达到 1/8。

由此可见，直接对劳动工资所征的税，虽然可能出自劳动者之手，但准确地说，连由他垫付都算不上；至少在课税后对劳动的需求和食物的平均价格仍保持和课税前相同的情况下是如此。在所有这类情况下，不仅工 865
资税，而且超过此税额的一些款项实际上都是由直接雇用他的人垫付的。至于最后的支付，则在不同情况下落在不同人身上。这种税造成的制造业劳动工资的上升是由制造业主垫付的，而制造业主有权同时也不得不将垫付的税连同由此应得的利润加在他的商品价格上。因此，工资提高的数额以及利润增加额最终都由消费者买单。这种税可能造成的乡村劳动工资的上升将由农场主垫付，他为了维持和以前相同的劳动者数量而不得不投入更多的资本。为了收回这些数额较大的资本及其普通利润，他必须保留土地产物的较大份额或这一较大份额的价格（二者意思相同），由此他不得不少付一些地租给地主。[①] 所以，在这种情况下，劳动工资提高的数额以及利润增加额最终都要由地主买单。在所有情况下，与那种一部分加在土地地租上、一部分加在可消费商品上的等额赋税相比，对劳动工资直接所征的税，长期来看，会引起土地地租更大幅度的下降和制造品价格更大幅度的上升。

如果对劳动工资直接所征的税没有引起劳动工资成比例的上升，那么是因为这种税通常造成了劳动需求相当大的下降。产业的衰退、穷人就业

① V. ii. f. 2、V. ii. g. 8 以及 V. iii. 54 都对租金税的负担者有过讨论。

的减少、国家土地和劳动年产物的减少通常就是征收这种税所产生的效果。不过，由于这种税的存在，劳动的价格必然总是比没有这种税时根据实际的需求情况所形成的劳动价格更高一些；这部分上升的价格连同垫付这部分价格的人的利润，最后必然总是由地主和消费者共同支付。

对乡村劳动工资所征的税并不会按照此税的比例来提高土地天然产物的价格，其理由与对农场的主利润征收的税不会按比例提高其产品的价格相同。

然而，虽然这种税是如此地荒谬和具有破坏性，但其却在许多国家实
866 行。在法国，贡税中对乡村劳动者和日工的劳动征收的部分，正是这种税。他们的工资是按他们所居住地区的普通工资率来计算的，而且为尽量免受任何超额支付的影响，他们每年的收入是按照不超过 200 个工作日估计的。[①] 每个人需要缴纳的税额则根据不同的情况而每年有所差异，而这些不同的情况是由州行政长官任命来协助他工作的税收员或委员来评定的。在波希米亚，由于自 1748 年开始的财政制度改革，对手工业者的劳动征收一种很重的税。手工业者被分为四个等级。最高的一级（第一级）每年要纳税 100 弗洛林；按每弗洛林折合 1 先令 10.5 便士计算，税额达 9 镑 7 先令 6 便士。第二级每年要纳税 70 弗洛林，第三级每年要纳税 50 弗洛林，第四级包括乡村手工业者和城市最低等级的手工业者，每年要纳税 25 弗洛林。[②]

我已在第一篇表明[③]，天才的艺术家和自由职业者的报酬必然要和较低级别行业的报酬保持一定的比例。对这种报酬征税除了将其提高到略高于该税的比例外，再也没有其他效果。如果报酬不按这种方式提高，那么天才的艺术和自由职业由于不再和其他行业处于同一水平从而会遭到抛弃，以致报酬不久又会回到那个水平。

官员的报酬和普通各行各业的报酬不一样，不是由市场的自由竞争决定的，因此并不与这种职业的性质所要求的报酬保持一个适当的比例。[④] 在

---

① 《关于欧洲的法律和赋税的记录》第 2 卷第 108 页。[… leur cote sera établie sur le pied que se paye la journée dans le pays, & à raison seulement de deux cents journées de travail par année. （摩罗得·多芒：《关于欧洲的法律和赋税的记录》，第 2 卷，第 108 页。）

② 《关于欧洲的法律和赋税的记录》，第 3 卷，第 37 页。

③ 参见 I. x. b。

④ 参见 I. x. a. 1。

大多数国家，它们比职业性质所要求的报酬要高一些；管理政府的人通常都倾向于给予自己及其直接下属超过应有水平的报酬。因此，官员的报酬在大多数情况下能够很好地承受课税。此外，担任公职的人，尤其是那些担任油水丰厚的公职的人，在各国都是遭受嫉妒的对象；对他们的报酬征税，即使征得比其他人更高一些，也总是非常受大众欢迎的。例如，在英格兰，当其他各种收入按照土地税法每镑征税 4 先令时，对年薪超过 100 镑（皇室年幼成员的年金、海陆军军官的报酬以及其他少数不易招人嫉妒的官职的报酬除外）的官员征收每磅 5 先令 6 便士的税就深得民心。[①] 在英格兰，没有对劳动工资征收其他的直接税。 867

第四项　意欲无区别地加在各种收入上的税

意欲无区别地加在各种收入上的税有人头税和消费品税。这些税必须不加区别地由纳税人的所有种类的收入来支付，即由他们土地的地租、资本的利润和劳动的工资来支付。

V. ii. *j* **人头税**

如果要使人头税与每个纳税人的财产或收入成比例，那么它就会变成一种任意武断的税种。[②] 一个人的财产状况每天都在发生改变，如果不实施令人感到厌烦的调查，而且至少每年修订一次的话，那么就只有依靠推测了。因此，对某个人税额的评定必然在大多数情况下取决于估税员当时心情的好坏，因此完全是武断的和不确定的。

人头税如果和纳税人推定的财产不成比例，而是和纳税人的身份地位成比例，那就会变得全然不平等，因为具有相同身份地位的人所拥有的财产数量经常差别很大。

因此，如果企图使这种税倾向于平等，那么它就会变得全然武断和不

---

① 根据乔治二世第三十一年第 22 号法令（1757 年），对年薪超过 100 镑的官员征收每磅 1 先令的税。斯密显然在土地税 4 先令的基础上加了 1 先令。5 先令 6 便士是一个错误，正如斯密自己意识到的那样。在 1780 年 10 月 26 日写给安德烈亚斯·霍尔特的第 208 号信件中，斯密引用最初的这段话作为一个失误的例子：“整本书中最显而易见的错误，就是因为太过相信自己的记忆力了”，尽管它“丝毫不影响推理或者它想要支持的结论”。在校对文本时，斯密评论道：“对工资所征的税每镑不止 5 先令，而是 5 先令 6 便士；法官的工资不享受豁免。可享受豁免的有皇室年幼成员的年金和海陆军军官的报酬。”

② 《法理学讲义》（A）第五章第 141 页将人头税和炉捐描述为“不恰当的税”。

确定；如果企图使它确定而又不武断，那它就会变得完全不平等。这种税无论轻重，不确定性总是引致公众不满的原因。如果是轻税，那么人们大约还可以忍受相当大程度的不平等；如果是重税，那么哪怕是一点点的不公平都会让人无法忍受。

868 在威廉三世统治时期，英格兰曾征收过各种人头税。大部分纳税者的税额都是根据其身份评定的，如公爵、侯爵、伯爵、子爵、男爵、士族、绅士、贵族的长子和幼子等。[①] 所有身家超过 300 镑的行商坐贾，也就是说，商人中较富裕的，无论他们的财产差别有多大，都要课以相同的税。[②] 在这里，他们的身份比他们的财产得到了更多的考虑。他们中有些人的人头税，起初是按照所推定的拥有的财富来征收的，后来又改为按照其身份来征收。对于高级律师、律师和代诉人起初是按照其推定收入每镑征收 3 先令的人头税，后来改为按绅士身份征收此税。[③] 在对一项不是很重的赋税的评定过程中，人们发现，很大程度的不平等要比任何程度的不确定性更容易被接受。

法国自 18 世纪初以来就从未间断地征收人头税，对最高阶层的人按照他们的身份以一个不变的税率征税；对较低阶层的人则按照他们的推定财产征税，评定的税额每年都有所不同。国王宫廷的官吏、高等法院的法官及其他官员、部队的官员都按第一种方式征税。各省的较低阶层人民按第二种方式征税。在法国，对达官贵人们有影响的税如果不是太重的话，那么即使很不公平，他们也都能够接受；但对行政长官武断专横的评定却不能忍受。该国下等阶层的人民则必须耐心地忍受他们的上级认为适合于给予他们的待遇。

在英格兰，各种人头税从来没有使政府获得其所期望的数额，或者说从来没有达到严格地征收的情况下这些税可能产生的数额。在法国，人头税总是能够产生其所期望的数额。英国温文尔雅的政府在对不同阶层的人评定人头税时，常满足于所征收到的税额，从不要求对国家由于有些人付不起税、不愿付税（这样的人很多）或者由于执法不严没有强迫有些人缴税而造成的损失进行补偿。法国比较严厉的政府对每一个课税区评定一定

---

① 威廉和玛丽第一年第一部分第 13 号法令（1688 年）。

② 威廉和玛丽第一年第 2 部分第 7 号法令（1688 年）。

③ 威廉和玛丽第三年第 6 号法令（1691 年）。

的税额，当地行政长官必须竭尽所能去收齐。如果哪个省抱怨评定的税额太高，那么在来年的税额评定中可以按照前一年多缴纳的比例予以扣减，但本年度还是要按照评定的税额缴纳。一地行政长官为确保能收足本税区 869
的税额，有权将它评定为一个更大的数额，这样一来，一些纳税人没有缴纳或无力缴纳的税金就可以从其余人多缴纳的部分中得到补偿。在1765年以前，这种超额评定完全由行政长官自行决定。但在这一年，枢密院将这种权力据为己有。据法国消息灵通的赋税记录的作者观察，落在贵族和具有特权并被豁免缴纳贡税的人身上的税负最轻；落在缴纳贡税的人身上的税负最重，他们按应纳贡税的数额每镑征收若干人头税。[①]

对较低阶层的人民征收的人头税是对劳动工资征收的直接税，伴随产生了这类税所有的种种不便。

课征人头税的费用很小，在征税严格的地方，其能为国家提供非常可靠的收入。正是由于这个缘故，在凡是对下层人民的安逸、舒适和安全不大重视的国家，人头税都十分普遍。不过，一般说来，一个大帝国从人头税中所得到的不过是其公共收入的一小部分，而且这种税所曾提供的最大数额，也可以以其他对人民来说方便得多的方式去筹措。

V.ⅱ.*k* **消费品税**

无论征收哪种人头税，想要按照收入的一定比例来向人们征税都是不可能的；正是这种不可能性促使了消费品税的发明。一个国家不知道如何直接地、按比例地对它的臣民征税，于是力图间接地对他们的支出进行征税——在大多数情况下，他们的支出被认为与其收入是大体上成比例的。而对支出征税，就是把税加在支出所对应的消费品上。[②]

消费品或者是生活必需品，或者是奢侈品。

我所说的必需品不仅是维持生活所必不可少的商品，而且还是按照一 870

---

① “C'est ici le lieu d'observer que dans la masse totale de cette imposition, la Capitation de la Noblesse & des Privilégies forme dans les provinces l'objet le moins considérable, la portion la plus forte est celle qui est répartie entre les taillables & non-privilégiés, au marc la livre de la Taille.”（摩罗得·多芒《关于欧洲的法律和赋税的记录》第2卷第421页。）

② 《法理学讲义》(B) 第311页，坎南编辑版本第240页评论道：“当对商品征税时，它们的价格必然会上涨，商人的一致行动必然受到阻止，这会使得供给更匮乏、人们更懒惰、生产出来的商品数量更少。”

国的习俗，声名远扬的人甚至是最底层的人都认为没有它会有损体面的东西。[①] 例如，一件亚麻布衬衫严格说来并不是生活必需品。在我看来，希腊人和罗马人虽然没有亚麻布，但也能生活得非常逍遥自在。但在当前的欧洲大部分地区，一位声誉较好的日工如果没有一件亚麻布衬衫，那么就不敢在大庭广众之下露面，因为没有这样的衬衫表明他穷到了可耻的地步，而要不是做了极其恶劣的坏事，是不会落到这般境地的。习俗在英格兰也同样使得皮鞋成为生活必需品。最穷的体面人，无论男女，如果没有一双皮鞋，也羞于在公众场合露面。[②] 在苏格兰，习俗使得皮鞋成为最底层男人的生活必需品；对最底层的女人则不然，她们即使赤脚走路也没有什么不体面。在法国，皮鞋不论对男人还是对女人都不是生活必需品，社会地位最低的男女在大庭广众之下穿木屐或打赤脚都无损体面。因此，我所说的生活必需品不仅包括其本质属性使之成为最底层人民生活所必要的东西，而且包括已经建立起来的体面准则使之成为他们所必需的东西。我将所有除此之外的东西都称为奢侈品；我用这个名称丝毫没有对适当地使用这些东西进行谴责的意思。例如，我将英国的啤酒和麦酒，以及葡萄酒产国的葡萄酒都称为奢侈品，因为任何阶层的一个人都不会因为完全不喝这类酒
871 精饮品而有损体面。其本质属性并没有使它们成为维持生活的必需品，任何地方的习俗也没有使之成为保持体面所不可缺少的东西。[③]

---

① 参见 I. viii. 15，斯密在此指出了对维持最低生活水平的工资进行定义的困难。亚当·弗格森在 1767 年给出了一个相关的观点，指出“生活必需品是一个模糊和相对的术语，在野蛮人看来它是一种商品，但在文明人看来它又是另一种商品：它与爱好和生活习惯有关”。（《市民社会的历史》，第三篇第四章，由福布斯编辑（爱丁堡，1966 年），第 142 页。）詹姆斯·斯图尔特爵士在其《政治经济学原理》一书第二篇第二十一章中对这个有争议的观点给出了一个有趣的评论，认为人类有两种“必需品”，即对食物、住所等的需求以及另一类额外的、“根据社会阶层而区分”的需求，而后者由“出身、教育或习惯”决定。财力不足的人只能从较高水准的生活方式向较低水准的生活方式转变。（《政治经济学原理》，第一篇，第 312 至 313 页，斯金纳编辑版本第一篇第 270 页；参见 II. iii. 40。）斯图尔特在《苏格兰兰开郡利息考察》（1769 年）第五章第 291 至 292 自然段对“物质必需品”给出了一个例证。提及该郡的状况时，他指出，在燕麦的价格为每 2 加仑 1 先令的条件下，一位每周工资为 3 先令 6 便士的日工辅之以一头牛所产的奶、1.5 路德的土地和他妻子所织的布，能够维持“最基本的生活所需”。他补充道：“不管这种生活在那些没有深入此类研究的人看来是多么穷困，但事实上它就在我们身边……”参见 I. viii. 31 以及相应脚注。

② 曼德维尔给出了一个相关的观点，在试图引起别人重视，甚至是改变他们的地位的过程中，人们可能会牺牲其现有的生活水平：“教区最穷劳工的妻子，宁愿让自己和丈夫吃不饱也要买一件二手的带衬裙的长袍，而不去穿一件耐磨损的工装，的确，因为前者穿起来显得更为温文尔雅。”

③ 参见 V. iii. 75，此处指出，糖、朗姆酒和烟草尽管不是生活必需品，但却是世界各地普遍消费的物品，因此适于对其征税。

由于各地的劳动工资都是由对劳动的需求和生活必需品的平均价格所决定的，所以凡是提高这种平均价格的因素必然都会提高劳动工资，这使得劳动者仍然有能力按照当时的劳动需求状况来购买一定数量的生活必需品，不管劳动需求是增加的、停滞的还是减少的。[①] 对这类物品征税必然使得它们的价格提高的幅度高于税额，因为垫付税款的商人通常要收回成本并获得一定的利润。因此，这样一种税必然引起劳动工资与价格成比例地增长。[②]

因此，对生活必需品所征的税和对劳动工资所征的直接税运作机理完全相同。劳动者虽然亲手付税了，但至少在长时期内，他甚至连垫付都算不上。那种税最终总是由其直接雇主通过所提高的工资返还给他。如果雇主是制造业者，那么他将把提高的工资连同利润一并转嫁到货物价格上；这样一来这种税以及工资利润的增加部分最终由消费者承担。如果雇主是农场主，那么这种税以及工资利润的增加部分最终会落在地主的地租上。

对我所称的奢侈品征税，甚至对穷人消费的奢侈品征税则不会产生这种效果。课税商品价格的提高不一定会造成劳动工资的上升。例如，尽管烟草对于富人和穷人来说都是奢侈品，但对烟草征税将不会提高工资。尽管在英格兰所征的税是其原价的 3 倍，在法国是其原价的 15 倍，但如此之高的税似乎没有对劳动工资造成任何影响。对茶和糖的征税也是如此；二者在英格兰和荷兰已成为最底层人民的奢侈品；对巧克力所征的税，据说在西班牙也是如此。英国在 18 世纪对烈性酒所征的各种税也并没有对劳动 872
工资产生任何影响。对高浓度啤酒每桶征收 3 先令的附加税[③]引起了高浓度啤酒价格的上升，但并没有引起伦敦普通劳动工资的上升。这种工资在之

① 参见第一篇第八章（第一篇第八章第 52 自然段）。

② 《法理学讲义》(B) 第 230 至 231 页，坎南编辑版本第 178 至 179 页中指出，对“勤劳”和对生活必需品所征的税倾向于将商品的市场价格提高到自然价格之上，并由此降低“公众的富裕程度”。参见《法理学讲义》(A) 第六章第 85 页。在写给约翰·辛克莱的第 299 号信件中，斯密写道：“我讨厌所有可能影响穷人必要开支的赋税。根据具体情况的不同，它们要么压迫要缴纳这些税的穷人，要么要以很高的利息偿还给富人，也就是说，雇员从他们的雇主那里提前预支劳动工资。对穷人所购奢侈品的征税，比如对他们买的啤酒和其他烈性酒所征的税，只要比较适中，不至于引起走私，我认为就可以将它们看做最好的禁奢法。”

③ 乔治三世第一年第 7 号法令（1760 年）。

前是每天 18 到 20 便士，而现在也并没有增多。[①]

奢侈品的高价格并不会必然降低下层人民养育子女的能力。对质朴勤劳的穷人来说，对这类商品征税起着有如禁止消费奢侈品的法律所起的作用，使他们少用或完全不用这种他们不再能够轻易消费得起的多余品。[②] 由于这种被迫的节约，他们养育子女的能力不但没有降低，反而或许常常因为征税而提高了。[③] 正是质朴勤劳的穷人养育了为数众多的子女，这些子女又成为对有用劳动力需求的主要供给来源。的确，并不是所有的穷人都是质朴勤劳的，那些放肆的、胡作非为的穷人在奢侈品价格上升以后依然像以前一样消费这些商品，根本不考虑其放纵的行为会给其家庭带来的苦难。不过，这样的人很少能养育众多的子女；他们的子女通常由于无人照顾、错误的管教以及食物的匮乏或不卫生而夭折。即使由于体格的健壮而经受住了父母的不良行为给他们造成的苦难，父母的不良行为通常也会腐蚀他们的道德，因此，他们成人后不是凭借自己的勤劳成为对社会有用的人，而是因自己的恶劣行径和胡作非为而成为社会的败类。由此可见，穷人所消费的奢侈品价格的提高虽然可能略为增加这种胡作非为家庭的苦难，从而略为降低他们养育子女的能力，但却不大可能极大地减少全国有用劳动力的数量。

生活必需品平均价格的上涨，除非在劳动工资成比例地上涨中得到补
873 偿，否则必然会或多或少地降低穷人养育子女从而供应有用劳动力的能力，不论劳动需求是增加的、停滞的还是下降的。

对奢侈品征税除了提高课税商品的价格外，没有提高任何其他商品价格的倾向。而对生活必需品征税，由于提高了劳动工资，因此必然有提高一切制造品价格从而减少它们的销售量和消费量的倾向。对奢侈品所征的

---

① 《法理学讲义》(B) 第 231 页，坎南编辑版本第 179 页指出，“人是一种焦虑的动物，他必须借助一些能够振奋精神的东西来横扫他的焦虑”。《法理学讲义》(A) 第六章第 85 页中评论道：“烈性酒几乎在每个国家都是必需品。人是小心谨慎的动物，有着诸多的需求和需要，并处于一直持续小心和焦虑的状态。”有关这方面的内容，也可参见《法理学讲义》(B) 第 315 页，坎南编辑版本第 243 页：“当对啤酒征收附加税时，啤酒的价格必然提高，但是民众不会直接对政府发泄他们的怨气，而是对将税款加在商品天然价格上的酿酒者横加指责，但其实政府才是真正应该抱怨的对象。”

② 参见 I. viii. 35 以及 V. ii. k. 50，此处指出，当前的政策就是被设计用来抑制对酒精饮品的消费的。

③ 参见 I. viii. 37。这个例子似乎表明，赋税可以用来作为明显不同于一种收入来源的一种控制工具。参见 V. ii. c. 12，有关更深入的例子，参见 V. ii. k. 27。

税最后由课税商品的消费者支付而得不到任何补偿。这种税毫无差别地落在每一种收入上，即落在劳动工资、资本利润和土地地租上。对生活必需品所征的税，只要它们对穷苦劳动者造成了影响，那么就最终部分地由地主通过减少其地租进行支付，部分地由富有的消费者（不管是地主还是其他人）通过提高制造品的价格进行支付——这个提高了的价格通常伴随着一个较大的额外利润。对于像粗呢绒这样真正的生活必需品，而且是用来供穷人消费的这类制造品，其价格的提高必须通过工资的进一步提高对穷人做出补偿。中间和上等阶层的人民，如果他们了解自身的利益，那么就应当永远反对对生活必需品以及对劳动工资直接征收任何税，因为这两类税的最后支付会完全落在他们自己身上，并且总是伴随着一个较大的额外数目。地主的负担最重，他常常以双重身份来付税：作为地主，他通过地租的减少来付税；作为富有的消费者，他通过支出的增加来付税。马修·德克尔爵士对生活必需品所征税收的观察是完全正确的，某些赋税在某些商品的价格上竟然累加了四五次，这对课税的生活必需品来说是完全公正的。例如，在皮革的价格中，你不仅必须为自己的鞋所用的皮革付税，而且必须为制鞋匠和制革匠的鞋所用的皮革付税。你还必须为这些工匠在为你服务时所使用的盐、肥皂和蜡烛付税，必须为制盐者、制肥皂者和制蜡烛者在生产期间所消费的皮革付税。[①]

在英国，对生活必需品所征收的税，主要是针对刚刚提到的四种商品——盐、皮革、肥皂和蜡烛——来征的。[②] 874

盐是一种非常古老和非常普遍的征税对象。罗马人曾对盐征税，我相信现今欧洲的每个地区都是如此。每一个人每年消费的盐的数量如此之少，而且可以随时购买，因此有人认为即使对盐征收很重的税，也没有人会非常明显地感觉到。在英格兰，对盐征收每蒲式耳 3 先令 4 便士的税，大约是其原价的 3 倍。在一些其他国家，该税还要征得更高。皮革是一种真正的生活必需品。亚麻布的使用使得肥皂也成为生活必需品。在那些冬夜漫长的国家，蜡烛是一种必需的生产工具。在英国，皮革税和肥皂税均

① 正如斯密所指出的那样，德克尔在考察完皮革税造成的税负增加后说道："只对皮革征的税就是如此，但放牧人、屠夫、制革人、切革人和制鞋者要用肥皂，而肥皂要像皮革一样被征税；正如皮革税必须得以提高一样，皮鞋的价格也要上升，由此肥皂税要提高。这些交易者要用蜡烛，从而蜡烛税要上升。对生活必需品所征的其他税也是如此。"（《对外贸易衰退的原因》（伦敦，1740），第 24－25 页。）在 IV. v. a. 20 中，德克尔被当做"优秀的学术权威"，其言论在此加以引用。

② 参见 I. viii. 35。

为每镑 3.5 便士，蜡烛税为每镑 1 便士。[①] 对皮革所征的税达到了原价的 8%或 10%，对肥皂所征的税达到了原价的 20%或 25%，对蜡烛所征的税达到了原价的 14%或 15%。这些税尽管都比盐税轻，但仍然是很重的负担。由于这四种商品都是真正的生活必需品，如此沉重的赋税势必在一定程度上增加那些质朴勤劳的穷人的开支，从而必定会或多或少地提高他们的劳动工资。[②]

在英国这样冬季十分寒冷的国家，在冬季，从这个词最严格的意义上来讲，燃料是一种生活必需品——不仅仅为了烹调食物，还为了保障在室内工作的各行各业的工人的舒适生活。而煤炭是所有燃料中最便宜的。[③] 燃料价格对劳动的价格有着十分巨大的影响，所以英国的制造业都设立在产煤地区；其他地区则由于这一必需品的价格高昂而不能那么便宜地进行生产。此外，在某些制造业中，煤炭是一种必要的生产工具，如在玻璃、铁和所有其他金属的制造中。[④] 如果在某些情况下由政府发放奖金是合理的，那么对将煤炭从富饶的地区运往匮乏的地区发放奖金或许就是合理的。但是立法机关不但不发给奖金，反而对沿海岸运输的煤炭每吨征收 3
875 先令 3 便士的税[⑤]；大多数种类的煤炭所要负担的赋税达到煤炭出井价格的 60%以上。对陆地运输或内陆航运的煤炭不征税。在煤价天然低廉的地方，煤炭的消费是免税的；但在煤价天然高昂的地方，还要对其征收重税。[⑥]

虽然这类税提高了生活资料的价格，从而提高了劳动的工资，但是它们为政府提供了一大笔不容易通过其他方式获得的收入，因此完全有理由继续征收下去。对谷物出口[⑦]发放的奖金，由于在实际的耕作状态下会提高

---

① 对牛油蜡烛和石蜡蜡烛每镑征收 8 便士的税。萨克斯比：《英国习俗》（伦敦，1757），第 51 至 52 页。

② V. ii. k. 79 中指出，英国对生活必需品征收的税是微不足道的。

③ 参见 I. xi. c. 18。

④ IV. viii. 42 将煤炭描述为一种“生产工具”；对运用这一术语的更多例子，参见 IV. viii. 1，此处表明，生产工具的制造变成了一个特定的目标，参见 IV. viii. 38。

⑤ 《王国法令》第九章第 207 自然段，安妮第八年第 10 号法令（1709 年）；拉夫海德版本安妮第八年第 4 号法令和安妮第九年第 6 号法令（1710 年）。萨克斯比：《英国习俗》（伦敦，1757），第 52 至 55 页和第 307 页。

⑥ 参见 IV. viii. 42。

⑦ 威廉和玛丽第一年第 12 号法令（1688 年）。也可参见 I. xi. g. 4、III. iv. 20、IV. v. a. 5 以及 IV. v. b. 37。

那种必需品的价格，因此会产生那些相同的不良后果；它不但不会提供任何收入，反而会给政府带来很大开支。[1] 对外国谷物进口征收高关税，这在一般的丰收年景相当于禁止进口[2]；在正常状况下法律绝对禁止活牲畜或腌制食品的进口[3]——目前由于市场短缺，短时期内暂停对爱尔兰和英国殖民地的禁令[4]；所有这一切规定都产生了对生活必需品征税的不良影响，而且也没有为政府带来任何收入。要废除这一类规定无需其他，只要使公众意识到现已建立的这些制度是徒劳无益的就够了。

在许多其他国家，对生活必需品所征的税都大大高于英国。许多国家对磨坊里磨的面粉和麦片、在炉子里烘烤的面包征税。在荷兰，城镇消费的面包的货币价格被认为因征收这种税而提高了一倍。为部分地代替这种税，对于住在农村的人，每年会根据他们所消费的面包的种类征收一定的税。例如，消费全麦面包的人需缴税 3 盾 15 斯泰弗，约合 6 先令 9.5 便士。这些以及其他一些同一类别的税通过提高劳动的价格，据说已经破坏了荷兰的大部分制造业。[5] 类似的税虽然不那么重，但也在下列各地被征收：米 876
兰公国、热那亚各州、摩德拉公国、帕马、普拉森舍、瓜斯塔拉公国以及教皇领地。法国一位颇有声望的作家曾提议改革本国的财政制度，用这种

① 斯密在 IV. v. a. 7 中对奖金及其对耕种可能产生的激励作用进行了评论，也可参见 IV. v. a. 24。

② 查理二世第二十二年第 13 号法令（1670 年）。也可参见 III. iv. 20、IV. ii. 1、IV. ii. 16、IV. v. a. 23、IV. v. b. 33、IV. v. b. 37 以及 IV. vii. b. 33。

③ 参见 IV. ii. 1。

④ 《王国法令》第五章第 597 自然段，查理二世第十八和第十九年第 2 号法令（1666 年）；拉夫海德版本查理二世第十八年第 2 号法令。乔治二世第三十二年第 11 号法令（1758 年）、乔治三世第五年第 10 号法令（1765 年）和乔治三世第十二年第 2 号法令（1772 年）允许从爱尔兰进口。参见 III. iv. 20 以及 IV. ii. 1。

⑤ 《关于欧洲的法律和赋税的记录》第 1 卷第 210 和 211 页。摩罗得·多芒：《关于欧洲的法律和赋税的记录》，第 1 卷，第 210 和 211 页。他也评论道： “Les Impôts sont extrêmement multipliés en Hollande：le nombre & la nature de ces différens impôts paroissent même difficiles à concilier avec ce que sembleroient exiger l'industrie & le commerce. ’（*Mémoires*，i. 202.）‘Les droits d'Accises sont en général trop multipliés & trop considérables. Il en résulte de jour en jour la chute des manufactures，qui ne peuvent soutenir la concurrence avec l'étranger，parce que ls main-d'oeuvre y est portée à un prix excessit；ainsi les habitans des villes qui sont éloignées du commerce maritime sont pauvres，les marchands ne s'y soutiennent qu'á peine；cette même circonstance de la cherté de la main-d'oeuvre pour tous les ouvrages qui tiennent au commerce & à la marine，affecte aussi les principales branches du commerce，& notamment la pêche du Hareng & de la Baleine，& la construction des vaisseaux，ce qui influe nécessairement sur le commerce en général.” 参见本项后文第 79 自然段。

最具破坏性的赋税去代替大部分的其他赋税。正如西塞罗所言，“哪怕是最荒谬绝伦的事情，有时也会有一些哲学家加以主张”[①]。

家禽肉税比面包税实行得更为普遍。的确，在不同的地方家禽肉是否为生活必需品值得怀疑。[②] 根据经验可以得知，谷物和其他蔬菜，辅之以牛奶、奶酪、黄油或酥油（在没有黄油的地方），即使没有任何家禽肉，也能提供最丰富、最卫生、最营养和最能使人精力充沛的饮食。[③] 没有哪个地方要求人们为了体面必须吃肉，尽管在很多地方要求一个体面的人必须穿亚麻布衬衫或皮鞋。

对消费品（无论是必需品还是奢侈品）可以用两种不同的方法征税。一种是消费者对使用或消费一定种类的消费品每年支付若干税额；另一种是对尚在商人手中还没有卖给消费者的商品征税。那些在用完以前可以保留相当长一段时间的消费品最适合用前一种方法征税[④]；那些可以立即消费掉或很快消费掉的消费品最适合用后一种方法征税。马车税和金银器皿税就是用前一种方法征税的例子，大部分其他税，如货物税和关税就属于用后一种方法征税的例子。

877 如果管理得好，那么一辆马车可以使用10～12年。在从马车制造者的手中卖出之前，可以对它一次性地征税。但对购买马车的人来说，为了拥有保有马车的特权而每年纳税4镑，肯定要比向马车制造者一次性支付40镑或48镑的额外费用，或相当于他自己在使用马车期间所需缴纳的税额更为方便。同样，一件金银器皿可以使用百年以上。对消费者来说，对每100盎司重的器皿每年支付5先令的税，约为其价值的1%，比一次性支付相当于25年或30年的税额更为容易，后者会使器皿价格至少提高25%或30%。有关房屋的各种赋税，每年支付一定的数额肯定要比在房屋初建或出售时一次性支付等值的重税更为方便。

马修·德克尔爵士有一个非常著名的提议，就是对于所有商品，甚至

① “有时，一些哲学家发表怎样荒谬的观点都不足为怪。”（西塞罗：《论神性》，第二章第58自然段，由福尔克纳翻译，被收录进《洛布古典丛书》（1922年），第504至505页。）

② 参见I. xi. e. 29，此处指出，除了在经济最为繁荣的国家外，家禽肉通常只是劳工生活的一小部分。

③ 参见I. viii. 33。斯密在I. xi. b. 41中对土豆令人精力充沛的品质进行了评论。

④ 斯密在II. i. 12中就有关商品使用速度的问题给出了相关观点。

那些可以立即消费掉或很快消费掉的商品，都应该按照以下方法征税[①]：消费者为得到可以消费某种商品的执照，每年支付一定的数额，而商人无须垫支任何款项。他这个方案的目的是促进对外贸易的各个部门，尤其是转运贸易的发展；通过取消对进出口征收一切赋税，从而使商人能把他的全部资本和信誉用来购买货物和租赁船只，而无须把其中任何部分用于垫付税款。可是，对立即消费掉或快速消费掉的商品也采用上述方法征税，似乎很容易招致以下四个方面的反对意见。第一，相对于一般的征税方式来说，这种税更不公平，或者说和不同纳税人的支出和消费更加不成比例。对麦酒、葡萄酒和烈性酒征收的税由商人垫支，最后由不同的消费者准确地按他们各自的消费比例支付。但是如果这种税是通过购买一张饮酒许可执照来支付的，那么很少喝酒的人按照他消费的比例要比一个醉汉缴纳更重的赋税。一个大宴宾客的家庭会比宾客较少的家庭缴纳少得多的赋税。第二，通过购买一年、半年或一个季度可以消费某些商品的执照，这种征税方式将大大减少对快速消费掉的货物征税的主要便利之一，即逐件纳税 878
的便利。现在一瓶黑啤酒的价格是3.5便士，其中对麦芽、酒花和啤酒所征的各项税以及酿酒者为垫付这些税所要索取的额外利润大约占到了1.5便士。如果一位工人能够很方便地省出3.5便士，那么他就可以购买一瓶黑啤酒。如果他不能，那么他就会满足于购买一品脱；由于节约1便士就相当于得到1便士，这样他就由于自己的克制而得到了1/4便士。由于是逐件纳税，他愿意支付就支付，愿意何时支付就何时支付，所有的支付行为完全是自愿的，而且他如果想避免付税，那么也可以做得到。第三，这样的税所起的限制消费的作用变小了。一旦购买到执照后，不论购买者酒喝得多还是喝得少，他所需缴纳的税都是一样的。第四，现在一名工人在喝一瓶或一品脱黑啤酒的当时就纳了税，这不会让他觉得有什么不便；但如果要求他一次性缴纳一年、半年或一个季度所喝黑啤酒应该缴纳的税额，那么恐怕会让他觉得有很大的困难。因此，这种征税模式显然不可能产生一个和按照现行模式所得到的大体相等的收入——采用前一种模式必然使人们感受到最为痛苦的压迫，采用后一种模式则无任何压迫感。然而，在好几

① “所有使用、穿戴或者饮用下列奢侈品（已在下文列出）的人，都必须每年得到相应物品的一个执照，按照计算出的收入对每件物品每镑支付3.5便士的津贴；这个计算出的收入是他们用来维持自己自愿使用、穿戴或者饮用这些奢侈品所达到的生活水平所必须有的。”（德克尔：《对外贸易衰退的原因论文集》，第67页。）参见V.iii.74。

个国家，对立即或迅速消费掉的商品都是以这种方式征税的。在荷兰，国民要支付很多钱来购买饮茶的执照。此外，对于在荷兰农场和乡村消费的面包也要以相同的方式征收我在前面所提到的面包税。[①]

货物税主要是对用于国内消费的国产货物所征收的赋税。它们只对少数几种最通用的货物征收。关于哪些货物应该纳税，以及关于每一种货物应纳哪种税都清清楚楚，没有任何疑问。这种税几乎全都落在我所称为奢侈品的货物上，只有前文提到的四种货物——盐、肥皂、皮革和蜡烛（或许还有普通玻璃）——例外。

关税比货物税的历史更为悠久。之所以用“习惯”（customs）一词来称呼它，似乎是表示这种支付形式是从远古沿袭下来的一种惯例。[②] 最初，它似乎是对商人的利润征收的税。在封建无政府状态下的野蛮时代，商人像
879 城市的所有其他居民一样，被看成比被解放的农奴好不了多少的人——他们的人格遭到鄙视，他们的收益受到嫉妒。[③] 大贵族既然已经同意国王向他们的佃农的利润征收贡税，那么自然也不会不愿意国王向一个他们并无多大兴趣去保护的这个阶层的人民去征收相同的税。[④] 在那个愚昧的时代，人们不懂得商人的利润是不能直接征税的，或者说所有这种税的最后支付必然落在消费者身上，而且还伴随着一个很大的超出额。

外国商人的收益比英国商人的收益遭到更严重的妒忌。因此，对前者所征的税自然要比对后者的更重。这种对外国商人和英国商人征税的差别开始是出于无知，后来则是由于垄断精神——为了让我们的商人在国内外市场上均具有一定的优势——使之延续。[⑤]

除了上述区别外，古代的关税对所有种类的货物平等地课征，不论是必需品还是奢侈品，也不论是出口货物还是进口货物。那时人们的想法好像是这样：为什么一种货物的商人要比另一种货物的商人受到更多的优待呢？或者说为什么出口商要比进口商受到更多的优待呢？

---

① 参见前文第 14 自然段。

② “‘习惯’这一术语最早用于广义的习惯性支付或很多到期款项的支付，不论是皇家的、主教的还是教会的，后来它被限定为对一定的商业货物的进出口或近海运输所征收的交给国王的赋税。”（《公共收入和支出》，第二部分第 405 自然段，《英国国会文件》，1868 年至 1869 年，第 25 卷）

③ 参见 III. iii。

④ 参见 III. ii. 19。

⑤ 尽管依据查理二世第二十五年第 6 号法令（1672 年）对出口的征税有所缓和。参见 IV. ii. 30、IV. iii. c. 10 以及 IV. iv. 3。

古代的关税分为三类。第一类，并且也可能是所有关税中最古老的，是针对羊毛和皮革征收的关税。它几乎主要是或完全属于一种出口税。当毛织业得以在英国建立时，国王害怕呢绒的出口会让他失去对羊毛征收的关税，所以对呢绒业征收相同的税。[1] 第二类是葡萄酒税，葡萄酒是按照吨数来征税的，所以称之为吨税。第三类是对其他一切商品征收的税，是按照商品的推定价格每镑征税若干，所以称之为镑税。在爱德华三世第四十七年，对所有进出口货物征收每镑 6 便士的税，除要征收特别税的羊毛、羊皮、皮革和葡萄酒外。在理查德二世第十四年，镑税提高到每镑 1 先令，但是三年后又降到每镑 6 便士。在亨利四世第二年，这种税又提高到 8 便士，两年后由同一国王提高到 1 先令。从这一年一直到威廉三世第九年，这种税一直保持在每镑 1 先令。吨税和镑税一般由国会颁布的同一法令划拨给国王，称之为吨税和镑税补助税。镑税补助税在相当长的时间里一直都是每 880
镑 1 先令，或 5%；因此，关税用语上所谓的补助税一般都是指这种 5%的税。这种补助税现在被称为旧补助税，至今仍然根据查理二世第十二年制定的税率表征收。[2] 用税率表来确定应税货物价值的方法，据说在詹姆士一世之前就有了。威廉三世第九和第十年所征收的新补助税是对大部分货物额外征收 5%的税。[3] 1/3 补助税[4]和 2/3 补助税[5]合起来又构成另一种税率为 5%的税。1747 年的补助税[6]对大部分货物征收第四种 5%的税，而 1759 年的补助税[7]对某些特定货物征收第五种 5%的税。除了这五种补助税外，对某些特定种类的货物偶尔征收的各种其他赋税，有时是为了解决国家的燃眉之急，有时则是为了根据重商主义体系的原则来调节国家的贸易。

重商主义体系日益流行起来。旧补助税对出口和进口不加区分地进行课征。后来的四种补助税以及其他对特定货物偶尔征收的赋税，全都落在了进口商品上，只有极少数例外。旧时对国产货物和制造品出口所征的各

---

[1] 参见 IV. viii. 17。

[2] 查理二世第十二年第 4 号法令（1660 年）。也可参见 IV. iv. 3、IV. v. b. 37 以及 IV. viii. 41。

[3] 《王国法令》第七章第 382 至 385 自然段，威廉三世第九年第 23 号法令（1697 年）；拉夫海德版本威廉三世第九和第十年第 23 号法令。参见 IV. iv. 9。

[4] 《王国法令》第八章第 295 至 300 自然段，安妮第二和第三年第 18 号法令（1703 年）；拉夫海德版本安妮第二和第三年第 9 号法令征收一个 5%的 1/3 的税。参见 IV. iv. 9。

[5] 《王国法令》第八章第 332 至 336 自然段，安妮第三和第四年第 3 号法令（1704 年）；拉夫海德版本安妮第三和第四年第 5 号法令征收一个 5%的 2/3 的税。参见 IV. iv. 9。

[6] 乔治二世第二十一年第 2 号法令（1747 年）。

[7] 乔治二世第三十二年第 10 号法令（1758 年）。参见 V. ii. g. 4。

种税大部分都降低或者完全取消了。在大多数场合，它们都被取消了，甚至对有些商品的出口还发放了奖金。对进口时已纳税的外国货物，在其出口时有时全部退税，但在大多数情况下只退还其中的一部分。按照旧补助税对进口货物所征的税金，在其出口时只退还一半[1]，但按照后来的补助税
881 以及其他税对大部分货物所征的税金，在其出口时予以全部退还。[2] 出口日益受到倚重，进口日益遭到打压，只有主要与制造业原材料相关的一些商品才免受影响。[3] 对于这些原材料，我们的商人和制造业者都希望以尽可能低廉的价格获得，而以尽可能高昂的价格卖给国外的竞争者。正因如此，外国的原材料有时被允许免税进口，比如西班牙羊毛[4]、亚麻[5]、粗亚麻纱。[6] 国内出产的原材料和英国殖民地特有的一些原材料有时被禁止出口，有时被课以重税。英国的羊毛一直被禁止出口。[7] 海狸皮[8]、海狸毛以及茅香树脂[9]的出口被课以重税；大不列颠在征服加拿大和塞内加尔后，几乎垄断了这些商品的生产。

我已在本书第四篇中力图表明，重商主义体系对人民大众的收入、对国家土地和劳动的年产物并不是非常有利的。它似乎对君主的收入也并不更加有利，至少在君主的收入取决于关税的情况下是如此。

由于这种体系，有好几种货物的进口被完全禁止。在某些场合下，这种禁令完全阻止了这些商品的进口；而在另外一些场合下，这种禁令大大减少了这些商品的进口，从而使得进口商不得不走私。它完全阻止了外国毛织物的进口，大大减少了外国丝绸和天鹅绒的进口。在这两种情况下，

---

① 根据合并到查理二世第十二年第 4 号法令（1660 年）当中的第二条规则。参见 IV. iv. 3、IV. v. b. 37 以及 IV. viii. 41。

② 乔治一世第七年第一部分第 21 号法令（1720 年）对退税进行了标准化的安排。参见 IV. iv. 3。

③ 参见 IV. vii. c. 40，斯密在此对殖民地政策的这个方面进行了解释；也可参见 IV. viii. 1 以及 IV. viii。

④ 萨克斯比《英国关税》第 143 页。也可参见 IV. viii. 3。

⑤ 乔治二世第四年第 27 号法令（1730 年）。参见 IV. viii. 3。

⑥ 乔治二世第二十九年第 15 号法令（1756 年），由乔治三世第十年第 38 号法令（1770 年）和乔治三世第十九年第 27 号法令（1779 年）得以延续。参见 IV. viii. 4。

⑦ 《王国法令》第五章第 410 至 412 自然段，查理二世第十四年第 18 号法令（1662 年）；拉夫海德版本查理二世第十三和第十四年第 18 号法令。参见 IV. viii. 18。

⑧ 参见 IV. viii. 41。

⑨ 乔治三世第五年第 37 号法令（1765 年）和乔治三世第十四年第 10 号法令（1774 年）。参见 IV. viii. 40。

禁令使得国家损失了原本可以对这些进口商品征收的关税。

为打压很多不同种类的外国货物在英国的消费而对其征收的高关税，在很多情况下只起到了鼓励走私的作用①，在所有情况下都起到了使关税收入少于只征收适当关税时所可能得到的收入的作用。斯威夫特博士有句名言，在关税的算术中，二加二不是等于四，有时仅等于一②，这句话对这种高关税而言完全正确。如果不是由于重商主义体系教导我们要将征税作为谋求垄断而不是获取收入的工具的话，那么国家是绝不会征收这种高关税的。③ 882

对本国产品和制造品出口有时发放的奖金，以及对大部分外国货物再出口时实行的退税，引起了许多欺诈行为以及对国家收入破坏性极大的走私行为。众所周知，为了获得奖金和退税，有时货物已装船出海，但随后不久又从国内的某个其他港口偷偷上岸。由奖金和退税（其中大部分是通过欺诈得来的）导致的关税收入损失是巨大的。截至 1755 年 1 月 5 日的一年中，关税总收入为 5 068 000 镑。从这一收入中支出的奖金（虽然在这一年没有对谷物发放奖金）就达到了 167 800 镑。凭退税单和其他凭证所付的退税为 2 156 800 镑。于是奖金和退税共计 2 324 600 镑。减掉这两项后，关税收入只有 2 743 400 镑；再从中扣除薪俸及其他开支等管理费用，这一年的关税净收入为 2 455 500 镑。由此，管理费用占到了关税总收入的 5%到 6%④，相当于扣除奖金和退税后关税收入的 10%多一点。

由于对几乎所有进口货物都征收重税，英国进口商就尽可能地多走私，少报关。相反，出口商尽可能地多报出口数目；他们这样做有时是出于虚荣心，装作是货物出口不用纳税的大商人；有时是为了获得奖金或退税。由于种种这类欺诈行为，在海关登记簿上出口大大超过了进口；对于以贸 883

① 走私和高关税之间的关系在 IV. vi. 27、V. ii. b. 6 以及 V. ii. k. 49，75 中都有提及。IV. iii. a. 1 指出，英国和法国之间的贸易大部分都是以走私的形式开展的。在 1783 年 12 月 18 日写给斯密的第 234 号信件中，乔治·邓普斯特写到，新成立的“走私委员会”就“最为有效地阻止走私的办法”征询他的意见，“我们现在已有的关于走私的全部信息已经达到令人担忧的地步，它会毁灭收入、威胁到公平贸易以及人民的身心健康”。

② 斯威夫特：《对爱尔兰王国穷苦居民、商人和劳工请愿书文章的答复》（都柏林，1728），此文被收录在由戴维斯编辑的《乔纳森·斯威夫特著作全集》（牛津，1955）中，参见该书第十二章第 21 页。

③ 在某些情况下，斯密为将征税用做政策而不是筹集收入的工具辩护；例如可参见 V. ii. k. 7，12，50。

④ 参见 V. ii. k. 62，斯密在此处对 1775 年的收入和支出进行了讨论。

易差额来衡量国家繁荣程度的那些政治家们来说，这给他们带来了无以名状的快感。[①]

除极少数的特殊免税品以外，所有进口货物都要被征收一定的关税。如果遇到任何税率表中没有提及的货物进口，那么就按照进口商的申报，对货物依据其价值每 20 先令征收 4 先令 9 $\frac{9}{20}$便士的关税[②]，即按照大约相当于前面提到的五种补助税或五种镑税的比例征税。税率表极为详尽，列举的货物种类繁多，但其中很多是很少使用的，因此也不为人们所熟知。也正是由于这个原因，常常会出现不能确定一类货物应划归哪一类，以及应该缴纳多少税款的情况。这方面的差错有时使得海关官员犯错，并常常给进口商造成很多不必要的麻烦、额外的开支和无谓的烦恼。因此，在明了、准确和清晰这三点上，关税远远不及消费税。

为了使任何一个社会的大部分成员能按其各自支出的比例对公共收入作出贡献，似乎没有必要对开支中的每一项都去征税。通过征收消费税所得的收入和通过征收关税所得的收入一样，都是来自纳税人，但是消费税只对少数几种最通用和被消费得最多的货物征收。因此，很多人提议，通过恰当的管理，关税的征收也可以同样仅限于少数几种货物而不会给国家收入造成任何损失，而且会大大促进对外贸易。

当前，在英国最常用和被消费得最多的外国货物主要是葡萄酒和白兰地酒，还有美洲和西印度出产的砂糖、朗姆酒、烟草、椰子等，以及东印度出产的茶叶、咖啡、瓷器、各种香料和一些纺织品等。当前，这些货物
884 或许提供了关税收入的较大部分。当前对外国制造品征税（如果我们去除上面列举的少数制造品的话）的目的不在于获取收入，而在于谋求垄断，即确保英国商人在国内市场上享有优势。通过取消一切禁令，对外国制造品课以根据经验可以给国家提供最大收入的适度的关税，国内工人在本国市场上依然享有相当大的竞争优势，而且当前没有给政府提供收入或仅提供少量收入的许多商品，到那时就可能给政府提供丰厚的收入。

实行重税有时会减少课税商品的消费，有时会鼓励走私，其结果是，重税给政府创造的收入往往比不上较轻赋税给政府创造的收入。

当收入的减少是由消费减少所造成的时，唯一的补救办法就是降低

① 参见 V. iii. 85，斯密在此处提及了“一类政治家”。贸易差额学说在 IV. i. 8 中有讨论。

② 萨克斯比：《英国关税》第 266 页。

税率。

当收入的减少是由鼓励走私而造成的时，或许有以下两种补救方法：一是削弱走私的诱惑力；二是增加走私的难度。只有降低关税才能削弱走私的诱惑力；只有建立一种最适于防止走私的管理制度才能增加走私的难度。

根据经验来看，我相信消费税法比关税法更能有效地阻止和抑制走私活动。在不同赋税性质所许可的范围内，若在关税中引入一种类似于消费税的管理制度，则走私的难度可能会大为增加。这种得到许多人认同的转变可能非常容易实现。

如前所述，应纳关税商品的进口商可以自行选择将货物搬进自己的私人仓库，或者存放在由自己出钱或由国家出钱租赁的仓库中，后者的钥匙由海关人员保存，只有他在场时才能打开仓库。如果商人将货物搬进自己的私人仓库，那么他必须立即纳税，且以后不予退还；此外，这种仓库必须随时接受海关官员的巡视和检查，以便确定存货数量与其所纳税额相符。但如果将货物存放在公共仓库中，那么直到取出货物供国内消费时他才缴税。如果取出后用于出口，则可以免税；但必须给出一定的出口证明。经 885
营这种特殊商品（无论是零售还是批发）的商人必须随时接受海关官员的查访，而且必须提供适当的证明文件，以表明他们店铺或仓库中的全部货物已经纳税。当前对朗姆酒所征的消费税就是以这种方式征收的，而且同一管理制度或许会推广到对进口货物所征的各种税上；只要这些税像消费税一样，仅限于向最通用的和被消费得最多的几种货物征收。如果这些税像现在这样推广到几乎所有商品上，那么公共仓库不易提供足够的场地，而且那些非常精致或者必须精心保存的商品也只有放在商人自己的仓库中才会让商人感到安心。

如果实行这种管理制度，那么即使在征收高关税的情况下，走私也能在很大程度上得到遏制；如果每一种税只根据能否给国家带来最多的收入而被任意提高或降低，那么税收总是被用来作为获取收入的手段，而不是用做谋求垄断的工具。由此，只对少数被使用得最多、被消费得最多的几种货物征收关税，使得其收入至少和当前的关税净收入相等似乎也未必不可能。这样一来，关税就可以和消费税一样简单、确定和准确。在这种制度下，当前国家从外国商品再出口（实际上后来在国内其他某个港口重新上岸并且在国内被消费掉）的退税中所遭受的收入损失就可以完全避免了。

单是这一项，数目就不容小觑，如果再加上取消对国产货物出口的一切奖金（这些奖金实际上没有一种是此前所缴纳的消费税的退税），那么，在制度发生这种改变后，关税净收入和改变之前完全相等就是毫无疑问的。

如果这样一种制度改变不会使国家的收入遭受任何损失，那么本国的商业和制造业必定会获益颇丰。绝大多数不课税商品的贸易将完全自由化，可以在世界各地以最大的优势输入输出。这些商品将包括所有生活必需品和所有制造业原材料。生活必需品的自由输入由于会降低它们在国内市场上的平均货币价格，所以也会降低劳动的货币价格，但不会伴随着劳动真
886 实报酬在任何方面的减少。[①] 货币的价值与它所能购买的生活必需品的数量成比例，但生活必需品的价值却完全独立于它们所能换取的货币数量。劳动货币价格的降低将必然伴随着本国制造品货币价格成比例地降低，从而使本国制造品在所有外国市场上获得某种竞争优势。由于原材料能够自由进口，某些制造品的价格将以更大的幅度下降。如果生丝能从中国和印度斯坦免税进口，那么英格兰的丝织品就能够以大大低于法国和意大利丝织品的价格在市场上销售。由此可知，没有必要去禁止外国丝绸和天鹅绒的进口。他国货物价格的低廉不仅可以确保本国工人占有本国市场，而且能很好地支配外国市场。即使是那些课税商品的贸易，也可以比当前开展得更为有利。如果那些商品从公共仓库中取出后要出口到国外，在这种情况下免征一切税，那么这类商品的贸易就是完全自由的。在这种制度下，所有各种商品的贩运贸易将享受一切可能的好处。如果这些商品从仓库取出后供国内消费，那么进口商在没有将商品销售给某位经销商或消费者时，不必垫付税款，因此与一进口就要垫付税款的情形相比，他能够以更加便宜的价格销售其商品。因此，在税率相同的条件下，即使经营需要纳税消费品的外国贸易，其获得的利益也要比现在多很多。

罗伯特·沃波尔先生所提出的著名的消费税计划的目的，就是要对葡萄酒和烟草建立一种与前文所提议的制度非常相似的制度。[②] 尽管当时向议会提出的法案中只包含这两种商品，但人们普遍认为这只是一个覆盖面更加广泛的同类计划的开端。和走私商人有着共同利益的党派针对这项法案

---

① 参见 I. viii. 52 以及 V. ii. i. 1。

② 1733 年，《法理学讲义》（B）第 314 页、坎南编辑版本第 242 页引用沃波尔和霍兰的例子给出了类似的观点。斯密在此处指出，“罗伯特·沃波尔先生所提出的著名消费税计划最终毁了他”。此书第 270 页、坎南编辑版本第 210 至 211 页也引用了沃波尔的例子。

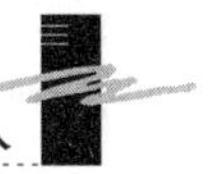

发起了一场激烈而不公正的抗议，使得首相也认为放弃该提案是正确的；由于担心再次引发类似的抗议，以后的首相继任者中再也没有人敢提这项计划了。

对进口供国内消费的奢侈品所征的税，虽然它们有时也落在穷人身上，但主要还是落在中等或上等阶层的人身上。例如，对外国葡萄酒、咖啡、巧克力、茶叶和砂糖等所征的税都是如此。

对国内生产供国内消费的价格较为便宜的奢侈品所征的税，则按照各 887
自支出的比例相当平等地落在各阶层人民的身上。穷人为他们自己消费的麦芽、酒花、啤酒和麦酒付税，富人为他们自己及其仆人所消费的这些商品付税。

值得一提的是，在每一个国家，地位最为低下的下等阶层的人民或者说中等阶层以下人民的全部消费，无论在数量上还是在价值上，都要比中等阶层和上等阶层人民的全部消费大得多。下等阶层的全部支出要比上等阶层的大得多。其原因有以下四点：第一，每个国家的几乎全部资本，都要作为生产性劳动的工资在下等阶层的人民中间进行分配。[①] 第二，大部分来自土地地租和资本利润的收入，都要作为奴仆和其他非生产性劳动的工资及维持费用在相同阶层的人民中间进行分配。第三，一部分资本利润（作为运用他们小额资本所产生的收入）属于这一阶层，各种行商坐贾每年获取的利润数额巨大，构成年产物中的很大一个部分。第四，甚至有一部分土地地租也属于这个阶层——其中一大部分属于比中等阶层略低的下等阶层的人，一小部分属于下等阶层中最底层的人；普通劳动者有时也拥有一两英亩地产。因此，下等阶层人民的支出尽管从个体来看很小，但从整体来看总是占到了社会全部支出的绝大部分；剩下来供上等阶层消费的国家土地和劳动的年产物，无论从数量上还是从价值上，总是要小很多。因此，主要落在上等阶层人民支出上或者说落在年产物较小部分上的赋税所创造的收入，要比不加区别地落在所有阶层支出上或者甚至主要落在下等阶层人民支出上的赋税所创造的收入少得多，要比不加区别地落在全部年产物或者主要落在大部分年产物上的赋税所提供的收入少得多。因此，在所有对支出所征的各种赋税中，对国产发酵酒和烈性酒原材料以及制成品所征的消费税，其所能提供的收入是最多的；这是因为这种消费税主要落

① 参见 II. i. 8、II. iii. 7 以及 II. v. 11。

888 在了人民大众的支出上。在截至 1775 年 7 月 5 日的一年中，消费税所提供的收入总额达到了 3 341 837 镑 9 先令 9 便士。

但是，必须永远记住的一点是，应当对下等阶层人民的奢侈消费支出而不是必要消费支出征税。对他们必要支出所征的税最终会完全落在上等阶层人民身上，落在年产物的较小部分而不是较大部分上。这样一种赋税在所有情况下不是提高劳动者的工资就是降低对劳动的需求。不将这种税的最后支付转移到上等阶层人民身上，就不可能提高劳动者的工资；而不减少国家的土地和劳动的年产物（所有赋税最终得以支付的资金来源），就不可能减少对劳动的需求。不论这种税把对劳动的需求降低到什么状况，它都必须总是将工资提高到高于那种状况下工资应有的水平；工资的提高部分而且在所有情况下最终必须由上等阶层负担。

酿造的发酵饮料和蒸馏的烈性酒，如果不是为了出售而是为了自用，那么在英国不缴纳任何消费税。[①] 这种豁免的目的在于使私人家庭免受收税人员令人讨厌的查访，但最终结果是这种税更多地由穷人而不是富人承担。的确，蒸馏烈性酒自用不是很普遍，不过也不是没有。但在农村，许多中等家庭，以及几乎所有富裕的大家庭都自己酿造啤酒。因此，他们酿造的高浓度啤酒每桶要比一般酿酒商所生产的便宜 8 先令，因为后者必须得到垫支的税款以及弥补其他各项开支的利润。因此，这种家庭饮用的啤酒比普通人所饮用的同等质量的啤酒每桶至少要便宜 9 到 10 先令，只是后者可以比较方便地在任何地方向酿酒厂或小酒馆去少量多次地购买。供自己家庭消费而制造的麦芽同样可以不受收税人员的查访，但在这种情况下，家庭须按照每人 7 先令 6 便士的标准缴纳消费税。7 先令 6 便士相当于对 10 蒲式耳麦芽所征的消费税；这个数量完全等于任何一个勤俭的家庭里全部男女老少所能消费的平均数量。但在富裕的大家庭，在热情好客的乡间，家庭成员所消费的麦芽饮料只构成家庭消费的一小部分。但是，或许是由于
889 这种税的存在，或者是由于其他原因，制造麦芽不及酿酒普遍。很难想出一个公正的理由，用以解释为什么酿造或蒸馏自用饮品的人不必像制造麦芽的人一样缴纳此税。

常有人说，对麦芽征收较轻的税所得到的收入，会比当前对麦芽、啤酒和麦酒征收各种重税所得到的收入更多，因为酿酒厂瞒骗税收的机会要

① V. ii. k. 55 指出，这是一种不公正的规定。

比麦芽作坊多很多；为自己饮用而酿造饮品的人免纳一切税，而为自己消费而制造麦芽的人却不能免税。

在伦敦的黑啤酒酿造厂，一夸脱麦芽通常可以酿造两桶半以上，有时甚至是三桶黑啤酒。对麦芽征收的各种税加在一起为每夸脱 6 先令；对高浓度啤酒和麦酒征收的各种税加在一起达到每桶 8 先令。因此，在黑啤酒酿造厂，对麦芽、啤酒和麦酒征收的各种税加在一起达到每产出一夸脱麦芽 26 到 30 先令。在以一般村民为销售对象的乡村酿酒厂，一夸脱麦芽至少能酿造出两桶高浓度啤酒和一桶淡啤酒，通常是两桶半高浓度啤酒。淡啤酒的各种税加在一起达到每桶 1 先令 4 便士。因此，在乡村酿酒厂，对麦芽、啤酒和麦酒所征的各种税，就每夸脱麦芽产物来说，很少会低于 23 先令 4 便士，经常会达到 26 先令。因此，按整个王国平均计算，对麦芽、啤酒和麦酒的征税总额，就每夸脱麦芽产物来说，估计不少于 24 至 25 先令。但是，如果取消对啤酒和麦酒所征的各种税，将麦芽税提高至原来的三倍，即对每夸脱麦芽的征税从 6 先令提高到 18 先令，那么据说从这种单一税中所得到的收入要大于当前从那些复合税中所得到的收入。

1772 年，旧麦芽税收入为 722 023 镑 11 先令 11 便士；附加税为 356 776 镑 7 先令 $9\frac{3}{4}$便士。1773 年，旧麦芽税收入为 561 627 镑 3 先令 $7\frac{1}{2}$便士；附加税为 278 650 镑 15 先令 $3\frac{3}{4}$便士。1774 年，旧麦芽税收入为 621 614 镑 17 先令 $5\frac{3}{4}$便士；附加税为 310 745 镑 2 先令 $8\frac{1}{2}$便士。1775 年，旧麦芽税收入为 657 357 镑 0 先令 $8\frac{1}{4}$便士；附加税为 323 785 镑 12 先令 $6\frac{1}{4}$便士。合计为 3 835 580 镑 12 先令$\frac{3}{4}$便士。四年平均数为 958 895 镑 3 先令$\frac{1}{16}$便士。

1772 年，地方消费税收入为 1 243 128 镑 5 先令 3 便士；伦敦酿造厂税 890
额为 408 260 镑 7 先令 $2\frac{3}{4}$便士。1773 年，地方消费税收入为 1 245 808 镑 3 先令 3 便士；伦敦酿造厂税额为 405 406 镑 17 先令 $10\frac{1}{2}$便士。1774 年，地方消费税收入为 1 246 373 镑 14 先令 $5\frac{1}{2}$便士；伦敦酿造厂税额为

320 601 镑 18 先令$\frac{1}{4}$便士。1775 年，地方消费税收入为 1 214 583 镑 6 先令 1 便士；伦敦酿造厂税额为 463 670 镑 7 先令$\frac{1}{4}$便士。四年合计为 6 547 832 镑 19 先令 2 $\frac{1}{4}$便士。四年平均为 1 636 958 镑 4 先令 9 $\frac{1}{2}$便士。加上麦芽税的平均数为 958 895 镑 3 先令$\frac{3}{16}$便士。各种不同税税额合计为 2 595 853 镑 7 先令 9 $\frac{1}{16}$便士。

但将麦芽税增至原来的三倍，即从每夸脱 6 先令提高到 18 先令，单单这一项税产生的收入为 2 876 685 镑 9 先令$\frac{9}{16}$便士。

单一税所得收入超出各种税所得收入的数额为 280 832 镑 1 先令 2 $\frac{14}{16}$便士。

的确，在旧有的麦芽税中，包含了对葡萄酒每半桶 4 先令的税和对烈性啤酒每桶 10 先令的税。1774 年，苹果酒税收收入只有 3 083 镑 6 先令 8 便士。这个数目或许还不及其他年份的平均数，因为这一年对苹果酒征收的各种税都比平常年份要少。对烈性啤酒所征的税尽管较重，但由于人们对这种酒的消费较少，所以收入也不高。但为了弥补这两种税相对于平常数目的不足，在所谓的地方消费税中包含了：第一，每半桶苹果酒要缴纳 6 先令 8 便士的旧消费税；第二，每半桶酸果汁酒要缴纳 6 先令 8 便士的旧消费税；第三，每半桶醋要缴纳 8 先令 9 便士的旧消费税；第四，每加仑蜂蜜酒或糖蜜水要缴纳 11 便士的旧消费税。所有这些税的收入或许可以在弥补对苹果酒和烈性啤酒每年征收的所谓麦芽税的下降之后还绰绰有余。

麦芽不仅可以用来酿造啤酒和麦酒，而且也可以用来制造低度白酒和酒精。如果麦芽税提高到每夸脱 18 先令，那么对那些以麦芽为部分原料的
891 各种低度白酒和酒精所征的各种税就应该适度降低。在所谓的麦芽酒精中，麦芽通常只占原料的 1/3；其余 2/3 要么全为大麦，要么是 1/3 的大麦、1/3的小麦。在麦芽酒精的蒸馏厂中，走私的机会和诱惑远比在酿酒厂或麦芽作坊中大得多。走私机会多是因为酒精容积较小而价值较高；走私的诱

惑大是因为对每加仑酒精征收超高税率，即 3 先令 10 $\frac{2}{3}$ 便士。[①] 因此，通过提高麦芽税和降低蒸馏饮品税，走私的机会和诱惑力都会减小，而这会引起国家收入的进一步增加。

在过去，有一段时期英国不鼓励酒精饮品的消费，因为它被认为有害于民众的身体健康，而且会腐蚀人民的道德。按照这种政策，对蒸馏厂所征的税不应减少过多，以免在任何方面导致这类酒的价格下降。酒精饮品的价格可以保持像过去一样贵，与此同时，啤酒和麦酒这种有益健康和令人精神振奋的饮品的价格可以大幅降低。这样一来，当前人们怨声最大的税收负担之一就可以得到部分地减轻，同时国家的收入也可以得以增加。[②]

戴夫南特博士对当前消费税制度做出的这种改变所持的反对意见似乎是没有根据的。这些反对意见如下：如果这种税不像当前这样划分，以便使税负平等地落在麦芽制造者、酿酒商和零售商身上，那么就其对利润的影响而言，税负将完全落在麦芽制造者的利润上。酿酒商和零售商可以从酒价的提高中收回其垫付的税款，但麦芽制造者却不容易从麦芽价格的提高中收回他垫付的税额；不仅如此，对麦芽征收如此之重的税可能会引起大麦耕地的地租和利润的下降。[③]

没有一种赋税能够在长时期内降低任何一个行业的利润率，因为每一 892
个行业的利润率必然总是和邻近区域内的其他行业一样保持在一定的水平上。当前对麦芽、啤酒和麦酒所征的税并不影响从事这些商品交易的商人的利润，他们能通过提高商品价格收回其全部所纳税款，并获得额外的利润。的确，税收会使课税商品的价格更加昂贵，从而减少人们对它的消费。但对麦芽的消费最终体现在由麦芽制成的麦芽酒中，对一夸脱麦芽所征的18 先令的税不可能使麦芽酒的价格比当前征收总计达到 24 或 25 先令的各

---

① 尽管对标准酒精直接征收的税每加仑只有 2 先令 6 便士，但加上对从标准酒精中蒸馏出来的低度酒所征的税，由此税率总计为 3 先令 10 $\frac{2}{3}$ 便士。为防止瞒骗，低度酒和标准酒精均按发酵中原料的容积征税。

② 参见 V. ii. k. 7。IV. iii. c. 8 中指出，啤酒税的突然下降可能会导致“波及面较广且短暂的醉酒现象”。

③ 戴夫南特意识到了赋税转移的可能性，但他仍然得出了相同的结论：“麦芽制造者……不能够轻易地将自己从消费者和买者当中解救出来；他很难将一种昂贵商品的价格立即提高三分之一便士，因此他必须自己承担税额的最大部分，或将其转嫁到农民身上，对大麦少付钱，这就使得赋税直接落在英格兰的土地上。”（《政治和商业著作》，查尔斯·惠特沃斯爵士编辑，第一卷，第 223 页）

种税的情况下麦芽酒的价格更高。相反，这种酒可能会变得更加便宜，对它的消费更有可能上升而不是下降。

为什么当前酿酒商能从他所酿的酒的提高了的价格中收回 24 或 25 先令，有时甚至是 30 先令，而麦芽制造者要从提高了的麦芽价格中收回 18 先令却很困难呢？要理解这一点并不是很容易。的确，麦芽制造者必须对每夸脱的麦芽垫支 18 先令而不是 6 先令的税。但是酿酒者当前必须对他酿酒所用的每夸脱麦芽垫支 24 或 25 先令，有时甚至是 30 先令的税。相对于当前酿酒者所垫支的较重的税而言，麦芽制造者只需垫支较轻的税，这对他来说享受了更大的便利。麦芽制造者通常不会在自己的谷仓中存储需要在很长一段时间内才能用完的麦芽，而酿酒者则通常需要将啤酒和麦酒保存在自己的酒窖中很长时间。因此，前者通常可以和后者一样很快地收回他的资金。不管垫支较重的赋税会给麦芽制造者造成怎样的不便，这种不便都可以通过给予他比当前酿酒者多几个月的时间来纳税而轻易地得到弥补。

如果对大麦的需求没有下降，那么大麦耕地的地租和利润也不可能减少。但制度的改变，即把对酿成啤酒和麦酒的每夸脱麦芽所征的税由 24 或 25 先令降低到 18 先令，很可能会增加而不是降低对大麦的需求。此外，大麦耕地的地租和利润总是会和其他同等肥沃和耕种状况同等良好的土地的地租和利润几乎相等。如果前者要比后者少，那么一部分大麦耕地很快就会转作他用；如果前者要比后者多，那么更多的土地会转种大麦。[①] 当土地的任何一种产物的普通价格达到了所谓的垄断价格[②]时，对其征税必然会减
893 少种植该产物的土地的地租和利润。当葡萄酒的产量远远低于其有效需求[③]，以至它的价格总是高于其他同等肥沃和耕种状况同等良好的土地的产物的价格时，对葡萄酒这种珍贵的产物征税，必然会降低这些葡萄园的地租和利润。[④] 葡萄酒的价格由于已经达到了通常市场供应数量水平下的最高价格，不减少这个数量就不可能提高其价格；而不承担更大的损失就不可能减少这个数量，因为土地不可能转种任何其他具有同等价值的产物。因此，赋税的全部负担就落在了地租和利润上，确切地说是落在了葡萄园的地租上。当有人提议对砂糖征收新税时，我们的蔗糖种植者就常常抱怨这

① 参见 I. xi. b. 9。
② 垄断价格的定义参见 I. vii. 27。
③ “有效需求”这一术语的定义参见 I. vii. 8。
④ I. vii. 24 以及 I. xi. b. 31 都提到过这种珍贵的葡萄园。

类税的全部负担不是落在了消费者身上，而是落在了生产者身上；生产者绝不能将税后的砂糖价格提高到比税前更高的水平。看来，在税前砂糖的价格已经达到了垄断价格；用来表明砂糖不适合作为课税对象的论据，或许正好证明了它是合适的课税对象；垄断者任何时候所获得的收益一定是从最适合于征税的对象中获取的。但是大麦的普通价格从未达到垄断价格，大麦耕地的地租和利润从来没有超过其他同等肥沃和耕种状况同等良好的土地的产物的自然比例。对麦芽、啤酒和麦酒所征的税从来没有降低大麦的价格，也从来没有减少大麦耕地的地租和利润。对酿造者来说，麦芽的价格一直随着对它所征的税额成比例地上升，这种税连同对啤酒和麦酒征收的各种税不断地提高这些商品的价格，或者不断地降低这些商品的质量（二者意义相同）。这种税的最后支付经常落在消费者身上，而不是生产者身上。

由于这种制度改革而可能遭受损失的只有一类人，就是那些为自己私用而酿酒的人。但是，当前上等阶层人民所享受的重税豁免——这些重税由贫苦的劳工和技工所支付——肯定是最不公平和最不平等的[①]，即使上述的制度变革永不实行，也应当予以消除。然而，可能正是上等阶层的人民的利益迄今为止一直阻碍着那种既能增加收入又能减轻人民负担的制度改革的实行。

除了上面提到的关税和消费税外，还有几种其他的赋税会对价格产生更不平等和更加间接的影响。属于这一类的有法国所谓的路捐和桥捐—— 894
这在古老的撒克逊时代被称为通行税[②]，其最初设立的目的似乎和我们的道路桥梁通行税或运河与通航河道通行税相同，为的是维护道路或河道。当用于这些目的时，这种税最适于根据货物的体积或重量来征收。由于它们最初是服务于地方和省的利益的地方税和省税，所以其管理在大多数情况下都委托给了征收这些税的城镇、教区或贵族领地，因为这些团体被认为能够以这种或那种方式担负起这项责任。但在很多国家，对此不负任何责任的君主却将这种税收的管理权掌握在自己手中；尽管他在大多数情况下大大加重了这种税，但在很多情况下却又完全忽视了它。如果英国的道路和桥梁通行税成为政府的收入来源之一的话，那么通过许多其他国家的例

① 参见 V. ii. k. 45。

② V. i. i. 4 对路捐和桥捐进行过讨论；III. iii. 2 对通行税进行过讨论。

子，我们就可以推测它可能产生的结果。[1] 这种通行税无疑最终由消费者支付，但消费者所纳的税不是按照他纳税时的支出比例，也不是按照他所消费商品的价值的比例，而是按照他所消费商品的体积或重量的比例来缴纳的。当这种税不是按照体积或重量，而是按照货物的推定价值来征收时，它就会变成一种内陆关税或消费税——这种税会大大阻碍最为重要的贸易部门，即一国国内贸易部门的发展。[2]

有些小国家对经由水路或陆路从一国运往他国的过境货物征收类似通行税的税收。在有些国家，这种税被称为过境税。位于波河及其支流的一些意大利小国就通过这种税获取部分收入——这种税完全由外国人缴纳，可能是一个国家能向外国国民征收而又不在任何方面妨碍本国的工商业发展的唯一一种税。世界上最重要的过境税，莫过于丹麦国王向所有通过波罗的海海峡的商船所征的税。

像大部分的关税和消费税那样的奢侈品税，虽然不加区别地落在每一种收入上，而且可能没有任何补偿地最后由课税商品的消费者支付，但它
895 并不总是平等地或按比例地落在每一个人的收入上。[3] 由于每个人的性情支配着他的消费程度，每一个人纳税的多少不取决于他的收入，而是以其性情为转移，浪费的人缴纳的税额超出其收入的比例，节俭的人缴纳的税额少于其收入的比例。一个大富翁在未成年时，通过自己的消费对国家所作的贡献通常很少，虽然他在国家的保护下获取了巨额的收入。那些身居国外的人，并没有通过他的消费对其获得收入的国家作出任何贡献。如果在这种国家不课征土地税，对于动产或不动产的转移也不课征任何重税，就像爱尔兰的情况那样，那么这种身居异国的不动产业主就可以从政府的保护中获得巨额的收入，而不用对这个国家政府的维持作出分文的贡献。在本国政府在某些方面从属和附庸于另一国家政府的国家，这种不平等程度可能是最高的。一个在附属国拥有诸多财产的人在这种情况下通常都选择定居在统治国。爱尔兰正好就处于这种附属地位，所以对身居国外的不动产业主征税的提议在该国大受欢迎就不足为奇了。要确定对什么类型的外

---

① 斯密在 V. i. d. 12 对这个问题进行了探讨。

② 参见 V. i. d. 4，13。

③ 参见《法理学讲义》(B) 第 311 页，坎南编辑版本第 240 页："除了土地税外，我们的赋税通常都是针对商品，在这些税中存在比在土地税中更大程度的不平等。人们的消费并不总是根据他们所拥有的财富而定，而是与他们的慷慨程度成正比。"

国居留者征税，或者这种税的征收应该在什么时候开始，什么时候终止，或许有些困难。但是，如果你把这种特殊情况排除在外，那么由于这种税而产生的个人纳税金额的不平等，会从造成这种不平等的情形中得到补偿。这种情形就是，每个人纳税都是完全自愿的，他有权决定消不消费这种课税商品。因此，当这种税得到恰当地评定，并只对恰当的商品征收的时候，那么对交纳这种税的抱怨和牢骚就会比交纳其他的税更少。当税款由商人或制造业者预先垫付时，最终支付这种税的消费者很快就会把它们与商品价格混淆在一起，并且几乎忘记了是他们在为这种税买单。①

这种税要么是完全确定的，要么可以被评定得不留一丝疑议，即应缴
纳多少、何时缴纳，也就是缴纳的数量和时间都能一清二楚。在英国关税 896
或其他国家同类其他税中有时出现的不确定的情况，都不可能是因为那些关税的性质的缘故，而是由于课税法律的措辞有欠准确或不够灵巧。

奢侈品税一般来说可以零星支付，或者按照纳税人需要购买课税商品的比例交纳。在缴纳的时间和方式上，它可能是各种税中最方便的一种。因此，从整体上来说，这种税和其他税一样，完全符合有关税收的四项原则中的前三项。但无论从哪个方面来说，它都违反了第四项原则。②

从它给国库带来的收入的比例来看，这种税几乎总是比其他任何赋税从百姓口袋中取出的要多。之所以会如此，是因为存在以下四种它可以做到这一点的方式。

第一，这种税的征收，即使以最为小心谨慎的方式进行，也需要众多的关税和消费税官员，他们的工资和津贴就是落在人民身上的一种实实在在的赋税，不为国库带来分文收入。不过，必须承认，英国的这种支出要比大多数其他国家都少。在截至 1775 年 7 月 5 日的一年中，在英格兰消费税委员的管理下，各种赋税的总收入达到 5 507 308 镑 18 先令 8 $\frac{1}{4}$ 便士，这

---

① 参见《法理学讲义》(B) 第 315 页，坎南编辑版本第 243 页："对消费品所征的税并不会常被念叨，因为它们是对商人征收的，而商人会将这些税加在商品价格上，从而这些税在不知不觉中由消费者买单了。"

② 在他《论赋税》的文章中，休谟认为"最佳的赋税是那些对消费品征收的赋税"，他继续说道："在一定程度上，它们看似是自愿的，因为一个人可以选择他将使用课税商品的程度；这种税是一点点逐渐支付的，在不知不觉中支付的；如果谨慎地予以征收的话，那么它们自然会使人们勤俭节约；而且由于与商品的自然价格混淆在一起，它们很少能被消费者感知到。唯一的不足就是征收成本太高。"(《道德、政治和文学作品集》，由格林和格罗斯编辑，第一篇第 358 页) 也可参见《论公债》。

是用5.5%多一点的成本征收到的。[①] 不过，必须从这个总收入中扣除应税货物出口的奖金和退税，这使得净收入降至500万镑以下。[②] 盐税是一种消费税，但由于管理方法不同，其征收成本非常高。关税净收入不到250万镑，征税官员的薪金和其他事务的费用超过10%。但各地海关官员的津贴
897 都大大高于其工资，在某些港口甚至是工资的两到三倍。因此，如果官员的工资和其他事务的花费占到关税净收入的10%以上，那么全部的征收费用、工资和津贴加在一起就可能达到关税净收入的20%或30%以上。消费税官员很少或根本没有津贴；而且由于这种税收的管理机构是新近建立的，所以一般来说没有海关那么腐败——海关成立的时间较长，许多弊端也逐渐出现并得到沿袭。如果把当前对麦芽和麦芽酒征收的各种税改为只对麦芽征收，且保证两种方式所得的收入相等，那么据推算每年可节约超过5万镑的消费税征收成本。如果将关税的征收只限于少数几种货物，而且按照消费税法来征收关税，那么每年可节约更多的关税征收成本。

第二，这种税必然会对某些产业部门造成一定的阻碍或冲击。由于它们总是提高课税商品的价格，所以会抑制该商品的消费，从而影响其生产。如果是一种本国种植或制造的商品，那么其生产和制造所使用的劳动就要减少。如果是一种外国商品，那么其价格会因征税而上升，国内生产的同类商品确实就可以在本国市场上获得某种好处，较多的国内产业可能因此转向这种商品的生产。不过，外国商品价格的提高虽然可以鼓励国内某个特定产业的发展，但必然会打击其他的产业。伯明翰制造业者所购买的外国葡萄酒越贵，他为购买葡萄酒而卖出的那部分金属器皿或金属器皿的价格（二者意思相同）就必然越便宜。因此，那部分金属器皿给他带来的价值减少了，促使他生产金属器皿的激励也减弱了。一国消费者对其他国家剩余产物所支付的价格越高，他们用来购买这些产物而卖出的那部分自有剩余产物或剩余产物的价格（二者意思相同）就越便宜。那部分自有剩余产物对他们来说价值变得更小了，促使他们增加其产量的激励也变弱了。因此，对消费品所征的一切税都会使生产性劳动量降低到无须纳税情况下的相应水平之下：如果该消费品为国内商品，那么征税就会降低课税商品的生产制造中所使用的生产性劳动数量；如果该消费品为外国商品，那么征税就会缩减用以购买外国商品的本国商品的生产制造中所使用的生产性

① 参见 V. ii. k. 28。

② 在扣除所有的费用和支出后，那一年的净收入达到了4 975 652镑19先令6便士。

劳动数量。此外，这种税还会或多或少地改变国家产业发展的自然方向， 898
使之转向一个总是不同于其自身要走的、一般说来也不怎么有利的方向。[①]

第三，希望通过走私来逃避这种税的人常常招致没收财产的惩罚和其他惩罚，从而被彻底毁灭。虽然一个违反国家法律的人无疑应受到强烈谴责，但他通常并不会违反自然的正义法律。如果他所在国家的法律不曾将大自然不认为是罪行的行为定为罪行的话，那么他很可能在各方面都是一位表现优异的人。在腐败的政府里，通常存在令人怀疑的不必要的支出和滥用公共收入的行为。在这样的情况下，保护国家收入的法律是不受尊重的。如果不用作伪证就能找到很容易和安全的走私机会，那么许多人会毫不迟疑地去走私。假装对购买走私货物心存疑虑——虽然购买走私货物是对违反收入法和几乎总是与之相伴的作伪证行为的公开鼓励——在大多数国家都被看做伪善的表现；这种行为不但不能得到任何人的赞许，反而会使假装这样做的人被怀疑是比他的绝大多数邻居更大的骗子。由于公众的这种纵容，走私者常常受到鼓励，去继续从事其自视在一定程度上清白的行当；当收入法的利剑即将落在他的头上时，他常常要用暴力去保卫他已习惯看做自己正当财产的东西。最初，与其说他是想犯罪，也许还不如说是他粗鲁，但到最后，他常常变成社会法律最顽固和最坚决的破坏者之一。由于走私者的毁灭，从前他用于维持生产性劳动的资本被吸纳为国家或税收官员的收入，并用以维持非生产性劳动，从而减少社会的总资本和原本会得到维持的有用劳动。[②]

第四，这种税至少使得经营课税商品的商人时常受到税收人员令人讨厌的查访[③]，无疑有时会使那些商人感到某种程度的压迫，并总是给他们带来很多麻烦和烦恼；而且正如前面已经说过的那样，尽管烦恼从严格意义上来说并不是支出，但是它肯定等于一个人愿意为免受这种苦恼而做的支出。消费税法虽然就其制定的目的而言更为有效力，但在这方面比关税法更加令人烦恼。当一个商人进口了需缴纳某种关税的货物时，在缴纳完关
税并将货物存入自己的仓库以后，他在大多数情况下就不会再受到海关官 899
员的任何烦扰。而需缴纳消费税的货物却不是如此。经营这些货物的商人会不断受到消费税官员的查访。正因如此，消费税比关税还要不受欢迎，

① 参见 IV. ii. 3。

② 参见 II. v。

③ 例如可参见 V. ii. b. 6、V. iii. 55，74。

征收消费税的官员也是一样不受欢迎。有人说，这些官员总的来说在履行他们的职责时也许并不比海关官员差，但由于工作迫使他们时常要去找一些邻居的麻烦，所以普遍养成了一种海关官员所没有的冷酷性格。不过，这种观点也很可能出自那些爱弄虚作假的商人，他们的走私行为被勤勉的消费税官员发现或阻止。

不过，英国人所感受到的这种在一定程度上与消费税如影随形的不便，并不比政府费用几乎一样巨大的其他国家的人民所感受到的不便更大。虽然我们的国家并不完美，还有待改进，但与绝大多数邻国相比，它是一样好或者更好的。

由于对消费品征税就是对商人的利润征税的观念作祟，在有些国家这种税当货物每出售一次时就征收一次。如果对进口商和制造商的利润征税，那么为了公平起见，必须对介于他们和消费者之间的所有中间买主的利润征税。著名的西班牙阿尔瓦卡拉（消费税）似乎就是根据这个原则设立的。每一种财产，不论是动产还是不动产，在其出售时都必须缴纳此税，该税税率起初为10%，后来为14%，现在仅为6%；在财产每次出售时均需纳税。[1] 这种税的征收要求有大量的税收人员来监视货物的转移，不仅是从一个省向另一个省的转移，而且是从一个店铺到另一个店铺的转移。它不仅使得某些种类货物的经营者遭受税收人员的不断查访，而且使得所有商品的经营者、每一个农民、每一个制造商、每一个商人和店主都遭受税收人员的不断查访。在建立这种税制的国家的大部分地区，不能生产出供远销的商品。国家每个地区的产物必然要和邻近地区的消费成比例。因此，乌
900 斯塔里斯将西班牙制造业的毁灭归咎于这种阿尔瓦卡拉（消费税）。[2] 他也同样可以将农业的衰落归咎于它，因为西班牙不仅对制造品而且对土地的天然产物都征收这种税。

---

① 《关于欧洲的法律和赋税的记录》第1卷第455页（管理的细节参看第1卷第456页）。

② “我没能在法国、英格兰或者荷兰发现他们曾对他们自己纺织品和其他制造品的出售或实物交易征收任何赋税，而且是既不对初次销售征收，也不对后续的销售征收。而当我发现只有西班牙在这种负担下牢骚满腹，而且它具有很大的压迫性——最初是征收10%的消费税，后来又追加了4%，不仅对初次出售征税，而且对货物的每一次未来交易都征税时，我认为它是加速摧毁我们制造业和商业的主要引擎之一。”（乌斯塔里斯，《商业的理论和实践》由约翰·基帕克斯翻译，第二章第236页。）《法理学讲义》（B）第319页，坎南编辑版本第246页提到了有关西班牙的另一个问题：“他们对每种商品的出口都征收重税，并认为通过这种方式税赋就由外国人支付，但是如果他们对进口征税，那么税就由他们自己的臣民支付，他们没有考虑到通过给商品的出口带来负担，他们最终会限制自己的消费并使得产业逐渐萎缩。”

在那不勒斯王国，有一种与此类似的税。它对所有契约按其价值的3%征税，因此也就是对所有销售契约按其价值的3%征税。它不但比西班牙的税轻，而且还允许大部分的城镇和教区支付一种补偿金作为代替。城镇和教区可以以自己所喜欢的方式去征收这种补偿金，通常是一种不会对当地的内部贸易造成干扰的方式。因此，那不勒斯的税不像西班牙的税那样具有破坏性。

大不列颠联合王国的各个地区实行统一的课税制度——只有少数无关紧要的例外，这使得该国的内部贸易，即内陆和沿海贸易几乎完全自由。内陆贸易几乎完全自由，大部分货物可以从王国的一个地方运往另一个地方，无须任何许可证或通行证，也无须接受税收官员的盘查。虽然也有一些例外，但不足以对国家内部贸易的任何重要部门造成干扰。沿海运输的货物确实要求有证明书或沿海输送许可证。不过，如果将煤炭排除在外，那么其余货物几乎全是免税的。这种由于税制统一而实现的内部贸易的自由化或许就是英国繁荣的一个主要原因，因为每一个大国必然是它自己产业的大部分产物的最好的、最广泛的市场。[①] 如果由于同样统一的税制而带来的相同的自由能够推广到爱尔兰和各殖民地，那么国家的伟大和帝国各地的繁荣或许还要远胜今日。

在法国，各省实行不同的税法，这就要求大量的税收官员驻扎在王国边境和各省的边界，以阻止某些货物的进口，或者对进口的货物征收一定的税款，这就对国家的内部贸易造成了很大的干扰。[②] 有些省可以缴纳赔偿
金以代替盐税。其他省则完全免征盐税。有些省不实行烟草专卖，在王国 901
的大部分地区由总包税人享有烟草专卖权。与英格兰消费税相当的艾兹税在不同省也各不相同。有些省免除了这种税，而是支付一种补偿金或与之类似的对等费用。在征收这种税并实行包税的地方，还有许多只限于某个特定城镇或地区的地方税。与我国关税相当的退茨税将法国划分为三个部分：第一部分，实行1664年塔利夫税且被称为五大包税区的省份，包括皮卡迪、诺曼底和法国大部分的内陆省份；第二部分，实行1667年塔利夫税

① 参见IV. v. b. 43。

② 《法理学讲义》(B) 第317页，坎南编辑版本第244至245页中评论说，与英国的关税制度相比，“在法国，对最后到达几乎每一个城镇的商品都要征税，数额与我们首次支付的相等——如果不是更多的话。内陆贸易受到他们自己制度的制约，只有对外贸易受到我们制度的制约”。

且被称为外疆各省的省份，包括大部分的边境省份；第三部分，那些据说被当做外国对待的省份，或者那些由于被允许与外国自由通商，因此当它们与法国其他省份进行贸易时要像与外国进行贸易那样缴纳同样的税的地区。这些地区有阿尔萨斯，麦茨、图尔和凡尔登三个主教管区，以及敦刻尔克、巴荣纳和马赛三市。在所谓的五大包税区（之所以如此称呼是因为古代将关税划分为五大部门，每一个部门最初都是一个特定的包税对象，尽管它们现在已经合并为一个）各省，以及所谓的外疆各省，有许多地方税只在某一特定城镇或地区实行。在被当做外国对待的各地区，特别是在马赛市，也有一些这样的地方税。为了守卫实行不同税制的各省和各地区的边境，不仅必须大量增加税收官员的人数，而且对国家的内部商业造成了很大的限制，这两点不言自明。

除了由这种复杂的税法制度所引起的一般限制外，重要性仅次于谷物贸易的法国葡萄酒贸易在大部分省份都受到特殊的限制，这是由于某些省份和地区的葡萄园享受了比其他地方的葡萄园更多的优惠。[①] 我相信，人们最终会发现，出产葡萄酒最著名的省份就是那些对葡萄酒贸易设立最少限制的省份。这些省份拥有广阔的市场，这激励了它们对葡萄园的种植以及对葡萄酒的酿造进行良好的管理。

不过，这种花样繁多的复杂税法并不是法国所独有的。米兰这个小公
902 国分为六省，每一个省对不同的消费品有不同的税收制度。领土更小的帕马公国分为三四个省，每个省也同样有它自己的制度。在这种荒诞不经的管理下，只有土地极其肥沃、气候十分宜人才不致使这些国家很快沦落到极端贫困和野蛮的状态。

消费品税可以用以下两种方法征收：一是由政府任命并直接对政府负责的官员组成的行政机构征收，其收入在这种情况下必然依据税收的不时变动而各年不同；二是按一定的税额包出，包税人可以任命他自己的官员，这些人虽然必须按照法律规定的方式征税，但总是处于总包税人的直接监督之下，并直接对他负责。包税绝不可能是最好的和最节省的征税方式。[②] 除了所需交付的约定税额、官员的薪金以及全部的行政费用外，包税人必须从税收中获取一定的利润，这个利润至少要与他所进行的垫支、所承担

① 参见 I. xi. b. 27。

② 《法理学讲义》（B）317 至 318 页，坎南编辑版本第 245 页对通过包税方式收税存在的问题进行了探讨。

的风险、所遭遇的麻烦和为管理如此复杂的一个项目所必须具备的知识和技能成比例。政府如果在其直接监督下建立一个和包税人所建立的性质相同的管理机构，那么至少可以节省出这种利润——通常是一个巨大的数额。要承包公共收入的任何较大部门，必须要有巨大的资本或极高的信誉才行。单是这些条件就会把这样一项工程的竞争限制在极少数人中间。在少数具有这种资本或信誉的人中，又只有更少数的人具备必要的知识和经验，这一点进一步限制了竞争。具备条件成为竞争者的这极少数人发现，联合起来更符合他们的利益，他们应该成为合作者而不是竞争对手，因此当包税招标时，他们所出的标价大大低于包税的实际价值。在公共收入实行包税的国家，包税人一般都是最富有的人。[①] 仅仅是他们的财富就激起了公众的愤恨，再加上几乎总是伴随着这种财富的虚荣，以及他们通常为炫富而做出的愚蠢的卖弄行为更是进一步增强了公众对他们的愤恨。[②]

公共收入的包税人绝不会认为惩罚企图逃税者的法律过于严苛。纳税 903
人不是他们的臣民，所以他们对纳税人毫无怜悯之心；如果纳税人在他们包税期满之后的某一天普遍破产，那么也不会对他们的利益有多大的影响。在国家处于最紧急的状态时，君主对自己的收入能否如数收缴必然表现出最大的忧虑，此时包税人则总是抱怨说，如果不实行比现在更严厉的法律，那么他们将不可能交付哪怕是平时的税额。在国家处于危难的时刻，君主很难对他们的要求加以反驳。因此，税法变得越来越严厉。在大部分公共收入均实行包税的国家，税法总是最严酷的。在君主直接监督下征税的国家，税法总是最温和的。即使是再糟糕的君主，其对人民的同情心也远远超过包税人。因为君主知道，王室的持久荣耀取决于人民的兴旺发达，所以他绝不会为了自己的一时之利而有意破坏这种繁荣的局面。对包税人来说则不是如此，他们的荣耀常常不是人民繁荣的结果，而是人民破产的结果。[③]

有时一种税不仅以一定的税额包出，而且还让包税人享有对课税商品的垄断权。在法国，烟草税和盐税就是用这种方式征收的。在这种情况下，包税人从人民身上获取了两种而不是一种高额利润：包税人的利润和作为

---

① 《法理学讲义》(B) 第 275 页，坎南编辑版本第 215 页中评论到，对于法国来说，“包税人是国家中最富有的人，他们在财政和公共收入方面必定最有经验和技巧”。

② 参见 V. i. b. 8、IV. vii. b. 51 以及《道德情操论》第一卷第二篇第五章第 1 自然段。

③ IV. vii. c. 106 中在讨论有关东印度公司职员的态度问题时给出了一个类似的观点。

垄断者的更高利润。烟草是一种奢侈品，每个人都有买或不买的自由。但是盐是一种必需品，每个人都必须向包税人购买一定数量的盐，因为如果他不向包税人购买，那么一般认为他就会向走私者购买。对这两种商品所征的税都是特别高的。因此，走私的诱惑对许多人来说是不可抵挡的，与此同时，法律的严酷和包税官员的警惕又使得经不住诱惑的人必然走向毁灭。盐和烟草的走私每年都要将几百人送进监狱，还有相当多的人被送上断头台。以这种方式征收的税为政府提供了相当大的收入。1767 年，烟草的包税额为 22 541 278 利弗，盐的包税额为 36 492 404 利弗。这两项包税
904 自 1768 年开始，为期 6 年。重视君主收入而忽略人民生计的人也许会赞同这种征税方法。在许多其他国家也对盐和烟草建立了类似的税收和垄断，特别是在奥地利和普鲁士领土内以及意大利的大部分州内。

在法国，王室的大部分实际收入来自八个不同的来源：贡税、人头税、20 取 1 税、盐税、消费税、关税、官有财产税和烟草包税。后五者在大多数省份都以包税的方式征收，前三者在各地都是由在政府直接监督和指导下的一个行政机构征收，而且人们普遍认为，就它们从人民口袋中掏出的钱的比例而言，前三种税送入国库的要比其他五种更多，后者在管理上更加浪费也更加昂贵。

法国的财政制度在当前的状态下似乎可以进行以下三项非常明显的改革。第一，废除贡税和人头税，增加 20 取 1 税，使其增加的收入等于前两者之和，这样王室的收入就得以保持，征收的费用就可以大大减少，贡税和人头税给下等阶层人民造成的苦恼就可以完全得到遏制，上等阶层人民的负担也不会比现在更重。我已在前面指出过，20 取 1 税是一种和英格兰所谓的土地税非常类似的税。贡税的负担最终全部落在土地所有者的身上，这是大家公认的；由于大部分的人头税是按照贡税每镑若干的比率评定的，所以此税的大部分最终也同样落在了相同阶层的人民身上。因此，尽管 20 取 1 税产生了一个等于前述两种税总额的额外收入，但上等阶层人民的负担并不会比现在重。由于通常对不同个体的土地以及佃户征收的贡税存在着极大的不公，所以一旦改革，许多人的税收负担无疑要加重。因此，那些出于保护自身利益而提出反对意见的人最有可能成为这种或任何其他类似改革的阻碍。第二，统一王国各地的盐税、消费税、关税、烟草税可以大大减少这些赋税的征收费用，而且王国的内部贸易也可以变得像英格兰那样自由。第三，通过将所有这些税交给一个由政府直接监督和指导的机构

管理，总包税人的极高利润就有可能加入到国家的收入当中去。不过出于一己之利而提出反对意见的人，很可能阻碍后两种改革方案的实行，就像 905
其阻碍第一种改革方案的实行一样。

法国的税收制度似乎在各个方面都要逊于英国。[①] 英国每年向不足 800 万人征收 1 000 万镑的税，没有一个阶层的人民感觉到受到了压迫。[②] 根据埃克斯皮里神父收集的资料以及《论谷物法和谷物贸易》的作者的观察，包括洛林和巴尔两省在内，法国拥有约 2 300 万或 2 400 万的人口，是英国人口数量的 3 倍。[③] 法国的土壤和气候都要比英国好。法国土地的改良和耕种也远早于英国，所以，凡是需要长时间培养和积累的东西，法国的都要比英国的好，比如大都市以及城市和乡村中设施齐全和建筑良好的房屋。有了这样的一些优势，法国可期在一年内征收 3 000 万镑的收入来支持国家，因为英国也只是稍费周章就可以征收到 1 000 万镑的税。根据我所能得到的最好的但并不十分完整的记录，1965 年和 1766 年，收入法国国库的全部收入通常在 3.08 亿至 3.25 亿利弗之间，也就是说没有达到 1 500 万镑[④]——如果法国人民也按照和英国人民相同的比例纳税的话。这个数额没有达到预期数额的一半，不过，一般认为法国人民受到的赋税压迫要比英国人民受到的大得多。但有一点是肯定的，那就是法国是欧洲的一个大帝国，是除英国以外享受着最温和以及最宽容的政府的国家。

在荷兰，对生活必需品征收的重税据说摧毁了其主要制造业，甚至可能逐渐地影响到其渔业和造船业。[⑤] 英国对生活必需品征收的税很轻，迄今为止没有任何制造业受到税收的影响。英国制造业负担最重的税是对一些原材料，尤其是生丝进口征收的税。但是，据说荷兰中央政府和各市的收 906
入达到了 525 万镑以上；但由于荷兰的人口充其量只是英国人口的三分之

---

① 参见《法理学讲义》(B) 第 318 页，坎南编辑版本第 245 页："整体看来，我们发现英国是欧洲最好的财政家，其赋税的征收要比其他任何国家都要恰当。"

② 参见 V. iii. 76，此处引用了相同的数字。

③ 埃克斯皮里给出的数字是 22 014 357，内克尔给出的数字是 24 181 333（埃克斯皮里：*Dictionnaire géographique historique et politique des Gaules et de la France*（1768）v. 808；内克尔：《论谷物法和谷物贸易》(1775))。参见 IV. iii. c. 12。参见《道德情操论》第五卷第二篇第二章第 4 自然段："法国的人口可能是英国人口的三倍。"

④ 参见《法理学讲义》(B) 第 318 页，坎南编辑版本第 245 页："法国每年要对2 400万人征税，其中不超过一半的收入用于政府的开支，剩下的都用在征收的费用和包税人的利润上。"

⑤ 参见 V. ii. k. 14。

一，所以按照人口的比例，荷兰人民一定被征收了较重的税。[①]

在对所有适当的课税对象均已征税后，如果国家出现紧急状况仍然需要继续征收新税，那么就只有对不适宜征税的对象征税。[②] 因此，对生活必需品征税可能并不是因为荷兰共和国愚昧无知——荷兰共和国为了获得和维持自己的独立，被卷入了几次耗资巨大的战争，以致被迫大举借债，尽管它已经极度节俭了。此外，荷兰和西兰岛这样特殊的经济体为了维持其存在，或者说为了防止领土被大海吞没而需要一项巨大的支出，这必然会极大地加重这两个地区的税收负担。政府的共和形式似乎是荷兰取得今日成就的主要支柱。大资本所有者和大的商业家族通常直接参与这个政府的管理，或者施加某种间接的影响。他们由此获得了尊重和权威[③]，所以虽然与欧洲其他地方相比，在这个国家投入的资本所获得的利润要少一些，贷出资金所获得的利息要低一些，用从资本中获得的偏低收入所能购买到的生活必需品和便利品要更少一些，但他们仍然愿意居住在这个国家。[④] 尽管存在上述种种不利条件，但这些富人的定居必然会使该国的产业在一定程度上活跃起来。一旦发生任何的国家灾难，使得政府的共和制受到摧毁，使得全部的统治权落入到贵族和军人手中，使得这些富有商人的重要性化为乌有，那么，他们就不会愿意继续居住在这个自己不再受到很大的尊重的国家。他们会将自己的住所和资本转移到另外一个国家，而荷兰的工商业很快也就会跟着支持它们的资本迁移出去。[⑤]

---

① 荷兰的税收负担“比其他任何国家的税收负担都要重”（曼德维尔：《蜜蜂的寓言》，第一章第 204 自然段。）

② 参见 V. iii. 58。

③ 参见 IV. vii. c. 74，斯密在此指出，美国政治家在叛乱时期的行为至少可以部分地用他们希望捍卫他们最新赢得的重要性这一点去解释。

④ 斯密对荷兰低利润率的评论参见 I. ix. 10 以及 V. ii. f. 13。

⑤ 斯密在 V. ii. f. 6 中对商人在各国间转移资本的能力进行了评论。也可参见 II. v. 14 以及 V. iii. 55。

V. iii 907

第3章 论公债

在商业得到扩张和制造业得到改进以前的那种未开化的社会状态下，当人们对只有商业和制造业才能引进的昂贵奢侈品一无所知时，一个拥有巨额财富的人除了养活尽可能多的人之外，没有其他支出或享用高收入的途径，这一点我已竭力在本书第三篇中予以说明。[①] 在任何时候，拥有大笔收入就是拥有对大量生活必需品的支配权。在那种未开化的社会状态下，交易通常是以大量的生活必需品来支付的，如常吃的粮食、粗糙的衣物、谷物和牲畜、羊毛和生皮。当商业和制造业不能提供任何东西可供所有者交易超过其自身消费需要的大部分这

① 参见 III. iv。

类生活必需品时，他除了物尽其用，用剩余的东西为尽可能多的人提供衣食之外，就再也做不了任何其他的事情了。在这种情况下，热情好客却不奢华、慷慨大方却不显摆就成了富人和显贵们的主要支出原则。但正如我在本书第三篇中所说明的那样，这些开支并不易于使他们破产。[①] 而追求轻浮的自我享乐就不同了，其结果是有时甚至会摧毁原本理智的人们。比如，沉迷于斗鸡就毁灭了许多人。尽管奢华的款待和炫耀性的慷慨已经毁掉了很多人，但我相信，因这种低调的款待和慷慨而破产的一定为数不多。在我们的封建祖先中，同一家族长时间地持续保有同一地产，这一事实充分说明人们通常还是习惯于过量入为出的生活。[②] 虽然大的土地所有者常常在乡间大宴宾客，在当今的我们看来，这似乎与我们认为的与良好节约密不可分的生活秩序背道而驰，但是我们必须承认，他们至少还是很节约的，并没有将全部收入花光。他们一般都有机会将部分的羊毛和生皮出售以换取货币。也许会将其中一部分货币用来购买当时所能提供的少数虚荣品和奢侈品，但还有一部分货币，他们似乎通常都将其储藏起来。的确，除了将节省下来的货币储藏起来以外，他们没有更好的处理这些钱的办法。经
908 商有失绅士的体面，放贷更会令绅士颜面扫地——放贷在当时被看做放高利贷，且为法律所禁止。[③] 此外，在那个混乱动荡的年代，把大量的钱囤积在手边也是很方便的，因为一旦被赶出了自己的家园，他们就可以随身携带一些值钱的东西转移到安全的地方。由于混乱，人们发现把钱囤积起来很方便；由于动荡，人们发现把囤积起来的钱隐藏起来同样很便利。[④] 常常有埋藏在地下的宝藏或者不知道主人是谁的财宝被发现，这一点充分说明在那些年代贮藏和隐瞒财宝是多么常见的事情。埋藏在地下的宝藏在那时被看做君主收入的一个重要部分。然而在当今，就算把王国所有埋藏在地下的宝藏加在一块，恐怕也抵不上一个拥有巨大产业的绅士收入的一个重要部分。

这种节约和贮藏的倾向在君主和民众中同样盛行。正如我在本书第四

---

① 参见 III. iv. 16。

② 参见 III. iv. 16 以及 III. ii. 7。

③ 《法理学讲义》(B) 第 300 页，坎南编辑版本第 231 至 232 页评论说，“在一个未开化的社会中，没有什么比战争更加光荣”，经商尤其遭到人们的鄙视；这种看法甚至在更加先进的社会依然存在。斯密在该书第 302 页，坎南编辑版本第 233 页中补充到，在更加原始未开化的年代，“他们对商人持有的刻薄和鄙夷的看法，极大地阻碍了商业的发展”。参看 III. iii. 1 - 2。

④ 参见 II. i. 31。

篇中所说的那样，在没有什么商业和制造业可言的国家里，君主所处的处境自然而然地使他为了积累而节俭。[①] 在那种处境下，甚至连君主的开支都不能听任其虚荣心来支配。他喜欢装饰华丽的宫廷，但他所处时代的无知落后只能为他提供少数几件小玩意儿供他装饰宫廷。常备军在当时是不必要的，所以即使是君主的支出，也像任何其他大领主一样，仅限于对其佃户的奖赏和对其侍从的款待。[②] 但是奖赏和款待很少会产生浪费，而虚荣心则几乎总是会导致浪费。[③] 所以正如已经说过的那样，古代的欧洲君主都有财宝。据说当前每一位鞑靼首领也都还有财宝。

在拥有异彩纷呈的昂贵奢侈品的商业国，君主与其疆土上几乎所有的大领主一样，自然会花费他收入中的大部分来购买那些奢侈品。本国及其邻国向他供应各种各样价格高昂的装饰品，这些装饰品成就了毫无意义但金碧辉煌的宫廷。为了追求略逊一筹的同等华丽，统治者属下的贵族们辞退了他们的家臣，让他们的佃户独立，也因此逐渐变得和他领地内大部分富裕市民一样无足轻重。[④] 影响他们行为的那种轻浮激情，也同样影响着君 909
主的行为。怎么能期望君主成为其领地内唯一对这种享乐无动于衷的富人呢？[⑤] 即使他没有将其大部分收入用在这种享乐上以致大大减弱国家的防御力量，那也不能期望他不会将超过支持这种防御力量所必要的收入全部用在这种享乐上。他的日常支出变得与其日常收入相等，如果支出不常常超过收入，那就很不错的了，再也不能指望他积累财富了。当遇到紧急事件需要特别开支时，他必须号召其臣民提供特别的援助。普鲁士当前和已故的国王是欧洲自从法国国王亨利四世（1610 年死亡）后，仅有的两位积累了很多财富的大君主。[⑥] 为积累财富而节约的行为在共和政府中也变得和在君主政府里一样稀少。意大利各共和国、荷兰联邦各省全都负债。而瑞士的其他共和国全无财富积蓄可言。[⑦] 对雄伟壮丽、富丽堂皇的建筑物的崇尚，至少是对其他公共装饰品的喜爱，在小共和国貌似简朴的议会厅和在大王国奢华无度的宫廷里一样盛行。

---

① 参见 IV. i. 30。
② 参见 III. iv. 5。
③ 这是对 IV. i. 30 内容的重复。
④ 参见 III. iv. 15。
⑤ 参见 V. i. h. 2。
⑥ 参见 IV. i. 25。
⑦ 参见 V. i. g. 41 以及 V. ii. a. 9。

一个国家在和平时期不厉行节俭，在战时就会债务缠身。当战争爆发时，国库的钱只够维持日常维护和平的开支。战时为保卫国家所必需的开支是和平时期的三四倍，因此，战时的收入也应是和平时期的三四倍。即使国王有办法立即按照费用增加的比例增加其收入——这一点基本上是不可能做到的，因收入增加而增加的税收也要等到十至十二个月后才能进入国库。但在战争爆发之时或者说战争即将爆发之时，军队必须得到加强，舰队必须获得装备，军队驻守的城市必须进入防御状态，而且必须给这些军队、舰队和有驻军的城市配备武器、弹药和粮食。在这种危急时刻，必须随时做出巨大的开支，这是陆续征收来的税款所无法满足的。在这种紧急状态下，政府除了借债以外，没有其他的办法。

910 在这种情况下，由于道德因素的作用，社会的商业发展状况使得政府不得不借债，同时也使得人民既有能力也有意愿去放贷。如果社会所处的这种状况通常会伴随着借债的必要性，那么它同时也为借债提供了便利条件。

一个拥有为数众多的商人和制造商的国家，必然也有许多这样的人——他们手中不仅有自己的资本，而且还有所有借钱给他们或者将货物委托给他们的人的资本；这些资本在他们手中进出的次数和那些不做生意或不经商而靠固定收入为生的私人的资本在他们自己手中进出的次数相同或者更多。私人的收入每年通常只能经过他的手一次，但是一位从事一种获利很快的行当的商人，其全部资本和信用有时可能在一年内进出他的手两次、三次甚至四次。① 因此，在一个拥有大量商人和制造商的国家，必然有很多这样的人，他们只要愿意随时有能力将数目巨大的款项贷给政府。因此，商业国家的人民具有借钱给他人的能力。

在任何没有正规的司法行政制度、人民对自己拥有的财产没有安全感、契约的信守得不到法律的保障、国家的权威不会经常被用来强迫有支付能力的人偿还债务的国家，商业和制造业很少能长久地兴旺发达。简言之，在对政府的公正性没有一定程度信心的国家，商业和制造业很少能够繁荣发展。② 这种信心使得商人和制造商在平时愿意将自己的财产委托给政府保管，在非常时期愿意将财产交由政府使用。把钱借给政府，不但一点儿也不会减弱他们从事商业和制造业的能力，反而通常会增强这一能力。在国

---

① 参见 II. v. 27。

② 例如，可参见 III. iii. 12 以及 II. i. 30。

家急需资金的时候，政府在大多数情况下会以极为有利于贷款人的条件进
行借款。政府给予初始债权人的债券可以转让给任何其他债权人，而且由
于人们对政府公正的普遍信任，债券在市场上的卖价通常要比最初的价格
高。商人或有钱人通过将钱借给政府而赚钱，他的交易资本不但不会减
少，反而会增加。因此，当行政部门允许他参加新债的首次募集时，他一 911
般将其看成一种对他的优待。因此，商业国家的人民有提供贷款的意向或
意愿。

这种国家的政府极易产生这样的想法，即在紧急情况下，人民既有能力也有意愿将钱借给它。它预见到了借钱的便利性，因此放任自己不去履行节俭的职责。

在原始未开化的社会，没有大的商业资本或者制造业资本。人们之所以会贮藏他们所节省的货币并隐匿他们所贮藏的货币，是因为他们不相信政府的公正，并且担心万一有人知道他们有贮藏的财宝以及贮藏的地点，很快就会遭到掠夺。在这种情况下，很少人能够、没有人会愿意在紧急关头将自己的钱借给政府。君主意识到必须通过勤俭节约来为这种紧急状况做准备，因为他预见到借钱的不可能性。这种先见之明自然会进一步强化他节俭的倾向。①

当前压得欧洲各大国喘不过气并有可能在长期内毁灭它们的巨额债务，其形成过程都是一样的。就像私人一样，国家一开始通常是凭借所谓的个人信用借款，不指定或抵押任何特定的资源来保证债务的偿还。当这种办法行不通时，它们才指定或抵押特定的资源来借款。

英国所谓的无担保公债就是用前一种方式借入的。它部分是没有利息或被认为没有利息的债务，类似于私人的记账式借款，部分是有利息的债务，类似于私人通过期票或汇票借入的款项。凡是对特别服役所欠的债务，或对没有固定经费或尚未给付报酬的各种服役所欠的债务，陆军、海军及军械方面临时开支的一部分，外国君主补助金的未付款，海员工资欠款等，通常都构成第一类债务。有时为支付上述债务的一部分，有时为其他目的而发行的海军证券和财政部证券——财政部证券的利息自发行之日算起，海军证券的利息自发行之后 6 个月开始算起——通常构成第二类债务。英格兰银行或者自动地按照时价贴现这些证券，或者与政府议定按照某种报酬

① 参见 IV. i. 30。休谟在他的文章《论公债》中对这个主题进行了探讨。

条件为其流通财政部证券，即按票面价值购买证券，支付到期利息，保持
912 它们的价值，便利它们的流通，从而使政府能够经常借到这类巨额的债务。法国没有银行，国家债券有时以 60%或 70%的折扣出售。[①] 在威廉国王大改铸的时代，英格兰银行认为应当停止其日常业务，据说当时财政部证券以及符契以 25%至 60%的折扣出售[②]；这无疑部分是由于通过革命建立起来的新政府不够稳定，部分是由于缺少英格兰银行的支持。[③]

当这种资金来源枯竭，为筹款不得不指定或抵押某一特定部门的公共收入来偿还债务时，政府在不同情况下通过两种不同的方式进行筹款。有时这种指定或抵押只在短期内做出，比如一年或几年，有时则是永久性的。在前一种情况下，资金被认为足以在有限的时间内支付所借款项的本息；在后一种情况下，资金被认为仅足以支付利息，或与利息相等的永久年费，政府只要偿还所借本金，随时都可以赎回这种年费。前一种筹款的方法被称为预支法；后一种筹款的方法被称为永久付息法，或简称为付息法。

英国每年征收的土地和麦芽税是每年常规的预支款项，是根据不断加入课税法令中的借款条款所征收的。这笔款项通常由英格兰银行按照一定的利息——自革命以来，利率为 3%到 8%不等——预付给政府，待税款陆续进入国库后逐渐收回其预支款项的本息。如果某年度收入的税款不足以弥补预支款项及其利息——这是常有的事，则不足的金额由下一年度的税款补足。由此，这一尚未抵押的重要部门的公共收入，经常在未入国库之前就先行被支出了。就像一个目光短浅的挥霍者，他的急切状况不允许他等到取得常规收入的时候一样，国家也经常向其代理人和经理人借款，为使用自己的钱而支付利息。

在威廉国王统治的时期以及安妮女王统治的大部分时间，永久付息的
913 借款办法不像现在那样为我们所熟知，当时大部分的新税只在短时期内（四年、五年、六年或七年）被征收，每年的大部分支出都是通过预先挪用

① 参见 J. P. 杜弗内：《金融政策评论》，第一卷，第 225 自然段。

② 詹姆斯·波斯特思维特：《公共收入史》，第 14 至 15 自然段，第 301 自然段。参见 II. ii. 80。

③ 参见 II. ii. 79。

这些新税收入支付的。[1] 税收常常不足以在规定期限内偿还借款本息，于是就要延长征税期以补足差额。

1697 年，根据威廉三世第八年第 20 号法令，好几种税的不足额由当时所谓的第一次总抵押或基金去支付，将这几种原本在较短时期内到期的税的征收期限延长至 1706 年 8 月 1 日，其收入积累为一个总基金。[2] 由这一延长期限的税收所负担的不足额为 5 160 459 镑 14 先令 9 $\frac{1}{4}$便士。[3]

1701 年，这些税以及一些其他税的征收期限，为了相同的目的被进一步延长至 1710 年 8 月 1 日，这被称为第二次总抵押或基金。由其负担的不足额为 2 055 999 镑 7 先令 11 $\frac{1}{2}$便士。

1707 年，作为新借款的基金，这些税的征收期限被进一步延长至 1712 年 8 月 1 日，被称为第三次总抵押或基金。通过其借入的金额为 983 254 镑 11 先令 9 $\frac{1}{4}$便士。

1708 年，作为新借款的基金，所有这些税（除去吨税、镑税这两种旧补助税，其只有一半作为这一基金的一部分；对苏格兰亚麻进口所征的税被联合条约的条款取消）的征收期限被进一步延长至 1714 年 8 月 1 日，被称为第四次总抵押或基金。通过其借入的金额为 925 176 镑 9 先令 2 $\frac{1}{4}$便士。

1709 年，这些税（除去吨税和镑税这两种旧补助税，其从此与新债基金完全无关）的征收年限为了相同的目的又被延长到 1716 年 8 月 1 日，被称为第五次总抵押或基金。由此借入的金额达到 922 029 镑 6 先令。

1710 年，这些税的征收年限进一步延长至 1720 年 8 月 1 日，被称为第六次总抵押或基金。由此借入的金额达 1 296 552 镑 9 先令 11 $\frac{3}{4}$便士。

---

① 《法理学讲义》（B）第 320 页，坎南编辑版本第 247 页评论道："在革命以后不久，由于政府的需要，必须向其臣民借钱，通常是以较普通利息率更高的利率借钱，在几年的时间内偿还本金。"斯密在该书第 320 至 324 页，坎南编辑版本第 247 至 251 页对这个问题进行了评论。

② 威廉三世第八和第九年第 20 号法令（1696 年）。

③ 这一段以及下面九个自然段当中的信息均来自詹姆斯·波斯特思维特的《公共收入史》第 38、40、59、63、64、68、71、303、305、311、319 和 320 自然段。

914 1711 年，这些税（此时已需要同时负担四种不同预支款项的本息）连同几种其他的税得以永久征收，作为支付南海公司资本利息的基金。该公司在这一年借给政府 9 177 967 镑 15 先令 4 便士用来还债和弥补税收的不足，这次借款是当时前所未有的最大一笔借款。

据我所能观察到的情况，在这个时期以前，主要的也是唯一的为支付借款利息而永久课征的赋税，就是为支付英格兰银行和东印度公司为政府垫支的款项的利息而课征的赋税，这项贷款原本预期由一家目标土地银行提供，但未能实现。这时英格兰银行贷给政府的金额达到 3 375 027 镑 17 先令 10 $\frac{1}{2}$便士，为此支付的年金或利息为 206 501 镑 13 先令 5 便士。[①] 东印度公司向政府提供的贷款为 3 200 000 镑，为此支付的年金或利息为 160 000 镑。英格兰银行的贷款利息为 6%，东印度公司的贷款利息为 5%。

1715 年，根据乔治一世第一年第 12 号法令[②]，那些为支付英格兰银行的年金而被抵押的各种税，以及由这一法令规定同样永久征收的其他几种税，被合并成为一个被称为“总基金”的共同基金；这个基金不仅要用来支付英格兰银行的年金，而且还要用来支付其他几种年金和债务。这一基金后来又通过乔治一世第三年第 8 号法令和乔治一世第五年第 3 号法令予以强化，并将当时加进去的几种税也同样定为永久性的赋税。

1717 年，乔治一世第三年第 7 号法令[③]将其他几种税也定为永久税，并将其合并成为另一个共同基金，称为“一般基金”，用以支付某些年金，其总额达到 724 849 镑 6 先令 10 $\frac{1}{2}$便士。

在所有这些法令的作用下，以前只在短时期内预支的税大部分转变永久课征的税，以此作为基金并用以支付以前各次预支借入款项的利息，而不是本金。

如果政府只用预支的办法筹款，那么只要注意以下两点就可以在几年的时间内使公共收入从债务中解放出来：第一，不要使该基金在限定时期内承担超过其所能负担金额的债务；第二，在第一次预支尚未还清之前，
915 不要做第二次预支。但是大部分欧洲政府都做不到这两点。它们往往在第

① 参见 II. ii. 81。

② 乔治一世第一年第 12 号法令（1714 年），该法令 1715 年生效；通过乔治一世第三年第 8 号法令（1716 年）和乔治一世第五年第 3 号法令（1718 年）得以延续。

③ 乔治一世第三年第 7 号法令（1716 年）于 1717 年生效。

一次预支时就使基金负担过重；即便不是如此，它们也往往在第一次预支尚未还清时就进行第二次甚至第三次预支，从而加重基金的负担。这样一来，基金就不足以支付所借款项的本息，于是就只能让它支付利息或与利息相等的永久年金，这种只顾眼前的预支必然会导致更具破坏性的永久付息做法。一旦采用这种做法，公共收入摆脱债务的期限就从有限变为遥遥无期了；但是用这种办法筹到的款项在所有情况下都要比用旧的预支方法筹到的款项金额大，所以当人们一旦熟悉这种新方法后，在国家遇到重大紧急状况时，往往采用这种新方法而不是旧方法。解决燃眉之急总是政府在管理公共事务时最为关切的问题。至于公共收入将来如何摆脱债务，他们无暇顾及，只能留待后人去摸索。

在安妮女王统治期间，市场利率由 6%下降到 5%；在安妮女王第十二年，5%被宣布为私人抵押借款可以合法收取的最高利率。[①] 在英国的大部分暂行税变成了永久税并在总基金、南海基金和一般基金之间进行分配后不久，国家债权人也和私人债权人一样，被说服接受 5%的利息。这样一来，由短期转换为长期的大部分公债借款就节省了 1%的利息支出，或者说由上述三种基金支付的年金节省了六分之一。这种节余使得用做这些基金的各种税在支付了所担保的各项年金以后还有一个可观的盈余，这为此后所谓的“偿债基金”奠定了基础。1717 年，偿债基金达到 323 434 镑 7 先令 $7\frac{1}{2}$便士。[②] 1727 年，大部分公债的利息进一步下降至 4%[③]，1753 年[④]降至 3.5%，1757 年[⑤]降至 3%；利息的下降使得偿债基金进一步增加。[⑥]

---

① 《王国法令》第九章第 928 自然段，安妮第十三年第 15 号法令（1713 年）；拉夫海德版本安妮第十二年第二部分第 16 号法令。参见 I. ix. 5 以及 V. ii. f. 8。

② 安德森：《商业的起源》（1764 年），第二章第 273 自然段。

③ “今年仲夏日，公债利息从 5%下降到 4%；著名的偿债资金由此每年增加超过 100 万镑。”（出处同上，第二章第 316 自然段）

④ 乔治二世第二十六年第 1 号法令（1753 年）。

⑤ 乔治二世第三十年第 4 号法令（1757 年）。也可参见安德森：《商业的起源》（1764 年），第二章第 391 自然段。

⑥ 1750 年，亨利·佩勒姆“将一部分英格兰银行收取的年金的利息率降至 3.5%，并许诺不日将其降至 3%。1751 年，政府将很多已经是或者即将成为 3%利率的基金归为‘3%统一年金’，即最初的不记名债券。这些债券的价格直到 1755 年还保持在高于票面价值的水平，并且在这段和平时期达到了直至 19 世纪 80 年代历史上不记名债券的最高价格……最后的银行到期年金自 1757 年圣诞节开始被规定收取与不记名债券一样 3%的利率”（克拉潘：《英格兰银行》，第一章第 97 至 98 自然段）。

916 偿债基金虽然是为了支付旧债而设立的，但对于新债的募集也提供了不少便利条件。它是一种随时可用的补助基金，在国家出现任何紧急状况时，都可用它来弥补其他基金的不足以筹集资金。究竟英国偿债基金是更多地用来偿还旧债还是另举新债，答案将逐步被揭晓。

除了预支和永久付息这两种借款方式外，还有另外两种介于这两者之间的借款方式，即定期年金借款法和终身年金借款法。

在威廉国王和安妮女王统治期间，大额贷款常常是通过定期年金的办法借入的，它们的期限有的长一些，有的短一些。1693 年，国会通过的一项法令以 14%的年金借款 100 万镑，即每年支付 14 万镑的年金，为期 16 年。1691 年，国会通过的一项法令以终身年金的方式借款 100 万镑，其开出的条件现今看来非常优厚，但并没有筹集到满额款项。于是次年以 14%的终身年金借款补足，7 年多便可收回本金。1695 年，政府允许购买了这些年金的人向财政部按照每百镑交纳 63 镑的条件，换取其他为期 96 年的年金；也就是说，14%的终身年金和 14%的 96 年年金之间的差额以 63 镑或相当于四年半的年金卖出。[①] 但由于政局不稳，即使条件如此优惠，购买者也仍寥寥无几。[②] 在安妮女王统治时期，在不同情况下曾以终身年金以及为
917 期 32 年、89 年、98 年和 99 年的年金借入款项。1719 年，32 年期年金的所有者被说服以其所有年金换取相当于十一年半年金的南海公司股票，对当时到期应付未付的欠款也额外发放了南海公司的等价股票。[③] 1720 年，大部分其他期限长短不一的年金也都归入同一基金。[④] 当时一年应付的长期年金达 666 821 镑 8 先令 $3\frac{1}{2}$ 便士。[⑤] 1775 年 1 月 5 日，其剩余部分，即当时未认购的部分只有 136 453 镑 12 先令 8 便士。

在 1739 年和 1755 年开始的两次战争期间，通过定期年金或终身年金借到的款项极少。但是，98 年期或 99 年期的年金几乎像终身年金一样值钱，

---

① 威廉和玛丽第六和第七年第 5 号法令（1694 年）和威廉三世第七和第八年第 2 号法令（1695 年）。

② 参见《法理学讲义》(B) 第 322 页，坎南编辑版本第 249 页："在威廉国王和安妮女王统治时期，以及乔治一世统治时期的初始阶段，基金随着政府信用的高低而增加和减少，因为仍然存在革命的风险。"

③ 乔治一世第五年第 19 号法令（1718 年）。

④ 乔治一世第六年第 4 号法令（1719 年）。

⑤ 安德森：《商业的起源》(1764 年)，第二章第 286 自然段。

因此人们可能认为它们作为一种基金可以借入同样多的款项。但是那些为置办家业和为将来做打算的人在购买公债时，绝不会去买价值不断下跌的公债；而这样的人又占公债所有者和认购者的一个相当可观的比例。因此，长期年金的内在价值虽然可能和永久年金的内在价值非常相近，但是却找不到像永久年金那样多的买主。对于通常都希望尽快卖出他们手中公债的新债认购者来说，他们宁愿购买可由国会赎回的永久年金，也不愿购买同等数量的不能赎回的长期年金。永久年金的价值可以被看做总是不变或几乎不变，因此它是一种比长期年金更为便利的可转让资本。

在上述两次战争期间，不管是定期年金还是终身年金，都是作为一种对新债应募者的奖励而授予的，数额超出了可赎回的年金或款项得以募集的信用的利息。也就是说，它们不是作为偿还所借款项的基金，而是作为一种额外的奖励授予出资人。

终身年金有时会以两种不同的方式授予：对单独的个人终身授予和对一群人终身授予。后者在法国被称为顿廷法，是以发明人的名字来命名的。当年金授予单独的个人时，年金领取人一旦死亡就解除了国家收入对他的负担。当年金按顿廷法授予时，公共收入的负担就要等到该群体的全部成员都死亡以后才能解除。这个群体有时可能有二三十人，生者可以享有所有死者的年金，最后一位生者可以享有整个群体的全部年金。以相同的收 918
入做抵押，顿廷法总能比单独个人终身年金法筹集到更多的资金。由于生者享有继承权，所以顿廷法年金确实要比同等数量的单独个人终身年金更有价值，而且由于每一个人天然地对自己会有好运气充满信心（这是所有彩票成功的原理），这种年金的售价往往要高于其实际价值。[①] 在政府经常用授予年金的方式筹集资金的国家，由于上述原因顿廷法通常比单独个人终身年金法受到更多的青睐。政府也几乎总是更加愿意采用能够募集到最多资金的方式，而不是选择以可以最快的速度解除公共收入债务负担的方式。

法国公债中终身年金所占的比例要比英国大得多。根据1764年波尔多议会呈送给国王的备忘录中的记载，法国的全部公债大约为24亿里弗，其中以终身年金借入的为3亿里弗，占全部公债的八分之一。年金本身为每年3 000万利弗，相当于全部公债利息12 000万利弗的四分之一。我深知这些

---

① 参见I. x. b. 26，27。

估计并不准确，但鉴于它们是由如此受人尊敬的机构所统计的，我想它们可以被视为是接近实际情况的。法国和英国之所以采取不同的借款办法，并不是因为它们对解除国家收入负担的渴望程度不同，而完全是因为出资人的观点和利益不同。

英国政府位于世界上最大的商业都市，贷款给政府的一般都是商人。[1]他们贷款给政府不是想要减少其商业资本，而是为了增加其商业资本；除非他们认为能从出售新债中获得一些利润，否则他们是绝不会认购的。[2] 但是如果他们付出货币所购得的不是永久年金，而是终身年金，那么不论这
919 些终身年金是他们自己的还是别人的，出售时都很难获得利润。他们自己的终身年金在出售时必将遭受损失，因为没有人会愿意用与购买自己终身年金相同的价钱去购买他人的终身年金，尽管那个人的年龄和健康状况与自己的相近。的确，第三人的终身年金对买卖双方而言无疑是价值相等的，但他的实际价值自被授予的那一刻起就开始减少，而且在此年金存续期间持续减少。因此，终身年金永远不可能像其实际价值被看做总是不变或几乎不变的永久年金那样，成为一种便利的可转让资本。

法国政府所在地不是一个大的商业城市，因此把钱贷给政府的人不像英国那样大部分都是商人。政府在遇到紧急情况时所借到的钱大多来自那些和财政有关的人，比如总包税人、未承包赋税的征收人员、宫廷银行家等。这些人通常出身卑微，但拥有大量财富并以此为傲。和他们身份地位相当的女人他们看不上，而身份地位高于他们的又高攀不起。因此，他们通常决定过单身汉的生活，既没有任何家人，也不关心自己的亲戚，甚至还不愿承认自己有那些亲戚，他们只想自己的一生过得荣华富贵，在自己的有生之年尽情挥霍自己的财产。[3] 此外，法国不愿意结婚或生活状况使之不适宜或不便结婚的富人要比英国多很多。对于这些极少考虑或者甚至根本不考虑子孙后代问题的人来说，最为便利的莫过于将他们的资本转换成

---

① 参见 II. iv. 5，斯密在此对商业利率和货币利率进行了区分。

② 参见《法理学讲义》(B) 第 323 至 324 页，坎南编辑版本第 250 页：“有很多股票持有者都是商人，他们将股票留在政府手中，时刻准备着在出现需求的骤然增加时将其以高价卖出。”在该书第 323 至第 324 页，坎南编辑版本第 249 至 251 页，斯密对能反映出股票持有者期望的股票价格的波动进行了考察。在该书第 324 至第 326 页，坎南编辑版本第 251 至 252 页，斯密对牛市和熊市中的股票投机进行了考察，还就投机活动对新债价格的影响进行了考察。

③ 斯密在 V. ii. k. 73 中对暴发户的态度和对包税人的“愚蠢摆阔”进行了评论。

一种期限不长不短、如其所愿的收入。

在和平时期，大部分现代政府的经常支出等于或接近于其经常收入；当战争来临时，它们既不愿意也不能够按照支出增加的比例来增加收入。它们之所以不愿意，是因为害怕如此之大、如此突然的税收增加会触怒民众，从而使其很快就厌恶战争；它们之所以不能，是因为并不清楚征收何种赋税才足以获得所需的收入。借债则轻而易举地消除了由这种害怕和无能所引起的尴尬。通过借债，它们只要适当地增加税收，就能逐年筹集到 920
足以使战争持续下去的资金；通过永久付息的办法，它们就能够以最小程度的赋税每年筹集到最大限度的资金。在大帝国，生活在首都和远离战场的各省的人民大多感觉不到战争给他们带来了任何不便；相反，他们可以悠然自得地从报纸上读到本国海军和陆军所取得的丰功伟绩。对他们来说，这种享受补偿了他们因战争之故而比和平时期所多付的税款。他们通常不愿意恢复和平，因为这意味着这种享受的结束，意味着他们由于战争更长时间的延续而可能产生的对征服他国与国家荣耀的千万种幻想的破灭。[①]

的确，恢复和平并不能使民众从战争时期所被征收的大部分赋税中解脱出来，因为这些税已经被抵押并被用来支付进行战争所借公债的利息。如果在支付公债利息和政府的经常开支以后，旧收入连同新税产生了一些剩余收入，那么这些剩余收入可能会转变成用来偿还债务的偿债基金。但第一，即便不挪作他用，这种偿债基金在任何可以合理预期到的、和平将继续得以维持的时期内，一般也完全不足以偿还战争期间所借的全部债务；第二，这种基金几乎总是被挪作他用。

课征新税只是为了支付以此为担保所借款项的利息。若在支付完利息以后还有剩余，那么剩余的部分通常是出乎意料的或计划之外的，所以通常不会是很大的数额。偿债基金的产生，通常都是由于后来应付利息减少了，而不是由于所得税额超过了应付利息或年金。1655 年的荷兰偿债基金和 1685 年教皇领地的减债基金都是这样形成的。[②] 所以，这种基金常常不足以偿还债务。

在太平盛世，当发生各种需要特别开支的事件时，政府总会觉得开征新税不如挪用偿债基金来得方便。不论开征何种新税，人民很快就会或多或少地感觉到，因而总会引起怨言，招致反对。征税的种类越多，加在每 921

① 美洲战争可能是一个例外，因为它直接触动了商人阶级的经济利益。参见 IV. vii. c. 43。

② 安德森：《商业的起源》（1764 年），第二章第 273 自然段。

一种课税对象身上的负担就越重，人民对于任何新征税收的怨声就越大，由此无论是寻找新的课税对象还是加重旧税都会变得更加困难。而暂时中止偿债不会被人民立刻感觉到，因此也不会招致人民的牢骚和抱怨。显而易见，挪用偿债基金通常是摆脱当前困境最简单易行的办法。然而，公债积累得越多，就越有必要去研究如何减少债务，挪用偿债基金的危险性和毁灭性就越大；与此同时公债大幅度减少的可能性就越小，挪用偿债基金来支付和平时期各种特别开支的可能性和必然性也就越大。当一国国民已经承受了过重的税收负担时，除非有必要进行一次新战争，为了报国仇，为了保国安，否则人民是不可能再承受新税的。因此，偿债基金经常遭到滥用。

在英国，自从我们首次采用永久付息这种毁灭性的办法以来，和平时期公债减少的数额就从来没有和战争时期公债增加的数额成比例。正是自1688年开始，1697年以达成《里斯韦克条约》而结束的战争，首次奠定了英国当前拥有巨额债务的基础。

1697年12月31日，英国的公债，无论永久的还是有限期的，加在一起达到了21 515 742镑13先令$8\frac{1}{2}$便士。[①] 其中大部分是以短期预支借入的，其余部分是以终身年金借入的。因此，在1701年12月31日之前，即在不到四年的时间里，由于一部分得以偿还，一部分归入国库，公债共计减少了5 121 041镑12先令$\frac{3}{4}$便士；在如此短的时间内偿还了如此多的债务，这确实是前所未有的。因此，剩下的公债只有16 394 701镑1先令$7\frac{1}{4}$便士。

在始于1702年并因签署《乌特勒支条约》[②] 而结束的那次战争中，公债再度增加。1714年12月31日，公债额达到53 681 076镑5先令$6\frac{1}{12}$便士。对南海基金长短期年金的认购增加了公债的本金，因此在1722年12月
922 31日，公债达到55 282 978镑1先令$3\frac{5}{6}$便士。公债的减少始于1723年，

① 本段和接下来两个自然段中的信息来自詹姆斯·波斯特思维特的《公共收入史》的第42、145、147、224和第300自然段。

② 在《法理学讲义》(A) 第五章第141页，《乌特勒支条约》作为“许多愚蠢的条约”之一而被提及。

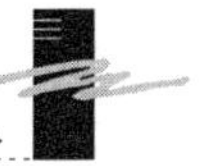

但减少的速度如此缓慢，以至于在截至 1739 年 12 月 31 日的整整 17 年的太平盛世中，所偿还公债的金额只有 8 328 354 镑 17 先令 11 $\frac{1}{12}$便士。当时，公债的本金达到了 46 954 623 镑 3 先令 4 $\frac{7}{12}$便士。

自 1739 年开始的西班牙战争和紧随其后发生的法国战争导致公债进一步增加。1748 年 12 月 31 日，即在战争以签署《埃克斯·拉沙佩勒条约》为标志结束以后，公债数额飙升至 78 293 313 镑 1 先令 10 $\frac{3}{4}$便士。此后的 17 年太平盛世只减少了 8 328 354 镑 17 先令 11 $\frac{3}{12}$便士的债务。一场持续时间不到 9 年的战争使得公债金额增加了 31 338 689 镑 18 先令 6 $\frac{1}{6}$便士。①

在佩勒姆先生当政期间②，公债利息下降了，或者说至少政府采取了措施去降低利率，使得利率从 4%下降到 3%③；由此偿债基金得以增加，公债得以部分偿还。1755 年，在最近一次战争开始之前，英国长期公债达到了 72 289 673镑。1763 年 1 月 5 日，在缔结和约时，长期公债达到了 122 603 336 镑 8 先令 2 $\frac{1}{4}$便士，非长期公债为 13 927 589 镑 2 先令 2 便士。但是由于战争引起的开支并没有随着和约的缔结而终止，因此，1764 年 1 月 5 日，尽管长期公债增至（部分是因为举新债，部分是因为将一部分非长期公债转变为长期公债）129 586 789 镑 10 先令 1 $\frac{3}{4}$便士，但根据《对英国贸易和财政的考察》一书见多识广的作者所述，该年度及次年仍有 9 975 017 镑 12 先令 2 $\frac{15}{44}$便士的非长期公债。④ 因此，根据同一作者所述，在 1764 年，英国所有的公债

① 参见詹姆斯·波斯特思维特的《公共收入史》。

② 在《法理学讲义》(A) 第六章第 168 页，佩勒姆被提及在一年的时间内筹集到了1 000 万镑，皮特“前所未有地轻松地”筹集到了 2 300 万镑。《法理学讲义》(B) 第 265 页，坎南编辑版本第 207 页中给出了相同的观点，此处指出，“一位已故国家大臣轻而易举地在一年的时间内征收了 2 300 万镑，而安妮女王时期戈多尔芬爵士在一年时间内费尽心力才征收了 600 万镑”。

③ 参见 V. iii. 27。

④ 《对英国贸易和财政的考察》(伦敦，1766 年) 第 22 页，此书的作者通常被认为是詹姆斯·惠特利和乔治·格伦维尔。这一段的绝大多数信息都来自此书。

923 （无论是长期的还是非长期的）达到了 139 516 807 镑 2 先令 4 便士。[①] 1757 年作为奖励授予新债认购人的终身年金按照 14 年年金估算，价值为 472 500 镑；1761 年和 1762 年同样作为奖励授予的长期年金按照 27 年半的年金估算，价值为 6 826 875 镑。在持续了大约七年的和平岁月里，佩勒姆先生谨慎而又爱国的政府未能偿还 600 万镑的旧债。而在持续时间几乎相同的战争中，所举的新债务却超过了 7 500 万镑。

1775 年 1 月 5 日，英国长期公债达到了 124 996 086 镑 1 先令 6 $\frac{1}{4}$ 便士。不包括皇室巨额债务的非长期公债为 4 150 236 镑 3 先令 11 $\frac{7}{8}$ 便士。两者合计为 129 146 322 镑 5 先令 6 便士。根据这种算法，在为期 11 年的太平岁月里偿还的全部债务仅为 10 415 474 镑 16 先令 9 $\frac{7}{8}$ 便士。然而，即使是这么小的公债偿还额，也不全是从国家的经常收入中节约出来的。有几种完全与国家经常收入无关的外来款项对此作出了贡献。这其中有三年内对土地税每镑增收 1 先令的税款，有东印度公司作为对所获土地的补偿而向国库缴纳的 200 万镑，以及银行为更新特许状而缴纳的 11 万镑。此外，还有几笔钱应被视为外来款项，由于它们是在最近这次战争中产生的，所以或许应该被视为这次战争开支的扣减项。它们主要有：

	镑	先令	便士
法国战利品收入	690 449	18	9
法国战俘赔偿金[②]	670 000	0	0
出售割让岛屿所得[③]	95 500	0	0
合计	1 455 949	18	9

① 该数字并没有在《对英国的贸易和财政》一书中加以说明，但根据该书中的内容计算得出，即通过加总 129 586 789 镑和 9 975 017 镑 12 先令 2 $\frac{15}{44}$ 便士，得出爱德华一世时期的公债为 139 561 807 镑 2 先令 4 便士。

② 在《法理学讲义》(B) 第 346 至 347 页，坎南编辑版本第 271 页中，《卡塔尔协议》被引用来作为对待战俘的态度越来越人性化的证据。斯密指出，在这类协议中，“士兵和海员都得到交战双方的倚重，并在每次战役结束时进行交换”。他补充道：“在最近这次战争中，我们的确拒绝了与法国就海员问题达成此类协议，通过这种明智的规定很快打击了其海军的士气，因为我们比他们得到的要多得多。”

③ 割让岛屿在 IV. vii. b. 31 中有所提及。

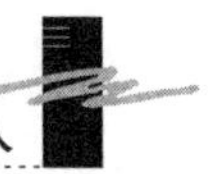

如果我们将查塔姆伯爵和卡尔克拉夫先生账目上的余额、其他同类军费的节余，连同从英格兰银行、东印度公司以及每镑土地税附加1先令所得的款项全都加在这个金额上，那么其总额一定大大超过500万镑。因此，自从缔结和约以来，用国家经常收入的节余所偿还的债务，平均一年还不到
50万镑。自和平以来，由于部分公债的偿还，债务偿还利息从4%下降到 924
3%，以及部分终身年金的到期，偿债基金大幅增加。如果继续维持和平的局面，也许每年能从中拿出100万镑用于偿还公债。因此，去年就偿还了100万镑的债务。不过与此同时，还有一大笔皇室债务尚未清偿，而我们现在又卷入了一场新战争——一旦它爆发，其费用也许跟以前历次战争的费用同样庞大。[①] 在下一次战役结束之前可能就要举借新债，其数额可能接近于从国家经常收入中节省出来所偿还的全部旧债。因此，指望用从当前国家经常收入中所节省出来的钱去偿还所有的公债，简直就是白日做梦。

有一位学者将欧洲各负债国的公债，尤其是英国的公债，描述为附加在国家其他资本之上的一个大资本的积累，通过这个大资本，国家的贸易得以扩张，制造业得到发展，土地的耕种和改良状况也大大超过了单用其他资本可能达到的程度。[②] 但这位学者没有考虑到，最初的债权人贷给政府的资本，从贷出的那一刻起，起资本作用的一部分年产物就转变为起收入作用的一部分年产物，用以维持生产性劳动者的资本就转变为用以维持非生产性劳动者的资本，而且政府一般在借入资本的当年就把它消费和浪费掉了，没有任何将来进行再生产的希望。作为回报，贷出资金的债权人的确获得了在大多数情况下高于同等价值的公债年金。这种年金无疑代替了他们的资本，使他们能够开展与从前同样规模，甚至更大规模的贸易和商业活动。也就是说，他们或者能够以这种年金作为担保从而从他人那里借入新的资本，或者能够通过出售这种年金从而从他人那里得到一笔等于或大于他们贷给政府的资本的新资本。但是，像他们这样从他人那里购入或
借入的新资本以前肯定就存在于国内，并且肯定也和所有资本一样是用来 925
维持生产性劳动的。当它落入贷款给政府的人手中以后，虽然对他们来说它在某些方面是一种新资本，但对国家来说却并非如此，它只不过是从某

① 事实证明，这次战争要比我们之前经历的战争更加费钱，使得我们的债务又增加了1亿镑。在11年的和平岁月里，我们只偿还了1 000万镑多一点的债务；而在一场持续7年的战争期间，我们所举借的债务超过了1亿镑。

② 参见梅龙：《商业政策论》(1734年)，由宾登翻译（都柏林，1738年），第330页。

种用途抽出转作他用的资本。它虽然使得债权人贷给国家的资本得到了补偿，但没有使得国家的债务得到偿还。如果债权人没有将资本贷给政府，那国家用于维持生产性劳动的资本和年产物就是两种而不是一种了。

当为了支付政府开支而将当年未作抵押的赋税用来筹集收入时，一部分的私人收入就从维持一种非生产性的劳动转向维持另一种非生产性的劳动。他们缴纳税款的一部分无疑会积累成为资本，最终用于维持生产性劳动，但其中的大部分很可能被花掉，最终用于维持非生产性劳动。但是，以这种方式支付的国家开支无疑或多或少地会妨碍新资本的进一步积累，但不一定会导致对现存任何资本的破坏。

当通过举债支付政府开支时，该国原有的某些资本会逐年遭到破坏，用于维持生产性劳动的部分年产物转用于维持非生产性劳动。如果政府在一年之中能够筹集到足以支付政府开支的收入，那么在这种情况下，所征的赋税应比原有的轻，个人收入的负担必然较小，因而他们将收入的一部分节省下来积累成为资本的能力受到的损害较小。如果与用当年的税收收入支付政府开支的方法相比，举债的方法要破坏更多的旧资本，那么后者同时也对新资本的积累或获得的阻碍更少。在举债制度下，私人的节俭和勤劳能够很容易地弥补政府的浪费和奢侈可能对社会总资本所造成的破坏。①

然而，只有在战争持续期间，举债制度才比其他制度更优越。如果战争的费用总是能通过当年筹集到的收入去支付，那么这种非常收入所依赖
926 的税收也就不会持续到那一年以后。比起举债制度，私人积累的能力在战争时期虽然会小些，但在和平时期就要大得多。战争并不必然引起对所有旧资本的破坏，而和平则必然会促进新资本更多的积累。战争通常会比较快地结束，并且各国不至于肆意地开战。在战争持续期间，对其全部负担感同身受的人民很快就会对它感到厌倦，而政府为了博得人民的欢心，如无必要必不会拖延战事。当没有切实或可靠的利益可图时，战争会带来繁重而不可避免的负担的先见之明使得人们不会贸然宣战。这样一来，私人积累能力在一定程度上受到损害的时期将更为少见，而且持续时间也会更短。相反，这种资本积累能力全面爆发的时期要比在举债制度下长很多。

此外，债务一经增加，它所造成的赋税的成倍增加有时即使在和平时期也会对私人的积累能力造成很大的损害，就像另一种制度在战争时期那

① II. iii. 31 中指出，私人的节俭通常也能抵消政府的铺张浪费。也可参见下文第 57 自然段。

样。英国和平时期的收入目前已达到每年 1 000 万镑以上。如果不用做抵押，那么该收入足以负担一场最为激烈的战争——管理得当并且不举借 1 先令新债是前提。正是由于采用了有负面影响的举债制度，英国民众当前的私人收入的积累能力在和平时期所受到的损害，与在耗资最为巨大的战争时期一样。

有人说，支付公债利息就像是将钱从右手递到左手[①]，货币并没有跑出本国。它只是使一部分人的一部分收入转到了另一部分人手中，国家没有 927
少一分钱。这种辩解完全是以重商主义体系的诡辩为基础的，我已对该体系做出了详细的阐述，无须在此重复。此外，它假定全部国债募自本国人民，但事实上并非如此；荷兰以及若干其他国家都拥有我国公债相当大的份额。[②] 即使全部公债都出自本国居民，其危害也不会因此就更小。

土地和资本是个人和国家所有收入的两个原始来源。资本存量用以支付农业、制造业或商业中生产性劳动的工资。这两项收入来源的管理分别属于两类不同的人：土地所有者和资本所有者或使用者。

土地所有者为了增加他自己的收入，有动力通过建造和修缮其佃户的房屋、修建和维护必要的沟渠和围墙以及其他应由地主进行和维持的费用高昂的改良，使其土地保持良好的状态。[③] 但由于形形色色土地税的征收，地主的收入可能会大幅减少；同时对生活必需品和便利品开征的各种税，使得已经缩减的收入的真实价值如此之小，以至于地主发现自己已全然无力进行和维持那些费用高昂的改良。但是，当地主不再尽其本分时，期望佃户继续履行其职责是完全不可能的。随着地主境况的恶化，国家的农业必然衰退。

---

① 在《法理学讲义》(B) 第 269 页，坎南编辑版本第 210 页，斯密也提及了一些作者对公债所做的辩解："他们说，尽管当前我们欠债 1 亿镑，但我们是自己欠自己的，或者说至少只有极少一部分是欠外国人的。这只是右手欠左手，整体而言只有极小的或者说没有弊端。"斯密反对这一观点，认为由诸如商人这样的勤勉阶层所纳的税实际上减少了他们的资本："应该说这 1 亿镑债务的利息是由勤劳的人民支付，并被用来维持那些募集这 1 亿镑债务的闲散人员的生活，因此是对勤勉征税以支持懒惰。如果不举债，那么国家谨小慎微、勤俭节约地行事一定会比现在富有得多。"斯密继续指出，当前对债务的抗议使得罗伯特·沃波尔先生试图表明"公债没有造成任何不便"，尽管有人有能力看到相反的情况（《法理学讲义》(B) 第 270 页，坎南编辑版本第 210 至 211 页）。休谟在其文章《论公债》中指出，这种说法是基于"松散的推理和似是而非的比较"得出的（《道德、政治和文学论文集》，格林和格罗斯编辑，第一章第 366 自然段）。梅龙指出："一个国家的债务就是将钱从右手递到左手的债务。"（《商业政策论》，由宾登翻译，第 329 页。）

② 尽管斯密之前表示，荷兰人持有国债的数额有被夸大的趋势。参见 I. ix. 10。

③ 参见 I. xi. a. 2。

当对生活必需品和便利品加征各种赋税时，资本所有者和使用者就会发现，他得自资本的收入在某一国不能购买到同等收入在其他任何一个国家所能购买到的等量生活必需品和便利品，这时他就会萌生迁往其他某个国家的念头。[①] 当为了征收那些税，所有或者绝大部分商人和制造业者，也就是所有或绝大部分的大资本所有者，不断受到征税人员令人厌烦的查访时[②]，这种迁
928 往他国的意愿很快就会变成实际的行动。国家的产业必然会随着支持它的资本的流失而日渐衰落，从而继农业的萧条之后，贸易和制造业也将走向没落。

将土地和资本所带来的大部分收入从这两大收入来源的所有者，即从对保持每一块土地的良好状态和每笔资本的良好管理最为关切的人手中，转移到另一部分人（公债债权人，他们对土地改良和资本运转不感兴趣）手中，从长远来看，必然会造成土地的荒芜和资本的浪费或转移。毫无疑问，公债的债权人通常对国家农业、制造业和商业的繁荣感兴趣，因而也对其土地的良好状况和资本的良好管理感兴趣。因为如果这三者中的任何一个出现了整体性的问题，那么各种赋税的收入就会不再足以支付他所应得的年金或利息。但是公债的债权人，仅从他作为一个债权人的角度来说，对任何特定土地的良好状况和任何特定资本的良好管理并不感兴趣。作为公债债权人，他对这一特定土地或资本既不了解，也不会去做调查，更不会关心。有时他对特定情况下的土地或资本荒废一无所知，因为这些不会对他造成直接影响。

举债的做法逐渐地削弱了每一个采取该措施的国家的实力。意大利各共和国似乎是最早开始举债的。热那亚和威尼斯这两个仅存的、可以称得上独立国家的国家也都因举债而使其实力受到了削弱。西班牙似乎是从意大利各共和国那里学会的举债，而且（可能是因为其税制不及意大利各共和国的那样明智）相对于其自身实力而言，它遭到了更大程度的削弱。西班牙的债务由来已久。在 16 世纪末，也就是英国开始欠债之前大约 100 年时，西班牙就深陷债务不能自拔。法国虽天赋异禀，但也曾因同样的债务重担而苟延残喘。荷兰共和国也像热那亚和威尼斯一样，由于债务而元气大伤。这样一种削弱或摧毁其他各国的做法，难道只在英国被证明是全然无害的吗？

有人说，这些国家不同的税收制度都不及英国的税制。我对此深信不疑。但应该记住，即使是最为明智的政府，在对所有合适的课税对象征税

---

① 参见 V. ii. f. 6。

② 参见 V. ii. b. 6、V. ii. k. 65 以及 V. iii. 74。

以后，当遇到紧急情况时也必须求助于那些不合适的课税对象。[①] 明智的荷兰共和国所征的赋税在某些情况下也不得不像西班牙所征收的大部分赋税 929
一样，对一部分人造成不便。如果在国家收入的债务负担得到很大程度的减轻之前，新的战争又爆发了，而且战争过程中又产生了和上次战争一样巨大的开支，那么出于不可抗拒的必要性，英国的税收制度可能会变得和荷兰甚至西班牙的税收制度一样具有强迫性。的确，承蒙我国现行税收制度的恩惠，我国的产业发展迄今为止几乎没有受到什么阻碍，即便是在耗资巨大的战争时期，我国人民的勤俭节约和良好行为似乎也都能通过节约和积累弥补由于政府的浪费和奢侈对社会总资本造成的破坏。[②] 在上次战争，也是英国历来耗资最大的一次战争结束时，其农业依然和以前一样欣欣向荣，制造业和以前一样生机勃勃，商业像以前一样不断扩张。由此可得出结论，支持所有不同生产部门的资本必定和战前相等。自恢复和平以来，农业得到了进一步的发展，全国各大城市和乡村的房租都有所上涨，这表明人民的财富和收入在日益增长；大部分旧税，尤其是消费税和关税所带来的年收入持续上涨，这说明消费在不断增长，从而同样表明了生产的不断增加，因为只有生产的增加才能支持消费的增长。英国似乎轻而易举地担起了重负，这在半个世纪以前是无人相信的。不过，我们也不要因此就急于得出结论，认为英国能够担负起任何重担，也不要过于自信，认为英国能够毫不费力地担负起比之前更重一些的负担。

我认为当国家债务积累到一定程度时，它就很少能够得到完全的清偿。公共收入从债务中得到解放，如果曾经有过的话，那么也总是通过国家破产来实现的；只不过有时是通过公开承认的破产，更多的时候是通过一种佯装进行偿还的实际破产。

提高货币的名义价值，就是政府以假偿债之名、行破产之实的最为常用的手段。[③] 例如，通过议会法令或皇室公告，将 6 便士货币的名义价值提高到 1 先令，将 26 便士货币的名义价值提高到 1 镑。这样一来，一位按旧
面值借入 20 先令或者接近 4 盎司白银的人，按新面值只需偿还 26 便士或者 930
不到 2 盎司白银即可。大约 1.28 亿镑的国家债务——几乎接近英国所有长短期债务的总和，如果照此方法偿还，那么就只需 6 400 万镑的当今货币。

① 参见 V. ii. k. 80。

② 例如，可参见 II. iii. 31。

③ 参见 I. iv. 10。

这的的确确就是一种假偿还，国家债务的债权人实际上应得的每 1 镑就被骗走了 10 先令。这种灾难的受害者不仅仅只有国家债务的债权人，所有的私人债权者也将遭受相应的损失；这对国家的债权人不但毫无好处可言，而且在大多数情况下还会给其带来巨大的额外损失。诚然，如果国家债务的债权人欠了其他人很多钱，那么他可以用国家支付给他的货币去偿还自己的债权人，从而在某种程度上弥补他们的损失。但在大多数国家，国家债务的债权人大部分都是富人，他们对于其余的同胞来说大多处于一种债权人的地位，而不是债务人的地位。因此，这种虚假的偿还在大多数情况下不是减轻而是加重了国家债务债权人的损失，而且对国家也没有任何好处，反而使灾难殃及更多的无辜民众。它对私人财产造成了最为普遍和严重的破坏；它在大多数场合使得游手好闲而又铺张浪费的债务人靠牺牲努力工作而又勤俭节约的债权人的利益而致富，并且将大部分的国家资本从可能增加它的人手中转移到可能会挥霍和毁灭它的人手中。当国家必须宣布自己破产时，也像私人必须这样做的时候一样，公开、公正和坦白地承认的破产总是对债务人的名誉和对债权人的利益损害最小的办法。当为了掩盖真实破产的耻辱，而借助像提高货币的名义价值这样一种极易被识破同时又极为有害的欺骗手法时，国家的荣誉必将万劫不复。

但是，几乎所有的国家，不论是古代的还是现代的，当落到这种田地时，在某些场合都采用了这种欺骗手段。罗马人在结束和迦太基的第一次战争时，将阿斯（罗马人用来计算所有其他货币价值的价值标准）的含铜量从 12 盎司降低到 2 盎司。也就是说，他们将 2 盎司铜所代表的名义价值提高到以前 12 盎司铜所代表的名义价值。这样一来，罗马共和国就能用实际应偿还债务六分之一的钱来偿还它的巨额公债。面对如此突然和巨大的
931 破产，按照我们当今人的设想，一定会引起民众强烈的不满。然而，事实上那时并没有发生这种情况。因为做此规定的法律，如同所有其他与货币相关的法律一样，是由护民官提出并由人民议会通过的，所以在当时可能还是一项深得民心的法律。像在所有其他古代共和国一样，在罗马，穷人总是欠富人和权贵人士的钱，而这些富人和权贵人士为了在每年的选举中得到穷人的选票，往往以很高的利息贷款给穷人，这些从来都没有得到偿还的钱很快就累积成一个巨大的数目，大到债务人还不起、也没有任何其他人能替他还清的地步。由于害怕受到严厉的处罚，债务人不得不在没有任何额外报酬的情况下，去给债权人推荐的人投票。尽管所有的法律都禁止行贿和腐败，但候选人的慷慨以及元老院不时发放的谷物是罗马共和国

后期比较穷困的民众维持生活的主要来源。[①] 为了免受债权人的摆布，贫穷民众不断要求取消他们的全部债务，或者通过他们所谓的“新铜表法”，即偿还他们所欠债务总额的一部分后就免除其全部债务的法律。具体说来，就是将所有铸币的名义价值减至其原来价值的六分之一，从而使得他们能够以所欠债务总额的六分之一偿还全部债务，这就是对他们最为有利的新铜表法。为了满足民众的意愿，富人和权贵人士在某些场合不得不同意取消债务和引进新法。他们之所以同意新法，除了上述理由外，还有一部分原因是他们想借此解除国家收入的债务负担，从而恢复他们担任主要领导者的政府的元气。用这种办法，1.28 亿镑的债务立刻缩减为 21 333 333 镑 6 先令 8 便士。在罗马和迦太基的第二次战争期间，阿斯先后两次遭到贬值，第一次将含铜量由 2 盎司降至 1 盎司，第二次将含铜量由 1 盎司降至 0.5 盎司，也就是其价值减为其最初价值的二十四分之一。[②] 如果将这三次降低货币价值的举措合并为一次的话，那么我们现有的 1.28 亿镑债务，通过这种方式一下子就缩减为 5 333 333 镑 16 先令 8 便士。哪怕英国有数额再大的债务，通过这种方式都可以很快得以清偿。 932

在我看来，所有国家铸币的价值都通过这类举措逐渐降低，越来越低于其原有价值，同一名义金额铸币的含银量越来越少。

为了达到同样的目的，各国有时在铸币的成色标准中掺假，也就是在铸币中掺杂大量的合金。例如，按照现行标准，1 磅重的银币如果掺入的不是 18 本尼威特而是 8 盎司的合金，那么 1 英镑或 20 先令的这种银币就与我们现今货币的 6 先令 8 便士相当。我国现今货币 6 先令 8 便士的含银量由此被提高到几乎接近于 1 英镑的名义价值。这种成色标准的掺假与法国人所谓的增大价值或直接提高铸币的名义价值的做法具有完全相同的效果。

增大价值或直接提高铸币名义价值的做法，就其本质来说，通常是一种公开宣布的举措。通过这种办法，重量和体积较小的铸币现在可以被当做以前重量和体积较大的铸币来使用。反之，在成色标准中掺假往往是一种不为人知的操作。通过这种办法，铸币厂发行和从前具有同一名义价值的铸币时，会尽量使其重量、体积和外观与从前流通的价值较大的铸币相

① 斯密在 I. xi. b. 12 中就玉米的免费发放对罗马农业的影响进行了评论。也可参见 III. ii. 21。

② 普林尼：《自然史》第 33 篇第 13 章，由雷克汉姆翻译，被收录在《洛布古典丛书》(1952 年) 第 9 卷第 35 至 39 页。参见 I. iv. 10。孟德斯鸠在其《论法的精神》第 22 章第 11 节和第 12 节中给出了这些观点。

同。当法国国王约翰[①]为支付其债务而在铸币中掺假时，所有铸币厂的官员都宣誓要保守秘密。这两种做法都是不正当的。但是，简单地增大价值是公开的、粗暴的不正当行为，而掺假则是阴险的、欺诈的不正当行为。所以后者一旦被发觉（事实上从不会被隐瞒很久）总是要引起比前者大得多的愤懑。铸币在大大增加名义价值以后，很少能恢复其以前的重量；可是在被最大限度地掺假以后，则几乎总是能恢复其以前的纯度。还从来没有看到过民众的怒气和不满能通过其他的办法去平息。

在亨利八世统治末期和爱德华六世统治初期，英格兰铸币不仅名义价值有所提高，而且成色标准也掺了假。在詹姆斯六世年幼时，苏格兰也发生过类似的欺骗行为。这样的行为偶尔也会在绝大多数其他国家发生。

933 英国国家收入的剩余部分，即支付了维持国家正常运行的年度支出以后的剩余部分如此之小，以至于希望借此完全解除国家收入的债务负担，或者至少使得这一负担有很大程度上减轻，似乎是全然无望的。除非国家收入实现巨大的增长，或者国家支出有巨大的缩减，否则这种负担的解除显然是无法实现的。[②]

实行更平等的土地税、更平等的房租税，以及像上一章所提到的对现行关税和消费税制度进行改革，或许可以在不增加大多数民众的负担，而只是把这一负担更平均地分配到全体民众身上的情况下，使国家的收入大幅增长。然而，即便是最乐观的设计者，也不敢期望任何这种收入的增加能使人合理地期望国家收入在和平时期可以完全摆脱债务或者在减轻债务负担方面取得重大进展，或者在下一次战争期间阻止或减少国家债务的进一步积累。

如果将英国的税制推广到帝国的所有不同地区——不论这些地区居住的是英国人还是欧洲人，那么收入可望大幅增加。可要做到这一点，根据英国宪法的规定，必须在英国议会中或者在英国的总议会中使得所有这些不同地区具有公正公平的代表权，并使得每个地区的代表名额与其税收收

---

① 参见 Du Cange Glossary，voce Moneta；the Benedictine cdition. C. Du Fresne，Sieur du Cange，*Glossarium*（Paris，1842），iv. 493。也可参见梅龙的《论商业政策》，由宾登翻译。

② 在 1780 年 1 月 3 日写给威廉·易登的第 203 号信件中，斯密写道："对于你所言，我没有更多需要补充的。在我看来，无论是发明新的税种，还是增加旧税，这都是我们遭遇窘境的主要原因。"除了"密切注意经济运行状况"以外，斯密还提出了三条建议：第一，撤销对出口的奖金，这些年来这种奖金数额已达 60 万镑；第二，取消禁止进口的法令，代之以对其征收"适度合理的税收"；第三，取消对出口羊毛的禁令，代之以对其征收"高额关税"。参见威廉·易登：《写给卡莱尔伯爵的四封信》（伦敦，1779 年）。

入保持的比例，与英国代表名额总数与其税收收入所保持的比例相同。[①] 的确，许多权势显赫者的私人利益以及大部分民众根深蒂固的偏见当前与这 934 一重要变革直接冲突，它们很可能会形成非常难以克服，甚至是完全不可能克服的困难。[②] 然而，如果说去考虑这种统一是否可行不太现实，那么在这样一部推理的著作中，对如下问题进行思考总是适宜的，即英国的税收制度在多大程度上可适用于帝国的所有不同地区，实施以后可以得到多少收入，以及这种普遍的统一会如何影响帝国各地区人民的福祉和经济发展。对这些问题所做的推测最坏也不过是被看做一种新的乌托邦，肯定不比旧的更有趣，但总不至于更加无用和虚妄。

土地税、印花税、各种关税和消费税构成了英国的四大主要税种。

就缴纳土地税的能力而言，爱尔兰无疑与英国不相上下，而我们的美洲和西印度殖民地与英国相比则是有过之而无不及。[③] 在无须缴纳什一税或济贫税的地方，地主缴纳土地税的能力肯定比必须缴纳这两种税的地方强。什一税如果不折合为现金缴纳而是征收实物的话，那么比实际上相当于每镑征收 5 先令的土地税，能在更大程度上减少地主的地租。在大多数情况下，这种什一税达到了土地实际地租或在完全补偿农民的资本及其合理利润后剩余部分的四分之一以上。如果除去一切代金（代替什一税所交的现金——译者注）和一切移交私人保管的教会财产，那么英国及爱尔兰的全部教会的什一税估计也不会超过 600 万或 700 万镑。如果英国或爱尔兰不征收什一税，那么地主就能多缴纳 600 万或 700 万镑的土地税，而且他们的负担也不会比他们中大多数人现在所承受的更重。美洲没有什一税，因此自然有能力缴纳土地税。的确，美洲和西印度殖民地的土地一般不是租给农民的。因此，这些土地不能按照地租簿去评定土地税。但在威廉和玛丽第四年，英国的土地也不是按照任何地租簿来评定土地税的，而是按照一种非常宽松而又不准确的估计方法征收的。[④] 美洲的土地可以按照相同的方式去估征，或按照经过准确测量后做出的公正评定去征收，就像最近在米兰公国、奥利地、普鲁士和萨迪尼亚所做的那样。[⑤]

---

① 参见 IV. vii. c. 75。斯密在 IV. vii. c. 79 中指出，该原则将最终导致帝国宝座的移交。《法理学讲义》（A）第五章第 134 至 135 页中提及源自洛克的关于税收和代表权之间关系的一个观点，并补充道："只有在英国才要求得到国民的同意，只有上天知道，这里所要的同意只是象征意义上的。"参见《法理学讲义》（B）第 94 页，坎南编辑版本第 69 页以及 IV. vii. b. 51。

② 参见 IV. vii. c. 77－79。

③ V. ii. c. 2 对这种税进行了描述。

④ 参见 V. ii. c. 2。

⑤ 参见 V. ii. c. 26。

935 在法律诉讼和个人实际财产转移契约的形式相同或大体相同的国家，印花税显然可以不加更改地加以征收。

如果伴随着贸易自由的扩大（为公平起见本应如此），将英国的关税法推广到爱尔兰和各殖民地，那么将会对两者产生最大程度的好处。[①] 那时，所有当前压制爱尔兰贸易的令人憎恨的限制，以及对美洲商品所设的列举与非列举的歧视性待遇将会完全清除。[②] 菲尼斯特雷角以北的各个国家会对美洲的所有产物开放自己的市场，就像该海角以南各国当前均对美洲的部分产物开放自己的市场一样。由于关税法的统一，大英帝国所有不同地区之间的贸易就会像帝国当前的沿海贸易一样自由。如此一来，大英帝国就可以在自己的领土范围内为其不同地区的所有产物提供一个广阔的国内市场。市场的迅速扩大很快就能够弥补爱尔兰和各殖民地因关税增加而遭受的损失。

消费税是英国税制中唯一一种在普及到帝国不同地区时，需要根据实际情况在一些方面做出调整的赋税。由于爱尔兰的生产和消费与英国的生产和消费具有完全相同的性质，所以英国的税制无须修改就可以在爱尔兰
936 加以应用。但由于美洲和西印度的生产和消费与英国的大不相同，所以将英国的税制应用到这些地方时就有必要做一些修改，就像将其应用到英格兰生产苹果酒和啤酒的各县郡时所做的改变一样。

例如，在美洲有一种被称做啤酒的发酵饮料，由于它是由蜜糖制成的，因而与我国的啤酒大不相同；这种饮料在美洲人民的日常生活中占据很大的比重。这种饮料只能保存几天，不像我们的啤酒那样能在大酿造厂制作和贮存以便出售，所以每个家庭都必须自行酿造供自己消费的这种啤酒，

---

① 参见后文第89自然段。在1779年11月1日写给亨瑞·邓达斯的第201号信件中，斯密表达了他对有关与爱尔兰开展自由贸易的有利结果的赞同：“我不相信，英国的制造业100年后会遭到来自爱尔兰制造业的竞争……爱尔兰既没有技术，也没有资本，它无法与英国抗衡……爱尔兰既没有煤炭，也没有森林。”斯密继续指出，赋予爱尔兰向对其最为有利的市场出口的自由，以及解除对其玻璃和羊毛产业所施加的“不公平和不合理的”限制，是完全合理的。斯密支持爱尔兰和英国之间开展自由贸易，并得出如下结论：“在我看来，没有什么比这种互惠互利的自由贸易对两个国家更为有利的了。它将有助于瓦解荒谬的垄断——垄断是我们为维护我们所有不同阶层制造商的利益而建立起来的有损于我国整体利益的最为荒谬的制度。”在1779年11月8日写给卡莱尔的第202号信件中，斯密表达了类似的观点，他也在这封信中评论到，除了缺乏原材料以外，爱尔兰也“缺乏秩序、警力、保护和限制底层民众的常规司法制度、相对于煤炭和森林加总来说对产业发展更为重要的东西，只要爱尔兰继续被划分为两个对立的部分——压迫者和被压迫者、基督教徒和天主教徒，这些东西必将继续短缺”。

② 参见IV. vii. b. 25。

就像烹煮自己的食物那样。但是，若要求每个家庭必须和那些出售麦酒的店主以及以贩卖为目的的酿酒商一样接受税收人员令人厌烦的查访[①]，就侵犯了人民的自由权。如果为了公平起见而认为有必要对这种饮料征税的话[②]，那么可以在制作场所对制作的原材料进行征税，或者如果贸易状况使得不适于对其征收这样一种消费税，那么就对输入到殖民地供其民众消费的该产品予以征税。对于进口到美洲的蜜糖，除英国议会要征收每加仑1便士的税外，对用其他殖民地的船只进口到马萨诸塞海湾的蜜糖还要征收每大桶（英制液量单位，相当于63加仑——译者注）8便士的地方税；对从北部各殖民地进口到南卡罗来纳的蜜糖按照每加仑5便士征税。如果这两种办法都不方便，那么可以仿效英格兰对私人家庭征收麦芽税的方式，按照家庭成员的数量对这种饮料的消费进行征税；或者依照荷兰各种不同赋税的征收办法，根据家庭成员年龄和性别的不同来对这种饮料的消费进行征税；或者也可按照马修·德克尔爵士所提议的在英格兰对所有消费品征税的方式进行征收。前文已指出，他的这种征税方式，对于快速消费掉的商品来说应用起来并不方便。可是在没有更好的办法的时候，也不妨一试。[③]

砂糖、甜酒和烟草在哪个国家都算不上是生活必需品[④]，但已变成人们普遍消费的物品，因而是极为合适的课税对象。如果同各殖民地的联盟能够实现，那么就可以在制造商或种植者出手这些商品之前对它们征税；如果这种课税方式不适合那些人的情况，那么这些商品可被存放在制造商所 937
在地的公共仓库，以及这些商品随后可能运往的帝国港口的公共仓库，在所有者和税收官员的共同监管下存放在那里，直到将其交付给消费者、供应国内消费的零售商或者出口商时，再行课税。当这些商品用于出口时，只要出口商给出保证，确保这些商品的确要输出帝国，就可免税。这些可能就是与殖民地联盟以后，需要对英国现行税制做出重大修改的几种主要商品。

对于将这种税制推广到帝国所有地区可以带来多少收入，毫无疑问不可能得出确切的答案。通过实施这种税制，英国每年对不到800万民众征收

① 参见V. ii. b. 6，V. ii. k. 65以及V. iii. 55。

② 参见V. ii. k. 45，55。

③ 参见V. ii. k. 18。

④ 斯密试图在V. ii. k. 3中对“生活必需品”下了定义。

了超过 1 000 万镑收入。[①] 爱尔兰有超过 200 万民众，根据呈送给议会的记录，美洲 12 个同盟州的人口是 300 万以上。[②] 但是，也许是为了鼓励他们自己的国民，或者是为了震慑我国的民众，这些数字有可能被夸大了。由此我们假设我国的北美洲和西印度殖民地的人口加在一起不超过 300 万；或者说整个大英帝国在欧洲和美洲的居民不超过 1 300 万人。如果从不到 800 万人身上，这种税制可以征集到 1 000 万镑以上的收入，那么，它从 1 300 万人身上就能征集到 1 625 万镑以上的收入。假定这种税制能够产生这项收入，那么必须从这项收入中扣除爱尔兰和各殖民地为支付它们各自政府的费用而筹集的收入。爱尔兰的民事和军事费用连同公债利息，以截至 1775 年 3 月的两年平均水平来看，每年不到 75 万镑。[③] 根据一项非常准确的记录，美洲和西印度主要殖民地收入在本次骚乱开始之前达到
938 141 800 镑。但在这项记录中，马里兰、北卡罗来纳以及最近在美洲大陆和西印度群岛所获得的新领地的收入都没有被计算在内，其数额可能为 3 万或 4 万镑。为得到一个整数，我们由此假定维持爱尔兰和各殖民地政府所需的收入约为 100 万镑。因此，还剩下 1 525 万镑可用来支付英帝国的一般开支和公债。但如果从英国当前和平时期的收入中能节省出 100 万镑用来偿还公债，那么从这一增加的收入中很容易节余出 625 万镑。这样一笔巨大的偿债基金还可因前一年公债的偿还而节省下来的利息每年有所增加，并且通过这种方式越积越多，以至在几年之内就足以清偿全部债务，从而完全恢复当前日趋衰落的帝国的活力。与此同时，民众也可以从某些最沉重的赋税负担中解脱出来，从对生活必需品或制造原料征收的税中解脱出来。这样一来，穷苦的劳动者会生活得更好一些，以更便宜的价格出卖劳动，也可以以更低廉的价格将他们的货物送往市场。商品的价格越便宜，对其的需求就会越大，从而对生产这些商品的劳动的需求也会越大。对劳动需求的增加既会增加贫困劳动者的就业人数，又会改善他们的生活条件。他们的消费将随之增加，同时伴随着对他们所消费物品的课税收入的增加。

但是，由这种税制产生的收入可能不会立刻随着纳税人人数的增加而成比例地增加。帝国的某些地区，由于以前从未纳税，对于这种负担会表

① V. ii. k. 78 也引用了这些数字。

② 参见 IV. iii. c. 12。斯密在 I. viii. 23 中对美洲人口的快速增长进行了评论。

③ 参见 IV. vii. b. 20。

现出不适应，因此在一段时间内应适当放松税制的要求；而且即使各地都应该尽可能地征收相同的税，各地产生的税收收入也不会都与各地的人口数量成比例。在一个贫穷的国家，需要征收关税和消费税的主要商品的消费数量很小；而在一个人口稀少的国家，走私的机会非常大。在苏格兰的下层阶级人民中，麦芽饮料的消费量很小；相对于人数和税率（两国的麦芽税率由于麦芽品质的不同而有所差异）的比例，苏格兰从对麦芽、啤酒和麦酒征税中所得的收入要比英格兰少。我认为，在这些特殊的消费税部门，苏格兰不会比英格兰有更多的走私机会。两国各自按照其人口的比例
对酿酒所征的税和大部分关税，在苏格兰产生的收入要比英格兰少，这不 939
仅是因为对课税商品的消费量更少，而且还因为走私也方便得多。在爱尔兰，下层阶级人民要比苏格兰更穷，国内的很多地方几乎无人居住。因此在爱尔兰，课税商品的消费量就人口比例来说可能比苏格兰更少，而走私则几乎同样便利。在美洲和西印度，哪怕是最底层的白人，其处境也要比英格兰同一阶层的白人好得多，他们对人们通常喜欢享用的各种奢侈品的消费可能也要多得多。的确，构成美洲大陆南部殖民地和西印度群岛绝大部分居民的黑人，由于其处于奴隶状态，其处境无疑要比苏格兰和爱尔兰最为穷困的人还要差。但是，我们不能因此认为他们比英格兰下层人民吃得更差，所消费的轻税物品更少。为了鼓励他们更好地工作，确保他们能吃得好并得到精心的照料是他们的主人所关心的事情，就像这样对待他的牲畜合乎他的利益一样。[1] 因此，如同白人仆人一样，几乎所有地区的黑人都享有朗姆酒、糖蜜和针枞酒的配给；即使对这些东西课征轻税，这种配给可能也不会取消。因此，按照居民人数的比例计算，美洲和西印度对课税商品的消费量可能不亚于大英帝国任何地区的消费量。的确，就走私的机会而言，美洲和西印度要比大英帝国大得多，因为按照国土面积的比例计算，美洲居住的人口要比苏格兰或爱尔兰稀少得多。但是，如果现在将对麦芽和麦芽饮料所征的各种税的收入改由征收单一的麦芽税，那么在消费税最为重要的部门，走私就能够被完全杜绝。如果关税不是对所有进口商品都加以征收，而仅限于几种最常用和最常消费的商品，而且如果关税也按照消费税那样去征收，那么走私虽然不能被完全杜绝，但也会大大减少。
通过这两种简单易行的改革，关税和消费税根据消费的比例而产生的收入， 940

① 参见 IV. vii. b. 54。

在人口最稀少的地区可能与在现在人口最稠密的地区一样大。

据说，美洲确实没有金币或银币，国内商品贸易是通过纸币开展的。其偶尔得自英国的金币和银币又会被全部送回英国，以交换其从英国进口的商品。[①] 再说，没有金银币就不可能纳税。英国已经得到了其所有的金银。我们又怎么可能向其索取其所没有的东西呢?

美洲当前缺少金银币并不是因为国家贫穷的缘故，也不是因为那里的人民没有能力购买这些金属。在一个工资比英格兰要高得多，而食品价格要比英格兰低得多的国家，大部分的人民必然有能力购买更大量的金银，如果他们有必要或便于这样做的话。因此，金银的稀少必然是他们自主选择的结果，而不是必然的结果。

金银币之所以必要或使用方便，完全是为了开展国内贸易或对外贸易。

本书第二篇已指出过，每个国家的国内贸易，至少在和平时期可以用纸币来进行，其便利程度几乎与使用金银币相同。[②] 对于总是能运用比他们所能得到的更大资本去改良土地并获得利润的美洲人来说，尽可能多地节省在诸如金和银这样价值不菲的商业工具上的支出，而将有必要用来购买这些金属的剩余产品的大部分用来购买生产工具、制衣原材料、各式家庭用具以及为修建和扩大他们的房屋和种植园所必需的铁制工具，更为方便，也就是说，他们不购买死的资本，而是购买活的生产性的资本。殖民地政府发现，向人民提供充足的纸币——通常比足以开展国内贸易更多的纸币，是符合自身利益的。有些政府，特别是宾夕法尼亚政府，以极高的利息将纸币贷给其民众。[③] 其他政府，如马萨诸塞湾政府，在异常紧急的情况下发
941 行这种纸币来支付公共费用，随后根据殖民地的发展情况，再在纸币逐渐贬值的情况下以较低的价值将其赎回。[④] 1747 年[⑤]，马萨诸塞湾殖民地通过这种方式，以相当于发行时十分之一的货币偿还了大部分的公债。通过节

---

① 参见 II. ii. 100。

② 参见 II. ii。

③ 参见 V. ii. a. 11。斯密在 II. ii. 102 中就纸币的问题对宾夕法尼亚政府的适中水平进行了评论。

④ 自始至终对纸币持反对态度的道格拉斯对马萨诸塞湾政府的做法如此评价：“似乎一直有一个由昏庸无能的人和流氓负债者聚集成的派别，该派别试图让我们相信，我们宝贵的特许权之一就是制造纸币，或者说公共信用凭证，它可以作为法定货币在所有的交易（特殊交易除外）中通用。”

⑤ 参见哈钦森，《马萨诸塞湾殖民地史》，第二卷第 436 页及其后几页。《马萨诸塞湾殖民地史》，1765—1768 年第二版。

省用于国内贸易的金银币支出，给殖民地人民带来了方便；为人们提供一种媒介，尽管该媒介有很大的不足，但如果能够让人们节省上述开支，那么就能够给殖民地政府带来方便。纸币过多势必会将金银驱逐出殖民地国内贸易，其理由和它在苏格兰将金银驱逐出大部分的国内贸易的理由一样[①]；在这两个国家，不是贫穷，而是人们的企业家精神和计划精神，以及他们想将所能得到的全部资本都用做活的生产性资本的愿望，导致了纸币的过剩。

在各殖民地和英国进行的外部贸易中，或多或少地要用到金银币，其数量的多少完全取决于使用其必要性的大小。在没有必要使用这些金属的地方，它们很少出现。在它们有必要存在的地方，通常就能找到它们的身影。

在英国和盛产烟草的各殖民地之间的贸易中，英国的商品通常都是先行赊给殖民地人民，而且赊期很长，随后以一定价格的烟草予以支付。[②] 对殖民地人民来说，用烟草支付比用金银币支付更为方便。对于任何一位商人来说，用自己所经营的某种货物去支付卖给他货物的往来客户，比用货币更为方便。这样商人就不必为了应付不时之需而从他的资本中留出一部分现金。他总是可以在他的店铺或仓库储存更多的货物，并把生意做得更大。但是对该商人的所有往来客户来说，接受该商人所经营的货物作为对自己卖给他的货物的支付，并不方便。不过，和弗吉尼亚及马里兰进行贸 942
易的英国商人恰巧是一类特殊的往来客户，在他们看来，殖民者对自己出售给他们的货物支付烟草比支付金银更为方便，因为他们期望从出售烟草中获得利润，而从金银的销售中不能得到利润。因此，金银在英国和烟草殖民地的贸易中很少出现。无论在国内贸易还是国外贸易中，马里兰和弗吉尼亚都很少需要金银。因此，据说它们拥有的金银币比任何其他美洲殖民地的都要少。然而，大家一致认为它们和任何一个邻国一样繁荣和富有。

在北部各殖民地，即宾夕法尼亚、纽约、新泽西、新英格兰等地，它们出口到英国的产物的价值与它们进口到国内供自己使用或再次贩运到其他殖民地的制造品的价值并不相等。因此，这个差额就必须用金银币支付给母国，各殖民地通常也都能做到这一点。

---

① 参见 II. ii. 89，此处将苏格兰的经历描述为与美洲的相似。

② 参见 IV. vii. c. 38。

在盛产砂糖的各殖民地，每年出口到英国的产物的价值要比从英国进口的所有商品的价值大得多。如果对这些殖民地每年送往母国的砂糖和朗姆酒进行支付，那么英国每年必须以货币支付一个巨大的差额；由此在某些政治家看来，与西印度开展贸易是极为不利的。[①] 但事实是，许多砂糖种植园园主都居住在英国，他们的地租都是用他们自产的砂糖和朗姆酒支付的。西印度商人在这些殖民地购买的砂糖和朗姆酒的价值，不等于他们每年在这些殖民地所出售货物的价值。因此，这个差额必须用金银币支付给殖民地，母国通常也能做到这一点。

各殖民地支付英国货款的困难和拖欠程度，根本不与它们各自欠款数额的大小成比例。一般说来，北部殖民地比种植烟草殖民地的支付情况要稳定，尽管前者一般用货币支付相当大的贸易差额，而后者没有差额需要支付，或者只有一个很小的差额需要支付。从砂糖殖民地收取货款的困难

943 程度的大小，与其说与它们各自欠款数额的大小成比例，还不如说与它们所拥有的荒芜土地数量成比例，也就是说，同种植者受到过度贸易——超过自身资本许可的范围去开垦和种植过多的荒地——引诱的大小成比例。牙买加是一个现在仍有许多未开垦土地的大岛。因此，从那里收回货款通常就比从诸如巴巴多斯、安提瓜以及圣克里斯托弗这样的小岛收回货款更加不固定和不确定——这些小岛历经多年得到了充分的开垦，因此给种植者提供的投机机会较少。新近获得的格兰纳达、多巴哥、圣文森特和多米尼加为这种投机开创了一片新领地，而最近从这些岛屿收回货款的情况也和从牙买加大岛收回货款的情况一样不固定和不确定。

因此，对大部分殖民地来说，当前金银币的稀少并不是由于贫困。它们对活的生产性资本有巨大需求，从而拥有尽可能少的死的资本对它们来说更加方便。因此，它们满足于使用一种尽管不如金银方便但更加便宜的交易工具。它们因此能够将那部分金银的价值转换成生产工具、制衣原材料、各式家庭用具以及为修建和扩大它们的房屋和种植园所必需的铁制工具。在那些没有金银币就不能进行交易的业务部门，它们总是能找到必要数量的金银币；如果它们经常找不到的话，那么失败通常也不是贫穷的必然结果，而是它们不必要的和过度的事业心所造成的，并不是因为穷而不

---

① 这里的政治家指的是那些以贸易差额来衡量国家财富的人。参见 V. ii. k. 29。

能按时按量支付货款，而是因为它们太过发财心切了。尽管殖民地全部税收收入扣除它们支付自身民事和军事费用后剩下的部分全都以金银币汇回英国，但殖民地仍有充足的财力去购买必要数量的金银。在这种情况下，它们的确不得不将现在用来购买活的生产性资本的一部分剩余产物去购买死的资本。在进行国内贸易时，它们不得不使用一种昂贵而不是低廉的交易工具[①]；购买这种昂贵工具的费用可能多少会抑制它们在改良土地方面的动力和热情。但是，如此一来可能就不必将美洲收入的任何部分都以金银汇出，而是可以以汇票的形式汇出。汇票由英国特定的商人或公司（美洲 944
的一部分剩余产物委托其代为出售）开出并由其承兑，这些商人或公司在收到货物以后，就会用与其价值相等的货币向财政部交纳美洲的收入；在整个交易过程中，美洲无须输出一盎司金银就能完成所有的业务。

爱尔兰和美洲应该对英国公债的清偿作出应有的贡献，这并不违背公平原则，因为这种债务是为了支持通过革命建立起来的政府而借的。正是由于该政府的存在，爱尔兰的新教徒才不仅能在国内享有现在的全部权威，而且他们的自由、财产和宗教能得到保护；正是由于该政府的存在，美洲的一些殖民地才能获得它们现有的特许状，并因此有了现在的宪法——美洲所有殖民地所享受的前所未有的自由、安全和财产权都应归功于这些特许权和宪法。[②] 借入这种公债不仅是为了保卫英国，而且也是为了保卫大英帝国的所有不同地区。在最近这次战争中举借的巨额债款以及战前举借的大部分债款全都是为了保卫美洲。[③]

在与英国合并以后，爱尔兰除了获得贸易自由以外，还获得了其他一些更重要的好处——这些好处在补偿由合并而导致的任何税收的增加之后还有余。与英格兰合并以后，苏格兰的中层和下层阶级的人民完全摆脱了过去总是压迫他们的贵族统治；这种贵族势力不像苏格兰那样是建立在出身和财富的天然的和可敬的差别的基础之上[④]，而是建立在所有差别中最可恶的宗教和政治偏见的基础之上——这种差别比任何其他差别更能助长压

① II. ii. 26 中将纸币描述为一种更为便宜的交易工具。

② IV. vii. b. 51 对殖民地宪法进行过描述。

③ 参见 IV. vii. c. 64。

④ V. i. b. 11 对作为权威来源的出身和财富进行了考察。也可参见《道德情操论》第一卷第三篇第二章。

迫者的粗暴无礼和激发被压迫者的憎恨和愤怒，并通常使得同一国家的居民相互之间怀抱比对异国人民更大的敌意。如果没有与英国合并，那么爱尔兰居民可能在几百年的时间里也不会认为自己是英国人。

在美洲各殖民地，从来没有盛行过具有压迫性质的贵族统治。[①] 然而，
945 即便是它们，从幸福和安定的角度来说，也从与英国的合并中获益颇丰。这至少会使它们摆脱那种充满仇恨的和恶毒的派别斗争，这种斗争与小民主政治有着不可分割的联系，常常分裂它们人民之间的感情，并扰乱它们政府（在形式上十分接近于民主政府）的安定。如果美洲完全脱离英国——除非以这种合并的形式去防止，否则就似乎可能发生，那么这些派别斗争将会比以前激烈十倍有余。[②] 在现今的骚乱开始之前，母国的强制力总是能约束这些派别斗争，使之不至于爆发成为比野蛮的行为和侮辱更坏的事情。如果没有这种强制力，那么恐怕这些斗争很快就会诉诸暴力并造成流血事件。在一个统一政府之下联合起来的各个大国中，党派精神在边远地区通常不如在帝国中心那么流行。这些地区远离首都，远离党派和野心斗争的主要阵地，这使得它们较少卷入敌对党派的纷争当中，并使得它们成为各党派行为的公正旁观者。[③] 党派精神在苏格兰不像在英格兰那样盛行。在合并的情况下，党派精神在爱尔兰可能不像在苏格兰那样盛行，而各殖民地大概很快就会出现在大英帝国任何地区从未有过的和谐团结的景象。的确，爱尔兰和各殖民地的税收负担会比现在更重。但是，如果能勤勉忠实地把国家收入用于偿还公债，那么大部分的赋税就不用长期征收，而英国的公共收入很快就能够缩减到维持中等规模和平政府的水平。

东印度公司所获得的领土无疑是属于国王的，也就是说，是属于大英帝国国家和人民的。这些领土可能成为我们的另一个收入来源，而且可能比前文所述的各种收入来源都要充足。这些国家据说土地更肥沃，幅员更辽阔；按照与其领土面积的比例来说，它们比英国更富有，人口更稠密。为了从这些国家获取一大笔收入，也许不必再引进任何新的课税制度，因

---

① 斯密在 IV. vii. b. 51 中对殖民地贵族统治的缺乏进行了评论。

② 尽管认识到这在当前是不可能发生的，但斯密指出，与美洲殖民地的联合将使得英国宪法更“完整”，参见 IV. vii. c. 77。

③ 《道德情操论》指出，客观公正的旁观者在远离评判对象时会面临一个角度的问题。参见 III. i. 3。

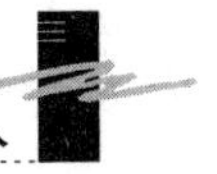

为在它们那里，赋税已经征得足够充分甚至可以说是过于充分了。也许减轻而不是加重这些不幸国家的负担更为恰当；不应通过加征新税，而应通 946 过防止大部分已经收到的税款被挪用和滥用来竭力从它们那里获取收入。

如果对英国来说以上述各种渠道来大幅增加收入不可行，那么剩下的唯一办法就是减少开支了。尽管在税收的征收方式和公共收入的支出方式上可能仍有改进的余地，但英国看来至少是和它的邻邦一样节约的。它在和平时期为了自身的安全而在国防上的开支，相对于任何在财富或实力上敢与之抗衡的欧洲国家来说要更少。因此，这些项目似乎都不能极大地减少开支。在这次骚乱开始以前，维持殖民地和平的开支是很庞大的，如果不能从殖民地获取收入的话，那么这种支出必须完全节省下来。和平时期的经常开支虽然很大，但与战争时期保卫殖民地的花费相比却是微不足道的。上次战争完全是为保卫殖民地而进行的，耗资超过 9 000 万镑，这已在前文有所提及。[①] 1739 年的西班牙战争主要也是为保卫殖民地而进行的，在这次战争以及由其引发的法国战争中，英国的花费超过了 4 000 万镑，其中的大部分公平地说应该由殖民地负担。在这两次战争中，英国花在殖民地身上的钱是这两次战争中的第一次战争开始以前国债总数的两倍有余。如果没有这两次战争，那么国债可能到目前为止已经全部还清；要不是为了殖民地，前一次战争可能不会发生，后一次战争肯定不会发生。正是因为殖民地被看做大英帝国的省份，后者才会为前者花费如此巨资。但是，那些既不为帝国贡献财力也不为帝国贡献军事力量的国家，是不能被看做帝国的省份的。它们或许能被看做附属于帝国的一种壮美华丽的装饰物吧。但是如果帝国不再能够维持保有这种装饰物的开支，那么其肯定会被放弃；如果帝国不能筹到与支出成比例的收入，那么至少应当量入为出。如果殖民地拒绝向英国纳税，却仍然被看做大英帝国的省份，那么在未来某次战争中，它们可能要耗费英国和任何一次之前战争同样大的费用。英国的统治者一个多世纪以来一直以在大西洋西岸拥有一个伟大帝国的幻象来安慰 947 民众。但实际上这个帝国到目前为止只存在于想象之中。它迄今为止还不是一个帝国，而只是一个建立帝国的计划；它还不是一个金矿，而是一个开发金矿的计划。这个计划已经耗资巨大，并在继续耗费巨资，如果以目

① 参见 IV. i. 26 和 IV. vii. c. 64；也可参见 II. iii. 35 和 IV. viii. 53。

前的方式继续下去的话，那么它可能要耗费更大的开支，而且不大可能带来任何利益——因为正如前文所述的那样，垄断殖民地贸易给大多数民众带来的只有损失没有利益。[①] 我们的统治者是时候该去实现这个他们自己或许同样也是人民一直沉迷其中的美梦了，否则就应该从这个美梦中清醒过来，并竭力使人民也清醒过来。如果计划不能实现，那么就应当将其放弃。如果大英帝国的任何省份不能对维持整个帝国作出贡献，那么英国是时候从如下重担中解脱出来了——在战时为保卫这些省份以及在和平时期为维持它们的民事和军事建制所做的开支，而且英国应致力于使其未来的发展规划和设计适应自身的真实处境。[②]

① 参见 IV. vii. c。

② 然而，IV. vii. c. 66 指出，自愿撤退是一种荒谬的——如果不能将其称为伪善的话——希望。

Index of Subjects*

A

[Abassides, opulence of Saracen empire under, 406]

[Abbeville, woollen monopoly, 461 - 2]

[Abraham, weighed shekels, 41]

Absentee tax, the propriety of, considered, with reference to Ireland, 895.

[Abyssinia, salt money, 38]

[Academy, the, assigned to Plato, 778]

[Academy of Sciences, *Description des Arts et Métiers faites ou approuvées par Messieurs de l'académie royale des sciences*, 1761, 143]

* 本索引首次见于第 3 版，是本书原有的索引，保留了该版中原有的一些其他语种的拼写、标点等，方括号中的内容为编者所加。本索引中的内容仅涉及正文和作者本人的脚注，页码为原书页码（参见本书边码）。由于篇幅所限，对本索引的翻译请感兴趣的读者到中国人民大学出版社网站（www. crup. com. cn）自行下载查阅。

[Acapulco ships, sailing between America and East Indies, 222, 225, 227]

Accounts of money, in modern Europe, all kept, and the value of goods computed, in silver, 57.

[Accumulation, early state preceding, 65, 82; title of Bk. ii., 276; previous and necessary to division of labour, 277]

[Achilles, Agamemnon's offer to, 717 - 8]

Actors, public, paid for the contempt attending their profession, 124

[Adriatic, favourable to commerce, 36]

[Adulteration of coion, worse than augmentation 932]

[Adulterine guilds, 141]

[Ægean sea, islands of, 556]

[Æolian colonies, 556]

[Æsop's Fables, apologues, 768]

Africa, [powerful king much worse off than European peasant, 24,] cause assigned for the barbarous state of the interior parts of that continent, 35 - 6. [Trade to America consists of slave trade, 571; receives rum in exchange for slaves, 578; manufactures from European towns, 627; no thriving colonies, 634; natives being shepherds could not be displaced, ib.; gum senega export, 657; necessity of forts for commerce, 731; music and dancing, 776.]

African company, [one of five regulated companies, 734;] establishment and constitution of, 737 [- 40]. Receive an annual allowance from parliament for forts and garrisons, 739. The company not under sufficient controul, ib. History of the Royal African company, 741 - 3. Decline of, ib. Rise of the present company, 743.

[Agamemnon's recommendation of his cities, 717 - 18]

Age, the foundation of rank and precedency in rude as well as civilized societies, 711

[Agen, land tax in, 854]

Aggregate fund, in the British finances, explained, 914

Agio of the bank of Amsterdam [how accounted for by some people, 328;]

explained, 479. Of the bank of Hamburgh, 480. The agio at Amsterdam, how kept at a medium rate, 486.

[Agrarian law, the foundation of Rome, 556]

[Agricultural Systems, 663 - 87]

Agriculture, the labour of does not admit of such subdivisions as manufactures, 16. This impossibility of separation, prevents agriculture from improving equally with manufactures, ib. Natural state of, in a new colony, 109. Requires more knowledge and experience than most mechanical professions, and yet is carried on without any restrictions, 143. The terms of rent, how adjusted between landlord and tenant, 160. Is extended by good roads and navigable canals, 163. Under what circumstances pasture land is more valuable than arable, 165. Gardening not a very gainful employment, 169 - 170. Vines the most profitable article of culture, 170. Estimates of profit from projects, very fallacious, ib. [not to be promoted by discouraging manufactures, 171;] Cattle and tillage mutually improve each other, 237. Remarks on that of Scotland, 239. Remarks on that of North America, 240 - 1. Poultry a profitable article in husbandry, 242. Hogs, 243. Dairy, 244 - 5. Evidences of land being compleatly① improved, 245. The extension of cultivation as it raises the price of animal food, reduces that of vegetables, 259; by whom and how practised under feudal government, 334. Its operations not so much intended to increase, as to direct, the fertility of nature, 363 - 4. Has been the cause of the prosperity of the British colonies in America, 366. The profits of, exaggerated by projectors, 374. [Capable of absorbing more capital than has been applied to it, ib]. On equal terms, is naturally preferred to trade, 377. Artificers necessary to the carrying it on, 378. Was not attended to by the Northern destroyers of the Roman Empire, 381 - 2. The ancient policy of Europe unfavourable to, 396. Was promoted by the commerce and manufactures of towns, 422 [favoured by law of England, 424;]. The

① completely.

wealth arising from, more solid and durable, than that which proceeds from commerce, 427. Is not encouraged by the bounty on the exportation of corn, 509. Why the proper business of new companies [? colonies], 609.

The present agricultural system of political ceconomy adopted in France, described, 663. Is discouraged by restrictions and prohibitions in trade, 671 - 2. Is favoured beyond manufactures, in China, 679. And in Indostan, 681. Does not require so extensive a market as manufactures, 682. To check manufactures, in order to promote agriculture, false policy, 686 [supposes a settlement, 693]. Landlords ought to be encouraged to cultivate part of their own land, 832.

[Agrigentum, rivalled mother city, 566]

[Agrippina, her white nightingale, 236]

[Aides, the French farmed, 904]

[Aix la Chapelle, treaty of, 746, 749, 922; university of, 811.]

Alcavala, the tax in Spain so called, explained and considered, 899. The ruin of the spanish manufactures attributed to this tax, ib.

[Ale, licences to sell, 852; incidence of taxes on, 877 - 8]

Alehouses, the number of, not the efficient cause of drunkenness, 362, 492.

[Alexander the Great, private pupil of Aristotle, 150; conquests, 560]

[Alexander Ⅲ., Pope, bull for emancipation, 390]

[Alien merchants taxed, 879]

[Alienation, fines on, 860]

Allodial rights, mistaken for feudal rights, 415 - 16. The introduction of the feudal law tended to moderate the authority of the allodial lords, 417 - 18.

[Almagro went in search of gold, 562]

[Alsace treated as foreign, 901]

Ambassadors, the first motive of their appointment, 732.

America, [colonisation has followed coast and rivers, 34; mines diminished value of gold and silver, 52, 210, 211, 216 - 17, 254, 258, 447 - 8; planters are farmers as well as proprietors, 70;]. Why labour is dearer in North America than in England, 87, 88 [not so rich as England, 87;] Great increase of population there, 88 [people marry early yet there is a scarcity of hands, 88; British colonies illustrate genius of British constitution, 91; rapid propagation, 98; stamp act, 102;]. Common rate of interest there, 109 [acquisitions of territory raised interest in Britain, 110; rate of profit in trade with, lower than in Jamaican trade, 127 - 8; corn could not be cultivated by factors like sugar, 173 - 4; skins thrown away by natives of, 178; landlords would like trees removed, 179;]. Is a new market for the produce of its own silver mines, 220. The first accounts of the two empires of Peru and Mexico, greatly exaggerated, 221, 448. Improving state of the Spanish colonies, ib. [East Indies takes the silver of, 222; the tax forms the whole rent of Spanish gold and silver mines, 231; slovenly husbandry in British colonies, 240 - 1; cattle killed for hide and tallow, 247; paper currency for small sums, 322; interior commerce completely carried on by paper, 323;]. Account of the paper currency of the British colonies, 326 - 8 [state of savages, like that of England in time of Julius Caesar, 344].

Cause of the rapid prosperity of the British colonies there, 366 [carrying trade of goods to Europe, 373, 374 - 5]. Why manufactures for distant sale have never been established there, 378 - 9 [artificers employ savings in purchase and cultivation of land, ib.] Its speedy improvement owing to assistance from foreign capitals, 380 [no produce returns such profits as sugar, 389; rapid advance founded on agriculture, 422 - 3]. The purchase and improvement of uncultivated lands①, the most profitable employment of capitals, 423 - 4 [first inquiry of Spaniards always for gold and silver, 429; discovery caused a revolution in commerce, 437; great part of expense of last French war laid out there, 442]. Commercial alterations produced by the discovery of, 447 - 8. But two civilized nations found on the whole continent, 448 [European commerce with,

① land.

more advantageous than East India trade, 448 - 9; returns to trade with, infrequent, 495; not more than three million people in British North American colonies, 495 - 6; poorer than France, 496.] The wealth of the North American colonies increased, though the balance of trade continued against them, 497 - 8.

[Revolt, 500, 503; long coastline and slender British authority, 502;] Madeira wine, how introduced there, ib. [drawback on exports to, 504; the war, 521; settled by different motives from Greek and Roman colonies, 556; no necessity for, 558]. Historical review of the European settlements in 559 [- 64]. Of Spain, 567 - 8. Of Holland [569 -] 71. Of France 571. Of Britain ib. Ecclesiastical government in the several European colonies, 574. Fish a principal article of trade from North America to Spain, Portugal, and the Mediterranean, 578. Naval stores to Britain, 579 [slave labour, 587;] Little credit due to the policy of Europe from the success of the colonies, 588 [folly and injustice presided over original settlement, ib. Europe magna virum mater, 590;]. The discovery and colonization of, how far advantageous to Europe, 591 [- 631]. And to America, 626 [augmented European industry, 591; an advantage to countries which never sent exports there, 591 - 2; surplus produce the source of advantage to Europe, 593; contributes no military force to mother countries, ib.; and little revenue, 593 - 4; exclusive trade supposed the peculiar advantage, 594; rapid progress unforeseen, 597 - 8; monopoly attracted capital, 601; uncertain, remote and irregular returns of trade to, 602; effects of stoppage of trade, 606 - 7; European market for bread and meat extended, 609; shop-keeping policy adopted towards, 614; taxation by requisition, 620; ambition of leading men, 622; possible removal of seat of government to, 625 - 6; discovery of, one of the two greatest events in history, 626; mother countries have the show but not all the advantages, 627 - 31]. The colonies in, governed by a spirit of monopoly 630 - 1 [more thriving than colonies in Africa, 634 - 5; bounty on naval stores from, 644; Britain sometimes courts and sometimes quarrels with,

645; bounties, 646 - 7;]. The interest of the consumer in Britain sacrificed to that of the producer, by the system of colonization, 661 - 2 [natives of, were hunters, 690; and contemptible opponents, 691; colonial militia becoming a standing army, 701; natives of, regarded age as the sole foundation of rank, 711; poll taxes, 857; productions of, articles of common use in Great Britain, 883] plan for extending the British system of taxation over all the provinces of, 934 - 5. The question how the Americans could pay taxes without specie considered, 940. Ought in justice to contribut to discharge the public debt of Great Britain, 944. Expediency of their union with Great Britain, 944 - 5. The British empire there, a mere project, 947.

Amsterdam, [209, 454, 479, 613, 652, 818] agio of the bank of, [how accounted for by some people, 328;] explained, 479. Occasion of its establishment, 480. Advantages attending payments there, 481. Rate demanded for keeping money there, 482. Prices at which bullion and coin are received, 482 - 3, *Note.* This bank, the great warehouse of Europe for bullion, 484. Demands upon, how made and answered, 485. The agio of, how kept at a medium rate, 486. The treasure of, whether all preserved in its repositories, ib. The amount of its treasure only to be conjectured, 487. Fees paid to the bank for transacting business, ib.

[Anderson, Adam, quoted 744]

[Anderson, James, quoted, 203, 230, 298]

[Angola, 558, 635]

Annuities for terms of years, and for lives, in the British finances, historical account of, 915 - 17.

[Antigua, 597, 943]

[Antoninus, Marcus, 778]

[Antwerp, 427, 479]

[Aperea of Brazil, 560]

[*Αποικια*, 558]

Apothecaries, the profit on their drugs unjustly stigmatized as exorbitant,

28－9.

[Apothecary's shop a source of profit to Hamburg，817]

[Apples imported from Flanders in seventeenth century，96]

[Apprenticeship statutes raise wages more permanently than they lower them，79]

Apprenticeship，the nature and intention of this bond servitude explained，119. The limitations imposed on various trades，as to the number of apprentices，135－6. The statute of apprenticeship in England，137. Apprenticeships in France and Scotland，137－8. General remarks on the tendency and operation of long apprenticeships，138－40 [obstructs free circulation of labour from one employment to another，151；means of gaining a settlement，154].

The statute of，ought to be repealed，470 [Relation to privileges of graduates，762].

[Arabia，hospitality of chiefs，414；histories full of genealogies，421；riches long in the same family，422]

[Victorious when united，692；militia，700；despotic authority of scherifs，713；revenue of chiefs consists of profit，817]

[Arabia，Gulf of，favourable to commerce，36]

Arabs，their manner of supporting war，690－1

[Aragon，561]

[Arbuthnot，Dr. John，quoted，685]

[Archipelago，607]

[Argyle，the Duke of，416]

[Aristotle，munificently rewarded by Philip and Alexander，150；Lyceum assigned to，778；a teacher，811；quoted，388，775]

[Arithmetic，political，untrustworthy，535；of the customs，two and two make one，882]

[Armada，the defeat of，stopped Spanish obstruction of colonisation，569－70；less alarming than the rupture with the colonies，605]

Army，[a disadvantageous lottery，126；] three different ways by which a nation may maintain one in a distant country, 441.

Standing, distinction between and a militia, 698. Historical review of, 701. The Macedonian army, 702. Carthaginian army, 702 - 3. Roman army, 703 - 4 [courageous without active service, 705]. Is alone able to perpetuate the civilization of a country, 705 - 6. Is the speediest engine for civilizing a barbarous country, 706. Under what circumstances dangerous to, and under what, favourable to liberty, 706 - 7 [small, would be sufficient if martial spirit prevailed, 787; no security to the sovereign against a disaffected clergy, 798].

Artificers, prohibited by law from going to foreign countries, 659. Residing abroad, and not returning on notice, exposed to outlawry, 660 [serving in an srmv must be maintained by the public, 695]. See *Manufactures.*

[As, originally a pound of copper, 42; reduced to $\frac{1}{24}$, 43; always a copper coin, 56; reduced at end of 1st Punic war, 930]

[Ascetic morality taught as moral philosophy, 771]

Asdrubal, his army greatly improved by discipline, 702. [the younger] How defeated, 703.

[Asinius Celer gave large price for a surmullet, 236]

Assembly, houses of, in the British colonies, the constitutional freedom of, shewn, 585.

Assiento contract, 745.

[Assize of bread, 158]

Assize of bread and ale, remarks on that statute, 196, 201.

[Athens, large fees of teachers at, 149; artisans were slaves, 683; paid soldiers of, 695]

[Atlantic, 625, 627]

[Augmentation of coin defined, 932]

Augustus, emperor, emancipates the slaves of Vedius Pollio, for his cruelty, 587.

[Aulnagers, 40]

[Austere morality favoured by the common people, 794]

[Austria, little assisted by the Danube, 36; militia defeated by the Swiss, 705; survey for land tax, 934]

[Ayr Bank, history of, 313 – 15]

[Ayrshire, rise of demand for labour in, 94]

[Azores, 558]

B

[Babylon, 388]

[Bahamas, 559]

[Bakers, incorporation of, in Scotland, 158]

[Balance of employments, 523]

Balance of annual produce and consumption explained, 497. May be in favour of a nation, when the balance of trade is against it, 497 – 8.

Balance of trade, [absurd speculations concerning, 377] no certain criterion to determine on which side it turns between two countries, 412. The current doctrine of, on which most regulations of trade are founded, absurd, 488. If even, by the exchange of their native commodities, both sides may be gainers, 489. How the balance would stand if native commodities on one side, were paid with foreign commodities on the other, ib. How the balance stands when commodities are purchased with gold and silver, 490 – 1. The ruin of countries often predicted from the doctrine of an unfavourable balance of trade, 496.

[Balboa, Nugnes de, 562]

[Baltic, 36; wood from, 180; flax and hemp, 365; tobacco to, 602; manufactures for, 627]

Banks [sometimes pay in sixpences to gain time, 61, 320; private, in London allow no interest but in Edinburgh give 4 per cent. on notes, 107; Scotch banking, 297 – 318;] great increase of trade in Scotland, since the establishment of them in the principal towns, 297. Their usual course of business, 298 – 9. Consequences of their issuing too much paper, 301 - 2. Necessary caution for some time observed by them with regard to giving credit to their customers, 305. Limits of the advances they may prudently make to traders, 306 - 7. How injured by the practice of drawing and redrawing bills, 311. History of the Ayr bank, 313. History of the bank of England, 318. The nature and public advantage of banks considered, 320 - 1. Bankers might carry on their business with less paper, 323 - 4. Effects of the optional clauses in the Scots notes, 325 - 6.

Origin of their establishment, 480; bank money explained, 481. Of England, the conduct of, in regard to the coinage, 552 [those of Edinburgh have no exclusive privilege, 756].

Joint stock companies why well adanted to the trade of banking, 756, 757. A doubtful question whether the government of Great Britain is equal to the management of the Bank to profit, 818.

Bankers, the credit of their notes, how established, 292. The nature of the banking business explained, 292, 298.

The multiplication and competition of bankers under proper regulation, of service to public credit, 329.

[Bank of Amsterdam, see Amsterdam]

[Bank of England, had to coin much gold, 302, 303; discounts, 311; history, 318 - 20]

[Large capital, 741; enables government to contract unfunded debt, 911 - 12; stopped usual business during the recoinage, 912; advances the proceeds of taxes, ib.; taxes first mortgaged in perpetuity for its advance, 914; advances at January 1775, 923]

[Bank of Scotland, 297]

[Bank, the Royal, 297]

[Bank-money, of greater value than currency, 479; explained, 480]

[Bank notes, not below £10 in London, 322; should not be for less than £5, 323]

[Bankruptcy most frequent in hazardous trades, 128; greatcst and most humiliating misfortune, 342]

[Bar, 905]

[Barbadoes, early prosperity, 598; all cultivated, 943]

[Barbary, 406, 738]

Baretti, Mr. his account of the quantity of Portugal gold sent weekly to England, 547.

Barons, feudal, their power contracted, by the grant of municipal privileaes, 401. Their extensive authority, 415. How they lost their authority over their vassals, 418 - 19. And the power to disturb their country, 421 [influence of, 416 - 17; revenue spent on luxuries, 420 - 1].

Barter, the exchange of one commodity for another, the propensity to of extensive operation, and peculiar to man, 25. Is not sufficient to carry on the mutual intercourse of mankind, 37 [ceases on the introduction of money, 49]. See *Commerce.*

[Basel, chief revenue from export duty, 851]

Batavia, causes of the prosperity of the Dutch settlement there, 635.

[Bath Road inn, fallen fortune of, 347]

[Bavaria, Danube no use to, 36]

[Bayonne treated as foreign to France, 901]

[Bazinghen, Abot de, quoted, 551]

[Beaumont, J. L. Moreau de, see Memoires]

Beaver skins, review of the policy used in the trade for, 658 [subject to export duty, 881].

[Becket used clean hay, 413]

Beef, cheaper now in London, than in the reign of James I, 167. Compared with the prices of wheat at the corresponding times, 167 - 8 [compared with pork in France and England, 243].

[Beggar, alone depends on benevolence, 27; once synonymous with scholar, 149]

Benefices, ecclesiastical, the tenure of, why rendered secure, 798. The power of collating to, how taken from the Pope, in England and France, 804. General equality of, among the Presbytrians, 809. Good effects of this equality, 810.

[Benefit of clergy, 802]

[Benevolence, does not give us our dinner, 27]

Bengal, to what circumstance its early improvement in agriculture and manufactures was owing, 35. Present miserable state of the country, 91. Remarks on the high rates of interest there, 111 [profits eat up rent and leave only subsistence for wages, ib., 114; piece goods exports, 223; ratio of gold to silver, 229. Improper regulations turned dearth into famine, 527].

Oppressive conduct of the English there to suit their trade in opium, 636 [revenue from land rent, 637]. Why more remarkable for the exportation of manufatures than of grain, 683 [ancient land tax, 838, 839; good roads, 838].

[Bengal, Gulf of, favourable to commerce, 36]

[Benguela, 558, 635]

Berne, [farmers equal to the English, 395] brief history of the republick of, 403. Establishment of the reformation there, 806. Application of the revenue of the Catholic clergy, 812-13. Derives a revenue from the interest of its treasure, 819 [tax on alienation, 860; only state which has a treasure, 909].

[Bernier, Francois, quoted, 730]

[Bettering one's condition, universal desire of, 341, 343, 345, 540, 674]

[Bible commonly read m Latin, 765]

Bills of exchange, [discounting of, chief means of issuing bank notes, 298] punctuality in the payment of, how secured, 309. The pernicious practice of drawing and redrawing explained, 309-10. The arts made use of to disguise this mutual traffic in bills, 311-12.

[*Billets d'etat*, sometimes at 60 or 70 per cent, discount, 912]

[Birch, Dr. Thomas, quoted, 167]

[Birmingham produces articles of fashion and fancy, 131; manufactures not within the statute of apprenticeship, 137; uses £50, 000 in gold and silver annually, 225, 227; reduction in price of goods, 260; manufactures grew up naturally, 409; hardware exchanged for wine, 897]

Birth, superiority of, how it confers respect and authority, 713.

Bishops, the ancient mode of electing them, and how altered, 800, 804 - 5.

[Blackstone, William, quoted, 52, 391]

[Blanc, Cape, 737]

Body, natural and political, analogy between, 674

Bohemia [serfs still exist in, 387; survey and valuation, 384 - 5, 836] account of the tax there on the industry of artificers, 866.

[Bombay, 751]

[Bordeaux, see Bourdeaux]

[Borlase, quoted, 186]

[Born, Ralph de, his feast, 196]

[Borough, see Burghs]

[Boston, high-paid free labour cheaper than slave, 99; less populous than Mexico or Lima, 568]

[Bouchaud, quoted, 859]

[Bounder, proprietor of Cornish tin mine, 188]

Bounties, why given in commerce, 450. On exportation, the policy of granting them considered, 505. On the exportation of corn, 506. This bounty imposes two taxes on the people, 508. Evil tendency of this bounty, 513 - 14. The bounty only beneficial to the exporter and importer 514. Motives of the country gentlemen in granting the bounty, 515. A trade which requires a bounty, necessarily a losing trade, 516 [bounties on production, 517]. Tonnage bounties to the fisheries considered, 518. Account of the white herring fishery, 522. Remarks on other bounties, 522 - 3. A review of the principles on which they are generally granted, 644. Those granted on American produce founded on mistaken policy, 647. How they affect the consumer, 661 [public teachers receive a sort of, 780; bounty on corn worse than a tax on necessaries, 875; on articles formerly charged with export duties, 880; give rise to frauds, 882; abolition of, proposed, 885; deducted from customs revenue, 896].

Bounty[①] on the exportation of corn, the tendency of this measure examined, 211 - 13, [215 - 18; and see Bounties]

[Bourbon, the house of, united by British acquisition of Gibraltar and Minorca, 740]

Bourdeaux, why a town of great trade, 335 - 6 [memoir of the parliament of, as to French debt, 918].

[Brady, Robert, quoted, 398]

[Braganza, family of, 569]

Brazil [aborigines had neither arts nor agriculture, 221; gold of, 370, 436, 491, 547, 564] grew to be a powerful colony under neglect, 569. The Dutch invaders expelled by the Portugueze colonists, 569. Computed number of inhabitants there, 569 [Portuguese settled in, ib.]. The trade of the principal provinces oppressed by the Portugueze, 575 [Portuguese Jews banished thither, 589].

Bread, its relative value with butcher's meat compared, 164, 167 [tax on, in Holland, 875; levied by licence, 878].

[Breslau, tax on the Bishop's land, 834]

Brewery, reasons for transferring the taxes on, to the malt, 889 [for private use, untaxed, 893].

Bridges, how to be erected and maintained, 724 [originally maintained by six days' labour, 821].

[Bristol and the African Company, 738]

Britain, *Great*, evidences that labour is sufficiently paid for there, 91. The price of provisions nearly the same in most places, 92. Great variations in the price of labour, 92. Vegetables imported from Flanders in the last century, 96. Historical account of the alterations interest of money has undergone, 106. Double interest deemed a reasonable mercantile profit, 114.

In what respects the carrying trade is advantageous to, 371. Appears to enjoy more of the carrying trade of Europe, than it really has, 373. Is the only country of Europe in which the obligation of purveyance is abol-

① This entry appears before 'Bounties' in the original index.

ished，394. Its funds for the support of foreign wars inquired into，442. Why never likely to be much affected by the free importation of Irish cattle，459－60. Nor salt provisions，460. Could be little affected by the importation of foreign corn，461. The policy of the commercial restraints on the trade with France examined，473－4. The trade with France might be more advantageous to each country than that with any other，495. Why one of the richest countries in Europe，while Spain and Portugal are among the poorest，541. Review of her American colonies，572－5. The trade of her colonies，how regulated，576－7. Distinction between enumerated and non-enumerated commodities，explained 577. Restrains manufactures in America，581. Indulgences granted to the colonies，583. Constitutional freedom of her colony government，584. The sugar colonies of，worse governed than those of France，586. Disadvantages resulting from retaining the exclusive trade of tobacco with Maryland and Virginia，595. The navigation act has increased the colony trade，at the expence of many other branches of foreign trade，596. The advantage of the colony trade estimated，600. A gradual relaxation of the exclusive trade，recommended，606. Events which have concurred to prevent the ill effects of the loss of the colony trade，606－7. The natural good effects of the colony trade，more than counterbalance the bad effects of the monopoly，608－9. To maintain a monopoly，the principal end of the dominion assumed over the colonies，615. Has derived nothing but loss from this dominion，616. Is perhaps the only state which has only increased its expences by extending its empire，621. The constitution of，would have been compleated① by admitting of American representation，624. Review of the administration of the East India Company，638 [－41]. The interest of the consumer sacrificed to that of the producer in raising an empire in America，661－2.

the annual revenue of，compared with its annual rents and interest of capital stock，822. The land-tax of，considered，828. Tythes，837. Window

① completed.

tax, 846. Stamp duties, 860 - 1, 863 - 4. Poll taxes in the reign of William III, 868. The uniformity of taxation in, favourable to internal trade, 900. The system of taxation in, compared with that in France, 905. Account of the unfunded debt of, 911. Funded debt, 912. Aggregate, and general funds, 914. Sinking fund, 915. Annuities for terms of years and for lives, 916. Perpetual annuities the best transferrable stock, 919. The reduction of the publick[①] debts during peace, bears no proportion to their accumulation during war, 921. The trade with the tobacco colonies, how carried on, without the intervention of specie, 941 - 2. The trade with the sugar colonies explained, 942. Ireland and America ought in justice to contribute toward the discharge of her public debts, 944. How the territorial acquisitions of the East India company might be rendered a source of revenue, 945. If no such assistance can be obtained, her only resource pointed out, 946.

[British Empire, States - general of the, 933 - 4; colonies provinces of, 946]

[British Linen Company, 758]

[Brittany, taille on lands held by ignoble tenure, 854]

[Bruges, commerce of, 427]

[Brutus, lent money at 48 per cent, 111]

[Buenos Ayres, price of oxen at, 164, 205, 247]

[Buffon, G. L. L., quoted, 243, 560]

Bullion, the money of the great mercantile republic, 443. See *Gold and Silver*.

[Burcester (now Bicester), price of hides at, 249]

Burghs, free, the origin of, 400. To what circumstances they owed their corporate jurisdictions, 400 - 1. Why admitted to send representatives to parliament, 404. Are allowed to protect refugees from the country, 405.

[Burgundy, vineyards, 171; militia defeated by the Swiss, 705]

[Burman, quoted, 859]

① public.

Burn, Dr. , his observations on the laws relating to the settlements of the poor, [quoted 95] 153 - 4, 155 - 6, [157].

[Butcher, brutal and odious business, 117]

Butcher's meat, [progress of price of, 165; an insignificant part of the labourer's subsistence, 207] no where a necessary of life, 876.

[Buttons, division of labour in making, 18]

[Byelaw, to limit competition, can be enacted by a corporation, 145; of boroughs, 401, 402]

[Byron, Hon. John, quoted, 205]

C

[Cabbages, half the price they were forty years ago, 95 - 6]

[Cadiz, imports of bullion to, 226; exorbitant profits and profusion at, 612, 627; competition with South Sea Company, 746]

[Caesar's army destroyed the republic, 706]

[Calcraft's account, 923]

[Calcutta, land carriage to, 33; ratio of gold and silver at, 229; council, 641, 751]

Calvinists, origin of that sect, 807. Their principles of church government, 808.

Cameron, Mr. , of Lochiel, exercised within thirty years since, a criminal jurisdiction over his own tenants, 416.

[Campus Martius, 696, 774]

Canada, the French colony there, long under the government of an exclusive company, 571. But improved speedily after the dissolution of the company, ib.

Canals, navigable, the advantages of, 163. How to be made and maintained, 724. That of Languedoc, the support of, how secured, 726. May be successfully managed by joint stock companies, 756 - 7.

[Canary islands, 558]

[Candles, taxes on, 96; an instrument of trade, 874]

[Cannae, battle of, 702]

Contillon, Mr. [Richard] remarks on his account of the earnings of the labouring poor, 85.

[Canton, silver will buy more commodities at, than in London, 55; poverty in the neighbourhood of, 89]

Cape, of Good Hope, [discovery of passage by, 448, 558, 591, 626] causes of the prosperity of the Dutch settlement there, 635 [mentioned, 737].

[Cape Coast Castle, 739]

[Capet, Robert, 805]

Capital, [manufacturer's, 66 - 7, 68; society's, 110; in a trade, 125; of a grocer, 129; of merchants, 174; employed in a mine, 182] in trade, explained, and how employed, 279. Distinguished into circulating and fixed capitals, ib. Characteristic of fixed capitals, 282. The several kinds of fixed capitals specified, ib. Characteristic of circulating capitals, and the several kinds of, 282 - 3. Fixed capitals supported by those which are circulating, 283. Circulating capitals how supported, 284. Intention of a fixed capital, 287. The expence of maintaining the fixed and circulating capitals, illustrated, 288. Money as an article of circulating capital, considered, 288. Money, no measure of capital, 291. What quantity of industry any capital can employ, 295. Capitals, how far they may be extended by paper credit, 306.

Must always be replaced with profit by the annual produce of land, and labour, 332. The proportion between capital and revenue, regulates the proportion between industry and idleness, 337. How it is increased or diminished, ib. National evidences of the increase of, 343. In what instances private expences contribute to enlarge the national capital, 346 - 7. The increase of, reduces profits by competition, 352. The different ways of employing a capital, 360. How replaced to the different classes of traders, 362. That employed in agriculture puts into motion a greater quantity of productive labour, than any equal capital employed in manufactures, 364. That of a manufacturer should reside within the country, ib. The operation of capitals employed in agriculture, manufactures, and foreign trade，compared，365 - 6. The prosperity of a country depends on the due proportion of its capital applied to these three grand objects，367 - 8. Different returns of capitals employed in foreign trade，369. Is rather employed on agriculture than in trade and manufactures，on equal terms，377. Is rather employed in manufactures than in foreign trade，379. The natural progress of the employment of，380. Acquired by trade，is very precarious until realized by the cultivation and improvement of land，426. The employment of，in the different species of trade，how determined，453 - 4 [industry proportioned to，457]. [Distributed among inferior ranks annually，887；and land，the two original sources of revenue，927]

[Capital values，taxes on，858]

Capitation taxes，the nature of，considered，867. In England，868. In France，868 - 9 [and see Poll taxes].

[Carlisle，exchange between London and，326]

[Camatic，749]

[Carneades，150]

[Carolina，planters both farmers and landlords，176；plantation of，597]

[Carreri，Gemelli，see under Gemelli]

Carriage，land and water，compared，32 - 3. Water carriage contributes to improve arts and industry，in all countries where it can be used，34，163，224 [absence of cheap，causes settlement of finer manufactures，408 - 9].

Land，how facilitated and reduced in price，by public works，724 - 5.

[Carriage tax，728]

[Carton，94]

[Carrots reduced in price，95 - 6]

Carrying trade，[defined，294；] the nature and operation of，examined，370 - 1. Is the symptom，but not the cause，of national wealth，and hence points out the two richest countries in Europe，373. Trades may appear to be carrying trades，which are not so，ib. The disadvantages of，to individuals，454. The Dutch，how excluded from being the carri-

ers to Great Britain, 463. Drawbacks of duties originally granted for the encouragement of, 503.

[Carthage, mariners sailed beyond Gibraltar, 34; the fate of, great historical revolution, 702]

[Carthagena, 705, 746]

Carthaginian army, its superiority over the Roman army, accounted for, 702.

[Cash account at Scotch banks explained, 299]

[Castile, 561]

[Castracani, Castruccio, drove out manufactures from Lucca, 407]

[Casuistry taught as moral philosophy, 771]

[Catholics established Maryland, 589]

[Cato, advised good feeding of cattle, 166; on communication of agricultural knowledge, 462]

Cattle, [at one time used as money, 38] and corn, their value compared, in the different stages of agriculture, 164. The price of, reduced by artificial grasses, 167. To what height the price of cattle may rise in an improving country, 237. The raising a stock of, necessary for the supply of manure to farms, 238. Cattle must bear a good price to be well fed, ib. The price of, rises in Scotland in consequence of the union with England, 239 - 40. Great multiplication of European cattle in America, 240. Are killed in some countries, merely for the sake of the hides and tallow, 247. The market for these articles more extensive than for the carcase, ib. This market sometimes brought nearer home by the establishment of manufactures, ib. How the extension of cultivation raises the price of animal food, 259 [labouring, are a fixed capital, 280; importation prohibited, 424]. Is perhaps the only commodity more expensive to transport by sea than by land, 459. Great Britain never likely to be much affected by the free importation of Irish cattle, ib.

[Ceded Islands, 578, 923, 943]

[Celehes, 635]

[Celtes cultivated music and dancing, 776]

Certificates, parish, the laws relating to, with observations on them, 155.

[Chance of gain overvalued, 125]

[Charles V., remark on the abundance of France and poverty of Spain, 220; befriended the Pope, 806]

[Charles VI. surveyed Milan, 835]

[Charles VIII., expedition to Naples, 425, 426]

[Charles XII. of Sweden 446]

[Charlevoix, Francois, quoted, 571]

[Chastity, in the liberal morality, 794]

[Chatham, Lord, his account, 923]

Child, Sir Josiah, [quoted, 735] his observation on trading companies, 737.

Children [value of, in North America, 88, 565] riches unfavourable to the production, and extreme poverty to the raising, of them, 96 - 7. The mortality still greater among those maintained by charity, 97.

[Chili, takes Spanish iron, 185; rent of gold mines, 188; price of horses in, 205; growth of towns of, 222; cattle killed for sake of hide and tallow, 247; conquest of, 562, 589 - 90]

China, to what the early improvement in arts and industry there was owing, 35. Concurrent testimonies of the misery of the lower ranks of the Chinese, 89 - 90 [one of the richest countries in the world, 89]. Is not however a declining country, 90 [stationary population, 98; long stationary and as rich as possible, 111]. High rate of interest of money there, 112 [country labourers higher paid than artificers, etc., 144; price of silver affected by price in Peru, 185; richer than any part of Europe, 208, 255]. The price of labour there, lower than in the greater part of Europe, [209] 224 [trade with, 223]. Great state assumed by the grandees, 223 [not much inferior to Europe in manufacturing, 224]. Silver the most profitable article to send thither, 224 - 5. The proportional value of gold to silver, how rated there, 229 [quantity of precious metals affected by the abundance of American mines, 254]. The value of gold and silver much higher there than in any part of Europe, 255 [wonderful accounts of wealth and cultivation, 367; never excelled in foreign commerce, ib; wealthy without carrying on its own foreign trade, 379 – 80; without mines richer and better off than Mexico or Peru, 448; replacement of capital employed, 490; acquired wealth by agriculture and interior commerce, 495].

[Importance of the Cape and Batavia to the trade with Europe, 635] Agriculture favoured there, beyond manufactures, 679. Foreign trade not favoured there, 680. Extension of the home-market, 681. Great attention paid to the roads there, 729 [land tax the principal source of revenue, 730]. In what the principal revenue of the sovereign consists, 838 [consequent goodness of roads and canals, ib.]. The revenue of, partly raised in kind, 839 [silk, 886].

[Chocolate, a luxury of the poorest Spaniards, 871; duty on, 886]

[Choiseul, Duke of, managed the parliament of Paris, 799]

[Christianity established by law, 765]

[Christiern II. , Reformation in Sweden assisted by his tyranny, 806]

Church, [of England not successful in resisting enthusiasts, 789; loyal, 807; drains the universities, 811] the richer the church, the poorer the state, 812. Amount of the revenue of the church of Scotland, 813. The revenue of the church heavier taxed in Prussia, than lay proprietors, 835. The nature and effect of tythes considered, 837.

[Cibao, 559]

[Cicero, quoted, 111, 166, 876]

[Cipango, 559]

Circulation, the dangerous practice of raising money by, explained, 309 – 10. In traffick[①] the two different branches of, considered, 322.

Cities, circumstances which contributed to their opulence, 405. Those of Italy the first that rose to consequence, 406. The commerce and manufactures of, have occasioned the improvement and cultivation of the country, 422.

Clergy, a supply of, provided for, by public and private foundations for their education, 146. Curates worse paid than many mechanics, ib.

① traffic.

[Of North American colonies, not numerous, and maintained by voluntary contributions, 574; greatest engrossers of land in colonies of Spain, Portugal and France, ib. Of an established religion, why unsuccessful against the teachers of a new religion, 789. Why they persecute their adversaries, ib. The zeal of the inferior clergy of the church of Rome, how kept alive, 789 - 90. Utility of ecclesiastical establishments, 791. How connected with the civil magistrate, 792. Unsafe for the civil magistrate to differ with them, 797. Must be managed without violence, 798 - 9. Of the church of Rome, one great army cantoned over Europe, 800. Their power similar to that of the temporal barons, during the feudal monkish ages, 800 - 1. How the power of the Romish clergy declined, 803. Evils attending allowing parishes to elect their own ministers, 808 - 9.

Cloathing, more plentiful than food, in uncultivated countries, 178. The materials for, the first articles rude nations have to offer, ib.

[Coach, a man not rich because he keeps a, 93]

[Coach and six not effectually demanded by a very poor man, 73]

[Coach-tax better levied as an annuity than as a lump sum, 877]

Coal, must generally be cheaper than wood to gain the preference for fuel, 182 - 3. The price of, how reduced, 184.

The exportation of, subjected to a duty higher than the prime cost of, at the pit, 658 - 9. The cheapest of all fuel, 874 [manufactures confined to coal countries in Great Britain, ib.]. The tax on [seaborne], absurdly regulated, ib.

Coal mines, their different degrees of fertility, 182. When fertile, are sometimes unprofitable by situation, 182, 185. The proportion of rent generally paid for, 184 - 5. The machinery necessary to, expensive, 280.

Coal trade from Newcastle to London, employs more shipping than all the other carrying trade of England, 371.

Cochin China, remarks on the principal articles of cultivation there, 173.

[Cockfighting has ruined many, 907]

[Cod used as money, 38]

Coin, stamped, the origin, and peculiar advantages of, in commerce, 40. The different species of, in different ages and countries, 42. Causes of the alterations in the value of, 43, 49, 52. How the standard coin of different nations came to be of different metals, 56. A reform in the English coinage suggested, 62 [gold and silver had the qualities which gave them value before they were coined, 191]. Silver, consequences attending the debasement of, 213 [amount of Scotch, 230; amount of British, 442]. Coinage of France and Britain, examined, 477. Why coin is privately melted down, 550 - 1. The mint chiefly employed to keep up the quantity thus diminished, 551. A duty to pay the coinage would preserve money from being melted or counterfeited, ib. Standard of the gold coin in France, 551 - 2. How a seignorage on coin would operate, 552. A tax upon coinage is advanced by every body, and finally paid by nobody, 554. A revenue lost, by government defraying the expence of coinage, ib. Amount of the annual coinage before the late reformation of the gold coin, 555. The law for the encouragement of, founded on prejudice, ib.

Consequences of raising the denomination of, as an expedient to facilitate payment of public debts, 929. Adulteration of, 932.

Colbert, M., the policy of his commercial regulations disputed, 467, 664. His character, 663.

Colleges, cause of the depreciation of their money rents inquired into, 52. The endowments of, from whence they generally arise, 759. Whether they have in general answered the purposes of their institution, ib. These endowments have diminished the necessity of application in the teachers, 760. The privileges of graduates by residence, and charitable foundation of scholarships, injurious to collegiate education, 762. Discipline of, 764

Colliers and coal-heavers, their high earnings accounted for, 121.

[Coloni Partiarii or Metayers, 389]

[Colonia signifies a plantation, 558]

Colonies, new, the natural progress of, 109 [restrictions on hatters' apprentices in the English, 136; planters in British, usually farmers as well as landlords, 176; paper currency of British, 327; slave cultivation in

British, 388].

Modern, the commercial advantages derived from them, 451. Antient[①], on what principles founded, 556. Antient[②] Grecian colonies not retained under subjection to the parent states, ib. [Roman colonies, 556 - 7]. Distinction between the Roman and Greek colonies, ib. Circumstances that led to the establishment of European colonies in the East Indies and America, 558. The East Indies discovered by Vasco de Gama, 559. The West Indies discovered by Columbus, ib. Gold the object of the first Spanish enterprizes[③] there, 562. And of those of all other European nations, 564. Causes of the prosperity of new colonies, 564 [- 90]. Rapid progress of the antient [④] Greek colonies, 566. The Roman colonies slow in improvement, 567. The remoteness of America and the West Indies, greatly in favour of the European colonies there, ib. Review of the British American colonies, 572. Expence of the civil establishments in British America, ib. Ecclesiastical government, 574. General view of the restraints laid upon the trade of the European colonies, 575. The trade of the British colonies, how regulated, 576. The different kinds of non-enumerated commodities specified, 577. Enumerated commodities, 579. Restraints upon their manufactures, 581. Indulgences granted them by Britain, 583. Were free in every other respect except as to their foreign trade, 584. Little credit due to the policy of Europe from the success of the colonies, 588. Throve by the disorder and injustice of the European governments, 589. Have contributed to augment the industry of all the countries of Europe, 591. Exclusive privileges of trade, a dead weight upon all these exertions both in Europe and America, 592. Have in general been a source of expence instead of revenue to their mother countries, 594. Have only benefited their mother countries by the exclusive trade carried on with them, ib. Consequences of the navigation act,

① Ancient.

② Ancient.

③ enterprises.

④ ancient.

595. The advantage of the colony trade to Britain estimated, 600. A gradual relaxation of the exclusive commerce recommended, 606. Events which have prevented Britain from sensibly feeling the loss of the colony trade, ib. The effects of the colony trade, and the monopoly of that trade, distinguished, 607. To maintain a monopoly, the principal end of the dominion Great Britain assumes over the colonies, 614. Amount of the ordinary peace establishment of, 615. The two late wars Britain sustained colony wars, to support a monopoly, 615 – 16. Two modes by which they might be taxed, 619. Their assemblies not likely to tax them, ib. Taxes by parliamentary requisition, as little likely to be raised, 620. Representatives of, might be admitted into the British parliament with good effect, 622 – 3. Answer to objections against American representation, 624. The interest of the consumer in Britain, sacrificed to that of the producer, in raising an empire in America, 661 [should contribute to the revenue or be cut off, 947].

Columbus, the motive that led to his discovery of America, 559. Why he gave the names of Indies to the islands he discovered, 559 – 60. His triumphal exhibition of their productions, 561.

Columella, his instruction for fencing a kitchen-garden, 169 – 70. Advises the planting of vineyards, 170, [quoted, 241, 388]

[Combination among masters easier than among workmen and not prohibited by law, 83 – 4.

Commerce, the different common standards or mediums made use of to facilitate the exchange of commodities, in the early stages of, 38. Origin of money, 38 – 9. Definition of the term *value*, 44.

Treaties of, though advantageous to the merchants and manufacturers of the favoured country, necessarily disadvantageous to those of the favouring country, 545. Translation of the commercial treaty between England and Portugal concluded in 1703 by Mr. Methuen, 546. Restraints laid upon the European colonies in America, 575. The present splendor of the mercantile system, owing to the discovery and colonization of America, 627. Review of the plan by which it proposes to enrich a coun-

try, 642 [- 62]. The interest of the consumer constantly sacrificed to that of the producer, 660. See *Agriculture*, *Banks*, *Capital*, *Manufactures*, *Merchant*, *Money*, *Stock*, *Trade*, *&c.*

Commodities, the barter of, insufficient for the mutual supply of the wants of mankind, 37. Metals found to be the best medium to facilitate the exchange of, 38. Labour an invariable standard for the value of, 50. Real and nominal prices of, distinguished, 51. The component parts of the prices of, explained and illustrated, 67. The natural, and market prices of, distinguished, and how regulated, 72. The ordinary proportion between the value of any two commodities, not necessarily the same as between the quantities of them commonly in the market, 229. The price of rude produce, how affected by the advance of wealth and improvement, 235.

Foreign, are primarily purchased with the produce of domestic industry, 368. When advantageously exported in a rude state, even by a foreign capital, 379. The quantity of, in every country, naturally regulated by the demand, 435. Wealth in goods, and in money, compared, 438. Exportation of, to a proper market, always attended with more profit, than that of gold and silver, ib. The natural advantages of countries in particular productions, sometimes not possible to struggle against, 458.

[Commons, the House of, not a very equal representation of the people, 585; untrustworthy reports of debates in, 738 - 9]

Company, [government of an exclusive, the worst of all governments, 570; most effectual expedient for stopping growth of a colony, 575] mercantile, incapable of consulting their true interests when they become sovereigns, 637. An exclusive company, a public nuisance, 641.

Trading, how first formed, 733. Regulated, and joint stock companies, distinguished, ib. Regulated companies in Great Britain, specified, 734. Are useless, 735. The constant view of such companies, 736. Forts and garrisons, why never maintained by regulated companies, 737. The nature of joint stock companies explained, 740, 755 [seldom successful without an exclusive privilege, 741; account of several companies, 741 -53]. A monopoly necessary to enable a joint stock company to carry on a foreign trade, 754 [Morellet's list of fifty-five failures, 755]. What kind of joint stock companies need no exclusive privileges, 756. Joint stock companies, why well adapted to the trade of banking, ib. The trade of insurance may be carried on successfully by a [joint] stock company, ib. Also inland navigations, and the supply of water to a great city, 756 - 7. Ill success of joint stock companies in other undertakings, 758.

Competition, the effect of, in the purchase of commodities, 73 - 4. Among the venders 74, 105 [restraint of, causes inequalities of wages and profits, 135, 146; the only cause of good management, 163 - 4; of shopkeepers, cannot hurt the producer or the consumer, 362].

[Compiègne, 335]

[Conceit, men's overweening, often noticed, 124]

Concordat, in France, its object, 804 - 5.

[Condom, 854]

[Congo, 558, 635]

Congress, American, its strength owing to the important characters it confers on the members of it, 623.

[Connecticut, expense of, 573; governor elected by the assembly, 585]

[*Considerations on the Trade and Finances of Great Britain*, quoted, 922]

[Constantine, 704]

[Constantinople, 798]

[Consumable goods, taxes on, finally paid by the consumer at convenient time, 826; paid indifferently from the three kinds of revenue, 867; incidence of, &c. , 869 - 906]

[Consumption the sole end of production, 660]

[Contrôle, the French stamp duties on registration, 863]

Conversion price, in the payment of rents in Scotland, explained, 200 - 1.

[Copartnery, difference between it and a joint-stock company, 740 - 1]

[Copenhagen, 336]

Copper, [Romans used unstamped bars of, as money, 39] the standard

measure of value among the antient[①] Romans, 56. Is no legal tender in England, 57 [rated above its value in the English coinage, 60; not legal tender for more than a shilling, 61].

[Copyholders, 854]

[Copyright, a monopoly granted to an author, 754]

Cori, the largest quadruped on the island of St. Domingo, described, 560.

Corn, the raising of, in different countries, not subject to the same degree of rivalship as manufactures, 16 – 17. Is the best standard for reserved rents, 52. The price of, how regulated [varies more from year to year than silver, 53]. The price of, the best standard for comparing the different values of particular commodities at different times and places, 55 – 6. The three component parts in the price of, 68. Is dearer in Scotland than in England, 93 [corn-field produces more food than pasture of equal extent, 164]. Its value compared with that of butchers meat, in the different periods of agriculture 164, 168. Compared with silver, 195. Circumstances in a historical view of the prices of corn, that have misled writers in treating of the value of silver at different periods, 200 [at all stages of improvement costs the price of nearly equal quantities of labour, 206]. Is always a more accurate measure of value, than any other commodity, ib. Why dearer in great towns than in the country, 209. Why dear[②] in some rich commercial countries, as Holland and Genoa, ib. Rose in its nominal price on the discovery of the American mines, 210. And in consequence of the civil war under king Charles I., 212. And in consequence of the bounty on the exportation of, ib. Tendency of the bounty examined, 215 – 16 [recent high price due to bad seasons, 217]. Chronological table of the prices of, 267.

The least profitable article of growth in the British West Indian colonies, 389. The restraints formerly laid upon the trade of, unfavourable to the cultivation of land, 396 [bounty on exportation and duties on importation, 424]. The free importation of, could little affect the farmers

① ancient.

② dearer.

of Great Britain, 459. The policy of the bounty on the exportation of, examined, 506. The reduction in the price of corn, not produced by the bounty, 507. Tillage not encouraged by the bounty, 507 – 9. The money price of, regulates that of all other home-made commodities, 509. Illustration, 511. Ill effects of the bounty, 513 – 4. Motives of the country gentlemen in granting the bounty, 515. The natural value of corn not to be altered by altering the money price, ib. The four several branches of the corn trade specified, 524. The inland dealer, for his own interest will not raise the price of corn higher than the scarcity of the season requires, ib. Corn a commodity the least liable to be monopolized, 525. The inland dealers in corn too numerous and dispersed to form a general combination, 526. Dearths never artificial, but when government interferes improperly to prevent them, ib. The freedom of the corn trade, the best security against a famine, 527. Old English statute to prohibit the corn trade, 528. Consequences of farmers being forced to become corn dealers, 529. The use of corn dealers to the farmers, 531. The prohibitory statute against the corn trade softened, 532. But still under the influence of popular prejudices, 533. The average quantity of corn imported and exported, compared with the consumption and annual produce, 534. Tendency of a free importation of corn, 535. The home market the most important one for corn, 536. Duties payable on the importation of grain, before 13 Geo. III. , 1b. , *note.* The impropriety of the statute 22 Car. II. for regulating the importation of wheat, confessed by the suspension of its execution, by temporary statutes, 536. The home-market indirectly supplied by the exportation of corn, 537. How a liberal system of free exportation and importation, among all nations, would operate, 538. The laws concerning corn, similar to those relating to religion, 539. The home-market supplied by the carrying trade, ib. The system of laws connected with the establishment of the bounty, undeserving of praise, 540. Remarks on the statute 13 Geo. III. , 541 [restrictions on French corn trade removed, 678; bounty on corn worse than a tax on necessaries, 875.].

[*Corn*, *Essay on the Legislation and Commerce of*, quoted, 905]

[Cornwall, 186 - 8]

Corporations, tendency of the exclusive privileges of, on trade, 79, 135. By what authority erected, 140. The advantages corporations derive from the surrounding country, 141. Check the operations of competition, 144. Their internal regulations, combinations against the public, 145. Are injurious, even to the members of them, 146. The laws of, obstruct the free circulation of labour, from one employment to another, 152.

The origin of, 400. Are exempted by their privileges from the power of the feudal barons, 401. The European East India Companies disadvantageous to the eastern commerce, 449. The exclusive privileges of corporations ought to be destroyed, 470.

[Cortez, 562]

[Corvée, a principal instrument of tyranny, 731]

[Cossacks, treasures of their chief, 446]

[Cost, real, defined, 72]

Cottagers, in Scotland, their situation described, 133. Are cheap manufacturers of stockings, 134. The diminution of, in England, considered, 243.

[Cotton, most valuable vegetable production of the West Indies, 560; bales of, exhibited by Columbus, 561]

[Cotton manufacture not practised in Europe in 1492, 560 - 1]

[Country, the charms of, attract capital, 378]

[Country gentlemen, imposed on by the arguments of merchants, 434; imitated manufacturers, 462]

[Courts, see Justice]

Coward, character of, 788.

Credit. [of a person does not depend on his trade, 122; might supply the place of money, 437] See *Paper-money*.

[Creoles, 569]

[Cromwell, 597, 706]

[Crown lands should be sold, 824]

Cruzades to the Holy Land, favourable to the revival of commerce, 406.

[Cruttenden East Indiaman, 750]

[Cuba, 185, 589]

[Curacoa, 571]

[Curate, 146]

Currency of states, remarks on, 479.

[Custom-house books untrustworthy, 475 - 6]

Customs, the motives and tendency of drawbacks from the duties of, 499. The revenue of the customs increased, by drawbacks, 503.

Occasion of first imposing the duties of, 732. Origin of those duties, 878. Three ancient branches of, 879. Drawbacks of, 880. Are regulated according to the mercantile system, 881. Frauds practised to obtain drawbacks and bounties, 882. The duties of, in many instances uncertain, 883. Improvement of, suggested, ib. Computation of the expence of collecting them, 896.

[Cyder, tax on, 890]

[Cyprus, 111]

D

[Daedalian wings of paper money, 321]

Dairy, the business of, generally carried on as a save-all, 244. Circumstances which impede or promote the attention to it, ib. English and Scotch dairies, 244 - 5.

[Daniel, Gabriel, quoted, 403]

[Dantzig, 209, 477]

Danube, the navigation of that river why of little use to the interior parts of the country from whence it flows, 36.

[Darien, 560]

[Dauphiné, 854]

Davenant, Dr. [quoted, 95] his objections to the transferring the duties on beer to the malt, considered, 891.

[Dear years enable masters to make better bargains with servants, 101]

Dearths, never caused by combinations among the dealers in corn, but by some general calamity, 526. The free exercise of the corn trade the best palliative against the inconveniences of a dearth, 532. Corn dealers the best friends to the people at such seasons, 535.

[Debasement of coinage practised everywhere, 43]

Debts, public, [effect of, on annual produce, to be treated in fifth book, 12; paid by debasing the coin, 43 - 4]

[Not the cause of British prosperity, 541; interest on, not subject to the land tax, 822] the origin of, traced, 909. Are accelerated by the expences attending war, ib. Account of the unfunded debt of Great Britain, 911. The funded debt, 912. Aggregate and general funds, 914. Sinking fund, 915, 921. Annuities for terms of years, and for lives, 916. The reduction of, during peace, bears no proportion to its accumulation during war, 921. The plea of the interest being no burden to the nation, considered, 926 - 7. Are seldom fairly paid when accumulated to a certain degree, 929. Might easily be discharged, by extending the British system of taxation over all the provinces of the empire, 933. Ireland and America ought to contribute to discharge the public debts of Britain, 944.

Decker, Sir Matthew, [quoted, 514, 597] his observation on the accumulation of taxes, 873. His proposal for transferring all taxes to the consumer, by annual payments, considered, 877 [quoted, 936].

[Defence much more important than opulence, 464 - 5]

[De Lange, quoted, 680]

Demand, [difference between absolute and effective, 73; regulates multiplication of human species, 98] though the increase of, may at first raise the price of goods, it never fails to reduce it afterward, 748.

[Democritus, quoted, 169]

[Denisart, quoted, 107]

Denmark [has advanced considerably in agriculture and manufactures, 220; East India trade began in 18th century, 233; James I.'s bed came from, 347; East India trade under an exclusive company, 449]

[No gold, silver or diamond mines in colonies of, 564; attempts at settlement in America in 17th century, 570] account of the settlements of, in the West Indies, ib. [stunted colonies with rule of exclusive company, 575; without an exclusive company would never have sent a ship to East Indies, 632; would have lost nothing thereby, 633; excluded from Eastland Company's monopoly, 735; Reformation in, 806; levies transit duty on the Sound, 894]

['Depenses annuelles,' 'foncieres' and 'primitives' distinguished, 665]

[Dercyllidas, quoted, 446]

[Desert (Sahara), 558]

Diamonds, the mines of, not always worth working for, 191 [lower in price in India than in Europe, 223].

[Didactron of Isocrates, 150]

[Dignity of the sovereign, expense of, 814]

[Diocletian, 704]

[Diogenes sent on an embassy, 150]

[Diomede, his armour cost nine oxen, 38]

[Dion Cassius, quoted, 859]

[Dionysius of Halicarnassus, quoted, 774 - 5]

[Directors of companies inefficient, managers, 741]

Discipline, the great importance of, in war, 700. Instances, 701.

[Diseases, peculiar, of different trades, 100]

[Dissenters, learned but not so popular as methodists, 789]

[Distribution, subject of part of first book, 10 - 11, 13; prices and produce distributed between wages, profit and rent, 69, 265; of wealth more unequal in France than America, 496]

Diversions, publick① their political use, 796.

[Division of labour, 13 - 37; gives occasion to exchange and money, 37, 44; in the original state of things would have augmented wages, 82; is promoted by the interest of owners of stock, 104; in metal and woollen manufactures, 260 - 1; relation to exchange, 276; advantageous to all

① public.

the persons employed, 376; promoted by foreign trade, 446－8; in the trade of war must be introduced by the state, 697; encouraged by increase of demand, 748]

[Dobbs, Mr., quoted, 744]

[Dog never exchanges, 26]

[Domaine, source of French revenue, 904]

Domingo, St. [mines of, 185] mistaken by Columbus for a part of the East Indies, 559. Its principal productions, 560. The natives soon stripped of all their gold, 561－2. Historical view of the French colony there, 571.

[Dominica a new field for speculation, 943]

[Dominicans revived languishing faith, 790]

Doomsday book, [mentions annual poll taxes paid by towns, 398] the intention of that compilation, 834.

Dorians, antient①, where the colonies of, settled 556.

[Douglass, Dr., quoted, 175, 326]

[Draco, 648]

Dramatic exhibitions, the political use of, 796.

Drawbacks, in commerce, explained, 450. The motives to, and tendency of, explained 499. On wines, currants, and wrought silks, ib. On tobacco and sugar, 500. On wines, particularly considered, 501. Were originally granted to encourage the carrying trade, 503. The revenue of the customs increased by them, ib, Drawbacks allowed in favour of the colonies, 584 [given on certain articles formerly subject to export duties, 880; give rise to fraud, 882; which might be prevented, 885; deductions from customs revenue, 896].

Drugs, regulations of their importation and exportation, 656－7.

[Drummond, Mr., his notes for guineas, 58]

Drunkenness, the motive to this vice inquired into, 492－3 [condoned by liberal morality, 794].

[Du Cange, quoted, 932]

---

① ancient.

[Dumfries, 326]

[Dunfermline, 347]

[Dunkirk treated as foreign by France, 901]

[Dupleix, 749]

Dutch, their settlements in America slow in improvement because under the government of an exclusive company, 570. Their East India trade checked by monopoly, 632. Measures taken by, to secure the monopoly of the spice trade, 636. See *Holland*.

[Du Tot, quoted, 317]

[Du Verney, quoted, 317, 912]

E

East India, [native governments did not encourage foreign commerce, but derived opulence from inland navigation, 35; shells used as money, 38] representation of the miserable state of the provinces of, under the English government there, 91 [great fortunes easily acquired there, 111; market for American silver, 222]. Historical view of the European trade with those countries, 222 - 3. Rice countries more populous and rich than corn countries, 223. The real price of labour lower in China and Indostan, than in the greater part of Europe, 224. Gold and silver the most profitable commodities to carry thither, ib. The proportional value of gold to silver, how rated there, 229 [trade of, to Europe, a roundabout trade of consumption, 373; expense of last French war laid out there, 442, 615; richer and better cultivated than Mexico and Peru, 448; commerce with, less advantage to Europe than that with America, 448 - 9].

Great extension of foreign commerce by the discovery of a passage to, round the cape of Good Hope, 448. Historical review of the intercourse with, 449. Effect of the annual exportation of silver to, from Europe, ib. [re-exportation of goods from, brings back gold and silver, 475; goods mentioned, 490, 558, 560].

[Drawbacks on exportation of goods from, to America, 503, 583 - 4; Columbus tried to find a western passage to, 559, 564; origin of the name, 560; north-west passage to, 564; Dutch settlements under an exclusive company, 570; advantages to Europe of the Cape passage, 591, 631 - 41; its discovery one of the two most important events in history, 626; countries which trade directly with, enjoy the show, 627; mercantile regulations concerning trade with, derange the natural distribution of stock more than others, 630] The trade with, chiefly carried on by exclusive companies, 631. Tendency of their monopolies, ib. [poor countries should not trade with, 623 - 4; no colonies there thriving like the American, 634; the Cape the halfway house 635; see Indostan, and East India Company]

Company, [oppresses and domineers, 91; servants' profits eat up rent, 113 - 14; import tea worth £1,500,000, 223; tea dearer than that of Dutch and Gotenburg companies, 436; envy of its privileges and consequent arguments as to the trade carrled on, 449]

[Restraints on the rice trade imposed by, caused a famine, 527] a monopoly against the very nation in which it is erected, 631. The operation of such a company in a poor, and in a rich country, compared, 632. That country whose capital is not large enough to tend to such a distant trade ought not to engage in it, 634. The mercantile habits of trading companies render them incapable of consulting their true interests when they become sovereigns, 637 [their interest as sovereigns that European imports should be sold cheap and Indian exports dear, and the reverse as merchants, 638]. The genius of the administration of the English company, ib. Subordinate practices of their agents and clerks, 638 - 9. The bad conduct of agents in India owing to their situation, 641. Such an exclusive company a nuisance in every respect, ib. [originally established to maintain forts, 732; exclusive privilege, 742]

Brief review of their history, 746 [- 53]. Their privileges invaded, 747. A rival company formed, ib. The two companies united, 748 - 9. Are infected by the spirit of war and conquest, 749. Agreements between the company and government, 749 - 50. Interference of government in their territorial administration, 751. And in the direction at home, 751 - 2. Why unfit to govern a great empire, 752 [may trade after expiration of exclusive privilege, 755]. Their sovereign and commercial characters, incompatible, 819 [Bengal land tax before their domination, 838, 839 - 40; a modus converted into a payment in kind, 840; its advance to government, 914, 923]. How the territorial acquisitions of, might be rendered a source of revenue, 945.

[East India Company, the Dutch, its tea cheaper than that of the English Company, 436; maliciously injures the English, 747]

[East India Company, the French, established to maintain forts, 732]

[East India Company, the Gottenburg, its tea cheaper than that of the English Company, 436]

[Eastland Company, history of, 734, 735]

[Ecclesiastical State, taxes on bread, 876; sinking fund created from savings in interest, 920]

[Economists, the French. See Œconomists]

Edinburgh [land and water traffic from, to London, 32 - 3; tenpence a day the price of labour, 92; bankers pay 4 per cent. , 107; wages only half what they are in London, 127; lodgings much dearer than in London, 134 - 5; new town contains no Scotch timber, 183; two public banks founded, 297; owing to cash accounts, merchants have an advantage over those of London, 299 - 300; drawing and redrawing on London, 309 - 10]its present share of trade owing to the removal of the court and parliament, 336 [trade with England, 368].

Education, the principal cause of the various talents observable in different men, 28 - 9 [for a particular employment must be replaced from earnings, 118].

[Institutions for, 723, 758 - 88] those parts of, for which there are no public institutions, generally the best taught, 764. In universities, a view of, 771 - 2. Of travelling for, 773 - 4. Course of, in the republics of ancient Greece, 774. In ancient Rome, 774 - 6. The ancient teachers

superior to those in modern times, 780. Publick[①] institutions injurious to good education, 781. Inquiry how far the publick[②] ought to attend to the education of the people, ib. The different opportunities of education in the different ranks of the people, 784－5. The advantages of a proper attention in the state to the education of the people, 788 [beneficial to the whole society and therefore not unjustly defrayed by general contribution, 815].

[Edward VI., coin adulterated under, 932]

Egypt, the first country in which agriculture and manufactures appear to have been cultivated [owing to the Nile], 34－5 [religion bound every man to follow the occupation of his father, 80; wealth of ancient, 367, 379, 406; disliked the sea, 367; neglected foreign commerce, 495].

Agriculture was greatly favoured there, 681 [caste system, ib.; great works on the Nile, ib.]. Was long the granary of the Roman empire, 683 [ancient revenue chiefly land-tax, ib.; two languages, 765; land-tax anciently 20 per cent, 838; good roads, ib.]

Ejectment, action of, in England, when invented, and its operation, 392.

[Elboeuf, 102]

[Eldorado, 563]

[Elections, Countries of, in France, 854]

[Elizabeth, Queen, first to wear stockings in England, 262]

[Empires all mortal, but aim at immortality, 830]

Employments, the advantages and disadvantages of the different kinds of, in the same neighbourhood, continually tend to equality, 116. The differences or inequalities among, specified, 116－17. The constancy or precariousness of, influences the rate of wages, 120]

[Emulation, good effects of, even in mean professions, 759－60; always excited by competition, 780]

[Enclosure, where scarce, may be specially profitable, 167]

[Endowments, bad effect of, on education, 758－81]

① Public.

② public.

England, the dates of its several species of coinage, silver, gold and copper, 57. Why labour is cheaper there, than in North America, 87. The rate of population in both countries compared, 88.

the produce and labour of, have gradually increased from the earliest accounts in history, while writers are representing the country as rapidly declining, 344. Enumeration of obstructions and calamities which the prosperity of the country has surmounted, 345. Circumstances that favour commerce and manufactures, 424. Laws in favour of agriculture, 424 – 5. Why formerly unable to carry on foreign wars of long duration, 445. Why the commerce with France has been subjected to so many discouragements, 495. Foundation of the enmity between these countries, 496. Translation of the commercial treaty concluded in 1703, with Portugal, 546. Inquiry into the value of the trade with Portugal, 547 – 8. Might procure gold without the Portugal trade, 548. Consequences of securing the colony trade by the navigation act, 595.

[English Copper Company of London, 758]

Engrossing. See *Forestalling*.

[Engrossing of land in ancient times, 382; in colonies, 572]

Entails, the law of, prevents the division of land by alienation, 382. Intention of, 384.

[Enumerated commodities, 503, 577]

[Ephesus, 566]

[Ephron, 41]

[Epices, the chief part of French judges' emolument, 720; distributed in proportion to their diligence, ib.]

[Epictetus, a teacher, 811]

[Epicurus possessed gardens, 778]

[Equality of taxation defined, 825]

[Equipage, 181 – 2, 348; American colonies a showy, of the British empire, 946]

[Equity demands that labourers should be tolerably well fed, &c. , 96]

[Esau, 421]

[Eton College prices of corn, 204, 211, 217]

Europe, general review of the several nations of, as to their improvement since the discovery of America, 220. The two richest countries in, enjoy the greatest shares of the carrying trade, 373. Inquiry into the advantages derived by, from the discovery and colonization of America, 591. The particular advantages derived by each colonizing country, 593. And by others which have no colonies, 627.

[Eustatia Island, 571]

[Euxine, 36]

Exchange, the operation of, in the commercial intercourse of different countries, 432 - 3. The course of, an uncertain criterion of the balance of trade between two countries, 475 - 6 [explanation of 'at par,' 'in favour of' and 'against', 476 - 7]. Is generally in favour of those countries which pay in bank money, against those which pay in common currency, 488.

[Exchequer bills a part of the unfunded debt, 911]

Excise, the principal objects of, 878. The duties of, more clear and distinct than the customs, 883. Affects only a few articles of the most general consumption, ib. [embarrasses the smuggler more than customs, 884]. The excise scheme of Sir Robert Walpole defended, 886. The excise upon home made fermented and spirituous liquors, the most productive, 887. Expence of levying excise duties computed, 896. The laws of, more vexatious than those of the customs, 898 [would require alteration if extended to the colonies, 935].

[Executioner best paid of all common trades, 117]

Exercise, military, alteration in, produced by the invention of fire arms, 699.

Expences, private, how they influence the national capital, 346. The advantage of bestowing them on durable commodities, 346 - 9.

[Expilly, Jean Joseph, quoted, 905]

Export trade, the principles of, explained, 372. When rude produce may be advantageously exported, even by a foreign capital, 379 - 80. Why en-

couraged by European nations, 449. By what means promoted, 450. The motives to, and tendency of, drawbacks of duties, 499. The grant of bounties on, considered, 505. Exportation of the materials of manufactures, review of the restraints and prohibitions of, 647.

F

Faith, articles of, how regulated by the civil magistrate, 797 - 8.

Families, seldom remain on large estates for many generations in commercial countries, 421.

Famine. See *Dearth*.

Farmers of land, the several articles that compose their gain, distinguished, 70. Require more knowledge and experience than the generality of manufacturers, 144. In what their capitals consist, 280.

The great quantity of productive labour put into motion by their capitals, 363. Artificers necessary to them, 378. Their situation better in England than in any other part of Europe, 392. Labour under great disadvantages every where, 394 - 5. Origin of long leases of farms, 421. Are a class of men least subject to the wretched spirit of monopoly, 461. Were forced, by old statutes, to become the only dealers in corn, 529. Could not sell corn cheaper than any other corn merchant, 530. Could seldom sell it so cheap, 531. The culture of land obstructed by this division of their capitals, ib. The use of corn dealers to the farmers, 531 - 2.

How they contribute to the annual production of the land, according to the French agricultural system of political economy, 665. Of the publick[1] revenue, their character, 902, 919.

[Farm-rent paid by boroughs, 399 - 400, 404]

[Ferdinand and Isabella, 559]

[Fernambuco, 575, 576]

[Fertile lands cultivated first, 109]

---

① public.

[Fertility, rent of land varies with, 163]

Feudal government, miserable state of the occupiers of land under, 334. Trade and interest of money under, 334 - 5. Feudal chiefs, their power, 383. Slaves, their situation, 386 - 7. Tenures of land, 389. Taxation, 394. Original poverty and servile state of the tradesmen in towns, 397. Immunities seldom granted but for valuable considerations, 398. Origin of free burghs, 400. The power of the barons reduced by municipal privileges, 401 - 2. The cause and effect of ancient hospitality, 412 - 13. Extensive power of the ancient barons, 415. Was not established in England until the Norman conquest, 416. Was silently subverted by manufactures and commerce, 418.

Feudal wars, how supported, 694. Military exercises not well attended to, under, 697. Standing armies gradually introduced to supply the place of the feudal militia, 705. Account of the casualties or taxes under, 858 [merchants despised and envied, 859]. Revenues under, how enjoyed by the great landholders, 907.

Fiars, publick[①], in Scotland, [supply evidence of the fall in the price of grain, 93 - 4, 257] the nature of the institution explained, 200.

[Fidei commissa, 384]

[Fifteenths and tenths resembled the *taille*, 394 - 5]

Fines, for the renewal of leases, the motive for exacting them, and their tendency, 831.

[Finisterre, Cape, 502, 579, 614, 935]

Fire arms, alteration in the art of war, effected by the invention of, 699, 708. The invention of, favourable to the extension of civilization, 707 - 8.

[Fire (i. e. steam) engine, 20]

[Fire insurance, 125]

Fish, the component parts of the price of, explained, 69 [case in which rent forms a part of their price, 161]. The multiplication of, at market, by human industry, both limited and uncertain, 252. How an increase of

① public.

demand raises the price of fish, 253.

Fisheries, observations on the tonnage bounties granted to, 518. To the herring fishery, 519. The boat fishery ruined by this bounty, 521.

Flanders, [onions imported from, 96; wool exported to, 179; fine manufacture of wool, 263; English wool exchanged for fine cloths of, 407; ancient manufacture of fine cloth, 408; carried on chiefly with English and Spanish wool, ib.] the ancient commercial prosperity of, perpetuated by the solid improvements of agriculture, 427 [importation of bone lace from, prohibited, 468].

[Industry augmented by colonisation of America, 591; supplies linen to America, 627]

Flax, the component parts of the price of, explained, 68.

Fleetwood, bishop, remarks on his Chronicon Preciosum, 201, 204 [quoted, 203, 204, 249].

[Florence, a Roman colony, 567; paid Lorenzo's trading debts, 819]

[Florida, French settlers in, murdered by Spaniards, 569]

[Flota, the Spanish, 607]

Flour, the component parts of the price of, explained, 68

[duties on, common, 875]

[Fontainebleau, 335]

Food, will always purchase as much labour as it can maintain on the spot, 162. Bread and butchers' meat compared, 164, 167. Is the original source of every other production, 182. The abundance of, constitutes the principal part of the riches of the world, and gives the principal value to many other kinds of riches, 192.

Forestalling and engrossing, the popular fear of, like the suspicions of witchcraft, 534.

Forts, when necessary for the protection of commerce, 731 – 2.

[Foundling hospitals, high mortality in, 97]

France [quality and price of corn, silks, hardware and woollens compared with Poland and England, 17; debasement of coin, 53; ratio of gold to silver, 60; seignorage of 8 per cent, 62, 551; high rented vineyards,

78; fall in price of grain since seventeenth century, 94, 216, 257, 506 - 7] fluctuations in the legal rate of interest for money there, during the course of the present century, 107. Remarks on the trade and riches of, 107 - 8 [market rate of interest higher than in England, wages lower, richer than Scotland but not progressing so fast, ib. ; carrying trade taken by the Dutch, 108]. The nature of apprenticeships there, 137 - 8. The propriety of restraining the planting of vineyards, examined, 170, 174 - 5 [corn carefully cultivated in the wine provinces, 171; vineyards need not be envied by Britain, 175]. Variations in the price of grain there, 198 - 9 [labouring poor seldom eat butchers' meat, 207; fall in price of corn, though exportation of grain was prohibited till 1764, 216, 507]. The money price of labour has sunk gradually with the money price of corn, 219 [improved since the colonisation of America, 220; silver preponderates in the coinage of, 230; exports poultry to England, 242; price of pork nearly equal to that of beef, 243.] Foundation of the Mississippi scheme, 317, [corn as cheap as in England though there is little paper money, 324 - 5] little trade or industry to be found in the parliament towns of, 335 [futile attempt to reduce the rate of interest, 358; lawyers have dressed entails in the garb of substitutions and fidei commisses, 384]. Description of the class of farmers called metayers, 389. Laws relating to the tenure of land, [shortness of leases], 393. Services formerly exacted beside rent, ib. The taille, what, and its operation in checking the cultivation of land, 394. Origin of the magistrates and councils of cities, 403 [wine exchanged for English wool, 407; wine and brandy for Polish corn, ib. ; breeding of silk worms introduced in reign of Charles IX, 408; allodial ownership preceded the feudal system, 416; cultivation and improvement inferior to that of England, 425]. No direct legal encouragement given to agriculture, ib. [prohibition of exporting coin, 434; exchange of wine for English hardware not supposed disadvantageous to England, 439; last war with, cost ninety millions, 441 - 2; Merovingian Kings had treasures, 446; established exclusive company for East India trade, 449]. Ill policy of M. Colbert's commercial regulations, 467. French goods heavily taxed in Great Britain, 474. The commercial intercourse between France and England now chiefly carried on by smugglers, 474. The policy of the commercial restraints between France and Britain considered, 474 - 5 [par of exchange, 476 - 7, 479]. State of the coinage there, 478 [invasion of Holland, 485, 486; advantages of trade with, 490; cheap wine does not cause drunkenness, 492; wine discouraged by English in favour of Portugal, 493]. Why the commerce with England has been subjected to discouragements, 495 [much more populous and rich than the American colonies and therefore a better market, 495 - 6]. Foundation of the enmity between these countries [France and England] 496.

[England unwilling to carry French goods, 500; no drawback allowed by England on exportation of French wines to America, 503; scarce ever necessary to restrain exportation of corn, 539; provisions of Methuen treaty as to wine and wool, 546, 547; required Portugal to exclude British ships, 549]. Remarks concerning the seignorage on coin, 551 - 2. Standard of the gold coin there, 552 [no gold or silver mines in the American colonies, 564; settlements in America, 569 - 71; plenty of good land there, 572; subject to custom of Paris, ib. ; no revenue from colonies, 574; policy of establishing exclusive companies, 575]. The trade of the French colonies, how regulated, 576 [refining sugar flourishes in colonies, 581]. The government of the colonies conducted with moderation, 586. The sugar colonies of, better governed, than those of Britain, 586 [slaves better managed there, 587; capital accumulated there, 588; industry augmented by colonisation of America, 591; tobacco dearer than in England, 595; navy, 597; tobacco imports, 602; invasion of England, 605]. The kingdom of, how taxed, 620 - 1; the members of the league, fought more in defence of their own importance, than for any other cause, 624 [supplies linen to America, 627; East Indian trade now open, 631; English import duty on yarn, 643; English prohibition of linen imports, 644; indigo, 645; exclusive trade in gum senega, &c. , taken by England, 657].

The present agricultural system of political economy adopted by philosophers there, described, 663 [-79 type of agricultural country, 668; agriculture and corn trade relieved from restraint owing to the economists, 678; half or one-third of the population agricultural, 682; veterans defeated by English standing army, 701; fees in parliaments, 720; cost of Languedoc canal, 726]. Under what direction the funds for the repair of the roads are placed, 728. General state of the roads, 729 [great roads only attended to, 730; tyranny of the *corvée*, 731. South Sea Company ruined by the slave trade, 745]. The universities badly governed, 762. Remarks on the management of the parliaments of, 799. Measures taken in, to reduce the power of the clergy, 804 - 5. [Reformation, 806; only one professor whose works are worth reading, 811; treasure of Berne invested in the funds, 812 - 13, 819; the economists, 830; the predial taille, 836, 854]. Account of the mode of rectifying the inequalities of the predial taille in the generality of Montauban, 836. The personal taille explained, 854. The inequalities in, how remedied, 855. How the personal taille discourages cultivation, 856 - 7. The Vingtieme, 858. Stamp duties and the controle, 861 - 3 [taille charged on workmen a direct tax on wages, 865 - 6]. The capitation tax, how rated, 868 [leather shoes not necessaries, 870; tobacco taxed fifteen times its value, 871; silk manufactures could be undersold by English, 886; péages, 894]. Restraints upon the interior trade of the country by the local variety of the revenue laws, 900 - 1. The duties on tobacco and salt, bow levied, 903. The different sources of revenue in, 904. How the finances of, might be reformed, ib. The French system of taxation compared with that in Britain, 905 [might levy three times the British revenue, ib.; *billets d'état* at a discount, 912]. The nature of tontines explained, 917. Estimate of the whole national debt of, 918 [reason for more of the debt being in annuities than in England, ib.; more wealthy bachelors, 919; oppressive public debt, 928; augmentation of coin, 932].

[Franciscans revived languishing faith, 790]

[Frederick of Holstein, 806]

[Freedom defined, 400]

[Freedom of trade would supply gold and silver as well as wine, 435; would supply an agricultural country with artificers and merchants, 670]

[Frézier, quoted, 186, 188, 222]

Frugality, generally a predominating principle in human nature, 341.

[Fruit yields greater profit and rent than corn, 169]

Fuller's earth, the exportation of, why prohibited, 654.

Funds, British, [Dutch holding in, 108; Bernese treasure partly invested in, 819] brief historical view of, 911. Operation of, politically considered, 923. The practice of funding, has gradually enfeebled every state that has adopted it, 928.

Fur trade, the first principles of, 178.

G

[Gabelle, compounded for, 900 - 1; one of the great sources of French revenue, 904]

Gama, Vasco de, the first European who discovered a naval track to the East Indies, 559.

[Ganges, 35, 560, 682]

Gardening, the gains from, distinguished into the component parts, 71. Not a profitable employment, 169.

[Garonne, 336]

[Gassendi, a professor who entered the church, 811]

[Gemelli-Carreri, quoted, 568]

Gems. See *Stones*.

General fund, in the British finances, explained, 914.

[Geneva, respectable clergy of, 810; eminent men of letters are professors, 811]

[Gengis Khan, 429]

Genoa, why corn is dear in the territory of, 209 [shipping encouraged by the Crusades, 406; small state obliged to use foreign coin, 480; bank of, ib. ; Columbus belonged to, 559; tax on bread, 875; enfeebled by debt, 928] .

[Gentlemen, English university education not proper for forming, 772, 773; would be better educated in the absence of public educational institutions, 781]

[Gentoo, government of India, 681; religion, 682]

[Geometry should be taught in parish schools, 785]

[Georgia, cost of civil establishment, 573 - 4; not planted at time of Navigation Act, 597]

[Germany, improved since the discovery of America, 220; nation of. overran Roman Empire, 381; species of slavery still exists in, 387; purveyance still exists in, 394; free towns of, 403; expense of last war laid out in, 442, 615; foreign trade, 475]

[Linen exported from England to the colonies receives a drawback, 584; linen exported to America, 591, 604, 627; drained by the Spanish Flota, 607; trade with America, 627, 628; could have been conquered by Rome, 703; justice a source of revenue, 716; just beyond the shepherd stage when Rome fell, 717; Reformation in, 806; eminent men of letters often professors, 811]

[Ghent, 427]

[Gibraltar, straits of, 34; acquisition of, served to unite the house of Bourbon, 740]

[Gilbert, Baron, quoted, 391]

Glasgow, [recent rise in the demand for labour, 94] the trade of, doubled in fifteen years, by erecting banks there, 297. Why a city of greater trade than Edinburgh, 336.

[Glass grinding company, 758]

[Glaucus' armour cost 100 oxen, 38]

[Goa, 635]

[Golconda, 191]

Gold, not the standard of value in England, 57. Its value measured by silver, 58. Reformation of the gold coin, 58, 59. Mint price of gold in England, 59. The working the mines of, in Peru, very unprofitable, 188. Qualities for which this metal is valued, 191. The proportional value of, to silver, how rated before and after the discovery of the American mines, 228 – 9. Is cheaper in the Spanish market than silver, 231. Great quantities of, remitted annually from Portugal to England, 547. Why little of it remains in England, 548. Is always to be had for its value, ib.

Gold and diver, the prices of, how affected by the increase of the quantity of the metals, 207. Are commodities that naturally seek the best market, 208. Are metals of the least value among the poorest nations, 209. The increase in the quantity of, by means of wealth and improvement, has no tendency to diminish their value, 210. The annual consumption of these metals very considerable, 225. Annual importation of, into Spain and Portugal, 226 – 7. Are not likely to multiply beyond the demand, 228. The durability of, the cause of the steadiness of their price, ib. On what circumstances the quantity of, in every particular country, depends, 253. The low value of these metals in a country, no evidence of its wealth, nor their high value of its poverty, 256.

If not employed at home, will be sent abroad notwithstanding all prohibitions, 340. The reason why European nations have studied to accumulate these metals, 430 – 1. Commercial arguments in favour of their exportation, 431 – 2. These, and all other commodities, are mutually the prices of each other, 435. The quantity of, in every country, regulated by the effectual demand, ib. Why the prices of these metals do not fluctuate so much as those of other commodities, 437. To preserve a due quantity of, in a country, no proper object of attention for the government, ib. The accumulated gold and silver in a country distinguished into three parts, 441. A great quantity of bullion alternately exported and imported for the purposes of foreign trade, 443. Annual amount of these metals imported into Spain and Portugal, 444. The importation of, not the principal benefit derived from foreign trade, 446. The value of, how affected by the discovery of the American mines, ib. And by the passage round the Cape of Good Hope to the East Indies, 448. Effect of the annual exportation of silver to the East Indies, 449. The commercial means pursued to increase the quantity of these metals in a country, 450, 474. Bullion how received and paid at the bank of Amsterdam, 481. At what prices, 482 - 3, *Note.* A trading country without mines, not likely to be exhausted by an annual exportation of these metals, 491. The value of, in Spain and Portugal, depreciated by restraining the exportation of them, 511. Are not imported for the purposes of plate or coin but for foreign trade, 549. The search after mines of, the most ruinous of all projects, 562. Are valuable, because scarce, and difficult to be procured, 563.

Gorgias, evidence of the wealth he acquired by teaching, 150.

[Gottenburg, tea smuggled from, 223; company, 436]

Government, civil, indispensably necessary for the security of private property, 710. Subordination in society, by what means introduced, ib. Inequality of fortune introduces civil government for its preservation, 715. The administration of justice, a source of revenue in early times, ib. Why government ought not to have the management of turnpikes, 727 - 8. Nor of other public works, 730 [expense of, like that of a great estate, 825; soon learns the art of draining its subjects' pockets, 861]. Want of parsimony during peace, imposes a necessity of contracting debts to carry on a war, 909. Must support a regular administration of justice to cause manufactures and commerce to flourish, 910. Origin of a national debt, 910 - 11. Progression of public debts, 911. War, why generally agreeable to the people, 920.

Governors, political, the greatest spendthrifts in society, 346.

[Gracchi, 775]

[Grapes might be grown in Scotland at sufficient expense, 458]

Grasses, artificial, tend to reduce the price of butcher's meat, 167.

Graziers, subject to monopolies obtained by manufacturers to their prejudice, 655.

Greece, [ancient, had no work for apprentice, 139; slavery harsher than in the middle ages, 386; cultivation of corn degenerated, 388; citizens consisted of landed proprietors, 397; opulent and industrious, 406] foreign trade promoted [prohibited] in several of the antient[①] states of, 683 [trade and manufactures carried on by slaves, 683 - 4; citizens long served in war without pay, 693]. Military exercises, a part of general education, 696. Soldiers not a distinct profession, in, ib; [individual military exercises, 698; militias defeated by Macedonian and Roman standing armies, 701 - 3; but had defeated Persian militia, 704 - 5; just beyond the shepherd stage at the Trojan war, 717]. Course of education in the republics of, 774. The morals of the Greeks inferior to those of the Romans, ib. [779; sanguinary factions, 775; exercises and elementary education, 776 - 7]. Schools of the philosophers and rhetoricians, 777. Law no science among the Greeks, 778. Courts of justice, ib. [abilities of people equal to those of modern nations, 779]. The martial spirit of the people, how supported, 787 [great men of letters were teachers, 811; public revenue largely obtained from state lands, 821].

[Greek clergy, turbulent, 798]

Greek colonies, [reasons for sending them out, 556] how distinguished from Roman colonies, 558. Rapid progress of these colonies, 566 [plenty of good land, 567; sometimes contributed military force but seldom revenue, 593; England and America might imitate the tie between mother country and colony, 593 - 4].

Greek language, how introduced as part of university education, 766. Philosophy, the three great branches of, ib.

[Green glass, tax on, 878]

[Greenland seal fishery, 643; South Sea Company's whale fishery, 745]

[Grenada sugar refinery, 581; new field for speculation, 943]

[Grocer, high profits of, explained, 129]

Ground rents, great variations of, according to situation, 840 - 1. Are a more proper subject of taxation than houses, 843 [tax on the sale of,

① ancient.

862].

[Guastalla，876]

[Guernsey，620]

[Guicciardini，quoted，426]

[Guienne，171]

[Guilds，adulterine，141]

[Guinea coast，492，558，739]

[Guineas not used in computation，57；Drummond's notes for，58]

Gum senega，review of the regulations imposed on the trade for，657 - 8，[881].

[Gumilla，563]

Gunpowder，great revolution effected in the art of war by the invention of，699，707 - 8.

This invention favourable to the extension of civilization，708.

Gustavus，Vasa，how enabled to establish the reformation in Sweden，806.

[Gymnazium，696，774，786]

H

Hackney coaches and chairs，taxes on，852 - 3]

[Hale，Lord Chief Justice，quoted，95]

[Halifax，409]

Hamburgh，[houses of，supported by Bank of England，320；goods imported from，paid for by bills on Holland，477；exchange with，formerly unfavourable，479；a small state which must use foreign coin，480] agio of the bank of，explained，ib.

[British colonial monopoly hampers the merchants，628；type of mercantile state，668]. Sources of the revenue of that city，817 - 18，820. The inhabitants of，how taxed to the state，850.

[Hamburgh Company，some account of，734]

[Hamilcar，702]

[Hannibal，702 - 3]

Hanseatic league[①], causes that rendered it formidable, 403. Why no vestige remains of the wealth of the Hans towns, 426.

[Harbours, cost of, should be defrayed by a port duty on tonnage of ships, 724]

[Hardware, 439 – 40, 491; Birmingham manufacturers buy wine with, 897]

[Hasdrubal, see Asdrubal]

[Hawkers, tax on, 852]

[Hawkins, Serjeant, quoted, 648]

[Hazard, capitalist paid for incurring, 66]

Hearth money, why abolished in England, 845 – 6.

[Hebrew language not a part of common university education, 766]

[Hebrides, wages in, 94; herring fishery, 520]

[Hénault, President, quoted, 623 – 4]

Henry VIII. of England, prepares the way for the reformation by shutting out the authority of the Pope, 806 – 7 [adulterated the coin, 932].

[Henry IV. of France, siege of Paris, 624; had a treasure, 909]

[Henry, Prince, 167]

[Heptarchy, 344]

[Herbert, quoted, 199, 216]

Herring buss bounty, remarks on, 519. Fraudulent claims of the bounty, 520. The boat fishery the most natural and profitable, 521. Account of the British white-herring fishery 522. Account of the busses fitted out in Scotland, the amount of their cargoes, and the bounties on them, 948 [– 50].

[Hesiod, quoted, 768]

Hides, the produce of rude countries, commonly carried to a distant market, 246. Price of, in England three centuries ago, 249. Salted hides inferior to fresh ones, 250. The price of, how affected by circumstances, in cultivated and in uncultivated countries, 251.

[Higgling of the market, 49]

① This entry appears before "Hamburgh" in the original index.

Highlands of Scotland, [could not support a nailer, 32; wages in, 94] interesting remarks on the population of, 97 [high mortality of children, ib. ; cattle of, admitted to England by the Union, 165, 237 - 40; old families common in, 421]. Military character of the Highlanders, 701.

[Highways originally maintained by six days' labour, 821]

[Hippias, lived in splendour, 150; peripatetic, 777]

[Hispaniola, 247]

Hobbes, Mr. remarks on his definition of wealth, 48.

Hogs, circumstances which render their flesh cheap or dear, 243.

Holland, [water carriage afforded by the Maese, 35; ratio of silver to gold, 14 to 1, 60] observations on the riches and trade of the republic of, 108 [richer than England, wages high, profits low, gained carrying trade of France, holds large amount in French and English funds, not decaying, 108 - 9]. Not to follow some business, unfashionable there, 113 [corn chiefly imported, 166; spices burnt to keep up the price, 175, 525, 636]. Cause of the dearness of corn there, 209 [improved since the discovery of America, 220; expelled the Portuguese from India, 222, 449; tea smuggled from, 223; houses supported by Bank of England, 320; operation of carrying trade, 370 - 1].

enjoys the greatest share in the carrying trade of Europe, 373 [farmers not inferior to those of England, 395; legislature attentive to commerce and manufactures, 424; exchange with, 433; East India Company's tea smuggled into England, 436; imports lean cattle, 460; Dutch undertaker of woollen manufactures at Abbeville, 461]. How the Dutch were excluded from being the carriers to Great Britain, 463 [supplied other nations with fish, 464; bad terms with England, ib.]. Is a country that prospers under the heaviest taxation, 467 [French wine smuggled, 475; computation of state of credit and debit, 477 - 8]. Account of the Bank of Amsterdam, 480 [market price of bullion above the mint price, 482]. This republic derives even its subsistence from foreign trade, 497.

[Buys English corn cheaper and can sell manufactures cheaper in consequence of the British corn bounty, 514; must carry on herring fishery in decked vessels, 520; position in regard to the Methuen treaty, 547; no gold, silver or diamonds in the American colonies, 564; attack on Brazil, 569; settlements in 17th century, 570; Curaçoa and Eustatia free ports, 571; exclusive company for colonial commerce, 575; naval power in 1660, 597; possessed New York and New Jersey, ib.; tobacco imports, 602; linen exported to America, 604, 627; maintains monopoly of trade to the spice islands, 631; would send more ships to the East Indies if the trade were free, 632; settlements at the Cape and Batavia the most considerable in Africa and the East Indies, 635; destructive policy in East Indies, 637, 638; English duty on yarn, 643; gum senega clandestinely exported from England, 658; type of mercantile state, 668; subsistence drawn from other countries, 677; great cities the capitals of little republics, 808; respectable clergy, 810; eminent men of letters often professors, 811; monopoly of madder owing to existence of tithe elsewhere, 838].

tax paid on houses there, 845 [rate of interest, ib.; 2 per cent tax on capital paid voluntarily, 851 - 2; a tax intended to fall on capital, 852; servants' tax, 857]. Account of the tax upon successions, 859. Stamp duties, 861 [tea and sugar luxuries of the poorest, 871; taxes on bread and necessaries ruined manufactures, 875 - 6]. High amount of taxes in, 875, 905 - 6 [tea taxed by licence to drink, 878; expense of preserving from the sea, 906]. Its prosperity depends on the republican form of government, ib.

[Holstein, cattle of, exported to Holland, 677]

[Holy Land, 406]

[Homer, quoted, 38, 718]

Honoraries from pupils to teachers in colleges, tendency of, to quicken their diligence, 760.

[Hop-garden, high profit of, 169]

Hose, in the time of Edward IV. how made, 262.

Hospitality, antient[①], the cause and effect of, 412 - 13, 907.

[Hottentots, 634]

House, different acceptations of the term in England, and some other countries, 134 - 5, [180]. Houses considered as part of the national stock, 281. Houses produce no revenue, 281, 282.

the rent of distinguished into two parts, 840. Operation of a tax upon house rent, payable by the tenant, 841. House rent the best test of the tenant's circumstances, 843 Proper regulation of a tax on, ib. How taxed in Holland, 845. Hearth money, 845 - 6. Window tax, 846 [tax on sale of, 862].

Hudson's bay company, the nature of their establishments and trade, 743. Their profits not so high as has been reported, 744.

[Hume, quoted, 247, 325, 354, 412, 445, 790 - 1]

[Hungary, Danube little use to, 36; serfs still exist in, 387; industry encouraged by colonisation of America, 591 - 2; mines worked by free men, 684]

Hunters, war how supported by a nation of, 690. Cannot be very numerous, 691. No established administration of justice, needful among them, 709. Age the sole foundation of rank and precedency among, 711. No considerable inequality of fortune, or subordination to be found among them, 712. No hereditary honours in such a society, 713 [minds kept alive by absence of division of labour, 782 - 3].

Husbandmen, war how supported by a nation of, 692 - 3.

Husbandry. See *Agriculture*.

[Hutchinson, quoted, 941]

[Hyder Ali, 753]

I[②]

Idleness, unfashionable in Holland, 113 [why greater among our ancestors, 335; prevails where revenue predominates, 337].

---

① ancient.

② In the original index, entries in this and the following section are listed under "J".

[Iguana or Ivana, principal animal of St. Domingo, 560]

Importation, why restraints have been imposed on, with the two kinds of, 450. How restrained to secure a monopoly of the home market to domestic industry, 452. The true policy of these restraints doubtful, 453. The free importation of foreign manufactures more dangerous than that of raw materials, 459. How far it may be proper to continue the free importation of certain foreign goods, 466 – 7. How far it may be proper to restore the free importation of goods, after it has been interrupted, 468 – 9. Of the materials of manufacture, review of the legal encouragements given to, 642 [statistics of, untrustworthy, 883].

Independents, the principles of that sect explained, 793.

[India, Gulf of, 36]

[India stock, 640 *note*]

[Indian corn, 560]

[Indian seas, 631]

Indies. See *East* and *West*.

Indostan [violent police compels every man to follow the occupation of his father, 80; country labourers better paid than most artificers, 144; labourers' real wages less than in Europe, 224; quantity of gold and silver affected by American mines, 254; treasure commonly buried in, 285; wonderful accounts of its ancient wealth and cultivation, 367; its wealth obtained though exportation was in foreign hands, 379 – 80; more advanced than Mexico and Peru, 448; operation of foreign commerce, 490]

[Vaseo de Gama arrived by the Cape in 1497, 559] the several classes of people there kept distinct, 681. The natives of, how prevented from undertaking long sea voyages, 682 [revenue chiefly from land tax, 683; silk exports to Rome, 685; roads and canals, 730; land tax revenue stimulates the sovereign's interest in such works, ib. ; supposed necessity for forts to protect commerce, 731 – 2; silk should be admitted free to Britain, 886; see East Indies and East India Company].

Industry, the different kinds of, seldom dealt impartially with by any na-

tion, 11. The species of, frequently local, 31 - 2. Naturally suited to the demand, 75. Is increased by the liberal reward of labour, 99. How affected by seasons of plenty and scarcity, 100 - 1. Is more advantageously exerted in towns than in the country, 142. The average produce of, always suited to the average consumption, 206. Is promoted by the circulation of paper money, 293 - 5. Three requisites to putting industry in motion, 295.

How the general character of nations is estimated by, 335. And idleness, the proportion between how regulated, 336. Is employed for subsistence, before it extends to conveniences and luxury, 377. Whether the general industry of a society, is promoted by commercial restraints on importation, 453. Private interest naturally points to that employment most advantageous to the society, 454. But without intending or knowing it, 456. Legal regulations of private industry, dangerous assumptions of power, ib. Domestic industry ought not to be employed on what can be purchased cheaper from abroad, 457. Of the society, can augment only in proportion as its capital augments, 458. When it may be necessary to impose some burden upon foreign industry, to favour that at home, 463. The free exercise of industry ought to be allowed to all, 470. The natural effort of every individual to better his condition will, if unrestrained, result in the prosperity of the society, 540.

[Infanticide, 10; in China, 90]

Insurance, from fire, and sea risks, the nature and profits of, examined, 125 - 6. The trade of insurance may be successfully carried on by a joint stock company, 756.

Interest, landed, monied, and trading, distinguished, 351 [public, promoted by private, 456, 630].

[Interest] for the use of money, the foundation of that allowance explained, 69 [varies with the rate of profit, 105]. Historical view of the alterations of, in England, and other countries, 106 [- 15]. Remarks on the high rates of, in Bengal, 111. And in China, 112. May be raised by defective laws, independent on the influence of wealth or poverty, ib. The lowest ordinary rate of, must somewhat more than compensate occasional losses, 113. The common relative proportion between interest and mercantile profits inquired into, 114 [stock lent at, 350 – 9].

was not lowered in consequence of the discovery of the American mines, 354. How the legal rate of, ought to be fixed, 357. Consequences of its being fixed too high or too low, 357 – 8. The market rate of, regulates the price of land, 358. [As a source of public revenue, 819; nominally subject to British land tax, 822]. Whether a proper object of taxation, 848 [fall in the rate of, 849, 915].

[Invisible hand, 456]

[Ionians colonised Asia Minor and the Ægean, 556]

Ireland [land not cultivated by factors, 174; supplies strong porters and beautiful prostitutes, fed on potatoes, to London, 177; exports salt meat, 246; may not export wool except to England, 248; may export raw hides to England duty free, 251, 643; may export hides to other countries, 251; only lately allowed to export cattle to England, 424 – 5] why never likely to furnish cattle to the prejudice of Great Britain, 459 – 60 [discharged soldiers and seamen may exercise any trade in, 470].

[Bounty on hemp imported into Britain, 646] the proposed absentee tax there considered, 895 [able to pay land tax, 934; extension of British custom duties to, proposed, 935]. Ought in justice to contribute toward the discharge of the public debt of Great Britain, 944. Expediency of a union with Great Britain, ib. [would get rid of an oppressive aristocracy and a spirit of party, 944 – 5]

[Isabella of Castile, 559]

Isocrates, the handsome income he made by teaching, 149 – 50 [man of letters also a teacher, 811]

[Isthmian games, 786]

Italy [corn chiefly imported during Roman prosperity, 166; question whether a new vineyard would be profitable, 170; olive plantations not to be envied by Britain, 175; not gone backward since discovery of America, 220; introduction of wind and water mills, 263; artistic genius decayed but monuments remain, 347; cultivation degenerated when abandoned to slaves, 388; prohibition of exportation and encouragement to importation of corn obstructed cultivation, 396; ancient inhabitants were proprietors, 397; cities became independent, 403–4; cities the first which commerce raised to opulence, 406; silks and velvets exchanged for corn of Poland, 407; breeding of silkworms introduced, 408] the only great country in Europe, which has been cultivated and improved in every part by means of its foreign commerce, 426 [sober, though wine is cheap, 492. In little states restraint on export of corn may sometimes be necessary, 539]. Was originally colonized by the Dorians, 556. [Roman colonies, 556–8, 567; Greek colonies, ib.; school of philosophers in a Greek colony, ib.; result of admission of inhabitants to Roman citizenship, 624; ancient republics derived larger part of revenue from state lands, 821; silk manufacturers might be undersold by English, 886; small states levy transit duties on the Po, 894; republics all in debt, 909; republics began the practice of funding, 928]

J

[Jack of all trades, 530]

Jamaica, [trade with, more uncertain than that with North America, 128; circuitous trade example, 369.

[Increasing improvement, 578; desert in 1660, 597] the returns of trade from that island, why irregular, 943.

[James I., his marriage bed, brought from Denmark, 347]

[Japan, copper exported to Europe, 185; ratio of silver to gold 8 to 1, 229; no gold and silver mines, but richer than Mexico or Peru, 448]

[Batavia on the road to, 635; only country with which China carries on her own trade, 680; affords an example to China, 681]

[Jersey, 620]

Jewels. See *Stones*.

[John, King of England, munificent benefactor to towns, 402]

[John, King of France, adulterated the coin to pay his debts, 932]

[Joint-stock. See Company]

Jurisdictions, territorial, did not originate in the feudal law, 415.

[Jus majoratus, 572]

Justice, [administration of, abandoned to feudal barons, 415] the administration of, a duty of the sovereign, 708 – 9. In early times a source of revenue to him, 715. The making justice subservient to the revenue, a source of great abuses, 716. Is never administered gratis, 718. The whole administration of, but an inconsiderable part of the expence of government, 719. How the whole expence of justice might be defrayed from the fees of court, ib. The interference of the jurisdictions of the several English courts of law, accounted for, 720. Law language, how corrupted, 721. The judicial and executive power, why divided, 722. By whom the expence of the administration of, ought to be borne, 814 – 15 [good administration of, necessary for flourishing commerce and manufactures, 910].

[Jutland cattle exported to Holland, 677]

K

Kalm, the Swedish traveller, his account of the husbandry of the British colonies in North America, 240.

Kelp, a rent demanded for the rocks on which it grows, 161.

[Kent, special restrictions on removal of wool, 650]

[Kidders of corn, restrained, 528]

King, Mr.[①] [quoted, 95] his account of the average price of wheat, 215.

King, under feudal institutions, no more than the greatest baron in the nation, 415. Was unable to restrain the violence of his barons, 418.

King, treasure trove an important branch of revenue to, 908. His situation how favourable for the accumulating treasure, ib. In a commercial country, naturally spends his revenue in luxuries, ib. Is hence driven to call upon his subjects for extraordinary aids, 909.

---

① In the original index, this entry appears after the two which follow.

Kings and their ministers, the greatest spendthrifts in a country, 346.

[Königsberg, 454]

L

Labour, the fund which originally supplies every nation with its annual consumption, 10. How the proportion between labour and consumption is regulated, ib. The different kinds of industry seldom dealt impartially with by any nation, 11. The division of labour considered, 13. This division increases the quantity of work, 17. Instances in illustration, 22. From what principle the division of labour originates, 25. The divisibility of, governed by the market, 31. Labour the real measure of the exchangeable value of commodities, 47. Different kinds of, not easily estimated by immediate comparison, 48. Is compared by the intermediate standard of money, 49. Is an invariable standard for the value of commodities, 51. Has a real, and a nominal price, ib. The quantity of labour employed on different objects, the only rule for exchanging them in the rude stages of society, 65. Difference between the wages of labour and profits on stock, in manufactures, 66. The whole labour of a country never exerted, 71. Is in every instance suited to the demand, 75. The effect of extraordinary calls for, 76. The deductions made from the produce of labour employed upon land, 83. Why dearer in North America than in England, 87. Is cheap in countries that are stationary, 89. The demand for, would continually decrease in a declining country, 90. The province of Bengal cited as an instance, 91. Is not badly paid for in Great Britain, ib. An increasing demand for, favourable to population, 98. That of freemen cheaper to the employers than that of slaves, ib. The money price of, how regulated, 103. Is liberally rewarded in new colonies, 109. Common labour and skilful labour distinguished, 118 - 19. The free circulation of, from one employment to another, obstructed by corporation laws, 152. The unequal prices of, in different places, probably owing to the law of settlements, 156. Can always procure subsistence on the spot where it is purchased, 162. The money price of, in different countries, how governed, 209. Is set into motion by stock employed for profit, 266. The division of, depends on the accumulation of stock, 276. Machines to facilitate labour, advantageous to society, 287.

productive and unproductive, distinguished, 330. Various orders of men specified, whose labour is unproductive, 330 - 1. Unproductive labourers all maintained by revenue, 333. The price of, how raised by the increase of the national capital, 353. Its price, though nominally raised, may continue the same, 355. Is liberally rewarded in new colonies, 565. Of artificers and manufacturers, never adds any value to the whole amount of the rude produce of the land, according to the French agricultural system of political œconomy, 667. This doctrine shewn to be erroneous, 675 - 6. The productive powers of labour, how to be improved, 676 [forced, 731, 821; division of, see Division of labour].

Labourers, useful and productive, every where proportioned to the capital stock on which they are employed, 11. Share the produce of their labour, in most cases, with the owners of the stock on which they are employed, 67. Their wages a continued subject of contest between them and their masters, 83 - 4. Are seldom successful in their outrageous combinations, 85. The sufficiency of their earnings, a point not easily determined, ib. Their wages sometimes raised by increase of work, 86. Their demands limited by the funds destined for payment, ib. Are continually wanted in North America, 88. Miserable condition of those in China, 89 - 90. Are not ill paid in Great Britain, 91. If able to maintain their families in dear years, they must be at their ease in plentiful seasons, 92. A proof furnished in the complaints of their luxury, 96. Why worse paid then artificers, 119. Their interests strictly connected with the interests of the society, 266. Labour the only source of their revenue, 279. Effects of a life of labour on the understandings of the poor, 781 - 2.

[Labourers, statute of, 195]

[Lace, £30 worth made of a penny-worth of flax, 667]

[Lacedæmon, 436]

[Lancashire, oatmeal diet, 177]

Land, [appropriated, 65] the demand of rent for, how founded, 67. The rent paid, enters into the price of the greater part of all commodities, ib. Generally produces more food than will maintain the labour necessary to bring it to market, 162 – 3. Good roads, and navigable canals, equalize difference of situation, 163. That employed in raising food for men or cattle, regulates the rent of all other cultivated land, 168, 175. Can clothe and lodge more than it can feed, while uncultivated, and the contrary when improved, 178. The culture of land producing food, creates a demand for the produce of other lands, 192. Produces by agriculture a much greater quantity of vegetable, than of animal food, 206 – 7. The full improvement of, requires a stock of cattle to supply manure, 238. Cause and effect of the diminution of cottagers, 243. Signs of the land being compleatly① improved, 245. The whole annual produce, or the price of it, naturally divides itself into rent, wages, and profits of stock, 265.

the usual price of, depends on the common rate of interest for money, 358. The profits of cultivation exaggerated by projectors, 374. The cultivation of, naturally preferred to trade and manufactures, on equal terms, 377. Artificers necessary to the cultivation of 378. Was all appropriated, though not cultivated, by the northern destroyers of the Roman empire, 382. Origin of the law of primogeniture under the feudal government, ib. Entails, 384. Obstacles to the improvement of land under feudal proprietors, 385 – 6. Feudal tenures, 389. Feudal taxation, 394. The improvement of land checked in France by the taille, ib. Occupiers of, labour under great disadvantages, 395. Origin of long leases of, 421. Small proprietors, the best improvers of, 423. Small purchasers of, cannot hope to raise fortunes by cultivation, ib. Tenures of, in the British American colonies, 572; is the most permanent source of revenue, 821. The rent of a whole country, not equal to the ordinary levy

① completely.

upon the people, 822. The revenue from, proportioned, not to the rent, but to the produce, 823. Reasons for selling the crown lands, 824. The land-tax of Great Britain considered, 828. An improved land-tax suggested, 830. A land-tax, however equally rated by a general survey, will soon become unequal, 836. Tythes a very unequal tax, 837. Tythes discourage improvement, ib. [tax on the sale of, 862; one of the two great sources of revenue, 927].

Landholders, [love to reap where they never sowed, 67; liberality and ignorance of, 160] why frequently inattentive to their own particular interests, 265. How they contribute to the annual production of the land, according to the French agricultural system of political economy, 664 – 5. Should be encouraged to cultivate a part of their own land, 832.

[Land-tax, additional 2s. , 442]

[Amount of the British, 822; proportioned to rent, 828 – 36; proportioned to produce, 836 – 40; the British on houses, 845; cannot raise rents, 848; the British, intended to tax stock as well as land, 849; the British, not intended to fall on capital, 852; that of the king of Sardinia a tax on land held by ignoble tenure, 854; the British, resembles the vingtième, 858, 904; the British, higher on offices, 866 – 7; additional 1s. for three years, 923; may make landlord unable to maintain improvements, 927; a more equal, in Great Britain might greatly augment the revenue, 933; more could be paid in Great Britain if there were no tithe, 934]

[Languedoc, 171, 854]

[Languedoc canal, 726]

[La Rivière, Mercier de, quoted, 679]

[Lastage, 398]

Latin language, how it became an essential part of university education, 765 – 6 [a useless smattering sometimes taught in Scotch parish and English charity schools, 785].

[Latium, corn culture discouraged in 166]

[Laverdy reduced the rate of interest, 107]

Law, Mr.[1], account of his banking scheme for the improvement of Scotland, 317 [quoted, 353].

Law, the language of, how corrupted, 721. Did not improve into a science in antient[2] Greece, 778. Remarks on the courts of justice in Greece and Rome, 778 - 9.

Lawyers, why amply rewarded for their labour, 122 - 3. Great amount of their fees, 718. [few men of fortune eminent as, 760].

[Lead smelting company, 758]

Leases, [for life, 392] the various usual conditions of, 831 [registration of, ib.].

Leather, restrictions on the exportation of, unmanufactured, 654 - 5 [real necessary of life, 874; duty on, 879].

Lectures in universities, frequently improper for instruction, 763.

[Leeds, 409]

[Legal tender originally only in the standard of value, 57]

[Leghorn, 479]

[Legislator contrasted with statesman or politician, 468]

[Leith, 33]

[Lerwick, 134]

[Letters, men of, unprosperous race, 148; drawn from the universities by the large benefices offered by the church, 810]

[Levant, 408]

Levity, the vices of, ruinous to the common people, and therefore severely censured by them, 794.

[Lewis the Fat, 403]

Liberty, [perfect, necessary for correspondence of market and natural price, 73, 79; and for equality of advantages of different employments, 116, 135; flagrantly violated by the laws of settlement, 157] three duties only necessary for a sovereign to attend to, for supporting a system of, 687 - 8.

[Licences to consume, Decker's plan of taxation by, 877 - 8]

---

① In the original index the order of the next two entries is reversed.

② ancient.

['Light come light go,' applicable to high profits, 613]

[Ligne, 623]

Lima, computed number of inhabitants in that city, [222] 568.

Linen manufacture, [open to everybody, 152] narrow policy of the master manufacturers in, 643 - 4 [high price in ancient Rome, 685; use of, makes soap necessary, 874; duty on Scotch, 913].

[Lionnois, 185]

[Liquors dearer owing to taxes, 96; brewed and distilled for private use, 888]

[Lisbon, gold and silver imported to, 226; both residence of a court and a trading city, 336; gold could easily be brought from, 435; carrying trade example, 454; bills paid in common currency, 479]

[Weekly amount of gold brought from, to London, 547; Vasco de Gama sailed from, 559; exorbitant profits, at, 612; merchants magnificant lords, 613]

Literature, the rewards of, reduced by competition, 148. Was more profitable in ancient Greece, 149 - 50. The cheapness of literary education an advantage to the public, 151.

[Liverpool represented on the African Company's committee, 738]

[Loango, 558]

Loans of money, the nature of, analysed, 350 - 1. The extensive operation of, 351 - 2.

[Local revenue, the proper source of maintenance for public works and services, 730, 815; sometimes maintains schools and colleges, 759; péages and duties of passage formed part of, 894]

[Lochaber, 416]

[Lochiel, Cameron of, 416]

Locke, Mr. remarks on his opinion of the difference between the market and mint prices of silver bullion, 60. His account of the cause of lowering the rates of interest for money, examined, 353. His distinction between money and moveable goods, 430.

[Locri, 566]

Lodgings, cheaper in London, than in any other capital city in Europe, 134.

Logic, the origin and employment of, 769 - 70.

[Lombardy, 426]

[London, road and sea traffic to Edinburgh and Calcutta, 32 - 3; price of silver, 55; wages lower than in New York, 87; wages, 92; early decay of carpenters, 100; bankers pay no interest, 107; great companies borrowed at 5 per cent. after the late war, 110; wages of labourers and bricklayers and masons, 120; chairmen employed as bricklayers, ib.; employment from day to day, ib.; tailors often out of employment, 121; coalheavers, ib.; wages of common labour, ib; wages of seamen and other labourers compared with those paid at Edinburgh, 127; lodging cheap, 134; silkweavers' byelaw, 136; counties near, petitioned against turnpikes, 164; meat fallen in price compared with bread, 167; societies of merchants buy land in sugar colonies, 174; chairmen, porters, coalheavers and prostitutes, Irish, 177; stone quarry near, affords considerable rent, 179; paving stones from Scotland, ib.; civil war raised the price of corn, 212; price of meat, 238, 243; merchants have not the advantage of Scotch cash accounts, 300; transactions of Scotch banks, 303; drawing and redrawing, 309; no bank notes under £10, 322, 323; exchange with Carlisle and Dumfries, 326; residence of a court, but a trading city, 336; fire and plague, 344; trade with Scotland, 368; coal trade with Newcastle, 371; French cambrics may be imported, 473; exchange with Paris, 476; and other foreign towns, 479]

[Herring fishery company, 522; fifth of gold and silver found in colonies reserved to the king in the patent of the London Company, 564; merchants not so magnificent as those of Cadiz and Lisbon, nor so parsimonious as those of Amsterdam, 613; entrepôt for German and American trade, 628; streets better cared for by local administration, 730 - 1; expensive port, 735; represented on the committee of the African Company, 738; land tax, 822, 850; windows and rent, 846; porter brewery, 889]

[London Assurance Company 756 – 7]

[Lorenzo dé Medici, his trading debts paid by Florence, 819]

[Lorraine, 905]

Lotteries, the true nature of, and the causes of their success, explained, 125 [silver and gold mining the most disadvantageous in the world, 562]

[Lowndes, quoted, 213, 478]

[Lucayan Islands, 559]

[Lucca, 407 – 8]

[Lucerne, tax on the sale of land, 860]

[Lucian, quoted, 778]

Luck, instances of the universal reliance mankind have on it, 124 – 5.

[Luctuosa hereditas, 859]

Lutherans, origin and principles of that sect, 807 – 8.

Luxuries, distinguished from necessaries, 869 – 71. Operation of taxes on, 871 – 2 [excise duties chiefly on, 878; English taxes on, fall chiefly on middle and upper ranks, 886; of inferior ranks to be taxed, 887]. The good and bad properties of taxes on, 895 – 6.

[Lyceum, 778]

[Lycurgus, 436]

[Lyons, distant from source of materials and destinations of manufactures, 364; silk manufacture, 408]

[Lysias, a teacher, 811]

M

Macedon, Philip of, [liberality to Aristotle, 150] the superiority that discipline gave his army over those of his enemies, 701 – 2.

[Machiavel, quoted, 407, 790, 819]

Machines for facilitating mechanical operations, how invented and improved, 20 – 1 [men who have received expensive education like, 118]. Are advantageous to every society, 287 – 8.

[Machpelah, 41]

Madder, the cultivation of, long confined to Holland, by English tythes, 838.

[Madeira, 558]

Madeira wine, how introduced into North America and Britain, 502 - 3.

[Madox quoted, 141, 399, 401, 402]

[Madras, 641, 749, 751]

[Madrid, 336]

[Maese River, 35]

[Magens, see Meggens]

[Mahometan nations, high rate of interest among, 112]

[Maidservants, tax on, in Holland, 857]

[Majorazzo, 572]

[Malacca, 635]

Malt, reasons for transferring the duty on brewing to, 889. Distillery, how to prevent smuggling in, 890 - 1.

[Malta, the order of, land-tax paid by, in Silesia, 834]

[Mamelukes, 558]

[Manchester, 137]

[Mandarins' contempt of commerce, 680; embezzle from payments in kind, 839]

[Manilla, 225, 227]

Manufactures, the great advantage resulting from a division of labour in, 14 - 15. Instances in illustration, 22 - 3. Why profits increase in the higher stages of, 68. Of what parts the gains of manufacturers consist, 70 - 1. The private advantage of secrets in manufactures, 77. Peculiar advantages of soil and situation, 78. Monopolies, 78. Corporation privileges, 79. The deductions made from labour employed on manufactures, 83. Inquiry how far they are affected by seasons of plenty and scarcity, 101. Are not so materially affected by circumstances in the country where they are carried on, as in the places where they are consumed, 103 [price of, more raised by high profits than by high wages,] 114. New manufactures generally give higher wages than old ones, 131. Are more profitably carried on in towns than in the open country,

142. By what means the prices of, are reduced, while the society continues improving, 260. Instances in hard ware, ib. Instances in the woollen manufacture, 261. What fixed capitals are required to carry on particular manufactures, 280.

for distant sale, why not established in North America, 378 - 9. Why manufactures are preferred to foreign trade, for the employment of a capital, 379. Motives to the establishment of manufactures for distant sale, 407 - 8. How shifted from one country to another, ib. Natural circumstances which contribute to the establishment of them, 408 - 9. Their effect on the government and manners of a country, 412. The independence of artisans explained, 420 [best commodities wherewith to pay armies in foreign parts, 444]. May flourish amidst the ruin of a country, and begin to decay on the return of its prosperity, 445 [particular, may be acquired earlier by means of regulations, 458]. Inquiry how far manufacturers might be affected by a freedom of trade, 469. Those thrown out of one business can transfer their industry to collateral employments, 470. A spirit of combination among them to support monopolies, 471. Manufacturers prohibited by old statutes from keeping a shop, or selling their own goods by retail, 529. The use of wholesale dealers to manufacturers, 531. British restraints on manufactures in North America, 580 - 2. The exportation of instruments in, prohibited, 659.

Manufacturers, an unproductive class of the people, according to the French agricultural system of political economy, 666. The error of this doctrine shewn, 674. How manufacturers augment the revenue of a country, 677. Why, the principal support of foreign trade, 680. Require a more extensive market than rude produce of the land, 682. Were exercised by slaves in ancient Greece, 683. High prices of, in Greece and at Rome, 684 - 5. False policy to check manufactures in order to promote agriculture, 686. In Great Britain why principally fixed in the coal countries, 874 [can lend money to governments, 910].

Manure, the supply of, in most places depends on the stock of cattle raised,

238.

[Marannon, 575, 576]

[Marco Polo, quoted, 559, 560]

[Maria Theresa, 835]

Maritime countries, why the first that are civilized and improved, 34.

[Marriage, discouraged but not always prevented by poverty, 96; encouraged by high wages, 565]

[Marseilles treated as foreign by France, 901]

Martial spirit, how supported in the antient[①] republics of Greece and Rome, 786. The want of it now supplied by standing armies, 787. The establishment of a militia little able to support it, ib.

[Maryland, retail stores often belong to residents in England, 367; tobacco exports, 500, 595, 602; expense of civil establishments, 574; established by Catholics, 589; revenue, 937]

[Massachusetts, expense of civil establishment, 573; tax on importation of molasses, 936; paper money, 940]

[Mazeppa, 446]

[Meat, see Butchers' meat]

[Mechanics should be taught in the parish schools, 785]

[Medici, Lorenzo de', 819]

Mediterranean sea, peculiarly favourable for the first attempts in navigation, 34 [carries commerce of Europe and Asia, 36; British carrying trade between ports of, 373; expense of last war partly laid out in, 442]

[Venetian fleets scarcely went beyond, 569; American fish sent to, 578; British trade to, partly superseded by the American trade, 596–7, 598, 608; tobacco from America exported to, 602; Gibraltar and Minorca intended to protect British trade with, 739–40]

Meggens, Mr. his account of the annual importation of gold and silver into Spain and Portugal, 226. His relative proportion of each, 229.

① ancient.

[*Mémoires concernant les droits et impositions en Europe*, quoted, 817, 820, 830, 834-5, 845, 850, 851, 855, 859, 860, 866, 869, 899; more accurate as regards French taxes than as regards those of other countries, 817, *note*]

[Mendicant orders zealous because supported by voluntary oblations, 790]

[Menservants, tax on, in Holland, 857]

Mercantile system [principles and practice of, 429 - 662; the law for the encouragement of coinage due to the vulgar prejudices of, 555; mean and malignant expedients of, 610; raised to splendour by the discovery of America and the Cape passage, 626 - 7; monopoly the sole engine of, 630; encouragement of exports and discouragement of imports the two great engines, of, 641; sacrifices consumer to producer, 66o; contrived by producers, 661; agreeable to a plodding man of business, 663; really encourages manufactures and foreign trade, 686 - 7] explained, 880 [not favourable to the annual produce, 881].

Mercenary troops, origin and reason of, 695. The numbers of, how limited, ib.

Merchants, [every man in some measure a merchant, 37; endeavour to suit their importation of bullion to the demand, 63; silent with regard to the pernicious effects of their own gains, 115; clamour and sophistry of, 144] their judgments more to be depended on respecting the interests of their particular branches of trade, than with regard to the public interest, 266-7. Their capitals altogether circulating, 280. Their dealings extended by the aid of bankers notes, 299, 304-5. Customs of, first established to supply the want of laws, and afterward admitted as laws, 309. The manner of negotiating bills of exchange explained, ib. The pernicious tendency of drawing and redrawing, 309.

in what method their capitals are employed, 361. Their capitals dispersed and unfixed, 364. The principles of foreign trade examined, 372. Are the best of improvers, when they turn country gentlemen, 411 [not citizens of any particular country, 426; listened to because supposed to understand trade, 434]. Their preference among the different

species of trade, how determined, 454 [derive greatest advantage from a monopoly of the home market, 459]. Are actuated by a narrow spirit of monopoly, 462, 493. The several branches of the corn trade specified and considered, 524 [-43]. The government of a company of, the worst a country can be under, 570. Of London not good economists, 613.

Merchants, an unproductive class of men, according to the present agricultural system of political œconomy in France, 668. The quick return of mercantile capitals enables merchants to advance money to government, 910. Their capitals increased by lending money to the state, ib.

Meecier de la Riviere, M. character of his natural and essential order of political societies, 679.

[Merovingian kings had treasures, 446]

[Messance, quoted, 102, 216, 257]

Metals, why the best medium of commerce, 38. Origin of stamped coins, 40. Why different metals become the standard of value among different nations, 56. The durability of, the cause of the steadiness of their price, 228. On what the quantity of precious metals in every particular country depends, 253.

restraints upon the exportation of, 656 [see Gold and Silver].

Metaphysics, the science of, explained, 770.

Metayers, description of the class of farmers so called in France, 389.

Methodists, the teachers among, why popular preachers, 789.

Methuen, Mr. translation of the commercial treaty concluded by him between England and Portugal, 546 [his treaty obliges the consumer to buy a worse commodity from a more distant country, 661].

[Metz treated as foreign by France, 901]

Mexico was less civilized that Peru, when first visited by the Spaniards, 221 [inferior to China, Japan and Indostan, 448; Cortez attracted to, by quest of gold, 562; something like an Eldorado, 564].

present populousness of the capital city, 568. Low state of arts at the first discovery of that empire, ib. [conquest projected by governor of Cuba, 589; natives beyond hunting stage, 634].

[Milan surveyed, 835, 934; old church lands rated one third, 835, 836; taxes on bread, 876; six different provinces with different excises, 901]

[Miletus, 566]

[Military age, proportion of population within, 693]

Militia, why allowed to be formed in cities, and its formidable nature, 403. the origin and nature of, explained, 698. How distinguished from the regular standing army, ib. Must always be inferior to a standing army, 699 - 700. A few campaigns of service may make a militia equal to a standing army, 701. Instances, 701 - 2.

Milk, a most perishable commodity, how manufactured for store, 244.

Mills, wind and water, their late introduction into England, 263.

[Mine Adventurers' Company bankrupt, 758]

Mines, distinguished by their fertility or barrenness, 182. Comparison between those of coal and those of metals, 185. The competition between, extends to all parts of the world, ib. The working of, a lottery, 187. Diamond mines not always worth working, 191. Tax paid to the king of Spain from the Peruvian mines, 219. The discovery of mines not dependent on human skill or industry, 254.

in Hungary, why worked at less expence than the neighbouring ones in Turkey, 684.

Mining, projects of, uncertain and ruinous, and unfit for legal encouragement, 562.

[Minorca, the acquisition of, united the house of Bourbon, 740]

[Mint, origin of, 40; present hurry of the, 62; operations of, like the web of Penelope, 551]

[Mint price, 60, 62]

Mirabeau, Marquis de, his character of the œconomical table, 679.

Mississippi scheme in France, the real foundation of, 317 [fall of, 571, 576].

[Mithridates, 703]

[Modena, taxes on necessaries, 876]

Modus for tythe, a relief to the farmer, 839.

[Molasses, duties on beer made from, 936, 939]

[Moluccas, 223, 525, 636, 638; see Spices]

[Monasteries, destruction of, deprived the poor of charity, 152]

Money, the origin of, traced, 38. Is the representative of labour, 47. The value of, greatly depreciated by the discovery of the American mines, 49. How different metals became the standard money of different nations, 56 [money makes money, 110; the great wheel of circulation, 289, 291, 296]. The only part of the circulating capital of a society, of which the maintenance can diminish their neat revenue, 288. Makes no part of the revenue of a society, 289. The term money, in common acceptation, of ambiguous meaning, 290. The circulating money in society, no measure of its revenue, 291. Paper money, 292. The effect of paper on the circulation of cash, 292 - 3. Inquiry into the proportion the circulating money of any country bears to the annual produce circulated by it, 296. Paper can never exceed the value of the cash, of which it supplies the place, in any country, 300. The pernicious practice of raising money by circulation explained, 309.

the true cause of its exportation, 340. Loans of, the principles of, analysed, 350. Monied interest, distinguished from the landed and trading interest, 351. Inquiry into the real causes of the reduction of interest, 354. Money and wealth synonymous terms in popular language, 429. And moveable goods compared, 430. The accumulation of, studied by the European nations, 431. The mercantile arguments for liberty to export gold and silver, ib. The validity of these arguments examined, 433. Money and goods mutually the price of each other, 435. Overtrading causes complaints of the scarcity of money, 437. Why more easy to buy goods with money, than to buy money with goods, 438 [ridiculous to go about to prove that wealth does not consist in, ib.]. Inquiry into the circulating quantity of, in Great Britain, 442. Effect of the discovery of the American mines on the value of, 447. Money and wealth different things, 449 - 50. Bank money explained, 481 [value in proportion to the necessaries it will purchase, 886]. See *Coins*, *Gold*, and *Silver*.

Monopolies in trade or manufactures, the tendency of, 78. Are enemies to good management, 163.

tendency of making a monopoly of colony trade, 608. Countries which have colonies, obliged to share their advantages with many other countries, 628. The chief engine in the mercantile system, 630. How monopolies derange the natural distribution of the stock of the society, 631. Are supported by unjust and cruel laws, 648.

of a temporary nature, how far justifiable, 754. Perpetual monopolies injurious to the people at large, 755 [in particular produce of land, 893].

Montauban, the inequalities in the predial taille① in that generality, how rectified, 836.

Montesquieu, reasons given by him for the high rates of interest among all Mahometan nations, 112 – 13.

examination of his idea of the cause of lowering the rate of interest of money, 353

[quoted, 684, 775].

[Montezuma, 568]

[Moors in Spain, 406; in Africa, 558]

Morality, two different systems of, in every civilized society, 794. The principal points of distinction between them, ib. The ties of obligation in each system, 795. Why the morals of the common people are more regular in sectaries than under the established church, 796. The excesses of, how to be corrected, ib.

[Moral philosophy debased in middle ages, 771]

[Moravia, 387]

Morellet, M. his account of joint stock companies, defective, 755.

[Mosaical law of inheritance in New England, 572]

[Mourning, a public, raises the price of black cloth, 76, 132]

[Mum, tax on, 890]

① tallie.

Mun, Mr. his illustration of the operation of money exported for commercial purposes, 431.

[Muscovia, trade with China by caravan, 223; yarn, 643]

Music, why a part of the antient[①] Grecian education, 774. And dancing, great amusements among barbarous nations, 776 [not of much consequence in forming the Greeks, 779].

N

[Nails, effects of division of labour in making, 18; currency in a Scotch village, 38]

[Naples, 425]

[National debt, see Debts, public, and Funds]

Nations, sometimes driven to inhuman customs, by poverty, 10. The number of useful and productive labourers in, always proportioned to the capital stock on which they are employed, 11. The several sorts of industry, seldom dealt with impartially by, ib. Maritime nations, why the first improved, 34.

how ruined by a neglect of public œconomy, 342. Evidences of the increase of a national capital, 343. How the expences of individuals may increase the national capital, 346.

Natural liberty, violations of, unjust, 157, 324, 530; obvious and simple system of, 687]

Navigation, inland, a great means of improving a country in arts and industry, 35. The advantages of, 163.

may be successfully managed by joint stock companies, 756 - 7.

[Navigation] act of England, the principal dispositions of, 463 - 4. Motives that dictated this law, 464. Its political and commercial tendency, ib. Its consequences, so far as it affected the colony trade with England, 595 - 6. Diminished the foreign trade with Europe, 596. Has kept up high profits in the British trade, 598. Subjects Britain to a disadvantage in ev-

① ancient.

ery branch of trade of which she has not the monopoly, 599 [truly shopkeeper proposal enacted in, 614].

[Navy-bills, 911]

Necessaries, [effect of taxes on, 466, 871, 927] distinguished from luxuries, 869 - 70. Operation of taxes on, 871. Principal necessaries taxed, 873 - 4 [value of, 886; ought not to be taxed, 888; taxes on, may diminish landlord's revenue, 927].

[Necessaries and conveniences of life, 10, 47, 51, 176, 927]

[Necker, quoted, 905]

Negro slaves, why not much employed in raising corn in the English colonies, 388. Why more numerous on sugar, than on tobacco plantations, 389 [export of, to the West Indies unprofitable, 743, 745; taxes on, 857; not worse fed than the lower ranks in England, 939].

[Negroes on the coast of Africa, drunken, 492; addicted to music and dancing, 776]

[Nemean games, 786]

[Newcastle, colliers' wages, 121; price of coal at, 185; coal trade to London employs more shipping than all the carrying trade, 371]

[New England, in three provinces the eldest son has a double share, 572; councils chosen by the representatives, 585; more republican than England, ib.; established by the Puritans, 589; progress not foreseen in 1660, 597 - 8; exports to Great Britain not equal to imports, 942]

[Newfoundland, dried cod currency, 38]

[New Granada, 221]

[New Hampshire, cost of civil establishment, 573]

[New Jersey, established by Swedes, 570; progress obstructed by Dutch exclusive company, ib.; cost of civil establishment, 573; possessed by the Dutch in 1660, 597; exports to Great Britain less than imports, 942]

[New York, province, high wages, 87; free labour found cheaper than slave, 99; swallowed up New Jersey and was acquired by England, 570; progress obstructed by Dutch exclusive company, ib.; expense of civil establishment, 573; possessed by the Dutch in 1660, 597; exports

to Great Britain less than imports, 942]
[New York City, second great town of the English colonies, 568]
[Nicuessa, 562]
[Nightingale, a white, extravagant price paid for, 236]
Nile, river, the cause of the early improvement of agriculture and manufactures in Egypt, 35 [famous irrigation works on, 681]
[Nimeguen, peace of, 467]
[Norfolk, master weavers restricted to two apprentices, 136]
[Norman lords, their jurisdiction no greater than that of the Saxons, 416]
[Normandy, 901]
[North Carolina, expense of civil establishment, 574; revenue, 937]
[Northumberland, Earl of, his household book, 197; mountains destined to be breeding country, 460]
[North-west passage, 564]
[Norway exempted from Eastland Company's monopoly, 735]
[Norwich, master weavers restricted to two apprentices, 136]
[Nova Belgia divided into New York and New Jersey, 570]
[*Nove Tabulæ* demand of Roman poor, for, 931]
[Nova Scotia, expense of civil establishment, 573]
[Nugnes de Balboa, Vasco, 562]
[Nuremberg, bank of, 480]

O

[Oatmeal, principal and best food of Scotch common people, 93]
Oats, bread made of, not so suitable to the human constitution, as that made of wheat, 577.
[Oceana as likely as free trade in Great Britain, 471]
[Œconomical Table, 672]
Œconomists, sect of, in France, their political tenets, 663 - 79 [recommend a tax on rent varying with the rent, 830].
[Œconomy of the rich, disorders usually established in, 98]
[Offices salaries of public, taxable, 866 - 7]

[Oieda, 562]

[Olympic games, 786]

Ontology, the science of, explained, 771.

[Optional clause, 325]

[Orleans, Duke of, 317]

[Ortolans, fattened in France, 241 - 2]

[Overtrading occurs when profits are unusually high, 438]

Oxford, the professorships there, *sinecures*, 761.

[Oxfordshire, coal and wood mixed, 184]

P

[Palladius quoted, 169]

[Palos, 559]

Paper money, the credit of, how established, 292. The operation of paper money explained, 292 - 3. Its effect on the circulation of cash, ib. Promotes industry, 294. Operation of the several banking companies established in Scotland, 297. Can never exceed the value of the gold and silver, of which it supplies the place, in any country, 300. Consequences of too much paper being issued, 301 - 2. The practice of drawing and redrawing explained, with its pernicious effects, 308 - 10. The advantages and disadvantages of paper credit stated, 320 - 1. Ill effects of notes issued for small sums, 322. Suppressing small notes, renders money more plentiful, 323. The currency of, does not affect the prices of goods, 324. Account of the paper currency in North America, 326 - 7.

Paper-money, expedient of the government of Pennsylvania to raise money, 326 - 7, 820. Why convenient for the domestic purposes of the North Americans, 940.

[Paraguay, 221]

Paris, [lodging dearer than in London, 134; workman serves five years as apprentice and five more as journeyman, 138; Rouen the entrepôt of goods for, 335; enjoys little more trade than is necessary for the consumption of its inhabitants, 336 [exchange with London, 476].

[Custom of, with regard to inheritance, followed in the colonies, 572; defended itself against Henry IV., 624; parliament of, 799]

Parish ministers, evils attending vesting the election of, in the people, 808.

[Parliament, intimidated by private interests, 471; managed by the sovereign, 619, 799; might be extended to the colonies, 933]

[Parliaments, the French, little trade in the towns where they are, 335; court fees and salaries, 720; that of Paris managed by Choiseul, 799; memoir of that of Bordeaux quoted, 918]

[Parma, taxes on bread, 876; several provinces with separate excises, 902]

Parsimony is the immediate cause of the increase of capitals, 337. Promotes industry, 337 - 8. Frugal men public benefactors, 340 [destroyed by high profits, 612].

is the only means by which artificers and manufacturers can add to the revenue and wealth of society, according to the French agricultural system of political œconomy, 668.

[Parthians, 703]

[Passage duties, 397 - 8, 894]

Pasture land, [not so productive as corn-fields, 164] under what circumstances more profitable than arable land, 165 - 6. Why it ought to be inclosed, 167.

[Patents, justification of, 754]

Patronage, the fight of, why established in Scotland, 809.

[Pawnshop, public at Hamburg, 820]

Pay, military, origin and reason of, 694 - 5.

[Péages, 815, 894]

[Pedlars, tax on, 852]

[Pekin, caravans from Muscovy to, 223]

[Pelham, Mr., quoted, 217; redeemed six millions of debt, 922, 923]

[Peloponnesians served in war without pay, 693]

[Peltry, 178]

[Penelope, 551]

Pennsylvania, account of the paper currency there, 326, 820, 940 [Quakers liberated their slaves, 388. No right of primogeniture, 572; expense of civil establishment, 573; established by Quakers, 589; not planted in 1660, 597]. Good consequences of the government there having no religious establishment, 793. Derive a revenue from their paper currency, [820] 940 [imports from Great Britain exceed exports, 942].

[Pensions, a derivative revenue, 70; value of, equal to their power of purchasing, 291]

People, how divided into productive and unproductive classes, according to the present French system of agricultural political economy, 664. The unproductive class, greatly useful to the others, 669. The great body of, how rendered unwarlike, 697. The different opportunities of education in the different ranks of, 784 - 5. The inferior ranks of, the greatest consumers, 887. The luxurious expences of these ranks ought only to be taxed, 888.

[Perpetuities abhorred by English common law, 385; different kinds of, prevent division of great estates in Europe, 423]

Persecution for religious opinions, the true cause of, 789.

[Persia, Gulf of, 36; many servants but few soldiers at the court of, 446; militia defeated by the Greek militia, 704 - 5]

Peru, the discovery of the silver mines in, occasioned those in Europe to be in a great measure abandoned, 185. These mines yield but small profit to the proprietors, 187. Tax paid to the king of Spain from these mines, [186 - 7, 188] 219. The early accounts of the splendour and state of arts in this country, greatly exaggerated, 221. Present state of, under the Spanish government, ib. The working of the mines there become gradually more expensive, 232 [food, clothing and lodging the price paid for gold and silver, 340; silver of, 370, 436, 491; less rich than China, Japan or Indostan, 448].

[Reason for conquest of, 562; like an Eldorado, 563 - 4] low state of arts there when first discovered, 568. Is probably more populous now, than at any former period, ib. [sums spent in receiving a new viceroy, 574; little contributed by Spain, 589 - 90; natives beyond the

hunting stage, 634]

[Peter the Great, his great reform the creation of a standing army, 706]

[Pfeffel quoted, 401, *note*, 403, *note*]

[Philadelphia, high wages, 99; third greatest city of the English colonies, 568]

[Philip of Macedon, 150, 702]

[Philip I. of France, 402]

[*Philosophical and Political History*, quoted, 226, see Raynal]

Philosophy [subdivided, 21 - 2; philosopher not very different by nature from a porter, 28 - 9] natural, the origin and objects of, 767 - 8. Moral, the nature of, explained, 768 - 9. Logic, the origin and employment of, 769 - 70 [study of, should be universal among middle and upper ranks, 796; nothing so absurd as not to have been asserted by some, 876].

[Phocyllides, 768]

[Phoenicians long feared to sail beyond Gibraltar, 34]

Physicians, why amply rewarded for their labour, 122.

Physics, the antient① system of, explained, 770 - 1.

[Picardy, 901]

[Piecework leads to overwork, 100]

[Piedmont, 835]

Pinmaking, the extraordinary advantage of a division of labour in this art, 14 - 15.

[Pisa, shipping encouraged by the crusades, 406]

[Pizarro, 562]

[Placentia bread-taxes, 876]

[Piano Carpino, quoted 429]

[Plate River, 164]

Plate [sterling mark on, gives greater security than apprenticeship, 139; annual consumption of, 225] of private families, the melting it down to

① ancient.

supply state exigencies, an insignificant resource, 441 [profusion of, in Spanish and Portuguese houses, 512]. New plate is chiefly made from old, 550 [tax on, most conveniently paid as an annuity, 876].

[Plato, quoted, 150, 388, 775; the Academy assigned, to, 778; a teacher, 811]

[Play for nothing, better than to work for nothing, 335]

[Pliny, quoted, 39, 56, 236, 388, 685]

Ploughmen, their knowledge more extensive than the generality of mechanics, 143 - 4.

[Plutarch, quoted, 150; a teacher, 811]

[Plymouth Company, 564, 576]

Pneumatics, the science of, explained, 770 - 1.

[Pneumatotogy, 772]

[Po River, transit duties, 894]

[Poacher everywhere in Great Britain a very poor man, 118]

[Pocock, Dr. , quoted, 413]

Poivre, M. , his account of the agriculture of Cochin China, 173.

Poland, [corn as cheap as that of France, 16; disorders have raised the price of corn, 217] a country still kept in poverty by the feudal system of its government, 256 [annual produce declining, 258; trade, 371; serfs still exist in, 387; corn exchanged for wines and brandies of France, 407].

[Industry encouraged by colonisation of America, 591; partition and pacification of, 607; Russian invasion, 705].

[Police, regulations of keep market price above natural, 77, 79; violent, of Indostan and ancient Egypt, 80; rules of, consequent on statute of apprenticeship, 137; laws of settlement the greatest disorder of, in England, 152; wrong regulation of, not likely to be advised by landlords, 265]

[Vigilant and severe, will not retain gold and silver in Spain and Portugal, 512; of Spain and Portugal lowers value of precious metals there, 541; maintenance of roads and canals a branch of, 730; particu-

lar town or district should pay for its own, 815]

[Police of grain, quoted, 199, 216, see Herbert]

[Policy of Europe, favourable to the industry of towns, 11, 679; nowhere leaves things at perfect liberty, 116, 135; considers country labour as common labour, 119]

[Political arithmetic, Gregory King's skill in, 95; author has no great faith in, 535]

Political economy, [private interests and prejudices of particular orders of men have given occasion to different theories of, 11; system of, which represents national wealth as consisting in abundance of gold and silver, 255, 429-30; the great object of, is to increase the riches and power of the country, 372] the two distinct objects, and two different systems of, 428 [Mun's title a maxim in the, of England and other countries, 434; under the mercantile system, object of, to diminish imports and increase exports, 450]

the present agricultural system of, adopted by French philosophers, described, 663. Classes of the people who contribute to the annual produce of the land, 664. How proprietors contribute, 665. How cultivators contribute, ib. Artificers and manufacturers, unproductive, 666. The unproductive classes maintained by the others, 668. Bad tendency of restrictions and prohibitions in trade, 671-2. How this system is delineated by M. Quesnai, 672-3. The bad effects of an injudicious political œconomy, how corrected, 674. The capital error in this system pointed out, ib. [this system the best yet published on the subject of, 678; very important science, ib.; deals with the nature and causes of the wealth of nations, 678-9; of Europe favours manufactures and foreign trade, 679; to promote cheapness and encourage production, the great business of, 748; Morellet's great knowledge of, 755].

[Politician, insidious and crafty animal, 468]

Poll taxes, origin of, under the feudal government, 398 [on negro slaves, a tax on particular profits, 857].

why esteemed badges of slavery, ib. The nature of, considered, 867

[French, 904].

[Polybius, quoted, 774, 775, 779]

[Pondicherry, 749]

[Pondo, 42]

[Pontage, 398]

Poor, history of the laws made for the provision of, in England, 152 - 3 [see Settlement].

Pope of Rome, the great power formerly assumed by, 800. His power how reduced, 803 - 4. Rapid progress of the reformation, 805.

Population, riches and extreme poverty, equally unfavourable to, 96 - 7. Is limited by the means of subsistence, 97, 180 [encouraged by high wages in colonies, 566; taxation of luxuries of the poor, no discouragement to the increase of useful, 872].

[Porrée, Father, 811]

Porter, [tax on, has not raised wages, 872: price of a pot of, 878] the proportion of malt used in the brewing of, 889.

[Porters, compared with philosophers, 28 - 9; can only find employment in a town, 31; Irish, in London, 177]

[Portico assigned to Zeno, 778]

[Porto Bello, 746]

Portugal, [small part of Europe, 220; in 16th century the only nation regularly trading with East Indies, 222; lost that trade to the Dutch, ib., 449; annual produce of land and labour declining, 258; trade with Britain, 368; and with Poland, 371] the cultivation of the country not advanced by its commerce, 426 [expense of last war laid out in, 442; British duties on wines, 473, 493; foreign trade, 475]. The value of gold and silver there, depreciated by prohibiting their exportation, 511 - 12. Translation of the commercial treaty concluded in 1703 with England, 546. A large share of the Portugal gold sent annually to England, 547. [examination of the advantages of the trade with, to Great Britain, 547 - 9]. Motives that led to the discovery of a passage to the East round the Cape of Good Hope, 558 [settlement of Brazil, 569; exclusive companies recently established for Fernambuco and Marannon, 575; prohibition of import of tobacco except from the colonies, 583; banished Jews to Brazil, 589]. Lost its manufactures by acquiring rich and fertile colonies, 609 [trade with East Indies open, 631; and none the less prosperous, 633, 635; African colonies resemble the American, though there is no exclusive company, 634 - 5; summary of effect of Methuen treaty, 661; slave trade unprofitable, 745; see Spain and Portugal].

[Postlethwayt, quoted, 318, *note*; 922]

Post-office, [affords a revenue to the state, 724] a mercantile project well calculated for being managed by a government, 818.

Potatoes, remarks on, as an article of food, 176 - 7. Culture, and great produce of, ib. The difficulty of preserving them, the great obstacle to cultivating them for general diet, 177.

[Potosi, mines of, 164, 211, 220]

[Pots and pans, 439 - 40]

Poultry, the cause of their cheapness, 242. Is a more important article of rural economy in France than in England, ib.

[Pounds, various, 42 - 3; accounts kept in, 57]

*Poverty*① sometimes urges nations to inhuman customs, 10. Is no check to the production of children, 96. But very unfavourable to raising them, 97.

Pragmatic sanction in France, the object of, 804. Is followed by the concordat, ib.

Preferments, ecclesiastical, the means by which a national clergy ought to be managed by the civil magistrate, 798. Alterations in the mode of electing to them, 799 - 800, 804.

Presbyterian church government, the nature of, described, 809. Character of the clergy of, 810, 813 [countries exempt from tithe, 838].

[*Present State of the Nation*, quoted, 443]

[Press-gang, 132]

① In the original index, this entry appears before "Poultry".

Prices, [natural, real, market, and nominal, 46, 47 - 64, 72 - 81] real and nominal, of commodities distinguished, 51 [of labour, 53, 162, 218]. Money price of goods explained, 63 [component parts of, 65 - 71]. Rent for land enters into the price of the greater part of all commodities, 67. The component parts of the prices of goods explained, 67. Natural and market prices distinguished, and how governed, 72 - 4, [79] 104. Though raised at first by an increase of demand, are always reduced by it in the result, 748 [of necessaries and labour, 864, 885 - 6].

Primogeniture, origin and motive of the law of succession by, under the feudal government, 382 - 3. Is contrary to the real interests of families, 384 [obstructs improvement in Europe, 423; none in Pennsylvania, and restricted in New England, 572].

Princes, why not well calculated to manage mercantile projects for the sake of a revenue, 818 - 19.

Prodigality, the natural tendency of, both to the individual and to the public, 339. Prodigal men enemies to their country, 340.

Produce of land and labour, the source of all revenue, 332. The value of, how to be increased, 343.

[Production, consumption the sole object of, 660]

[Productive, and useful labourers proportioned to stock, 11; and unproductive, 330 - 49]

Professors in universities, circumstances which determine their merit, 810 - 11.

Profit, [must be obtained by the undertaker who hazards his stock, 66; not merely a different name for wages of direction, ib.; one of three original sources of revenue, 69] the various articles of gain that pass under the common idea of, 70 [sometimes included in wages, 70 - 1]. An average rate of, in all countries, 72 [how affected by fluctuations of prices, 76; name usually given to gains resulting from possession of secrets in trade, 77; raised by monopolies and corporation laws, 78 - 9; depends on price of provisions, 101; general theory of, 105 - 15]. Averages of, extremely difficult to ascertain, 105. Interest of money the best standard of, 105 - 6. The diminution of, a natural consequence of prosperity, 108. Clear and gross profit, distinguished, 113. The nature of the highest ordinary rate of, defined, ib. Double interest, deemed in Great Britain, a reasonable mercantile profit, 114. In thriving countries, low profit may compensate the high wages of labour, ib. The operation of high profits and high wages, compared, ib. [inequalities of, between different occupations, 116 - 59]. Compensates inconveniencies and disgrace, 118. Of stock, how affected, [by the five circumstances which cause differences of wages,] 128. Large profits must be made from small capitals, 129. Why goods are cheaper in the metropolis than in country villages, ib. Great fortunes more frequently made by trade in large towns than in small ones, 130 [high, a cause of high prices, 162; a charge which comes before rent, ib.; lower in remote country than in great towns, 163]. Is naturally low in rich, and high in poor countries, 266.

how that of the different classes of traders is raised, 362. Private, the sole motive of employing capitals in any branch of business, 374. [Kept up in British trade by the colonial monopoly, 598; high, subjects a country to a disadvantage in trade, 599; and discourages improvement of land, 611]. When raised by monopolies, encourages luxury, [high rate everywhere destroys parsimony] 612 [small republics derive considerable revenue from, 817; one of three sources of private revenue, 825; surplus over interest not taxable, 847; taxes on, 847 - 52; taxes on particular, 852 - 8; custom duties originally intended as a tax on, 878].

[Progressive state best for the body of the people, 99]

[*Projects*, unsuccessful, in arts, injurious to a country, 341]

Property, [of a man in his own labour, the foundation of all other, 138; sacred rights of, 188] passions which prompt mankind to the invasion of, 709. Civil government necessary for the protection of, 710. Wealth a source of authority, 711 - 12, 714.

[Proprietor, a great, seldom a great improver, 385]

[Prosperity, does not usually last more than 200 years, 425]

[Prostitutes, Irish, in London, 177]

[Pretagoras, lived in splendour, 150; went from place to place, 777]

[Provence, taille in, 854]

[Proverbs of Solomon, 768]

Provisions, how far the variations in the price of, affect labour and industry, 92, 100 - 1, 103. Whether cheaper in the metropolis, or in country villages, 129. The prices of, better regulated by competition than by law, 158 [Parliamentary inquiry into the causes of the high price of, 167 - 8]. A rise in the prices of, must be uniform, to shew that it proceeds from a depreciation of the value of silver, 257 [price of, and wages, 864, 885 - 6].

Provisors, object of the statute of, in England, 804.

Prussia, [king of, accumulates treasure, 441, 909; acknowledged superiority of troops, 700; troops veteran, 705] mode of assessing the land-tax there, 834 [survey and valuation, 834, 835, 934].

[Public good, not much good clone by those who affect to trade for the, 456]

[Public schools, the English, less corrupted than the universities, 764]

Public works and institutions, how to be maintained, 723. Equity of tolls for passage over roads, bridges, and canals, 724 - 5. Why government ought not to have the management of turnpikes, 727. Nor of other public works, 730 [deficiencies in the receipts from, must be made good from taxes, 815 - 16; six days' labour originally sufficient for all, 821].

[Puritans founded New England, 589]

Purveyance, a service still exacted in most parts of Europe, 394.

[Pythagoras, school of, established in a colony, 567]

Q

Quakers of Pennsylvania, inference from their resolution to emancipate all their negro slaves, 388 [established the colony, 589; in a majority there, 793].

Quesnai, M. view of his agricultural system of political mconomy, 672. His

doctrine generally subscribed to, 679.
[Quintilian, a teacher, 812]
[Quito, populousness of that city, 568]

R

[Racked rent takes part of the farmer's share, 665]
[Raleigh, his dream of an Eldorado, 563]
[Ramazzini, his book on the diseases of workmen, 100]
[Rates, the Book of, 537, 658, 880, 883]
[Raynal, quoted, 226 - 7]
[Recoinage, of gold, 58 - 9; of silver, under William III., 213, 912]
[Recovery, common, 392]
[Reformateur, Le, quoted, 876]
Reformation, rapid progress of the doctrines of, in Germany, 805. In Sweden, and Switzerland, 806. In England and Scotland, 806 - 7. Origin of the Lutheran and Calvinistic sects, 807.
[Reformers found Greek and Hebrew versions more favourable than the Latin, 766]
[Regiam majestatem, quoted, 202]
[Registration, duties on, 858, 861, 863]
Regulated companies. See *Companies.*
[Relief, a feudal casualty once a source of public revenue, 860]
Religion, [corn laws resemble laws respecting, 539; instruction in 788 - 814] the object of instruction in, 788. Advantage the teachers of a new religion enjoy over those of one that is established, 788 - 9. Origin of persecution for heretical opinions, 789. How the zeal of the inferior clergy of the church of Rome is kept alive, 789 - 90. Utility of ecclesiastical establishments, 791. How united with the civil power, 792 [instruction in, may be paid from taxes without injustice, 815].
Rent, reserved, ought not to consist of money, 52. But of corn, 53. Of land, constitutes a third part of the price of most kinds of goods, 67 [sometimes confounded with profit, 70]. An average rate of, in all countries,

and how regulated, 72 [less affected by fluctuations of prices than wages and profit, 76; of particular vineyards, 78; causes which regulate, 81]. Makes the first deduction from the produce of labour employed upon land, 83 [depends on price of provisions, 101; highest rate of profit eats up, 113]. The terms of, how adjusted between landlord and tenant, 160. Is sometimes demanded for what is altogether incapable of human improvement, 161. Is paid for, and produced by, land in almost all situation, 163 [varies with fertility, ib.; of rice lands, 176]. The general proportion paid for coal mines, 184 - 5. And metal mines, 185 - 6. Mines of precious stones frequently yield no rent, 191 [rent of mines in proportion to relative, but land rent in proportion to absolute fertility, 191]. How paid in antient[1] times, 200. Is raised, either directly or indirectly, by every improvement in the circumstances of society, 264. Gross and neat rent distinguished, 286.

Rent how raised and paid under feudal government, 334. Present average proportion of, compared with the produce of the land, ib.

[In Great Britain, estimate of the amount of, 823; one third of the produce, ib.; revenue of the people not proportioned to, ib.;] of houses, distinguished into two parts, 840. Difference between rent of houses, and rent of land, 842. Rent of a house the best estimate of a tenant's circumstances, 843 [house-rent taxable under the land-tax, 845].

[Rents (French *rentes*), 858]

[Representation unknown in ancient times, 624]

[Republican government supports the grandeur of Holland, 906]

Retainers, under the feudal system of government, described, 413 [- 21]. How the connexion between them and their lords was broken, 418 - 19.

[Retaliation, when expedient, 467]

Revenue, the original sources of, pointed out, 69, [825, 927] of a country, of what it consists, 286. The neat revenue of a society, diminished by

① ancient.

supporting a circulating stock of money, 288. Money no part of revenue, 289. Is not to be computed in money, but in what money will purchase, 290.

how produced, and how appropriated, in the first instance, 332. Produce of land, ib. Produce of manufactures, ib. Must always replace capital, ib. The proportion between revenue and capital, regulates the proportion between idleness and industry, 337. Both the savings and the spendings of, annually consumed, 337－8. Of every society, equal to the exchangeable value of the whole produce of its industry, 455－6. Of the customs, increased by drawbacks, 503 [severity of the laws for the security of the, 647－8].

why government ought not to take the management of turnpikes, to derive a revenue from them, 727. Public works of a local nature, always better maintained by provincial revenues, than by the general revenue of the state, 730. The abuses in provincial revenues trifling, when compared with those in the revenue of a great empire, 731. The greater the revenue of the church, the smaller must be that of the state, 812. The revenue of the state ought to be raised proportionably from the whole society, 814. Local expences ought to be defrayed by a local revenue, 815. Inquiry into the sources of public revenue, 817. Of the republic of Hamburgh, 817, 820. Whether the government of Britain could undertake the management of the Bank to derive a revenue from it, 818. The Post-office a mercantile project well calculated for being managed by government, ib. Princes not well qualified to improve their fortunes by trade, ib. The English East India Company good traders before they became sovereigns, but each character now spoils the other, 819. Expedient of the government of Pennsylvania to raise money, 820. Rent of land, the most permanent fund, 821. Feudal revenues, ib. Great Britain, 822. Revenue from land proportioned, not to the rent, but to the produce, 823. Reasons for selling the crown lands, 823－4. An improved land-tax suggested, 830. The nature and effect of tythes explained, 837. Why a revenue cannot be raised in kind, 839. When raised in money, how affected by different modes of valuation, ib. A proportionable tax on houses, the best source of revenue, 843. Remedies for the diminution of, according to their causes, 884. Bad effects of farming out public revenues, 902. The different sources of revenue in France, 904. How expended, in the rude state of society, 907.

[Revolution, the, of 1688, 540, 912]

[Rhine, 35]

[Rhode Island expense of civil establishment, 573; representatives elected the governor, 585]

Rice, a very productive article of cultivation, 176. Requires a soil unfit for raising any other kind of food, ib. Rice countries more populous than corn countries, 223.

Riches, [measured by the necessaries, conveniences and amusements which can be enjoyed, 47] the chief enjoyment of, consists in the parade of, 190.

[Rich man consumes no more food than the poor, 180]

[Riding school inefficient because generally a public institution, 764]

[Riga, 369, 477]

[Riquet, Languedoc Canal entrusted to, 726]

Risk, instances of the inattention mankind pay to it, 125.

[Rivers, earliest improvements of industry on the banks of, 32; benefit remote parts of the country, 163]

Roads, good, the public advantages of, 163 [anciently maintained by compulsory labour, 393].

how to be made and maintained, 724 [- 31]. The maintenance of, why improper to be trusted to private interest, 726. General state of, in France, 729. In China, 729 [may not unjustly be paid for from taxes, 815; anciently maintained by six days' labour, 821; good in ancient Bengal and Egypt, 838].

[Robert Capet, 805]

[Roman Catholic, see Rome, modern]

[Roman law developed with respect to precedent, 779; position of emanci-

pated children, 859]

Romans, [had no coined money till the time of Servius Tullius, 39, 42] why copper became the standard of value among them, 56 [incorporated trades, 136; no apprentices, 139; Athenian philosophers, ambassadors to, 150; corn chiefly imported, 166; cultivation discouraged by low price of corn, ib.; silver mines worked by, 199]. The extravagant prices paid by them for certain luxuries for the table, accounted for, 235 - 6. The value of silver higher among them than at the present time, 236 [fall of Western empire, 381; no right of primogeniture, 382; entails unknown among, 384; slavery harsher than in mediaeval Europe, 386]

[Colonisation by, 556 - 8] the republic of, founded on a division of land among the citizens, 556. The agrarian law only executed upon one or two occasions, 557 [cultivation by slaves, ib.]. How the citizens who had no land subsisted, ib. Distinction between the Roman and Greek colonies, 558. The improvement of the former slower than that of the latter, 566 - 7 [dependency of the former on the mother state, 567; slaves more protected under the emperors, 587; colonies furnished both men and money, 593]. Origin of the social war, 622. The republic ruined by extending the privilege of Roman citizens to the greater part of the inhabitants of Italy, [622] 624 [wisdom of the senate, 641; discouraged manufactures and foreign trade, 683; used slave labour in manufactures, 684; the pound, 685].

when contributions were first raised to maintain those who went to the wars, 694 [Campus Martius, 696]. Soldiers not a distinct profession there, ib. [elevation of, the second great historical revolution, 702; Carthaginian wars, ib.]. Improvement of the Roman armies by discipline, 703. How that discipline was lost, 704. The fall of the Western empire, how effected, ib. [abandonment of personal administration of justice by the consul, 722]. Remarks on the education of the ancient Romans, 774. Their morals superior to those of the Greeks, 775 [teachers of military exercises not paid by the state, 776, 786]. State of law and forms of justice, 778 - 9 [equal to any modem people in ability, 779]. The martial spirit of the people, how supported, 786 (eminent men of letters were teachers, 811; comfortable without linen, 870]. Great reductions of the coin practised by, at particular exigencies, 930 - 1 [poor people in debt to the rich and demanded new tables, 931].

Rome, modern, [*i. e.* church of, pay of priests in England, 146 - 7; claims merit as to the emancipation of serfs, 390. Clergy obliged to study Greek and Hebrew, 766; demanded persecution of Protestants, 789] how the zeal of the inferior clergy of, is kept alive, ib. [turbulent, 798]. The clergy of, one great spiritual army dispersed in different quarters over Europe, 800. Their power during the feudal monkish ages similar to that of the temporal barons, 800 - 1 [most formidable combination against civil government, 802]. Their power how reduced, 803 [richest church in Christendom, 811].

[Rome, modern city of, residence of a court and consequently idle, 335]

Rouen, [statistics of silk and linen manufacture in the generality of, 102] why a town of great trade [though the seat of a parliament], 335 - 6.

[Rouge, Cape, 737, 738, 739]

[Royal Caroline, 745]

[Royal Exchange Assurance Company, 756]

Ruddiman, Mr. remarks on his account of the antient① price of wheat in Scotland, 203 [quoted, 230, 298].

[Ruffhead, his edition of the statutes, 202]

[Rum, and molasses expected to defray cost of sugar cultivation, 173; foreign article of common use, 883; excise duties, 885; proper subject of taxation, 936, 939]

Russia, [improvement since the discovery of America, 220; serfs still exist in, 387; peace with Turkey, 607; fleet in the Archipelago, ib.; soldiers not inferior to the Prussian, 705] was civilized under Peter I. by a standing army, 706 [early embassies to, 732].

[Russian Company, 734]

① ancient.

S

Sailors, why no sensible inconvenience felt by the great numbers disbanded at the close of a war, 469 - 70.

[Saint Christopher island, half in possession of the French in 1660, 597; completely cultivated, 943]

[Saint Domingo, mines abandoned, 185; Columbus in, 559, 560 - 1; stock accumulated in, 588]

[Saint James's Palace, land-tax on, 822]

[Saint-Maur, Dupré de, quoted, 199, 204, 216, 258]

[Saint Thomas island, Danish settlement, 570]

[Saint Vincent, new field for speculation, 943]

[Sallee, 738]

[Salmon fishery pays a rent, 69]

Salt [currency in Abyssinia, 38; dearer on account of the tax, 96] account of foreign salt imported into Scotland, and of Scots salt delivered duty free, for the fishery, [519] *Append.* , 950. Is an object of heavy taxation everywhere, 874. The collection of the duty on, expensive, 896 [the French tax on, 901, 903 - 4].

[Sandi, quoted, 407]

[San Domingo, see Saint Domingo]

[Santa Cruz island, Danish settlement, 570]

[Saracens, 406]

Sardinia, the land-tax how assessed there, 835 - 6, 854, 934]

[Savoy surveyed, 835]

Saxon lords, their authority and jurisdiction as great before conquest, as those of the Normans were afterward, 416.

[Scandinavians, the ancient, practised music and dancing, 776]

[Scarcity, effect of years of, on industry and wages, 100 - 1, 103 - 4]

[Scholarships, effect of, on earnings of labour, 146 - 7]

Schools, [English public, 764] parochial, observations on, 785 [charity, ib.].

Science, is the great antidote to the poison of enthusiasm and superstition, 796.

Scipio, his Spanish militia, rendered superior to the Carthaginian militia by discipline and service, 703.

Scotland, [in the Highlands every farmer a butcher, etc., 31; village in, where nails are currency, 38; reduction of value of the coin, 42 - 3, 53; wages in low country vary less than in England, 92] compared with England, as to the prices of labour and provisions, 93 [grain dearer in 17th century, ib.; wages in 17th century 5d. to 6d., 94; wages in different parts, ib.]. Remarks on the population of the Highlands, 97 [workmen less diligent than in England, 99; linen manufacture, 102]. The market rate of interest, higher than the legal rate, 107 [wages lower than in England, ib.; much poorer and advancing less rapidly than England, ib., 208; wages of colliers and common labourers compared, 121]. The situation of cottagers there, described, 133 [knitted stockings in many places cheaper than woven, 134; wages of spinners, ib.]. Apprenticeships and corporations, 138 [church, respectable though poorly paid, 148; easy migration of labour, 156; assize of bread could not be fixed there, 158; incorporation of bakers in, ib.; rent for kelp shores, 161; desert moors yield rent, 163; union with, opened English market to cattle of, 165, 237; high rent of enclosed land, 167; land could not be cultivated by factors, 174; oatmeal said to be better food than wheat flour, 177]. The common people of, why neither so strong nor so handsome as the same class in England, 177 [stone quarry affords no rent in some parts, 179; bark the only part of wood sent to market in parts of the Highlands, ib.; rent for quarries of London paving stones, 179 - 80; many coal mines yield no rent, 182; sixth part a common rent of fertile lead mines, 186; conversion prices, 200; wages higher than in France, 207; price of corn in England and Scotland compared, 208 - 9].

Cause of the frequent emigrations from, 209 [proportion of gold and silver in the coinage, 230; price of cattle affected by the union, 237 -

40]. Progress of agriculture there before the union with England, 239. Present obstructions to better husbandry, ib. [dairy farming, 244; calves formerly killed young, 250]. The price of wool reduced by the union, 252, 651 - 2. Operation of the several banking companies established there, 297 [- 317]. Amount of the circulating money there before the union, 298. Amount of the present circulating cash, 298. Course of dealings in the Scots bank, 299 [cash accounts do not exclude bill discounting, 300; twenty-shilling notes lowest paper money current, ib.]. Difficulties occasioned by these banks issuing too much paper, 303. Necessary caution for some time observed by the banks in giving credit to their customers, with the good effects of it, 305 [limit of paper money reached twenty-five years ago, 308]. The scheme of drawing and redrawing adopted by traders, 308 - 9. Its pernicious tendency explained, 310. History of the Ayr bank, 313. Mr. Law's scheme to improve the country, 317 [issue of small notes extends the paper circulation to retail trade, 322; and banishes gold and silver, 323]. The prices of goods in, not altered by paper currency, 324. Effect of the optional clauses in their notes, 325 [union caused nobility to cease residing in Edinburgh, 336; wool manufactured in Yorkshire, 365; trade with London, 368; one fifth or one third of the land entailed, 385; steel bow tenants, 391; long leases, 393; no leasehold carries a parliamentary vote, ib.; hospitality in the Highlands, 413; small rent for Highland farms, 414; territorial jurisdictions in the Highlands, 416; prohibition of export of gold and silver, 431; manufacturing wine in, 458; mountains destined for breeding grounds, 460].

[Herring fishery, 519 - 22, and Appendix; salt duty, 519; herrings an important part of food of common people, 521; English bounty on hemp imported from, 645; judges' salary from interest of money, 721 - 2; parish schools, 785] cause of the speedy establishment of the reformation there, 807. The disorders attending popular elections of the clergy there, occasion the right of patronage to be established, 809 [respectable clergy, 810; eminent men of letters professors, 811].

Amount of the whole revenue of the clergy, 813 [excellent character of church, ib. ; foris-familiated children, 859; shoes not a necessary of life to women in, 870; linen subject to duty on importation into England, 913; little malt liquor consumed, 938; more smuggling than in England, ib. ; redundant paper money the consequence of enterprising spirit, 941; has banished gold and silver in, ib. ; less spirit of party than in England, 945].

[Scythia, barbarous because inland, 36; overran Western Empire, 381; if united could conquer Europe and Asia, 692; militia of Mithridates, 703; military organisation preserved after fall of Western Empire, 705; administration of justice a source of revenue, 716; not much beyond shepherd stage at fall of Western Empire, 717]

[Sea-coast, earlier civilisation of, 32]

Sea service and military service by land, compared, 126.

[Secrets in trade, 77]

Sects in religion, the more numerous, the better for society, 792 - 3. Why they generally profess the austere system of morality, 794.

[Seignorage, none in England, 59, 302, 478; hut some delay equivalent to one, 62; would increase the superiority of coin above bullion, ib. ; 8 per cent in France, 62, 478, 551; diminishes or removes the profit on melting new coin, 551 - 5]

[Seius, 236]

Self-love the governing principle in the intercourse of human society, 26 - 7.

[Senegal, 657, 738, 881]

Servants, menial, distinguished from hired workmen, 330. The various orders of men, who rank in the former class, in reference to their labours, 330 - 1; their labour unproductive, 675 [see Menservants and Maid-servnats].

[Servius Tullius, 39, 42]

[Sestertius, silver coin estimated in copper, 56]

Settlements of the poor, brief review of the English laws relating to, 152

[-7]. The removals of the poor, a violation of natural liberty, 157. The law of, ought to be repealed, 470.

[Seymour, 347]

Sheep, frequently killed in Spain, for the sake of the fleece and the tallow, 247. Severe laws against the exportation of them and their wool, 647-8.

[Sheffield produces necessary articles, 131; master cutlers only allowed one apprentice, 136; reduction in price of goods, 260; manufactures grown up naturally, 409]

[Shells, currency on coast of India, 38]

Shepherds, war how supported by a nation of, 690-1 [much leisure among, 697] inequality of fortune among, the source of great authority, 712-13. Birth and family highly honoured in nations of shepherds, 714. Inequality of fortune first began to take place in the age of shepherds, 715. And introduced civil government, ib. [every man exerts his capacity among, 782-3]

Shetland, [wages and price of stockings, 134] how rents are estimated and paid there, 161 [herring fishery, 520].

[Shilling, 42]

[Shopkeepers, prejudice against, unfounded, 361; nation of, 613; navigation act inspired by, 614; proposed tax on, 852]

[Shropshire, 185]

[Siam, Gulf of, 36]

[Siberia barbarous because inland, 36; caravans through, 223]

[Sicily, price of wheat in ancient, 235-6; silk manufactures imported, 364; Venice originally imported silk from, 408; colonised by Dorians, 556; greatness of Greek colonies in, 566]

[Silesia, lawns of, 473; land-tax, 834]

Silk, [weavers in London allowed only two apprentices, 136] manufacture, how transferred from Lucca to Venice, 407 [expensive in Greece and Rome, 685; English manufacturers could undersell French and Italians if duty free, 886].

Silver, [varies greatly from century to century but not from year to year,

54; used for purchases of moderate value, 56] the first standard coinage of the northern subverters of the Roman empire, 56. Its proportional value of gold, regulated by law, 57. Is the measure of the value of gold, 58. Mint price of silver in England, 60. Inquiry into the difference between the mint and market prices of bullion, ib. How to preserve the silver coin from being melted down for profit, 61. The mines of, in Europe, why generally abandoned, 185. Evidences of the small profit yield to proprietors in Peru, 186 – 7 [seldom found virgin like gold, and consequences thereof, 189]. Qualities for which this metal is valued, 189 – 91. The most abundant mines of, would add little to the wealth of the world, 192. But the increase in the quantity of, would depreciate its own value, 194. Circumstances that might counteract this effect, ib. Historical view of the variations in the value of, during the four last centuries, 195. Remarks on its rise in value compared with corn, 199. Circumstances that have misled writers in reviewing the value of silver, 199 – 200. Corn the best standard of judging of the real value of silver, 206. The price of, how affected by the increase of quantity, 207. The value of, sunk by the discovery of the American mines, 210. When the reduction of its value from this cause, appears to have been compleated[①], 211. Tax paid from the Peruvian mines to the king of Spain, 219. The value of silver kept up by an extension of the market, 220. Is the most profitable commodity that can be sent to China, 224 – 5. The value of, how proportioned to that of gold, before and after the discovery of the American mines, 228 – 9. The quantity commonly in the market in proportion to that of gold, probably greater than their relative values indicate, 230 [a proper subject of taxation, 232]. The value of, probably rising, and why, 232. The opinion of a depreciation of its value, not well founded, 258.

the real value of, degraded by the bounty on the exportation of corn, 509 [tax on, in America, 562; has not varied since the imposition of the English land-tax, 829; not necessary to the Americans, 940;

① completed.

see Gold and Silver].

Sinking fund in the British finances, explained, 915. Is inadequate to the discharge of former debts, and almost wholly applied to other purposes, 920. Motives to the misapplication of it, 920.

Slaves, the labour of, dearer to the masters than that of free men, 98.

under feudal lords, circumstances of their situation, 386 – 7. Countries where this order of men still remains, 387. Why the service of slaves is preferred to that of free men, 388. Their labour why unprofitable, 389. Causes of the abolishing of slavery throughout the greater part of Europe, 389 – 90. [Cultivation under the Romans by, 557]. Receive more protection from the magistrate in an arbitrary government, than in one that is free, 587.

why employed in manufactures by the antient① Grecians, 683 – 4. Why no improvements are to be expected from them, 684 [domestic pedagogues usually slaves in Greece and Rome, 777].

[Smith, Charles, *Tracts on the Corn Trade*, quoted, 218, 461, 506, 508]

[Smith, John, Memoirs of *Wool*, quoted, 248, 652]

Smuggling, a tempting, but generally a ruinous employment, 128 [of tea, 223; moderate tax does not encourage, 553]. Encouraged by high duties, [826] 881 – 2. Remedies against, 884 [excise laws obstruct more than those of the customs, 886]. The crime of, morally considered, 898 [more opportunities for, in thinly peopled countries, 939].

[Soap, dearer in consequence of taxes, 96; rendered necessary by the use of linen, 874]

[Society, human, the first principles of, 26 – 7]

Soldiers, remarks on their motives for engaging in the military line, 126. Comparison between the land and sea service, ib.

why no sensible inconvenience felt by the disbanding of great numbers after a war is over, 469 – 70.

reason of their first serving for pay, 694 – 5 [possible proportion of,

① ancient.

in civilised society, 695 - 6]. How they became a distinct class of the people, 698. How distinguished from the militia, ib. Alteration in their exercise produced by the invention of fire-arms, 699.

[Solomon, Proverbs of, 768]

[Solon, laws of, 543, 777]

[Solorzano, quoted, 219]

[Sou, 43]

[Sound, the transit duty, 894]

[South Carolina, expense of civil establishment, 573; duty on molasses, 936]

South Sea company, amazing capital once enjoyed by, 741 [744]. Mercantile and stockjobbing projects of, 745. Assiento contract, ib. Whale fishery, ib. The capital of, turned into annuity stock, 746, 914, [915].

Sovereign and trader, inconsistent characters, 819.

Sovereign, three duties only, necessary for him to attend to, for supporting a system of natural liberty, 687. How he is to protect the society from external violence, 689, 707. And the members of it, from the injustice and oppression of each other, 708 - 9. And to maintain public works and institutions, 723.

Spain [mark on ingots of gold, 41; tax of one fifth on Peruvian mines, 186 - 7, 219; avidity for gold in St. Domingo, 192 - 3; declension not so great as is commonly imagined, 220; saying of Charles V. that everything was wanting, ib.; colonies, 221; sheep killed for fleece and tallow, 247] one of the poorest countries in Europe, notwithstanding its rich mines, 256 [wool, 261, 365, 408, 410, 651; ambassador gave Queen Elizabeth stockings, 262].

its commerce has produced no considerable manufactures for distant sale, and the greater part of the country remains uncultivated, 425 - 6. Spanish mode of estimating their American discoveries, 429 [wealth according to the Spaniards consisted in gold and silver, 430; prohibition of English woollens in Flanders, 468; sober, though wine is cheap, 492]. The value of gold and silver there, depreciated by laying a tax on the exportation of them, 511. Agriculture and manufactures there, discouraged by the redundancy of gold and silver, 512. Natural consequences that would result from taking away this tax, 513 [attempt to deprive Britain of Portugal trade, 549; representations of Columbus to the court, 560]. The real and pretended motives of the court of Castile for taking possession of the countries discovered by Columbus, 561. The tax on gold and silver, how reduced, 562. Gold, the object of all the enterprizes① to the new world, 562 [- 4. Crown derived some revenue from colonies, 567]. The colonies of, less populous than those of any other European nation, 568. Asserted an exclusive claim to all America, until the miscarriage of their invincible armada, 569. Policy of the trade with the colonies, 576. The American establishment of, effected by private adventurers, who received little beyond permission from the government, 589 - 90 [Flota drained Germany of many commodities, 607]. Lost its manufactures by acquiring rich and fertile colonies, 609 [veterans equalled by the American militia, 701; united with France by the British acquisition of Gibraltar and Minorea, 740; transaction with South Sea Company, 745; Greek not taught in universities, 766. The alcavala tax there explained, 899. The ruin of the Spanish manufactures attributed to it, ib. [large national debt, 928; see Spain and Portugal].

[Spain and Portugal, supposed to have gone backwards, 220; beggarly and misgoverned countries though the value of gold and silver is low, 256; ineffectual attempts to restrict exportation of gold and silver, 431, 436, 541; quantity of gold and silver annually imported, 444]

[Gold and silver naturally a little cheaper there than elsewhere, 510 - 11; exports of gold and silver nearly equal to the imports thereof, 512; agriculture discouraged by the cheapness of gold and silver, ib.; would gain by abandoning the restrictions, 513; history of the American colonies, 567 - 9; colonies have more good land than the British, 572; right of majorazzo in the colonies hinders improvement, ib.; some revenue

① enterprises.

drawn from the colonies, 574, 593; colonial commerce confined to one port and to licensed ships, 575-6; American fish trade, 578; absolute government in colonies, 586; benefited by colonisation of America, 591; colonial monopoly has not maintained manufactures, 609; and its bad effects have nearly overbalanced the good effects of the trade, ib.; capital not augmented by the exorbitant profits of Cadiz and Lisbon, 612-13; the colonies give greater encouragement to the industry of other countries, 627; only the profits of the linen trade with America spent in, ib.]

[Sparta, iron money at, 39]

Speculation, a distinct employment in improved society, 21. Speculative merchants described, 130.

[Spices, Dutch are said to burn, in plentiful years, 175, 525, 636; imported into Great Britain, 883]

[Spirits, licence to retail, 852; wages not affected by taxes on, 872; taxes on, paid by consumers, 877; policy of Great Britain to discourage consumption of, 891]

[Spitalfields, silk manufacture, 408]

Stage, public performers on, paid for the contempt attending their profession, 124; the political use of dramatic representations, 796.

[Stallaga, 398]

[Stamp Act, the American, 102, 605]

Stamp duties [on proceedings in law courts might maintain the judges, 721; loans taxed by, 858] in England and Holland, remarks on, 860-1 [on wills in Holland, 861; in France, ib., 863; have become almost universal in Europe in the course of a century, 861; often taxes on consumption, 863; one of three principal branches of British taxes, 934; extension to the colonies, 935]

[Stamps on linen and woollen cloth, 40, 139]

[Standard money, 57]

[Statesman or politician, who attempts to direct the employment of private capital, 456; insidious and crafty animal, 468; in barbarous societies every man a, 783]

Steel-bow tenants in Scotland, what, 391.

[Stewart, House of, 799]

Stock, [early state preceding accumulation of, 65] the profits raised on, in manufactures, explained, 65 – 6. In trade, an increase of, raises wages, and diminishes profit, 105 [profits of, 105 – 59]. Must be larger in a great town than in a country village, 106 – 7. Natural consequences of a deficiency of stock in new colonies, 109. The profits on, little affected by the easiness or difficulty of learning a trade, 120. But by the risk, or disagreeableness of the business, 128 [circulation of, obstructed, 152]. Stock employed for profit, sets into motion the greater part of useful labour, 266. No accumulation of, necessary in the rude state of society, 276. The accumulation of, necessary to the division of labour, ib. Stock distinguished into two parts, 277 – 8. The general stock of a country or society, explained, 281. Houses, ib. Improved land, 282. Personal abilities, ib. Money and provisions, 282 – 3. Raw materials and manufactured goods, 283. Stock of individuals, how employed, 284 – 5. Is frequently buried or concealed, in arbitrary countries, 285.

the profits on, decrease, in proportion as the quantity increases, 334 – 5. On what principles stock is lent and borrowed at interest, 350. That of every society divided among different employments, in the proportion most agreeable to the public interest, by the private views of individuals, 630. The natural distribution of, deranged by monopolizing systems, 631. Every derangement of, injurious to the society, 632 – 3.

mercantile, is barren and unproductive, according to the French agricultural system of political economy, 667. How far the revenue from, is an object of taxation, 847 [easily removed, 848 – 49]. A tax on, intended under the land tax, 849.

Stockings, why cheaply manufactured in Scotland, 134. When first introduced into England, 262.

[Stomach, desire of food bounded by narrow capacity of the, 181]

Stone quarries, their value depends on situation, 179, 193.

Stones, precious, of no use but for ornament, and how the price of, is regulated, 191. The most abundant mines of, would add little to the wealth of the world, 192.

[Stowe, 347]

[Suabia, house of, 403]

Subordination, how introduced into society, 710. Personal qualifications, 711. Age and fortune, ib. Birth, 713. Birth and fortune two great sources of personal distinction, 714.

Subsidy, old, in the English customs, the drawbacks upon, 499－500. Origin and import of the term, 880.

[Succession, laws of, 382]

[Successions, tax on, in Holland, 859]

Sugar, [currency in some West India Colonies, 38] a very profitable article of cultivation, 173, 389.

Drawbacks on the exportation of, from England, 500. Might be cultivated by the drill plough, instead of all hand labour by slaves, 586 [tax on, does not affect wages, 871; yields considerable customs revenue, 883; duty on, falls chiefly on middle and upper ranks, 886; planters say the duty falls on the producer, 893]

a proper subject for taxation, as an article sold at a monopoly price, ib. [nowhere a necessary of life, 936].

Sumptuary laws superfluous restraints on the common people, 346 [resemblance of taxes on luxuries to, 872].

Surinam, present state of the Dutch colony there, 570.

[Surmullet, high price paid for, 236]

[Sussex, restrictions on transport of wool, 650]

[Sweden, improved since the discovery of America, 220; tea smuggled from, 223; established exclusive company for East Indian trade, 449; settlements in New World, 570; pitch and tar company of, 580; without an exclusive company would never have sent a ship to East Indies, 632; and would have suffered no loss, 633; exempted from Eastland Company's exclusive privilege, 735; Reformation in, 806; eminent men of letters professors, 811]

[Swift, quoted, 882]

Switzerland [farmers not inferior to the British, 395; cities became independent, 403; sometimes may be necessary to restrain export of corn, 539; militia regimented, 699; militia defeated Austrian and Burgundian militia, 705; whole people exercised in use of arms, 787] establishment of the reformation in Berne and Zurich, 806 [many cities capitals of little republics, 808; respectable clergy, 810; eminent men of letters professors in Protestant cantons, 811. The clergy there zealous and industrious, 812 - 13 [both religions established in some cantons, 813]. Taxes how paid there, 850 - 1, 860.

[Syracuse a great colony, 566]

[Syria, 703]

T

Taille, in France, the nature of that tax, and its operation, explained, 394, 854 [real or predial, 836; real and personal, 854; on the industry of workmen and day labourers a tax on wages, 865 - 6; not farmed, 904; should be abolished and replaced by an increase of *vingtièmes*, ib.]

[Tailors, the lowest order of articificers, wages in London, 120 - 1; wages in London regulated by statute, 157 - 8]

Talents, natural, not so various in different men as is supposed, 28.

[Tallage, 394]

[Tallies, exchequer, 912]

[Tarentum a great colony, 566]

[Tartar Khan, history written by a, 422]

Tartars, [barbarous because inland, 35 - 6; ignorant, 221; caravans passing through, 223; taxes on travellers, 397; ancient families common among, 422; shepherds, with no regulations of law as to transmission of property, ib.; wealth considered to consist in cattle, 430; chiefs have treasures, 446] their manner of conducting war, 690. Their invasions dreadful, 692. [militia serves under ordinary chieftains, 700; obedience in the field superior to the Highlanders, 701; most formidable enemies to the Romans, 703; conquests of civilised Asiatic countries, 705, 789; chiefs can only use surplus revenue in maintaining more men, 712; Khans despotic, 713; justice a source of revenue after fall of Western empire, 716; hungry, 789; chief's revenue profit, 817].

Tavernier his account of the diamond mines of Golconda and Visiapour, 191.

Taxes, [derivative revenue, 70; on gold and silver very proper, 232] the origin of, under the feudal government, 397 - 8.

[Moderation of, a cause of the prosperity of British American colonies, 573; ruinous, of private luxury and extravagance, 574; American, generally insufficient to defray the cost of the colonies, 593 - 4; on exportation of wool would cause little inconvenience, 654; imposed by means of a monopoly, 755; general discussion of, 825 - 906] the sources from whence they must arise, 825. Unequal taxes, ib. Ought to be clear and certain, ib. Ought to be levied at the times most convenient for payment, 826. Ought to take as little as possible out of the pockets of the people, more than is brought into the public treasury, ib. How they may be made more burdensome to the people than beneficial to the sovereign, 827. The land-tax of Great Britain, 828. Land-tax at Venice, 830. Improvements suggested for a land-tax, 831. Mode of assessing the land-tax in Prussia, 836. Tythes a very unequal tax, and a discouragement to improvement, 837. Operation of tax on house rent, payable by the tenant, 841. A proportionable tax on houses, the best source of revenue, 842 - 3. How far the revenue from stock is a proper object of taxation, 847. Whether interest of money is proper for taxation, 847 - 8. How taxes are paid at Hamburgh, 850. In Switzerland, 850 - 1. Taxes upon particular employments, 852. Poll taxes, 857. Taxes, badges of liberty, ib. Taxes upon the transfer of property, 858. Stamp duties, 860. On whom the several kinds of taxes principally fall, 862. Taxes upon the wages of labour, 864. Capitations, 867. Taxes upon consumable commodities, 869. Upon necessaries, 870. Upon luxuries, 871. Principal necessaries taxed, 874. Absurdities in taxation, 874 - 5. Different parts of Europe very highly taxed, 875. Two different methods of taxing consumable commodities, 876. Sir Matthew Decker's scheme of taxation considered, 877. Excise and customs, 878. Taxation sometimes not an instrument of revenue, but of monopoly, 881. Improvements of the customs suggested, 883. Taxes paid in the price of a commodity little adverted to, 895. On luxuries, the good and bad properties of, 896. Bad effects of farming them out, 902. How the finances of France might be reformed, 904. French and English systems of taxation compared, 905. New taxes always generate discontent, 920 - 1. How far the British system of taxation might be applicable to all the different provinces of the empire, 933. Such a plan might speedily discharge the national debt, 938.

Tea, great importation and consumption of that drug in Britain, 223 [quantities smuggled, 436; tax on, does not affect wages, 871; Dutch licences to drink, 878; affords large part of customs revenue, 883; duty falls on middle and upper ranks, 886].

Teachers, [earnings of, 148 - 51] in universities, tendency of endowments to diminish their application, 760. The jurisdictions to which they are subject, little calculated to quicken their diligence, 761. Are frequently obliged to gain protection by servility, 762. Defects in their establishments, 762 - 3. Teachers among the antient① Greeks and Romans, superior to those of modem times, 772. Circumstances which draw good ones to, or drain them from, the universities, 810. Their employment naturally renders them eminent in letters, 812.

[Tenths and fifteenths, 394]

Tenures, feudal, general observations on, 334. Described, 383.

[Terra Firma, 560]

[Terray, Abbé, raised rate of interest in France, 107]

[Teutonic order, land-tax of, in Silesia, 834]

[Thales, school established in a colony, 567]

[Theocritus, quoted, 118]

① ancient.

[Theognis, 768]

Theology, monkish, the complexion of, 771 - 2.

[Thorn, William, quoted, 196]

[Thrasymenus, battle of, 702]

[Thucydides, quoted, 692, 693 - 4]

[Timaeus, quoted, 39]

[Timber, rent for land producing, 179]

Tin, average rent of the mines of, in Cornwall, 186. Yield a greater profit to the proprietors than the silver mines of Peru, 187. Regulations under which tin-mines are worked, 188.

Tobacco, [currency in Virginia, 38] the culture of, why restrained in Europe, 174. Not so profitable an article of cultivation in the West Indies as sugar, ib.

the amount and course of the British trade with, explained, 372 - 3 [profits of, can afford slave cultivation, 389; trade in, 491]. The whole duty upon, drawn back on exportation, 500. Consequences of the exclusive trade Britain enjoys with Maryland and Virginia in this article, 594 [tax on, does not raise wages, 871; contributes large amount to customs revenue, 883; Walpole's scheme for levying the tax on, 886; monopoly in France, 903; nowhere a necessary of life, but a proper subject of taxation, 936].

[Tobago, a new field for speculation, 943]

Tolls, for passage over roads, bridges, and navigable canals, the equity of, shewn, 724 - 5 Upon carriages of luxury, ought to be higher than upon carriages of utility, 725. The management of turnpikes often an object of just complaint, 726. Why government ought not to have the management of turnpikes, 727, 894 [on carriages an unequal general tax, 728; lay expense of maintaining roads on those who benefit, 815]

Tonnage and poundage, origin of those duties, 879 - 80.

[Tonquin vessels at Batavia, 635]

Tontine in the French finances, what, with the derivation of the name, 917.

[Toul treated as foreign by France, 901]

Toulouse, salary paid to a counsellor or judge in the parliament, of, 720.

Towns, the places where industry is most profitably exerted, 142 [-5]. The spirit of combination prevalent among manufacturers, 142, 145.

according to what circumstances the general character of the inhabitants, as to industry, is formed, 335. The reciprocal nature of the trade between them and the country, explained, 376. Subsist on the surplus produce of the country, 377. How first formed, 378. Are continual fairs, ib. [rise and progress of, 397 - 410]. The original poverty and servile state of the inhabitants of, 397. Their early exemptions and privileges, how obtained, 398. The inhabitants of, obtained liberty much earlier than the occupiers of land in the country, 399. Origin of free burghs, 400. Origin of corporations, ib. Why allowed to form militia, 403. How the increase and riches of commercial towns contributed to the improvement of the countries to which they belonged, 411 [-27; favoured by Colbert at the expense of the country, 664]

[*Tracts on the Corn Trade* quoted, 218, 461, 506, 508]

Trade, double interest deemed a reasonable mercantile profit in, 114.

four general classes of, equally necessary to, and dependent on, each other, 360. Wholesale, three different sorts of, 368. The different returns of home and foreign trade, ib. The nature and operation of the carrying trade examined, 371 - 1. The principles of foreign trade examined, 372. The trade between town and country explained, 376. Original poverty and servile state of the inhabitants of towns, under feudal government, 397. Exemptions and privileges granted to them, 398. Extension of commerce by rude nations selling their own raw produce for the manufactures of more civilized countries, 407. Its salutary effects on the government and manners of a country, 412. Subverted the feudal authority, 418. The independence of tradesmen and artisans, explained, 421. The capitals acquired by, very precarious, until some part has been realized by the cultivation and improvement of land, 426. Over trading, the cause of complaints of the scarcity of money, 437. The importation of gold and silver not the principal benefit derived from foreign trade, 446. Effect produced in trade and manufactures by the discovery of America, 448. And by the discovery of a passage to the East Indies round the Cape of Good Hope, ib. Error of commercial writers in estimating national wealth by gold and silver, 449 – 50. Inquiry into the cause and effect of restraints upon trade, 450. Individuals, by pursuing their own interest, unknowingly promote that of the public, 456. Legal regulations of trade, unsafe, ib. Retaliatory regulations between nations, 467. Measures for laying trade open, ought to be carried into execution slowly, 471. Policy of the restraints on trade between France and Britain considered, 474. No certain criterion to determine on which side the balance of trade between two countries turns, 475. Most of the regulations of, founded on a mistaken doctrine of the balance of trade, 488. Is generally founded on narrow principles of policy, 493. Drawbacks of duties, 499. The dealer who employs his whole stock in one single branch of business, has an advantage of the same kind with the workman who employs his whole labour on a single operation, 530. Consequences of drawing it from a number of small channels into one great channel, 604. Colony trade, and the monopoly of that trade, distinguished, 607. The interest of the consumer constantly sacrified to that of the producer, 660. Advantages attending a perfect freedom of, to landed nations, according to the present agricultural system of political economy in France, 670. Origin of foreign trade, 671. Consequences of high duties and prohibitions, in landed nations, 671 – 2. How trade augments the revenue of a country, 677 [foreign, gives opportunity for improvement by example, 681]. Nature of the trading intercourse between the inhabitants of towns and those of the country, 686.

[Trade, Board of, 736]

Trades, cause and effect of the separation of, 15. Origin of, 26, 27.

[Traites in France, divide the country into three parts, 901; are farmed, 904]

[Transfer of property, taxes on, 858]

Transit duties explained, 894.

Travelling for education, summary view of the effects of, 773.

Treasures, [of princes formerly a resource in war, 441; no longer accumulated except by king of Prussia, ib.] why formerly accumulated by princes, 445.

Treasure trove, the term explained, 285. Why an important branch of revenue under the antient[①] feudal governments, 908.

[Treaties of commerce, 545 - 9]

[Trebia, battle of, 702]

[Triclinaria, high price of, 685]

[Troll, Archbishop of Upsal, 806]

[Troyes fair and weight, 42]

[Truck, 25, 27]

[Trust remunerated, 66]

[Tumbrel and Pillory, statute of, 202]

[Turdi fed by the Romans, 241]

[Turkey, treasure buried and concealed, 285; conquest of Egypt, 406, 558; peace with Russia, 607]

Turkey company, [commerce of, required an ambassador at Constantinople, 732] short historical view of, 735.

[Turnips reduced in price, 95 - 6]

Turnpikes [counties near London petitioned against, 164]. See *Tolls*.

[Tuscany, commerce and manufactures diminished, 426]

[Tutors, private, lowest order of men of letters, 780]

[Twelve Tables, 778]

[Two and two in the arithmetic of the customs make one, 882]

[Tyrrell, quoted, 716]

Tythes, [great hindrance to improvement, 390; none in British American colonies, 574] why an unequal tax, 837. The levying of, a great discouragement to improvements, ib. [confined the cultivation of madder to Holland, 838]. The fixing a modus for, a relief to the farmer, 839.

① ancient.

U①

[Ukraine, 221, 446]

[Ulloa, quoted, 164, 186, 187, 188, 205, 222, 568, 576]

[Undertakers let the furniture of funerals, 281]

[Unfunded debt, 911]

Universities, [seven years' apprenticeship at, 136; proper name for any incorporation, ib.] the emoluments of the teachers in, how far calculated to promote their diligence, 760. The professors at Oxford have mostly given up teaching, 761. Those in France subject to incompetent jurisdictions, 762. The privileges of graduates improperly obtained, ib. Abuse of lectureships, 763. The discipline of, seldom calculated for the benefit of the students, 764. Are, in England, more corrupted than the public schools, ib. Original foundation of, 765. How Latin became an essential article in academical education, 765 - 6. How the study of the Greek language was introduced, 766. The three great branches of the Greek philosophy, ib. Are now divided into five branches, 770. The monkish course of education in, 771. Have not been very ready to adopt improvements, 772 [improvements more easily introduced into the poorer, ib.]. Are not well calculated to prepare men for the world, 773. How filled with good professors, or drained of them, 810 - 11. Where the worst and best professors are generally to be met with, 811. See *Colleges* and *Teachers*.

[Unproductive, see Productive]

[Unterwald, taxes publicly assessed by the contributor, 850; moderate tax, 852]

[Ustaritz, quoted, 899]

[Usury prohibited, 908; see Interest]

[Utopia, 471, 934]

[Utrecht, 486]

[Utrecht, Treaty of, 745, 921]

---

① In the original index entries in this and the following section appear unde "V".

V

[Vacations, French fees of court, 720]

Value, the term defined, 44 [rules which determine the relative or exchangeable value of goods, 44 - 80].

[Varro quoted, 170, 241]

Vedius Pollio, his cruelty to his slaves checked by the Roman emperor Augustus, which could not have been done under the republican form of government, 587 - 8.

[Veii, siege of, 694, 695]

[Velvet, prohibition of importation of, would be unnecessary if raw silk were free from duty, 886]

Venice, [history different from that of the other Italian republics, 403 - 4; shipping encouraged by the crusades, 406] origin of the silk manufacture in that city, 407 - 8 [exchange with London, 479; bank of, 480]. Traded in East India goods before the sea track round the Cape of Good Hope was discovered, 558 [envied by the Portuguese, ib.; fleets kept within the Mediterranean, 569; draws profit from a bank, 818].

Nature of the land-tax in that republic, 830, 832 [enfeebled by public debt, 928].

Venison, the price of, in Britain, does not compensate the expence of a deer park, 241.

[Vera Cruz, South Sea Company's trade at, 746]

[Verd, Cape de, islands, 558]

[Verdun treated as foreign by France, 901]

[Versailles, idle because the residence of a court, 335; an ornament to France, 347]

Vicesima hæreditatum among the antient[①] Romans, the nature of, explained, 859.

[Vienna, small capital employed in, 336]

① ancient.

Villages, how first formed, 378.

Villenage, probable cause of the wearing out of that tenure in Europe, 389 [freedom obtained by a villain who resided a year in a town, 405; dependence on proprietors, 414].

Vineyard, [high rent of some land peculiarly suitable for, 78] the most profitable part of agriculture, both among the antients① and modems, 170. Great advantages derived from peculiarities of soil in, 172.

[Vingtième resembles English land-tax, 858; not farmed, 904; should be increased in place of the taille and capitation, ib.]

[Virginia, tobacco currency, 38; evidence of a merchant trading with, 168; tobacco more profitable than corn, 174; with Maryland, the chief source of tobacco, ib; stores and warehouses belong to residents in England, 367; trade with, 370, 490; tobacco trade, 372, 500, 595, 602]

[Expense of civil establishment, 573; progress unforeseen in 1660, 597 – 8; no necessity for gold and silver money, 942]

[Visiapour diamond mines, 191]

[Voltaire, quoted, 811]

[Vulgate, 766]

W

Wages of labour [allowance made for hardship and ingenuity, 48 – 9; money accommodated to the average price of corn, 53; value which workmen add to materials pays their wages, 66; of inspection and direction, ib.; one of three original sources of revenue, 69, 825; sometimes confounded with profit and rent, 70; ordinary, average or natural rate of, 72; how affected by state of society, 80; general discussion of, 82 – 104] how settled between masters and workmen, 83. The workmen generally obliged to comply with the terms of their employers, 84. The opposition of workmen outrageous, and seldom successful, 84 – 5. Cir-

① ancients.

cumstances which operate to raise wages, 86. The extent of wages limited by the funds from which they arise, 86. Why higher in North America, than in England, 87. Are low in countries that are stationary, 89. Not oppressively low in Great Britain, 91. A distinction made here between the wages in summer and in winter, ib. If sufficient in dear years, they must be ample in seasons of plenty, 92. Different rates of, in different places, ib. Liberal wages encourage industry and propagation, 99. An advance of, necessarily raises the price of many commodities, 104. An average of, not easily ascertained, 105 [continually increasing since the time of Henry VIII., 106; higher in North American and West Indian colonies than in England, 109; do not sink with profits there, ib.; very low in a country which could advance no further, 111]. The operation of high wages and high profits compared, 114. Causes of the variations of, in different employments, 116 [-59]. Are generally higher in new, than in old trades, 131, 151. Legal regulations of, destroy industry and ingenuity, 157 [high, a cause of high prices, 162].

[Merchants complain of high, but say nothing about profits, 599; reduced by the colonial monopoly, 611]. Natural effect of a direct tax upon, 864 [-67, 871; connexion of, with price of provisions, 864].

[Wales, stone quarries afford no rent, 179; old families common, 421; mountains destined to be breeding ground of Great Britain, 460]

Walpole, Sir Robert, his excise scheme defended, 886.

Wants of mankind, how supplied through the operation of labour, 37. How extended, in proportion to their supply, 178. The far greater part of them supplied from the produce of other men's labour, 276.

Wars, foreign, the funds for the maintenance of, in the present century, have little dependence on the quantity of gold and silver in a nation, 441 [expenses abroad defrayed by export of commodities, 442-6].

How supported by a nation of hunters, 689-90. By a nation of shepherds, 690. By a nation of husbandmen, 692-3. Men of military age, what proportion they bear to the whole society, 693. Feudal wars, how supported, 694. Causes which in the advanced state of society, rendered it impossible for those who took the field, to maintain themselves, 694–5. How the art of war became a distinct profession, 697. Distinction between the militia and regular forces, 698. Alteration in the art of war produced by the invention of fire-arms, 699, 707. Importance of discipline, 700; Macedonian army, 702; Carthaginian army, 702–3; Roman army, 703. Feudal armies, 705. A well-regulated standing army, the only defence of a civilized country, and the only means for speedily civilizing a barbarous country, 705–6. The want of parsimony during peace, imposes on states the necessity of contracting debts to carry on war, 909, 919–20. Why war is agreeable to those who live secure from the immediate calamities of it, 920. Advantages of raising the supplies for, within the year, 925–6 [popularity of, and how it might be removed, 926].

[Warwick, the Earl of, his hospitality, 413]

Watch movements, great reduction in the prices of, owing to mechanical improvements, 260.

[Waterworks a business suitable for a joint stock company, 756, 757, 757–8]

Wealth [real, the annual produce, 12, 255, 258, 337, 346–7, 451; national, represented by one system of political economy as consisting in the abundance of gold and silver, 255; land the most important and durable part of, 258; real, 265; that of England much increased since 1660, 344] and money, synonymous terms, in popular language, 429, 449, [555]. Spanish and Tartarian estimate of, compared, 429 [wealth of a neighbouring nation advantageous in trade, 494; accumulated produce, 697; makes a nation obnoxious to attack, ib.].

The great authority conferred by the possession of, 711–12.

Weavers, the profits of, why necessarily greater than those of spinners, 68.

[Weight and pay, maxim of the port of London, 603]

[Western Islands, wages in, 94]

West Indies, [sugar currency, 38; planters farm their own estates, 70; wages higher than in England, 109; British acquisitions in, raised profit, 110; sugar colonies resemble esteemed vineyards, 173; interest fallen since the discovery of, 354; carrying trade between, and Europe, 373; would have progressed less rapidly if no capital but their own had been employed in the export trade, 380; slavery harsher than in mediaeval Europe, 386; high profits of sugar and consequent greater number of slaves in sugar colonies, 389; importation of gold and silver from the Spanish, 437; expense of last war largely laid out in, 442]

[British monopoly in sugar of, 500; Madeira wine imported directly, 502; interest which caused settlements in, 556; no necessity for settlements, 558] discovered by Columbus, 559. How they obtained this name, 560. The original native productions of, ib. The thirst of gold the object of all the Spanish enterprizes there, 562. And of those of every other European nation, 564 [plenty of good land, 567, 572]. The remoteness of, greatly in favour of the European colonies there, 567 [Dutch originally under an exclusive company, 570; St. Domingo the most important of the sugar colonies, 571; price of European goods enormous in Spanish, 576; some most important productions nonenumerated, 577; freedom of trade with British American colonies, 580]. The sugar colonies of France better governed than those of Britain, 586 [effects of colonial monopoly, 601; returns of trade with, more irregular and uncertain than with any part of Europe, 602; expense of preventing smuggling, 615; proposal for obtaining war contributions from, 621; natives not benefited by the European discovery of, 626; gum senega treated like an enumerated commodity from, 657; colonial system sacrifices consumer to producer, 660; slave trade a loss to the African Company, 743; French and Portuguese companies ruined by slave trade, 745; South Sea Company's trade to the Spanish, ib.; some productions of, yield large portion of British customs revenue, 883; more able to pay land-tax than Great Britain, 934].

[Westminster land-tax, 822, 850]

[Westminster Hall, Rufus' dining-room, 413]

[Westmorland, price of coal in, 185]

Wheat. See *Corn*.

[Whitehall, palace of, land-tax, 822]

[William Rufus dined in Westminster Hall, 413]

[William III. unable to refuse anything to the country gentlemen, 215]

[Wilton, ornament to England, 347]

Window tax in Britain, how rated, 846. Tends to reduce house-rent, ib.

Windsor market, chronological table of the prices of corn at, 272-5.

Wine, the cheapness of, would be a cause of sobriety, 492. The carrying trade in, encouragad by English statutes, 501 [cellar, a public, a source of revenue to Hamburg, 817; licences to sell, 853; tax on, paid by consumers, 877; tonnage on, 879; foreign article commonly used in Great Britain, 883; Walpole's scheme for levying the tax on, 886; duty on, falls on middle and upper ranks, ib.].

[Witchcraft, fear of, compared to that of engrossing and forestalling, 534]

[Wolverhampton, manufactures of, not within the statute of apprenticeship, 137; manufactures grown up naturally, 409]

[Women's education contains nothing fantastical, 781]

Wood, the price of, rises in proportion as a country is cultivated, 183. The growth of young trees prevented by cattle, ib. When the planting of trees becomes a profitable employment, ib.

[Woodcocks could not be much increased, 235]

Wool, the produce of rude countries, commonly carried to a distant market, 246. The price of, in England, has fallen considerably since the time of Edward III. 248. Causes of this diminution in price, 248-9. The price of, considerably reduced in Scotland, by the union with England, 252.

Severity of the laws against the exportation of, 647-8. Restraints upon the inland commerce of, 649. Restraints upon the coasting trade of, 650. Pleas on which these restraints are founded, 651. The price of wool depressed by these regulations, ib. The exportation of, ought to be allowed, subject to a duty, 653.

Woollen cloth, the present prices of, compared with those at the close of the fifteenth century, 261. Three mechanical improvements introduced in the manufacture of, 263 [in ancient Rome much higher in price than now, 685].

Y

[Yeomanry, superior position of the English, 392, 395]
[Yorkshire, woollen manufacture, 102; cloth fallen in price, 261, 262; small paper currencies, 322, 326; Scotch wool manufactured there, 365]
[Young men's generosity to their teachers, 764, 778]
[Yucatan, 221]

Z

[Zama, battle of, 703]
[Zealand, French wine smuggled from, 475; expense of protecting from the sea, 906]
[Zemindaries, 839]
[Zeno of Citta, the Portico assigned to, 778]
[Zeno of Elea, travelled from place to place, 777]
[Zurich, the reformation in, 806; tax on revenue assessed by the contributor, 850-1; moderate tax, 852]
[Zwinglius, 808]

译后记

《国富论》是公认的影响了人类历史进程的经典著作，它是经济学乃至整个人类的珍贵遗产。最权威的“格拉斯哥版”首次独家授权中国人民大学出版社，对广大读者来说是值得高兴的一件事温家宝总理曾经说过：《国富论》与《道德情操论》在我心中具有同样重要的地位。我们知道，亚当·斯密是一位百科全书式的学者，这或许有些言过其实，但是谁都无法否认，斯密的作品的主题确实涉及了广泛的学科领域，包括经济学、哲学、历史学、法学、政治学、语言学和艺术。承蒙中国人民大学出版社马学亮老师、高晓斐兄信任，盛情邀请我和陈叶盛老师翻译此书，我既深感荣幸，又觉得“压力山大”。用“诚惶诚恐、如履薄冰”八

个字来形容翻译过程中的心情，实在是再恰当不过的了。翻译《国富论》这样一部鸿篇巨制，即使用洪荒之力也是不够的，在此，希望广大读者对翻译质量提出宝贵意见。

我只想借此机会表达一下对我的家人和老师的谢意。我的妻子傅瑞蓉是我最需要感谢的人，她是我前进的动力；我的所有作品，都有她的一半功劳。儿子贾岚晴给我带来了无限的快乐和灵感，我同时也为自己没有更多时间陪伴他而觉得内疚。感谢刘兴坤审读了部分书稿。感谢汪丁丁教授、叶航教授、罗卫东教授的教诲和帮助。

《国富论》已经有了多个中文译本，在这里，我也要对前辈贤者表示感谢和敬意！

贾拥民

图书在版编目（CIP）数据

国富论．下/（英）亚当·斯密著；陈叶盛译．—北京：中国人民大学出版社，2016.8

书名原文：An inquiry into the nature and causes of the wealth of nations

ISBN 978-7-300-23299-7

Ⅰ.①国…　Ⅱ.①亚…　②陈…　Ⅲ.①古典资产阶级政治经济学　Ⅳ.①F091.33

中国版本图书馆 CIP 数据核字（2016）第 195266 号

国富论（下）

（英）亚当·斯密　著

陈叶盛　译

Guo Fu Lun（Xia）

出版发行	中国人民大学出版社		
社　　址	北京中关村大街 31 号	**邮政编码**	100080
电　　话	010－62511242（总编室）		010－62511398（质管部）
	010－82501766（邮购部）		010－62514148（门市部）
	010－62515195（发行公司）		010－62515275（盗版举报）
网　　址	http://www.crup.com.cn		
	http://www.ttrnet.com（人大教研网）		
经　　销	新华书店		
印　　刷	涿州市星河印刷有限公司		
规　　格	180 mm×250 mm　16 开本	**版　　次**	2016 年 8 月第 1 版
印　　张	30.5　插页 4	**印　　次**	2017 年 9 月第 2 次印刷
字　　数	538 000	**定　　价**	49.00 元